第一次上海事変の研究

——軍事的勝利から外交破綻の序曲へ——

影山好一郎 著

錦正社

目　次

第二章　上海事変前史
――日中対立要因と日本政府・陸海軍の満州事変対処――

第五章　「第Ⅱ期：事変初期」における軍事と外交
——第三艦隊及び陸軍派遣による橋頭堡の設定と停戦の動き——

第六章　「第Ⅲ期：事変中期」の陸海軍協同作戦と停戦への動き

第七章　「第Ⅳ期：事変後期」の軍事と外交
――第三次総攻撃から停戦協定の成立へ――……307

図目次

表目次

第一次上海事変の研究

――軍事的勝利から外交破綻の序曲へ――

序章

第一節　本書のねらい

一九三一（昭和六）年九月十八日夜半、満州事変を機に暴走を始めた関東軍参謀が、満州国建国という果実を確かなものにするために、国際社会の非難の目を一時的に外にそらすべく、海軍の警備範囲である国際都市上海に火を付けた。第一次上海事変の勃発である。この事変によって、海軍は初めて中国ナショナリズムに対する組織的且つ本格的な武力行使に挑んだ。上海海軍陸戦隊の戦闘力の不足を補うべく内地から三個師団が派遣されるという事態に至った背景には、緊迫化した上海事情と、本事件の処理をめぐり、研究界においてほとんど顧みることがなかった日本側の外交・軍事間の些細な内部事情とが絡んでいる。しかも一見、不思議なことに、その戦端の開き方において、日本外交の対応の齟齬が原因で、第三者的に見て日本が満州に続き上海をも侵略し始めたと見られても仕方がない構造ができたことである。敵対した中国軍は満州事変時の無抵抗の張学良軍と全く異なり、愛国心に燃えた強靭な軍隊であった。あわてた政府は、陸海外務による一体的な事変の消火に当たったが、この対処を通じて、今度は新たに海軍内が徐々に強硬化を始め、目立つことなく静かに暴走を始めたのである。同時に、この第一次上海事変の処理をめぐって、小康状態であった満州事変をめぐる日本の連盟外交は破綻の兆しを色濃くし、国際連盟からの脱退を加速するに至った。往年の研究は、この上海事変との係わりをほとんど顧みないまま、満州事変自体が国際連盟からの脱退を誘発したとの歴史認識を展開しているようである。しかしこの第一次上海事変は、その連盟脱退の実質的な触発・加速剤であると同時に日本の近現代史に大きな傷痕と払拭しがたい残滓をもたらした。

本書は、そのような近現代史において、満州事変の陰に隠れ、あまり知られていない第一次上海事変の軍事と外交の実相とその本質及びそれらの歴史的意義に関する研究結果の報告である。そもそも第一次上海事変とは、いかなるものであろうか。

上海事変は、歴史上二つ存在している。一つは、満州事変から約四カ月後に勃発し、その約四カ月後に収拾された第一次上海事変（一九三二（昭和七）年一月二十八日深夜勃発、同年五月五日停戦協定の成立）であり、もう一つは、盧溝橋事件（一九三七（昭和十二）年七月七日勃発）の約一カ月後に、中国本土に全面拡大した第二次上海事変（同年八月十三日に全面拡大）である。これら二つの事変は、前者が限定的で事態収拾したのに対し、後者は全面的に事態が拡大した。両者間には収拾と拡大という決定的な違いが存在していたが、いずれも上海方面における日中軍事衝突であり、日本海軍の上海陸戦隊のみでは対応できず、日本内地から陸軍部隊を派遣するという熾烈な戦闘が展開された(1)。本書は前者の第一次上海事変を論述の対象とする。したがって以後の論述において、この第一次上海事変のことを、単に「上海事変」と呼称する。

この上海事変が、近現代史研究の中でほとんど注目されてこなかった原因は、大きく三つある。一つ目は、上海戦闘は短期間に、しかも事態が収拾されたこともあり、その後の展開に特段の問題も影響もなかったのではないかと考えられがちであったこと。二つ目は、上海事変は、以後一九三七年七月から始まった日中戦争（支那事変）と一九四一（昭和十六）年十二月から始まった太平洋戦争とを比較した場合、規模の大きさにおいて圧倒的に小規模であり、見過ごされたことである。三つ目は、戦後の極東国際軍事裁判において、上海事変の画策・実行に直接携わった当時の上海公使館付陸軍武官補佐官田中隆吉少佐が、検事側の証人として日本陸軍の内情を積極的に暴く役割を演じ、その代償に、彼が直接工作に携わった上海事変が不問に付され、特段の議論が見られなかった経緯がある(2)。田中の抜群の記憶力に基づく弁舌と彼が戦前から東条英機らに疎まれ、武藤章らとの抗争に敗れ追われたことが、国際検事団長ジョセフ・キーナン（Joseph B. Keenan）から買われたのである。

一　上海事変の概要と近現代史における地位

一九三一年九月十八日夜に満州事変が勃発した直後、関東軍はそれ迄の占領政策から、満州人の発意によるとする建国政策に切り替えた。犬養毅政府が国際連盟の目を恐れ、満州国の建国に二の足を踏んでいると見た関東軍の板垣征四郎高級参謀らが、連盟の目を一時的に外にそらすため、一九三二年一月、謀略により上海に火を付けたということが定説になっている。では、その上海事変の経緯は、概略如何なるものであったのか。

満州事変によって中国全土に排日・抗日運動が激化し、殊に列国の権益が錯綜する国際都市上海では、手が付けられない程の殺傷事件が頻発していた。一九三二年一月十八日白昼、中国側の管理区域内で寒行中の日本人の日蓮宗僧侶ら四人が中国人によって殺傷されるという事件が発生した。在上海日本総領事（村井倉松）が中国側の上海市長（呉鉄城）に公式謝罪、治療費支弁、賠償、排日団体の解散等の四項目を要請した。日本側の要求に込められた最終的な政治目的は、排日・抗日の抑制であり途絶であった。ところが、呉市長の回答をめぐって上海中国人は騒擾を引き起こし、ついに上海配備中の中国軍と、邦人保護任務をもった日本海軍上海陸戦隊とが武力衝突するに至った。日本海軍史上初の海軍陸戦隊と中国軍との本格的且つ非対称な武力戦が、始まったのである。陸戦隊は予想外に強靭な中国軍（第十九路軍主力）の抵抗に遭遇し、いわば不眠不休の、まさに瀕死の状況に陥ったため、あわてた日本政府は、内地から三個師団という大部隊を派遣して、陸軍対陸軍という対称戦にもち込み、ようやく中国軍を駆逐し、停戦協定の成立に成功した。この上海事変は満州国建国の国民的祝賀のムードにかき消され、国内ではほとんどその真相に対しては疑問の対象にもならなかったのである。一方、関東軍はジュネーブにおける国際連盟日本代表部が不拡大を明言したことを無視し、さらなる武力進攻の拡大を続けていた。日本側の上海における必死の消火作業にもかかわらず、国際連盟理事会の上海事変処理を難しくした。連盟は上海事変を満州事変と一体不可分のものと主張する中国側の強い要求を受け容れざるを得なくなり、日本は一層、国際的な疑惑と非難の対象となるに至った。連盟首脳部の英国外相ジョン・サイモン（John A. Simon）の必死の斡旋も、最終的に日本側が熱河作戦を敢行したため、水泡に帰し、国際連盟規約が定めた経済封鎖の適用が免れない状況に陥った日本は、ついに一九三三（昭和八）年三月、国際連盟から脱退せざるを得ない状況に陥っていくのである。要するに、日本は上海事変の勃発直後、中国側からの連盟規約第十条、第十五条の提訴[3]を皮切りに、連盟諸国、米国が対日抑圧を強めたため、軍事的勝利にもかかわらず、満州事変を別個のものとして切り離し、上海事変のみの処理にとどまることができなかった。それは、あたかも日本外交は連盟の被告席に立たされるようなジレンマに陥り、破綻の序曲を奏でるに至ったのである。

次に、上海事変が近現代史に占める地位について触れたい。結論を先取りすれば、上海事変は実質的に満州事変と一体不可分であり、陸軍の下克上の謀略に端を発した満州事変の暴走の陰で、今度は上海事変が目立つことなく海軍の暴走を触発し、対中、対米強硬化の路線を進む機会を提供した。また、日露戦争以来の「満州権益の維持拡大」という大陸政策を基盤にした不動の国策は、対外的には、排日の激化、米英、とりわけ米国との対立の深化を促し、対内的には、統帥権独立の原則も手伝って、行き詰った政治（政府）の後退が統帥（陸軍）を政治の前面に押し出すという、下克上の構造的な問題を内蔵していた。満州事変は、それらの国策上の問題を包摂したまま上海に飛び火させた。要するに、近現代史研究においては、満州事変に偏ることなく、これら二つの事件を一組のものとして考察することによって初めて、これらの事件の底流の伏在する問題が構造的に把握でき、日中対立はもちろん、この時点で、日米はそれぞれの国策運営における理念の面で、「衝突コース」[4]に入ったことが理解されると思われる。本書が論述する上海事変には、太平洋戦争時における政府、外務省、陸海軍の主要な要路、指揮官等が多数係わっており、一〇年前の若き彼らの活動の実相を知る意味でも興味深い。

二　上海事変の先行研究

上海事変に関する先行研究は、これまでに全くなかったわけではない[5]。例えば、軍事的考察に関しては、事変が勃発する背景と原因、事変初期の海軍作戦や本格的な戦闘に移った後の陸上作戦、戦闘史に重点を置いたもの[6]、外交的考察に関しては、満州事変・上海事変をめぐる国際関係、上海事変の停戦交渉をめぐる国際連盟での外交（リットン調査団関連を含む）を扱ったもの[7]、上海居留邦人と商工業者を捉えた経済的側面及びこれと海軍の警備との係わりに焦点を当てたもの[8]、宣伝・謀略・諜報活動や排日・排日貨運動等の社会的側面に触れたもの[9]、中国側の排日貨の内面と居留邦人の質の側面に触れたもの[10]、中国政府の対日政策[11]を扱ったもの、さらに、国際連盟からの脱退に関するもの等[12]がある。また、最近の中国側において上海事変に関するいくつかの注目すべき研究論文[13]があり、主に中国国民政府内部の確執、蒋介石の避戦方針への強い反発があった内情を窺わせている。さらに、上海における激戦の主役を演じた反蒋介石派の軍隊であった第十九路軍の指揮下に入って苦戦した蒋介石系の第五軍の存在が報告され、印象深い。また、対日抵抗の具体的な行動を全く行わなかった中国海軍に対する弾劾の事実が紹介され、注目を引く。[14]さらにフーバー研究所図書館・文書館（スタンフォード大学）が近年公開に踏み切った「蒋介石日記」は、淡々とした短文の記録ではあるが、他の史資料との総合的視点からこれを併せ観察し、蔣介石政権側の政治的、軍事的な意図を推察するうえで、極めて重要な史料となっている。

さて、これらの先行研究を整理すれば、大きく五つの欠落があるように見受けられる。一つ目は、事変全体を俯瞰し、且つ精緻な観察を通して得られる事変の本質の把握が、難しいままになっていることである。事変の本質とは、この上海事変が近現代史の中で如何なる構造の下にあり、如何なる価値と意義をもつかということである。先行研究は、研究者の専門分野の追究に偏っており、少なくとも事変全体を俯瞰し、且つ本質の把握が不十分なままになっていることである。ただ、これらの中で、事変全体を扱った数少ない研究に、米国東アジア歴史学者のドナルド・ジョーダン（Donald A. Jordan）執筆による *China's Trial by Fire: The Shanghai War of 1932*[15]並びに日本の代表作に、日本国際政治学会が編纂した「第五章　第一次上海事変」（『太平洋戦争への道　開戦外交史　2　満州事変』朝日新聞社、一九六二年）がある。前者は、日中両国の軍事衝突の背景、詳細な経緯、撤退と戦後の被害等の考察結果が述べられており、軍事に関する著者の観察は専門性に富んでいる。ただ、事変当事者から距離を置き、外交との関連についてはやや説得力を欠いているようである。一方、後者の日本の代表作『太平洋戦争への道　開戦外交史　2　満州事変』は、時系列に上海事変の全体像が把握されており、優れた分析結果が披露されているが、上海事変の本質を語る主要なテーマの設定と軍事的展開及び現地上海とジュネーブの国際連盟間の外交の論述に精密さを欠いており、やや説得性に乏しい。重要なことは、日本の国策とその軍事力使用に関する関係国、国際連盟の解釈の相違とその意義を明らかにする必要があると考えられる。

二つ目は、上海事変の主体者である日本海軍の扱いが希薄であることである。もともと上海居留邦人の擁護任務は日本海軍にあるが、先行研究はとかくその海軍の行動を通り一遍に扱っているため、現地上海の排日ボイコット、排日運動の居留邦人に与えた重圧、居留邦人たちが武力行使を渇望する空気、それに対応する現地海軍部隊、海軍中央部等が苦悩しつつ行った意思決定と現地の対応等に関する軍事・外交の錯綜した実相の説明に説得力を欠いている。また、海軍自身がこの上海事変から受けた強硬化の実態とその影響、殊に軍事力使用法が往年の海上「防衛」から上海事変を機に、国策擁護（「対日干渉の抑止」）という政治目的の達成手段として使用されることへの変化に関する考察を欠いている。この変化がいわゆる「海軍の暴走」と深く結び付いているといえる。海軍のこの実態と意義を論じたものは、ほとんど見当たらない。

三つ目は、事変は軍事的要素が主導的に展開しているにもかかわらず、陸海軍の部隊運用に焦点を当てた研究姿勢が欠如していることである。この部隊運用の実態の把握は、人間・社会の本質に迫るものであり、政軍関係、国政に関与する意思決定者にとって不可欠であり、見識を支える基本であるといえる。軍の作戦戦略、国際関係への配慮、組織間の意思疎通、戦闘の実相、犠牲等から受け止められる重みが、外交交渉を直接、間接に決定付けるのではないだろうか。これが必ずしも十分に捉えられていないため、外交自体に説得力を欠いているようである。また、満州・上海両事変における武力行使が正当防衛であるという日本側の見解と、それをひたすら否定する国際連盟や米国の見解との間に宿る本質的な相違とその意義、日本側のあるべき対応等の問題には余り踏み込まれてはいないようである。

四つ目は、何故その軍事的勝利が外交に生かされなかったのか、何故上海の安全確保という政治目的達成の有力な手段と考えられた円卓会議(16)が流産したのか、等の疑問に対する答が得難い状況にある。停戦交渉の経緯の説明が概括的であり、外交官の機微、精緻な主張とこだわり等の実態が埋もれたままになっており、日本外交の意義、強弱に対する観察が不十分である。

最後の五つ目は、上海事変の処理は、何故、満州事変と一体不可分のものとされ、外交が破綻へ向かうに至ったか、日本の国策を含め、その考察が不足していることである。日本が結果的に太平洋戦争に至った因果関係を捉えるうえで、とかく満州事変の研究に偏り、これ迄看過されて来た上海事変に焦点を当て、その意義と影響を見据えることが求められているように思われる。

三　問題認識と研究テーマ

先行研究の調査結果を踏まえ、問題認識と研究テーマを纏めておきたい。筆者がこの事変に関心をもった切っ掛けは、永年、筆者が抱き続けて来た素朴な疑問、〝日本は、結果的に何故、誰も望まなかった、誰も勝算も終結の目途もない太平洋戦争に突入する道を選んだのか〟という、テーマに対する答が、満州事変の直後に生起し、見過ごされて来たともいえるこの上海事変の中に潜んでいるのではないかと考えられたためである。と同時に、その解明の有力な手掛かりに、一九九一（平成三）年当時、米国議会図書館において田中宏巳防衛大学校教授により発見された貴重な史料（海軍軍令部編『昭和六七年事変海軍戦史　軍機編』全一巻のマイクロフィルムコピー）と有益な研究のための示唆を、同氏から受けた幸運がこの研究開始の出発点ともなっている。さて、筆者の問題認識と研究テーマについて触れたい。

一つ目は、そもそも上海事変とは一体何か、その最も基本となる軍事を軸にした真相の解明である。研究の対象期間は、満州事変の約四カ月後の一九三二年一月二十八日深夜の上海において事変が勃発してから、同年の五月五日の停戦協定が成立するまでの約一〇〇日間である。この事変は多くの疑問に満ちている。因みに、上海事変に係わる海軍に関する風聞（海軍の功名心が原因等の説）は如何なるもので、その検証結果はどうなのか。この上海事変が満州事変と如何なる関係を有しているのか。何故日本海軍の警備範囲である上海で起こったのか。日本の危機管理体制と事変勃発の構造は如何なるものであったのか。上海戦場に、内地から三個師団が増派され、何故、三度の総攻撃を経なければならなかったのか。部隊指揮官がとった連盟への遠慮と配慮、苦しみ、痛み、活動の諸制約、条件などの内情は如何なるものであったのであろうか。上海事変は日本自らの意思で早期収拾に至った希有な事例であるが、何故それができたのであろうか等々である。他方の中国軍は、如何なる軍隊で蔣介石政権と如何なる関係をもち、如何なる政戦略的な発想の下に行動したのか等の、相手国中国に対する軍事的考察も当然必要になってくる。このように、事変の勃発と収拾に日中両国の政府、陸海軍は如何なる考えの下に、何をしたのか等に関する真相の解明である。

二つ目は、事変の当事者であった海軍自身が、この事変から如何なる影響を受けたのかを解明することである。海軍自身は満州事変の初期迄は、海軍省を軸とする条約派の主導の下に陸軍に対する抑制的対応をとっていたが、上海事変以降は、国家的規模の危機の到来という意識が高まり、海軍内において海軍軍縮条約に反対して来た強硬派（艦隊派）が勢いをもち始めた。事変のほぼ二年後には海軍省、軍令部共に、主要な人事が強硬派によって刷新されて主導権を掌握するに至り[17]、軍縮から離脱して自主軍備をはじめ、宿願の南進の具体化に向かうという対米且つ対中強硬路線を暴走し始めた。この研究対象の期間内において海軍の強硬化は、どのような実態であったのか。

三つ目は、日本外交は如何なる考えの下に、如何に演じられたかを解明することである。軍事と外交はそれぞれ、問題を有しつつも一体的に動いた。外交は目的から捉えて、二つの性格をもっていた。その一つは、事件予防、軍事支援の外交であった。上海事変前においては事件の抑止を、戦闘開始後には早期停戦を、さらに戦闘中止後は停戦協定の成立のための外交であり、軍事と外交の間には一部齟齬は伴ったものの、通観すれば軍事支援の外交である。もう一つの外交は、満州問題を円滑に展開させるために、対日糾弾や連盟脱退を回避するための外交であった。満州国建国宣言が発せられた三月一日以降、リットン調査団の調査結果待ちであったはずの満州問題が、国際監視の対象として再登場し、ジュネーブでの論戦は対日糾弾に向かった。国際孤立回避の外交努力にもかかわらず、外交破綻の序曲を奏でるに至った。これら二つの外交はジュネーブ、上海現地及び関係国本国とのチャンネルを形成し、表裏一体的に進められた。因みに、中国は上海事変前から停戦協定の成立迄、対日外交を如何なる考えの下に行ったのであろうか。英国をはじめとする上海の欧米諸国やジュネーブの国際連盟諸国は、常任理事国の日本に如何なる印象を抱き、如何なる外交を演じたのか、等を解明したい。

　四つ目は、日本軍は三回の総攻撃によって中国軍を駆逐し、勝利したものの、その成果が政治目的（排日の根絶）の達成に生かされなかった実相とその原因を解明することである。中国側の蔣介石は、掃共戦を優先するため対日戦を何としても避けなければならず、そのため排日運動の激昂を抑えることが不可欠であったにもかかわらず、政権内の確執がその実現を極めて困難な状況に陥らせていた。排日運動の過激化は、もともと日本側にも原因があることを鑑みれば、日本としては国際連盟の調停を受容する選択肢もあり、その動きもとれたはずである。これらの外交の実態はどのようなもので、何故それができなかったのであろうか。

　最後の五つ目は、日中関係の悪化と本事変勃発の大本の原因を担う日本の国策には問題がなかったのか、という根本問題である。満州事変に次ぐ上海事変は、実質的に両者一体のものであり、であるが故に、国策との連関をどう捉えるべきなのか、さらにその国策遂行のための日本の武力行使法そのものに何らかの問題が内蔵していたのではないか、という疑問である。要するに上海事変の本質を捉えるためには、詰まるところ、国策とその達成手段に位置付けられた軍事力使用の本質に遡らざるを得ず、これらの考察なしには、結局、上海事変を理解したことにはならないように思われるのである。

第二節　本書の特色

本研究が先行研究とどこが違うのかについて、大きく二つを紹介したい。その第一は、上海事変の真相把握のために払った軍事、外交面の史料的な配慮である。先行研究でほとんど注目されてこなかった研究史史料を、極力使用することに努めた。まず、日本側の史料で注目すべきものの一つは、日本海軍側の当時の精緻な事変記録である海軍軍令部編『昭和六七年事変海軍戦史　軍機編』の全一一巻である。この史料は、本事変が終結した直後に、海軍軍令部が早期に、ありのままに綴る編集方針に基づき、作戦戦闘、機関・補給・輸送、予算・経理、医務衛生等の各実務レベルで記述したものである。それらの中で、第二巻（戦紀第二）の巻末には、参加した各部隊司令部、艦艇、佐世保鎮守府（策源地）、主要な軍令部参謀、馬公要港部、「支那事変軍事調査委員会」、英米仏国駐在武官等が筆をとり、作戦指導、海軍兵器の運用、戦闘、爆撃、交通線の確保、海陸協同作戦、輸送・護衛等の多岐にわたる実際的な教訓を、後世の参考のために、「其ノ儘分類記録」し、「事変関係者所見摘録」として編纂された。当時の実相を最も忠実に書き留めた部外秘（軍機篇）の公刊戦史である。このころの海軍部内には戦闘の経緯を事実に即して淡々と記録する姿勢、習慣が維持されており、信頼に足る史料であるが、日本国内には存在せず、一九八九（平成元）年に、防衛大学校教授田中宏巳氏によって米国議会図書館にて発見された。この海軍側の史料の研究によって、これ迄解明できていなかった事変当事者の海軍が事変と具体的に如何なる係わりをもっていたかが明らかになるだけではなく、陸軍及び外務省との連関と事変の全体像が明確になった。尚、この史料が国内に復刻版として同氏により緑蔭書房から出版されたのは一九九八（平成十）年のことである。

日本陸軍側の史料としては、防衛省防衛研究所図書館が所蔵する参謀本部編『満州事変史　第十六、十七巻　上海付近ノ会戦』（一九三三年）が上海事変における陸軍作戦の「重要ナル事項ヲ網羅シテ其真相ヲ叙述シ主トシテ一般将校ノ戦史研究及用兵並軍事計画ニ参画スル者ノ鑑誡ニ資ス」とあり、貴重な記録である。また、満州で陸軍が行動した秘密度の高い日記である「満密大日記（其の一、其の二）」（満州事変から昭和七年満州国建国宣言）がある。

　中国側の政治・軍事関係史料としては、新たに米国のフーバー研究所図書館・文書館で公開された「蒋介石日記」をはじめ、彼の側近であったといわれている、秦孝儀氏による『中華民国重要史料初編　対日抗戦時期緒編』（中国国民党中央委員会党史委員会、一九八一年）、『総統　蒋公大事長編初稿（巻二）』（中国国民党党史会、一九八七年）があり、いずれも蒋介石を三人称（公）と捉え、「蒋介石日記」の内容を補足する各方面の背景と事跡の詳細が書かれている。また、丁秋潔他編『蒋介石書簡集　中』（みすず書房、二〇〇〇年）がある。軍事関係については、指揮官クラスに関する戦闘記録・回想録としては、国防部史政編訳局編纂の『抗日戦史』（一九八〇年）、第十九路軍の歴史、背景、戦闘の経緯と事跡、国際関係等を記した華振中他『十九路軍抗日血戦史料』（神州国光社、一九三二年）、朱宗震等編『陳銘枢回憶録』（中国文史出版社、一九九六年）、第五軍による『張治中回顧録（上）』（文史資料出版社、一九八五年）、兪済時『中華民国二十一年「一二八」松滬抗日戦役経緯回想』（国防部史政編訳局、一九八三年）を、また、中国海軍に関しては、張晞海・王翔『中国海軍之謎』（海洋出版社、一九九〇年）を使用した。これら中国史史料の翻訳は、「蒋介石日記」を中国海軍史研究家の馮青氏に、その他に関しては、中国海軍史研究家の深堀道義氏（第六航空軍司令官　菅原道大〈陸軍中将〉の次男）にお願いした。

　外交関係については、中国現代史研究会編『中国国民政府史の研究』（汲古書院、一九八六年）、鹿錫俊『中国国民政府の対日政策』（東京大学出版会、二〇〇一年）、兪辛焞『満洲事変期の中日外交史研究』（東方書店、一九八六年）、陳祖恩『上海日僑社会生活史』（上海世紀出版股份有限公司、二〇〇九年）及び近年の中国人研究者の主要な研究論文[18]等を使用した。

　次に、英米等の関係史料としては、上海戦を第三者の冷静かつ客観的な目で観察すると共に、停戦に関する調停役を粘り強く演じた英国側の軍事・外交関係史史料がある。具体的には、英国国立アーカイブスが所蔵する Admiral Sir William Archibald Howard Kelly, *China Station Records(1931-1932)*, Vol.LXXVIII: The Sino-Japanese Hostilities January to May, 1932 Part II (National Archive)、

Ships Log（旗艦「ケント」号の航海日誌）及び英国海軍文書（ADM125, ADM53）である。いずれも、ハワード・ケリー（Howard Kelly: 1873-1952）海軍大将が、英国の租界に対する主導的立場から、英国公使マイルズ・ランプソン（Miles W. Lampson）と事変収拾の斡旋に努め、事変の経緯と実際の対応状況を、逐次英本国に報告したものである。

外交関係史史料に関しては、日本外務省の公文書記録[19]を基軸に、各種外交関係史史料を使用した。小林道彦他『内田康哉関係資料集成』計三巻は内田康哉の事跡と人物に焦点を当てた貴重な史料集である。

上海事変の性格は平時対応の外交を基本としていた関係上、第三国の英米の外交関係が重要となる。このため、ヘンリー・スチムソン（Henry L. Stimson）著・清沢洌訳『極東の危機』（中央公論社、一九三二年）及び近現代史研究の必読の史料である英国関係外交文書 *Documents on British Foreign Policy*（以下、*D. B. F. P.*）[20]、米国の *Foreign Relations of United States Diplomatic Papers*（以下、*F. R. U. S.*）[21]を以て、日本の『日本外交文書』の「満州事変　第一巻」「同　第二巻」「同　第三巻」等と関連させて考察した。殊に停戦の仲介に当たったランプソンの交信記録、ケリーの本国海軍省への報告史料等を参考にして、考察することに心掛けた。但し、本書は日本側の史資料を主として使用した。尚、国際連盟及び米国側の文献としては、クリストファー・ソーン（Christopher Thorne）著・市川洋一訳『満洲事変とは何だったのか——国際連盟と外交政策の限界——　下』（草思社、一九九四年）：*The Limits of Foreign Policy* (London: Hamish Hamilton Ltd., 1973) がある。

本書の特徴の第二は、先行研究に認められる五つの欠陥を極力補い、錯綜した軍事、外交の実相、武力衝突、停戦交渉、撤退、海軍が受けた影響、関係人物や組織の意図、国策と軍事力行使の構造等を把握し、極力精緻に描写することに努めた。

以上の考察結果によって、とかく満州事変の陰に隠れ、当時からほとんど注目されてこなかった上海事変が、実は日本近現代史に極めて大きな影響を与えていたことを実感されるであろう。満州事変において武力解決に踏み切ったことが、上海事変の勃発を誘発し、以後の長期にわたる武力解決法の世界に突入させてしまったことを、改めて認識させられるであろう。軍事力は防衛を基本とする。しかし国策に問題を蔵したまま、防衛の枠を超え、その国策を他国に強要し擁護するという政治の道具に使われることは、決して国際社会の安定維持につながらないということが理解できることを期待したい。もちろん軍は政治の道具である以上、その拠り所となる「国策の質」が問題となる。当時の巨大な歴史の動きの底流に、日本の国策に謳い込まれたものは、満州権益の維持、拡大という現世利益の追求であり、それと相対する米国の国策遂行の基底に宿る人類普遍の理念との相違が何かを知ることになるであろう。要するに、今日から見て、この上海事変の収拾過程は、日米間が実質的に、理念（ソフト面）において「衝突コース」に入ったのを意味していることが分かるであろう。

また、それ迄穏健であった海軍が、事変に翻弄されつつも、この機に目立つことなく硬化し、暴走を始めたこと、その結果、払拭し難い残滓が、海軍をして漸次、陸軍との共同歩調を触発したといえる。それらは外交の破綻を加速し、国際連盟加盟諸国、欧米列強との離隔を深めるという国際孤立への道を驀進させるのである。

本書は、博士学位論文「第一次上海事変の研究――軍事的勝利から外交体制破綻への序曲――」を圧縮・修正したものである。

註

（1）臼井勝美「上海事変」（外務省外交史料館日本外交辞典編纂委員会編『日本外交史辞典』山川出版社、一九九二年）三八七〜三八九頁。

（2）田中隆吉『別冊知性5　秘められた昭和史』（河出書房、一九五六年）一八一頁。田中の証言は東京12チャンネル編『証言・私の昭和史　1』（學藝書林、一九六九年）一七〇頁以降の「装甲車とクリークと」として収められている（その後、一九八四年に旺文社文庫として再刊された）。筆者は一九九三（平成五）年二月四日に、田中隆吉氏の長男稔氏にインタビューを行った。父の後日談だがということで、「父隆吉は国際検事団のハメル〔John F. Hummel：引用者〕少佐検事に対し、『第一次上海事変と綏遠事件の画策はおれがやったんだ』と説明したが、この報告を受けたキーナン検事は、それは派生的なこととして取り上げなかった」と語った。

（3）中国側が連盟に提訴した満州事変における国際連盟規約第十一条、上海事変における第十条、第十五条の三点セットは、満州問題と上海事変が一体のものとして解決する方針が明確にされたことを意味し、かつ第十五条によってその具体的な手続きが明示されたことによって、日本は法的に拘束され、後戻りができない態勢に押し込まれたことを意味した。

（4）「衝突コース」とは、海軍用語であるが、結果的に、日米双方のそれぞれの国策遂行の理念が、先行き調整不能の状況に陥り、よほどの変更がない限り衝突の位置関係に陥ったことを指す動的概念であるといえる。海上を航行中の自船から相手船を視認する方位角（船首方向と相手船の方向によって挟まれる角度)が、一定時間航行を継続しても、不変の状態に入った危険な位置関係をいう。この両船がこのままの針路・速力で進む限り、気が付けば、一挙に巨大化した船影が接近し、確実に衝突することを意味している。

(5) 上海事変当時の叙述としては、上海居留民団編『昭和七年　上海事変誌』(上海居留民団、一九三三年)、榛原茂樹・柏正彦『上海事件外交史　附　満洲建国始末』(金港堂書籍、一九三二年)、信夫淳平『上海戦と国際法』(丸善、一九三二年)、野田勝久編『復刻版　第一次上海事変における第九師団軍医部「陣中日誌」』(不二出版、一九九八年)、仲摩照久編『上海事変の経過』(新光社、一九三二年)、朝日新聞社編『満州・上海事変全記』(朝日新聞社、一九三二年)、濱田峰太郎編『上海事変』(上海日報社出版部、一九三二年)等がある。最近の軍事・外交を中心にした研究には、瀬戸利春「第一次上海事変──アジアの魔都で交錯した銃火と外交──」(『歴史群像』№90、学習研究社、二〇〇八年)がある。

(6) 影山好一郎「第一次上海事変の勃発と第一遣外艦隊」(『海軍史研究』第三号、一九九二年)、同「第一次上海事変における第三艦隊の編成と陸軍の出兵」(『軍事史学』第二十八巻第二号、一九九二年)、同「満州・上海事変の対処に関する陸海軍の折衝──海軍の対応を中心として──」(『政治経済史学』第三一八号、一九九二年)、などがある。

(7) 事変終了後に書かれた、学術的に高い価値をもった二つの外交記録がある。前掲『上海事件外交史　附　満洲建国始末』は、国際連盟及び現地上海の双方にわたって日本外交の詳細な対外対応と内情が記録されている。一方、前掲『上海戦と国際法』は、国際法学者として広範かつ専門的な立場から停戦交渉には精緻な筆を振るっている。その他、秦郁彦「一九三二年の日米危機──虚像と実像──」(国際政治／日本国際政治学会編『季刊国際政治　日本外交史研究：外交と世論』通巻四一号、一九七〇年四月)、黒羽清隆「上海事変おぼえがき──国際連盟脱退前史──」(『歴史学研究』三七六号、青木書店、一九七一年)、クリストファー・ソーン著・市川洋一訳『満州事変とは何だったのか──国際連盟と外交政策の限界──　下』(草思社、一九九四年)がある。また、島田俊彦「昭和七年上海停戦協定成立の経緯(1)(2)」(『アジア研究』第一巻第三、第四号、一九五四年)などがある。

(8) 上海在留邦人の社会、経済の観点から書かれた論文には、村井幸恵「上海事変と日本人商工業者」(『年報・近代日本研究　六　政党内閣の成立と崩壊』山川出版社、一九八四年)、山村睦夫「満州事変期における上海在留日本資本と排日運動──上海商工業会議所を中心に──(上)(下)」(『和光経済』第二〇巻二、三号、一九八八年)、塚本尚彦「上海の抗日運動と日本人居留民」(『信大史学』第十四号、一九八九年)、桂川光正「上海の日本人社会」(上海研究プロジェクト編『産研叢書1　国際都市上海』大阪産業大学産業研究所、一九九五年)がある。また、上海事変前の日本海軍が有する居留邦人(特に日本人商工業者)の擁護任務の実態に触れた研究に、後藤春美『上海を巡る日英関係　1925─1932年──日英同盟後の協調と対抗──』(東京大学出版会、二〇〇六年)がある。

(9) 宣伝謀略に関しては、影山好一郎「上海事変の勃発と田中隆吉の謀略」(『海軍史研究』第三号、海軍史研究会、一九九五年)、新名丈夫「陰謀上海事変」(『歴史読本』一九六八年七月号)がある。

（10）　居留邦人の質的な区分と経済的な面の実相と質の面に関する研究は、高綱博文「第一章　上海事変と日本人居留民——日本人居留民による中国人民衆虐殺の背景——」（中央大学人文科学研究所編『日中戦争』中央大学出版部、一九九三年）がある。

（11）　鹿錫俊『中国国民政府の対日政策　1931―1933』（東京大学出版会、二〇〇六年）。

（12）　国際連盟の脱退に関する先行研究ないし論述された主なものには、以下がある。外務省外交史料館「日本外交の過誤」（『外交史料館報』二〇〇三年九月号）、デビッド・ルー「松岡洋右——国際連盟との決別——」（『1930年代の日本外交——四人の外相を中心として——　国際政治』五十六号、有斐閣、一九七六年）、小林道彦・高橋勝浩・奈良岡聰智・西田敏宏・森靖夫編『内田康哉関係資料集成　第三巻』（柏書房、二〇一二年）、井上寿一『危機の中の協調外交』（山川出版社、一九九四年）。

（13）　張銓「〝一・二八〟淞滬抗戦及其意義」〈「一二八上海事変とその意義」〉（『史林』一九九二年一月）、朱華「一二八戦後上海資産階級的政治態度」〈「一二八戦争後の上海民族資産階級の政治態度」〉（『華東師範大学学報：哲社版』華東師範大学、一九八七年四月）、華永正「〝一・二八〟事変起因新探」〈「上海一二八事変に関しての新たなる探究」〉（『安徽省委党校学報』安徽省委党校、一九八七年六月）、韓明華「〝一・二八〟抗戦和不抵抗主義」〈「上海事変と不抵抗主義」〉（『上海師範学院学報』一九八二年四月）、竇愛芝「〝一・二八〟淞滬抗戦理応連同第五軍一道説」〈「上海事変は第五軍についても記述すべきである」〉（『南開学報』南開大学出版社、一九八二年五月）、呉珍美「〝一二八〟到〝八一三〟蒋介石対日態度変化之客観原因」〈「一二八より八一三に至る間の蒋介石の対日態度の変化に対する客観的原因」〉（『上海師範学校学報』一九九六年第一期）、張衡「略論〝一・二八〟抗戦期間国民党内的和與戦之争」〈「第一次上海事変抗戦期間中の国民党内における和戦論争に関する概論」〉（『民国檔案』一九九二年第一期）がある。〈　〉は、いずれも、二〇〇三年に深堀道義氏が翻訳。同氏は陸軍中将（第六航空軍兼教導航空軍司令官）菅原道央の次男で、海軍兵学校75期、戦後は中国との貿易会社を経営し、軍事史研究者、童謡作曲家として知られる。著書に『特攻の真実』（原書房、二〇〇一年）、『中国の対日戦略』（原書房、一九九七年）などがある。

（14）　張晞海・王翔『中国海軍之謎』（海洋出版社、一九九〇年）深堀道義訳。

（15）　Donald A. Jordan, *China's Trial by Fire: The Shanghai War of 1932* (Michigan: The University of Michigan Press, 2001).

（16）　円卓会議は、最終的に日本側の強い要望であった排日団体の解散を実現できるための会議を意味した。

（17）　影山好一郎「海軍軍令部の権限強化問題」（『海軍史研究』第四号、一九九七年十月）。

（18）　使用した中国側の最近の上海事変の研究論文は、（13）に同じ。

（19）　『日本外交文書』満洲事変　第二巻第一冊及び同第二冊（外務省、一九五〇年）。

（20）　*Documents on British Foreign Policy, 1919-1939,* Second Series Vol.IX, Vol.X.

（21）　*Foreign Relations of United States Diplomatic Papers,* Vol.III, 1932.

第一章　上海事変前の上海共同租界と中国

——共同租界の安全保障——

はじめに

上海は当時、中国最大の貿易港であり、世界有数の国際都市であった。その土地に対して欧米人がもつ知識、利害関係、愛着心等は、満州に対してよりも遙かに深いものであった。国際連盟事務局次長であった杉村陽太郎は、上海事変が終結した翌年の一九三三年、『国際外交録』において、「上海に対しては一般に次のやうな常識が支配してゐた。即ち各国は満州問題に関する限りでは、古くから錯綜した日支関係、大正四年の日支条約、ワシントン会議等の複雑な行きがゝりから見て、日本の行動に対して相当の理解を持つてゐた。然るに上海に於ける陸戦隊の上陸、更に大部隊の陸兵派遣を見るに及んで、列国は連盟規約、不戦条約の規定のみならず、ワシントン九ケ国条約の条文から論じても、違法の甚だしきものであると考へ、彼の英米の南京砲撃の生新しき事実などは忘れたやうな顔で騒ぎ立てた。欧州人の理解するところから云へば、満州に対しては日本は特殊地位を有する。併しながら、上海に於いては、日本の満州に於けるが如き地位を有するのは英国である。日本は英国のみならず仏国に比較しても必ずしも大に優越的な地歩を占めて居らぬと云ふのである。これが平常上海について欧州人の有する通念なのであつて、上海事変に関する彼等の興奮はこの見地を失つては理解することは出来ない。[1]」としており、満州事変に次ぐ上海事変が国際社会に与えた影響、衝撃の大きさを物語っている。

図１　上海租界とバンド
上海の共同租界と仏国租界の黄浦港に臨む辺りを「バンド」と呼び、上海の主要部をなす。手前は平和記念塔。
出典：仲摩照久編『上海事変の経過』（新光社、1932年）185頁。

第一節　上海共同租界の起源と日本の参入

一　上海共同租界

アヘン戦争後の一八四二（天保十三）年に締結された英清間の南京条約は、上海をはじめとする五港の開放と開港場における外国人の居住貿易権を認めた。一八四五（弘化二）年、初めて英国総領事ジョージ・バルフォア（George Balfour）と上海道台（上海の中級地方長官）との間に「土地章程」（Land Regulation）が結ばれた。これはその後三回にわたって修正されたが、そのたびに外国側はこの章程に租界設定の正式な法的根拠を求めようとした。しかし、中国政府はこれを承認するに至らず継続的に黙認したのであって、租界の根拠は国際法上の条約とはいえないといわれる理由がここにある。しかしながら実効上、英国総領事は上海道台との間に土地租借が認められたため、道路及桟橋委員局（Roads and Jetties Committee）を組織した。これが後年、工部局（Municipal Council）と改称され、いわゆる租界政府となった。注意すべきことはこのように外国政府が得た権利は、物権的性質を有するが、領土権は依然として中国に存するもので、上海は列強の中国半植民地化の一大拠点であったといえる。かくして一八四五年に英国租界が、また一八五三（嘉永六）年に虹口《ホンキュウ》一帯に米国租界が設定された。

その前後、上海の租界が太平天国の乱（一八五〇（嘉永三）年勃発）等の度重なる内乱に巻き込まれるや、外国人居留民は、英国総領事の主導の下に義勇軍を組織して防戦し、租界の安全を確保して来た。これらの度重なる戦乱により、中国人に対しては租界区域内の居住が禁止されていたにもかかわらず、夥しい数の中国人難民が租界に流入した。その結果、それ迄五〇〇人内外であった租界在住の中国人は、約二万人を超え、租界はこれを食い止める力がないばかりか、これを追放するのは非人道的であるとの論も出、また中には富裕の中国人もいたので、これに土地家屋を貸与し、商売をさせることは租界の利益にかなうとの意見も有力となった。その結果、一八五四(安政元)年の「土地章程」の第一回改定で中国人の租界内居住の禁止令が撤廃された。以来租界内には、外国人の他に多くの中国人が在住する状況となった。(2)

一九三〇(昭和五)年末の人口調査によれば、後述する「延長道路区域(越界道路、エキステンション)」を除いた純共同租界内における中国人口は外国人の二万六九六五人に対して、九七万一三九七人、また外国人中、日本人は一万二七八八人、延長道路区域に五、六九〇人、仏国租界に三一八人となっていた。即ち、上海事変の性格を知るうえで重要な環境要因は、共同租界内は約三パーセントが外国人で、九七パーセントが中国人であり、またその外国人中約四七パーセントが日本人という事実である。(3)

その後、大勢の中国人を抱えた共同租界は手狭になり、拡張されて来たが、殊に一八九三(明治二十六)年の拡張において、後に日本人が多数居住する虹口の西北の境界が著しく伸びた。このように租界の発展と共に「土地章程」は改正を重ねられ、工部局の権限が拡大された。そして外国側の自治権掌握により次第に政治的権益を濃厚にし、居留民団体は租界内行政を行使する役割をもち、自治機関の市参事会が設定された。尚、米国租界は位置的に不便であり、また利害一致の協力が必要との認識から、一八六三(文久三)年、英国租界と合同し共同租界となった。また仏国租界では、仏国商人が英国租界内に居住することが英国商人との対抗上不利と判断され、一八六九(明治二)年には仏国一国のみの専管租界となった。

上海共同租界に対する日本の参入は、一八七一(明治四)年の「日清修好条規」以後のことで、殊に日清戦争後の「下関講和条約」の成立後、日本は対清経済的発展の必要性から上海に注目し、清国政府と交渉の結果、一八九六(明治二十九)年十月十九日の「日支間議定書」(4)により、上海その他の地に日本専管租界を設置する権利を得た。以来その地域の選定に腐心、研究したが、既に適地は仏国租界及び共同租界に管理、設定されており、新たに入手することは困難であった。

一方、共同租界は仏国租界と共に益々繁栄し、地域拡張の必要に迫られ、その選定する区域と日本が予定している区域とが衝突を来すと共に、利権回収を希望する中国国民が日本租界の設定に反感を抱いた。この段階に至って日本は列国の勧請に応じ、当初の方針を放棄して、将来を見通した日本の一定の利益に関し、列国から援助を受けることを条件として共同租界の拡張に賛成した。その結果、北京外交団と中国政府との協定が一八九九（明治三十二）年四月に成立し、その拡張が得られるようになった。以上が、租界そのものの最終的な拡張であった[5]。

二　上海の行政

上海市は、一九二七（昭和二）年、「上海特別市条例」の公布により隣接地域を併合して大都市となり、総人口は三三五万人を数えた。同市は共同租界、仏国租界並びに中国街の三部から成り、両租界は周りの中国街の行政と区別されて特別区とされた。地理的に長江支流の黄浦江沿いに位置していた。中国街地区では市政府の市長が中央政府に任命され、市政会議の首席として市行政の統括に当たった。共同租界は、日本を含む英米等約四〇の国籍をもつ外国人が居留しており、政治は租界の「土地章程」及び同付則等の法に準拠した[6]。機関は議決機関と理事機関の二つから成り、前者は納税者会議と土地委員会、後者は執行の権限をもった工部局であった。そしてこの工部局は一九三〇（昭和五）年には、日本人二人、英国人五人、米国人二人、中国人五人の計一四人の参事会委員（選挙による）から成る市参事会を有し、軍事、警察、財政、衛生、土木、公園、電気、交通、教育等の広範な業務を執行した。参事会委員に英国人と同様に中国人が五人を占めていることが、租界における彼らの地位と重みを示している。そしてこの工部局を監督する立場に、領事団と北京外交団が存在した。工部局は、租界の防衛（兵力派遣、戒厳令発令等）を除き、実質的には行政施設を建て、各種法令を制定する等、一独立政府の風を成していた。中国側との交渉には、原則として領事団の首席が当たった[7]。

三　共同租界の防衛と日本海軍の警備担当区域

（一）　共同租界の防衛の経緯と上海の駐兵権

上海事変前の工部局の執行機関には、総務局ほか一一の部局があった。租界内の安全を警察部が担任し、各国から警察官を派出し、英国警視総監の下に統括された。一八七〇（明治三）年に上海義勇軍が工部局参事会の管轄下に置かれ、常設の機関として、中国人の排外的暴動や兵乱の危機に即応することになった。日露戦争後の一九〇七（明治四十）年に日本隊が編入された。

上海事変前において、上海の居留邦人の生命財産の保護

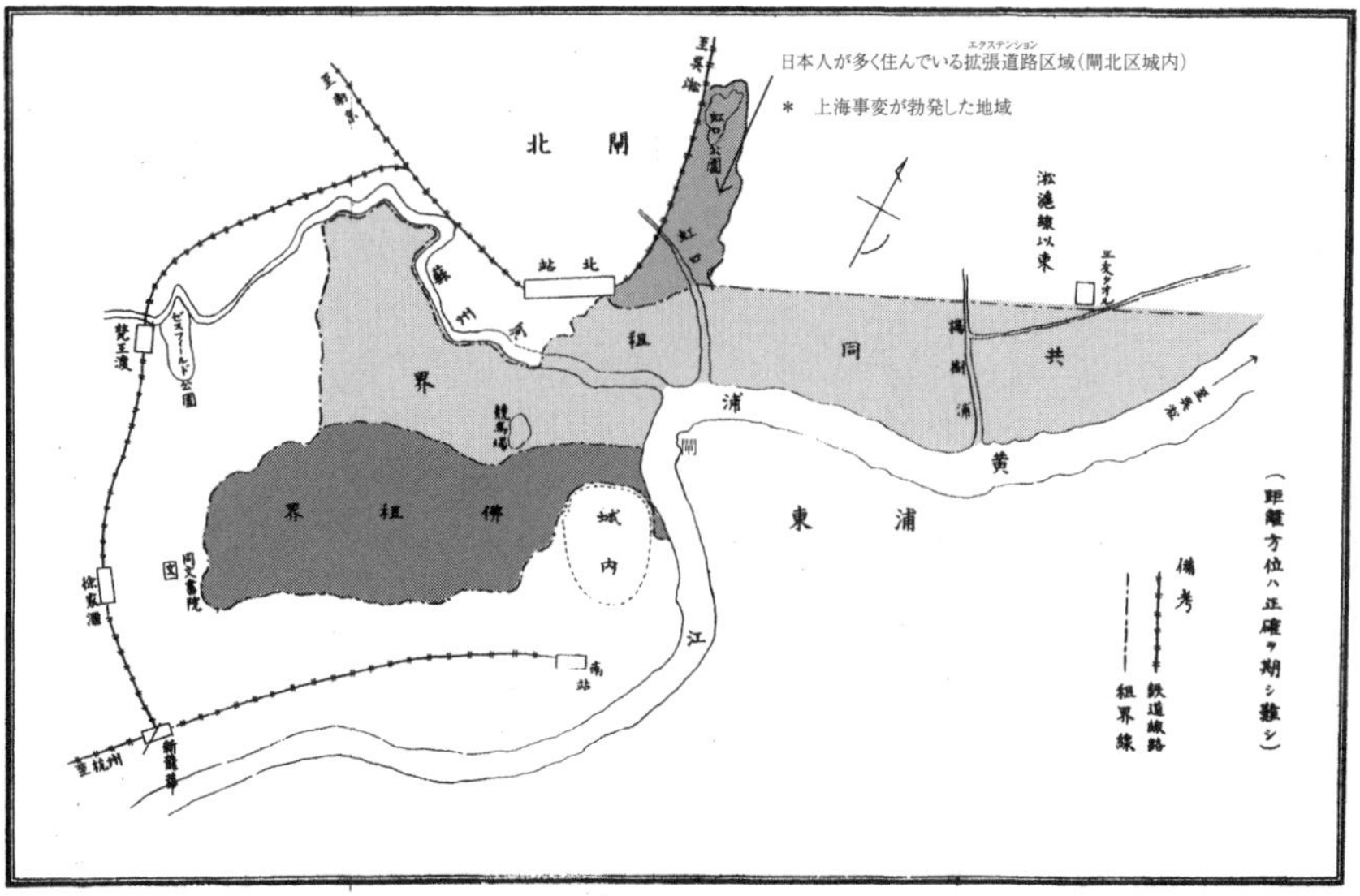

図２　1932（昭和７）年１月当時の上海地図

出典：海軍軍令部編・田中宏巳・影山好一郎監修『昭和六・七年事変海軍戦史　初めて公刊される満州事変・上海事変の海軍正史　第２巻（戦紀第２　軍機）』（緑蔭書房、2001年）124頁（図表では以下、『昭和六・七年事変海軍戦史　第２巻』）。

のために、何故日本海軍陸戦隊が上海に駐兵できたのだろうか。中国における外国軍隊の駐兵権は大きく二つに分けることができる。(8) その一つは、条約に根拠を置くものであり、日本の場合、「北支駐兵権（一九〇一（明治三十四）年の北清事変最終議定書に基づく清国駐屯軍（一九一三（大正二）年に支那駐屯軍と名称変更）」と「満州駐兵権（一九〇六（明治三十九）年の『満州に関する日清条約』等に基づく満鉄付属地における駐兵権であって、いわゆる関東軍）」がこれに当たる。

今一つは、条約上の根拠を有するものではないが、山東省やそれ以南の華中・華南の地域に関係するものであり、海岸都市や長江流域の主要な都市を中心に、海軍が警備担当するようになった。殊に上海においては、中国に国内動揺が絶えず、中国官憲の実力が不足し、現地の領事警察や租界の義勇軍や警察等のみでは在留外国人の生命、財産の十分な保護を果たし得ない状況であったため、それぞれ自国（日英米仏等）の軍隊を派遣駐屯させて保護任務に当たった。このように租界における駐兵権は、いわば実際の必要に基づく多年の慣行から自然に生じた既成事実と見なされるものであった。しかし他方の中国側は、これらの駐兵はいずれも中国の主権を侵害するものであると主張した。一九二二（大正十一）年のワシントン会議で、外国軍隊の撤退を要求した。列国はこれに応ずる意思があることを決議し、日本は山東省と漢口から撤退したが、中国の政局が依然として不安定のままであったため、中国各地の外国軍隊は継続して駐屯した。日本海軍は平時任務の一環として、居留邦人の保護任務を明確に規定した。つまり、中国方面を行動する艦艇が中国側の内紛等の国内不安に接触する機会が多いことに鑑み、北清事変前の一八九八（明治三十一）年五月達第八五号を以て「軍艦外務令」[9]を制定した。平時から海軍艦艇の行動そのものが、外交任務そのものでもあるという性格を明確にしたものであった。この「達」は、太平洋戦争が終了する迄継続されたのである。

日本海軍は満州事変前に、中国の関係各都市居留邦人の生命と日本の権益擁護の警備任務を二つの艦隊に担任させていた。その一つは長江以北の中国及び関東州沿岸を担当する第二遣外艦隊（司令官：津田静枝海軍少将）であり、今一つは長江流域及び同江以南の中国沿海に対する第一遣外艦隊であった。上海事変の渦中にあり当事者となった現地部隊が、この第一遣外艦隊である。司令官は塩沢幸一海軍少将[10]であり、海軍陸戦隊を指揮した。第一遣外艦隊の担当区域は、上海、南京、蕪湖、……、重慶、成都等の一四都市に及ぶ約一、三〇〇浬の長距離にわたった。上海と漢口を中枢基地とし、上海には陸戦隊及び警備艦を常駐させ、漢口においては約二〇〇人の陸戦隊を揚陸し得る艦船を配備していた。旗艦「安宅」は常に警備地を巡航して情報偵察を行いつつ、直接に指揮する方式をとった[11]。

（二）　租界延長道路（越界道路、エキステンション）

第一次世界大戦前後の自由主義の影響を受けて、中国人のナショナリズムが高まった。これは過去の租界側と中国側との租界拡張の議を成功させる環境とは、もはや異なっていた。拡張の要請に中国側はなかなか承諾しない。交渉が行き詰まり、租界側は苦肉の策として、租界境界線からその外方に向かって北と西の地域へ租界延長道路（External Roards, Extra-Settlement Roards, Extension）の建設を始め、租界拡張の実を挙げる計画に向かって歩を進めた。その後、一九二五（大正十四）年には一三条にのぼる道路を縦横無尽に租界外西方に走らせた。一本の租界延長道路が設けられると、これに対して住宅や店舗が建てられる。これらが次第に奥へ増設されると、地主たちによって延長道路に接続する私有道路が建設され、内部は家屋で充満されるようになる。ここにいわゆる延長道路区域、つまり「面」が形成され、租界側はこの区域に対して租界行政権を浸透させていった。租界当局がほとんど無制限に建設する権利を支持する基礎は、「土地章程」第六条の一の末段の規定にある。そして道路保全と交通整理のため、租界側の警察権を行使し、既成事実化を図ったのである。

一九三〇（昭和五）年における延長道路区域居住の日本人総数は五、六九〇人で、同区域の外国人総数の約六〇パーセントを占めている。[12] しかもこれらの日本人は、ほとんどが閘北《ざほく》〔上海語（Zhabei）と日本語の入り混じった発音とされ、当時常用されていた〕といわれる地域の北四川路付近に住んでおり、この地区に住んでいる外国人の約九九パーセントに相当した。このころ、同地区には上海海軍特別陸戦隊本部、高等小学校、日本病院をはじめ、日本人の店舗、住宅が甍を並べるようになった。これらは延長道路問題に対する日本人の強い関心を裏付けている。

このような列国の延長道路拡張問題に対し、中国側は、これを建て前上違法視し、一九一六（大正五）年上海市制を建てる段階で、租界以外の隣接地区をすべてその管轄に入れ、延長道路区域に対する行政権を主張した。その一環として上海市公安局は、北部延長道路地区（日本人が多く住む閘北）に巡査を配置するに至った。このため同一地域に工部局と中国の両種の警察が、権限の衝突の可能性を残したまま曖昧な状態で置かれることになった。[13] さらに皮肉なことに、この閘北の鉄道以東の延長道路を含む区域を、「上海租界協同防備計画」により日本の海軍陸戦隊が担任していたのである。往年の租界側による租界拡張の交渉に妥協して来たメカニズムが、中国内部の国民運動の覚醒と高まりによって、満州事変後は新たな局面を迎えるに至った。特に日本に対し、租界拡張も一つの要素として排外運動の対象となり、変質を遂げて来ていたのである。後の日中戦闘の市街戦は、この地域において始まることになるのである。

第二節　工部局と租界の安全保障

一　「上海租界協同防備計画草案」の作成の経緯と意義

一九二七(昭和二)年、蔣介石の北伐中、中国南北軍が日本海軍陸戦隊と衝突した南京事件が生起した。このとき、上海共同租界の日本海軍陸戦隊は、当時の国際協調外交方針に則り、南軍の北上に際し、公使館警備には少数を配備し、万一の場合の反撃を禁止するなどとしていたため、公使館関係者、居留邦人は犠牲と略奪を蒙り、以後の海軍による上海警備に甚大な影響を与えた。これは、上海事変の陸戦隊の意思決定の質を見るうえで記憶されなければならない。当時の日本海軍陸戦隊は、虹口、北四川路付近の租界延長区域、東部及び西部邦人工場等の配備に就いていたが、殊に当該延長区域に対しては英国軍側が厳重な関門を設け、日本側の正式な配備の要求を受け容れようとしなかったのである。日本海軍陸戦隊指揮官植松練磨海軍大佐が、英国軍先任指揮官フレミング(George Fleming)少将と激論の末ようやく居留邦人の現地保護を全うし得たような状況であった。その後、英日間に区域再編が行われたのである。この結果の「各国軍受持分担区域図」は、図3のとおりである。

一九三一(昭和六)年六月二十三日、フレミングは「上海租界協同防備計画草案」を作成提案し、各国の上海駐屯軍指揮官と会合を重ねた。満州事変後の十二月十八日にフレミング、米国海兵団第四連隊指揮官フーカー大佐、日本海軍陸戦隊指揮官鮫島具重海軍大佐、上海共同租界工部局参事会議長マクノーデン(Ernest B. Macnaghten)(防備委員会委員を兼務)、上海義勇隊長トム大佐、上海工部局警視総監マルテイン、及び仏国軍指揮官マルケイル大佐が一応得られ

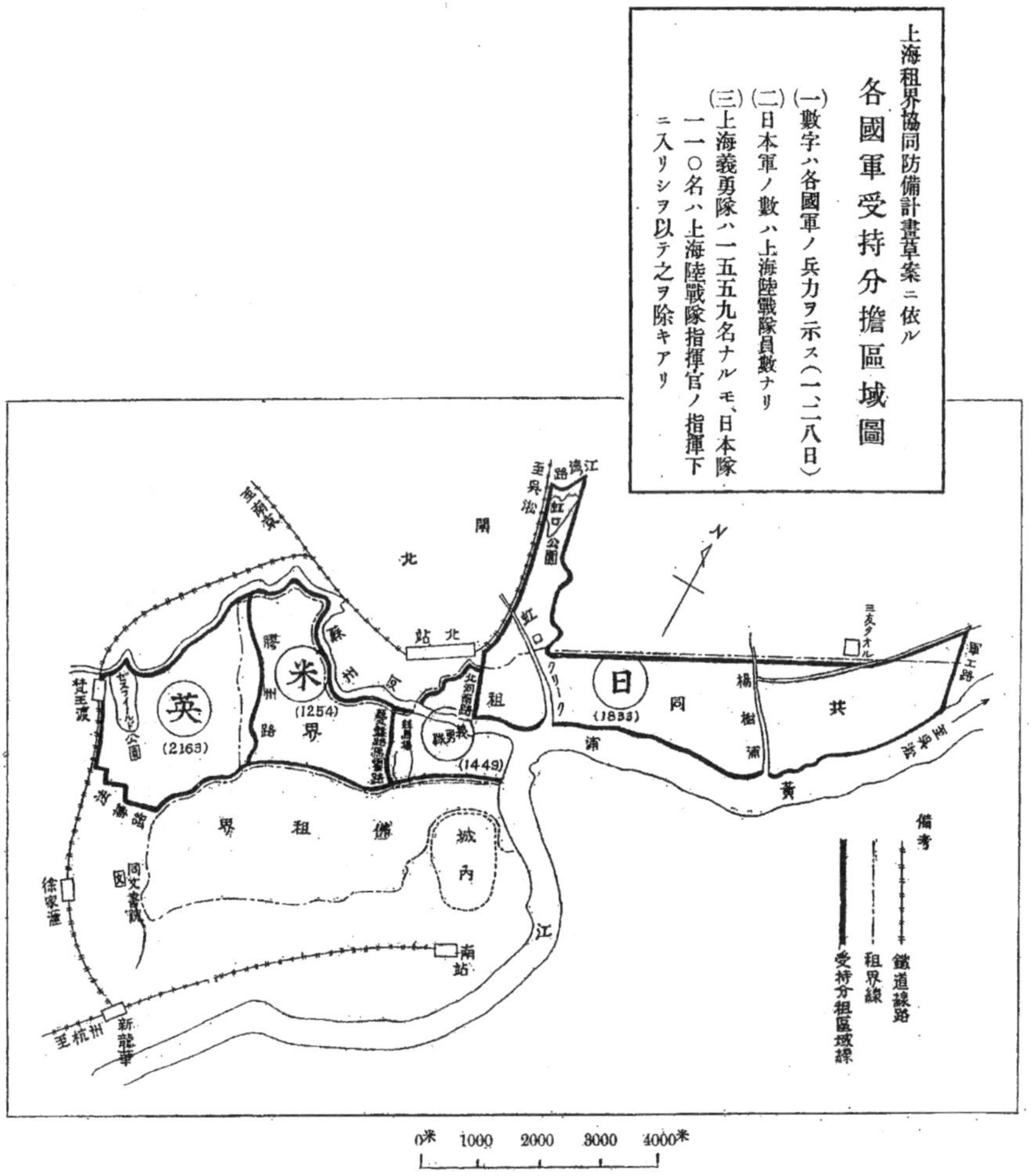

図３　各国軍受持分担区域図
出典：前掲『昭和六・七年事変海軍戦史　第２巻』60頁。

た原案を以てそれぞれ上司に確認することを条件としてこれに署名し、各国軍の意見が出揃った後に改めて会議をする旨を回答することになった[14]。

上海事変は、この手続きが未了の段階で勃発したのである。同草案においては、工部局の責任は、「共同租界及其ノ付近ニ於ケル外国人ノ生命・財産ノ保護ハ、通常工部局ノ責任ニシテ、工部局ハ其ノ目的ノ為、警察及上海義勇隊ヲ維持ス」とあり、外国駐屯軍の任務は、「……本来目的ハ、事態重大トナリ地方当局（工部局警察及上海義勇隊）ノ力及バザル場合、各国人ノ生命・財産ヲ保護スル」にあるとされている。しかし、外国人とその財産が広大な租界内全域にわたり、各国駐屯軍が自国人のみを保護することは兵力分散と能率の損失を招くため、これら共通目的の達成には外国駐屯軍相互間並びに外国駐屯軍と工部局部隊との組織的行動と協力が必要であると合意された。外部からの脅威に連動して発生する可能性として、「支那政府軍ガ明白ニ排外運動ニ参加セル場合」「支那軍隊ガ内乱ニ従事スル場合」「共産主義又ハ之ト類似ノ非合法的動機ニ依ル半組織的暴徒」「前記三者何レカノ組織的租界侵入」と認識されていた[15]。共同租界を守るために組織された防備委員会の職務は、「必要アルトキハ常ニ協力、協同保障手段ニ対スル計画ヲ考案作製スルモノトス」とされ、詳細な事務手続きや仏国駐屯軍との協力関係を規定している。防備委員会は、上海駐屯軍先任指揮官を委員長とし、上海工部局市参事会議長、上海工部局警視総監、各国駐屯軍指揮官、上海義勇隊指揮官を委員とした。具体的な作戦指揮は上海駐屯軍先任指揮官に依存しているが、問題は、実際に租界に事件や戦闘状態が生起した場合に、上海駐屯軍先任指揮官が軍事警察的に指揮するものの、この組織の運用に関し、大所高所に立って一元的に政治統制する責任が必ずしも明確に示されておらず、各国駐屯軍が並列のままの協力体制の実動にはかなり困難を伴うことが予想されたのである[16]。

二　「上海租界協同防備計画草案」と日本海軍陸戦隊の異議

実際に「上海租界協同防備計画」を進めるに当たって、租界側から提案された案件に関し、日本側は以下の二つに反対の態度を示したことが注目される。これは、以後の上海警備に関して日本側がとった軍事力行使の基本的考え方を如実に示すものであった。

その一つ目は、協同軍指揮官（統一指揮）の設定の否定である。フレミングから送付された「上海租界協同防備計画草案」をもとに、一九三一（昭和六）年六月二十六日、マクノーデン及び各国駐屯軍指揮官が談合した。この席で同案中の「協同軍指揮官」の設定に対して上海陸戦隊指揮官柴山昌生海軍大佐が反対した。フーカーも異議を唱えた。その後再びフレミングから送付して来た草案には、この要求が容れられていた。その内容をもとに、一九三一年八月、塩沢司令官は、「（前略）協同防備草案協定ニ於テ左記三要点ヲ是認セシメタルヲ以テ此ノ辺ニテ協定ヲ成立セシムルヲ妥当ト認ム」と意見を付して海軍中央に報告し、請訓した。[17]この三点とは、「①統一指揮ヲ認メサルコト、②統一指揮ヲ形成スルカ如キ権能ヲ委員会ニ付与セサルコト、③受持区域及其ノ他ニ於テ何時タリトモ我独自ノ立場ニ於テ兵力ヲ行使シ得ルコト」であった。日本指揮官の意見は、「各国指揮官ハ他国軍ノ分担区域内ニアル自国民ノ生命、財産ニ対シ特ニ直接保護ノ必要アリト認メタル場合ニハ当該分担指揮官ト協議ノ上適宜部隊ヲ派遣スルコトヲ得」であるとした。他方の英国指揮官は、日本の統帥権独立の原則に基づき、居留邦人保護のために日本独自の考えで軍を動かすという意識の強さは理解するものの、該当する他国軍指揮官に対する信頼を重視してほしいとの主張であった。第一遣外艦隊としては今日の中国の安定した現状から、急いで協定を纏める必要が認められないので、研究討議のうえ、協定に入るべきであるとしたため、協議はそのまま停頓した形になった。

二つ目は、防備委員会の武力行使の判断基準に反対の態度を示したことである。満州事変の勃発後の十一月二十七日、工部局は、先の参集範囲を指揮官以下の実務レベル迄拡げた。マクノーデンは租界に万一事端が発生し、工部局の警察力で対応できない重大な事態になった場合は、「工部局ノ要求アル場合ニ限リ、（列国ノ駐屯軍：引用者）兵力ヲ使用シ得ル」とした。[18]

日本軍を動かし得るのは天皇のみであり、他国の指示、要請で動くことは統帥権干犯であるという理屈であり、日本独自の武力行使の権限発動の自由を確保するものであった。工部局は、日本の独断的使用の抑止を企図していた可能性が高い。列国が租界を防衛するためには、当然関係列国の軍隊を派出することによって行う協同対処が基本原則に沿ったものといえよう。しかし、その指揮関係の一本化は、派出元の主権国家の独立性や保護対象の責任問題等、種々の困難を伴うものである。ただ、今次の場合、日本軍が余りにも自国民の保護を完結的に処理しようと固執している点は、以後の展開において、日本が事件処理の主体者になった場合は、他国の軍隊が支援協力することも難しくし、その結果の責任は日本自身が背負うというマイナスの意義、効果と裏腹であり、国際孤立の可能性を高めることに、日本は気付いていなかった。

上記の英国指揮官の意見が代表するように、日本海軍陸戦隊は、他の区域分担の指揮官の任務達成の努力に対しては、あたかも全く信頼を置いていないと解釈されても仕方のないものであった。「日本の武威を中外に宣揚する」という力の誇示意識が、列国と肩を並べる交渉、協議の中心にあったことは否めない。

註

（1） 杉村陽太郎『国際外交録』（中央公論社、一九三三年）一六三〜一六四頁。

（2） 信夫淳平『上海戦と国際法』（丸善、一九三二年）一五五〜一五七頁。

（3） 同右、一五七頁。在上海英国海軍提督ハワード・ケリー大将が、事変収拾の立場から英国本国に対して行った事変報告書 Admiral Sir William Archibald Howard Kelly, *China Station Records(1931-1932)*, Vol.LXXVIII, The Sino-Japanese Hostilities January to May, 1932, Part II (National Archive), p.1277 によれば、共同租界の中国人の人口は同数であり、英国人は六、二二一人、他の外国人は日本人を含み三万二五〇人である。

（4） 一八九六（明治二十九）年十月二十日批准の「日支通商航海条約」第四条により日本居住貿易権を得た。これは、一八四二（天保十三）年のアヘン戦争後の南京条約及び翌年の英支虎門塞追加条約により、「双方の便宜上彼我官憲の協議により或地域を定め以て外人の使用にあてる」として、最恵国約款により認められた（植田捷雄『支那に於ける租界の研究』（巌松堂書店、一九四一年）六四頁）。

（5） 前掲『上海戦と国際法』一五九〜一六〇頁。

（6） 同右、一七三頁。野口謹次郎・渡辺義雄『上海共同租界と工部局』（日光書院、一九四〇年）三八頁。

（7） 同右『上海共同租界と工部局』二〇〜二一頁。Kelly, *op. cit.*, p.1278.

（8） 防衛庁防衛研修所戦史室『戦史叢書72 中国方面海軍作戦〈1〉 昭和十三年四月まで』（朝雲新聞社、一九七四年）三二〜三三頁。

（9） 「軍艦外務令」（一八九八（明治三十一）年五月閣議決定）は、海軍部内を対象にした「達」形式を踏んでいるが、外事に関するもので関係先も多いことから関係他省にも効力が及ぶとしたものである。内容は外国領域または公海における国際法規慣例に関して、日本国家の名誉を保持し、権利を擁護すると共に外国との間に事件や紛糾を醸し出さないよう予防を企図したのであった。

（10） 塩沢幸一は養命酒本舗・塩沢伊八郎の四男。海兵三二期で山本五十六、堀悌吉と同期。一九三〇（昭和五）年十二月から第一遣外艦隊司令官として上海居留邦人の生命財産の擁護任務に当たった。しかし満州事変後の激しい排日の煽りを受けた上海において事件発生を蒙り、その処理能力を超えたため、陸軍派遣を以てようやく収拾した。

（11） 海軍軍令部編・田中宏巳・影山好一郎監修・解説『昭和六・七年事変海軍戦史 初めて公刊される満州事変・上海事変の海軍正史 第二巻（戦紀巻二 軍機）』（緑蔭書房、二〇〇一年）八九頁（以下、『昭和六・七年事変海軍戦史 第二巻』）。尚、第一遣外艦隊の前身は一九一七（大正六）年十二月に新設された第七戦隊であり、翌一八（大正七）二月に独立し遣支艦隊となり、さらに一九一九（大正八）年八月に第一遣外艦隊に改編された。一九二七（昭和二）年の南京事件に遭遇した。

（12） 島田俊彦「上海越界道路問題をめぐる国際紛争（1932〜1937年）」（『武蔵大学論集』第四巻第二号、一九五七年）七八頁。

（13） 前掲『上海戦と国際法』一六三〜一六四頁。

（14） 同右、三七〜四〇頁。Kelly, *op. cit.*, p.1280. この防衛計画

の目的は、共産主義者、敗残兵、暴徒や時折、上海の国際的な生命財産を脅迫するような状況下に現れる中国の特異な一団に対し、示威のための共同戦線が張れるようにするものである。

(15) 前掲『昭和六・七年事変海軍戦史　第二巻』四六頁。

(16) 同右、五六〜五九頁。

(17) 外務省調書「松本記録・上海事件」は、『日本外交文書』満州事変　第二巻第一冊(外務省、一九五〇年)の中の第六十五文書「上海における混乱状態急遽解決の必要について　付記　上海事件(外務省調書)」(五二〜八一頁)に収録されている(これには編註として「上海事変勃発前後の外務省記録は相当部分が焼失し、編纂上の不備の点が多いので、参考のため当時作成された調書を付記する」とあり、昭和二十五年十月に遺族より提供されたもので「松本記録」として外交史料館に保存されている)。当時の日本軍はどの国の指揮下にも入らず独自の見地から自由行動がとれるように配慮していた。英国軍指揮官(先任)の発言は、日本に対する不快感を示しており、日本軍の担当区域内はともかく、他国軍の担当区域内の邦人保護はその区域担当指揮官に任せるべきであって、もしその区域にある邦人の保護のために日本人の部隊を派遣する場合は直接行動の前にその担任指揮官と協議することに配慮するよう念を押している点に注意を要する。

(18) 前掲『昭和六・七年事変海軍戦史　第二巻』三九頁。

第二章　上海事変前史

――日中対立要因と日本政府・陸海軍の満州事変対処――

第一節　謀略の存在及び事態の展開が意味するジレンマ

満州・上海両事変には、関東軍参謀により一定の共通する謀略が働いていた。満州事変〔一九三一（昭和六）〕の翌年一月、満州国の建国を目前に控えた段階で、建国工作の一環として上海に火を付け、連盟の目が一斉に上海に注がれている隙に満州建国を完了させ、迅速にその消火を企図するという陽動作戦であった(1)。ここでは問題提起をするにとどめておきたい。

犬養毅首相以下の政府要路は、謀略の存在すらも全く知らなかった。史料を見る限り、当時の昭和天皇がそれに気付いた形跡はない(2)。今次の上海事変は、満州から遠く離れた上海という地理的条件から、閣議においても、終始一貫、そのような謀略の存在の片鱗すら感じさせるものではなかった。国際的信用を繋ぐためいかなる事情があろうと、火消しが最優先課題であった事情もある。後述するように、日本の要路にとって、実際に一九三二（昭和七）年一月二十八日深夜に戦端が開かれたことは、全くの青天の霹靂であり、そのきっかけは、関東軍の一部の参謀が画策した「日蓮宗僧侶殺害事件」（一九三二年一月十八日）であった。この謀略の目論見どおり、三月一日、満州国建国宣言は発せられ、陽動作戦としては一応の成功を見たものの、その後国際連盟では、逆に一層満州に監視の目が注がれ、ついに国際連盟脱退という大きな付けを残した。ここでは謀略が存在したという事実を明示するにとどめ、謀略を知らない状態下の日本政府・軍中央による事変対応と、謀略が現存し実行された実情の把握（裏面史）とは分離し、第九章で謀略の実相を詳細に考察することにしたい。

第二節　日本政府の対中国政策及び中国の政情と排日運動

一　満州事変前の日中間の対立

（一）満州の権益をめぐり動揺する日本政府の対中国政策

日本は日露戦争後、列国に伍して国家経営を行うためには「満州権益の維持拡大」を不動の国策とし、(3)「帝国国防方針」が定めた陸海軍の軍事力によってその国策を擁護することとされていた。(4)したがって、もし外交が機能不全に陥れば、「満州権益の維持拡大」を死守する構造になっていた。純然たる防衛の枠を超えて「対日干渉の抑止」という国策擁護のため、陸海軍の軍事力は政治の道具に位置付けられたことに注意が払われなければならない。一般的にいえば、軍は政治の目的を達成するために動くという政治優先の考え方は、建軍以来の常識であった。問題は、その国策の質が健全なるものでなければならない。しかし、その常識を打ち砕いた事件が、一九三一・二（昭和六・七）年の満州・上海両事変の画策に見られる陸軍の暴走によるものであった。海軍はその抑止力たり得なかったばかりか、上海事変で陸軍の画策に翻弄されたにもかかわらず、それを機に、むしろ陸軍同様に武力による排日抑圧策をとるに至る。何故そうなったのであろうか。その原因は、国策自体の問題及びその国策を擁護するための軍事力の運用のあり方にも問題が伏在していたのではないか。

それは、日露戦争後以来、受け継がれて来た不動の国策における、以下の四つの特徴に表れているようである。

一つ目は、中国が時代と共に国民意識、民族的自覚を高め、ナショナリズムが高揚し、激しい排日運動、国権回収運動を生起させる構造になっていたことである。日本が日露戦争に勝利した後、三国干渉によってロシアが清国から借りていた満州領土内の権益を、仮に清国に返還しても、清国政府の統治能力が拙劣のため、ロシアが蘇生し、その結果、日露再戦が予想された。そこで日本はこの再戦の抑止のためにも、また、日本が蒙った多大の戦争犠牲を顧みれば、ロシアからは賠償の一部として、また清国に対しては、日本の莫大な犠牲に対する清国側の認識を求めたうえで、日本の犠牲に相応する報酬の要求を行っていた。(5) 日本は、ロシアが力を背景にして得た権益を「満州に関する日清条約」において清国から譲り受け、さらに力を背景にして、新たに鉄道付属地の駐兵権を獲得し、日露戦争中に建設した安奉線を満鉄の一部として存続を認めさせ、市街地建設をも可能にした。(6) 中国の対日反発は当時から存在し、日本の国策は最初から、中国からの反発とその激化の危険性をはらんでおり、このことは満州・上海両事変の考察において重要である。

二つ目は、この国策の下では日本と米英列強との間の外交が機能不全に陥る危険性を有していたことである。日本が満州経営を行うに先立って確認、徹底すべきであったことは、米国の門戸開放宣言に対する同意（一八九九（明治三十二）年十二月）と、日英同盟の改定（一九〇五（明治三十八）年八月）によって、満州の門戸開放を尊重し国際的責務を履行することであり、それが前提となっていた。(7) つまり、日本が米英に対して義務を果たすべき対応姿勢が問われたのである。したがって、現実に日本が講和後の永きにわたって陸軍を南満の軍事占領に従事させ、英米人の商行為を阻害したことは英米に疑念を抱かせ、さらに第二次桂内閣が、米国の満州鉄道中立化提議を拒否し、日韓併合を行い、改正通商航海条約を米英仏独などと締結して片務的な関税協定を廃棄、日英同盟の第三次改定を行う等、いわゆる利権外交を強力に推進したことが、特に日本と米国との疎隔を決定的なものにした。このような中で日本は、日露協約を締結して米国に対抗する協力体制を築いたが、第一次世界大戦後のロシアの崩壊によってそれは消滅し、且つ、日英同盟は有名無実化した。また、対華二十一カ条問題を契機に醒め始めた中国ナショナリズムとの対峙、シベリア出兵をめぐるソビエト・ロシアとの対立並びに米国との疎隔が深化する中で、満州及び中国問題をめぐる舞台における日本外交のあるべき舵取りは、ワシントン体制後も、如何にして米国との対立を緩和させるかに掛かっていた。

三つ目は、一九〇七（明治四十）年の「帝国国防方針」によって擁護されるとされた国策は、日清戦争以来、現実に進行中の大陸の政策であり、統帥権独立と相俟って、仮に政府が危機的状況に陥った場合は、その大陸政策の軍事面の体現者である陸軍が政府に成り代わって正面に躍り出る構造になっていたといえることである。それは満州事変が立証したように、陸軍の政府への反発の矛先が、敵国ではなく、味方の日本政府を相手とした下克上の謀略を生む体質をもっていたことを意味する。(8)

最後の四つ目は、国策は、居留邦人の生命財産の擁護のための武力行使は正当防衛である、という価値観に裏打ちされていたという事実である。一九二七（昭和二）年三月の南京事件（日本領事館員及び日本人避難民ら約一〇〇人が、北伐軍から蒙った被害の衝撃が大きかった）の結果、九カ国条約では日本の権益は守れないとの危機感から、首相兼外相の田中義一が同年七月に東方会議を開き、満蒙特殊地位とその防護措置としてやむを得ず武力発動の可能性を宣明した。そのような中、米仏両国から提案された不戦条約の交渉において、「帝国ノ対支行動ノ自由ヲ留保スル」(9)という趣旨を条約に盛り込みたいと考えた日本側の意図は、対華二十一カ条要求以来の対日不信の空気の中で功を奏さなかった。それは、その後の不幸な展開を予測させるものであった。日本は権益の危機を擁護するための武力行使は自衛、との解釈をとるに至った。田中の総辞職以降、満州の未解決の外交案件は山積し、中国のナショナリズムは激化の一途をたどった。頓挫した外交の下で、要すれば武力解決に訴え、満蒙を日本の生存圏と対ソ国防圏と考える陸軍部内には危機意識が高まり、石原莞爾らを中心とする満蒙領有論の具現化を触発するに至るのである。(10)

（二）　中国政府の北伐後の政情及び排外運動の淵源、性格、教育

一九二八（昭和三）年六月に北伐が完了して、蔣介石は南京国民政府主席となったが、政府部内の汪兆銘左派との衝突、閻錫山ら反蔣派軍人との内戦、中国共産党との武力抗争等、政府内情に憂色が絶えなかった。一九二九（昭和四）年三月の国民党三全大会では、外交政策は国際連盟外交、対列強外交を重視することに決定し、排日の高まりが列強との摩擦を引き起こさないよう、また、共産党の勢力扶植を阻止すべく民衆対策が強力に打ち出された。蔣介石は北伐後の厳格な中央集権化と財政再建の実現のために、北伐完了時、八十四個軍（二百個師団）に肥大化した軍の縮小と地方政治分会の廃止という急激な政策をとったため、軍閥割拠の体質を刺激して何人かの将領を反蔣に追いやったのである。(11)

一九三〇（昭和五）年九月末、閻錫山を首班とする反蔣勢力の北平政府（北方政府：馮玉祥、李宗仁、汪兆銘らが入閣）は、ほぼ一年にわたって行った蔣介石との中原戦争（河南、安徽

方面を戦場）によって瓦解した。この中原戦争は、国民党内権力争奪戦で最大規模のものであった。この内戦は、中国共産党に再整備期をもたらし、ソビエト区域を拡大する好機と環境を提供した(12)。

中原戦争後、ソ連と日本の脅威の前面に立っている東北の張学良と提携した蔣介石は、一九三〇年十一月の四中全（第四次中央執行委員会全体会議）を全国統一後の国是として決定することを目的に招集し、以後独裁体制を築いた。東北という蔣介石の統制が及び難い遠距離が、逆に張学良に裁量権を与えさせ、共産党侵入の防波堤の役を演じることを可能にした。

中華思想の国・中国において、排外賤外はもともと中国民族の伝統的な思想である。国家間には元来、対等の概念がないので、外国との対等の貿易はあり得ず、相手国の懇願に基づき恩恵を施すという形で行われた。したがって、武力を背景にした貿易関係者や外国人に対しては、対立することが多かった。武力・実力により結ばされた条約の履行義務に対しては、独特の軽視、無視という欧米列強とは異なった価値観の傲慢さを伴い、非軍事的・経済的な排外ボイコットの対抗手段に走った。歴史的に見ると、一七四一（寛保元）年、広東の蘭商船に対する商品の不買同盟に始まり、一九〇五（明治三十八）年、米国移民法の緩和を目的にした対米ボイコットでは、米国政府が中国人の入国取扱いの緩和を図ったことで沈静化した。

一方、日本の場合は政治・経済上の関係が深かったため、ボイコットの件数も多く、一九〇八（明治四十一）年の「辰丸」事件、一九〇九（明治四十二）年の安奉線改築問題、一九一五（大正四）年の対華二十一カ条問題、一九一九（大正八）年の山東問題以下、一九三一（昭和六）年の万宝山及び満州事変の勃発に至る迄計一〇件の事例を見ることができる(13)。英国も同様で、特に一九二五（大正十四）年の五・三〇事件が最も打撃が大きかった。中国国民党は基本的に、排外主義を以て外交政策の基調とし、学生を教育し軍隊を訓練して国民を指導していた。

次に、排外主義の大きな特徴は、第一次世界大戦後の自由主義に刺激され、列国に対峙して国権回収運動に結び付いたことである。さらに共産主義思想によって内部から煽動され、帝国主義打倒の強烈な中国ナショナリズムが登場した。しかし内実は孫文も、また、蔣介石も、当初は革命基盤を提供してくれた日本に対し、親日態度をとっていたが、中国に対する日本側の期待が一九二七（昭和二）年三月の南京事件によって裏切られた形になり、蔣介石は輻輳した国家的な命題に直面したのである。

その後日本は、蔣介石の対共産党クーデター（一九二七年の上海反共クーデター）の後も、何ら国民党には親日への転換がないと見たのであった。国民党の北伐に際し、山東に出動した蔣介石軍に対し、日本は南京事件の苦杯の体験が忘れることができず、第一次山東出兵（一九二七年六月）を断行した。張作霖爆殺事件（一九二八（昭和三）年六月）後、国内に反日空気がさらに高まったが、その背景には往年の日本の中国に対する政治的、軍事的及び経済的な進出が大きな圧力となり、国民的規模の民族運動となっていたのである。また、国民党は自ら国定教科書を設けて「帝国主義打倒」の目標を日本に向けていた(14)。排日記事は、地理、歴史、国語、唱歌、公民、社会等あらゆる種類の教科書に存在しており、主要な題目は、日本の中国に対する侵略主義、圧迫主義（武力的・政治的、経済的、人口増加によるものの三種）を打倒するという点にあるとしている。それらは、史実の提供ではなく、歴史記事を題材にして排日の主張を強く打ち出し、日本は侵略国であるというイメージを定着させることを基底に置くものであった。

国民政府としては、国民の不満を日本に向けさせ、対応目的を政府自ら示すことで国民の政府に対する不満を和らげ、非軍事的、経済的な排日ボイコットに解決の道を誘導したのである。但し、ボイコットの活動幅は、政府の統制可能な枠内に収まるものであることを期待していた。これは満州事変及び上海事変を見るうえで、重要な視点である。

二　満州事変以後に激化した日中対立

（一）　満州事変以後の日本政府の対中国政策

満州事変に続く上海事変へと、何故急速に八方塞がりに陥るような事態を招来したのか。この因果関係の把握のためには、満州事変の初動対処を分析する必要がある。以下の四つの実態を把握したい。

一つ目は、柳条湖事件直後の閣議において、「不拡大方針」をとりながら撤兵を断行せず曖昧にしたことである。事件発生の報を受け、一九三一（昭和六）年九月十九日午前十時からの閣議の前、若槻礼次郎首相は南次郎陸相に事件に自衛論が成立するか否か念を押した。また、閣議の席上、幣原喜重郎外相は外務省側の電報を朗読し、日本軍の謀略の可能性を指摘し、陸軍側を牽制した。そのときの陸軍側の資料によれば、閣議で関東軍の鉄道付属地への撤兵や攻撃中止が議論された形跡はない。むしろ「然レトモ要スル二本閣議ノ議決ハ事態ヲ現在程度以上ニ拡大セシメサルヲ方針トスルニ在リキ」とあり、謀略の可能性が示唆されながらも、関東軍撤兵という決定に至らなかったことへの参謀本部の意外感を示している。[15] しかも、政府は謀略の可能性があるにもかかわらず、事実関係の調査を行うこともなく、不戦条約をはじめて援用し、関東軍の行動を「自衛」と認定したことを意味した。これは自衛を標榜した関東軍の軍事行動を盲目的に認め、放任するに等しいものであった。

二つ目は、朝鮮軍の独断越境の問題に対し、若槻首相、閣議及び昭和天皇が事態を追認する態度をとったことである。十九日の閣議において、朝鮮軍司令官林銑十郎から混成一個旅団の増援要請を受けていた南陸相は、幣原外相から謀略の指摘を受けたため二の足を踏んで提案できなかった。この結果、二十一日昼過ぎに単独越境させてしまった。この林の措置は、統帥大権を有する天皇を無視したものであり、明らかに統帥権干犯であった。しかし、元老西園寺公望、内大臣牧野伸顕や侍従武官長奈良武次が、天皇に事態が落ち着いた後に厳しい処分をすべきという進言をしたにもかかわらず、実現されることはなかった。[16]

三つ目は、若槻内閣は「不拡大方針」を標榜して事変の拡大を抑制するかのごとき姿勢をとりつつ、他方では武力衝突を契機として、関東軍を鉄道付属地内に撤兵させず、その軍を、鉄道敷設問題や土地商租権実施問題などの懸案の「一併解決」のための、政策遂行の手段に使用するのを容認したことである。このことは、国際法に抵触する事態を招来した。即ち、「不戦条約」第二条には「相互間ノ紛争、紛議ハ必ス平和的手段ニヨリ処理、解決」することが規定されており、また、「国際連盟規約」第十二条には「国交断絶ニ至ルノ虞アル紛争発生スルトキハ当該事件ヲ仲裁裁判若ハ司法的解決又ハ連盟理事会ノ審査ニ付ス」とあり、政治的・経済的紛争の武力解決を禁止していた。閣議は、結果的に、国際法と抵触する路線を支持し、首相がその問題の深刻さを認識していなかったことが重大であった。[17]

最後の四つ目は、幣原外相の国際連盟の介入を排除する態度に問題があったことである。九月二十二日に連盟代表の駐仏大使芳沢謙吉に関東軍の行動は自衛措置であり、「鉄道ノ保護及居留民ノ安全ヲ期スル為機先ヲ制シテ沿線各地支那軍隊ノ武装解除乃至付属地付近軍略的要所ノ占拠」は正当な行為と主張させ、さらに幣原は芳沢に連盟の総会や理事会の介入は事態を紛糾させるだけであるので介入を排除するように指示した。これはたとえ中国軍の攻撃がない場合でも、日本軍のあらゆる軍事行動は正当であるという論理であり、当時の国際法学者が説く「自衛権」から逸脱するものであった。実質的に自衛権の範囲を逸脱する関東軍の行動を許容し、国際紛争の解決機関としての連盟を排除しようとした。[18]

かくして国際協調外交を基底にするはずの幣原外交が、日本の満蒙権益を保障する政策に対しては、全く異なった強硬姿勢をとったといえる。しかしそれは逆に、日本政府が中国側の排日運動、コミンテルンの反帝国主義運動、朝鮮系の独立運動などの現実が激突し合う中での解決能力を欠いていたことを、この満州事変の初動対処が、最も端的に立証したのであった。換言すれば、政府も陸軍も、「満州権益の維持拡大」という不動の国策がもつ目的意識と、最終的な達成手段の武力行使は自衛であるという認識を共有していたことが、政府に事態を制止させなかったのだといえるようである。

事態は吉林占領、錦州爆撃、嫩江鉄橋爆破、天津事件、チチハル占領などの拡大の一途をたどり、一九三二（昭和七）年一月三日の錦州占領は、日本軍の行動が自衛を超えた全満州占領という別の政治目的の下で遂行されているとの認識を内外に与えた。米国国務長官ヘンリー・スチムソンは、一月七日に不承認宣言を出すに至った。上海事変は、このような中で勃発した。

（二）満州事変以後の中国の政情と内政・外交の構造

満州事変の勃発によって、中国全土の都市は抗日世論で沸き返り、その旗頭が、新聞・言論界、学生・知識人層、中国共産党であった。蔣介石は第三次掃共戦において自ら約三〇万の兵を率い、初めて成功の端緒をつかんだ矢先に満州事変が起き、中断のやむなきに至った。換言すれば、中国共産党・紅軍は、満州事変と反蔣運動によって第三次掃共戦の苦境から救われたのであり、占領された根拠地を全部取り戻すと共に、根拠地内の重要な県域を攻略することができたのである。蔣介石が第三次掃共戦を中止して南昌から船で急ぎ南京へ帰投したのは九月二十一日であり、この間、南京政府の要人たちは緊急会議を開き、王正廷外交部長の名義で対日抗議文が発せられ、国際連盟代表施肇基による事件報告、張継、呉鉄城らによる対広東一致救国電、宋子文らによる日中二国間協議の工作が行われていた。つまり、急速に連盟提訴、国内統一優先の方向に一本化されたのである[19]。外交部は二十日、連盟代表の施に訓令し、事変を翌日連盟に提訴させた。この結果、満州事変に関する連盟理事会が二十二日に開かれた。

一方、北京滞在中の張学良は事態拡大を避け、自己の勢力基盤の喪失を恐れて麾下の東北軍に不抵抗を命じ、連盟と米国の力に頼って関東軍の行動を牽制しようとした。南京に帰った蔣介石は、二十二日、国民党中央執行委員会を通じて「全国同胞に告ぐる書」を発表し、日本軍との衝突回避、連盟提訴、団結強化、沈着冷静を呼び掛けた。さらに「特別外交委員会」を組織化し、約三〇人の委員がほぼ連日会議を開き、国際連盟、不戦条約、九国条約等に依頼し、中米関係を築いて事変を解決しようとの外交が進められた。米国をオブザーバーとして連盟に参加させて後、対米協調政策が表面化した。

満州事変は、南北両国民政府の統一気運を醸成した。その妥協工作は蒋介石の南京政府側から出された。蒋と南京政府は攘外のためには先ず国内安定化を優先しなければならず、政府統一を図り、掃共作戦を継続し、民衆の愛国的抗日運動を弾圧して南京政府の支配を強化しようとした。しかし逆に蒋打倒を目論んでいた広東政府は、南京政府を倒す好機と考え、蒋が国民政府主席及び陸海空軍総司令の職から退くならば妥協交渉に応ずるとした。交渉はもつれ危機に陥ったが、日本軍の嫩江作戦が十一月五日から開始され、馬占山軍が善戦中との報に国内世論は沸き上がると南北合作の声がさらに高まり、会議の決裂は許されざる状況になった。日本国内の十月事件により和平派の望みが断ち切られたこと等が影響して、十二月十五日、北京学生団二〇〇人の南京国民党本部乱入事件が起こった。左派にとっては主導権を掌握する好機と捉えられた。激しい状況変化が蒋に抗日運動の取締りを不可能にさせ、同日蒋は下野するに至った。

新政権が大幅に広東派中心に固められ、陳銘枢が京滬衛戍司令に就任し、その指揮下の第十九路軍は蒋光鼐、蔡廷鍇、戴戟の指揮の下に上海南京方面に移駐しつつあった。一九三二（昭和七）年一月一日、国民政府主席には林森、行政院院長に孫科、副院長に陳銘枢が任命された。内政、外交、実業各部長にはそれぞれ広東派の李文範、陳友仁、陳公博が任命され、軍政部長、海軍部長にはそれぞれ何応欽、陳紹寛が任命された。しかし、財政に手を焼き、外交政策に糸口さえ見出せない前途多難な船出の孫科政府は、持ちこたえられるはずはなく、孫科は自ら上海に去り再び帰らず、無政府状態になった。これより先、新政権は、一九三一（昭和六）年十二月二十五日、張学良に錦州死守を厳命したが、張は自己の兵力温存から避戦の姿勢を貫き、武器弾薬の不足を理由に戦闘継続不能を説き、再厳命を断ったのである。苦境に陥った新政権の広東派要人は、一転して旧南京派蒋介石らの協力を得ることに全力を傾注した。翌三二年一月二十八日、汪兆銘の行政院院長就任により蒋・汪合作の新政権に交代したのは、上海事変の勃発した直後であった。蒋介石・張学良系の人々は復活し、財政部長は孔祥熙、外交部長に羅文幹、中央銀行総裁には宋子文、リットン調査団中国代表には顧維鈞、国際連盟代表には顔恵慶が起用された。[20]

（三）　上海の排日運動の変化と日中両国に与えた二つの影響

満州事変後、排日の様相は一変し、芳沢外相が在ジュネーブ国際連盟日本国事務局特命全権公使局長沢田節蔵に宛てて、「排日ハ遂ニ侮日ニ変シ或ハ言語ニ絶スル非人道的行為ニ依リ暴戻ナル挙措ニ出テ或ハ対日経済絶交ヲ敢行シテ所謂武力ヲ用ヰサル挑戦行為ヲ続行シツツアルハ世人ノ周ネク知レル所[21]」と述べたように、侮日・抗日運動は中国における最大規模のものとなった。

排日・抗日運動には、大きく二つの意味がある。

一つは日本の経済進出に反発して抵抗する排日貨ボイコットであり、もう一つは、それが昂じて日貨を売買する中国人違反者に死刑を課すとか、対日後方の撹乱、日本郵便物廃棄、通信妨害、日本人殺傷等の経済以外の日本の侵略に抵抗する民族運動である。これらの運動の影響が、二つある。第一は、満州事変によって中国国内のそれ迄の排日（日貨排斥）が抗日（日本の侵略に抵抗）の性格を強めただけではなく、両者が一体的、組織的に推進されるに至ったことである。因みに、九月二十二日、反日援僑会は抗日救国会と改称され、商会、工会、農会、市民連合会、華僑団体等八十余りの団体が代表大会を開いて永久的な対日経済絶交を決議し、従来には見られない激しい内容を盛り込んだ。世論の動向は一戦も辞さずとし、ボイコット違反者に対する憎悪も強まり、極刑が現れた。中国系の新聞はこの種の宣伝で埋め尽くされ、街々のあらゆる壁面は、〝対日開戦！　日本打倒！　対日絶交！　殺尽日本人！〟等のポスターで覆われ、反日・排日の標語は紙幣、封筒、電信紙に迄印刷され次々に転送された。推進の主体である抗日救国会の二大眼目は〝対日経済絶交〟〝打倒日本帝国主義〟であった。中国全土にわたり日本商権が駆逐され、その影響が広範かつ深刻なことは過去八回の対日ボイコットの比ではなかった。国際連盟支那調査外務省準備委員会編『支那ニ於ケル対外ボイコット』[22]によれば、中国各地の日本人は、全くその営業の継続が困難となり、食料品供給が断たれ、脅迫、侮辱に悩まされ、生命、財産が危篤に瀕した。このため続々内地に引き揚げたのである。

排日運動はまず上海において火の手を挙げ、その上海において最も過激化する性格があった。上海各界抗日救国委員会の本部は、共同租界内河南北路の天后宮（Temple of Rewards or Heaven：市商会内）にあった。上海商会抗日救国委員会の本部もまたこの市商会内にあった。この本部は「共同租界章程」により治外法権地域となっているもので、俗称天后宮という廟宇を含む一郭の市商会建物の一部にあった。支部は検査所ともいわれ、閘北、南市、滬西、浦東、呉淞鎮の各検査所があり、本部以外はいずれも租界外にあった。日貨を扱った中国の商人がここに拘禁され、多額の日本製品が押収された。この天后宮は、租界内にもかかわらず中国側が一種の治外法権をもっていたので、工部局も干渉できなかった。中国側はここを拠点にして排日・抗日の多彩な活動をしていたのであって、居留邦人に与えた被害は甚大である。因みに一九三〇（昭和五）年の上海は輸入総額の一九パーセントを日本商品に依存していたが、一九三一（昭和六）年十二月にはわずか三パーセントに低落した。この結果、日清汽船は、持ち船全部の係留を余儀なくされ、日本人経営による主要な一二五の工場が十二月末には九〇パーセント近くが閉鎖され、上海事変の勃発と同時（二十九日正午）に全部閉鎖した。(23)

第二は、居留邦人の穏健派が強硬化したことである。幣原外交は既に一九二七（昭和二）年三月の南京事件でその軟弱さを非難されていたが、満州事変勃発後もその対米協調外交方針は堅持され、現地の武力行使を抑制し、上海においては現地保護主義をとり、中国政府に条約の義務履行を要求した。高綱博文氏の研究(24)によれば、上海居留邦人には大きく二種類あって、一つは、主に英国租界に住む上海商工会議所などの穏健なエリート層（会社派）であり、もう一つは、租界外の拡張道路地区に住み比較的低所得者から成る過激な傾向をもった土着派である。前者の会社派は、平素は穏健で軽率な言動を慎んでいたが、漸次過激化し、自己の保有する膨大な権益を擁護する目的で現地保護主義を唱え、居留民の引揚げを阻止して日本軍部に出兵の根拠を与える役を演じるようになった。ましてや、土着派の邦人たちは、排日・排日貨が直接的に生活苦に繋がるため、中国側の排日運動に過激に対抗し、その撲滅をひたすら追及する姿勢をとった。土着派は町内会を基盤にした在郷軍人会上海支部と共に自警団を構成していたが、一部に大陸浪人がいて、過激行動に走ったのである。日中対立の要因が上海の日本側においても激化したことを意味する。

かくして、中国国民党中央党部執行委員会によって制定、頒布された「義勇軍教育要綱」に基づき、抗日義勇軍が編成され、これらの統制のため、上海の抗日救国義勇軍委員会が設けられた。救国義勇軍の応募者は十一月十七日迄に一万七千人以上と伝えられ、十二月一日の編成時には三営にのぼり、これを基幹に独立義勇軍団が編成された。(25)

第三節　日本陸海軍の中国との係わりと海軍の質的変化

一　満州事変前の日本海軍の中国警備任務の考え方

日本海軍は、「帝国国防方針」の中に仮想敵国として米国を選び、対米軍備を整え、訓練を通じて用兵面の練度を維持向上させる必要があった。海軍は陸軍に比し多分に技術的色彩の強い組織集団であり、諸任務の中で対米軍備・用兵を優先する考え方で維持されて来た。したがって、中国に在住する居留民保護任務をもっていたとはいえ、陸軍に比べ、肝心の中国に関する知識、経験は頗る乏しく、仮に中国に問題が生じた場合は既定の手順に従って迅速に対応し、身軽になって極力早めに元の対米軍備・用兵に戻りたいと考えていた。中国、中国人の性癖や排日運動に対する理解、対応のノウハウが不十分で、中国情報の収集も甘く、公使館付陸軍武官に依存する傾向が強かった。海軍の対中国認識を知るためには、上海の警備任務を担った第一遣外艦隊の対中観察と紛争抑止の方針を観察することによって明らかにすることができる。

一九三〇（昭和五）年十二月一日、塩沢幸一海軍少将（兵三十一期）が第一遣外艦隊司令官に補され、前任の米内光政海軍少将と交代し、警備方針、要領等は概ね前司令官を踏襲した。第一遣外艦隊の警備区域は、長江流域の重慶から上海迄の約一、三〇〇浬の長距離に及んだ。配備は上海と漢口を中枢基地とし、上海には海軍陸戦隊及び警備艦を置き、漢口には常に海軍陸戦隊約二〇〇人を揚陸し得る軍艦または駆逐艦を配備した。南京、九江、長沙、宜昌及び重慶は主警備地として警備艦を常置し、鎮江、蕪湖、武穴、大冶及び沙市には時々警備艇を在泊させた。旗艦「安宅」は常に各警備地を巡航し、状況視察を行った。旗艦は事件があれば、その中心地において直接これを指揮した。[26]

では、塩沢司令官の対中国観はどのようなものであろうか。[27] 塩沢は、「支那ハ近代的国家組織ヲ有セズ」であり、国家の統制もなく、南京政府の威令も漢口下流の長江一帯、上海付近、外洋沿岸の中部及び黄河の南岸に及ぶのみであり、「文官ノ約束ハ軍隊ニ何等ノ拘束力」を及ぼさないので、「総テノ対支解決ハ武力ヲ背景トセザレバ之ヲ期待スルヲ得ズ」であり、事件解決は速決主義以外に良策はなく、「支那官憲ノ排外外交ニ就テハ、常ニ深甚ナル注意ヲ以テ臨ムベク、既得権益ノ擁護ハ絶対ニ必要ナリ」と、日本の権益擁護も武力解決以外にないと不退転の決意を有していた。

これは、統制力を欠く中国の後進性が深刻に受け止められ、権益擁護のためには武力に依存する以外に方法はないと考えられていたことを示しており、当時の一般的な日本人の対中国認識であったといえる。次に、日本の権益擁護の障害となっている長江一帯の排日運動を、中国人自身がどのような理念で指導しているのかについて、[28] 塩沢は、「辰丸事件以来数次ノ排外運動」に関し、「（中国人は‥引用者）多少トモ支那側ニ有利ノ条件ヲ以テ解決ヲ見タルニ狃《な》レ、対外国抗争ニ於テ、排外運動ヲ唯一最善ノ方策」と認めつつあり、日本側の「日支親善の強調」等は、日本の中国に対する卑屈、卑弱さによるものと誤認していること、中国側は対日抗争の手段として排日運動に自信を有していること及び日本側は上海には陸軍がおらず、陸戦隊では武力行使はできないと甘く見られている、と判断していた。では、塩沢は如何なる対応方針を考えていたのであろうか。[29] それは以下のとおりである。

（一）支那官憲ヲシテ、反日会トイフガ如キ不法団体ヲ解散セシムルコト。

（二）支那官憲ヲシテ、具体的排日取締令ヲ公布セシムルコト。

（三）邦人所有ハ勿論、支那人ノ所有日貨トイエドモ、之ヲ抑留・没収スルガ如キ不法行為アル毎ニ、治外法権ト同時ニ、支那ノ非文明的ニシテ到底治外法権撤廃不可能ナル理由ヲ内外新聞ニ依リ高唱宣伝スルコト。

（四）支那側ニ於テ、第一号・第二号ノ取締ヲ実行セザル場合ハ、日本側ハ適当ナル自衛手段ヲ講ズベキヲ警告スルコト（本号ノ準備ナクバ、百ノ抗議モ何等実効ナキコトハ、従来ノ対支交渉ニ照シ明白ナリ）。

表1　上海事変直前における第一遣外艦隊の編成

第一遣外艦隊　　司令官　　海軍少将　塩沢幸一
　　　　　　　　　　　　　首席参謀　海軍中佐　山縣正郷

　旗艦：「安宅」
　　＊「常盤」「平戸」「天龍」「対馬」「宇治」「伏見」「隅田」「鳥羽」「堅田」「比良」「保津」「勢多」「熱海」「二見」
　　＊第二十四駆逐隊（漢口）：「檜」「桃」「柳」「樫」
　　＊駆逐艦　「浦風」
　　＊交通船　「小鷹」
　　＊上海特別陸戦隊　三個大隊　1,833 人（呉、佐世保からの増援部隊を含む）
　　（主要兵器：装甲車 9 台、八糎野砲 4 門、五糎野砲 4 門、曲射砲 4 門、機銃車 11 台）

第一水雷戦隊（1 月 28 日到着）　旗艦：「夕張」
　　＊第二十二駆逐隊　「皐月」「水無月」「長月」「文月」
　　＊第二十三駆逐隊　「三日月」「菊月」「望月」「夕月」
　　＊第三十駆逐隊　　「如月」「卯月」「睦月」「弥生」

呉鎮守府所属艦船
　　＊「大井」
　　＊第十五駆逐隊（1 月 23 日到着）「薄」「萩」「藤」「蔦」
　　＊特務艦「能登呂」（1 月 24 日到着）

上海特別陸戦隊（第一遣外艦隊司令官指揮下）　　指揮官　大佐男爵　鮫島具重
　陸戦隊本部、指揮小隊一、本部付属隊（戦車隊、通信隊、運輸隊、医務隊、主計隊）
　　第一大隊（固有陸戦隊 672 人に佐世保第一特別陸戦隊 236 人を加える）
　　　＊本部（指揮小隊、五糎野砲四門及び付属隊）
　　　＊第一乃至第三中隊
　　第二大隊（1 月 23 日上陸した呉第一特別陸戦隊 457 人）
　　　＊本部（指揮小隊及び付属隊）
　　　＊第四、第五中隊（両中隊共指揮小隊及び三小隊、機銃小隊）
　　第三大隊（1 月 28 日上陸した佐世保第二特別陸戦隊 468 人）
　　　＊本部（指揮小隊及び付属隊）
　　　＊第六、第七中隊（両中隊共指揮小隊及び四小隊、機銃小隊）

註　2 月 7 日に、陸戦隊 7 個大戦となる（合計：3,861 人）。
　出典：前掲『昭和六・七年事変海軍戦史　第 2 巻』99〜101 頁、125〜134 頁から作成。

注目すべきことは、現地部隊の第一遣外艦隊が対峙する相手は、上海方面の反日・排日の組織・団体などの不法機関であり、その機能を破壊することであった。但し、この場合実際に兵力行使がやむを得ない状況に至れば、一般良民や第三国に対しては配慮し、先手攻撃は絶対に慎むということを方針としていた。また、無視できないことに、過激な居留邦人が存在しており、彼らが過激な排日運動に憤激するのはやむを得ない面があるにしても、中国人に対し常軌を逸した行動をとれば、その結果が却って排日を激化させ、事態がさらに紛糾するのは目に見えていた。また、一部有力な居留邦人（多くは居留民団代表者）が総領事を通さず、直接、内地に陸軍部隊の派遣を要請するという、日本側の政治・外交・軍事の統制が問われ、事態拡大に繋がる不安定要素が存在していたのである。政府部内においてもしばしば取り上げられた不安材料が、この過激な日本人たちの存在であった。これらの排日運動に対して軽挙盲動する日本人は、主として居留邦人中の無産下層民層、俗に「日本浪人」が多く、上海事変以前に青島日本租界から大量に流入していたといわれていた。(30)

二　満州事変以後の対応措置をめぐる陸海軍間の不協和音

（一）　満州事変勃発翌日の陸海軍の対応処置

満州事変が勃発した翌日（一九三一（昭和六）年九月十九日）以降の海軍の姿勢に触れておきたい。

満州事変勃発の翌朝、午前七時から陸軍省部の次官・次長等主要部員による協議が行われた。席上、軍務局長小磯国昭陸軍中将は、「軍カ計画的ニ事ヲ起セルモノニアラサルヤトノ誤解ヲ生セシメル虞ナキヤ」と憂いたものの、関東軍の兵力を増加させることに全員の意見一致を見た。(31)

閣議は、事態不拡大の方針を決定したことを受け、参謀総長金谷範三陸軍大将は部長会議、省部首脳者会議の結果を踏まえ、「九月十八日夜以後ニ於ケル関東軍司令官ノ決定及処置ハ機宜ニ適シタルモノニシテ帝国軍隊ノ威重ヲ加ヘタルモノト信シアリ」「事件処理ニ関シテハ必要ノ度ヲ超エサル主旨ニ則リ善処スヘキ様」(32)と関東軍司令官に訓電した。事件の真相究明の姿勢を示すことなく関東軍の行動は正当なものとの評価を下し、限度を超えないように善処せよとの指示が、以後の関東軍、陸軍の現状路線を決定付ける意味をもったといってよい。政府・陸軍中央が徹底した事件解明と事態の統制に踏み切ることがなかったのは、事件の背景に、関東軍と陸軍中央の一部の関係者間において発動の時期はともかく、事を起こす暗黙の合意形成が既にあったことが一因である。[33]そして「統帥権の独立」が他の閣僚の容喙を暗黙の内に封じたのであり、この時点で政治が、勢いある軍に押され脱落したことを示している。

当初、金谷参謀総長は、「……速ニ事件ヲ処理シテ旧態ニ復スルノ必要アリ」との政府方針に沿う意見であったが、第二課長今村均歩兵大佐の、旧態に復すれば、「軍隊ノ士気上ニ及ホス影響大」であり、「万難ヲ排シ国家国軍ノ威信ヲ保持シ大目的ノ達成ニ懸命ノ努力ヲ要ス」[34]という、一旦出動させた軍隊の士気の維持を基本に考える意見具申により譲歩した。これが関東軍を勇気付ける効果をもたらしたといえる。国家としての大きな転換点であった。政府方針の、「時局ヲ現在以上ニ拡大セシメサル様努ム」の表現は、閣議決定が意図するように全力を以て事態拡大を防ぎ、旧態復帰させるという本来的意味と、いわゆる「匪賊」に対する自衛の姿勢をとりさえすれば、依然として軍事力による目的達成が暗に認められるとする参謀本部の解釈とを併せもつ曖昧さを蔵していた。日清・日露戦争時に指導者が国益を優先し、統帥権独立の適用を避けた時代と異なり、むしろ逆に統帥権独立の陰で、淡々と既成事実を積み重ねる体質を培養していたといえる。

海軍省は、海軍大臣安保清種海軍大将、次官小林躋造海軍中将、軍務局長堀悌吉海軍少将、第一課長沢本頼雄海軍大佐であり、軍令部は部長谷口尚真海軍大将、次長永野修身海軍中将、第一課長近藤信竹海軍大佐であった。この人事配置は大きく捉えて、基本的に、前年のロンドン海軍軍縮会議後の海軍部内の混乱を収拾しようとする陣容ではあった。しかし、坂野常善の回想によると、「満州事変勃発の直前小生は軍令部三班長に任じられ、満州方面視察旅行をしたが、その結果関東軍の暗躍と謀略が彼是と噂されて、異変な状勢を観察したので、陸軍に対し海軍が適当なる処置を講じなければ大変な事態を惹起するであろうという要旨の意見具申を提出したが、陸軍のやる事に対し、海軍から彼是文句をいうのは宜しくない、捨て置く方がよいという軍令部上司の意向であった。[35]」という。海軍内部には当時、条約派が主導権をもってはいたものの、中国政策は政府が担うものであって、海軍としては関与しないという放任に等しい姿勢が大勢を占めていたことは事実である。

(二)　事件当初に示した海軍の陸軍に対する姿勢

九月二十日、参謀本部は軍令部に対し本事件拡大の兆しがある場合、即ち平津方面にある張学良の率いる一二万の東北軍主力が北上し帰奉する場合は、山海関付近を守備している日本陸軍兵力が不足するため、同地付近の鉄道破壊、列車攻撃を海軍の艦艇、航空兵力により実施し、陸軍の作戦に協力して欲しいと申し入れた。海軍内の省部会議は、事変後の諸情勢に即応するため、「対支警備方策覚」を策定し、陸軍に対しては、「……艦船ノ一部ヲ山海関付近ニ派遣シ、陸軍ト策応シテ平津方面ニ在ル東北軍ノ関外進出ヲ妨害セシム」、この場合海軍兵力は「差当リ第十六駆逐隊（駆逐艦：引用者）（三隻）ヲ以テシ、情況ニ応ジ対馬又ハ鳳翔ヲ増援ス(36)」と、積極的な陸軍への協力とも、あるいは本来の居留民保護任務の範囲内のいずれともとれる曖昧さをもった指示と、外交を優先する回答を決めた。この回答は内情において、「満州事変が起こる以前から不穏な空気があったので、なにか起こりはしないかと感づいてはいたが、いつ、どのような形で起こるかは皆目見当がつかなかった(37)。」というものであり、海軍全体の、事変勃発に対する戸惑いと、陸軍に対する確たる姿勢の定まらない当時の空気をよく表している。

（三）　海軍に対する陸軍の憤懣

翌二十一日午後、今村歩兵大佐は軍令部参謀金沢正夫海軍中佐を招き、満蒙問題解決には特に海軍と協力一致が必要なため考慮を望むとして彼の同意を得た。この日今村は、「米国恐ルルニ足ラサルヤ」と金沢に質問したが、この回答と処置をめぐって陸軍には海軍側に対する不信感を募らせることになった。金沢は理由を付して、米国は恐れるに足らないことを参謀次長二宮治重陸軍中将の前で答えた。今村は、海軍首脳部からその理由を牧野伸顕内府及び西園寺公望に話してほしいと述べた。その結果、永野軍令部次長が二宮を訪ね、「……驚キ曰ク『海軍トシテハ米国恐ルルニ足ラスト云フコトヲ得ス』」というと、二宮は、それは予算がとれなくなる心配があるからではないかと質したが、永野は大笑して済ませたという。当時、軍令部内の米国海軍に対する認識は、極秘に入手し調査研究中の米国海軍作戦計画（「渡洋作戦」）の意図の巨大さに対する驚きと、未だ現有艦艇保有兵力において、日本海軍に比肩し得ないと考えられた米国海軍兵力に対する安堵感との狭間で揺れ動いていたと考えられる。参謀本部は、この海軍の対米認識の問題について、「陸海軍間ニ蟠《わだかま》ル不純ナル不一致ヲ見ルコトハ極メテ由々シキ大事」であり、「現時亜米利加ノ対日能力ヲ判断シ対米ノ恐怖心ヲ持タヌ海軍」が「予算争奪ノ為ニ誇張シテ恐米ノ心理ヲ表明スルカ如キハ余リニ愚カシキ話」であって、「陸軍ヲ牽制セントスル其心情」

は誠に浅ましいことだと[38]認識しており、真摯な米国研究を怠っている海軍に対する憤懣と落胆が滲み出ている。この後陸軍は、陸海軍間の満州事変に対処する態度の相違を思い知らされることとなる。

二十六日、軍事参議官加藤寛治海軍大将は二宮と水交社で会見し、「時局ニ対シ此際陸海軍ハ意見ヲ纏メ相協力シテ善処スルノ必要アリ」といい、二宮は喜んでこれに同意し、陸海軍首脳部の会合を二十九日に開き、「対支策案」を討議したいと陸軍次官杉山元陸軍中将から安保海相に伝えさせたところ、安保は、「ソレハ初耳ナリ」といい、同室に居合わせた谷口軍令部長も、「予モ亦本件ハ昨日聴ケリ」とのことで結局「……海軍側ニ於テハ意見一致セサルモノアリ　加之軍部カ之ヲ中外ニ表明スルニ於テハ却テ米国ノ神経ヲ尖ラス虞ナキヤ」との回答に接することになった。杉山はやむなく同意し、該会合は事変の経過説明と懇談に終わっている[39]。海軍内部に加藤寛治を筆頭に陸軍に対し積極的な協力姿勢を有する艦隊派と、反対に消極的、回避的な条約派の対立構造が存在していた。

一方、同じく、満州事変後の処理に関して陸軍省と外務省間にも意見の対立が生じていた。交渉相手に南京政府を主張する外務省に対して、陸軍省は満蒙を中国から分離し、そこに新政権を樹立させたうえでこれと交渉しようとするもので、交渉の場を設定するためには満州国の建設を要するというのである。それは必然的に事態の拡大を意味するものであった。十月五日の閣議で南陸相は陸軍案に沿って、政府の方針を速やかに決定すべきであると強硬に主張したが、幣原外相には躊躇の色があり、他の閣僚は意見を開陳せず、若槻首相は各閣僚の意見を聴取した後決定すると国論統一を前提とする態度をとった。そのときの模様を参謀本部は「海相ハ単ニ中南支那ノ事ノミニ意ヲ注キ満蒙問題ニ関シテハ何等定見ナク且極メテ消極的態度ヲ持シアリ[40]」と不満をぶつけている。

八日、関東軍は錦州を爆撃した。九日、山海関方面の状況が楽観を許さぬとの情報に、今村は軍令部第一課長の近藤に対し、同方面の状況が急迫した場合は海軍艦艇を派遣して陸軍へ協力することを依頼し、山海関方面に軽巡一隻、空母「鳳翔」を旅順に急派する同意を得ている。しかし、ここにおいて海軍省と軍令部間で微妙な食い違いを見せ始めるのである。それは十三日近藤が今村を訪ねた際、近藤は、軍令部側は陸軍に対する協力の見地から極力艦艇ノ派遣を主張したが、海軍省部間の首脳者会議において、「事態ヲ極力拡大セシメサル方針ニ忠実ナランカタメ右ノ艦艇ノ派遣ハ之ヲ承認セサルヲ適当トスル旨決定セラレタリ誠ニ申訳ナキ次第[41]」と申し入れ、さらに海軍の平時兵力の使用は海軍省の主管であるため、軍令部としては思うようにならぬと婉曲に海軍省を非難したことから窺える。このことは軍令部が参謀本部の窓口として協力要請を受け、また仮に要請がなくても陸軍が何か事を起こせば居留民保護という任務にどうしても対応しなければならず、これが結果的に陸軍に協力していると見なされるという苦しい立場に立たされるのに対し、海軍省はまだこの時点で政府方針を貫き、「軍のあるべき基本姿勢」を保ち得る立場にあったことを示している。

十四日午前、谷口軍令部長は二宮参謀次長を訪ね、「事態漸ク拡大セントスルカ如キヲ以テ　爾後ハ之ニ処スルニ陸海軍協同作戦ニテ進ミタシ」と参謀本部に同調の姿勢をまず示したうえで、「派遣艦艇ニシテ……射撃スルコトアランカ世論ヲ刺激スルコト寧ロ空襲ヨリモ甚大……事態ヲ拡大セシメサル政府ノ大方針ヨリスルモ……大局上不利ナリト思惟セラル……山海関付近陸軍守備隊ハ撤退セシメテハ如何」等と海軍の本音を開陳し、陸軍の行動を制止する発言で切り返している。海軍の主張する陸海軍協同作戦とは、陸軍の行動にブレーキを掛け、政府方針の事態不拡大に沿わせたいと考えたことにある。しかし二宮は「帝国陸軍平素ノ教育訓練ノ本旨ニ鑑ミ其断シテ不可能ナルヲ説明シ縦令其ノ危殆ニ瀕スルコトアルモ事前ニ撤退セシメス又若シ海軍カ共同動作ニ出ツルヲ得サレハ陸軍トシテハ独自ニ該方面ノ事態ニ善処スヘキ旨ヲ述ヘ相分レタリ(42)」と答えたのである。

同日午後、参謀本部河辺虎四郎陸軍中佐から海軍側の陸海軍協同作戦とは何を指すのかとの質問に、軍令部近藤海軍大佐は歯切れの悪い回答をした。近藤は、翌十五日改めて参謀本部の今村歩兵大佐に会い、要するに先の海軍側の立場を繰り返し述べた後で、「若シ日支衝突カ必然ニシテ而モ山海関方面ノ守備隊ヲ絶対ニ撤退セシメストノ陸軍ノ御意見ナラハ其旨速ニ政府ノ方針ヲ決定セラレ戦争ノ危険ヲ冒スモ亦已ムヲ得ストノコトナレハ海軍亦之ニ応スルノ容易ナリ(43)」と回答したのである。

これは政府方針に従うことを第一に考える海軍側としては当然の答えであった。しかし、基本となる政府自身に有効な対応策が見出せない状況下では、陸軍が政府の対応に不満を抱いている以上、海軍は定見なく単に政府方針に従うことにのみ重きを置いていると見られても仕方のない立場にあったのである。陸軍は海軍の態度を「意味明瞭ナラス(44)」と日誌に記している。現実の問題としては、陸軍の既成事実化に引き摺られ、政府がこれを追認し、その政府に従う海軍は消極的に陸軍に協力していくことを意味していた。

（四）陸軍を制動できない海軍の対応

十一月八日、第一次天津事件が起こった。関東軍はこの隙に乗じて清朝の廃帝・溥儀を連れ出すことに成功した。この事件で同方面の居留民保護のため、第二遣外艦隊（揚子江以北の支那及関東州沿海の警備：司令官・津田静枝海軍少将）に第十三駆逐隊が増派された。二十六日、第二次天津事件が発生した。関東軍はこの機に軍を大挙南下させ、錦州にある張学良軍の粉砕と同時に、天津方面に日本軍の増派を目論んだが参謀本部から制止された。この間、第二遣外艦隊は陸戦隊百余人を揚陸させ、天津駐屯軍に策応して同地居留民保護に当たった。十二月十三日、若槻内閣から犬養毅内閣に代わった。犬養は陸相に荒木貞夫陸軍中将の就任を求めるに際し「軍部と協力、積極解決」の方針を明らかにした。陸軍はこの機に閣議承認なしに錦州攻撃の実行を決定し、海軍に「海軍飛行機ニ依リ錦州軍関内撤退ノ途中停滞ヲ妨害センコト並ニ山海関方面海軍艦艇ノ厳存ニ依リ同方面ノ事故惹起ヲ防止」と支援を要求した。海軍は省部協議の結果、正面切っての反対を明言し、「陸軍ト協同作戦ヲ為サザルコト」「山海関方面ニ対シテハ、要スレバ第二遣外艦隊ノ兵力ヲ増加ヲ行フモ、一ニ警備任務ノ延長トシテ動作スルコト[45]」と決定した。大陸政策に対する陸軍への海軍の抑制的・消極的な姿勢が窺える。

参謀総長が閑院宮に代わった二十四日、「関東軍ノ錦州方面行動ニ関スル陸海軍協定覚」が交換された。この中で陸軍は山海関方面に海軍の援助を期待している。これに対し海軍は先の省部協議の決定に沿い、取り敢えず「出雲」、水上機母艦「能登呂」を第二遣外艦隊に増派し、満鉄所属の砕氷船を塘沽に配置した。海軍としては現地の居留民保護という現実問題を無視できず、「支那兵カ不法ノ暴行ヲ為シ我軍又ハ居留民ニ危害ヲ加ヘントスルトキ初メテ兵力ヲ行使スル」とし、依然警備の範囲内の処理で、「陸軍ノ錦州方面ノ行動ニ対シ積極的ニ協同作戦スルノ意ニアラス[46]」と強調した。

十七日、閣議は満州に混成一個旅団と重砲三個中隊等を、また、華北に歩兵二個大隊と野砲一個中隊等の派遣を決定した。これは犬養内閣が錦州攻撃を容認したことを意味する。関東軍の錦州攻撃の必要性についてどうしても疑念を拭い切れない海軍は、増派する艦艇兵力の慎重な運用を第二遣外艦隊に指示すると共に、当該艦隊と関東軍の連絡確保のため海軍軍令部出仕兼参謀小林省三郎海軍少将等を関東軍司令部に派遣した。海軍中央には、「満蒙ニ於ケル海軍地歩ノ把握・資源調査[47]」の意見があり、満州に成功しつつある陸軍に競い合うという印象を、陸軍側に与えた可能性がある。しかし、参謀本部はこの派遣に不快の念を抱いてはいない。むしろ海軍大臣が大角岑生海軍大将に、また軍令部次長が百武源吾海軍中将に交代したことで海軍の方針が変わったと考え、小林の派遣で海軍が本問題の重要性を認識し、熱心に陸海軍協同に努めることになったと解釈した。参謀次長二宮治重は関東軍参謀長三宅光治に宛て、小林の派遣が陸軍の満蒙問題の解決に益するように誘導せよと打電している[48]。陸軍は、海軍側の人事一新を契機にして、実質的に海軍側の協力を取り付けた形になり、これを一九三二（昭和七）年一月六日の「支那問題処理方針要綱」中に盛り込んで概成し、後日、「陸海外務三省協定案」[49]とした。この満州事変処理をめぐる陸海軍の協力体制が構築されていく過程は、以下のように、重要な歴史的意義をもっている。

（五）満州事変の処理の過程で変質を始めた海軍の体質

大陸政策の結果として生起した満州事変に、海軍は著しく非協力的、消極的であったことが分かる。その理由は、海軍が往年、大陸政策には基本的に反対し、一度事件が起これば事態が拡大し、国際的な問題を惹起し、国力消耗の抜き差しならぬ事態を招来するので、海洋に発展すべきであるという海洋国家的な発想をもっていたからである。これは国際協調を基本とするもので、ワシントン軍縮条約及びロンドン海軍軍縮条約の締結、批准はこの考えの現れであった。国際協調を基本とすれば、自ずと国際間には戦争抑止が働くことを意味しているのであり、日本は経済面でも海軍兵力量を対米六割に甘受し、保有限度とするという意味である。ワシントン条約締結当時、これに対する反対派はいたものの、加藤友三郎全権に表立って対抗できる者はなかった。しかし、彼の死後、軍令部長加藤寛治、軍令部次長末次信正らの条約反対派が勢力をもち始めた[50]。

ロンドン条約の締結時には、首相兼海相事務代理浜口雄幸、軍事参議官岡田啓介、海軍次官山梨勝之進などの条約派・穏健派が、反対派の意見を聴取しつつ、財政危機を救い、国際協調を基盤とする政治優先の原則によって締結を推進した。その過程において、兵力量欠陥のリスクを政治が補塡（欠陥を最小限度にとどめるための航空兵力、艦船等の性能向上等）するという一札を以て、両派の合意に達し、政府・条約派は一九三〇（昭和五）年四月一日、締結の指令を出した。しかし、その条約も一九三六（昭和十一）年末の期限迄のことで、折から生起した政友会主導の「統帥権干犯問題」を加藤軍令部長他の条約反対派（艦隊派）は、政争の具に利用した。艦隊派はもともと有効期限後の新たな条約締結の意思が全くなく、期限後の廃棄、離脱をひたすら画策した。海軍部内はそれ迄の統制ある海軍の伝統が崩れ、国論二分に発展したが、艦隊派は、条約を推進した穏健派（条約派）を敵視し、強硬派による組織的・人的結束を以て軍令部の権限強化を図り、対米七割海軍建設の実現を目指した。強硬派が人事工作の布石を打ち始める時期が、この満州事変から上海事変に移行する時期なのである。

上述の満州事変処理過程の一九三一（昭和六）年十二月前後迄は、条約派であった岡田、山梨に加え、ロンドンに全権として赴いた財部彪海相をはじめ安保清種、野村吉三郎、堀悌吉らの考えがまだ機能していた時期であり、その効果が事変処理に現れていたのであった。要するに、満州事変から上海事変にかけて行われた事変対応の約八カ月間、海軍の強硬化が進行しているという視座を無視しては、上海事変を十分に理解することはできないのである。

第四節　満州事変をめぐる英国、米国、ソ連の内政と外交

満州事変が起こったとき、世界経済恐慌の残滓に鑑み、英米共国内の経済危機の対処が最大の課題であった。

米国は極東における暴力による現状変更に反対するものであり、殊に不戦条約と極東における集団安全保障体制擁護の態度をとっていた[51]。しかし、英仏独は集団安全保障体制の擁護に関心がない点で共通しており、日本を刺激しないことによって極東の権益を擁護しようとする政策をとった。この三国の中で「最も日本に同情的で、あたかも日本の同盟国であるかのようにふるまっていたのは、英国であった[52]。」

英国は、折からの金融恐慌によって打撃を被っており、ラムゼー・マクドナルド（J. Ramsay MacDonald）に率いられた挙国一致内閣は、戦後の英国外交の基調として経済的基盤の育成を優先しており、極東の危機という認識に乏しく、日本に対して妥協的であり、制裁的な行動や姿勢は一片も示すことはなかった。駐日英国大使はフランシス・リンドレー（Francis Lindley）、外相は初代レディング侯爵（1st Marquees Reading）であり、「日本を刺激する一切の行動を避け幣原外交を高く評価して若槻民政党内閣が軍部を抑えることを期待した[53]」。十月八日の錦州爆撃の時点では、特に英国内の世論は喚起されなかったし、十一月十一日に成立したマクドナルド第二次挙国一致内閣の外相にはジョン・サイモンが就任し、「法律的精神をもって外交の遂行にあたる[54]」ことになった。彼は国際問題については未知数で、冷淡、超然という印象の人物であった。「国際連盟の『理事会がただなしうるのは、戦争にならぬともかぎらない制裁を避け、勧告を与え、行動しうるすべての国に訴えること』と判断したサイモンは、英国の政策を紛争両当事国の間の調停（conciliation）に求めたのである[55]」。要するに、サイモンは「日本の行動は国際連盟の原則に反してはいるが、

日本は実際に中国に対して不満をもっているのだ」との見解をもっており、革命運動、民族運動に対する立場において日英は連帯的な関係にあった。サイモンは翌年一月三日の日本軍の錦州占領後、米スチムソン国務長官が、「不承認主義」宣言に関する英国側の協調を求めて来た際にも、申入れを拒否した。米国政府の満州事変勃発時の最大の関心事は、国内の経済事情の回復であり、若槻・幣原のコンビによる平和的な時局収拾に期待し、日本国内の世論を軍部の下に結集させないように干渉抑制の姿勢をとった。[56] しかし中国の国際世論への熱心なアピール及び錦州爆撃によって、諸外国は平和維持のための術を模索し始めた。

米国は対日戦の場合の軍備に問題があり、俄に積極的な対日牽制策に出ることができなかった。当時米国海軍は戦艦一五隻、航空母艦三隻、巡洋艦一八隻、駆逐艦七八隻、潜水艦五五隻、その他小艦艇一一五隻を有し、その主力は太平洋にあったが、恐慌下の財政状態では急速な拡張が困難であった。[57] このような情勢の下で、国際連盟とのパイプを確保したいというスチムソンの画策が功を奏し、連盟会議は米国をオブザーバーとして参加させた。米国がこのように中国の主張に同調し、連盟と同一の立場に立ったことは、日本が国際社会から追放されていく第一歩であった。

十一月初め、関東軍がチチハルを占領すると、スチムソンは駐米日本大使（出淵勝次）に日本は九国条約と不戦条約に違反していると抗議し、日米関係が深刻な事態に入っていると示唆する一方、連盟に対しては、日本の穏健派の軍部抑制の成功を期待し、リットン調査団の派遣を支持した。その直後の十二月十一日、若槻内閣が倒れ、犬養毅が首相になったことから日本陸軍は勢いを得、満州に親日政権を樹立する工作に拍車が掛かった。一九三二（昭和七）年一月三日、日本軍が錦州占領したため、スチムソンは七日付で「不承認主義」宣言を発し、日本の行為を非難すると共に、ワシントン体制を維持する決意を示した。この方法に効果をもたせるべく英国に共同歩調を求めた。[58] しかし英国政府は、共同歩調に反対した。

ソ連は、満州事変勃発時の日本軍の武力行使に厳正中立の態度で臨んだ。第一次五カ年計画実現の途上にあって必死の努力を傾注しつつあるときであり、世界経済恐慌による国際緊張がもたらす対ソ軍事的干渉の危険性を排除することが、ソ連にとっての最重要課題と考えられていたためである。事変勃発当初は、日ソ間の外交面の意思の疎通は円滑に行われていたが、関東軍の北満進出は現実にソ連国境と接するに至った。ソ連は日本の反ソ干渉の危険の増大と受け止め、大々的な軍隊移動、戦時備蓄用穀物の確保に努めたが、その反面、日本軍との衝突回避のため対日譲歩を繰り返し、第一次五カ年計画による国力充実を最優先した。(59) 満州事変前の一九三一（昭和六）年末に日本側に示された対日不侵略条約の提案は、一九三三（昭和八）年一月の日本側の否定的な回答によって、ソ連の対日政策の再検討を促すことになった。日本側が否定的であった理由は、陸軍部内とそれに繋がる勢力間に強硬な反対論があり、条約の締結が軍の国防目標を見失わせ、兵士の士気にも悪影響を及ぼす恐れがあったこと、及び右翼方面からの心情的反対論等があったことなどであった。

　中ソ関係であるが、満州事変は、それ迄の中ソ国交断絶状態から共通の敵日本に対する中ソ統一戦線を構築させる可能性をもたらした。「米国資本との結びつきの強い宋子文・孔祥熙・羅文幹・顧維鈞らは、中ソ国交関係の復活が日本の膨張的傾向をおさえ、さらには日ソの衝突の可能性をつくりだすという理由で、これに賛成していた」のである。(60)

註

（1）中山定義「第一次上海事変（昭和七年）の裏話など」（『東郷』第一一四号、一九七七年）四二頁。一九三一（昭和六）年九月二十日の『朝日新聞』『毎日新聞』も「日本は正当防衛」とし、謀略の可能性については一言の問いすらも発しようとはしなかった。内閣に勇断を示せと迫っている。

（2）古川隆久『昭和天皇――「理性の君主」の孤独――』（中央公論新社、中公新書、二〇一一年）一六一頁。

（3）一九〇四（明治三十七）年七月首相へ提示した「日露講和条件に関する小村外務大臣意見書」（『日本外交年表並主要文書　上』原書房、一九八八年）二二九頁。小林道彦・高橋勝浩・奈良岡聰智・西田敏宏・森靖夫編『内田康哉関係資料集成　第3巻（資料編3）』（柏書房、二〇一二年）一〇六―一一一頁。

（4）一九〇七（明治四十年）制定の「国防方針」（防衛研究所図書館所蔵）は「我国権ヲ侵害セントスル国ニ対シテハ少クモ東亜ニ在リテハ攻勢ヲ取リ得ル如クスルヲ要ス」とあり、陸軍は仮想敵ロシアに、海軍は仮想敵米国に、対日干渉抑止のために軍備整備を規定した。

（5）寺本康俊『日露戦争以後の日本外交――パワー・ポリティクスの中の満韓問題――』（信山社出版、一九九九年）一五九頁。

（6）西沢泰彦『増補改訂版　図説「満洲」都市物語――ハルビン・大連・瀋陽・長春――』（河出書房新社、二〇〇六年）二六～二七頁。

（7）前掲『日露戦争以後の日本外交』一四六～一六六頁。

（8）戸部良一「戦前日本の政治と軍事――統帥権独立を中心として――」（『栃木史学』十八巻、國學院大學栃木短期大学史学会、二〇〇四年三月)。

(9) 大畑篤四郎「不戦条約と日本」(『国際政治』第二十八巻、国際政治学会、一九六五年)七二〜八六頁。前掲『内田康哉関係資料集成 第3巻(資料編3)』二六〇〜二八七頁。

(10) 石原莞爾らの満蒙領有論の具現化の過程は、稲葉正夫・島田俊彦・小林龍夫・角田順編『太平洋戦争への道 開戦外交史 別巻 資料編』(朝日新聞社、一九八八年)(以下、『太平洋戦争への道 別巻 資料編』)にまとめられており、当時の発想の経緯が一次史料を以て詳細に紹介されている。

(11) サンケイ新聞社『蔣介石秘録 日中関係八十年の証言 下 改訂特装版』(サンケイ出版、一九八五年)二二一〜二二三頁。

(12) 同右、二八〜三七頁。

(13) 信夫淳平『上海戦と国際法』(丸善、一九三二年)二一〜三頁。

(14) 東亜経済調査局訳編『支那国定 排日読本』(一九二九年、防衛研究所図書館所蔵)。

(15) 参謀本部第二課「満州事変作戦指導関係綴 其三 満州事変機密作戦日誌」(一九三一(昭和六)年九月十九日)(防衛研究所図書館所蔵)。これは、前掲『太平洋戦争への道 別巻 資料編』に「満州事変機密作戦日誌」(一一三〜二〇七頁)として収録されている。ここでの該当ページは一一五頁(以下、「機密作戦日誌」。ページは本書による。月日は一九三一年)。伊香俊哉『戦争の日本史22 満州事変から日中全面戦争へ』(吉川弘文館、二〇〇七年)一四頁。

(16) 同右『戦争の日本史22 満州事変から日中全面戦争へ』一六〜一七頁。

(17) 同右、一九頁。

(18) 同右、二〇頁。

(19) 日本国際政治学会 太平洋戦争原因研究部編『太平洋戦争への道 開戦外交史 2 満州事変』(朝日新聞社、一九六二年)二七四〜二七五頁(以下、『太平洋戦争への道 2 満州事変』)。

(20) 同右、二八二〜二八四頁。

(21) 「上海方面に軍艦増派について」(『日本外交文書』満州事変 第二巻第一冊、第十五文書(別電「軍艦増派に関する海軍当局者談話」)(外務省、一九五〇年))一四頁。

(22) 国際連盟支那調査外務省準備委員会『支那ニオケル対外ボイコット』(一九三二(昭和七)年)において、当時の日本、英国及び米国が受けた対外ボイコットの影響を述べている。とりわけ日本が如何に打撃を受けたかを強調している。

(23) 高綱博文「第一章 上海事変と日本人居留民――日本人居留民による中国人民衆虐殺の背景――」(中央大学人文科学研究所編『日中戦争』中央大学出版部、一九九三年)五六〜五七頁。

(24) 同右、三三頁以降。上海居留邦人の経済的、政治的、社会的な力関係を捉え、エリート層の「会社派」と一般民衆層の「土着派」という二つの階層によって上海日本人社会が構成されていたとしている。

(25) 前掲『太平洋戦争への道 2 満州事変』一一七頁。

(26) 海軍軍令部編・田中宏巳・影山好一郎監修・解説『昭和六・七年事変海軍戦史 初めて公刊される満州事変・上海事変の海軍正史 第二巻(戦紀巻二 軍機)』(緑蔭書房、二〇〇一年)八九頁(以下、『昭和六・七年事変海軍戦史 第二巻』)。

(27) 同右、八九〜九〇頁。

(28) 同右、九一～九二頁。
(29) 海軍軍令部編・田中宏巳・影山好一郎監修・解説『昭和六・七年事変海軍戦史　初めて公刊される満州事変・上海事変の海軍正史　第一巻（戦紀巻一　軍機）』二五六～二五七頁（以下、『昭和六・七年事変海軍戦史　第一巻』）。
(30) 新見政一著・提督新見政一刊行会編『提督新見政一――日本海軍の良識　自伝と追想――』（原書房、一九九五年）七五頁。
(31) 前掲「機密作戦日誌」（九月十九日）一一三頁。
(32) 同右、一一五頁。
(33) 今村均『今村均回顧録』（芙蓉書房、一九八〇年）一八八～一八九頁。御手洗辰雄編『南次郎』（南次郎伝記刊行会、一九五七年）二四二～二四三頁。筒井清忠「陸軍中堅幕僚の思想」（『歴史と人物』中央公論社、一九八四年二月）八一～八九頁。伊藤隆ほか編『近代日本史料選書　本庄繁日記（昭和5年1月～昭和8年12月）』（山川出版社、一九八三年）一二六～一四〇頁。
(34) 前掲「機密作戦日誌」（九月十九日）。
(35) 加藤友三郎元帥を偲ぶ会実行委員会編『加藤友三郎元帥』（加藤友三郎元帥を偲ぶ会実行委員会、一九六八年）五八頁。
(36) 前掲『昭和六・七年事変海軍戦史　第一巻』一三九～一四九頁。
(37) 高木惣吉「海軍と陸軍の確執」（中村菊男編『昭和海軍秘史』番町書房、一九六九年）一九二～一九五頁。
(38) 前掲「機密作戦日誌」（九月二十一日）一二〇頁。
(39) 同右（九月二十八日）一二九～一三〇頁。
(40) 同右（十月九日）一三七頁。
(41) 同右（十月十三日）一四〇頁。
(42) 同右（十月十四日）一四一～一四二頁。
(43) 同右（十月十五日）一四三頁。
(44) 同右、一四二頁。
(45) 前掲『昭和六・七年事変海軍戦史　第一巻』一三五頁。
(46) 前掲「機密作戦日誌」（十二月二十四日）一六七～一六八頁。
(47) 前掲『昭和六・七年事変海軍戦史　第一巻』一六五頁。後日の「駐満海軍部」の基礎となった。
(48) 前掲「機密作戦日誌」（十二月二十六日）一六八～一七〇頁。
(49) 同右〔一九三二（昭和七）年一月七日〕一七〇～一七三頁。
(50) 海軍大臣加藤友三郎は、ワシントン会議から帰国した後、一九二二年五月、海軍軍令部長に加藤寛治を、十二月、次長に末次信正を任命した。この軍令部首脳人事は、加藤友三郎の政治優先主義の発想と異なり、軍事優先思考で、東郷元帥以下の予後備役の海軍将官や政友会幹事長森恪の働き掛けもあり、統帥権干犯問題を生起させるに至った〔池田清『海軍と日本』（中央公論社、中公新書、一九八一年）七六頁〕。
(51) 前傾『太平洋戦争への道　2　満州事変』三六六頁。
(52) 同右、三六七頁。
(53) 川端末人「満州事変とイギリスの対日宥和政策――挙国連立内閣の内政と外交――」（『大阪学芸大学紀要　A　人文科学』十一号、一九六三年）一五一頁。一九二九年の経済恐慌は、英国に対しても大きな打撃を与えた。英国は、世界的規模でその経済的繁栄が回復されなければならないと考えていた。中国の権益が冒され、租界が回収されつつある現状にあったので、米国と異なり満州に対する日本の権益を否定せず、むしろ日本の満州事変が英国の満州の権益にとって好都合とさえ考えていた。

(54) 同右。A. J. Toynbee, Survey of International affairs, 1932 (London: Oxford University Press, 1933), p.529.

(55) 同右、一五三頁。

(56) ヘンリー・スチムソン著・清沢洌訳『極東の危機』(中央公論社、一九三六年)三一~三四頁。臼井勝美『満州事変——戦争と外交と——』(中央公論社、中公新書、一九八八年)六五頁。

(57) 前掲『太平洋戦争への道　2　満州事変』三五五頁。

(58) 前掲『極東の危機』八七~九〇頁。

(59) 前掲『太平洋戦争への道　2　満州事変』三二一~三二六頁。

(60) 同右、三三四頁。

第三章　上海事変前の上海における日中対決

——武力衝突前日迄の危機と日中間の応酬——

第一節　上海総領事及び第一遣外艦隊司令官による事件抑止と対処の考え方

一　第一遣外艦隊と総領事館との対立と協調

一九三一（昭和六）年七月一日に起きた万宝山事件が引き金となり、上海において一時下火になっていた排日貨が再燃し、かつて見られなかった居留邦人の商工業者の反発をも激化させ、日中の対立を頗る深刻なものにした。七月十三日、上海の中国民衆は永久対日経済絶交を高唱し、「排日貨方案大綱」を定め、日貨処置弁法を決議した。浦東、閘北、南市等に検査所を設け、七月十七日より日貨の検査、抑留、没収を行い、白昼堂々強盗に等しい行為を敢行していた。(1)

一方、上海総領事村井倉松は上海市長張群に、邦貨抑留の不法なことを説き、厳重な取締りを申し出て彼の承諾を得たが、取締りの具体的方法を確定しなかったため、排日会は何らの制止指令を受けることなく、依然として強盗的な行為を続けていた。第一遣外艦隊司令官塩沢幸一は、万一派兵の必要が生じた場合に即応すべく、警戒隊の発動時機に関する原則を模索していた。一九三一（昭和六）年八月三日旗艦「安宅」が上海に入港後、塩沢は排日の状況把握と対応方針の協議のため、第一遣外艦隊首席参謀山縣正郷海軍中佐を総領事館に派遣した。不在の総領事に代わって首席領事三浦義秋から排日状況と今日まで総領事館のとった処置を聴取した。山縣は司令官の警戒隊派遣出動の方針案を説明し、艦隊が命令を発する場合の参考のため、命令書一部を送付する旨を伝えた。

艦隊はその方針案を「第一遣外艦隊命令一八号」として発令し(2)、同時にその一部を総領事館に送付した。内容は、兵力を派遣して不法行為を取り締まる時期は、「（一）

総領事館ヨリ依頼アリタル場合、(二)被害者関係者ヨリ直接依頼アリタル場合、(三)必要ト認メタル場合」の三つに区分したものであった。第二、三項は警備本来の任務に鑑み、海軍独自の判断で実施すべきであると考えられており、排日・排日貨の危機的状況の到来が海軍の関与の度合いを高めていた。艦隊命令の写しを受領した総領事は、吃驚仰天して直ちにこれを幣原喜重郎外相に報告し、目下の状況は兵力行使の時機ではないと認められるにもかかわらず、「第一遣外艦隊側ニ於テハ、何等総領事館ト協議スルコトナク、此ノ如キ命令ヲ発布セル」旨を付言した。この結果、中央においては、軍務局長堀悌吉海軍少将は塩沢司令官に対し、司令官と上海総領事間の円滑な協議をさらに重ねるようにと婉曲に忠告をしている。そこで塩沢は山縣首席参謀を総領事館に再度派遣し、事情を確認の結果、三浦首席領事から総領事に対する報告、連絡が不十分であったことが判明した。山縣は不審の点があるのなら、何故外務大臣に報告する前に、艦隊司令部に質問しなかったのか、「又意見アラバ直接其ノ衝ニ当リ居ル一遣司令部ニ協議ニ来ルベキモノナルコト」を忠告しており、山縣は三浦をはじめ外務官憲によって第一遣外艦隊の面子が潰されたことへの怒りと不信感を抱くに至った(3)。

上海の排日運動は、八月中旬に沈静化した。この間、海軍省と外務省との交渉が継続した。一方、後藤春美氏の研究によれば、上海の日本人商工業者は、総領事館の鈍い反応に非常に不満で全く助力する気がないとも考えており、海軍が保護してくれるという期待感が高まっていた。因みに、ある会社の日貨が没収されたため総領事館に伝えたが、総領事館はその会社の不注意を責めただけで、返還を自力で交渉するよう告げただけであったという。また日貨没収の事案が発生し、総領事館の対応によって日貨が返還されようとしていた矢先に、ある日本人が海軍陸戦隊に直接電話で通報したため、総領事館が知らないうちに海軍陸戦隊が出動し、驚いた反日会メンバーが日貨の抑留を解いた。このように上海の居留邦人たちにとって外務省や総領事館の交渉には、魅力も期待ももてなくなっていたことは事実である(4)。

さて、このような状況下に満州事変が勃発した。往年の上海の排日は暴力的な抗日に変質して激烈となり、海軍の態度にも変化が生じた。一九三一年十月十三日、駐華公使重光葵は幣原外相に宛て、「排日運動ニ伴ヒ感情高マリ、我ガ海軍側ノ如キハ態度極メテ硬化セル模様」であり、「此ノ上突然事件ノ起ラザルヨウ、我ガ方ニ於テ適当ニ威力ヲ示スコトハ必要ナルモ、我ガ海軍側ニ於テモ十分自重スルノ要アリ」とし、政府においても十分な打合わせをしてほしいと懇請している。[5]

堀軍務局長は塩沢司令官に宛てて、この重光の電報を紹介した。そこで塩沢は重光に「硬化セル模様トハ何ヲ指スヤ」と質したところ、重光は「内地ニ於ケル艦隊ノ待機・陸戦隊増派準備等ヲ聞及ビ、海軍中央部ノ態度硬化シアルヲ知リタル故打電セルノミ、第一遣外艦隊ノ態度ヲ云為セシモノニアラズ」と釈明している。[6] このように第一遣外艦隊と出先外務官憲との間に警戒隊派出方針の判断基準に意見の相違が見られ、両者の関係は円滑さを欠いたが、上記の事案が落ち着いた後、上海外務官憲及び第一遣外艦隊の関係者の態度はほぼ一致し、その後に発生した上海事変前の時点では、両者は比較的に同一歩調を取り得たと考えていたという。

居留邦人と海軍の関係については、排日貨が死活問題となっていた居留邦人にとって、生命財産の保護任務をもつ行動的な海軍はもともと頼もしい存在であった。上海日本商工会議所は済南事件を切っ掛けに一九二八(昭和三)年六月、上海の排日・排日貨に対する予防と対処の手段として「金曜会」を組織し、最初から上海駐在の陸海軍武官の出席を求めていた。それ迄はさほど強硬論はなかったものの、一九三一年のこの段階では、殊に上海には日本陸軍ではなく海軍部隊が配備されているため、七月三十一日の会議の席上、上海公使館付海軍武官桑原重遠大尉は、海軍の部隊も総領事館と協力して日本人の生命財産の保護に当たる方針であるから、排日貨の状況についても総領事館と共に海軍にも報告するように、海軍としての積極的な姿勢を示す一方、参会者にその報告の徹底を要請した。

そのような海軍部隊の積極的な空気の下に、船会社の代表が、海軍は運河の監視ができないかと桑原に尋ねた。この質問は上海を縦横に走る運河(クリーク。揚子江口に注ぐ河川)が排日貨の輸送手段として寄与していることを裏付けていた。後述するように、間もなく塩沢司令官が平時封鎖案を立案し、陸戦隊の陸戦兵力に依らず、海軍艦艇を主用する海軍らしい対策となり得るものであった。これは後の、一九三二(昭和七)年一月二十一日、軍務局長への上申に発展する。桑原は会議中には明確な回答をしなかったが、塩沢は八月三日に、麾下の部隊に、「当分ノ間上海ニ於テ邦貨没収行ハレントスル場合ニハ左記ニ拠リ直ニ兵力ヲ派遣シテ其ノ不法行為ヲ取締ルベシ」という海軍艦艇と陸戦隊兵力とを一体にした命令を発した。[7] このことは、日本人に危害が及ぶ可能性の察知と海軍が独自に決断し即応の体制をとることによって、邦人の期待に応えるように決意したことを意味した。この八月三日は先に述べたように、総領事館に山縣首席参謀が訪れた当日であり、既に麾下の部隊に命令した後の不退転の気概であったことを意味している。

二　上海事変の導火線――「不敬記事掲載事件」から「日蓮宗僧侶殺害事件」へ――

（一）満州事変以降に発生した諸事件と邦人の居留民大会

満州事変が勃発して以後、それ迄の排外運動は排日の色彩を強め、全国の主要都市に広がった。華中及び華南において以下の事件が発生した(8)。これらは排日貨ボイコットとは性格を異にする、国権回収の排日運動の民衆化も同時に進んでいることを示していた。それらは、香港における邦人虐殺事件（一九三一年九月二十六日）、軍艦「二見」に対する投石事件（同年十月八日）、宜昌海軍集会所略奪放火事件（同年十月十一日）、上海内外棉襲撃事件（同年十月十八日）、以下、福州における「北上」艦長・同砲術長に対する暴行及び邦人虐殺事件（一九三二年一月二日及び三日）迄、合計一〇件に及んだのである。居留邦人たちは、第一回居留民大会（会衆六、五〇〇人）を十月十一日に開き、日本政府に対して日中諸懸案の徹底的な解決と対中経済絶交の手段を速やかに着手するよう訴えた。また第二回の十一月一日、上海の長江流域日本人連合大会は「日本帝国ハ断々乎トシテ暴戻支那ヲ膺懲（懲らしめる：引用者）スベシ」等を決議した。さらに第三回は十二月六日、上海で中国全土を対象にした初めての全支日本人居留民大会が開催され、その規模は約四万人に達した。そして政府に対し満州権益の徹底的な自衛手段の採用を要求し、併せて中国に対しては、既存条約の尊重履行及び抗日運動根絶のための積極手段の採用を要求すること等を決議したのである(9)。このように、上海の居留邦人が遠く離れた東北の満州権益の確固たる防御の必要性を主張するに至ったことは、注目すべきことであった。このことは後の国際連盟の第三国が、この後に勃発する上海事変が満州事変と不可分のものである、との中国側の論議に違和感を抱くことなく対日非難にまわる一因になったことは、否めないであろう。上海の排日運動が激昂し、事件頻発の連鎖によって、過去の日中の市民レベルの対立が漸次、官憲レベルの対決へとエスカレートしていくのである。

（二）「不敬記事掲載事件」

一九三二年一月八日、東京桜田門外において一朝鮮人による大逆事件が発生した。翌九日国民党の機関紙『民国日報』は天皇不敬記事を掲載した。南京、北京、青島、天津等主要都市の国民党系の新聞は皆この記事を掲げたため、居留邦人の憤激を招いた。特に青島ではその反応が最も早く、十二日に約二、〇〇〇人の居留民大会が開かれた。解散後、過激な約二〇〇人の邦人が民国日報社と市政府内に乱入し、市政部が全焼する事件（青島事件）が発生した。もともと青島や上海には居留邦人の中に過激で悪質なボス的人物がいて、何か機会があれば事件を起こして一儲けしようとしているとの噂があった。この青島事件は皇室に関する不敬事件であったため、彼らは居留邦人の愛国心を利用し、居留民大会においても盛んに民衆を扇動した。これらのボスの一部の者は青島領事館警察に逮捕され裁判にかけられたが、一部の者は青島では望みがないと悟っていち早く上海に逃れ、上海事件を引き起こす主役を演じたという(10)。その意味で、上海事変の導火線は、この『民国日報』不敬記事掲載事件から既に着火されていたと見ることもできる。

一方、上海の総領事村井倉松は、この不敬記事掲載に対し中国側の上海市長呉鉄城に厳重な抗議文を提出したが、上海の民国日報社は十二日の紙上に「日本総領事の取消要求に応ずる筋合のものでもなく、また遺憾の意を表し、責任者を処罰するなど、は全く理由のない事である」として逆に日本側を揶揄する記事を掲げた(11)。そこで村井総領事は書面を以て市政府の再考を促した。両者間は紛糾したが、ついに上海の民国日報社は、十六日の紙面に取り消し文を掲げ、呉市長は総領事に遺憾の意を表し、責任者を三カ月の罰俸にするとの公文を日本側に送付して本事件は一段落を遂げた。重光公使は南京の総領事上村伸一を介して十五日付取締要求書を外交部長陳友仁に提出した。このように日中の感情が悪化したのは、祖国を離れて生活する居留邦人にとって天皇への不敬・侮辱行為に対する刺激が大きく、己のアイデンティティが内地の日本人以上に強く、反発が強かったことによる。それは以後の爆発の危機を、十分に予想させるものであった。

（三）「日蓮宗僧侶殺害事件」の発生と日中の応酬

一月十八日、江湾路日本山妙法寺の僧侶二人（天崎啓昇、水上秀雄）、信徒三人が楊樹浦方面で寒行を行い、団扇太鼓を鳴らしつつ東華紡付近から租界外に出て、午後四時ごろ三友実業社工場付近を通行中、付近広場にて折しも軍事教練中の同工場抗日会義勇軍約一〇〇人に襲撃され、僧侶二人重傷（後一人死亡）、信徒一人重傷、二人が軽傷を負った。ところがこの事件には、関東軍の一部の参謀の謀略が絡んでいた。結論を先にいえば、当時、この謀略の存在を裏付ける傍証的な資料はいくつか存在していたが、公の場で明らかにされたのは太平洋戦争後のことであった。満州国の建国を目前に控え、国際連盟の非難が日本政府及び満州の地に集中する中で、政府が建国作業を躊躇逡巡していると認識した関東軍の一部の参謀は、連盟の目を一時上海にそらし、その間に満州国建国をしたいと考えた。関東軍高級参謀板垣征四郎陸軍大佐は、同参謀花谷正陸軍少佐らと図り、上海公使館付陸軍武官補佐官田中隆吉陸軍少佐に上海で事を起こすように命じた。板垣らが考えた連盟の目を確実に満州から上海に逸らすという目的を達成するには、平常の上海警備任務を担任している日本海軍陸戦隊の収拾能力を超え、内地から適当な規模の陸軍を上海に派遣せざるを得ない状況を作為し、日本に有利な華々しい戦果で収拾できるような事件でなければならなかった。田中は川島芳子（清朝粛親王第十四王女）と共謀して中国人の流浪無頼の徒を買収し、一月十八日、僧侶ら五人を襲撃させて死傷事件を起こさせたという(12)。

さて、この「日蓮宗僧侶殺害事件」は、場所の視点から見れば中国側が全責任を以て治安維持に任ずべき租界外であり、しかも無抵抗の僧侶、信徒を対象にしたものであった。さらに犯行グループが組織的な群衆（内実は田中と川島が雇ったヤクザが煽動した）であること等から、居留民代表によって構成されている「時局委員会(13)」は、居留民の生命・財産はもはや実力を以て保護する以外にないとして、第一遣外艦隊司令部と上海総領事館に陳情した。同時に彼らは幣原外相にこの旨を打電した。

第一遣外艦隊司令部と上海総領事館は「日蓮宗僧侶殺害事件」に関し協議のうえ、この機会に抗日運動に徹底的な弾圧を加える必要があるとして中国側に厳重抗議することを決めた。また、「『民国日報』不敬記事掲載事件」に関しては、十九日に、村井と呉との間において、社長に対する戒告処分と再発防止、市長の公式謝罪、該当記者の処分、記事取り消し等の対応で、解決することを決定した(14)。

翌十九日午前十一時、村井総領事は、「日蓮宗僧侶殺害事件」に関し、とりあえず口頭で犯人の逮捕・処罰、抗日会の即時解散を要求すべく市政府に厳重抗議した(15)。同日午後、上海市秘書長兪鴻鈞は村井を訪ね遺憾の意を表したが、関係者多数で真犯人が判明しない等の回答であったため、居留民の間には激昂するものが多く、抑制しかねる状態であった。注目すべきは、「『民国日報』不敬記事掲載事件」や「日蓮宗僧侶殺害事件」が、過去の日中市民レベルの対立から一挙に日中官憲レベルの対決に変質したことであった。

一月十九日午後六時、第一遣外艦隊司令部は、事件に憤慨した上海の青年同志会の邦人たちが、午後八時に公安局、三友実業社工場を襲撃する計画をもっているとの情報に接した。塩沢司令官は陸戦隊指揮官鮫島具重海軍大佐に直ちにこの阻止を命じ、部隊は即刻、青年同志会や他の方面を捜索、警戒したが効果がなかった。一方、同会員の約三〇人は、夜陰に乗じ、租界外に出て二十日午前二時半ごろ、三友実業社を襲撃して工場の一部に放火し、帰路、租界線において工部局が管轄する楊樹浦警察署交番の中国巡査と衝突したため、邦人一人（梁瀬松十郎）と、中国巡査二人がそれぞれ即死した。(16)

事件発生と共にさらに上海陸戦隊から一個中隊、装甲車一両、機銃二挺が派遣された。村井総領事は直ちに工部局に赴き、上海共同租界工部局参事会議長マクノーデンに遺憾の意を表明する一方、犯行者の逮捕処分を行った。塩沢司令官は本事件に鑑みて麾下各部隊を督励すると共に、総領事館と一般居留民に対し軽挙妄動する邦人は武力を以てこれを取り締まる決心を明らかにした。(17)一方、死亡した梁瀬に対し居留民の同情が集まり、その葬儀が上海居留民大会葬として行われたことは、一面、当時の居留民の対中国感情の激しさを如実に表している。

二十日午後開かれた上海居留民大会は殺気に溢れ、悲壮の気が漲っていた。討論の後、「帝国政府ハ最後ノ決意ヲ為シ、直ニ海軍ヲ派遣、自衛権ヲ発動シテ抗日運動ノ絶無ヲ期スベキ」ことを強調した。閉会の間際に「実行委員ハ頼ムニ足ラズ我々ハ之ヨリ総領事館へ赴キ本決議ノ実行ノ確答ヲ求メル」との緊急動議が出て、閉会後三〇〇〜四〇〇人の隊伍を組み、総領事館に強硬な交渉を請願した。村井総領事はその趣旨に賛成であり、できることは実行する旨を答えた。会衆は満足の意を表し、万歳三唱後上海陸戦隊本部に赴こうとして北四川路を通行中、中国人家屋二階から銅羅、瓶、棍棒等が投げ付けられたため、激昂した数人の邦人が警官や上海陸戦隊の制止もきかずその家屋、商店を破壊した。邦人、工部局巡査の双方に負傷者を出し、上海陸戦隊がようやくこれを鎮撫した。居留民団は上海陸戦隊本部で「中国の膺懲」を鮫島指揮官に陳情した後、時局委員会委員長（村井倉松）が解散を令したが、これを不満とする民衆は過激分子の発議により、直接行動に出るための大会を再開しようとして約一〇〇人が日本人倶楽部に集合した。たまたまそこにいた山縣首席参謀は「民衆ノ暴挙ハ我ガ官憲ノ正当ナル行動ニ不利ナルヲ以テ、万事官憲ノ適法ナル処置ニ依頼スベキ」(18)を説いて彼らを諫めたので、彼らは一五人の実行委員を選定し、二十三日に居留民大会を再開することを約して解散した。異常な緊張の一月二十日から翌二十一日にかけて、日中武力衝突に発展する出来事が、現地上海の村井総領事と塩沢司令官によって展開されるに至った。

一月二十日、塩沢司令官は海軍次官左近司政三及び海

軍軍令部次長百武源吾に、「日蓮宗僧侶殺害事件」に関し、本日総領事より厳重抗議の予定であること、要すれば兵力を行使しても当方の要求を貫徹すると打電した。[19]この兵力を行使する対象は、飽く迄も排日運動の中国人グループを意識したものであって、その側背にある中国軍を直接に対象にしていたものではなかったことに注意を要する。たとえ中国陸軍が陸戦隊を包囲しても、陸戦隊は生命財産を擁護すべき居留邦人に妨害を加えている排日団体という特定目標に直接対峙しているのであって、満鉄守備隊の関東軍が、中国軍により鉄道が爆破されたという出兵根拠を理由に、俄にその中国軍に武力行使するという直裁的な構造とは異なっている。

他方、同二十日村井総領事は、このような危機意識が高まるのが不安であった。新外務大臣芳沢謙吉に宛てて上海在留邦人の憤激の状況を報じ、上海市政府に対する交渉条件に関し請訓すると共に、「最後手段トシテハ、此ノ際已ムヲ得ザルベク、予メ海軍省ト打合セ連絡アリ度」と意見具申した。[20]この段階においては、現地外務と軍の間の政軍関係は先の小競りの体験を通して一応安定しており、形のうえで調和が保たれていた。村井の要請に基づき中央においては、外務・海軍両省の交渉、協議が行われ、芳沢は村井宛て回訓を発し、「期限ヲ明示スルコトナク要求スベク、尚在留邦人過激ノ行動ヲ戒ムベキ」を指令した。この段階ではまだ冷静さが保たれ、対中武力発動の抑止が効いていた。但し、悪質な居留邦人の存在が政治的にも強く意識され、寧ろそのような日本人に対する危機感の方が強かったのである。[21]

翌二十一日午前、村井は呉市長を訪問し、正式抗議文を手交し、四項目即ち①市長の陳謝、②加害者の逮捕・処罰、③被害者に対する慰謝料・治療費負担、④抗日会等排日団体の即時解散、の全部の承認実行を求めたところ、呉はこれらの第一～第三項は承認できるが、第四項については南京政府と十分な打ち合わせのうえで回答すると述べた。[22]この時点で村井は、呉に対して回答期限（タイムリミット）を明示していない点に注意を要する。

同日午前、塩沢司令官は左近司海軍次官及び百武海軍軍令部次長に、今回の事件は抗日運動を徹底的に弾圧する最適の機会と信ずること、総領事が期限付厳重抗議を提出するに際し、司令官名で自衛権発動の声明を発する予定であり、併せて水雷戦隊一、特別陸戦隊約四〇〇人及び航空母艦一隻の増派を要求する旨を打電した。注目すべきは、当時の海軍も、上海居留邦人の生命財産擁護の任務は本土の防衛と同じ自衛権発動の対象として考えていたことである。

同日午後、海軍次官より回答があり、上海の事態の重大さに理解を示した後、取り敢えず特別陸戦隊一個大隊の増派、「能登呂」の回航等を発令したこと、並びに、「帝国海軍ノ進退及兵力行使ハ、如何ナル場合ニ於テモ公明正大ヲ期セラルベク、在留邦人ノ越軌的行為ハ之ヲ厳戒サレ度キ」[23]として海軍側は謀略に依らない基本姿勢を示した。

かくして、この状況下の塩沢の警備強化に関する最大の関心は、排日運動の抑圧にあった。と同時に、ここに軽挙妄動する居留邦人に対する明確な統制も打ち出されたのであった。

同日午後、塩沢司令官は「本職ハ上海市長ニ、帝国総領事ノ提出セル抗日会員日本僧侶暴行事件ノ要求ヲ容レ、速ニ満足ナル回答並ニ其ノ履行ヲ要望ス。万一之ニ反スル場合ニ於テハ、帝国ノ権益擁護ノ為、適当ト信ズル手段ニ出ズル決心ナリ」の声明を発した[24]。外交の後ろ盾としての海軍が自ら口を開いたのであった。つまり、外交を担任する村井総領事の外交案件に対する正式抗議に併せて、軍事を担任する塩沢の武力行使を視野に入れた軍事案件としての声明を以て、政軍一組のものとして中国側に圧力が掛けられたのである。一組という意味は政軍両者が話し合っていたという意味である。ここに至って注意すべきは、村井以下の日本人たちにとって、外交案件である四項目要求に対するリミットが明示されていない回答の待ち時間は、眼前の中国軍が急速に建設しつつある敵対施設に対する軍事的恐怖感を高める時間に代わりつつあったという点である。つまり、それ迄の外交案件に加え、ここに新たな軍事案件が登場し、四項目の外交解決とは全く異なった局面の打開を必要とするに至り、一触即発の危機、恐怖の到来を意味するに至った。

（四）四項目要求に関し中国側に回答期限（タイムリミット）提示の内情

先述した村井総領事と塩沢司令官の声明に加え、日本軍艦が上海に増遣された。その報は、上海の内外人に衝撃を与えたが、とりわけ中国側の学生義勇軍、中国人巡査、中国商人等の反感が一挙に高潮した。一方、居留邦人の間には期限付き実行を強要する意見が有力となり、もし日本当局が強硬な態度をとらなかった場合は、一月二十三日に開催予定の居留民大会において武装団体を組織して抗日会本部を襲撃する決意を表明した[25]。当時の上海居留邦人の激昂の状況を窺い知ることができる。国家権能の象徴といえる軍艦の増強が、居留邦人たちに勇気を与えたのである。

一方、中国側は、学生義勇軍の日本電信局襲撃計画及び中国人巡捕の邦人紡績工場襲撃計画を宣伝した。また北四川路一帯の中国商人が日本浪人に対抗すると称して武器を準備し、日本商業学校等は中国学生団に襲われた。歩行中の邦人が投石、罵倒される等の事件が頻発した。二十一日開催された日本の時局委員会は、速やかに抗日会解散が必要であり、そのためには期限付き最後通牒を提出し、中国側がもし実行しない場合に備えて日本軍の実力発動を望む旨を決議した。尚、同日午後、塩沢司令官は軍務局長豊田貞次郎に宛てて中国側が要求を受け容れなかった場合の五つから成る対策腹案を上申した。それは、①呉淞沖における平時封鎖、②抗日会本部及支部の弾圧、③示威偵察飛行、④租界外在留邦人の現地保護、⑤要すれば呉淞砲台占領、であり、翌日、豊田から「封鎖ノ件ハ同意シ難シ、委細後電ス」と拒否されている。

二十二日、兪秘書長は「日蓮宗僧侶殺害事件」と「三友実業社襲撃事件」とは別個の問題として処置すべきとしたうえで、日本側の要求四項目中の第四項の反日団体の取締り要求に対しては「事、民衆運動ニ関シ、政府トシテハ法ニ触レザル限リ制裁ノ法ナシ、若シ不法行為アラバ当然厳重処罰ス」と日本側に伝えた。そして午後三時、上海市政府から村井総領事に対し、今度は逆に「三友実業社襲撃事件」に関し書面により、①日本総領事は市長に遺憾の意を表すること、②速やかに犯人を捕縛し、放火犯人の罪を以て処分すること、③被害者にはそれぞれ賠償すること、但し金額は後日協定すること、④事件再発防止を保障すること、として抗議した。[26]「三友実業社襲撃事件」に対する中国側の筋論である。

二十三日早朝、前上海市長張群と新市長呉鉄城の内意を承けた兪秘書長が村井総領事を訪ねた。総領事館側は、中国側の態度は徒らに内探的な懸け引きを弄しており、中国官憲は自ら解散命令を発することなく中国民衆の自発的処置に委ねようとしており、誠意がないと受け止めた。二十四日、在華日本紡績同業会は呉市長に対し抗日救国会の日貨排斥行為による窮状を訴え、同抗日会の解散と経済の常道復帰を切望する声明を手交した。その窮状とは過去五年間にわたり「新規売買皆無ナルハ勿論」「工場閉鎖ノ危機ニ瀕セシモ、六万ノ工人及其ノ家族ヲ合シ三十余万ノ糧道ヲ断ツニ忍ビズ」という深刻な事態のことであった。[27]北四川路西側に構築された第十九路軍の陣地は日本人を非常な不安に陥れており、二十五日以降、第一遣外艦隊司令部ではこの撤去を毎日のように、また村井総領事からも市長に要求した。しかし第十九路軍はますます露骨な敵対準備を進め、上海事変勃発直前の時点で、京滬方面に三万余人の兵力が集中された。[28]

呉淞にも戒厳令を布き日本人の通行を禁ずるというように事態が益々悪化したため、二十一日に上申した平時封鎖

第十九路軍長　蔡廷鍇

第十九路軍総指揮　蔣光鼐

上海総領事　村井倉松

上海市長　呉鉄城

第一遣外艦隊司令官
塩沢幸一海軍少将

上海海軍陸戦隊指揮官
鮫島具重海軍大佐

図４　上海事変勃発時の日中関係者
出典：朝日新聞社編『上海事変写真全輯』（朝日新聞社、1932 年 4 月 5 日）6、7、12、34 頁及び民革中央宣伝部編『蔣光鼐将軍』（団結出版社、1989 年）。

案が中央に拒否された塩沢は、村井と相談し、この際断固たる処置に出なければ益々彼らの軽侮を増し、収拾し難い状態になるおそれがあると考え、中国側の態度によっては二十八日以後「適当ナル行動」に出ることを宣言し、適当の時機に、租界内外にある抗日会本部・支部を弾圧し、飛行機で示威偵察を行うことを、二十六日午後一時半、海軍中央に打電した[29]。併せて上海方面への威圧と南京方面の警備を強化するため、当面、水雷戦隊一隊、特別陸戦隊一個大隊を増派し、二十八日呉淞に到着するように電請した。尚、塩沢は中国軍がさらに閘北方面に戦闘施設を建設中で、同地区の邦人が極度に不安に陥っているため、この撤去を村井に要求した。また、既に居留邦人は二十五日夜、直接、首相、外相、陸相、海相及び参謀総長に陸海軍の増兵を請願したのであった。彼らが四項目の回答と並び、この段階ではそれ以上に、中国側の敵対施設の増設に如何に神経を尖らせ危機に感じていたかを如実に物語っている。

　二十五日、状況を危惧した工部局は参事会決議に基づき、上海の民国日報社を、また翌二十六日、抗日会本部を閉鎖させたが、上海の民国日報社は、仏国租界に場所を移して依然抗日記事の掲載を続けていた。中国軍の防御設備は逐日増加し、南京政府当局の命令如何にかかわらず、第十九路軍は面目にかけて日本軍に対抗しようとする態度に出たのである。南京政府は、これら中国軍隊の大部分が広東出身者で日本軍を知らないため開戦気分が濃厚であると見て、在南京第八十七師（旧警衛第一師）を第十九路軍と交代させようとした[30]。しかし、先に下野した孫科、陳友仁らの広東要人が蔣介石、汪兆銘に対する反感から、第十九路軍の特に第七十八師を煽動し、その交代に反対を決意させたため、蔣らの企図は実現しなかった。もし敢えて交代を強要すれば、中国軍隊同士の衝突を見る可能性がない訳ではなかったからである。

一方、中国当局の態度に対し不満の意を抱いていた中国の学生、労働者、排日各団体は、この時点で、中国官憲が日本側の要求を容認する決定をしたとの流言を聞いて激しく憤慨し、二十六日、上海中学抗日連合会は、呉市長反対の第一声を上げ、次いで他の団体もこれに呼応し、労働者の策動開始と相俟って事態が益々悪化した。

二十五日午後、村井は呉を訪ねた。回答期日について呉から三十日迄延期してほしいとの申入れに対して、村井は解決遷延が不可能である事情を説明し、速やかな回答を要求すると共に、もしある程度待っても満足な回答が得られない場合は、「已ムヲ得ズ自衛手段ヲ採ルニ至ルベキ[31]」旨を述べると共に、期限付き最後通牒を発する決心をして外相に請訓したのである。

二十七日の時点で、芳沢外相は村井に回訓した。その内容は、二十五日付の村井の外相に対する請訓並びに居留民の首相、外相、陸海相等に対する要望の回答でもあったが、次に述べるように、上海現地が日に日に険悪化する情勢の中で、日本政府の事件抑止の考え方を端的に表していた。

それは、中国軍の対日戦備の現状を認識したうえで、「一方我ガ要求全部ヲ容認スルコトニ就キ相当誠意ヲ以テ努力シ居ル様ニモ認メラレ」と中国側外務官憲の努力を一応是認し、「既ニ我ガ方トシテハ相当自由ナル立場ヲ留保シ居リ」「従ツテ『タイム・リミット』ヲ付セズトモ、状況ニ依リ冒頭貴電ノ程度ノ海軍側行動」を開始し得る優位にあるので、この際敢えて「タイム・リミット」を付して最後的申入れをすることは、「支那側ノ対外宣伝ニ逆用」される可能性が大であるので、市長に対しては口頭を以て一両日中に満足な回答をなすように十分に督促して欲しいとしている。しかし、「貴方現場ノ情勢上、何等カノ『タイム・リミット』ヲ付スルコト是非必要ナリト認メラルル」場合は、「海軍側トモ御協議ノ上」、先に述べたように取り計ることもやむを得ないとした。もっとも明二十八日に「水雷戦隊貴地着ノ影響ヲ見ルモ一策」になるだろうし、且つ時日切迫の関係もあるので「右『リミット』ハ二十九日正午位ニ延期スルコト然ルベシト存ゼラル[32]」としている。この一連の芳沢の回訓内容は、着任早々で自信がないものであったとはいえ、現地の村井にとって見れば、タイムリミットを付すも付さぬも、日中双方の状況を斟酌して決断せよという曖昧さをもったもので、何も指示されていないのも同然であった。むしろ、最終的には現地の村井の判断に一任する態度、つまり、外交部の現地解決方針という安易な方法をとり、満州事変後の新たな事件が如何なる展開をもたらすか、国際的視点で予察されていなかったといえる。尚、芳沢は「事件ノ根本原因タル排日運動ニ対スル対策トシテ、関税収入差押ヲ強行スルコト」に政府の内議を進めており、この実行については対外関係上細心の注意を要するため、上海の険悪な状況と対策を説明させるため、上京中の重光公使を二十七日夜東京を出発させ、急ぎ上海に帰任させると現地の村井に打電したのである(33)。

二十七日午後、追い込まれた兪は村井を訪ね種々交渉したが、正式回答を出せなかった。タイムリミットの設定は、それを切った場合は武力による国権発動という、最悪の事態の招来を外務省筋は回避したかったことと、状況悪化の場合の発動の決断は現地任せという点に大きな特徴を有していた(34)。

同日、そのような日本側の緊迫したやり取りの中、兪は殷汝耕（親日家：四月一日付上海市政府参事、後日本の傀儡となる）を帯同し非公式に村井を訪ね、回答案を内示した。これに対し、村井は、日本側の要求の第三項迄は受容可能であろうが、第四項の抗日会の解散に関しては、中国側はもともと「抗日ナル名称ヲ冠スル団体ノ存在ヲ公認」しており、日本側としては満足できるものではないことから、取締りの徹底を要求した(35)。兪は呉市長と相談するとして案をもち帰ったが、その後村井は本省に対する報告と回訓を待つという緊迫した危機に遭遇したため、重光の帰任を待つことなく、午後八時に電話により呉に対し、「二十八日午後六時ヲ限リ明確ナル回答ヲ得タキ旨要求(36)」するに至った。ここについに村井自身の決断によって、初めて二十八日午後六時というタイムリミットが発動され、重大な段階に突入するに至ったのである。それはタイムリミットを過ぎた時点で、期待された回答がなかった場合は、要求元の日本側から国権が発動されることを意味した。これは、以後の歴史展開のうえで極めて大きくかつ極めて重たい意味をもつ決断であった。戦火の不安に怯えた中国人民衆は、安全地帯と見られた共同租界に避難を急ぎ、上海は恐慌状態に陥った。同日、日英米仏伊各駐屯軍指揮官等は共同防備計画案に従い、それぞれ警戒すべき旨を打ち合わせたのである。では、このような危機の中で、上海周辺に如何なる中国軍が、如何なる背景の下に配備されていたのか。

第二節　中国軍（第十九路軍）の淞滬（呉淞、上海）配備と対日姿勢

一　中国政局の内紛と第十九路軍の淞滬（呉淞、上海）配備

上海の地は中国経済、外交の枢要な地位を占め、政治的中枢に近いこともあって、淞滬衛戍司令（呉淞、上海方面の警備司令）の任務配置は為政者にとって極めて重要な地位にあった。そこで蒋介石はこの地位に腹心の熊式輝を任じ、自分の直系軍をこの地に駐屯させた。ところが、一九三一年二月二十八日、蒋が、それ迄自分と組んでいた広東派の長老・胡漢民を監禁（約法をめぐり蒋介石の独裁に反対したため）して以来、国民党の内訌となり、広東派が分離し、五月、広東に新政権を樹立した。以来、南北対峙して抗争し、九月まさに湖南の地で武力紛争に発展しようとする形勢にあったが、満州事変が勃発すると、国難に対応するとして両派の間に一応の妥協が十一月七日に成立した。これに伴い軍隊を退けて合体運動に出たが、淞滬衛戍軍隊の選考については容易に意見の一致が見られなかったのである。広東派は上京するに当たって京滬の間に駐屯する熊軍の脅威を感じざるを得ず、また南京派にあっても逆に広東軍がこれに代わることになれば同様に安堵できないという状況になっていた。したがって最終的には、蒋と個人的にも縁故のある旧陳銘枢軍である第十九路軍を最も適当として熊軍に代わらせることが決定された[37]のであった。この軍長は蔡廷鍇という広東出身で愛国心に燃え、強靭な抵抗意志をもった指揮官であった。

十二月二十二日から開催された第四回一中全大会において、蒋介石の下野を条件に南京広東合作は実現したとはいえ、要人たちの気心は離隔し、実質は内心バラバラであった。既に十二月十五日、広東派の主張に屈した蒋は、国民

政府主席、行政院院長、陸海空軍司令官の職を辞し郷里奉化県に帰っていた。先述したように、蔣のこの下野の理由は、外部的要因としては北京、南京、上海の学生を中心とした反蔣・反政府運動が激化して政権維持が困難になったこと、また内部的要因としては蔣の南京派と汪兆銘の広東派との対立であった。蔣は満州事変以来の責任を負い辞職する意を表した。蔣抜きで、一九三二年一月一日、両派の統一政府が成立し、孫文の子の孫科が広東より出て統一政府の首班となった。新しい南京政府は、広東派の勢力が著しく進出した。政府の主席は林森、行政院院長は孫科、司法院長は伍朝枢、外交部長は陳友仁であった。しかし慢性的に財政的欠陥を有する広東派は、この難局に耐えることができず瓦解した。

汪兆銘は蔣介石との妥協を主張し、蔣は一月二十一日、私人の資格で南京に戻り、軍事委員会常務委員として軍事をはじめ国政全般の実権を握った。汪が行政院長として政治、外交を中心とする行政実務を担当したため、「蔣・汪合作政権」といわれた。他方の孫科と陳友仁は広東系を代表し二十三日に「対日政策大綱」において日本との国交断絶を主張した。しかし蔣は、断絶は滅亡につながるので隠忍自重し、内憂外患に一致協力するという当面の不抵抗主義が有効な唯一の手段であると主張し、翌日中央常任委員会がこれを決定した。この結果、孫科、陳友仁及び財政部長の黄漢梁が辞任し、汪兆銘、羅文幹、宋子文が受け継いだ。かくして上海事変の開戦前の南京政府は、いわゆる不抵抗政策を採用し、二つの応急措置をとることになった。一つは、上海人民の抗日運動の禁止であった。このことによって村井総領事の四項目要求を、全面的に受け容れることを断行したのである。[38] しかしながら、四項目目の排日の根絶に関しては猛烈な市民の反発を、また、これに対する警察の抑圧が逆に各種義勇軍の誕生をそれぞれ招き、阻止不能に陥るのであった。もう一つは、第十九路軍の抗日出兵の禁止であった。

ここで何故第十九路軍が、不抵抗政策の対象になっていたのであろうか。この第十九路軍は広東人の陳銘枢が創始撫育した軍隊で、陳銘枢は蔣介石と深い縁故を有すると同時に、一方において広東派と密接な関係を有するという両派の思惑を併せもつものであった。したがって緩衝地帯に配備するには、考えられる策の中では最適な軍隊と見られた。このようにして蔣は、第十九路軍を京滬（南京、上海）の間に配備することを承諾していたのである。[39] 当然ながら第十九路軍の配備に先立って、まず陳銘枢が十一月十日付京滬衛戍司令に任命され、南京、上海という広大且つ政経中枢の地域の安全保障の重責を任された。ついで十七日に江西省にあった第十九路軍が、先の取決めに従って京滬配備移駐を命ぜられた。掃共戦を戦っていた同軍は二十四日江西より下江し、まず南京に全部集結し、翌年初頭に南京下流長江沿岸の各地に配備された。そして、同時に蔡廷鍇の先輩である戴戟が淞滬（呉淞、上海）衛戍司令として呉淞砲台守備の任に就いた。

第十九路軍は三個師から成り、第六十師、第六十一師は南京下流長江沿岸の各地に、第七十八師は淞滬衛戍として上海付近に到着し、一九三二年一月四日付で、以下の配備に就いた。これの部隊が、日本海軍陸戦隊との緒戦を演ずるのであった。

一月八日より第一五六旅第六団は閘北・大場鎮の間に進み、第一五六旅司令部を大場に移し、一月十一日に第一五六旅第五団は嘉定・劉河の線に、一月十四日には同旅第四団は呉淞・宝山の線に配備を終わった。そして、概ね京滬及び淞滬鉄道を境とし、以南を第一五五旅、以北を第一五六旅の警備区域と概定したのであった。このような中で一月十八日に「日蓮宗僧侶殺害事件」が、二十日に「三友実業社襲撃事件」が起こった。

二　日中武力衝突直前の蔣介石と第十九路軍との確執

第十九路軍の上海移駐後から蔣介石は、全国の軍隊には衝突を避けるように厳命しており、国民にもまた厳粛冷静な態度を維持し、全国同胞は一致して政府を信任するように訴えていたのであった。しかし、チチハル占領や天津事件等の日本軍による軍事行動が熾烈化するに及んで、蔣の不抵抗主義は全国人民の憤慨を呼び、寧ろ広東系はこの機を捉えて不抵抗主義を猛烈に批判した。武力解決の主体である愛国軍隊が待ち望まれたのである。折しも、第十九路軍首脳は満州事変時の無抵抗主義の張学良軍を侮蔑していたし、純粋に愛国の情が強くなっていたといえる。

この間も蔣は不抵抗主義を貫き、第十九路軍に敵情に関する情報を一切与えなかった。したがって第十九路軍は自力で情報を集めたのであり、自軍の判断、措置により応戦部署に就いたのは翌年の一月十五日であった[40]。軍総司令の蔣光鼐、軍長蔡廷鍇、馮玉祥、白崇禧、李宗仁らは蔣介石に対し再三にわたって、内戦を停止させ、外圧に対し団結して積極的に行動する方針を以て説得を継続したのであった。このような中で、第十九路軍は対日武力抗戦策をとることによって孫科一派から支持され、またこれ迄幾多の内戦に常勝し、鉄軍と称された自負も存することから、今次上海に起こった排日・抗日運動を支持して事件の渦中に投じ、ついに自ら主動的に日本軍に対抗するに至ったのであった(41)。

「三友実業社襲撃事件」直後の一月二十二日、蔡軍長は陳銘枢に、日本に対し抵抗を試みるよう最後の決意と指示を請うた。陳は中華民族危急存亡の岐路に立っているとし、即時蔡に抵抗を命じ、また蔣光鼐に対し南京、上海における戦闘指揮に任ずることを命じた。これは陳が広東派の考えに立っており、蔣介石の見解を無視し独自の考えに立って押し切ったことを意味した。蔡は一月二十三日、次の趣旨の軍命令を発した(42)。それは、日本は大艦隊を上海に派遣して政府に愛国運動を圧迫し自由行動をとる意図を有していること、我軍（第十九路軍）は国土守衛という天職を尽くし厳密な警戒配備に就き日本軍の攻撃があれば、全力を以てこれの撲滅を行うこと、第七十八師の配備指示（第一五五旅、第一五六旅）、呉淞要塞司令は現有部隊を率いて固守すること、他は指揮編入の指示等であった。ということは日本側にとって現実に最も脅威となった閘北一帯における第十九路軍の敵対施設は、一月二十三日ごろから建設が開始されたと見られる。

第十九路軍と蔣介石の確執は続いた。蔣は、二十四日軍政部長何応欽を上海に急派し、蔡廷鍇に対し国力、軍備が不足であり国力保存の観点から隠忍自重し外交解決をしたいこと、第十九路軍は南翔以西に退き防備に当たれ、外敵との戦争は紅軍の強化を招き、国家滅亡であると中央の考えを披瀝した(43)。これに対し蔡は、上海は我国の領土であり、第十九路軍は中国の軍隊であり上海に駐留する権利があること、万一日本軍が侵して来たら我軍は国土を守る責任があり、敵を迎えて痛撃を与えるであろうと明言した(44)。二十七日の情勢は緊迫し、蔡を説得できなかった蔣は次の手として、淞滬衛戍司令戴戟に上海閘北一帯の防備は憲兵一個連隊に交代を命じたので、第七十八師の部隊を速やかに真茹、南翔に移駐させ、処置状況を速やかに報告せよと命じた。当夜、何は衝突回避と自重を命ずる至急電を発した(45)。

しかし、閘北付近にあった第十九路軍の部隊は、鉄道線路付近を本陣地とし土嚢を築き、斥候、前哨等の小部隊を日本軍の警備区域たる鉄道線路を越えさせ、その東南方地区に侵入させ、尚、多数の便衣隊を日本人密集地帯に潜入させ日本海軍陸戦隊に対峙したのであった。これを日本側は挑戦と解釈した。南京から二十八日の午後七時に憲兵司令谷正倫が指揮する憲兵連隊の一個大隊が上海に到着し、翌朝に交代する手はずになった(46)。しかし、戦闘開始は当深夜の零時であり、蔣介石の努力は今一歩というところで水泡に帰し、間に合わなかったのであった。

三　第十九路軍の来歴

第十九路軍は、広東人の陳銘枢が創始撫育した軍隊であった[47]。陳は、もともと孫文の革命の同志として活動を始めていた。一九二一（大正十）年冬に孫は陳を第一師第四団長に任命し、蔣光鼐、陳済棠、蔡廷鍇、戴戟らは当時同団所属の営長、連長等の職にあり、一九二二（大正十一）年の孫の北伐時には同師は軍の先鋒となって北上した。以来、孫の北伐に伴って軍の改編、規模拡大が繰り返された。この陳の軍隊は一九二六（大正十五）年の北伐時（第十師、第十一師）、「鉄軍」の敬称を得ている。国民党の第一次国共合作時代には、極東ソ連軍司令官ヴァシリー・ブリュッヘル（Vasily K. Blyukher）将軍を首席とするソ連顧問団によって、この陳の軍隊の若い将校や下士官兵たちが知的水準の高い教育を受けた。これらの軍隊を使用した蔣介石の北伐は、最初（一九二六（大正十五）年七月）からソ連の援助によって成功を収めつつあった。

国共合作が終焉後、一九三〇（昭和五）年夏の改編で両師は蔣光鼐の指揮下に入り、第十九路軍と称し北上を命ぜられた。第一次掃共戦で第十九路軍は大小一〇〇回以上の戦闘に参加し、十余省に転戦し戦えば必ず勝利し敗北したことがないと自負し、「勇敢犠牲、規律厳明、勤敏労兵、同徳同心、経済寛裕、愛国愛民」の標語を掲げて行動しており、実際に他の軍隊の到底追随できないものであった[48]。それ以来、北伐及び中原戦争等において驍名（鉄軍）を轟かせ、掃共戦においては湖南・江西両省において活躍した。一九三一年の江西省の掃共戦に際しては、第七十八師を編成し、第六十師の旅長区寿年を同師長に起用し、第六十一師長戴戟が病により辞職すると同師旅長毛維寿をその後任に登用し、蔡は第十九路軍長に昇任し、第六十師長の後任には同師副長沈光漢を専任とした。即ち蔡は軍長として、第六十師、第六十一師、第七十八師を指揮し、蔣光鼐は第十九路軍総指揮となったのである。戴の淞滬衛戍司令就任も同時であった。

さて、先述したように、陳は辛亥革命以来、蔣介石と深い縁故を有するので第十九路軍は蔣介石派に属すると同時に、一方において広東派と密接な関係を有するという両派の思惑を併せもつものであった。

当初はそのように認識されたものの、上海の危機的状況が深化するに伴い、愛国心の強い軍隊であるということが、政治的には広東派の主義、主張に一致する性格のもの

表2　第十九路軍の編成

第十九路軍		
総指揮	蔣光鼐	司令部　南翔
軍長	蔡廷鍇	参謀長　黄強
第六十師		
師長	沈光漢(11,000 人、小銃 9,000 丁、機銃多数、山砲 8 門、迫撃砲 10 門)	
	第一一九旅長　劉占雄…第一団(黄茂権)、第二団(劉漢忠)、第三団(黄廷)	
第六十一師	第一二〇旅長　鄧志才…第四団(楊昌璜)、第五団(梁佐勳)、第六団(華兆東)	
師長	毛維寿(12,500 人、小銃 10,500 丁、機銃多数、山砲 10 門、迫撃砲 20 門)	
	第一二一旅長　張　厲…第一団(梁世驥)、第二団(田興璋)、第三団(廖起栄)	
	第一二二旅長　張　炎…第四教導団(謝鼎新)、第五教導団(黄鎮)	
第七十八師	第六教導団(鄧為揖)	
師長	区寿年(10,000 人、小銃 8,000 丁、機銃多数、山砲 6 門、迫撃砲 10 門、義勇隊)	
	第一五五旅長　黄　固…第一団(雲応霖)、第二団(謝琼生)、第三団(楊富強)	
	司令部　真茹	
	第一五六旅長　翁照垣…第四団(鐘経瑞)、第五団(丁栄嵩)、第六団(張君光)	
	司令部　大場	
淞滬警備司令　戴戟		

出典：前掲『昭和六・七年事変海軍戦史　巻2巻』677 ～ 679 頁。

となるのである。この軍の主要な特徴は、殊に第十九路軍の将師が極めて勇猛果敢であり抗日意識の高い軍隊である(49)ということである。軍隊に属するものの大多数は、いわゆる「客家《はっか》」といわれ、「広東省東部、福建省西部と江西省西南部の三角地帯に集まり住んでおり、さらに、広西、海南、台湾、香港《ホンコン》、四川、湖南および東南アジアの各地に広がっている(50)」。「その名が示すように、客家は中国南方に土着の人々ではない。本来、北方の漢人であったものが、歴史上、主に五回にわたって南下してきた人々なのであ(51)」り、古来異民族の侵略に対抗し、民族意識と闘争力に富む。尚、陳は広東合浦の出身であり、孫文(広州府出身の客家)を尊敬し、自ら国民思想の指導者を以て任じた。公刊戦史(52)によれば、同軍の将兵の性格は恬淡誠篤で用兵統率及び政治の才を兼備していた。蔡は広東羅定の出身で勇猛無比、一見華奢な体躯であるが虎将と称せられ、軍を統率するに極めて厳格である。特に日本を敵視し、満州事変以来憤激収まるところがなかった。

殊に中・下級幹部はその祖先において長期奮闘の歴史を有し、集団的訓練が徹底しており、よく命令に服従し死を恐れないことであった。この上海事変時の「英雄的な戦い振りが、(中略)広州駐在の日本総領事館は、早速外務省へ二万五千字に上る客家についての報告書を送(53)」らせたという。しかし、将兵の生死及び軍隊組織の存立に係わる上海戦の苦戦の修羅場においては、第七章に述べる如く、負の側面を体現したということである。この特異な客家と中国軍の実相や日中近現代史における歴史的意義等については、中国研究者によるさらなる研究が期待される。

四　敵対準備する第十九路軍

翁照垣（第一五六旅長）が当時の所感に「一月十八・十九両日以後、我らは衝突の避くべからざるを覚悟した」と述べており、中国軍はひたすら戦闘の覚悟を以て諸般の準備を進めていたことが分かる。兪秘書長が村井総領事を訪ねて「日蓮宗僧侶殺害事件」の四項目要求に関する談判をしていた二十三日深夜に、軍長蔡廷鍇は、龍華において緊急軍事会議を開き、祖国防衛作戦を決定し、密命を発した。それは、「（一）日本は将に大艦隊を派し、我が政府を威迫して愛国運動を取り締まらしめ、且つ自由行動に出でんとす。（二）我が軍は国土守衛を以て天職とし、若し日本軍、駐地に向かい攻撃し来らば全力を以てこれを撲滅せよ。」[54]等の内容であった。この命令により、鉄道砲隊及び北停車場の憲兵営を第一五六旅第六団長張君光の指揮下に入れ、呉淞要塞、各区の警察等を含む戦備を厳にした。閘北・大場鎮一帯に強固な陣地が構築された。第十九路軍は挑戦的対抗手段を講じ、中国街に戒厳令を布き、二十四日以来、閘北には約六、〇〇〇人内外の将兵を配備した。土嚢や鉄条網を築き、日本人が多数居住する北四川路西側に構築した陣地は、日本人を非常な不安に陥れた。そこで二十五日以来、第一遣外艦隊司令部ではこの撤去を毎日のように要求し[55]、村井からも呉市長に要求したのである。この敵対施設の要求は、先に村井が中国側に対して行った四項目の要求に付帯する形で提示され、それ以上の優先度の高い公文書による緊急要求項目としては扱われなかった。

第三節　共同租界の防備上の問題

一　日本側の防備区域に対する工部局の対応の失態

柳条湖事件後、共同租界の防備委員会が数次にわたり租界防備計画を協議していたが、一九三一年十二月十八日、日本海軍陸戦隊の分担区域はそれ迄の北部越界道路の北四川路迄と限定されていたものを、北四川路の西方約六四〇メートル（閘北の一部）、つまり淞滬鉄道の堤防に迄拡張されたのである。[56]この理由はこの方面に日本人が多く住んでいるからであるが、現実に元の状態であれば道路の西側に沿う家を中国軍が自由に利用でき、警備上、日本側に不利であったからである。この修正結果は防備委員会から租界当局に報告されたが、奇妙なことに租界当局はこれを中国側に通告しなかった。[57]それ迄の列国駐屯軍による防備区域に関する中国側との交渉は、警備区域を拡張する場合は、もともと越界道路区域と呼ばれる準租界地帯の枠内で対応できるよう租界当局が何回も主張して来ており、中国側も黙認していたので問題とはならなかった。しかし、今回の改定において新たに日本の分担区域に編入された区域は、明らかに往年の越界道路区域の解釈から逸脱し中国の領域であった。したがって、これに対して租界当局が防衛権を主張することは、中国の主権侵害以外の何物でもなかった。ということは、十二月十八日の防備委員会が日本側のこの不合理な主張を容認したこと自体不可解であり、また先述の中国側に通告しなかった租界当局の態度は失態であったといえる。

米国国務長官ヘンリー・スチムソンは、「租界と閘北の境界線は、多くの場所において、全く無理があった」と租界当局の失態と指摘している。[58]また米国の東洋外交史家のペイソン・トリート（Payson J. Treat）は、上海の悲劇の大部分は、この租界当局または領事団の不注意に帰すると極言している[59]。これらの点については、国際連盟ないし列国間における上海事変の国際的処理の過程で、この失態を十分追及すべき価値とその義務を有する問題であったといえよう。しかし、事変が始まってしまうと、この問題は顧みられることはなかった。この点に対し、日本側からも具体的な調査や追及の姿勢がなかったのは不思議でもあり、残念であった。これ迄放置されていた租界管理の杜撰さ、上海共同防備のあり方を論及することにより、日本側の上海事変に対する少なくとも誤解の部分を未然に防ぎ、あるいは何らかのプラスに寄与できたかもしれないのである。

二　塩沢司令官が要望した上海共同租界の戒厳

一月二十二日午前十一時半、上海共同租界工部局参事会議長マクノーデンは第一遣外艦隊司令官塩沢幸一を訪ね、次の二点の同意を求めた。その一は、「日本海軍ガ租界内ニ於テ行ハントスル行動ニ就テハ、発動前予メ市参事会ニ通報アリ度ク」であり、その二は、「右行動中、市参事会ガ自己ノ権限ヲ以テ為シ得ルコトハ日本海軍ニ代リテ処置シ、希望ニ副フコトニ同意アリ度キ」旨の申し出であった。塩沢は租界内に関する限りということで、その提議を承認した[60]。

この会談の意味するものは、次の二つに分けて考えるべきであろう。その一つ目は、租界の安全を担任している工部局としては責任上、租界の危機管理上当然ながら騒擾、紛争の主体となっている日本の防備の具体的な方策を少しでも把握しておきたいと考えたこと、そして日本海軍の行動が租界に影響を与えさせないためには、工部局の立場上、日本に協力すべき姿勢は一応示し、その反対給付として日本が工部局の管轄下にあることの確認徹底を図ったものと思われる。

今一つは、このような予想外の危機的状況が到来し、停頓していた「上海租界協同防備計画草案」の実施移行の調整が緊急課題になったことである。先述のとおり、排日運動が一時的に小康状態であった当時は、上海各国駐屯軍指揮官による防備計画は継続検討のままになっていたが、それは、日本海軍の発言によってその検討が停頓し、改善の進捗を見ないままになっていたともいえる。しかしここに、そのままの内容で本事変に対処をせざるを得ない状況に立ち至った。このことは、もし第十九路軍との対決が不可避となれば、それは日本海軍のみが対応する必然性を日本海軍自身が認めたことになり、他の各国駐屯軍や工部局は傍観者の位置に置かれることを意味した。そこで工部局は日本海軍が孤立しない配慮を示した。

　二十五日、工部局は防備会議を開催し、出席した陸戦隊指揮官鮫島具重に、日本側から行動を起こす場合は必ず工部局に予告するようにとの希望を塩沢司令官に伝言してほしいと伝えた。これに対し、鮫島は「此ノ点ニ関シ言質ヲ与フルヲ欲セザリシモ、日本側ガ行動ニ出デザルヲ得ザル場合、塩沢司令官ハ工部局ノ戒厳令布告ヲ希望シアル旨ヲ述べ、防備会ハ之ニ同意ヲ表」した(61)。重要なことは、ここに示されたように、第一遣外艦隊司令官が工部局に対し初めて具体的な要望として、戒厳令の布告を要請したという事実である。これは上海事変の勃発の構図を列国との関係において考察するうえで、極めて大きな意義をもつものであった。つまり、日本軍の方から行動を起こす場合は、工部局の戒厳令とセットで行う意思表示をし、併せて、反対給付として、要すれば日本側から兵力を支援すると、孤立を回避する姿勢をとった。

　二十七日、第一遣外艦隊司令部は、工部局が最も懸念している日本海軍の排日行為の根絶のための武力行使の判断基準を、「口頭協議覚書」として手渡した(62)。

（一）　租界内ニ在ル抗日会本部（市商会内）及抗日会滬西検査所（滬西曹家渡）ノ機能停止。

（二）　排日伝単・排日宣伝諸施設ノ廃止（各商店飾窓内ノ排日飾付ノ如キ全部之ヲ含ム）。

（三）　封存日貨ノ解放。

　但シ実行時機ニ就テハ改メテ通知ス。

追テ右事項中、工部局ニテ直接実施セラルル意向ノモノハ、其ノ旨了承致度、尚其ノ際兵力ノ援助ヲ要スルモノアラバ申出デラレ度シ

これは、飽く迄日本海軍の主体的な警備活動を前提とし、これが日本の独善であると受け取られないよう、逆に「封存日貨ノ解放」のために要すれば兵力援助を行うという配慮と自信を覗かせていたことに注意を要する。

　同二十七日午後三時、上海各国駐屯軍指揮官・工部局首脳者会議が開催され、日本軍の行動開始と共に租界全周に鉄条網を張り、各国軍は「上海租界協同防備計画草案」に基づき配備に就くこと、東亜同文書院（一九〇一年、東亜同文会が大陸で活躍する人材育成のため上海に設立した学校）は英国軍が受け持つこと等が決定された。

第四節　海軍中央の危機対処の指導

海軍中央当局は、先の満州事変の勃発に際し、対応に狼狽し、現地第一遣外艦隊等に対する部隊指示に具体性を欠いた。そこで、長江の局地に事件が発生した場合を想定し、一九三一年九月二十五日付、「軍務機密一四六番電」において、「昨二十四日ノ閣議事項中、警備関係次ノ如シ、右ハ如何ナル時機ヨリ発動スベキカハ、現地ノ状況如何ニモ由リ未定ナルモ、各種機微ノ関係アルニ付御心得迄ニ通知ス。尚秘密保持ニ関シ、特ニ御考慮相成度シ。(63)」と指示している。海軍大臣安保清種海軍大将は重慶等の全流域に影響が波及すると考え、適当の地に早期引揚げを行うことを諮り、それが閣議決定された。そしてこのため軍務局長堀悌吉は、第一遣外艦隊司令官塩沢幸一に上海、漢口を相当期間確保するに必要な兵力配備、兵器・糧食の調査と意見具申を求めた(64)。以後海軍中央の長江一帯の事件発生の抑止のためにとった警備方針は、不十分ながらも現地第一遣外艦隊の現地関係都市の気象条件、紅軍や正規軍の動き等の状況判断と意見具申が基礎になったのである。

一　百武軍令部次長の上海現地報告電報と左近司海軍次官の申進

海軍内部の事変指導体制は、伝統的に政治優先の思想を継承して海軍省（軍務局）主導を基本とするものであり、統帥事項であるゆえに軍令部と共同歩調をとりつつ推進していた。海軍省軍務局と軍令部は上海の警戒任務の責任を痛感し、要人を現地に派遣し情報の収集に当たらせていた。一九三二年一月十九日、上海、南京の実況視察のため上海に到着した軍令部次長百武源吾海軍中将は、海軍大臣・軍令部次長宛ての電報の中で、「邦人僧侶事件ニ対スル支那暴民ノ残忍極マル暴行事件ニ対シテハ」「居留邦人ノ激昂殊ノ他烈シク、尋常ノ解決手段ニテハ到底済マシ難キヤウ見受ケラル」と観察し、今回の事件を機に、「暴戻ナル排日行為ヲ一掃スルガ如キ強硬ナル手段」は極めて当然としながら、方法については第一遣外艦隊司令官が冷静に研究中であり、当面、「海軍陸戦隊・水上兵力ノ増遣」はいずれにしても必要で、殊に特務艦「能登呂」の回航が不可欠であると報告した。(65)そして、まず海軍内の兵力増加が判断されたのである。

二十一日、上海の事態が益々急迫したため、海軍次官左近司政三海軍中将は塩沢司令官に、陸戦隊一個大隊の増派、「能登呂」の上海回航及び第一水雷戦隊の待機を発令したこと、さらに、当時の悪質な上海居留邦人側の警戒を怠らず、「仮令邦人タリト雖之ヲ仮借セザル態度ニ出デ」、海軍の兵力行使は如何なる場合も「最モ公明正大ニシテ終始正義ニ立脚セルモノナルベキ」と周知徹底を図った。そして、日本陸軍の一部の軍人による暗闘、画策が海軍中央にも聞き及んでおり、断固として封ずる覚悟を促し、指示を与えた。(66)当時の現地上海の海軍は、大陸浪人や一部の陸軍軍人の上海における暗闘に強い警戒心を抱き、予防に努めていたことが分かる。基本認識として謀略を嫌い、公明正大を貫く気概に満ちており、塩沢はこれを代表した者であったといえよう。謀略暗闘の実態に関しては、改めて第九章で論じたい。

二　塩沢司令官の平時封鎖案と海軍中央の拒否

同二十一日午後、塩沢司令官は軍務局長に宛て中国側が要求を受け容れなかった場合の五つから成る対策腹案を提示した。軍務局長は堀悌吉（一九三一年十二月一日に第三戦隊司令官に転出）から代わった海軍少将豊田貞次郎であった。海軍はこの時期は依然として条約派が主導権を握っていた。その塩沢案は、「一、呉淞沖ニテ支那国籍商船並ニ『ジヤンク』ニ対シ必要ナル封鎖ヲ行フ。二、租界内外ニアル抗日会本部及支部ノ弾圧。三、飛行機ヲ以テ示威偵察ヲ行フ。四、情況ニ依リ租界外在留邦人ノ現地保護。五、彼ヨリ積極的行動ヲ執ルニ於テハ呉淞砲台占領。此ノ場合差当リ更ニ特別陸戦隊一千増勢ヲ要ス。」であった。(67)そして翌日、上海公使館付海軍武官北岡春雄海軍大佐が、上海は中国側の侮日態度の激化の状況下にあり、総領事の抗議を貫徹すべきであり、居留邦人の過激分子による不祥事の発生を憂慮する電報を発信した。(68)そして、塩沢は、前日の海軍中央に対する平時封鎖案を実行する決意を打電した。列国の権益が錯綜する上海においては、事を起こすことなく海軍力を以て実行可能であるとの理由からであった。

これに対し同日午後八時過ぎ、豊田軍務局長は中央の見解等について次のように伝達した[69]。その内容は、「(一)封鎖ノ件ハ同意シ難シ、委細後電ス。但シ実行上ノ成算ニ関シ一応貴見承知シ度シ。」と塩沢の最優先対策に理解を示しつつ実質において拒否し、抗日会本部及び支部に対する「(二)弾圧ノ件ハ此ノ際ノ処置トシテ最モ有効且合理的」と認めたものである。この回答によって自動的に武力弾圧を優先し、「具体的方案決定セバ承知致シ度シ。」として、これを中央の方針として決定したのである。尚、示威偵察は平時でも非常手段としては差支えないこと、砲台占領についてはもとより当方より進んでとるべきではないこと等を回答した。

二十四日早朝、塩沢はさらに豊田に宛て対策腹案を具体化して上申している[70]。この場合、平時封鎖については、「慎重研究ノ結果、支那ノ経済絶交ニ対シ海軍力ヲ以テスル処置トシテ最モ有効適切ナルモノト認ム。」と再考を促した。しかし事態が緊迫し、中央との通信連絡の時間が不足している現今、「尤モ本件ハ最後ノ手段トシテ之ヲ利用シ度キ心算ナリ。」と敷衍して再考を促し、平時封鎖の承認を求めた。そして「実施方法等ニ関シ指示セラルベキコトアラバ、予メ通知ヲ得置キ、万已ムヲ得ザルトキハ断行スルコトト致シ度キニ付再考相成度シ。」と実施方法の案を示したうえで、中央の不同意の回答に沿う姿勢をとっている。このように中央が平時封鎖案を拒否し、第一遣外艦隊が中央の回答を一応了承したことによって、上海現地の日本海軍の中国対策は、抗日会の武力弾圧が最優先策となったのである。尚、末尾は、「兵力行使ノ時機ハ、差支ナキ限リ連盟理事会閉会後ニシ度キ心算ナリ。」としている。

塩沢司令官は海軍軍人であり、陸上戦闘に及べば海軍陸戦隊を有しているとはいえ、事件の初動対処において小規模且つ不慣れな部隊指揮を求められることは必至であった。塩沢は可能であれば極力これを回避し、海軍固有の海上を舞台とする軍事力行使の場に移し、その効果を狙いたかったのであろう。平時封鎖が、「……最後ノ手段トシテハ列国ノ権益錯雑セル上海市ニ於テ事ヲ起スコトナク、海軍力ヲ以テ実行可能ニシテ且効果アリト信ズル[71]」からこそ、平時封鎖の実行を決心した次第であると述べ、必要な各種兵力の派遣を要請したのである。陸上戦闘から海上封鎖作戦への比重の移動である。

第一遣外艦隊としては海上封鎖が拒否されたが、中央との具体的な政策決定に関する意思疎通面で不満をもっていた。首席参謀山縣正郷は『上海事変秘録(昭和八年)』の中で、当時司令部としては武力行使に関する中央の大方針を承知したいと希望していたが、細部の実施法については、現地の状況を中央が判断することは困難であるので、「今日ノ情況ニ立チ至リタル以上出先指揮官ハ自己ノ責任ノ下ニ最善ト信ズル処置ヲ執ルヨリ外途ナシ」であって、中央が、細部にわたって介入し無視することは第一遣外艦隊にとって不本意であったことを示している。[72]二十五日、豊田は塩沢に宛て、「軍務機密第四七番電」を以て平時封鎖に対し、「慎重研究ヲ進メ居ル処、各種複雑ナル関係上、政府ニ於テモ同意ヲ表セザル点アルニ付、篤ト研究シ、後電スルコトト致シ度シ。[73]」と回答しており、事変中の第三国に対する臨検拿捕が極めて難しく現実的でないと判断したと考えられる。と同時に、現地からの上申によって検討を開始したということは、中央内部の海軍用兵に係わる平素の研究不足を窺い知ることができる。この後電は、ついに発せられることはなかった。また「上海事変ノ善後処置並ニ排日運動ノ根本的排除ニ対スル有効妥当ナル措置ニ就キ、政府ニ於テモ別ニ考究中」と付け加えており、第二案の武力弾圧を優先案とし実施の認可を与えたものの、現実には政府として明確な方法が見出されていなかったことを示している。

三　上海情勢の緊迫と海軍中央の対応

上海は、極めて緊迫した重要な局面に至っていた。二十六日午前五時五十九分、塩沢司令官は豊田軍務局長に宛て上海の四周の状況が日増しに紛糾、悪化し、租界外は戒厳令が布かれ、中国兵が邦人住宅付近各所に戦闘施設を築きつつ対抗準備中であるため、先に中央に承諾を得た二項（抗日会の弾圧）及び三項（飛行機による示威偵察）を実行に移すことを決定したいとする一方、①南京方面警備と上海方面威圧のため一個水雷戦隊と陸戦隊一個大隊を、二十八日未明に呉淞に到着するよう派遣してほしいこと、②空母「加賀」の待機の要望、という二項目を依頼した。[74]これに基づき中央は、二十六日午後、佐世保特別陸戦隊二個中隊を乗せた第一水雷戦隊を派遣し、連合艦隊の一部を佐世保方面に集中させるため、第三戦隊と「鳳翔」及び第二駆逐隊の二艦を派遣予定であると回答した。

一方、二十六日、村井総領事は、呉市長と会見した結果や工部局の調停の進展が明瞭でないこともあり、芳沢外相に対し「二十七日中ニ市長ニ対シ二十八日午後十二時ヲ限リ最後ノ回答督促ヲナシ若シ夫レ迄ニ回答ニ接セサルカ若クハ拒絶ニ会フ時ハ事後直チニ海軍側ノ行動（不取敢支那ノ抗日諸団体事務所ヲ強力閉鎖ス）ヲ開始スルコトト致度」こと、これは口頭で行いたいが、最後通牒形式で行うことが適当となれば折り返し指示を待つ、と請訓した。(75)

二十七日、先述のように、芳沢からは諸般の情勢上、タイムリミットを付すことなく口頭で両日中に満足な回答を得られるよう希望的観測をする一方、現場の状況次第ではそれを取り計らうこともやむを得ないと回訓した。村井は兪との交渉の出口の見えないまま、ついに二十八日午後六時というタイムリミットを発動した。

他方の海軍においては、同二十七日、先の村井から芳沢外相宛ての上申に基づき、海軍・外務両省間で協議の結果、左近司海軍次官は塩沢第一遣外艦隊司令官に、「電稟ニ対シ、外務省側トモ熟議ノ結果、外務電第一六号ノ通リ回電セラレタリ。」と外務関係の意図を披瀝する一方、海軍としては上海の列国関係を重視し、慎重な行動と邦人保護に遺憾なきを期していること、また、武力弾圧法を採用した後も、これによる事態拡大を避け得る配慮と環境の造成を、暗に、しかも強く現地指揮官に期待していたことが分かる。(76) 現地はもちろん、東京の芳沢外相も海軍中央も、事件の勃発と拡大の要素を極力回避していた。この状況の下で、先述のように、芳沢は急ぎ重光を上海に帰任させた。

もともと日本海軍（海軍陸戦隊）の危機対処の主対象は数多くの上海の排日団体であり、それらを完全に撲滅することであった。ここで注意すべきことは、日本側の四項目要求に対する中国側の回答はすべて外交案件である一方、中国軍が虹口、閘北地区に建設中の敵対施設がもたらす対日脅威は、外交案件をはるかに凌駕するもので、深刻な軍事案件として新たに登場したものであり、これこそ最優先して撤去させるべきものであった。しかし、日本側の扱い方は、塩沢司令官と村井総領事から別々に、かつ口頭の要求にとどまったもので、外交案件に付帯的で、格の低い性格の別扱いの要求でもあるように解釈されても仕方がないものであった。このことは、仮に外交案件が解決しても、軍事案件の敵対施設の新たな脅威が、それらの安心を一挙に葬り去り、居留邦人に降り掛かる可能性が極めて大きいものであった。つまり、日本国としては大所高所に立った外交と軍事の統一を欠き、中国側には頗る説得力を欠いたものとなっていたといえる。

註

（1）海軍軍令部編・田中宏巳・影山好一郎監修・解説『昭和六・七年事変海軍戦史　初めて公刊される満州事変・上海事変の海軍正史　第一巻（戦紀巻一　軍機）』（緑蔭書房、二〇〇一年）二六四頁（以下、『昭和六・七年事変海軍戦史　第一巻』）。
（2）同右、二六五〜二六六頁。
（3）山縣正郷「上海事変秘録」（防衛研究所図書館所蔵）。
（4）後藤春美『上海をめぐる日英関係　1925―1932年―日英同盟後の協調と対抗―』（東京大学出版会、二〇〇六年）二二一〜二二九頁。
（5）前掲『昭和六・七年事変海軍戦史　第一巻』二七二頁。
（6）同右、二七二〜二七三頁。
（7）前掲「上海事変秘録」
（8）海軍軍令部編・田中宏巳・影山好一郎監修・解説『昭和六・七年事変海軍戦史　初めて公刊される満州事変・上海事変の海軍正史　第二巻（戦紀巻二　軍機）』（緑蔭書房、二〇〇一年）八頁（以下、『昭和六・七年事変海軍戦史　第二巻』）。
（9）同右、一二〜一四頁。
（10）新見政一著・提督新見政一刊行会編『提督新見政一―日本海軍の良識　自伝と追想―』（原書房、一九九五年）七四〜七五頁。
（11）上海居留民団編『昭和七年　上海事変誌』（上海居留民団、一九三三年）四七〜四八頁。
（12）楳本捨三『妖花　川島芳子伝』（秀英書房、一九八四年）一五三頁。田中隆吉「装甲車とクリークと」（東京12チャンネル編『証言・私の昭和史　1』學藝書林、一九六九年）一七〇頁以降。矢次一夫『政変昭和秘史―戦時下の総理大臣たち―（上）』（サンケイ出版、一九七九年）七七頁。
（13）前掲『昭和七年　上海事変誌』一六〜一七頁。時局委員会は満州事変勃発の翌日、村井倉松総領事が上海居留各団体の代表者を以て官民合同で編成したもので、目的は、「不幸にして在留邦人の避難及び救護並びに給食等を要する場合、之に処するすべての遺憾なき準備を整え善処する」にあった。「プレスユニオン」は本委員会の宣伝機関として機能した（委員長は村井総領事）。
（14）前掲『昭和六・七年事変海軍戦史　第二巻』一四頁。
（15）外務省調書「松本記録・上海事件」（『日本外交文書』満州事変　第二巻第一冊、第六十五文書「上海における混乱状態急遽解決の必要について　付記　上海事件（外務省調書）」外務省、一九五〇年）五二〜八一頁（以下、「松本記録・上海事件」）。海軍軍令部編『昭和六七年事変海軍戦史』（一九三四年）七九頁（本書は軍機編ではない）（防衛研究所図書館所蔵）。
（16）同右「松本記録・上海事件」五六頁。
（17）前掲『昭和六・七年事変海軍戦史　第二巻』一六頁。
（18）同右、一七頁。
（19）同右、一八頁。
（20）同右。
（21）同右。
（22）同右。
（23）同右、一九頁。
（24）同右、二〇頁。
（25）同右。
（26）同右、二二頁。

(27) 同右、二三〜二四頁。

(28) 山縣正郷「上海事変陣中日記から(二)」(防衛研究所図書館所蔵)

(29) 前掲『昭和六・七年事変海軍戦史　第二巻』二五頁。

(30) 同右、二六頁。

(31) 同右、二四頁。

(32) 同右、二七頁。

(33) 同右、二八頁。Donald A. Jordan, *China's Trial by Fire: The Shanghai War of 1932* (Michigan: The University of Michigan Press, 2001), p.20. 芳沢外相は、タイムリミットを付すことに反対していたが、現地の裁量も重要との判断であった。

(34) 前掲「松本記録・上海事件」六五頁。

(35) 同右。

(36) 同右。

(37) 前掲『昭和六・七年事変海軍戦史　第二巻』六七六頁。

(38) 韓明華「〝一・二八〟抗戦和不抵抗主義」〈「上海事変と不抵抗主義」〉(『上海師範学院学報』一九八二年)深堀道義訳、一〇〇〜一〇六頁。

(39) 前掲『昭和六・七年事変海軍戦史　第二巻』六七六頁。

(40) 張銓「〝一・二八〟淞滬抗戦及其意義」〈「〝一・二八〟上海事変とその意義」〉(『史林』一九九二年一月)深堀道義訳、一〜八頁。

(41) 前掲『昭和六・七年事変海軍戦史　第二巻』六七六〜六七七頁。

(42) 同右、六八一〜六八二頁。

(43) 前掲「〝一・二八〟淞滬抗戦及其意義」。

(44) 前掲「〝一・二八〟抗戦和不抵抗主義」。

(45) 同右。張衡「略〝一・二八〟抗戦期間国民党内的和與戦之争」〈第一次上海事変抗戦期間中の国民党内における和戦論争に関する概論」〉(『民国檔案』一九九一年第一期)深堀道義訳、一〇八〜一一一頁。

(46) 同右。前掲『昭和六・七年事変海軍戦史　第二巻』二二六頁。前掲「〝一・二八〟抗戦和不抵抗主義」。

(47) 同右『昭和六・七年事変海軍戦史　第二巻』六七六〜六七七頁。

(48) 同右、六七九〜六八〇頁。参謀本部編『満州事変史　第十六巻　上海付近の会戦(上)　陣地構築及追撃、付　上海事件ニ於ケル支那軍ノ行動』(参謀本部、一九三三年六月。防衛研究所図書館所蔵)二一六〜二一八頁。

(49) 同右。

(50) 林浩著・藤村久雄訳『客家の原像――アジアの世紀の鍵を握る　その源流・文化・人物――』(中央公論社、一九九六年)五頁。

(51) 高木桂蔵『客家――中国の内なる異邦人――』(講談社、講談社現代新書、一九九一年)六四頁。

(52) 前掲「上海事件ニ於ケル支那軍ノ行動」二一六〜二一八頁。

(53) 前掲『客家の原像』二九一頁。

(54) 前掲「〝一・二八〟淞滬抗戦及其意義」。

(55) 前掲「上海事変陣中日記から(二)」。

(56) 島田俊彦「第一編　第五章　第一次上海事変」(日本国際政治学会　太平洋戦争原因研究部編『太平洋戦争への道　開戦外交史　2　満州事変』朝日新聞社、一九六二年)一二二頁。

(57) 同右。租界当局が手違いで中国側に知らさなかったのか、軍事機密として知らさなかったかを知る決め手の資料が発見されていない。ただし、エドガー・スノーは、防備委員会は、日本側が警備地区の防衛線を固めることによって、できればそのまま積年の租界拡張問題解決を図るべく既成事実化を図ろうとして、中国側に黙していたと観察している〔エドガー・スノー著・梶谷善久訳『極東戦線』（筑摩書房、一九七三年）一四七頁〕。

(58)　ヘンリー・シチムソン著・清沢洌訳『極東の危機』（中央公論社、一九三六年）一一六頁。
(59)　前掲「第一編　第五章　第一次上海事変」一一三頁。
(60)　前掲『昭和六・七年事変海軍戦史　第二巻』一〇六頁。
(61)　同右。
(62)　同右、一〇七頁。
(63)　前掲『昭和六・七年事変海軍戦史　第一巻』二五八頁。
(64)　同右、二五九頁。
(65)　前掲『昭和六・七年事変海軍戦史　第二巻』七三～七四頁。
(66)　同右、七六頁。
(67)　同右、七七頁。
(68)　同右、七七～七八頁。
(69)　同右、八〇～八一頁。
(70)　同右、八二～八四頁。
(71)　同右、七九～八〇頁。
(72)　前掲「上海事変秘録」によると、第一遣外艦隊首席参謀山縣正郷は、列国の権益が錯綜する上海に事を起こすことなく、海軍力により実行可能で且つ効果があると信じた平時封鎖案を司令官を通じて中央に上申した。しかし、列国を慮り、且つ事態拡大を恐れた軍務局長豊田貞次郎はこれを一蹴しており、これに対する不満が彼に筆を執らせたものと思われる。後年の支那事変初期の日本海軍の封鎖作戦においては、戦略的な効果を収めている。
(73)　前掲『昭和六・七年事変海軍戦史　第二巻』一一八頁。
(74)　同右、八五頁。
(75)　前掲「松本記録・上海事件」六五頁。
(76)　前掲『昭和六・七年事変海軍戦史　第二巻』八六～八七頁。

第四章　「第Ⅰ期：事変勃発期」における軍事と外交

――上海事変の勃発の構造（侵略と誤認された背景と理由）――

第一節　第一遣外艦隊の兵力と塩沢司令官の兵力行使の方針

上海事変勃発時の上海の日本人は合計約二万八千人であり、このうち最大規模の虹口・閘北に約六二パーセントが住み、事変前には上海総領事村井倉松の勧告によりほとんど租界内に避難を終えていたのであった。日本海軍陸戦隊の派遣地域は東部、虹口・閘北、西部の三カ所であった。上海事変が勃発する当日迄に、事態の悪化に応じて第一遣外艦隊に漸次増強された兵力拡大の経緯を整理しておきたい。満州事変後に各地の排日が激化したため、第一遣外艦隊司令官塩沢幸一海軍少将からの要請により増強され、一九三一（昭和六）年九月二十六日に巡洋艦「対馬」を皮切りに、事変勃発の当日迄、第一水雷戦隊（三個駆逐隊）と二個駆逐隊、「能登呂（艦載機四機）」及び佐世保から陸戦隊二個隊、呉から一個隊の合計一、一六一人から成る陸戦兵力が増強され[1]、兵力は二倍以上になった。これらは上海の中国人に脅威を与えると同時に、居留邦人を著しく勇気付けることになり、対立から対決へと厳しい環境を造成するに至った。事変勃発の当日、塩沢司令官は、兵力増強と並行して兵力を行使せざるを得ない時機が近いことを予察し、「兵力行使ノ目的」及び国際都市上海の特性を配慮した「実施上ノ注意事項」[2]の下に、抗日会の機能破壊と居留邦人保護の方策及び兵力区分を予令した。これは中国側が日本側の要求を容れない場合を想定したものであり、受け容れた場合はその内容に応じて修正するものであった。

一、兵力行使ノ目的

南京政府ノ要路者ハ、今次抗日運動ヲ以テ、支那国民ノ自発的愛国心ニ因ルモノナリト称スルモ、実際ハ為ニセントスル一部支那人ガ、国家ノ法規ニ依ラズ、擅《ほしいまま》ニ私法ヲ定メ、良民ヲ圧迫シテ行ヒツツアルモノニシテ、我ガ兵力行使ノ目的ハ、此等不法機関ノ機能ヲ破壊スルニアリ。

二、実施上ノ注意事項

目的既ニ前記ノ如クナルヲ以テ、之ガ実施上、特ニ左記諸項ニ留意スル心算ナリ。

㈠一般良民ニ危害ヲ加ヘザルコト。

㈡第三国ノ権益ヲ損セザルコト。

㈢支那軍隊ニ対シテハ、彼ヨリ攻撃セザル限リ、我ヨリ事ヲ構ヘザルコト。

従ツテ市街ノ砲撃、特ニ爆撃ハ之ヲ行ハズ。淞滬鉄路、真茹無線台等ニハ出来得ル限リ危害ヲ加ヘザル予定。

これらは、以下の三つの重要な意味を有していた。

一つ目は、「兵力行使ノ目的」は、先に塩沢司令官が軍務局長豊田貞次郎に宛てた「平時封鎖」案が実質上拒否され、やむなく「不法機関ノ機能ヲ破壊」する方策がとられたため、本来的な海上作戦を放棄し、大勢の中国陸軍を相手に寡勢の日本海軍陸戦隊が陸戦の敢行を決定したことを意味する。それは、必然的に事態が日本海軍陸戦隊の対処能力を超えた場合には、内地陸軍の応援を得るという態勢であり、佐世保・上海間の距離は他の列国に比し近いとはいえ、手続き上のロスタイムが避けられず、作戦の帰趨はその間の日本海軍陸戦隊の犠牲の上に成り立っていた。さらに見方を変えれば、日本が相手国中国に足を踏み込んで租界に危険を強いる以上、作戦時間が長引けば長引く程、上海在住外国人の対日批判が高まるという、日本に著しく不利な性質の作戦体制になっていたのである。「平時封鎖」は第三国や国際的な世論に配慮し、事前に説明と理解を得ればできないことではなかったといえる。これは中国軍の軍需物資と兵員の輸送に制約を与える効果があり、始まってみるとその効用は現実に現れたのであった。

二つ目は、「注意事項」は、租界の特殊性を踏まえ、国際法に準拠した姿勢をとったということである。国際都市上海での市街戦による人的被害を避けるため「平時封鎖」案を提示した塩沢司令官も、逆に戦時ではないために第三国船舶に対する封鎖の影響や効果を問題視してその案を実質拒否した軍務局長も、共に事変の国際性を慮っての見解であった。

では、「不法機関ノ機能」の破壊を目的にした日本海軍陸戦隊と第十九路軍との衝突は漸次拡大したが、総じて日本側は国際関係維持に配慮したといえるのであろうか。第三艦隊国際法顧問として現地に参加した信夫淳平は、「既に交戦である以上は、作戦動作宜しく常に戦時公法の掟則に遵《したが》つて悖《もと》らざるべく、その法的戦争に非ざるの故を以て之を無視すべきでないといふ点にある」と、上海戦が「事変」たる前提のうえで、「今次の上海戦に於ては、少なくも著者がその帷幄に参与したる海軍の行動に於ては、終始一貫交戦法規の規矩準縄を離る、所なかつた。」という評価をしている。[3]今次事変中の海軍将兵の末端に至る迄、信夫の言に関する限り、国際法を遵守徹底したという評価をしていることは、軍に対する外交辞令が全くないわけではないにしても、注目に値することであった。

三つ目は、「市街ノ砲撃特ニ爆撃ハ之ヲ行ハズ」としていることである。現実に上海戦の特徴といわれた日本軍の凄まじい爆撃は、戦闘施設を対象にしたとはいえ、当時の軍事技術では誤爆は免れなかった。結果は、外国人が最も忌み嫌った無辜の民の爆撃損害が大きかったことであり、その非人道性及び頭上から降り掛かる巨大な恐怖が、それ迄の対日好意的な態度を一挙に反日的な態度に変質させたのであった。空爆という作戦行為は政治的意義が極めて大きいということは、記憶されなければならない。しかしながら、ここに掲げた注意項目は、塩沢司令官が衝突当日の直前迄、国際都市の影響を相当に厳しく捉え、慎重且つ極力その実施を控えたいと考えていたことを窺わせる。殊に「淞滬鉄路、真茹無線台等ニハ出来得ル限リ危害ヲ加ヘザル予定」は上海列国のライフラインという重要な国益を支える動脈になっていた。以上の考え方に立ち、塩沢司令官は出動命令を発したが、[4]緒戦において苦戦に陥り、その空爆が開始された。

ここで、陸戦隊について説明しておきたい。日本海軍陸戦隊は、日本海軍が編成した陸上戦闘部隊であり、単に陸戦隊と呼ぶこともある。大きく捉えて艦艇の乗組員から必要に応じて臨時に編成する「艦船陸戦隊」と、鎮守府や上海等の陸上部隊の人員で地上戦闘部隊を編成し、且つ、その陸上部隊名を冠した「海軍特別陸戦隊」がある。上海の場合は、「上海海軍特別陸戦隊」と称した。

尚、上海事変に従事した陸戦隊は、上海に設置された「上海海軍特別陸戦隊」を中核とするが、増兵のために上海に派遣された呉、佐世保、横須賀などの海軍特別陸戦隊をはじめ、数多くの「艦船陸戦隊」と協同作戦していた。本書においては、関係文章における前後の国際性、陸海軍作戦上の違い、表現上の簡潔性等を考慮して、「日本海軍陸戦隊」「海軍陸戦隊」「陸戦隊」と適宜表現することにした。

第二節　中国側の全項目容認回答の提示と日本側の対応

一　呉市長の全面容認回答をめぐる日中軍事衝突の経緯と日本側の内在的問題

事変勃発当日の一月二十八日、工部局はタイムリミット（同日午後六時）内に中国側からの満足な回答が得られなかった場合に備え、防備会議が午後四時に租界の戒厳令を布告することを決定した。(5)一方、中国側は、タイムリミットの提示によって恐慌を来し、午後四時より銀行公会にて各界の領袖が緊急会議を開き、日本側の要求全部を容れ、抗日団体を解散させることを市政府当局に勧告した。午後三時十五分、上海市長呉鉄城は中国市民を刺激しないよう秘書長兪鴻鈞を日本総領事館に派遣し、日本側要求の全部を無条件にて承認すると回答させた。総領事村井倉松は兪秘書長からの回答に日本側の要求全部を容れたものと認めて受領し、特段の条件なしに大いに満足の意を表した。しかし、この公文が一片の空文に終わらないように望むと前提し、次の三つの指摘をした。一つは、市長の誠意ある排日運動取締りの履行を期待しているので、今しばらくその実否を監視する。もし実行不十分のときは、無警告に自衛手段をとる場合があること、その二は、市長に反対する過激分子が、邦人の生命、財産に被害を出すようなことがあれば、日本側は自衛手段に訴える場合があること、その三は、準備中の土嚢、鉄条網等の撤去、軍の移動を望むとした。これに対して兪は、三つのことを説明した。一つ目は、排日取締りに誠意を以て当たっているが、各界抗日会は二十八日午前二時に既に公安局に封鎖させ、抑留・封存貨物は官憲が責任を以て所有者に返還する。五〇〇余人の抗日会関係者には旅費手当て等を支給して分散させる手配を進めており、各団体の看板等も撤去させる手段をとりつつあること、二つ目は、反対分子が市政府焼打ちするとの噂もあるので、民衆運動弾圧のため有能な憲兵を呼び寄せており、日本軍が勝手に中国街に出て誤解を招かないようにしてほしいこと、最後の三つ目は、土嚢等は掃共戦用で日本に対するものでなく、本件回答により騒擾が収まれば、極力速やかに撤去させること、と答弁した[6]。

さて、ここで重要なのは、この三つ目の速やかなる土嚢等の撤去に、「本件回答により騒擾が収まれば」という条件が付いていることであり、逆に騒擾が収まらなければそのままとなり、現に日本人に恐怖感を与えている点であった。つまり、村井総領事が指摘した三つのうち、最優先すべきものは、この土嚢等の敵対施設の恐怖を取り除くことであった。この点を如何に強い切迫感を以て要求するかが、村井の双肩に掛かっていた。結局、外交官の村井はこれによって外交の懸案事項が解決したと考え、それ以上に強く要求せず中国側の回答に満足の意を表した。要するに、日本側の大所高所の観点から見れば、外交の表舞台に立つ村井は、最も重要なときに敵対施設の撤去を確実に行わせる態勢作りに失敗し、司令官塩沢幸一にその解決を丸投げしたことを意味した。しかも実行監視とは単に言葉のうえでの遊戯に過ぎず、具体性がなく全く実行性のない話に終わらせてしまっていた。その直後、居留邦人の代表者が村井を訪ね、容認回答後にもかかわらず中国人に対する膺懲を具申したのは、これ迄の中国側に対する不信感が鬱積していたからであった。代表者の強硬意見に戸惑った村井は直ちに「安宅」に塩沢司令官を訪ね、以下を通報し塩沢の意見を求めた[7]。それは、「一、支那側我ガ提議全部ヲ容認セリ。二、在留邦人ノ代表者、総領事ヲ訪問シ、仮令支那側我ガ提議ヲ容認スルモ、従来誠意ヲ以テ条約又ハ約束ヲ履行セルコトナキヲ以テ、此ノ際之ヲ膺懲スベキ旨忠言セリ。此ノ儘放置スルハ不可ナリ、須ク之ヲ膺懲スベキ旨忠言セリ。此ノ儘ニ経過セバ、在留邦人ノ暴行ヲ見ルヤモ量ラレズ。」であった。塩沢は、中国側が全部を承認し、村井が満足の意を表した後では、日本側から自由行動をとることはできない。「今後支那側ガ誠意ヲ以テ我ガ要求ヲ履行スルヤ否ヤヲ監視スル心算」であるとし、また、居留邦人の不逞の輩は、「兵力ヲ行使スルモ之ヲ鎮圧」することを述べた。

この会話からは、村井、塩沢共に、敵対施設の撤去には全く触れておらず、中国側による抗日会の解散の実行監視と不埒な邦人取締りに触れているのみである。しかし、この緊急時に日本側の総合的判断に立った危機回避策の優先順位は、①敵対施設の撤去、②中国側の排日団体解消の実行監視、③過激行動の邦人の取締り、でなければならなかった。ということは、ここに日本側の政軍関係の仕組みの欠陥が露呈したことを意味した。それは、先に対応した村井の主担任である外交案件は②、③であり、この二件の確証ある解決のために塩沢にその実行監視の協力を要請している。しかし、塩沢にしてみれば、最優先すべきは、目前の中国軍の①へと変化しており、村井は①に対しては自己の所掌範囲ではないため付帯的に要求しただけで、最適な措置のタイミングを失し、後の祭りに至っていた。しかも、居留邦人代表者はこの機会に徹底した対中膺懲を懇請したこと、さらに塩沢にとって、①は海軍独自の主体的かつ最後的な解決手段であることは自明であり、この際①にあえて触れず、②、③に対する実力行使の決定をしたと思われる。要するに、当時の政軍関係を規制していた統帥権独立の原則が、村井の所掌範囲である②、③と、塩沢の所掌範囲である①とを完全に分離したのである。

先述の村井と塩沢の普段の対立と協調の経緯は、事ここに及んだ以上、制度的な欠陥の壁は打ち破れなかったことを意味している。しかし、その制度はともかく、村井、塩沢に平素から意思疎通が円滑に図られ、外交を正面に立て、統一的な日本側の対応ができるという認識が共有されていれば、村井は愈に待たしてでも、その場で塩沢と図り、①を最優先し、中国側のその実行の確証を得たうえで、それこそ②、③の実行監視に繋げた確証ある結果として満足の意を表することができたといえる。その解決ができるのは、交渉現場の総領事としての村井の最大の役目であったからである。両者のこの認識の欠如が、以後の塩沢の日本海軍陸戦隊配備の段階で同様の不覚をとるに至る。

呉市長による受諾が、中国人の間に不穏の情勢を招き事態は深刻化した。したがって、予定どおり工部局から戒厳令は午後四時に発令され、午後五時には英米仏各国軍隊が「上海租界協同防備計画草案」に基づき警戒配備に就いた。午後五時半ごろには、恐慌状態の中国民衆の動きが見え始めたのであった。塩沢は工部局の租界内戒厳令が予定どおり午後四時に発令されたことを承知していたが、北四川路方面では、第十九路軍の一部が日本人の居住区域に向かって真正面から至近距離に敵対施設を構築しているため、ここに日本軍を配備すれば直ちに衝突を招く恐れを感じたのである。(8) 具体的かつ有効な対中国施策が見出せない塩沢は即時待機を下令する一方、兵力配備を控え、対峙するに至った。

情勢は急を要していた。塩沢は、先に村井が訪問して来た際に意見を述べた後、直ちに海軍中央に向け、「支那側我ガ方ノ要求全部ヲ容レタルヲ以テ」「爾後其ノ実行ヲ監視セントスル旨打電スルト同時ニ、鮫島（具重：引用者註）上海陸戦隊指揮官ニ対シ、支那側我ガ要求ヲ容レザル場合ニ応ゼンガ為予メ計画セル兵力行使ハ之ヲ中止」し、警戒を厳にして状況を監視するように命じた。午後五時半、上海市庁付近に騒擾が生じ、また閘北方面は物情騒然たるものがあった。六時十五分に村井総領事は、初めて目前の軍事的脅威を実感し、中国軍隊の撤退を呉市長に申し入れた。呉も、第十九路軍を説得できず、結果的に確かに口先だけということを立証しているようなものであった。明らかに中国側が日本側の要求を全部容認したものの、問題は全く解決していなかったのである。

一方、塩沢は、北四川路付近中国街一帯の中国公安局巡査が全部逃亡し、中国軍が益々敵対の態度をとるに至り、邦人の不安が極度に達しているとの状況報告に接した。このまま放置すれば一夜の内に掠奪、放火等の危険に遭遇する危険が極めて大であり、邦人の不安は極度に達する状況であったため座視することはできないと判断し、ついに陸戦隊の警戒配備を下令する決心をした(9)。注目すべきことは、この決心は、それ迄の抗日団体弾圧のための警察行動から邦人保護の警備行動に切り替えたことを意味した。この時点での塩沢の頭の中には、午後四時に発令された工部局戒厳令の一環としてこれ以上遅れてはならないと淡々と警戒配備し、中国軍の出方次第で戦闘に即応するという考えであったと思われる。塩沢は警戒配備部署の発動の時機を、後述する理由から二十九日午前零時と定め、午後八時に「新聞記者一同並ニ主ナル邦人ニ発表スルト同時ニ、村井総領事ニ依頼シテ之ヲ支那側ニ手交シ、一方工部局及列国領事ニ通報(10)」した。

目下上海ハ、租界内外ヲ問ハズ人心動揺シ、形勢不穏ニシテ刻々悪化シ、工部局ハ戒厳令ヲ布キ、各国軍モ亦警戒ヲ厳ニシツツアリ。

帝国海軍ハ、多数邦人ノ居住スル閘北一帯ノ治安維持ニ関シ、不安ト認ムルヲ以テ、兵力ヲ配備シ、之ガ保安ニ任ゼントス。

本職ハ、閘北方面ニ配備セル支那軍隊ノ敵対施設ヲ速ニ撤退センコトヲ支那側ニ要望ス。

昭和七年一月二十八日午後八時

第一遣外艦隊司令官

この声明が、以後の軍事及び外交の両方にわたって極めて大きな二つの影響を与えた。一つ目は、上海の著しい混乱の中で実際に呉市長の手元にこの文面が届くのは、深夜午後十一時二十五分であり、約三時間半遅れての到着であったことである。二つ目は、この文面は一月二十九日の海軍省の報告に、撤兵要求は、「総領事提出の付帯条件なりしが如くに読まれる」[11]とあり、この外交部に対する不信感を、事変対応の主導権を掌握していた当時の海軍省が有していたことが重要であった点である。

二　警戒配備に関する三つの疑問とその原因

(一)　午前零時の警戒配備発令の背景

第一の疑問は、工部局の戒厳令による列国の配備より、日本は何故、八時間近く遅れ、二十九日午前零時を選んで警戒配備の決定をしたかということである。公刊戦史は、鮫島陸戦隊指揮官と塩沢司令官との間に次の意見具申・指示があり、結果としてこの時刻が決定されたとしている。それは、鮫島が艦船陸戦隊を揚陸させ、さらに部隊長を集合させるためには多くの時間を要するのみならず、交通量が少なく地勢の視認に便な時刻を選ぶべきであるとの見地から、翌日の午前四時を適当とすると希望したが、第一遣外艦隊司令部は、本配備は戒厳に伴うものであるため長時間の遅れは不可であり、といって、避戦の意図を発表し、中国軍に撤退の余裕を与えるためには相当の時間を置かなければならず、といって午前四時は遅きに失し、「其ノ間支那側ヨリ危害ヲ加ヘラルル虞大ナリトノ理由ニ依リ、発動ノ時機ヲ二十九日午前零時」と定めたのであった[12]。その結果、新たに鎮守府から派遣された特別陸戦隊及び「常盤」「安宅」「第二十三駆逐隊」等の合計一、六四〇人の艦船陸戦隊が、実際に午後九時五十五分に発令され、上陸後、日本海軍陸戦隊本部において進撃準備を完了したのは十一時五十五分であった。日本側から工部局に戒厳令を要望し、現実に工部局から発令されたことが、これ以上の後れをとらぬための足枷になり、轟々たる排日の嵐の中で焦燥感に苛まれつつ発令に至った結果が午後八時であった。

(二)　司令官声明の当否の問題

第二の疑問は、司令官声明の内容に関する当否の問題である。声明は前段、後段の二つから成っており、前段は租界の形勢不穏の状況下で、日本海軍は「邦人居住区域の治安維持」を目的とした警察権能として兵力を配備することを主張し、後段はその治安を阻害している目前の中国軍と敵対施設の速やかな撤退を要望したことにある。これらの声明の妥当性に関して、二つの視点から観察しなければならない。一つ目は、声明の後段にある「閘北方面」の表現は正確ではなく、「邦人が多く住む北部方面」であるべきであったことである。その理由は、租界防備会議で決定された日本海軍陸戦隊の防備担当区域が、工部局から中国側に知らされていなかったという不手際が、ここに至って日本側に重大な危機として降り掛かったからである。閘北方面はもともと中国がその軍隊を駐屯させ得る権利を有しているのであって、その駐屯を日本が軍事上不快であるとして撤退を要求し、日本軍の占領地でもない当該地域に日本海軍陸戦隊を配備し、この保安に任ずるのは不法といわざるを得ないからである。つまり、この声明は国際法上穏当ではなかった。さらに不幸なことに、中国側には四時間近くも声明の到達が遅れたことで、中国軍にとっては撤退するにも物理的に無理であり、間もなく戦闘が開始されたことで、第十九路軍に正当防衛の論理に正当性を与え、勢い付かせた。記者エドガー・スノー（Edgar Snow）が、軍長蔡廷鍇は「彼は最後通牒をつきつけ、呉市長がそれを無条件に受諾したのにもかかわらず、午後十一時二十五分になって、午後十二時までに占領予定の中国地区からわが軍の撤収を求める新しい要求を送ってきた。たとえわれわれが撤収したいと思っても、そんな短い事前通告ではとてもできなかったことだろう」といい、また、中国軍の撤退は南京政府の命令で二十九日の朝から始まることになっていたのであって、「呉市長の回答を日本軍が受取ったのち、われわれは攻撃にそなえてつくったバリケードを全部取りのけることにした。昨夜は実際に閘北の前線から守備隊を引きあげ、今朝すっかり撤退を終るつもりだった。ところが午後十二時十分前に攻撃がかかった。最初に抵抗したのは兵隊ではなく警官だった。私自身も真夜中近くまで塩沢の最後通牒のことは知らなかった。だから十九路軍の部隊に対して抗戦命令を出したのはそれから何分かたってからだった」と断言したという。[13] このとき、既に日本の大型軍艦・陸戦隊が上海に到着し、戦闘準備を完全に整えたことを探知したので、交代せず徹底抗戦に切り替えたという。[14] 事実、南京政府からの第十九路軍に移動命令が出されていたのである。

次にこの声明の当否を検討すべき二つ目は、声明の中段にある「多数邦人ノ居住スル閘北一帯ノ治安維持」を目的とした警察権能発揮のための配備行為と「閘北方面ニ配備セル支那軍隊ノ敵対施設ヲ速ニ撤退」の要望とは、本来その記載順序は逆転させるべきものであった。飽く迄日本側は最優先して除去すべき物的目標が「閘北方面ニ配備セル支那軍隊ノ敵対施設」であることを公表、明示すべきであった。先に中国側が少しでもこれを認めるような事態に移行すれば、邦人の脅威感は減少し始め、警戒配備の必要性は減少することを意味する。しかし現実の対応は逆で、その自覚が不十分であったか、あるいはそれができない別の理由があった。その理由とは、この敵対施設の撤退を最優先して強制するのであれば、仮に緒戦に優勢を勝ち得ても、陸上戦闘能力に縦深性のない海軍陸戦隊では継戦不能となり、日本内地から戦略単位の師団を大量に投入する必要があった。敵対施設の撤退という命題は、現地任せとはいえ最初から極めて政治性の高い判断を要したのであった。声明はこの重圧の下で強力な陸軍兵力の存在を欠いたことによる自信のなさと不安が原因で、消極的表現を以て組み立てられたといえる。

（三）声明到達遅れの意義と中国に与えた影響（塩沢司令官が上海を侵略したと見られた原因）

最後の第三の疑問は、声明が中国側に遅れて届いた原因と、それが中国に与えた影響である。塩沢は「新聞記者一同並ニ主ナル邦人ニ発表スルト同時ニ、村井総領事ニ依頼シテ之ヲ支那側ニ手交シ、一方工部局及列国領事ニ通報」した。しかし、上海調査委員会の第一次報告書によれば「午後十一時ニ於テ日本司令官ハ二個ノ宣言ヲ発布シ其写ハ市長ニ送ッタ」[15]と記している。また中国側の幾多の資料によれば、いずれも、二十八日午後十一時二十五分に塩沢より上海市政府の公安局に到達したとある。この声明の到達時間遅れについては米国も同じ認識に立っており、米国国務長官ヘンリー・スチムソンも問題視していた。[16]ペイソン・トリートは当時の外国の提督は総領事を通してでなければ市長に通信できなかったので、当然伝送に手間取ったのではないかとしている。この疑問点は、「本声明書ハ、午後八時三十分乃至九時頃総領事館ニ達セシガ、当時交通機関杜絶シアリヲ以テ、同十一時三十分漸ク市政府ニ手交セリ。当時市長ノ居所不明、群衆ニ脅カサレ、身ヲ隠セルモノノ如シ」[17]であり、当時の興奮と騒擾の空気が窺える。

最後にこの声明が中国側に与えた影響は、呉市長が日中戦闘開始直後に村井総領事に送った抗議書に表れている。即ち、午後十一時二十五分に中国側に総領事館の記名封筒に入れられた司令官声明が届いた後に、呉は村井に詰問したが彼は全く知らなかったと回答したという。村井が中国側の回答に満足の意を表明したにもかかわらず、その後深夜になって塩沢司令官が独善的出動命令を発したという解釈を、中国をはじめ米国及び諸外国に許し、日本は満州のみならず上海においても国際条約を破って侵略し国際道義にもとるという、世界的に最も忌み嫌われる論理的根拠を与えてしまった。[18]その結果、満州事変の疑惑に満ちた暗いイメージが、上海事変の処理自体を最初から屈曲させた。

三　上海陸戦隊配備の決断を左右した塩沢司令官の舞台裏

（一）塩沢司令官の言動に対する列国の批判

緒戦の狭い戦場においては、兵員数及び装備兵器（能力）は日本側が優勢である反面、敵対意識、士気（意図）においては圧倒的に中国側が優勢であった[19]。常識的に見て、戦場の拡大は必然であり、鉄軍と称された約三万三〇〇〇人の中国兵に約三、〇〇〇人の日本海軍陸戦隊が戦いに挑むというのは納得できないとの批判が、第三国間に当然ながら起こった。トリートは論文の中で、そのような無謀な提督などあり得ないと述べており、軍事的合理性の面で疑問が残る。戦闘回避の発想や今暫く発動を静観する等の対策がなかったのだろうか。何が塩沢にそれ程の決心をさせたのか。

二十八日午後五時、旗艦に塩沢司令官を訪ねた『ニューヨーク・タイムズ』の特派員ハーレット・アベンド(Hallett Abend)記者は、著書の中で、塩沢が、中国側は全面的に容認したが明らかに熱意に欠けており、閘北は混乱し、六、〇〇〇人の邦人と権益擁護のために夜十一時に日本海軍陸戦隊を出動させる積もりであること、さらに、「ご承知のとおり、陸軍は満州におけるわが権益を守らねばならなかった。上海には陸軍がいない。だから海軍は上海で同様の任務を負わなければならないだろう[20]」と豪語したという。スノーは、塩沢が一月二十七日に記者団に向かって、「四十八時間以内に中国人を閘北から吹き飛ばしてみせる[21]。」と豪語したと著書に記している。また、畑俊六陸軍砲兵監は、二月三日の日誌に、「やや当方（日本海軍陸戦隊：引用者註）より仕掛けたる傾なしとせず[22]。」と記しており、満州における陸軍の活躍を羨んでいた海軍には、上海で栄誉を得る好機と考えていたとする見方及び中国膺懲の強硬意見があってもおかしくない状況に至っていたことを意味した。

さて、このような日本海軍の気負いと中国軍に対する観察の甘さが陸戦隊配備の根底にあったとはいえ、それだけで塩沢が中国の大軍に陸戦隊を突入させた根拠の説明にはならない。塩沢の意中を、次の三つから窺い知ることができる。

一つ目は、塩沢の「対支観察、対支折衝」に表れているように、日本海軍の中国・中国人に対する根強い蔑視が中国に関する情報収集（中国軍の兵要地誌、国家継戦基盤、兵力等の正確な質・量の把握）をないがしろにさせた。それ故にこそ、満州事変時の士気の低い張学良軍の遁走がここにも再現できるものと甘く考えたといえる。また、塩沢のような重要な指揮の立場にある者が、陸軍に対抗して満州事変での成功を羨む気概を不用意に吐露し、第三者のジャーナリストに表すことは、大きな問題に発展させる可能性が十分過ぎる程であった。中国陸軍に関する情報は、専門職の上海公使館付陸軍武官府に依存することが多かったが、戦闘開始の約一カ月前の情報が基礎になっており、直前にようやく補正したような状況であった[23]。第十九路軍の憲兵第六団との交代情報も掌握されていなかった。

第十九路軍は過去の軍閥とは異なり、民族意識に目覚めた上海市民や華僑から物心両面の後方支援を受けており、戦闘能力も士気も極めて高かった。だから戦闘開始後、第三国は驚いた。塩沢や麾下の鮫島陸戦隊指揮官は、この第十九路軍との戦いで、日本軍が苦戦に陥るとは考えていなかったようである。それを裏付けるように塩沢は戦闘開始後四日目（二月一日早朝）にして、海軍中央に陸軍派遣の要請を打電したのである。

二つ目は、陸軍の満州事変の成功が喧伝されればされる程、最後迄海軍が上海を固守しなければならないという陸海軍間の確執の構図が浮かび上がってくる。駐華公使重光葵は「責任をもつ海軍側は軍隊の意地とでもいうか、最後まで自分の手で解決するという無謀な意気込みである[24]。」と観察していた。先の満州事変初期に、未だ条約派が主導していた海軍中央が、陸軍の海軍に対する支援要求（山海関方面艦砲射撃）を断って来た手前、塩沢は上海には陸軍部隊がいないからこそ陸軍に比肩し得るよう陸戦隊は、不退転の決意を以て進撃させるべきであると考えたといえる。

三つ目は、共同租界関係国の協同対処と日本の独自対処の問題である。本来的に共同租界の安全確保は列国による協同対処であり、その一環に日本が日本の担当区域を担任することで、それに貢献しているとされていた。したがって塩沢はもし日本の管轄区域内に事が起こった場合、日本海軍陸戦隊が主体的に対処するが、列国の協同支援が得られ、仮にも日本の対処法に非難を受けるなどとは考えてもいなかったと思われる。上海共同租界工部局参事会議長のマクノーデンが二十二日に旗艦「安宅」に塩沢を訪ねた際、日本軍が租界内で行動を起こす場合には、予め参事会に通報してほしいこと、また「右行動中、市参事会ガ自己ノ権限ヲ以テ為シ得ルコトハ日本海軍ニ代リテ処置シ、希望ニ副フコトニ同意アリ度キ旨申出」があった。これに対して塩沢は、「租界内ニ関スル限リ右提議ヲ承認セリ[25]」とし、日本軍の行動の細部については事実上の機密に属する、と体よく言明を避けたものの、工部局の日本に対する姿勢を心強く思ったに違いない。とはいうものの、塩沢は当初から工部局に頼る姿勢は全くもっておらず、むしろ工部局参事会や列国駐屯軍指揮官会議等における態度は強硬であった。租界側の合意と要求に基づく兵力使用と並んで日本独自の判断で兵力展開できることを調整会議で再三強調することを忘れなかったのである。その反面、日本側が工部局側の戒厳令を要望し承諾を得たということは、見方を変えれば当事者は日本でも、租界の防備については関係列国全体の問題である点を彼らに確認させたことを意味した。確かに、塩沢はそのような環境ができたことによって、指揮下部隊の配備が他に与える影響と責任を和らげる利点を手に入れた。現に塩沢は、工部局の戒厳令に依存し且つこれ以上の遅れを避ける配慮によって、関係各国からの独善のそしりを免れると考え、淡々と配備に踏み切ったと推察される。しかし、それは協同作戦ではなく、日本人が多く住む閘北東北部の鉄道線路以東の延長道路地区に日本海軍陸戦隊が単独で対処する道を選んだのである。

（二）　塩沢司令官の警戒配備を促進・加速させた日本側の内情

日中軍事衝突の大きな代償を賭して迄、塩沢に警戒配備の発令を誘発させた日本側の内情について以下の四つが考えられる。

その一つ目は、上海居留邦人の海軍に対する中国人膺懲の激しい突き上げである。高綱博文氏の研究(26)によれば、居留邦人は大きく英国租界方面に住むエリート層（資本家が多い）から成る「会社派」と、中小企業、商店、飲食店などを営み、虹口、閘北などの拡張道路地区に多く住む「土着派」から成ること、殊に後者は排日運動によって直接的に生活基盤が失われる危険性が高いため憎悪、復讐の念に駆られるという強い傾向をもっていた。重光は回想録に、特に平素穏健な考え方をしていた会社派の人々の態度が「不思議なほど強硬」になっていたことに驚き、「非常の憂慮」をした、と嘆息した。日本人の中国人に対する不信感は根強いものがあり、中国人は約束や条約を守らない、平気で嘘をつく、裏切る、口先だけで実行力なし等の不快感と不満が鬱積し、今次の一片の全面容認回答を村井総領事が受領しても、その後の実行が確実にとられない限り、全く信用できないと考えた。上海の日本人たちは満州事変で日本陸軍がとった強硬な態度を、同じように上海の日本海軍がとってくれれば、上海の排日運動は解消され権益を守ることができると期待した。

二つ目は、上海居留邦人の質の問題である。殊に居留邦人の「土着派」といわれた者の中に劣悪な邦人が目立ち、徒らに敵愾心に駆られ、陸戦隊の統制に従わず常軌を逸し

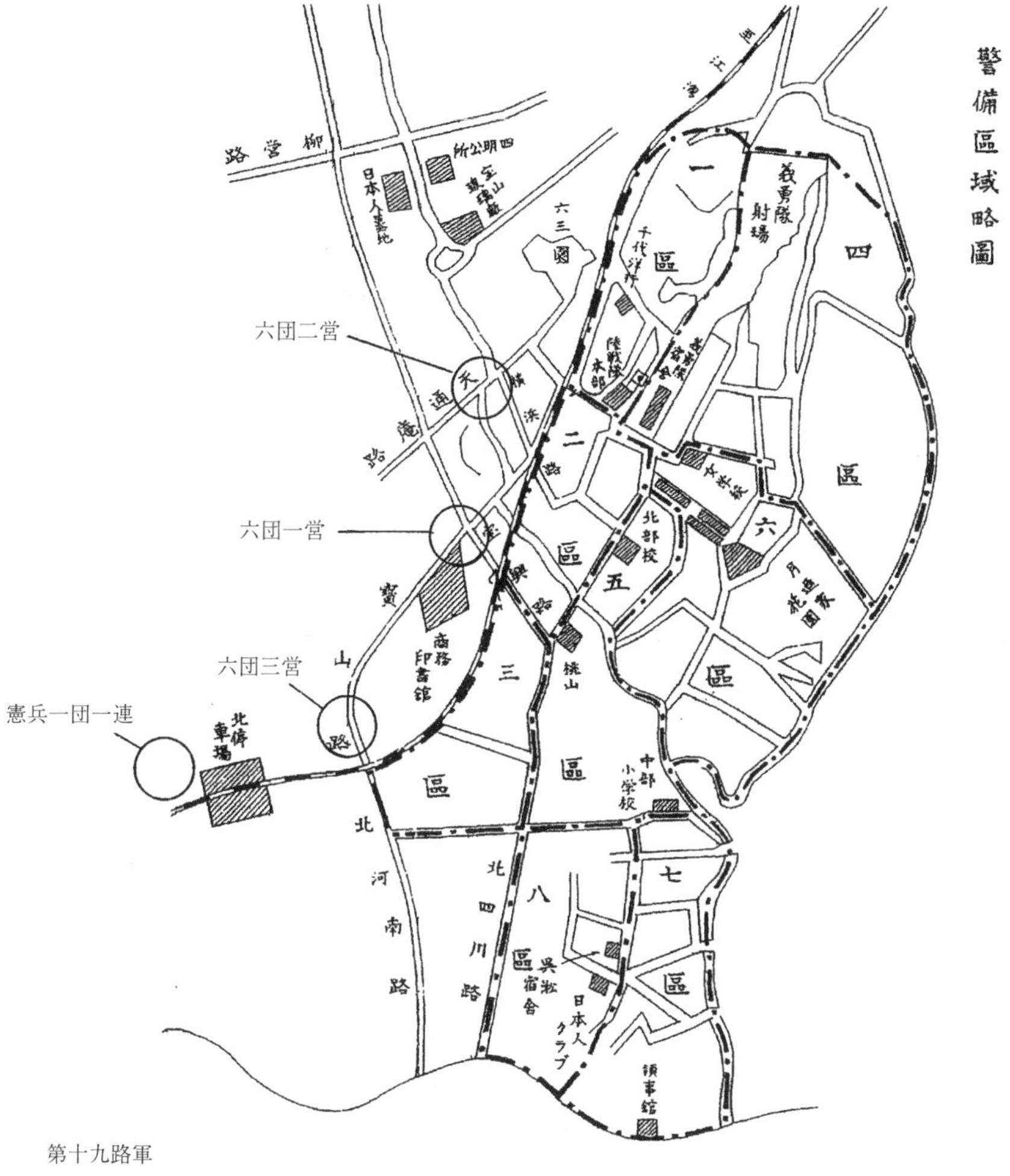

第十九路軍
団＝連隊、営＝大隊
一団は三営よりなり、人員は約千名との記録がある。

図５　上海事変直前の日本海軍陸戦隊の閘北方面の警備区域と第十九路軍の配備
出典：前掲『昭和六・七年事変海軍戦史　第２巻』154 頁。

た過激行動に走る輩が多くいた。彼らは上海居留民団の構成機構である複数の上海日本人各路連合会の下部組織である「町内会」に属する「在郷軍人会」であり、「自警団」のメンバーの一部であった。海軍陸戦隊の作戦の後方警備を担ったが、「通訳及案内者の役を勤めて居た者の中にも、往々其の職責を超えて傍若無人の振舞に出た者があった。彼等の不遜の態度の為め、平素支那人の奸譎背徳に愛憎を盡かし、日本の軍事行動を支持した欧米人中に、今度は『日本浪人』の態度に感情を害するものが続出」し、戦闘開始後、中国人を虐殺する等の過激な不祥事を生み、著しく対日世論を不利に導いたのである(27)。

三つ目は、海軍中央部の中国問題に対する研究不足と戦略観に不備があったことである。海軍の戦略研究の主対象は米国で、中国に対しては「軍艦外務令」に則り、現地の第一遣外艦隊司令官に任せ切りであった。海軍中央においては薄々不穏な空気を感じつつも、中国問題に確たる戦略も定見もなかったため、陸軍の不評を買ったのみであった。上海事変勃発直前の塩沢が海軍中央部に上申した平時封鎖案を海軍中央が拒否し、自動的に抗日救国会本部・支部を弾圧する武力解決策を最優先とした指導の裏には、排日の根源に関する分析も対応の柔軟性もなかったことが影響している。

最後の四つ目は、統帥権独立の弊害がここに至って露呈し、対外的に二元外交の混乱を来したことである。常識的に考えて、警戒配備を令しなければならないような危機的状況の対応の当否は、総領事館と第一遣外艦隊とが、どれ程国家的な大所高所に立ち、平素から相互理解、意思疎通を図り得たかによる。それは統帥権独立の原則の否定を意味した。塩沢の総領事館に対する軽視、無視の行動は、第一遣外艦隊の独断による上海侵略の開始という拭い難い重大な誤解を関係国すべてに与え、拭い難い国損を自らに課すことを意味したのである。

第三節　「第Ⅰ期：事変勃発期」における閘北戦

一　上海海軍陸戦隊の戦闘

(一)　上海海軍陸戦隊の警備区域と戦闘の全体像

陸戦隊の警備区域は淞滬鉄道線路以東の地域であり、この線路を警備境界線と位置付けていた。陸戦隊はもともと閘北の警備を主任務とし、終始、その作戦を継続したが、全期間を通じ、大きく五つの作戦に分けることができる。

一つ目は、勃発翌日、二十九日の正午ごろまでに行った一日足らずの緒戦の激戦、閘北戦である。既に陸戦隊警備区域内に侵入中の中国軍を撃退し、陣地を構築し、警備区域を占領奪回したものの、予想外に激烈な中国軍の抵抗に戦死者を出し、その兵力不足から、ここに、当初の第一遣外艦隊司令官方針であった「支那軍隊ニ対シテハ、彼ヨリ攻撃セザル限リ、我ヨリ事ヲ構ヘザルコト。従ッテ市街ノ砲撃、特ニ爆撃ハ之ヲ行ハズ。[28]」という方針は打ち破られ、初めて「能登呂」艦載機が爆撃支援（要点爆撃）を行った。外交機関により午後八時にようやく停戦が約定された。

二つ目は、陸戦隊から見て鉄道線路を越えた中国管轄区域の市街戦、つまり、中国軍の野砲陣地を掃討する「閘北掃討戦」であった。この作戦は、二十九日午後八時からの停戦の約定が三十日午前二時ごろから中国軍からの銃撃、砲撃によって破られ、「調停に立つた英米総領事すら支那側の不信に驚き、三十一日午前十時半」から英国総領事館にて「英、米、仏、伊の各総領事、塩沢一遣司令、第七十八師代表等立会の上、会議を進めたが[29]」、結局不調に終わった。日本側は租界安全と居留邦人の保護の責任を果たすべく自衛手段の徹底的行使以外にないとして各総領事及び共同租界工部局に声明して、日本側から攻勢に出るに至った。日本側は国際的な環視の下にあることを意識して、警備区域外に出ることに躊躇があったが、停戦期間の夜から特に便衣隊の跳梁が見られ、陸戦隊は便衣隊の掃討と激昂する邦人の不軌行動を取り締まる等、難渋多事な時が流れた。熾烈な「便衣隊狩り」であった。日本側から見れば、中国軍は実際に線路以西の閘北方面から日本陣地を砲撃し脅威を与えており、二月三日以降に「閘北掃討戦[30]」を開始したのであった。これは、次章において述べる。

三つ目は、「呉淞砲台の攻略作戦」である。これは二月三日の第二十六駆逐隊が突如呉淞砲台から砲撃を受けて以降に起こった作戦であるが、第一次派遣陸軍部隊の揚陸を最優先するため日本海軍陸戦隊の戦闘は一時中断された。総攻撃中は対峙戦となり、本格的攻略は三月三日の第三次総攻撃時に行われ、陸軍の呉淞支隊と協力作戦を行った。

四つ目は、二月五日の混成第二十四旅団（久留米第十二師団所属、旅団長：下元熊弥陸軍少将、約二、五〇〇人）の揚陸に先立つ「上陸支援作戦」であり、呉淞方面のクリーク周辺区域の中国軍掃討作戦を展開し、陸軍の第一線の形成に貢献したものであった。これら「呉淞砲台の攻略作戦」及び「上陸支援作戦」も、次章において述べる。

五つ目は、第九師団が上海に到着して後、師団長植田謙吉の指揮下に入って行われた「閘北対峙戦」と「追撃戦」であり、第六章、第七章において述べる。

（二）「第Ⅰ期：事変勃発期」における日本海軍陸戦隊の閘北戦

陸戦隊指揮官鮫島具重は、午後九時三十分、塩沢司令官より一月二十九日午前零時を期して発動せよとの命に接した。それを受けて発令された「上海陸戦隊命令第一号[31]」の主旨は「（中国軍は）租界周囲ニ防御陣地ヲ構築シ、其ノ兵力歩兵約五千、漸次兵力ヲ増加シツツアリ」と、敵情を披瀝し、日本軍の出動目的を「自衛権ノ発動ニ基キ、北四川路両側租界外ニ進出、我ガ居留民ノ保護ニ任ゼントス。」とした。また「同二号」には、「陸戦隊ハ決然租界外ニ進出、警備区域ノ治安維持ニ任ゼントス。」が示され、各部隊に細部の作戦を指示している。鮫島は二十八日午後十一時三十分、小隊長以上及び在本部下士官、兵を陸戦隊本部に集合させ、「行動ニ当リ敵兵ヨリ攻撃ヲ受クルニ非ザレバ、我ヨリ先ニ発放《ママ》スベカラズ、然レドモ苟モ敵ノ攻撃ニ会セバ、敢然之ヲ撃攘スベキ旨[32]」を訓示した後、二十九日午前零時一斉に発動を令した。日本側から先に発砲厳禁を命じていたことは重要である。

二十九日午前零時、予定警備区域の北四川路に向かうや、「忽チ敵便衣隊ノ攻撃ヲ受ケ、続イテ敵正規兵ノ射撃ヲ被リ、騰テ全面的戦闘ノ開始ヲ見ル[33]」に至り、ついに武力衝突に至った。この模様は、後の国際連盟上海調査委員会（以下、調査委員会）」の第一回報告書の中で「（上海陸戦隊最後の一隊は：引用者）租界ト支那領域トノ境界門ヲ通過シヤウトシテ、其ノ地帯ノ警備ヲ受持ツテ居タ上海義勇隊ニ阻止サレタ。……結局日本陸戦隊ハ支那正規軍ノ抵抗ニ会ツタ。」と記している[34]。死者二〇人、重傷者四五人に達し、事変を通観して陸戦隊は最多の犠牲を初日に払った。

戦闘は、要するに、日本側は、閘北の中国軍陣地を空からの偵察、攻撃と、租界の虹口公園に据えた大口径艦砲の断続的な射撃並びに数個中隊の軽砲、機関銃、装甲車によって、閘北前線で繰り返し攻撃を掛けたのであった。

「閘北掃討戦」の特色は五つある。一つ目は、日本側の陸戦隊は戦闘開始時点における兵力装備面において中国軍に対して優位にあったにもかかわらず、その中国軍から戦略的に包囲される態勢にあるという内線の不利な態勢下に置かれたことである。中国軍の配備侵入区域は、日本側から見れば拡張道路区域で租界工部局に租界の権限が及ぶ地域であり、陸戦隊が警戒配備することが当然視されていた地域であった。しかし、先に述べたようにこの拡張道路区域は、一九三一年十二月十八日付の防備委員会で北四川路から西方の淞滬鉄道の堤防まで拡張されたことによって、工部局管轄下にあったが、工部局の手違いで中国側の市政府に伝えられていなかったことの〝つけ〟がここに至って露呈した。この不手際が放置されたままの所に、法制的に中国側の正当性が彼らの侵入を許し、衝突の可能性を著しく高めていたのである。

二つ目は、戦闘開始後の二十九日以降、上海市長呉鉄城が英米総領事に仲介を依頼し、調停により攻撃動作停止の約定をしたにもかかわらず、中国側は、再三（三十一日、二月一日）にわたってそれを無視し攻撃を反復したことである。もちろんこの小競り合いは始まってしまえば、いずれが先かは水掛け論になる。現に、調査委員会の第二回報告書の中には「（翌三十日）日本軍司令官ハ英米両国領事ニ抗議シテ、停車場ニ於ケル支那ノ装甲列車ガ砲撃ヲ再開シタコトヲ通告シタ。コレニ対シテハ支那側ハ否認シ、却ツテ日本軍コソ先キニ砲撃シタト抗議シタ。」と記している[35]。しかし、塩沢司令官が敢えて英米総領事に抗議する必要性を感じていたこと及びその中国軍側からの射撃、砲撃の再開時の具体的描写が他の資料共整合性があること、中国側の説明に具体性を欠くことなどから判断すれば、中国側からの違約行為があったことは間違いない。しかも、中国軍はこのころ盛んに便衣隊を使嗾して挑発的な戦闘行為を命じ、日本軍敗北等の捏造記事を新聞に掲げる等、逆の宣伝をして第三国の同情を買っていた。また、主戦論を高唱する第十九路軍及び上海各種排日団体をして、中央政府も対日開戦に決定したとの感を抱かせ、益々その気勢を煽ったのであった。これら便衣隊の恐怖と不安が、虹口方面居留邦人の自警団の組織化を促したのであった。便衣隊に関しては、第七章において一括して触れたい。

三つ目は、塩沢司令官は列国共同警備提案を、日本軍の主導的動きを確保する面から拒否して来たことであり、したがって、一旦戦闘が始まると陸戦隊の孤軍奮闘の感を呈し、他の外国軍は基本的に日本陸戦隊の戦闘には拱手傍観の態度をとることになった。改めて三十一日、時局解決のために英国総領事館で、英米総領事・駐屯軍司令官、呉市長、日中両軍指揮官等による会議が開かれ、日本軍の占有地域を列国軍隊が共同警備する案が提案されたが、日本軍機の租界上空の飛行をやめること以外は、何も決まらなかった(36)。

四つ目は、日本側の砲爆撃の破壊力が大きかったことと、爆撃の負の遺産である。陸戦隊の砲火力装備は野砲八門、曲射砲四門のみであったが、砲撃は北停車場をはじめ作戦戦略上の要点を破壊し甚大な被害を与えたのであった。山砲一一門をはじめ十二榴、十五榴各四門の重砲が到着するのは二月五日であった。飛行機の爆撃に関しては、特務艦「能登呂」艦載機を威嚇、偵察に使用する計画が当初から考えられてはいたが、実際に爆撃に踏み切ったのは、一旦戦闘が開始された後の零時五十分ごろから頻りに苦戦の訴えが司令部に集中したことが切っ掛けになっている。塩沢司令官はここに至って、各艦に対する予備陸戦隊の揚陸と「能登呂」艦載機による中国軍集団への爆撃を命じた。「能登呂」はもともと第二遣外艦隊司令官（津田静枝海軍少将）の指揮下にあって華北方面に行動していたが、一月二十二日にその任を解かれ長江方面に回航し、第一遣外艦隊司令官の指揮下に入った。飛行機の爆撃は一挙に破格の破壊力を発揮し、外国市民にも非常な恐怖を与え、日本に対する不快感に一転した。中国軍の増強のため、「能登呂」艦載機は、以後も中国軍が立てこもった商務印書館、東方図書館及び北停車場の中国軍装甲列車を爆撃した。殊に商務印書館は中国最大の出版社の一つで、宋・元時代の権威ある歴史資史料や文化財が大量に焼失し、蔣介石も「人類文化は莫大なる損失を蒙った」と嘆息した(37)。

また、第一航空戦隊（「加賀」「鳳翔」、第二駆逐隊）が長江方面に急派されるに至った。「加賀」「沢風」は三十一日、「鳳翔」及び他の駆逐艦三隻は二月一日、それぞれ長江口に到着したのであった。今次の上海空域における爆撃は日本による初めての本格的な対中空爆であり、誤爆により外国人に被害を与えたことから、より一層、彼らの神経を逆撫でし、国際世論を対日非難へと追いやる触発剤の一つになったのである。

五つ目は、陸戦隊の戦闘は早朝から日没迄淞滬鉄道線路から西方の閘北方面に進撃、占領し、市街地を一時占拠しても、午後ないし日没に至れば元の鉄道線路以東の警備地域の旧陣地に引き返し、夜間警戒に備えるという作戦展開を行った。これは、「敵陣地堅固にして之を突破して更に進出するには相当の時間を要する」こと、「夜間警戒も顧慮」しなければならないという作戦上の制限と、国際連盟を意識し、日本軍は上海、閘北を不法占領するものではないのであって、中国軍を租界の境界から二〇キロメートル（二十粁《キロメートル》）外に撤退させることを目的にしている点を強調する必要から来ている[38]。海軍自身にとって、陸軍と異なり占領・拡大する作戦は体質的にも能力的にも有していなかったことを意味している。

なお、市街戦が行われた上海の閘北は、煉瓦より成る城壁を有し、登ることが不可能なうえに、野砲弾に対する抗力は大きかった。特に商務印書館前方の中国軍の陣地は、著しく日本軍を悩ましたのであった。また村落は殆ど囲壁を有していないが、しばしば水路をめぐらすものがあり、村落内にあっては囲壁を設け、自衛の手段を講じているものがあるので、防御は大きな抵抗力を有した。日本陸軍が破壊力の大きい野戦重砲、重砲及び空爆を重要視したのはこのためでもあった。

二　第十九路軍の戦闘

（一）事変勃発当日（一月二十八日）の第十九路軍の動き

一月二十八日午後一時、軍長蔡廷鍇は第七十八師の将士を真茹鎮（司令部所在地）に集めて愛国精神を鼓舞する訓話を行い、上海付近所在軍隊総司令による次の銃殺五箇条を布告し、厳格な任務達成を命じた[39]。それは、「1　陣地ヲ縮小撤退シタル者ハ銃殺ニ処ス　2　命令ニ違抗シタル者ハ銃殺ニ処ス　3　治安ヲ擾乱シタル者ハ銃殺ニ処ス　4　財物ヲ奪掠シタル者ハ銃殺ニ処ス　5　謡言ヲ放チ民衆ヲ惑ハシタル者ハ銃殺ニ処ス」というものであった。

なお、「鎮」とは日本のほぼ「市街地」に当たる。

この布告は、第十九路軍が強い決意で対日決戦を戦い抜こうとしていること、総指揮蔣光鼐、蔡軍長の指揮官としての強い臨戦気迫の一端をいい表している。一方、先述のように、一月二十八日午後三時十五分に呉上海市長は村井総領事に回答文を交付した時点で、淞滬衛戍司令部（在龍華鎮）には、閘北の守備は憲兵を以て交代せよとの命令を受領したので、蔣光鼐は午後十一時に緊急会議を開き、蔣光鼐、蔡廷鍇、戴戟、翁照垣らの出席の下に、対日方針を討議した。一部の者は事態が愈々緩和したので暫く真茹付近に退き、若し日本軍がさらに近接すれば、「我軍ハ真茹鎮以テ抵抗スベキ」であると述べたが、多数の者は極度に憤慨し「我カ国家ノ存亡ハ此一挙ニ在リ真茹鎮ニ退キテ抵抗スルヨリモ寧ロ一死閘北ニ止リテ彼ト決戦センコトヲ願フ」と唱え、また、「我々殉国ノ秋至レリ我等ハ死セン必ス閘北ニ死セン」という者があった。かくして第十九路軍は予ねて決定していた積極抗日の方針を一致是認して、「第十九路軍ニハ良好ナル武器ナシ唯恃ムハ熱烈ナル敵愾心ト一身ノ血肉ノミ敢テ現代式軍隊ヲ有スル国家ニ対シ開戦セン[40]」云々と豪語したのであった。

その対日方針とは、対外及び対内的に第一打倒軍閥、第二打倒共産党、第三打倒帝国主義の三項を掲げ「吾人ハ終始一貫セル方針ニ基キ決シテ其行動ヲ誤ラス」「外交家ハ連盟規約、不戦条約、九国条約ヲ説クモ吾人ノ主持スルトコロハ和平ノ保障ナリ今次ノ事件ニ対シテハ方針第三ニ基キ徹底的ニ奮闘セヨ」と述べ、領土防衛、民族保護を名として積極抗日の方針を明らかにした。一方、東京の陸軍中央は「事件発生以来第十九路軍及民衆ノ排日気勢ハ俄然猛然トナリ同軍ハ頻ニ一般住民ハ勿論他ノ軍隊等ヲ扇動シテ慰問金品ノ募集ヲ強要シ救国ヲ以テ自任シ意気軒昂タルモノアリ[41]」と観察していた。第十九路軍が国際都市上海より受ける物質的援助と積極抵抗の下に集まる慰問金品を受けることで、さらに決心を強固にしたのは疑いない。南京政府は武力抗争の拡大を危険視し、第十九路軍の説得に相当苦心したが、孫科ら政府要人の支援を受ける第十九路軍は堅く拒否し、既定方針の遂行に邁進したのである。

要するに、第十九路軍は、先の銃殺五箇条にも現れているように、蔣介石系でない鉄軍としての誇りを上海の危機に臨んで奮い立たせ、背水の陣を築いたのであった。このような第十九路軍の激しい奮起は、「三友実業社襲撃事件」が直接的触発剤となり、強靭な軍内指導と国家防衛の正当性を発揮する絶好の機会と捉えられていたことが分かる。そして、日本側から見れば「日蓮宗僧侶殺害事件」が、また反対に、中国側第十九路軍から見れば、その報復の「三友実業社襲撃事件」が、共に日中軍事衝突コースを一挙に形成したのであり、確かに関東軍板垣征四郎参謀らの謀略は、一見成功したといえる。第十九路軍の積極主義に対し、民衆には賛否両論あり、軍に合体する者は学生、工人及び広東系の者並びに「落伍政治家」、野心家であって、他の一般民衆は必ずしも軍の武力解決に共鳴するものではなかったが、前者の活動が結局、大勢を指導激化するに至ったのであった(42)。蔣・汪合作政権が発足する寸前、軍事衝突寸前の第十九路軍の空気であった。

（二）　第十九路軍の戦闘の実態

閘北の第一線で抗戦した部隊は第十九路軍のうち、第七十八師（師長：区寿年）の第六団、第六十師（師長：沈光漢）の一営、憲兵第六団の二営、警察第三・第六大隊及び鉄道砲隊であった。これより先、蔡軍長は上海財界代表により事件拡大防止の意見を聴取していたが、日中両軍の交戦が始まったので直ちに前線に赴き、指揮督戦した。また、呉淞要塞司令鄧振銓は二十八日に戒厳令を布き、第七十八師の第四団以下を防備に就かせた。第七十八師は京滬鉄路の以北、以南の両面に配備されており、一月二十八日以来の勃発当初の時点では、蔣介石の意に反して単独奮戦した。

第一線は第七十八師の一団、第六十師の一団及び憲兵第六団（一月二十九日、閘北において交代途中に陸戦隊と戦闘状態になった）の二営が担任し、合計約四、〇〇〇人、第二線は第六十師の二団が約三、〇〇〇人、第三線は第七十八師の一団、それにこの時点で蔣介石の直系軍の旧警衛軍第二師の一部が単独で参戦していたことが注目される。

二十九日に第十九路軍は、全国に向かって抗日通電を発した。それは、満州事変以来、日本は侵略を続け、今次は上海閘北において「我ニ向ヒ挑戦」して来たこと、蔣総指揮以下軍人は「国家ヲ救ヒ種族ヲ保ルカ為飽クマテ抵抗シ一人一弾ニ至ルモ尚絶対ニ退縮セス以テ中華民国軍人ノ人格ヲ喪失(43)」しないことを期す、と対日抗戦を鼓舞した。尚、同日、日中両軍間に午後八時以降停戦協議が成立した。日本軍は既に進出した右翼方面を虹口クリークの線より鉄道線路の線迄撤退した。第十九路軍は後方部隊を前方に進め、便衣隊を放った。虹口一帯に跳梁した便衣隊の中には、多数の変装した正規兵が混入していることが確認された。

三十日には閘北一帯に激烈な市街戦を惹起し、第十九路軍は日本軍が撤退した虹口クリーク以東に進出し、日本人墓地及び日本人が経営する六三園等を破壊し、鉄道砲隊の装甲列車（装甲列車に野砲六門を搭載）は北停車場より砲撃を加え、以下のような宣伝を行った。日本側を「暴状言語に絶する」と評した程であった。それは、二十九日午後五時、海軍陸戦隊本部を占領したこと、呉上海市長は村井総領事の停戦申し込みを拒絶したこと、日本軍死傷者将校以下八〇〇人（実際は一二七人）、日本軍飛行機四機撃墜などという、事実と逆の虚偽報道ないし誇大報道で民意を引き付けようとした。

停戦協議により再度三十一日の午後六時から二月三日の午後六時迄の三日間、いわば第二回の停戦協定が成立したが、第十九路軍は停戦期間(英米総領事の斡旋)であるにもかかわらず、依然として戦闘を継続し、蘇州河方面（虹口西南側）には便衣隊が跳梁して北四川路、老靶子路、嘉興路、狄思威路、北河南路等各所において銃声が止まなかった。

二月一日夜、南京獅子山砲台は同地に停泊中の日本軍艦に対し、砲撃し暫時これと砲戦を交えた。二日、上海北停車場付近に来た鉄道砲隊は、租界内日本人の密集地付近及び海軍陸戦隊を砲撃し、また、三日午前には、呉淞砲台より日本の駆逐隊を砲撃し、事態は拡大に向かったのであった。この砲戦を交える中、日本海軍飛行機十数機の来襲を受けた。

一月二十八日より三十一日迄の第十九路軍の増強の状況は、憲兵第六団が南市に移動し、第七十八師は主力を閘北、江湾鎮に進めた。第六十師はこれらの地区に加え、呉淞鎮、廟巷鎮、大場鎮に進出、第六十一師は原駐地から蘇州、昆山間に向かい進出した。[44] 以上が、「第Ⅰ期：事変勃発期」における中国軍第十九路軍の戦闘の実態であった。

第四節　中国軍と南京政府の対応

一　上海事変勃発と蔣・汪合作政権の「一面抵抗、一面交渉」

（一）二国間交渉拒否から「一面抵抗、一面交渉」への方針変更の背景

先に述べたように、満州事変を境にして蔣介石は、政権維持のために民衆の支持を確保し、且つ反政府派の攻撃の口実を与えないために直接交渉拒否と国際的解決方針をとって来た。しかし、中国民衆の激しい主戦論を前にして蔣が下野すると、新たに成立した孫科政権は過去進めて来た日中二国間交渉を促進した。しかし、時既に犬養内閣の対満蒙方針が強硬化して交渉の余地なく、挫折のやむなきに至った。その結果、孫科政権は逆に二国間交渉を強く拒否するに至った。財政基盤もない孫科政権は、短命にして蔣・汪合作政権に代わった。満州事変から上海事変にかけての国家緊急事態は、政府のめまぐるしい交代劇を生んだ。上海事変は、このような中で起きたのであった。ということは、上海事変は、このままでいけば、二国間の政府交渉も何もなく、解決の目途も、提訴した国際連盟にも何の情報も提供できない事態に突入することになる。

鹿錫俊氏の研究によれば、蔣介石ら中国指導部は、満州の事態拡大を制止できなかった連盟に対する当面の失望と、そうはいいながらも連盟に対する将来への希望を併せもち、先の世論の反発に対する危惧と反政府派の政争戦略に対する懸念などの内政的要因の拘束性、さらに孫科政権の反日意識への転換等の輻輳した諸要素を踏まえて総括する必要を感じた。要するに、孫科政権時の「対日国交断絶」を退け、さらに以前の国際的解決一辺倒政策をも修正

し、「将来への希望のために国際的解決を主軸として続行しつつ、第三者に対する現実の失望と、難局打開の当面の急務のために事実上は抵抗を実施し、他方外交上は対日交渉を行う、という『三線並行』である」[45]としたのであった。これが、一九三一年末から主張していた汪兆銘の「一面抵抗、一面交渉」の内容であり、蔣介石がこれを全面的に支持したのである。そして重要なことは、これに沿って蔣介石が、一月二十三日と二十六日に駐日公使蔣作賓に「対日外交は速やかに妥結せよ」と再三指示し、二十七日には「対日外交方針について多数は交渉に傾いている」と顧維鈞（外交部長）に告げたことである[46]。その翌日、村井総領事が呉市長の全面容認回答を得て満足の意を表した。その後の午後八時に、塩沢司令官が声明を出し、敵対施設の撤去を要求して深夜に進軍を開始したことで軍事衝突に至ったのであるが、この呉市長の対応は三線並行の外交方針の適用にふさわしい事例の現出であった。つまり、「一面交渉」は「一面抵抗」によって、本土防衛の自助努力の実績を提示し、国際的な正当性を確保することにおいて、蔣介石に強い自信を与えたのである。蔣介石は、翌二十九日の日記に「昨日、上海日本総領事の要求を承認したので、彼（呉）も満足し、夕方には撤兵する旨表明して来た。深夜零時に至り、日本海軍司令が突然わが方の閘北撤退を求めて来たので、衝突が生じ、今日夜に至ってもまだ戦いはやまない。……」と記しており、防衛戦争に至ったと認識した。蔣介石はこの正当防衛の根拠とその自信を得たからこそ、未整備な軍事力を前提に、「一面抵抗、一面交渉」を実践しようと考えたといえる。

（二） 軍事衝突直後の南京政府の三つの対応

戦闘が開始されると、一月二十九日、中国国民党中央政治会議は、国民政府軍事委員会を設立して蔣介石らを常任委員に選び、抗日戦に当たらせることを決議した。そして、南京政府は秘密電報で「一面抵抗、一面交渉」という策を打ち出した。これは一方において侵略に抵抗する国防を厳密に行い、他方、有効なる外交方法（国際的解決、二国間交渉）を運用して国土の喪失と主権を失うことを防ぐというものであった。つまり宣戦布告せずに対日平和交渉の道を求めたのであった。この方針に基づき、具体的にどのような対応策を打ち出したのであろうか。とった政策は、次の三つであった。

一つ目は、一月二十九日に緊急会議を開き、国際連盟に対する提訴をはじめ上海公使団、各国領事調停会議に事変の調停を依頼し、いわゆる国際的解決策（「以夷制夷」策）の採用を決定したことである。これは、「一面交渉」の実践であった。殊に、一月二十九日の最初の公的な声明は、中国の国際社会に占める位置の正しさを以下のように主張した。それは、日本は満州事変以来上海に侵略を拡大し、国際連盟規約、不戦条約及び九国条約に違反した。したがって祖国防衛以外に選択肢のない中国は、これら条約にサインしたすべての国に、「日本の上海侵攻は、国際条約違反は明らかであり、ケロック非戦条約、九カ国条約に対する暴挙である。……以上の条約締結国が有効な手段をとり、条約の神聖な義務を果たし、日本の暴力的破壊行為を人道上の道理、条約尊重より条約締結各国はそれを無に帰せしめる様願うものである。[47]」と宣言したのである。

この宣言は、中国の道義的優位性を与え、以後の日中間の歴史展開に極めて重要な意味をもった。一方的に不平等条約を廃棄するという中国の革命外交は、急速に国際条約に対する尊敬に変わり[48]、中国の対応姿勢は国際的同情を呼ぶ条件を整えたことを意味した。そしてこの声明と同時に、二十九日朝、国際連盟の中国理事は、ジェームズ・ドラモンド(Sir James E. Drummond)事務総長宛てに、国際連盟規約第十条及び第十五条により理事会に付託した[49]。第十条は「連盟国ハ連盟各国ノ領土保全及現在ノ政治的独立ヲ尊重シ且外部ノ侵略ニ対シテ之ヲ擁護スルコトヲ約ス」という条項を適用することによって、日本は満州に引き続き上海にも侵略を開始したのであって、まさに中国の領土保全及び現在の政治的独立を侵害していると非難したのであった。また、第十五条は、今次の上海事変を「連盟国間ニ国交断絶ニ至ルノ虞アル紛争」と定義し、理事会の審議の義務と当事国及び在上海列国の義務を規定したのであり、日本は以後の論議に苦渋を強いられることになるのである。

二つ目は、南京が「暴力ノ脅迫ヨリ免ルル見地ニ基キ」第二の奉天とならないよう、長期抵抗を確保するため、一月三十日に「洛陽遷都」を声明した。つまり、「一面抵抗、一面交渉」の政策を継続する政治中枢基盤を固めたいと考えたことである。また、この遷都は事変の勃発によって、仮にも蔣介石の負担を大ならしめる広東派の術策に陥ることを避け、日本とのこれ以上の対敵関係を欲しなかったからでもあった。したがって蔣は責任者として軍政部長何応欽、外交部長羅文幹を南京にとどめ、前者の何には一切の治安維持責任者に、後者の羅には一切の外交責任者に任じ、「我カ全国民衆ハ勇敢且沈着ノ精神ヲ以テ国難ニ赴キ騒カス恐レス暴力ヲシテ施ストコロナカラシメ正義ヲ以テ国家ノ危急ヲ救ハレヨ[50]」とし、その他政府当局者は悉くまず徐州に向け出発したのである。

三つ目は、一月三十一日、蔣介石は、「全軍の将兵に告ぐ」を公表したことである。それは「一面抵抗」を蔣の意に反して体現してしまった第十九路軍に対する蔣の意図と措置を示すものであり、注目すべき内容を秘めていた。蔣は第十九路軍に対し不満を有する一方で、世論が第十九路軍の抗戦に賛意と支援を働き掛けている現実を見逃さず、バランスを図り、政権基盤の維持を企図していることである。表向き第十九路軍の忠勇と自衛のために玉砕せんとの意気に賛意を表しつつ、かつ「我は天職を尽し、先づ誠を以って諸士に告げよう。各人鍛錬発奮し、敵に対する憤りに際しては、浮かれた豪気は持たず、犠牲的精神をもって、武器を取って命を待ち、存亡の危機を救う」と、軽挙妄動を戒め、武器をとって命を待て[51]とのいわゆる「一面抵抗」の気概を貫くことを示した。「一面抵抗」は「一面交渉」とセットになって初めて意味があり、政府統制下に納まった「抵抗」でなければならなかった。「完全抵抗」であっては困るのである。蔣は、政府が不統一で国力に自信なく、日本軍と戦えば中国は十日で亡ぶ[52]と見ていたのであった。

以上の三つを考え併せれば、蔣介石の事変勃発に対する意思と初動対応が鮮明になる。それは、上海戦が始まった以上、二月一日、その責任を有すべき第十九路軍に当座の戦闘を委ね、京滬線、京杭線の沿線に配備されている自派警衛軍が傷付くことを回避する態度に出た点に表れている。即ち何応欽は第十九路軍総指揮に「我ガ軍ノ忠勇自衛誠ニ嘉賞ニ堪ヘズ、各国領事調停会議ノ結果ハ我ニ同情ヲ有ス、爾後一層慎重ニ行動シ好感ヲ保持スベシ。公使団ノ情況モ日ニ有利ニ趣キツツアリ」といい、戦闘は好感をもつ範囲内でやれと自重を促しているのである。と同時に、一見矛盾するようだが、一月三十日、「又第八十八師モ既ニ蘇州ニ向ヒ、貴路軍ノ総予備隊タルベク命令セリ」と激励し、蔣の直系軍の顧祝同が指揮する警衛師第五軍の第八十八師、第八十七師を杭州及び南京より蘇州方面に移駐を命じ[53]、第十九路軍の指揮下に自派蔣直系軍のこの師を配置した。これは表向き第十九路軍を勇気付け、高い評価をしているという姿勢をとって世論を味方に付ける配慮もしているのである。しかし、一面この移駐は、第十九路軍の監視と事変の南京方面に波及するのを防ぐ意味をもっていたのであった。これは後の二月五日に孫科が何応欽に援軍を依頼した際に、「事変拡大ヲ恐ル、洛陽軍事委員会ノ決定ヲ待ツテ処置スベシ」と返電したことに表れている。要するに、「一面抵抗、一面交渉」は、上海事変が勃発した時点では、純粋に国防に立ち上がる国民感情からすれば極めて分かり難いものであり、説得力のある政策決定の説明ができないまま、蔣は現実の政治・軍事の統制を強いられていたことを意味している。といって現実に降り掛かる火の粉を払う方法は、その対戦相手の日本側との「一面抵抗、一面交渉」がどの程度その相手である日本側に通ずるかに掛かっていた。日本との直接交渉を拒んだ手前、中国は「一面交渉」の相手を「以夷制夷」策によって間接的に列国及び国際連盟を選んだのであり、それが却って日本の対応をかたくなものにしたのではないだろうか。尚、事変の長期化と全体的な作戦計画を討議するために、蔣は二月一日から徐州で軍事会議を招集し、全国を四つの防衛区に分けて対処する計画をまとめた(54)。この内容と実施の過程に関しては、第五章「第Ⅱ期：事変初期」で述べる。

二　南京政府と第十九路軍の確執

一月三十日に、国民党政府は洛陽に遷都し、軍政部長何応欽と外交部長羅文幹のみが南京で治安維持と外交の主管を行った。他方の第十九路軍は正義の抗戦の挙に出ることを堅く決意し、「『打倒帝国主義』ノ思想ヲ背景トシ領土防衛、民族保護ヲ名トシテ愈々積極抗日ノ方針ヲ明ニセリ」と、全国軍民の抗日意識を最大限に鼓舞した(55)。

二月の激戦になっても何は、軍民等しく法に背き面倒なことを引き起こさば、厳罰に処す(56)と命じ、特に人民の武装蜂起を恐れた。しかし、これに対する反発があらゆる部門から沸き起こった。有識者や学生たちは洛陽に赴き、国民政府に対して武装し抵抗することを要求した。蔣介石に会い、軍政部長に学生たちが上海に到着した時点で武器弾薬の供給を命じてほしいと懇請した。しかし、何は軍備の備蓄がないことを口実に、これらをうやむやの内に葬った(57)。いたたまれない彼らは、終盤戦の三月一日以降の呉淞・劉河の戦闘に加わったのであった。

一月三十一日に蔣が発した「全軍の将兵に告ぐ」の公表は、予想外の反応を呼んだ。全軍の将兵に対し、危急存亡の危機から国を救えとの激励と、「武器をとって命を待て」という抑制の文言は、蔣としてはセットにして理解を求めたはずであったが、それは逆に、蔣に対する出陣命令を激しく要請する触発剤になり、その統制と説得が蔣の死命を制する意味をもった。激励の効果は、蔣の企図する統制範囲内でなければならなかったのである。

国民党内部でも、第十九路軍の抗戦に対する広汎な賛同と支持を与えるものが出た。各地の国民党の軍政の要人たちは、第十九路軍の抗日行動に積極的に応じようとし、当局に対して援軍を集めて第十九路軍の抗日自衛戦争に協同することを要求した。その声と勢いは大きく、満州事変の時の数を超える規模であった。一月三十一日、国民党の在広州中央委員の唐紹儀、鄧沢如、伍朝枢、白崇禧ら二六人は、第十九路軍の将兵に激励電を送り四〇万元を送金した。[58]孫科、李宗仁、程潜ら一一人の在上海中央委員をはじめ、黄秉衡、劉湘、何健、陳済棠、白崇禧、閻錫山、顧祝同迄もが「討日の出陣」を要請し、近在の軍隊を動員して上海へ来援し、第十九路軍を応援することを要請するものも出、これらは大きな変化であった。往年の南京、広東の相剋に加え、南京派内でも新たに分裂を起こした。愛国の将領といわれた馮玉祥は蔣介石に何度も抗日を力説し、不抵抗の弊害を説いた。このほか、国民党第三路軍（韓復榘部隊）、第四路軍（何健部隊）、第九軍（魯滌平部隊）、第二十六路軍（孫連仲部隊）、第一集団軍（陳済棠部隊）、第四集団軍（白崇禧部隊）、黄埔軍官学校革命同志会員及び各省市国民党部隊は通電を発し、第十九路軍に対する声援と積極的に抗日宣戦への出動を要請した。[59]

注目すべきことの一つ目は、二月一日、「『共産軍討伐作戦』の前線に在った国民党の将領までが」「……已に鍛錬された部隊であり、朝夕警戒し、武器を持って命令を待ち、国の為に死せんことを誓う[60]」として声援に加わったことであった。二つ目は、空軍の将領は「我等は防空の責任を負い、誓って強敵に当らんとしている[61]」と全国に通電した。これらの関係者は中国国内の装備兵器、生産体制、動員体制、経済財政等一切の国力及び継戦能力を掌握している訳ではないが、軍閥的体制が残っている中国においては、革命以来初めての国家危急の愛国の情から出たものであった。これらは蔣介石、何応欽、宋子文ら軍・外交指導者に影響を与えた。緒戦時に定めた「一面抵抗、一面交渉」の方針の「一面抵抗」の枠内に新たなニュアンスの論争「頃合を見計らって止める[62]」を誘発したのである。国民政府は、当然ながら国力消耗を抑える意味で早期収拾を望み、事変中の強硬策を封じたい、しかし、そのために止めるべき時機を失し第十九路軍を犠牲にした後に止めるというのでは、軍隊を失うのみならず、呉淞、真茹、南翔の各地をも失うことになる。この観点から、「事の軽重をはかって、頃合をみて止める」「すべての問題は外交交渉によって正式の解決を計り、願くは不利益が拡大し混乱して収拾不可能に至さざることを」回避[63]したいとしたのであった。しかし、このことは第十九路軍の得た勝利を断ち、同胞の流した血で暫しの安逸をむさぼり、穏やかな政治に利はない、と在上海中央委員の一部の非難を受けることになったのである。

三　第五軍の上海戦参戦の背景

(一)　第五軍の編成と上海事変の勃発への対応

第五軍とは如何なる性格を有しているのか。蔣介石は政権を掌握するに当たり、実質上、自己の新鋭兵として警衛軍（軍長：顧祝同）、第一師（師長：兼顧祝同、三旅六団）、第二師（師長：兪済時、三旅六団）、砲兵旅の合計約二万人、銃数約一万八千丁を有し、比較的豊富な機関銃、自動小銃、迫撃砲等を有していた。[64] 国民政府警衛軍を編成し、主力を南京に、一部を開封及び杭州付近に駐屯させた。ところが一九三一年末の蔣の下野に際し、広東派は名称変更を迫ったため、名称を第八十七師、第八十八師に変えて第五軍として再編した。いずれも蔣の総司令部護衛の任に服していた。

孫科政権の倒壊の後、蔣介石は汪兆銘と諮り、一九三二（昭和七）年一月二十五日、汪政権を樹立した。ところがその直後の二十八日夜に上海事変が勃発したのであり、蔣は元来、広東派の術中に陥って日本と対敵関係に立つことを避ける方針を堅持していた。そこで彼は一月三十日、上海付近の戦闘に関する限り、これを第十九路軍に任せ、洛陽遷都の挙に出て政府要人と共に離京し、二月一日午後、軍政部長何応欽に第十九路軍総指揮蔣光鼐宛ての激励電を打たせ、自派警衛軍の第五軍を傷付けまいとする態度に出た。[65] そして顧祝同が指揮する第八十七師、第八十八師を杭州・南京から蘇州方面に移駐させた。これは一面において第十九路軍の監視と事変の南京方面への影響に備える目的であった。両師は当初、戦況傍観の地位にあったが、蔣介石に直接公式に、先に抗日戦に参戦の名乗りを上げたのが、兪済時が率いる第八十八師であり、一月三十日、蔣介石宛てに、第十九路軍は応戦して大きな勝利を得ているが、恐らく長く持ちこたえられないであろうと予測し、「本師を上海に増援することができる否《ママ》か御指示を乞う。」と要請電を発した。二月一日、「貴師の行動は、何部長の命令に従い、上海に移動して戦闘し、勇気を奮って自強して栄誉を保つよう希望する。」と参戦の認可を得ている。[66] 一方、第八十七師においても、一月三十日、第二六一旅長以下の全員が、軍政部長何応欽及び京滬衛戍総司令陳銘枢に参戦の嘆願をした。殊に拒絶回答の何部長には粘り強く参戦要求の結果、翌朝ようやく参戦の認可を勝ち取っている。[67] 先に集結地の蘇州に到着して蔣総指揮の指揮に帰したのは第八十八師であり、二月五日のことである。[68]

何応欽は宋子文とドイツ・アドバイザーのゲオルク・ウェッツェル（Georg Wetzell）将軍に支援されていた。新たに発足した蔣・汪合作政権の政治的な支援基盤が脆弱であることを考慮して、何は、戦闘未経験の第五軍を上海戦に投入することによって、蔣介石の新しい国家防衛の師団内の軍内暴動の抑止、優勢な砲火力に対して建設された独式塹壕の使用と訓練の効果があるとして、蔣介石の了承を得たのであった。注目すべきことは、第五軍の両師長共に、参戦を願い出た事実である。

(二) 上海事変中の二月五日ハルビン占領の波紋

このような動きの中で、二月五日の関東軍のハルビン占領は、さらなる中国側の防衛体制の強化を促したのであった。この段階で第十九路軍の抵抗は頑強であって、名声が日に日に高まることに反し、それ迄の蒋介石の満州事変以来の傍観者的態度は、このハルビン占領によって、座視することが許されない状況に至った。それ迄蒋は直系軍の越軌的行動を黙認していたものの、ここに至って苦戦している前線の兵士を賞賛し、重傷者に悲しみを表明した[69]。日本軍の二個師団以上が上海に増派されることを知り、より深い防衛ネットワークを築くための全面的な戦闘計画、空軍部隊の動員と相応の通信準備を命じた。空軍部隊の発動は、陸上戦闘の帰趨が制空権にあるためであり、日本側のそれとの争奪戦に発展する。

かくして第五軍は漸次集結し、蒋介石は戦線に弾薬輸送を行っている[70]。これらは、当時は南京の連合政権は勇敢な第十九路軍の窮状を無視し支持しないという噂が根強くあったことに対抗して、中国軍の混乱の軽減と日本陸軍の到着に備えるための調整に役立った。尚、次章において述べるべきことだが、蒋と第五軍とのつながりの深さを知る意味で述べると、蒋は、日本の第九師団主力が上海に上陸した翌日の二月十四日、突如南京に帰り自ら難局に当たる態度を示した[71]。この意識の変化には、洛陽から浦口に到着した蒋を直接迎えた第八十七師長張治中が、政府内反対派が「中央は第十九路軍が損耗するのを見ても、兵を送らず救援する意思がない」と説いていること、これでは蒋の地位と指導権力に影響を与えるとの懸念を以て、「中央の部隊が上海戦に参加すべきである。もし現在他の者が行く計画がないのならば、私に行かせてほしい[72]」と訴えたことが影響している。蒋はこれに了解を与え、間もなく到着する日本陸軍部隊の本隊に対して、何応欽に顧祝同軍(第五軍の母体)の第八十七師、第八十八師に動員を命じさせ、張を軍長兼第八十七師長に任命し、第五軍として編成した。そして、第十九路軍総指揮蒋光鼐の指揮下に入らせ、二月十八日、一翼(左翼軍)を担当させることにした。第五軍の編成と装備の概要は表3のとおりである。

(三) 第十九路軍、第五軍の抗日参戦意欲の理由

第十九路軍も第五軍も何故このように愛国の情に燃え、積極的に抗日参戦に至ったのであろうか。それは、本事変が満州事変の直後に起こったことと深く関連している。

その一つ目は、日本軍の上海侵攻が満州侵略の延長線上

表３　第五軍の編成

第五軍（警衛軍）
　軍長　張治中　　参謀長　祝紹周
　　第八十七師　　師長　張治中　　副師長　王敬久　　参謀長　徐培根（20,000 人、小銃 18,000 丁、自動小銃 500 丁、迫撃砲 144 門、機銃 108 丁）
　　　第二五九旅　孫元良…第一団（張世希）、第二団（石租徳）
　　　第二六一旅　宋希濂…第一団（劉安琪）、第二団（沈発操）
　　　第三旅（独立旅）…第一団（莫我若）、第二団（傳正模）
　　第八十八師　　師長　兪済時　　副師長　李延年　　参謀長　宣鉄吾（兵力：第八十七師にほぼ同じ）
　　　第二六二旅　楊歩飛…第一団（馮聖法）、第二団（何凌霄）
　　　第二六四旅　銭倫体…第一団（施覚民）、第二団（黄梅興）
　　　第三旅（独立旅）…王　賡
　　　砲兵旅（野砲 24 門、山砲 36 門、15 糎榴弾砲 8 門）

出典：前掲『昭和六・七年事変海軍戦史　巻 2 巻』690 ～ 692 頁から作成。

にあると認識し、国家防衛を触発したこと、つまり、東北軍が不抵抗主義をとったために侵略を許したのであって、その反省のうえに立って領土防衛のために断じて日本軍の侵攻を止めなければならないとの考えが触発されたのである。一月三十日午後、第八十七師の第二六一旅長（宋希濂）は軍政当局に戦闘参加を要請し拒否されたが、深夜に再度、軍政部長に要求し、ついに態度の変更を余儀なくさせ、第十九路軍の指揮下に入ることを前提に、蒋介石を第五軍編成に踏み切らせたのであった[73]。しかし、蒋は全国の将兵に電報を発信し、「警戒を厳にして命令を待機させ、暴虐な敵と相見えること」と、命令待機を命じた。この時点においても、蒋は正式に抗日戦を命令してはいないのである（「全軍の将兵に告ぐ」）。

二つ目は、再編後も、第五軍の高級幹部以下は蒋の直系の人物であって、日本陸軍の観察によれば、幹部の質は比較的良好で、常に蒋総司令部護衛の任務に服していたので、「実戦ノ経験ナク上海事件ニ際シテハ自己ノ能力ヲ知ラス徒ラニ虎ノ威ヲ借リテ時世ヲ憤慨シ思慮ヲ失」っていたと観測され、「所謂愛国熱ニ駆ラレ興奮シテ参戦スルニ至レル[74]」ものであると見られていた。これは当該軍の歴史の如何にかかわらず、第八十七師長張治中の蒋に対する参戦要請の姿勢が純粋なものであり、軍人の本分を貫徹するという姿勢、気概を表しているものであったといえる。

四 上海における中国共産党の戦略と影響

ここで中国共産党が、この上海事変の「第Ⅰ期：事変勃発期」に如何なる係わりをもつかに触れたい。孫文の死〔一九二四（大正十三）年〕後、中国共産党はミハイル・ボロディン（Mikhail M. Borodin）指導の下に国民党の内部分裂に乗じて勢力の扶植を図って来た。ボロディンは、コミンテルンと国民党のソ連人顧問である。共産党員が国民党に潜入するために用いた二重党員制は、最初から国民党と共産党の紛糾の種になっていた。列強の掩護を受けた地方軍閥の跋扈と、ようやく各地で盛り上がって来た革命勢力との相克の中で、広東国民政府ができ〔一九二五（大正十四）年七月〕、北方の軍閥中央政権に対抗するものとして汪兆銘が主席になった。国共合作によって政治力を蓄え、ソ連の軍事援助によって北伐（第一次）を達成し、政府を北へ移し武漢（左派主導）政府となった。南京事件〔一九二七（昭和二）年三月〕をめぐる英国政府の対ソ国交断絶、蔣介石の反共クーデターをめぐる武漢政府との対立、南京政府の樹立、北伐再開等と、著しく事態が進展する中で、共産党の伸張に危機感をもつ武漢政府は「反共」を闡明にした。第一次国共合作の終焉であった。共産党は苦境を強いられ、紅軍を建設し、内部抗争を伴いつつも土地革命、労農武装、農村根拠地建設等の革命を伸展させた。一九三七（昭和十二）年の支那事変迄の約一〇年間、第一次国共内戦の時代に突入した。

第二次北伐終了〔一九二八（昭和三）年六月〕後、国民政府主席蔣介石は国内の厳格な中央集権化と地方軍の縮小策を打ち出し、これに反対する三大軍閥（閻錫山、馮玉祥、李宗仁：広西派）の連合軍と中原戦争〔一九三〇（昭和五）年秋〕を戦った。ところが、この国民党の内紛が華中配備兵力を微弱にしたことを機に、共産党は長江中流地方の江西、湖北、湖南一帯にわたり、主として各省境界線地方に根拠地を建設した。紅軍が一挙に蜂起したのである。一九三〇年末には紅軍は三、四〇万に達し、漢口、南昌、長沙もまた危殆に瀕し、南京政府の威信も地に墜ちた感があった。中華ソビエト共和国臨時政府が江西省瑞金に成立したのは、満州事変後の十一月七日であり、続いて上海事変が勃発した。

上海地方に根拠を保ち、ソ連の管制を受けつつある共産党員はしきりに赤化宣伝につとめ、殊に南京政府内広東派と連絡を保持し、政治工作を開始したが、その勢力は学生・労働者間に限られ、しかもしばしば弾圧を加えられたので、著しい進展を見るに至ってはいない。[75] しかし、詳しく観察すれば、この上海戦が始まった前後の危機的状況以降、共産党の動きが活発化した。上海事変の考察には、共産党との係わりは無視できないので、具体的に如何なる戦略の下に、中国軍と南京政府に係わりをもち、如何なる行動をとったかという観点から、本節で一括して概観しておきたい。

満州事変以降、上海事変にかけて、共産党・紅軍の行動の態様には、時系列的に四つあるということができる。

一つ目は、蔣介石の第三次掃共戦（一九三一年七〜九月開始）に対する紅軍の優勢な状況と満州事変以来の反日運動が激化する中で、党の戦略を往年の日和見主義的消極路線から「進攻路線」に転換させたことである。つまり、中共は満州事変を、列強及び国民党政権の間接的支持を受けた日本の対ソ侵略戦争の序幕と見なしており、紅軍の再編・強化や戦術の転換、ソビエト区の拡大強化、武装蜂起の準備などの路線を活発化、顕在化させ得る基盤ができたのである。(76)

二つ目は、上海事変勃発直前の時期においては、激昂する排日運動の中で、民衆の国民党政権（広東派）への参加、反日政府の出現の要求を実現させるために、各党派はさまざまな思惑で多くのスローガンを提起したが、このような状況を見た共産党は、労農の民主独裁即ソビエトをスローガンにこれを徹底した。(77)

三つ目は、上海事変直後の一月三十日、日本軍の上海戦における状況を、主として帝国主義列強の中国分割の危機の深化という面で捉え、反日・反帝・反国民党闘争、民衆の抗日義勇軍闘争などを呼び掛けた。二月一日に共産党主導の下に上海民衆反日救国連合会が市民大会を行うことを決議し、中共中央は「中国共産党と上海事件に関する闘争綱領」を発表し、救援活動を活発化させた。また、「上海の侵略」に対して魯迅ほか一二六人の知識階級が「二月七日宣言」を発した。(78)国民党の高官たちの仲を裂く方法を模索し、第十九路軍の武装解除のために顧祝同軍の師団を送る等により中国政府内の確執を歪め、誇張して、日本のプロパガンダを騙した。(79)

四つ目は、中国の統一のためには、日本の帝国主義のみではなく国民党の軍隊に対決すると共に、第十九路軍の将校の役割を欺瞞的としつつ、同軍兵士の抗日気運を組織化し、上官から切り離して、彼らを紅軍に編入することに最大の関心を有した点である。(80)つまり、第十九路軍が対日戦争に勝利しているのは、蔣光鼐、蔡廷鍇らの国民党の軍閥の指導に依るのではなく、革命軍兵士の勇敢な闘争と革命的民衆の熱烈な支持に依るものであること、民族革命戦争の徹底的勝利を獲得するためには、国民党軍閥の指導体制を打破し、指導権を民衆自身の手中に握らなければならないという思想に裏打ちされていたのである。実際に上海事変前の掃共戦において、江西で多くの下士官と兵が共産主義者の農民と接触して共産化していた。上海事変が終わるころには、これらの分子が強い影響力をもつようになったので、第十九路軍の全組織を再編することが必要になり、そのために数百人の若い革命分子が粛清された[81]。これらの結果は、上海事変における戦闘や停戦交渉に表面化し影響するには至らなかった。孫文未亡人の宋慶齢は、第十九路軍の兵士間に隠然たる勢力を有し、尊敬を受けていたことは当時日本側にも良く知られていたのである[82]。

第五節　不成功に終わった最初の停戦交渉

一　重光駐華公使の事変勃発の観察と陸軍派遣依頼

駐華公使重光葵は、一九三二年一月十五日上京して外務省幹部らに上海の深刻な状況を説明し、亜細亜局長谷正之らと見解の一致を見たとしている[83]。仏国大使から帰朝して着任したばかりの外相芳沢謙吉は、満州事変後の問題処理に忙殺されていたため、二十五日に重光からようやく上海の険悪な状況を聞き、「すべて君の意見に同感だから一日も早く上海に帰任して事件の処理に当たり、重大なことの起こらぬようにしてもらいたい[84]」と指示した。このとき、重光は芳沢に犬養毅内閣は中国に対して強硬政策をとるとの誤解を与えているので、上海の事態を緩和させるため、新外相の声明を発表してほしいと進言し、二十七日、上海に向けて東京を発ち、長崎に寄港した際、日中軍事衝突の報に接したのである。芳沢外相は犬養首相の女婿に当たり、一九二三（大正十二）年から六年間駐中華民国特命全権公使を務めた中国通で、日本と国際連盟の対立を恐れる昭和天皇の意向も反映して協調外交が期待された。しかも陸軍の強硬な軍事行動には、批判的であった[85]。

前年の十二月に政友会が選挙で圧勝したが、それには一九二七年三月、日本の在南京領事館が北伐軍の侵入に対し、無抵抗主義をとり多大の被害を蒙ったため、幣原外交と民政党に対する反発が原因していた。田中義一首相の死後に[86]、高い知名度から総裁に起用された犬養毅の内閣は、対中強硬策をとるとの風潮が強かった。

三十一日、上海に到着した重光公使は直ちに状況を調査の後、二月一日、「事態頗ル重大ナルニ付在留民保護ノ完全ヲ期スル目的ヲ以テ陸軍ヲ派遣セラルルコト然ルヘシ[87]」

と陸軍派遣を芳沢外相に要請した。同日、第一遣外艦隊司令官塩沢幸一も海軍中央部に陸軍派遣要請を行った。一旦事件が起こった以上は、早期終結・停戦のために増兵という論理である。外相宛てに現地の公使から直接、陸軍派遣を要請するのは、満州事変時に奉天総領事林久治郎が、関東軍参謀花谷正から軍刀で恫喝されつつも軍事行動を抑制しようとしたのとは、全く異なっていた。塩沢司令官と事変の勃発時点で現地上海にいなかった重光公使の間には、事変原因に関する認識の相違はあるものの、事態収拾のために陸軍派遣を要請する点において一致しており、上海事変を見るうえでの一つの特徴といえよう。

二　村井総領事と塩沢司令官の第一回停戦交渉

現地上海の戦闘において緒戦から日本側は苦戦に陥った。重光公使が不在中のこの時点で、上海総領事村井倉松は何をしたのであろうか。上海市長呉鉄城は既に二十九日午前四時、村井に対し二十八日付の次の公文を手交していた(88)。それは事変勃発の経緯を述べた後、「査スルニ貴方ハ我方ノ回答ヲ既ニ満足ノモノト認メラレタルニ貴国海軍カ突然此種軍事行動ニ出ツルハ殊ニ奇異ノ感ニ堪エス所有和平及本市ノ安寧ヲ破壊シタル一切ノ責任ハ貴方ニ於テ負フヘク本市長ハ茲ニ厳重ナル抗議ヲ提出スルニ付貴国海軍側ヲシテ速ニ軍事行動ヲ停止シ以テ事態ノ拡大ヲ免レシメラレ何分ノ回答アリタシ」と、日本側の対応の矛盾を鋭く突いたことを意味しており、それは、先に述べたように、呉からの全面容認回答を接受した村井と塩沢第一遣外艦隊司令官の対応の齟齬は、日本側の内情であって、呉にとっては認知し得ないのは当然であったといえる。つまり、呉にとっては、それは日本側の裏切りと解釈されていたことを立証したのであった。そして、その認識が関係列国にも連盟諸国にも定着し始めていた。呉は、村井に手交した文書と同文の書簡を在上海各国総領事に送り、「公平ナル態度ヲ執ラレ度」と仲介を申し入れていた。これは、日本側が呉に対しペテンに掛けたという事実の披瀝と同時に、上海の第三国に停戦の斡旋を依頼するという新たな局面に移行させたことを意味する。

一方、戦闘開始の報に接するや、村井がとった措置は三つあった。その第一は、第一回の日中停戦交渉の場の設定である。村井は秘書長兪鴻鈞を通じ、二十九日午前十時、呉に、「我方ハ鉄道線路ノ下ニ出ツル考無キニ付支那兵ヲ閘北ヨリ撤退シ攻撃ヲ止メシメラレ度(89)」と抗議した。この言質は、村井がタイムリミットを設定したことで、国権発動である戦闘開始の悲劇を現出させてしまったこと、敵対施設の撤去問題の軍事的解決が外交的な案件の解決に優先すべきであったことなど、手続き上の齟齬に対する慚愧の念と中国側に対する憤懣を物語っているようである。

村井は今となっては、日本軍はその警備目的から警備区域外には出る意思がないので、日本の警備区域に進入して交戦中の中国兵を撤退させろと抗議し、原状回復（停戦）の提案をしたのであった。これに対して中国側は、「先ツ我方（日本側）ニ於テ支那街ヨリ撤退シ原状回復」することの要望を回答し、北停車場に装甲列車を出動させて攻撃的態度に出た。

二十九日午前、先の呉の「公平ナル態度ヲ執ラレ度」との依頼に基づき、英・米国総領事は直ちに停戦の斡旋に着手した。両者は村井を訪ね、「租界ノ治安ニ関シ重大ナル影響アルニモ鑑ミ別ニ日本軍ノ行動ニ干渉スル趣旨ニアラサルモ何トカシテ停戦ノ途ナキヤ[90]」と停戦の意思確認を行った。戦闘開始後の停戦の依頼は、中国側から英・米国総領事に働き掛けられていたという事実であり、蔣介石の「一面抵抗、一面交渉」の体現が見られる。そこで、村井は両国総領事を帯同して塩沢を訪ね、種々懇談の結果、塩沢は「我方トシテハ日支軍双方トモ現在ノ状態即チ我軍ハ上海呉淞鉄道以東支那軍ハ同鉄道以西ニ駐屯シタル儘停戦ニ異議ナキ」と告げ、日本警備区域からの中国軍の撤退を目的に取りあえず停戦に同意した。両軍共、現位置を保持し、同夜八時から戦闘行為を中止すると約束した。これに係わった英国上海総領事はジョン・ブレナン（John F. Brenan）、米国上海総領事は最長老のエドウィン・カニンガム（Edwin Cunningham）であり、駐華英国公使はマイルズ・ランプソン（Miles W. Lammpson）であり、駐華米国公使はネルソン・ジョンソン（Nelson T. Johnson）であった。

事態は一時小康を保ったものの、日本側の記録に「交戦停止ノ状態ニテ三十日朝ニ至リタル処支那軍ハ野砲兵ヲ北停車場付近ニ集結シ我方ヨリ何等挑発行動ナキニ拘ラス午前六時二十分頃ヨリ我軍ニ対シ攻撃ヲ開始セル……[91]」とあり、当事者の陸戦隊が「上海租界協同防備計画」に基づき、日本の警備区域からの逸脱を禁じており、国際的非難を極度に恐れていたことを示している。また、上海時局委員代表が芳沢外相に宛てた「居留民保護のため救援方申請について[92]」にも現れているように、停戦交渉中であるにもかかわらず、「支那ハ引続キ租界ヲ砲撃シ砲弾各所ニ落下」し、「便衣隊依然トシテ各所ニ出没シ邦人ノ被害頻々陸戦隊モ応接ニ暇ナキ有様」であること、一方、「其間ノ秩序紊乱ニ乗シ概《なげ》カハシクモ日本ノ名誉ヲ恥シムル行為ヲ敢テスル邦人少カラス」であり、さらに「此問題ハ既ニ外人ノ知ルトコロニシテ到底隠蔽スル能ハス畢竟兵力不足ノ為ナリト信ス」と述べている。

ここに、停戦交渉の場の設定を阻んだ二つの問題が存在している。問題の一つ目は、停戦破約の発砲は日中いずれかという問題であり、二つ目は、邦人の不名誉をもたらす程陸戦隊を忙殺させ、兵力不足をもたらした原因とその意義である。

一つ目の日中いずれの発砲かに関しては、国際連盟上海調査委員会報告第二回に「一月二十九日午後六時マデニ、即チ休戦ノ開始後、砲声ハ聞コエナクナッタガ、翌日日本軍司令官ハ英米総領事ニ抗議シテ、停車場ニオケル支那ノ装甲列車ガ砲撃ヲ再開シタコトヲ通告シタ。コレニ対シテハ支那側ハ否認シ、却テ日本軍コソ先ニ砲撃シタト抗議シタ」(93)と、停戦協定が破られた経緯が書かれており、国際連盟理事会における論争にも、日中間の交渉も具体性がなく説得力を欠いていた。一方、中国側においては、一月三十日に、軍政部長何応欽は第十九路軍総指揮蔣光鼐に対し、各国総領事の調停を受けるように指示すると共に、部隊に対する規律と秩序維持、上官の命令なしの発砲厳禁を命令していた(94)。総じて第十九路軍の奮戦を讃えたものの、夥しい激励の電文や支援金が送られてくるような状況下で、このような命令が出るということは、中国側に発砲厳禁が守られていなかったことを意味しているのではないか。

問題の二つ目は、陸戦隊の兵力不足の原因は、中国側の停戦協定無視による対日銃砲撃と便衣隊の跳梁(95)に対する対応が主であったことによる。そして、その補塡のため自警団や所謂浪人の助力に頼らざるを得ない状況に陥り、それが結果的に彼らに越権的行為をとらせ、便衣隊狩りに便乗して不法な過激的行動を触発、奮起させる原因になっていた。敷衍すれば、このような邦人の対中恐怖と、流入する避難民の暴動の可能性、秩序維持の困難性等の、例えようもなく巨大で息苦しい空気が上海に醸し出されており、その一挙解決を図るために陸軍派遣の要請が行われたという側面をもっている。

ようやく三十一日午前十時に英・米国両総領事の列席の下、イギリス総領事館において、日本側の塩沢司令官、村井総領事及び中国側の第十九路軍毛師長（第六十一師長）、呉市長が休戦の会談に臨んだ。協議の結果、日本側は衝突以前の地域「即チ大体租界延長道路迄退ク代リニ支那側モ現在ノ地帯ヨリ撤退（撤退距離未定）中間区域ハ中立国軍隊ニ依リ警備スルコト」にほぼ纏まり、午後三時より中立国司令官を加えてさらに協議した。ところが、列国先任指揮官の英国フレミング少将は、中間区域を、第三国軍を以て警備するのは極めて困難なので、寧ろ日本軍が現在の警備区域から租界内に撤退し、第三国軍が日本軍の撤退区域全部の警備に当たる案が実際的ではないかと提案したため、日本側は「敢テ第三国軍ノ力ヲ信セスト云フニ非サルモ右案ハ平常時ナラハ兎モ角現在ノ不安状態ニテハ同区域在住邦人ノ撤退ヲ命スルニ等シク到底同意シ得ス」と述べた。フレミングは塩沢に日本政府に対する請訓を懇請したので、回訓を待つ間、日中双方において差し当たり停戦することを申し合わせたのであった(96)。

二月二日、日本政府も塩沢の反対意見の措置を認めたため、二月三日以降は戦争状態になった。この交渉失敗の原因は、日本海軍から見れば、「同区域在住邦人ノ撤退ヲ命スルニ等シ」とあるが、フレミングの提示した案は、日本人が商業・生存の場として愛着を抱き、政治的・軍事的な意義と価値を有している警備区域を軽々に扱ったと日本側が判断し、かつ工部局が日本海軍に大きく譲歩するような案を出したため、面目を潰されたと受け止めた点にあったと思われる。

次に話を元に戻すと、緒戦時に村井がとった処置の第二は、彼は中国側が戦闘開始に至った直接的な原因に関する認識を、呉からの公文回答によって初めて得たのであり、直ちにその誤解を解く努力を第一遣外艦隊の協力を得て行ったことである。それは、村井が「日蓮宗僧侶殺害事件」と今回の衝突事件とは別個のものである、と主張することによって、中国軍の防御施設撤去の要求は次段階に至った新たな要求であり、帝国政府声明中にあるように、「我方(日本側：引用者)ニ於テハ支那側従来ノ遺口ニ顧ミ」、容認した全項目の「実行ヲ監視スルト共ニ不逞分子ノ策動ニ対スル警戒」中、「支那軍隊等ニシテ不穏ノ行動ニ出ツルモノアリタルニ顧ミ」、午後四時工部局が戒厳令を布告し、列国駐屯軍が「上海租界協同防備計画」に基づき配備に就いたのと同じように、日本も二十九日の午前零時に配備を開始したのである、と列国同様の警戒行動の正当性と、その武力衝突の原因は中国軍にあることを主張したのである(97)。

村井の措置の第三は、村井が逸早く政府に対し、現在の兵力のみでは居留民の現地保護が不可能との懸念を芳沢外相宛てに打電したことである。芳沢は複雑な利害関係を有する租界内に擾乱が波及する虞れが大きいと考慮し、「貴官一箇ノ思付トシテ貴地領事団ニ対シ以上我方ノ憂慮スル所ヲ告ケ右ノ如キ重大ナル結果ノ発生ヲ防止スル為ニハ此際領事団ヨリ支那側当局ニ対シ正規軍カ速カニ日本陸戦隊ニ反抗スルカ如キ行動ヲ止メ租界付近ニ構築セル攻撃及防御工事ヲ撤退シ且其ノ移動ヲ停止スル様厳重警告ヲ発スルコト機宜ニ適スルモノト思考スル旨ヲ開談シ成ルヘク右ニ議ヲ纏メ実行セシムル様誘導セラレ度(98)」として、中国軍の自重を上海領事団から警告してもらうように誘導するように訓令している。村井の措置の齟齬は、既に衝突が開始されたここに至って問題として取り上げられ、修復が試みられることになったのである。領事団は政治的に租界工部局の上位に位置する機関であると共に、外交ルートの交渉相手であった。

尚、先述のように、この停戦協定の期間中の二月三日には戦闘状態になり、発砲があり、便衣隊の跳梁による陸戦隊の苦戦があり、さらに呉淞砲台から第二十六駆逐隊に対する砲撃が同時並行して行われたのであった。

三　日本政府の「一月二十九日帝国政府声明（二次）」

停戦が約定された二十九日、日本政府は上海事件に関し声明を発表した。その要点は次の五つから成っている。

一つ目は、中国各地の排日運動は実質的に国民政府と不可分な国民党部の指導下にあり、国策遂行の手段として行われる武力に依らない敵対行為であって、日本政府はこれに対し抗議すると共に、寧ろ国民政府としてはこの取締りと邦人の生命財産の保護をすべきであり、このことを往年繰り返し中国政府・関係機関に注意を喚起して来たこと。

二つ目は、国民政府は誠意がないばかりか寧ろ、「支那官民ノ帝国及帝国臣民ニ対スル不法行為ヲ以テ愛国心ノ発露ナリトシ寧ロ之ヲ奨励スルカ如キ態度ニ出テタル為メ排日運動ハ愈々深刻執拗ヲ加」えているのであり、この結果、近時、広東、青島、福州等で邦人殺害事件をはじめ、天皇不敬記事掲載事件等を引き起こしていること。

三つ目は、殊に上海においては抗日会本部・他の排日団体の跳梁が最も甚だしく、『民国日報』の不敬記事掲載事件、日蓮宗僧侶に対する殺害事件等が発生以来、事態が益々悪化したので、村井総領事は中国側の官憲に対し排日運動の取締りその他に関する要求を提出したところ、「支那側ニテハ荏苒回答ヲ遷延スル一方、上海ノ周囲ニ軍隊ヲ集中シテ我方ヲ威嚇スルカ如キ態度ヲ示シ為ニ居留邦人ヲシテ極度ノ危慮」を抱かせたと非難していること。

四つ目は、中国側が日本側の要求を全部承諾した後から日中軍事衝突に至る迄の経緯を述べているが、「二十九日午前零時ヨリ配備ヲ開始セルニ支那正規軍隊ヨリ突如トシテ発砲挑戦セルニ依リ我軍之ニ応戦スルノ已ムナキニ至レルカ目下我方ハ支那当局ニ対シ同国軍隊ノ本邦人居留区域付近撤退方ヲ引続キ要求中ナリ」と戦闘開始時の発砲が中国側からのものであることと、日本側の初動の対応処置の正当性と交渉の意図を説明している。先述した村井の措置の実態の細部説明はもちろんされていない。

最後の五つ目は、今次の日本海軍の行動は、「既往ニ於テ主要列国カ同地方ニテ屢々執リ来レル実力行動ト等シク全ク居留邦人ノ生命財産其他我方権益ノ擁護ヲ目的」とするもので、他意がないと共に、今回の派兵は英・米・仏国等に比し、少数の陸戦隊を駐屯させているのであって、事態に応じて増加させて対応していたに過ぎないこと。日本としては「列国協調ノ方針ヲ持シ、現ニ出先帝国官憲ハ関係各国領事官、共同租界工部局、各国駐屯軍ト密接ナル連絡」を保っている。したがって、「我方ニ於テ上海地方ニ対シ何等政治的野心ヲ有セサルハ勿論同地方ニ於ケル列国ノ権利利益ヲ侵害スルカ如キ意図ナキコト」は多言を要しないとしている。誤解を未然に防ぎ、日本は列国と同じスタンスに立ち、上海の邦人を含む租界居留外国人の保護に当たり、早期収拾するという意図を声明したのである。

注目すべきことは、二つある。

一つ目は、「中国各地の排日運動は実質的に国民政府と不可分な国民党部の指導下にあり、国策遂行の手段として行われる武力に依らない敵対行為」であり、排日運動が武力行使と等価な敵対行為であることを看過してはならないと、国民政府及び国民党部に警告しその停止を強く求めると同時に、その排日運動の実情を世界各国に正しく知ってほしいと訴えたことである。この日本側が強く懐く排日の実態把握の願望が、リットン調査団に託されていた。

二つ目は、今次の日本の行動が「既往ニ於テ主要列国カ同地方ニテ屢々執リ来レル実力行動ト等シ」いと認識していたことである。このことには二つの意味があるといえよう。一つは、当面の警戒配備の軍事力使用が、例えば一九二七年、英国が中国側の過激化した租界回収運動によって危機に瀕した際、陸軍を上海に派遣し、武力行使を行った前例（南京事件）を取り立てて確認することに依って、今回の日本の行動の正当性の一つの拠り所にしようと考えたこと。今一つは、満州事変以降の日本の軍事主導策は、何ら新しいものではなく、往年の列国の帝国主義政策を踏襲しているのであって、異論はない筈だと列国に対する未然の牽制効果を狙った声明であると見て良いことであろう。

尚、犬養首相は、軍令部総長伏見宮博恭王への交代問題、上海への陸軍派遣に係わる事態収拾を確約すること、第三艦隊司令長官野村吉三郎親補式、米国の上海軍事衝突調停案への対応、松岡洋右を上海に派遣する問題等の対応に忙殺されていた。特に犬養は、上海の〝日本の便衣隊（浪人）〟を真っ先に取り締まるように現地上海に指示したのであり、如何に上海居留邦人の中に低質・不逞の輩が闊歩して、政治的に懸念材料になっていたかを示している。(99)

第六節　陸軍派遣の要請と日本政府、海陸軍の対応

さて、事変勃発後の日本政府、陸海軍中央部に目を移したい。二十九日午前五時過ぎ、海軍中央は第一遣外艦隊司令官塩沢幸一から戦闘開始報告と共に、「佐世保鎮守府待機部隊全部ヲ至急増派アリ度キ」(100)の要請の電報を受信した。第十九路軍第七十八師第一五五旅団が新たに投入されつつあり、陸戦隊員総計一、八三三人が危機に直面し、さらなる増強と待機中の艦船部隊の一挙投入を要請したのである。中央は直ちに関係鎮守府司令長官及び連合艦隊司令長官宛てに、特別陸戦隊の関係艦船への便乗と部隊派遣の取り計らいを指示した。午後八時過ぎ、連合艦隊所属の第三戦隊及び第一航空戦隊が長江方面に向け出港した。この二つの部隊が事変中、終始上海戦場において中国軍陣地及び兵員に対する砲爆撃を担当することになる。尚、本事変における連合艦隊の集合地及び長江方面に対する補給基地が佐世保に指定され、佐世保鎮守府所属の「龍田」、第二十六駆逐隊及び連合艦隊付属の特務艦「間宮」が後方補給任務に専従することになった。佐世保は開港以来、大陸及び海軍の南進に便利な南方海域に広がりをもち、艦船、艦隊の出撃基地であり、策源地として機能していた。

二月一日午後九時迄に、それぞれの艦船が上海方面の泊地に到着した。塩沢司令官から海軍中央に、陸軍派遣の意見具申がなされたのは一日午前九時十五分であった。また、上海・南京各海軍武官からも同時に、陸軍派遣の要請電報が受領された。翌二日午前、閣議は陸軍出兵を決定し、第三艦隊が編成されたのである。

一　陸軍派遣の進言と陸海軍中央部

陸軍出兵は、東京中央では、如何なる背景や考えの下に進められたのであろうか。衝突前の一月二十四日、参謀本

部は険悪化している上海の情勢から事前検討の必要があり、予め陸軍の派遣が必要となる場合を想定し、遠藤三郎陸軍少佐を海軍軍令部に派遣して海軍の意向を打診した。[101]しかし、軍令部は、海軍としては外務省と協調し、上海の諸事件に対しては、局地的解決を目指して事態の拡大防止に努めており、目下のところ陸軍の派遣を希望しない旨答えた。その理由は、既に海軍中央が現地の塩沢司令官からの「中国側ガ要求（四項目）ヲ容レザル場合ノ対策腹案」と題する意見具申をもとに、楽観的予想の下に検討中であったからと見られる。その対策腹案とは、既に述べたように五つから成り、水路の平時封鎖、抗日会本部・支部の弾圧、飛行機による示威飛行、状況により租界外居留民を現地保護すること、並びに状況により呉淞砲台を占領することであった。海軍中央の軍務局長豊田貞次郎は、塩沢が最も重要と考えた平時封鎖案を拒否したため、対応策としては、「陸戦隊による抗日会本部・支部の弾圧」を最優先することとなった。つまり、海軍本来の海上作戦から、不得手な陸戦に切り替わり、陸戦を専門とする陸軍部隊の派遣への道が開かれることになる。

一月二十七日、上海公使館付陸軍武官補佐官田中隆吉陸軍少佐から、参謀本部宛てに陸軍派遣の意見具申がなされた。[102]参謀本部は、海軍と協議の結果、陸軍の派遣は時機尚早と結論した。また政府においても中国本土の事態は海軍を以て処理すべきであるとの意見であり、したがってさらに事態が拡大して陸軍力を要するときは、改めて協議し、現地の海軍及び外務官憲からも同時に電請するよう同武官宛てに返電した。[103]また一方、海軍においてもこの旨を第一遣外艦隊司令官塩沢幸一と上海公使館付海軍武官北岡春雄海軍大佐に通知した。参謀本部は田中の上申に対して、その時期と手続きが不当であるとして強く戒めたが、未だ戦闘に至っていないこの時期に、敢えて補佐官の彼が参謀本部に直訴したのは、関東軍参謀（板垣征四郎ら）の指示によって、この事変の火付け役を演じ、列国の対日関心を上海に移すにはどうしても陸軍出兵という規模の大きさにしなければならないと認識し、その雰囲気づくりに彼自身が奔走していたことを裏付けている。戦後、田中は著作「上海事変はこうして起こされた」（『別冊知性五　秘められた昭和史』）の中で、「……排日運動の絶滅を期するために、陸海軍の派遣を政府に請願することになった。一方、私も方々を飛び回ってこの際出兵すべきである旨を説いてまわった……」と記している。田中の謀略については第九章において触れたい。

さて、戦闘が開始された一月二十九日の午前三時ごろ、塩沢からの緊急電（軍事衝突の報）に接した海相大角岑生は狼狽を隠せなかった。海軍省副官兼大臣秘書官であった高木惣吉は、その時の大臣の動きを、「……、二十九日からの海相のアワテかたは見ておれなかった。軍令部や次官はそっちのけで、荒木陸相のところに走ったり、犬養総理や芳沢外相のところにかけこんだり、朝から晩まで大臣室はカラッポであった。[104]……」と述べている。戦闘の相手が暴徒ではなく正規軍と聞いて、それ迄海軍独自で排日運動から居留民を保護できると考えていた海相の初志（陸軍派遣を希望しない）が変わったのであった。このときの大角の変身の理由を、内田信也は『風雪五十年』の中で「……、鳩山君が文相として共に閣議に列するや、上海事変勃発に当つての大角の狼狽ぶりを見て、『あれで戦争ができるのかねー』と僕に打明けたくらいであつた。かつての名次官のこうした見違えるような変貌も、一つに彼が余りにも保身の術に熱中し、加藤（寛治：引用者）一派に迎合これ努めた所産に外ならなかつたのである。[105]」と記している。ロンドン会議以来の大角の変身振りを示しているが、大角が加藤寛治に迎合した理由は、加藤によって海軍大臣にして貰った経緯があるからである。

三十日、大角海相は陸相荒木貞夫から陸軍出兵の内諾（正式応諾は三十一日）を得た。同日軍令部第一課長近藤信竹海軍大佐は参謀本部第二課長今村均歩兵大佐と会見し、同様に内諾を得、派兵の場合はまず大村の二個大隊を応急派兵し、続いて第九師団を派遣する予定であるとの回答を得た。これは当時、参謀本部内で予め、「長江沿岸居留民現地保護ノ為派兵ニ関スル研究」の結果を纏めており、これに基づく回答であった。その骨子は次のとおりであった。[106]

（一）方針

陸軍ハ速ニ先ツ上海ニ所要兵力ヲ派遣シ漢口ハ海軍ノ保護ニ委ス

註　海軍陸戦隊ハ目下漢口（七〇〇乃至一、〇〇〇）上海（約一、〇〇〇）ニシテ共ニ優良ノ装備ヲ有ス

（二）派遣兵力

第一案

第九師団ヲ応急動員シ之ニ必要ナル臨時部隊ヲ付ス

人員　約九、五〇〇

馬匹　約二、五〇〇

動員完結　命令受領後四日

第二案

第九師団ノ現役及帰休兵ノミヲ以テ臨機編成ス

人員　約六、五〇〇

馬匹　約一、三〇〇

編成完結　命令受領後四日

但シ命令受領迄ニ編成要領ヲ交付シアルヲ要シ
又編成要領策定ノ為中央部ニ於テ三日又ハ四日ノ
準備日数ヲ要ス

第九師団の応急動員に並行して、混成第二十四旅団が二四時間以内の即応を計画されていたのである。当時は、日本陸軍には山砲師団が二個（第九及び第十一師団）あり、今次の第九師団が選ばれた理由は、第十一師団が上陸作戦専門に訓練されており、当初作戦の性格上第九師団を先に派遣することを決定したものと考えられる。そしてその後の第二次派遣部隊の七了口上陸作戦のために、第十一師団が派遣されることになる。山砲は上海戦においてはクリークが縦横に走って道路事情が悪く、砲を分解して人、馬で輸送可能という長所を有していた。もちろん強硬な陣地攻撃に不可欠な野戦重砲兵や重砲兵部隊が、現地最高指揮官の第九師団長隷下に配属された。また、混成第二十四旅団が選ばれた理由は、久留米の第十二師団長（師団長：木原清陸軍中将）隷下の第二十四旅団が上海に最も地理的に近く、事が起こった場合の初動対応に即応すべく平素から訓練され、それを任務としていたからであった。これらはいずれも、平時編制のまま臨時編成によって対応した。第二十四旅団に混成という名称が付いているのは、上海事変対応のために特別に必要な部隊を配属したためである。いずれも簡単に片付くと考えられていたことを裏付けている。その混成第二十四旅団は実際に二月二日二十一時四十五分発令、三日に出動準備を完了し、軍装検査、軍旗に対する告別式、旅団長・隊長の激励訓示の後、五日佐世保向け出発することになった[107]。

これより先の三十日、大角海相は午後、外相芳沢謙吉を訪れ、この際各国大使に事情を説明する必要があり、事態の進展如何によっては、陸兵の派遣はやむを得ないと述べた。陸軍が事前に上海派遣が必要な事態の招来を仮定して作戦計画に応急動員の具体策迄決めているのに比べ、海軍側が陸軍に依存することに躊躇しているのは違和感がないこともないが、海軍の守備範囲が自助努力で及ばなくなる事態が到来したという事実が重要であって、これが海軍として陸軍出兵のやむなきに至ったという筋立ての説得材料になっていたのである。また同日午後の海軍首脳者会議において、「軍令部案処理要綱（昭和七年二月一日ノ現状ニ対スル上海事件処理要綱）」を、また、海軍兵力を以て極力現地を固守するものの、事態がさらに悪化し、やむを得ない場合、陸軍出兵を要求することを決定した。

二月一日午前八時、海軍大臣、軍令部長その他省部主要幹部が会合し、上海事件の対策について研究協議した。その結果、大臣・部長より上海方面部隊に対し士気振作の電報を発すること、特別陸戦隊の編成待機、上海方面部隊を以て第三艦隊の編成と長官の設置及び陸軍派遣について は、その日の状況を見てさらに審議することを決めた。一方、同日午前九時過ぎ、第一遣外艦隊司令官から初めて陸軍派遣に関する意見具申が海軍中央になされた(108)。海軍が現地の居留邦人の保護を任されている以上、塩沢の口からは軽々にはいえなかったのである。二日前の一月三十一日午後、海軍次官からの電報（「軍令部案処理要綱」）で陸軍派遣の可能性が高いことを知った塩沢にしてみれば、まさに渡りに船の思いであったに違いない。また、「在上海及南京海軍武官」からも同時に陸軍出兵の要請が行われた(109)。

さらに、本事変は最後迄陸戦隊自身の手で解決しようとする無謀な意地によるものと観察していた駐華公使重光葵は、別の視点から、陸軍の出兵を外相宛てに強く上申した。このまま事態が推移して、もし日本の陸戦隊が敗れた場合は、三万の日本人の生命財産の安泰は期し難いだけでなく、悲惨な屈辱的事件が起こらないとも限らない。この悲惨事を救うことによって初めて、既に国際連盟で国際的に困難な立場に立っている日本の地位のさらなる悪化を防ぐことができるのであって、二月一日、政府に要請したのであった(110)。尚、「派兵ノ件ニ付テハ軍ノ機密」扱いすることとされた理由は、この派兵の報道を中国側が感知すれば邦人に暴行を加える可能性が高く、生命財産の損害を蒙らないためであった。

また注目すべきことは、現地の官憲に加え上海時局委員会代表の米里紋吉、福島喜三次が直接、芹沢外相に対し居留民保護の救援申請及び陸軍派遣の申請をしており(111)、塩沢司令官を飛び越えて申請する程当時の上海が緊迫していた状況が窺い知れる。かくして、現地の関係部隊・機関、外務官憲等のすべての上申が出揃った段階で閣議決定へともち込まれた。現地からの要請に、中央が一見迅速に対応した内情には、これだけの陸海軍関係組織内の確執と調整努力を要したのであった。

二　陸軍派遣の閣議決定

引き続き二月一日の午後、軍事参議官会議は時局に関して審議を重ねたが、会議の空気としては、「此ノ際陸軍ヲ派遣シ、海軍ハ成ルベク速ニ引揚ゲ、艦隊ノ整備・訓練ニ従事スルヲ有利トスルノ意見多数アリ」と不得手な陸の戦闘に深く係わりたくないとする本音が垣間見られた。先に荒木陸相は大角海相に対し「水兵は三年も四年も訓練しなくちゃ使いものにならん。それを陸戦で消耗するのはモッタイない。さっそく陸軍をだすことに取り計らいましょう」[112]と海軍に理解ある態度を示し応諾しており、これが、この審議の空気を左右したことは否めない。同日午後、陸海外相会談が行われた。以下、関係各省を代表する意見として興味深い[113]。

海　上海付近ノ情況ハ楽観ヲ許サス　必要ノ場合陸軍ノ増援ヲ希望ス
外　陸軍カ上海ニ派遣セラルル時ハ積極的ニ事態ヲ拡大スル事ナキヤヲ虞ル
陸　任務外ノ行動ヲ採ルカ如キコトナシ
外　然ラハ必要ノ時機ニ増援セラレ度
陸　陸軍部隊カ上海ニ上陸スル迄ニハ十数日ヲ要ス其ノ間応急ノ増援ヲ必要トセサルヤ
海　応急ニ派兵シ得ハ幸ナリ　然ル時ハ海軍ハナシ得ル限リ便宜ヲ計ルヘシ

かくして、芳沢外相は荒木陸相から任務外の行動はとらない旨の確約を得て、出兵に同意したのである。『外交六十年』において芳沢は、次のように述べている。

一月三十一日夜八時頃、大角海軍大臣が突然外務省の大臣室に私を来訪した。私は当時毎夜外務省で弁当を食べていた。丁度食事が終った時である。大角海相は、上海の形勢が非常に危くなったから陸軍を派遣して貰おうと思うから、これに同意を求めに来たと云うから、海軍の陸戦隊の形勢非になるため、救援する事は必要と思われるけれども、陸軍を出すということは慎重に考えなければならぬ。何となれば我が陸軍は強いから、陸軍を出すと十九路軍を破る。そうすれば陸軍は勝に乗じて蘇州まで進撃する。蘇州に勝てば南京に追撃する。更に南京から揚子江を遡って漢口まで行くだろう。私は今、上海事件を局地的に片付けたいと思っているのであるが、そう云う具合に事態が発展すれば、戦争は支那全土に波及し、その結果各国と衝突することになる恐れがあると意見を述べたが、海相は非常な興奮で、只今の形勢はそんなことを言っておれぬ、陸戦隊が全滅せんとしており一刻も猶予出来ない、即時陸軍の出動を必要とするから、一緒に陸軍大臣を訪問してくれと懇望するので、致し方なく二人で荒木陸軍大臣を訪問した[114]。

陸軍出兵による事態の拡大とこれに伴う各国との衝突の恐れはもちろん、陸軍にまた満州事変のような軍事的解決の二の舞を演じさせることになれば、連盟に対する日本の信用はさらに失墜することともなり、芳沢は断じて許せない思いであったと考えられる。翌二日午前の定例閣議において、陸軍派遣の承認と、直ちに発動することが決定され、同日第三艦隊が編成された。

内大臣牧野伸顕は満州問題が解決に向かい、英米等の理解も得られようとしている現在、国際都市上海に対する出兵が事を大きくすることを憂え、犬養首相に事件の不拡大と各国との協調を訴えた。犬養はその趣旨に同感であり、出兵は慎重でなければならないが、今となっては居留民の引揚げは、中国に対して日本の敗退の印象を与え、満州にも大きな影響を与えかねないと憂え、飽く迄居留民の生命財産の現地保護のほかはないと考える旨を答えた。また蔵相高橋是清は、上海に陸軍出兵等の事態が列国の感情を悪化させる恐れれを抱き、日本の海外信用は急速に減退しつつあり、このままでは軍費は三カ月も続かないと深刻な財政を訴え、居留民の引揚げを断行すべしとの意見をもっていた。[115]

三　派遣兵力量に関する意見の不一致と合意の形成

二月二日、参謀本部は軍令部と「陸海軍指揮ニ関スル件」及び「上海方面ニ於ケル陸海軍協同作戦指導ニ関スル協定」を合意した。[116]これらにより第九師団（師団長：植田謙吉陸軍中将、約八、八〇〇人）と第三艦隊（司令長官：野村吉三郎海軍中将）は協同作戦すること、先遣混成第二十四旅団（旅団長：下元熊弥陸軍少将、約二、五〇〇人）は第九師団長が上海方面に上陸する迄第三艦隊司令長官の指揮を受けること及び全期間を通じ同一方面の陸上指揮は所在先任指揮官が任ずること等が決められた。尚、二日に派遣決定を得た現地上海の塩沢司令官は翌三日、当地の複雑な地理の現状等に鑑み、協定の陸海軍の作戦区分を上申し、それが受け容れられた。それは、海軍は租界及び現有占有地域の防備、陸軍は租界外（租界北方地域）の中国軍の掃討に当たるというものであった。[117]

これらに基づき陸軍側には、この日、部隊編成を命じたにもかかわらず、未だ実際の派遣兵力規模と日程に関しては決定を見ないという事態が生じた。それは、前日の夕方、軍令部次長から参謀次長宛ての電話で陸兵派遣の要請に基づき、参謀本部では直ちに予定どおり派遣命令上奏の手続きを始めたところ、陸軍省が「陸軍省ニ於テハ書類ヲ以テ其ノ要求ヲ求メ置クノ要アリ」「海軍ヨリ受領セルモノハ単ニ混成旅団ノミノ派兵ニシテ第九師団ノ派遣ニハ言及シアラス　従来陸軍側ノ見解ト相容レサルモノアリ」と手続きにストップを掛け、海軍側に反省と再検討を強く求めたからである。[118] 即ち軍令部は事態の拡大を防ぐため、諸外国を刺激するような師団単位の部隊ではなく、混成旅団程度の派遣を希望したが、陸軍は陸軍独自の判断を以て軍の派遣規模を決めるのであって、海軍から兵力量に迄触れられるのは統帥権の容喙と解したのである。これは後述するように軍令部長と次長が交代するのが二月二日のことであり、二月一日の時点では、まだ海軍省部共にいわゆる軍令部長谷口尚真らの条約派の考え方が色濃く残っており、事態拡大の抑止のために、混成旅団のみに派遣を求めたのであって、陸海軍間の認識の相違が生じていたことを示している。

結局四日、新たにいわゆる艦隊派の伏見宮博恭王が軍令部長に、高橋三吉が軍令部次長にそれぞれ交代したことによって海軍は陸軍案に同意し、第九師団を基幹とする陸軍部隊を上海に派遣し、それ以前に混成第二十四旅団を急派することも併せて決定された。事変勃発という危機的状況を通じて行われた軍令部トップの人事交代は、海軍軍令部の権限強化の基礎が構築され始める最初の例である。同日、陸海軍間に、「上海事件ハ飽迄モ満蒙問題ト別個ニ取扱ヒ英米ト協調シ上海付近ヲ支那軍ノ駐屯又ハ侵入ヲ許ササル地域タラシムル如ク指導シ速ニ之カ解決ヲ計ル」を内容とする「上海方面軍事行動指導要領[119]」が協定された。参謀総長閑院宮載仁親王は混成旅団の出発に当たり、それが所属する第十二師団長に対して、「今次派兵ノ目的ハ上海付近帝国臣民ヲ保護スルニ在リ　而シテ上海ハ国際都市トシテ列国ノ利害錯綜シ……（ハ）努メテ列国軍ト協調ヲ保持スル之カ為任務達成上已ムヲ得ス攻勢動作ニ出ツルノ余儀ナキ場合ニ於テ事前ニ関係列国軍ニ対シヨク事態ヲ了解セシムルニ努ム……」等と「指示」を与えており、上海の列国に対し陸軍が如何に強い関心と配慮を払っていたかが分かる。「今次派兵ノ目的ハ上海付近帝国臣民ヲ保護スルニ在リ」という単一の目的を明示したことは重要である。また、事変の性格上国際関係を重視する姿勢は、上海事変に見る限り収拾の可能性を高めた。

四　派遣部隊の規模・編成と輸送

以上の経緯を踏まえて、四日、陸海軍間で混成第二十四旅団を六日に急派し、続いて第九師団を動員完了次第に出発させること、混成旅団は第九師団の上海到着後、状況の許す限り速やかに帰還させることで了解が成立し、ようやく陸海軍一致の「上海方面軍事行動指導要領」の決定を見た。

二月五日付、第三艦隊司令長官野村吉三郎と第二艦隊司

令長官末次信正に対する「大海令」の第一号及び第二号が、新軍令部長伏見宮博恭王から奉勅命令の形式で発せられた。[120] 日露戦争以来の戦時に発せられる大命である。「大海令」とは憲法第十一条の統帥大権に基づき全軍の最高指揮官たる天皇から、戦時・事変に際し海軍に対して下令される最高の命令である（奉勅命令）。大東亜戦争において発せられる大海令との区別を図り、支那事変中に発せられたものに対し、一九四一年十一月四日から「支大海令」と呼称するようになった。第一次世界大戦（大本営設定されず）以来の発令である。これを受けて各級指揮官が、「海戦要務令」に基づき作戦及び出師準備の命令を発出した。陸軍部隊には同日、参謀総長閑院宮載仁親王から「臨参命第十四号」が奉勅伝宣された。この命令は、後の日中戦争から「大陸命」と呼称されるようになる。

さて、話を戻して、「大海令」はまず、陸軍とよく協力し居留民の保護に任ずべきことに触れ、野村に対しては陸軍の海上輸送と上陸援護、及び先遣混成旅団を第九師団の上海到着迄指揮することが、また末次に対しては兵員の輸送と上陸援護の任務が命ぜられた。

輸送と護衛の基本的考え方は、以下のとおりである。まず混成旅団及び横須賀第二特別陸戦隊（第七大隊）は迅速な輸送と護衛が最優先されるべきであることから、兵員及び装備の山砲六〇門及び高射砲九〇門（これらは軽砲）を第二艦隊旗艦「妙高」以下一七隻の艦艇に乗艦、搭載して上海に急行すること及び第九師団派遣に対しては主力部隊であるため兵員規模、動員期間も大きく装備も重装備であることから、民間輸送船を借り上げて出港させるという方針であった。前者の佐世保出港は二月六日であり、後者の輸送は二つの梯団に区分し第一梯団は九隻、第二は七隻で編成し、それぞれ駆逐隊から成る護衛により上海方面に向け二月十一日から門司を出港し、十三日に上海に上陸完了した。

混成第二十四旅団及び第九師団等の編成は、表4のとおりであった。尚、攻城重砲兵とは派遣期間中に限定して呼称される特別名称で、機能的には重砲兵部隊である。植田第九師団長は上海到着後、混成第二十四旅団、海軍陸戦隊を指揮した。野村第三艦隊司令長官は、二月五日に佐世保港を出港し、七日に長江入り口のベル・ブイ付近にて第二艦隊と会合し、陸兵の上陸、護衛援護、呉淞砲台砲撃等の一元指揮を行った。上海入港は翌八日早朝であった。

五　第三艦隊司令長官野村吉三郎海軍中将の親補と艦隊の編成

二月二日、横須賀鎮守府司令長官野村吉三郎が第三艦隊

表４　第一次陸軍派遣兵力（混成第二十四旅団及び第九師団）の編成

混成第二十四旅団（久留米）	第九師団（金沢）
旅団長　　陸軍少将　下元熊弥 歩兵第十四連隊（小倉）第二大隊　594 人 歩兵第二十四連隊（福岡）第一大隊　推定同上 歩兵第四十六連隊（大村）第三大隊　同上 歩兵第四十八連隊（久留米）第一大隊　594 人 工兵第十八大隊第二中隊　100 人 独立山砲兵第三連隊第二大隊　二個中隊 通信隊、衛生班 独立攻城重砲兵第一中隊　十五迫　三個小隊 攻城重砲兵第一連隊　三個小隊 装備数：軽機関銃 768 丁、擲弾筒 380 門、重機関銃 72 丁、曲射歩兵砲 8 門、平射歩兵砲 8 門、その他「三八式歩兵銃」	師団長　　陸軍中将　植田謙吉 参謀長　　陸軍大佐　谷　寿夫 歩兵第六旅団…歩兵第七連隊、歩兵第三十五連隊 歩兵第十八旅団…歩兵第十九連隊、歩兵第三十六連隊 騎兵第九連隊第一中隊 山砲兵第九連隊 工兵第九大隊第一中隊 輜重兵第九大隊第三中隊 他の師団から配属された部隊 独立戦車第二中隊（第十二師団より） 野戦重砲兵第二連隊の一大隊（第三師団より） 第三師団第一・第二野戦高射砲隊 飛行第二大隊（近衛師団より） 独立飛行第三中隊（第三師団より） 無線通信第二十二・第二十三小隊（近衛師団より） 攻城重砲兵第一連隊の一中隊（第十二師団より） 臨時派遣工兵隊（第五師団より） 兵站自動車第五中隊（第一師団より）

出典：前掲『昭和六・七年事変海軍戦史　第２巻』352, 443 〜 444, 476 〜 479 頁及び北部九州郷土部隊史料保存会編『兵旅の賦――北部九州郷土部隊 70 年の足跡――第２巻　昭和編』（北部九州郷土部隊史料保存会、1978 年）37 〜 38 頁ほかから作成。

司令長官に親補された。野村が任命されたいきさつについて、当時の海軍省軍務局長豊田副武海軍少将の回想によれば、第二艦隊末次信正司令長官がそのまま第三艦隊司令長官になるという噂があったが、末次をやると事変が拡大するかも知れないので、横須賀鎮守府の野村が第三艦隊司令長官に任命されたという。後で自分は末次さんに何故俺を三艦隊にやらなかったか、と叱られたと記している。[121]

その末次は、海軍の強硬意見のもち主として知られていた。一九三〇（昭和五）年のロンドン軍縮条約をめぐって、加藤寛治と並ぶいわゆる艦隊派の巨頭の一人であった。本事変勃発の報に接し、「今回上海ニ於ケル日支衝突ニ於テ、支那正規軍ガ……、飽ク迄挑戦的態度ニ出ヅル以上、最早局地警備ニ甘ンジ得ベキニアラズ。此ノ際時日ノ遷延ハ我ノ不利トスル所ナルヲ以テ、上海ハ勿論一挙南京ノ本拠ヲ衝キ、以テ海軍ノ手ニ依リ事件ヲ速ニ解決スルノ要アルベシ、然ラザレバ、外国ノ干渉ト共ニ各地ノ擾乱ヲ誘引シ、……」[122]と、南京の本拠を突くという強硬意見を中央に開陳していた。しかし海軍中央は、列国権益が錯綜し、関係各国の軍艦や警備兵の混在する上海方面を舞台に、事態の収拾を成し遂げ得る人物には、国際情勢に明るく、しかもアメリカに多くの交友をもち、信望の厚い野村が適任と判断した。アメリカを意識した理由は、アメリカは国際連

表５　第三艦隊の編成

第三艦隊司令長官　海軍中将　野村吉三郎
参謀長　海軍少将　嶋田繁太郎

旗艦「出雲」艦長　海軍大佐　松野省三
「能登呂」特務艦長　海軍大佐　三並貞三

第一遣外艦隊	第一水雷戦隊
司令官　海軍少将　塩沢幸一	司令官　海軍大佐　有地十五郎
参謀　海軍中佐　山縣正郷	艦艇：旗艦「夕張」
艦艇：旗艦「平戸」	第二十二駆逐隊司令　海軍大佐　木幡行
「天龍」「常盤」「対馬」「安宅」「宇治」「保津」「勢多」「二見」「堅田」「伏見」「比良」「鳥羽」「熱海」「隅田」	艦艇：「皐月」「水無月」「長月」「文月」
	第二十三駆逐隊司令　海軍中佐　鈴木田幸造
	艦艇：「三日月」「菊月」「望月」「夕月」
第二十四駆逐隊司令　海軍中佐　中田操	第三十駆逐隊司令　海軍中佐　原顕三郎
艦艇：「檜」「桃」「柳」「樫」「浦風」	艦艇：「如月」「睦月」「弥生」「卯月」
第三戦隊	第一航空戦隊
司令官　海軍少将　堀悌吉	司令官　海軍少将　加藤隆義
艦艇：旗艦「那珂」	艦艇：旗艦「加賀」「鳳翔」
「阿武隈」「由良」	第二駆逐隊司令　海軍大佐　若木元次
	艦艇：「沖風」「峯風」「沢風」「矢風」

出典：前掲『昭和六・七年事変海軍戦史　第三巻』出征部隊主要職員表（１～７頁）から作成。

盟のオブザーバーの地位ではあるものの「上海事変は満州事変と不可分」と、対日非難の先頭に立っていたからである。当時の米国海軍作戦部長ウィリアム・プラット（William V. Platt）海軍大将（野村の旧友）の忠告を尊重し、末次を敬遠して野村を起用した海軍中央の人事の背景には、以上のような判断が働いていたのである。(123) 尚、プラットは、一九二二年のワシントン海軍軍縮会議において米国海軍の技術アドバイザーとして、またロンドン会議にも出席した。経済不況の苦境下の一九三〇年九月から約三年間、海軍作戦部長を務め、米国海軍の維持に能力を発揮した。

野村司令長官は出発に先立ち、天皇に拝謁して「時局重大に鑑み、よろしく自重難局に処せよ」という御諚を賜わり覚悟を新たにし、東京出発前に東郷平八郎元帥を訪問した際、「上海を制するには、黄浦江入口の呉淞要塞を攻略することが必要だ」といわれ、至極当然だと思ったという。(124) 尚、第三艦隊は、四四隻の艦艇と陸戦隊が特別に任務編成されたのであった。それ迄の第一遣外艦隊は以後、第三艦隊の指揮下に収まり、これ迄どおりの長江沿岸都市の警備任務を通じ、「上海付近帝国臣民保護」と早期収拾に当たることになった。

六　第三艦隊の編成と陸軍出兵の決定の意味するもの

（一）　塩沢司令官の排日根絶に示した姿勢に対する国内外の評価

海軍中央が第三艦隊の編成に踏み切ったということは、塩沢第一遣外艦隊司令官が海軍陸戦隊を抑止力として機能させることができず、結果的に排日・抗日行為の根絶に失敗したことを、海軍中央も現地の塩沢も自ら認めたことを意味した。後日、日本側においては中国人に対する処置が強硬過ぎたのではないかとの塩沢名指しの批判は特に聞かれなかったし、公的に咎められることなく、むしろ事変が一応解決した三月二十四日、第三艦隊指揮下の塩沢は第一遣外艦隊司令官として凱旋し、出征した他の海軍部隊指揮官と同様に天皇に軍状上奏の栄誉に与かっている。[125] 事変後の人事異動は「軍事普及部委員長」「鎮海要港部司令官」を経てほぼ事変一年後の一九三三（昭和八）年十一月に海軍中将に昇進した。中国側は、塩沢は野村司令長官の登場によって事変の責任を負わされ、左遷されたとの見方を有していたが、日本海軍は逆に事変の必然性と塩沢の対処を適切と認めていたことを窺わせる。このことは、塩沢のとった軍事判断や行動は、大多数の日本人が中国や排日に抱いていた敵対感情を代弁、代行してくれたものと見て差支えないであろう。

外国の論調の中には、上海現地の英米人は、むしろ日本軍が第十九路軍に損害を与えたことを痛快視し、[126] これにより従来中国人が欧米の資本で建設された上海租界の回収を図ろうとする危険が排除できたと記したものもあった。しかし、現地上海と異なり、英米本国にあっては、塩沢が呉上海市長の四項目全面容認の回答後に戦闘を開始したことで、「支那兵を見縊り過ぎ、敢て租界の中立を蹂躙したるものにして上海を混乱に陥れた」との認識に根ざす見方が多かったのである。[127] これらの非難の種を、塩沢も海軍中央も未然に除き得なかった訳である。しかし、戦端が開かれてしまった以上、対日非難の国際世論をかわすためには、事態を起こしてしまった塩沢をそのままの態勢ではなく、大所高所の政治判断に立つ艦隊編成と司令長官職を設け、かつ野村という別の人材を起用したところに第三艦隊編成の意味をもたせたといわねばならない。

（二）　第三艦隊の編成と野村の起用の意義

野村が司令長官に補された意義は、大きく三つある。[128]

一つ目は、天皇の御諚に謳われた自重難局に処し、不拡大を現実のものにすべく具体策を貫くことであり、二つ目は、そのためにも円滑な陸海軍協同作戦を実現化することであり、三つ目は、現地上海の欧米列国の指揮官との意思疎通を図ることであった。

事変の勃発に伴い、上海に権益を有する英米仏三国から日本政府に対し、抗議や事態安定ための提議が再三にわたって行われた。上海共同租界の安全保障に関し、各国は海軍ないし海兵隊を駐屯させていた。英国は共同租界の生みの親であり、共同租界の防備先任指揮官は在上海英国艦隊司令長官ハワード・ケリー海軍大将であった。ケリーは英国租界に遅れて入った日本が紛争を起こし、とんでもない振る舞いをすると不満をもっていただけに[129]、日本は彼に対しては格段の気遣いをし、戦闘被害の謝罪と局限化に努めることになった。英国は二月四日付で陸戦隊に兵力（陸兵及び海兵）を追加するため、「サアホーク」「ベリック」「ケント」の巡洋艦三隻を上海に増派した[130]。

野村は、米提督プラット海軍大将及び現地上海の米国アジア艦隊司令長官モンゴメリー・テイラー（Montgomerry M. Taylor）海軍大将と旧知の仲であったことが幸いし、「野村なら上海の事態を平和裏に収拾するであろう」と信じられていたようであり、野村に対してはあまり干渉がましきことはなかった[131]。

テイラー海軍大将は、一八九〇年に米国海軍兵学校を卒業後、艦艇に乗り組み、米西戦争に参加し、艦長、海軍工廠長、海軍軍令部、戦艦隊司令官等を歴任して、一九三一年にアジア艦隊司令長官となった。

米国海軍は事変勃発と共に米国人の安全な撤退と保護のために、マニラにあるアジア艦隊をほとんど総動員（巡洋艦「ヒューストン」、駆逐艦六隻、歩兵第三十一連隊一、〇〇〇人、海兵四〇〇人）して上海に急行させ日本を牽制した[132]。このような日本海軍の立場が苦境にある中で、第三艦隊は上海に到着した。野村の「陸海軍協同作戦」については、彼が東京出発前の参内後に侍従武官長奈良武次に語ったように「自分が出向いた限り陸軍と終始協力して、陸海軍などの喧嘩は絶対にやらぬ心算である」[133]という言質に表れている。また、野村の指導・管理能力を買ってか、米国の一新聞は、上海事変における日本海軍の行動と、軍閥の政治支配を非難した後、「……犬養内閣が米国にて好人気なりし野村中将を今回上海に派遣せんとするのは、これ則ち塩沢少将の行動の非認《ママ》を意味し、蓋し軍閥抑制の第一着歩なるべし[134]。」と述べていた。米国においても、野村の新任命を以て日本の政策の一転換と多大の期待をこれに繋いだものといえよう。

第七節　国際連盟の上海事変勃発に係わる対応

日本は優秀な外交官を国際連盟に送り続けていた。連盟日本代表として活躍した石井菊次郎、佐藤尚武、松田道一、事務局次長新渡戸稲造、ハーグ国際司法裁判所判事の安達峰一郎などの名声は高く、実際に欧州の幾多の紛争が処理されたのであった。上海事変時には、以下の章で触れるように、国際連盟会議日本国事務局（国際連盟脱退後の一九三三年十月に、国際会議日本国事務局と改称された）長の沢田節蔵を軸に、駐英特命全権大使松平恒雄、駐仏特命全権大使長岡春一、駐白《ベルギー》特命全権大使佐藤尚武、新渡戸の後の連盟事務次長兼政務部長杉村陽太郎、英国大使館一等書記官沢田廉三（臨時代理大使：沢田節蔵の弟）らが苦境の中で支援し対応したのである。

さて、国際連盟第六十六回通常理事会が一九三二年一月二十五日（閉会は二月九日）から開催されており、議長は仏国外相ポール・ボンクール（J.Paul Boncour）であった。日中紛争問題の討議においては、満州問題のみならず険悪化した上海の事態について、日本代表佐藤尚武、中国代表駐英公使顔恵慶の間に激しく論戦が展開された。そして、日中以外の「十二国理事国」秘密会議において理事会決議に依らず、議長宣言の形でこれら日中問題を打ち切った。即ち議長は、満州事変については前年の十二月十日の理事会決議に変更を加えるものはなく、また上海の「日蓮宗僧侶殺害事件」等については、事態を悪化させるような一切の処置をとらないことを、日中両国に希望する旨を述べて一応の討議を打ち切ったのである。もし何も起こらなければ、この小康状態のままリットン調査団の報告を待って事変解決を迎えるはずであった。しかし、このように連盟が一息ついたところへ、二十九日早朝、上海事変が勃発したのであった。

一 中国理事による国際連盟規約第十条、第十五条適用の提訴

上海事変勃発直後の一月二十九日午後、中国理事顔恵慶が国際連盟規約第十条及び第十五条により、満州問題及び上海問題を一括処理するよう連盟事務総長に提訴した。これを受けて理事会は俄に緊張を加え、同日公開理事会が開催された。顔は、中国の「領土及行政ノ保全ハ日本ノ侵略ニ依リ侵害セラルタルカ斯カル侵略行為ハ規約第十条ニ違反スルコト疑ヒナク即チ日本軍ノ行動ハ第十条ノ精神ノミナラス本条ノ規定自体ヲ破リタルモノナリ」「依テ予ハ本国政府ノ命令ニ依リ第十五条適用ヲ要求覚書ヲ提出シタルナリ」[135]とし、日本の行動は連盟規約の侵犯であり、第十条及び第十五条の適用を要求すると共に、この事態の全責任は日本にあると述べた[136]。第十条は、連盟各国の領土保全と政治的独立を尊重し、外部からの侵略に対して連盟国が擁護することを約したものであり、第十五条は、事案の解決を理事会から総会に格上げする等、実際に紛争を解決するための諸手続きを規定した条項である。

これに対し日本の理事佐藤尚武は、「支那理事ノ陳述ニ依レハ事件ハ日本側ヨリ誘起セラレタル如キ印象ヲ与フルモ当方接受ノ情報ニ依レハ右ハ正反対ナリ」と反論し、日中問題は、既に従前から第十一条によって処理されて来ている現在、リットン調査団の報告もない時点で異質な第十五条を併せ適用することが可能か疑問であると述べた。そして、現紛争が同条の意図する国交断絶の虞れあるものか否か疑問であり、しかも、直接交渉に依ることの可能性が未だ尽くされないにもかかわらず、第十五条を援用するに至ったことを遺憾とする、したがって、まず二国間交渉を経て後、連盟国間の最後の手続きとして行うべきであるとして、第十五条適用を拒否した[137]。中国は尽くすべき努力も手順を踏まずにおり、訴えれば何らの疑義を抱くことも確認すべきこともせず、機械的に受領するという連盟の態勢を抗議したのである。

連盟規約第十一条は、戦争または戦争の脅威が起こったとき、連盟は国際平和を擁護するため適当かつ有効な措置（連盟理事会の招集）をとることを規定しており、中国側は、満州事変勃発時に既にこれを日本に適用することを要求していた。そして、今次の上海事変には、これに加えて、第十条と第十五条の適用を新たに要求したのであった。日本が第十五条を警戒した理由は、理事会決定が全会一致を原則としていることに比し、第十項により審議が総会に格上げされ、第九項により連盟各国代表者の過半数の賛成で手

続きを進め得るからであり、日本の反対が通用しなくなることを意味していたからであった。さらに第十六条の経済封鎖などの制裁措置が課せられる可能性があったためである。

理事会議長ボンクールは、規約第十五条の訴えの適否を決するのは理事会の任務ではなく、理事会はその訴えに従って行動し得るに過ぎないとした[138]。法制的な手続きからは、議長の理は筋が通っていた。そして結果的に日本代表の主張を押し切り、第十五条適用の準備に取り掛かることに決し、ひとまず日中問題を打ち切ったのである。

ここにおいて、一月三十日、佐藤理事は芳沢外相宛てに、中国側が二十九日正午近くになって急に第十五条により事件を付託するに至った事情を観測した結果を四つにまとめ、打電した[139]。

その一つ目は、事件発生直前に行われた二十八日の理事会終了時の議長声明が中国側を失望させ、何らかの展開のきっかけを求めていたところへ上海事変が勃発し、列国の同情を求め得る好環境ができたこと、二つ目は、米国の態度が硬化し、英仏伊等との共同措置を提議する等、米国の理事会に対する影響力が大きくなって来ていること、三つ目は、前回の理事会において一流人物が出席せず、二流人物の参加が多いため、理論に走る傾向をもち、中国を抑えられないこと、四つ目は、第十五条提起を理事会、事務総長が極力抑えて来たが、上海事件が悪化したため急転直下形勢逆転の状況になったこと、であった。

翌三十日午後、国際連盟事務総長ジェームズ・ドラモンドは連盟理事会の審議に備えるため、上海事件発生当時に上海に駐在していた理事国の総領事を委員とする国際連盟上海事件調査委員会を編成する提議をした[140]。事務総長としては、第十五条第一項によって総会は事件取調べのための処置をとり得るが、事件解決は理事会の権限であって、満州問題はその理事会が既に決議した第十一条による方法で十分であると思惟すると述べ、議長もこれを支持して、中国の要求を拒否し、上海事件調査委員会を組織する案を可決した。まず面前の上海事変の事実調査を優先課題とし、満州問題を回避しようとしたのである。この結果、上海にある英仏伊独西《スペイン》諾《ノルウェー》の諸国理事による連盟上海調査委員会が組織され、連盟事務局交通部長ホン・アース（Hon W. W. Astor）を書記長とした。米国上海総領事カニンガムはこれに協力し、後にこの委員会は、二月六日の第一回から三月四日の第四回迄に四回にわたって報告書を提出することになる。これから分かるように、ドラモンドは冷静に一貫して過激な意見を抑え、日本と直接対決することを避けようとしていたのであった。

さて、引き続き理事会において、佐藤理事は重ねて日中問題は第十一条により審議を続けることが得策であると反駁し、万一、日本代表の意見を審査せず性急に重大問題を決する場合は、「日支関係ヲ却テ悪化セシムル虞」あると注意を喚起した。[141] これに対し英国の国際連盟協会長エドガー・セシル（Edgar A. R. G. Cecil）は、第十五条適用問題は本条第一項から、一方の当事国のみの要求で十分であることは疑いなく、また両条併用も阻止する理由なしとして日本側の意見に反駁した。スペイン、ユーゴの代表もこれを支持した。そこで佐藤代表は第十五条の適用が、その当否を調査することなく援用できるとの解釈は承服できぬと最後まで反対したのである。セシルは、熱烈な国際連盟支持者であった。[142]

ボンクール議長も第十五条第一項の手続きを開始しても、紛争の実態については何らの決定をした訳ではないので、ドラモンドの提案した調査委員会の組織を適当とすると述べ、理事会の行動は適当であると結んだ。そして中国側は第十五条の適用に関し、満州事件と併せ整理することを要求すると重ねて宣言し、議長の討議打ち切りにより閉会した。

二月一日、佐藤は芳沢外相に対し、事ここに至っては、「大国ノ態度ヲ以テ堂々支那ノ挑戦ニ応スルノ外ナシト思考セラルル」「此際寧ロ進ンテ第十五条ノ下ニ於テ我方ニ有利ナル解決ヲ遂ケ」[143]、第十五条第二項に基づく日本側の陳述書の作成の方針として、次の三案を上申した。

一つ目は、満州問題に関しては、従来から自衛権の発動で領土獲得ではないとの日本の説明を理事会が認めていることを高唱して、満州、上海の日本の処置は第十条に違反せず、したがって第十五条により処理すべきものでないとすること。二つ目は、中国側が主張する紛争の性質、範囲の不明確さを理由に、中国の提出を見て作成すること。三つ目は、「満州問題ハ十二月十日理事会決議後新事実発生セサリシヲ理由トシ第十五条ノ適用ヲ上海事件ノミニ限ルコトトシ陳述書ヲ提出」することであった。[144]

同日朝、沢田事務局長は、芳沢外相宛てに以下を報告した。それは、ドラモンド事務総長が杉村宛てに、内話として日本の政策を客観的見地から弁護する陳述書を中国側の提出前に速やかに提示することを勧めたというものであった。その理由は中国側が規約に従い提出を予定している陳情書は、満州及び上海の全部を包括することであり、したがって日本側は、満州問題は「已ムヲ得サリシ自衛手段ナリシ旨ヲ叙シ」、さらに錦州進撃は「馬賊ノ跳梁」が原因でありその必要を生んだのであることを説き、「『ボイコット』其ノ他支那側ノ抗日的策動カ上海ニ於ケル事件ヲ惹起スル事等ヲ事実ニ基キ叙述セラルル事然ルヘシ」であり、と満州・上海両事変共に、自衛行為であることの主張を陳述書として提出するように求めたのであった[145]。事務総長は内話として、日本の肩をもつ見解を開陳したのである。つまり彼は本音において日本の自衛行為を認め、中国側の規約第十条、第十一条の提訴内容が、提訴に値する事実として認定できるか否かの審議も確証もないまま、それを受け付け、手続きを進めること自体に問題がある点を示したことを意味する。しかしその反面、事務総長としては現行の法制面から第十五条適用が不可避であるという立場をとらざるを得ない、というジレンマに陥っていたのである。

二　二月二日の公開理事会

二月二日、停戦の失敗による租界の形勢悪化に鑑み、英国代表が急遽、理事会の開催を要求したので、午後公開理事会が開催された。英国代表は上海事件の事態が重大であることを指摘し、ここ四カ月以来の理事会の努力及び英国政府のほか数カ国の支援協力も、今日迄のところ失敗に帰したのであり、したがって英国政府は、以後、米国政府と協議してこの現状を終焉させるために、新たな努力をすると述べた[146]。これは満州事変以降の連盟を中心とする紛争抑止の努力が報われず、効果がなかったことの証左であると共に、自身が築いた共同租界の新たな紛争を断じて容認できないとする英国の気概を窺い知ることができる。と同時に、英国は連盟の根幹を成す理事国であり、先行き連盟の設立目的が踏みにじられ、世界平和へのための戦争、紛争を抑止し得る態勢維持の必要を痛感し、むしろ英国側から米国を巻き込む方針に転換を始めた重要な発言であったといえよう。日英関係が徐々に対立的傾向を高める要素に変質を始めていることが分かる。

席上、佐藤理事はこの発言に対し、「上海事件ニ関シ列国カ協調シ有効ナル措置ヲ執ル可キ必要アリトハ元来日本ノ主張シタル処ニシテ」と賛意を表し、日本はこの認識に基づき芳沢外相が三十一日、英米仏三国大使と会見したことを披瀝し、その内容を朗読した。この朗読文中にある「支那側ノ挑戦」「我方ヲ脅威スルカ如キ地域」等の字句を読み上げたところ、新聞記者席・一般傍聴席から嘲笑の声を放つ者があり、このとき佐藤は、十月理事会に比し一層対日空気の悪化を感じたという[147]。満州事件時の日本軍の圧倒的な進撃の意味する日中間の軍事力差からすれば、そんなはずはなく中国軍は弱いのであって、日本軍の侵攻理由の口実であろうとの空気が支配していたからである。

理事会後、軍縮会議多数国の代表部員中、当事務局員と

知合いの者は、日本の満州の権益における行動の可否は別として、「其権益ニ付テハ漸ク列国ノ承認ヲ得来リシニ之ニ満足セス今回ノ上海事件ヲ起シ其遺口ハ徒ニ英米等ノ反感ヲ挑発シ世界ノ同情ヲ失ヒタルノミナラス日本ノ満州ニ於ケル立場ヲモ覆ヘスニ至ル虞アリ」という。[148] この段階において、在秘《ペルー》公使来栖三郎、在仏臨時代理大使栗山茂、在加公使徳川家正等からも任国政府の懸念を外務省宛てに伝えた。二月二日迄に満州における関東軍の連盟を無視した事態拡大（一九三一年十一月十八日チチハル占領、翌年一月三日錦州占領等）が日本代表部に孤立感を与え、ドラモンド事務総長も第十五条適用は避けられないとの意向であった。

翌三日、芳沢外相は在ジュネーブ沢田局長に以下の指示を行った。事務総長の第十五条適用の意向に対し、「帝国上下一致ノ信念ヨリシテ理論ヲ超越シ絶対ニ承服シ得サル所ナリ」とし、もし連盟側の強硬な反対に遭えば、「帝国政府トシテモ茲ニ重大ナル決意ヲ為ササルヲ得ス」としつつも、「連盟側カ上海事件ニ限リ第十五条ノ適用ヲ為サントスルニ於テハ我方ハ法律上ノ問題ヲ留保シタル上連盟側ノ措置振ヲ成ル可ク好意ヲ以テ静観スル」考えであり、この趣旨を至急事務総長及び英仏独伊等各国理事に説明を試み、結果を回電するよう要求した。[149]

この姿勢は、日本側がより重要と考えた満州問題が、連盟による一括処理によって悪化することを何とか避けようとしていることを意味している。芳沢外相は事ここに至る苦肉の策として、不本意ながらも一時的緩衝対策として上海問題に第十五条を適用させ、この間、連盟や列国の目を満州問題からそらせ、次に内容面で上海問題に向けられた第十五条の適用を葬る意図をもっていたことを意味している。そして、この二月三日の芳沢外相の「帝国政府トシテモ茲ニ重大ナル決意ヲ為ササルヲ得ス」という発言が、連盟外交部の連盟脱退を視野に入れた説得姿勢に発展していくのである。芳沢外相はジュネーブの外交舞台における連盟や列国を味方にするための、中央としての有効な理念と手法の説明、指示を欠いていた。

第八節　英米等の事変勃発に係わる事実認識と対日態度

一　英米等の事実認識に見る三つの特徴

上海事変の勃発に際し、英米等の対日姿勢には三つの特色がある。

一つ目は、まず華中に最も大きな権益をもつ英国政府が強硬な対日姿勢をとったことである。これはあたかも、満州事変時の米国にとって代わったような感があり、大きな不安を即座に日本に表明した。一方、米国政府は先の満州事変の収拾を若槻礼次郎、幣原喜重郎の文民政府に期待し、直接的な干渉を控えていたが、錦州爆撃（一九三一年十月八日）に直面して以降は、欧米列強の中で最も激しく日本に反発していた。一九三二年一月七日の不承認原則の発表は、その表れであった。しかし、その効果が必ずしも列国間に認められなかったことから、米スチムソン国務長官は、しばしば英サイモン外相に対日共同歩調を打診していた。現実問題として膨大な権益を有する英国としては、かつて一九二七年の上海出兵によって実力行使した経緯もあり、軽々に米国の慫慂に乗り、日本を経済封鎖に追い込む訳にはいかなかったのである。

事変の直前、芳沢外相は在英大使松平恒雄と在米大使出淵勝次に訓令し、「日蓮宗僧侶殺害事件」以来中国側はわが海軍を刺激し居留民を極度の不安に陥れているので、排日運動阻止のために関係各国総領事、工部局及び英米仏各国軍隊側との連絡をとりつつ「最小限度の実力手段」をとらざるを得なくなることを、任国政府に理解を得るように求めた[150]。

米国の提案を断った英国ではあったが、再三の米国からの申し越しを無視できず、尚考量中であるとの姿勢をとった。これを知った在英臨時代理大使の沢田廉三（国際連盟会議日本国事務局特命全権公使局長沢田節蔵の弟）は、同二十八日、英サイモン外相を訪ね、上海の状況を詳細に説明したが、同外相は英国の上海に対する懸念、とりわけ日本側が実力を使用するとなれば尚不安であるし、「（排日運動の阻止のために）日本の実力行使の手段とは何か」を是非とも承知しておきたいと芳沢外相の見解を求めた。(151) 租界の生みの親であり、工部局を主導している英国の当然の発言であった。

そこで沢田は、芳沢に日本としては英国側の対米回答を日本に有利なものとさせるために、排日運動を阻止する実力手段の具体的内容をサイモンに急ぎ内話しておく必要があると至急回答を求めた。しかし、この回答が沢田から英国外務省極東局長チャールズ・オード（Sir Charles W. Orde）になされたのは戦闘が開始された後の二月一日であった。その回答内容は、日本の権益擁護のための「抗日会手入れ、排日伝単撤去、排日宣伝諸施設廃止、封存日貨解放」であった。芳沢の返信の遅れが、サイモンを日本の措置内容に不承知のままにし、そこに上海事変が起こり、英国の態度が変わった。ついに三十日夜に「コミュニケ（英米仏三国公使）」を発表して、上海の英国人の生命財産が危機に晒されていること及び日本軍が共同租界を攻撃根拠地にしていると抗議した。英国を、上海事変前と同じ好感度で日本の味方として繋ぎとめられなかったのである。(152)

その後も、こと上海事変に関する限り、英国が主導的に対日抗議を行い、芳沢と激しく応酬した。これは米国の共同歩調の慫慂に甘い態度をとって来た往時とは異なり、英国は独自の権益擁護の立場から強く主張したのである。芳沢は、英米人の生命財産の保護と租界を攻撃の根拠地に使用しないことの保障を与えた。(153)

二つ目は、芳沢が英米両国に事変勃発の真相を詳細に調査・把握してほしいと要望したことに対して、英米両国は本国政府レベルに情報を通り一遍に確認しただけで、さらなる事実関係の把握に関心を示さなかったことである。つまり、事変勃発の真相は芳沢の説明努力にもかかわらず、理解が得られなかった。この内情を見ておきたい。即ち、英米にしてみれば、事実確認といっても、中国側の全面容認の回答後にもかかわらず、塩沢司令官が陸戦隊を配備したことによって戦闘が開始されたという、少なくとも表面に出た事実認識は間違っている訳ではなく、そうである故に、混乱した上海の状況下での日本側の内情を把握する関心も生まれなかったと考えられる。日本から見た最大の緊急課題は、村井総領事が満足の意を表したことと、塩沢の警戒配備との両者間の「動機の異質性」を如何に理解させるかであった。しかし、こと米国の場合は、いずれにせよ、日本側が九国条約と不戦条約を守らず武力を発動したこと自体が問題なのであった。何故ならスチムソンの言が示すように、日本が関係の条約を厳守してさえいれば、武力を使用する必要が全くなかったからである。[154]殊に、英国のように巨大な現実の権益を有しない米国が事件を俯瞰し、事件の動機を被害者中国寄りの道義的理念に依って結論付ける主張の強さの源がここにあった。

芳沢外相は三十一日、英米仏三国大使を個別に招致し、「誤解ヲ正シ」「目下ノ危局ニ付関係国ノ注意ヲ喚起シ其ノ好意的考慮」を求め、停戦会議の斡旋を依頼した。そして誤解を解くために二つのことを説明した。

一つ目は、日本の上海総領事と陸戦隊指揮官は終始、租界工部局と列国との協調に努めて来ていること、工部局側も日本を慮って、自ら「イニシアチブ」をとり、「民国日報社ノ閉鎖及抗日会本部ノ閉鎖ヲ満場一致決議シ二十六日前者ヲ実行シ後者ハ日本側ニテ手入ヲ為ス場合之ヲ援助スルコトトセル趣」であること、また、抗日会本部の手入処置に関して日本海軍は工部局及び工部局警察と情報交換を行っており、日本側は独善、独走をしておらず、共同租界としての軍事行動であることを重ねて強調した。[155]しかし、中国をはじめ関係列国が素朴に抱く疑惑を解く真相の説明とは程遠いものに終わった。

二つ目は、駐日英国大使フランシス・リンドレー(Frances O. Linday)が芳沢外相に抗議したことから始まった。リンドレーは、自国情報によれば、「抗日会解散ノ為メ日本司令官ニ於テ強力ヲ用ヒントスル為」「工部局ニ於テ危険ノ発生ヲ慮リ戒厳令ヲ布キタルモノニテ上海市長ノ要求ヲ容レタル以前ニ同令ノ布告トナリタルモノナリ」と述べたため、芳沢はそれでは事実認識が異なることを指摘し、呉上海市長の容認は二十八日午後三時十五分、工部局の戒厳令は午後四時と英国側の情報を正した。この誤認は駐日米国大使キャメロン・フォーブス(W. Cameron Forbes)も同じであった。容認回答の受け容れと陸戦隊配備は「全然別種ノ事件」つまり、両者間の「動機の異質性」を芳沢は説明した。リンドレーは一旦大使館に帰館して取り調べた結果、やはり芳沢の発言どおりの内容であることが分かり、それ以上の処置をとるに至らなかったが、日本外務省としては、「惟フニ此ノ点ハ英国側ニ何等カノ錯誤アルヤニ思考セラル」[156]と曖昧なまま葬り去った。もちろん芳沢はフォーブスにも再調査を依頼した。しかし、二十八日の午前九時半に、過去の対策研究の結果を踏まえて、工部局議長自らが防備会議において午後四時に戒厳令を布告することに当否を問い、その同意を得ていること、その後正午に市参事会が指定時刻に発令することを決定している事実は英本国において知らないはずはなく、無理に前言を押し通すところは、租界の主導権をもった英国が事変を起こした日本に対する苛立ちと怒りに近い感情をもっていたといえる。戒厳令布告と市長容認との位置関係は、対日評価の分岐点の意味をもっていた。

以上のような中で、二月二日、芳沢は誤認を解く努力をさらに続けた。それは、翌二十九日午後八時より停戦となったにもかかわらず、「支那軍ハ三十日朝ヨリ再ヒ装甲列車等ヲ利用シ砲撃ヲ開始シ其ノ結果共同租界内ノ日本人居住区域ニモ盛ニ砲弾ノ落下」を見たと日本側の被害を訴えたこと、一方、「蔣介石ハ二十九日第十九路軍及警衛第三師ヲ上海付近」に集中し、攻勢に転ずる可能性があるとの情報もあり、「支那側ノ此ノ態度ハ連盟ニ問題ヲ提起セル態度ト一致セサルモノ」であるので、「支那軍カ速ニ攻撃ヲ停止シ我方ヲ脅威スルカ如キ地域ヨリ撤退スルコト」を欲すること、また、もし中国側がこれを受け容れなければ、日本は陸兵を派遣して中国側の攻撃に備え、「帝国臣民及共同租界ノ安全ノ為メ飽迄努力」すると述べ、「関係国政府ヨリ至急在上海自国官憲ニ対シ支那軍ノ攻撃停止及撤退ニ付必要ナル訓令」を発するよう切望する旨を三国大使に申し出たのであった。駐日仏国大使デーミアン・マルテル（Damien C. de Martel）は、仏国は専管租界を有しているが共同租界に多大の利害を保っているため、日本の軍事行動に慎重さを望むと述べたに留まった。芳沢は同様に仏国政府においても至急在上海仏国官憲に対し「英米官憲ト協調シテ適当措置ニ出ツル様訓令アリ度[157]」と依頼した。

かくして、英米仏三国の本事変に対する対応は「報告区々ニシテ必スシモ日本側説明ト一致セサル点」があった。しかも、このことは、一旦、日本に不利なイメージが醸成されればそれは容易に消えず、仮に如何に正確な細部状況が提示されようと、そのことに関する真実の探究の関心も熱意も失せることを教えている。そして、租界の自国在留民の経済・安全両面から見て、日本が引き起こした武力衝突の当否の問題より、被害発生の可能性に著しい関心を引き起こし不快感を覚えていることが分かる。このときの模様を芳沢は、「東京では上海の毎日の激戦を反映して各国大使らの来訪も頻繁《ひんぱん》になり、特に英米仏の大使などは毎日のように私のところへ来てうるさく抗議を持ちだし、ときにはずいぶん過激な口調でくってかかった。」と回想している[158]。殊に、リンドレーとは個別の会談の後、激しく応酬したのであった。

最後の特徴の三つ目は、事変勃発の当初は、現地上海の英米両国総領事の日本軍に対する観察と評価が本国のそれらと異なり、日本に好意的なものであったことである。しかしその後の事態の進展とそれぞれの本国政府とのやり取りの過程において、日本の軍事行動の意図そのものに対し両総領事は疑念を抱くに至った。上海現地の外国人は、永年にわたって中国の排外運動に悩まされ快く思っていなかったこともあり、今次の日中軍事衝突で日本人が中国人に対する膺懲をしてくれたとして率直に賛意を表す者もあった。因みに事変勃発の二十九日、米カニンガム総領事、英ブレナン総領事らが意見交換した結果、「若し日本軍が徹底的に支那軍を掃討し得ずとすれば、上海の事態は如何なることになり、如何なることを発生するか判らぬ。共同租界、仏租界は勢ひに乗じた支那兵の非理不法なる蹂躙を受け武力回収の暴挙に際会する危険多分にあり、事変の急を救ふ唯一の方法は日本軍の力によつて支那軍を徹底的に圧迫する外はない。日本は今日の兵力に少くとも数倍又は十数倍する兵力を支那に派遣して、時局を収拾し、上海租界の急を救ふべきである。[159]」と外人記者団に発表した。また過去数年来、中国の政策に不満を抱いている上海の英国人の中には、日本の態度を痛快視し、このくらいの荒治療は必要であると公言するものがあった。ウィリス・アボット（Willis J. Abbot）は論文中に、「在上海諸友人の消息に依れば、日本軍の上海攻撃に関し米国諸新聞紙及び若干の英国諸新聞紙は大に憤慨したるも、上海在住英米人は寧ろ日本軍が十九路軍に損害を与へたるを大に多とし、之に依り従来支那人が欧米の資本にて建設せられたる上海租界の回収を計らんとせる危険を排除し得たりと認め居る。[160]」と記している。また、事件勃発の数時間前に塩沢司令官を旗艦「安宅」に訪ね、陸戦隊の配備予定を聞いた米『ニューヨーク・タイムズ』特派員アベンド記者は、軍事衝突時点の日本陸戦隊の兵士たちの行動を目撃した租界の西欧外国人たちが、「日本人が傲慢な中国人に教訓を与えて欲しいものだ」「中国人にものの道理を教える白人の仕事を、日本人が助けているようなものだ[161]」と、現地の生々しい模様を、『*My Years in China*』（一九四四年）に記している。このように陸戦隊の戦闘行動に頼もしさを感じた現地の外国人は、少なからずあったのである。しかし、彼らは日本軍の空爆や砲撃の被害が波及するにつれ、徐々にその面で抗議をするに至った。

このように、事変当初、彼らの本国が上海現地と対日認識を異にした理由を、第三艦隊司令長官の国際法顧問として旗艦『出雲』に同乗した信夫淳平は、英米本国政府は、「一は支那側の宣伝を妄信するのと、一は事変の齎す影響を憂惧するの余り、兎角我国に不利なる観察を下すの風であつた」とし、租界外国人中、居留民の数においても、貿易の関税納入額においても、日本が優位にあるにもかかわらず、「欧米人は現実の数字を深く究めずして漫然過去に囚へられ、……欧米人に依りて現に維持せられ、言はゞ欧米人の都会なりといふ直覚感が依然強い。」「そこへ日本軍が砲火を開き爆弾を落すと簡単な新聞電報にて聞き知つたのであるから、彼等は恰も己れの領土に日本軍が侵入したかの如くに直感し、自然相率ゐて我国の行動を呪詛したものである。」[162]と、『上海戦と国際法』に記している。

　では、次に、軍事衝突の事実関係の把握に重きを置かなかった英米が、どのような対日姿勢をとったのであろうか。

　上海の重光公使は芳沢外相に、陸戦隊の行動に関し米カニンガム総領事から提出された対日抗議の内容と、これに対する工部局参事会の回答内容を二月三日、次のように報告した[163]。つまり、米国総領事は、本国政府から「(一)日本軍ノ行動ハ上海ノ中立ヲ侵害ス」「(二)日本軍ハ不法ニ租界ヲ作戦根拠地ニ使用シツツアリ」「(三)日本軍ノ巡邏兵ハ米国軍ノ受持警備区域ニ侵入セリ」の三項目の抗議文を領事団宛てに提出するように訓令を受けたこと、一方、工部局の参事会としては米国総領事の要求であるので慎重に審議の結果、(一)及び(二)は法理上成立しないと認め、米国政府の希望に応じ得ないことに決定したというのである。即ち、米スチムソン国務長官は共同租界の安全保障を司る工部局を米国領事団の先任者であるカニンガムに説得させ、手続きに従って工部局防備組織と日本軍を離反させ、日本軍の行動の抑止と孤立を図ったことが分かる。他方、カニンガムは個人的見解としては租界の急速な安全回復のためには、日本軍の増兵と行動を是としていたが、本意ではないものの、本件に関しスチムソンの指示に従ったことが分かる。しかし、工部局としては租界の発展経緯や経済活動の相互依存、参事会活動、共同防備の構想・実施の現実等に照らして日本を疎外することができなかったのである。要するに、出先の現地上海の空気とは全く違った対日不快・対決の空気に満ちたワシントン中央のスチムソンからの指示が、大きく現地の空気を変えたといえる。

　では、次に、ジュネーブの上海事変に関する動きを見ることにしたい。二月一日、在英一等書記官(臨時代理大使)沢田廉三は英国外務省極東局長オードを訪ね、事変勃発迄には間に合わなかったが、過日、英サイモン外相からの質問に対する日本政府の回答が届いたので、日本側の武力の実行手段について説明回答をした[164]。それは「日蓮宗僧侶殺害事件」に対する日本側の要求が容れられない場合の武力行使の内容であった。極東局長は了解したものの、今となってはそれも要求が中国側に容れられたので時期的に用をなさず、「問題ハ之ヲ詮議スルヨリモ現在ノ事態ニ如何ニ処スルカニアリ」と述べた。事態の拡大阻止の方法において、沢田は租界付近の中国軍が撤退を実現するよう英国政府より上海出先官憲に対し必要な訓令を発せられるように要望した。これに対し極東局長は、英国総領事は努力中であり、「日本側モ現在ノ警備区域ヨリ租界内ニ撤退シテ多少譲歩セラルルコトアラハ問題ヲ容易ナラシムヘシト思考ス」と逆に日本軍の強硬な態度が難関の原因であるような印象を与えたため、沢田はこれを遺憾として、「今次ノ上海事件ノ発端ニ於テ『タイムス』特派員カ日本海軍ハ其陸軍カ満州ニ於テ行ヒタル処ヲ南方ニ於テ行ハントスルト報道シタルコトニシテ其後上海ノ状況特ニ我軍ノ行動ハ何レノ新聞ニモ右ノ観察点ヨリ報セラルル傾アリ」と、その具体的事例を挙げ、英国政府として今後すべて正確なる報道に接するように希望し、中国の反日態度と現地邦人の憤激の実情把握に努めてほしいと述べた[165]。先に示したアベンドが取り上げた塩沢司令官の不用意な発言が、ここに至って国際的に大きな影響を与えていたことを示している。

同日、東京の駐日米大使フォーブスが芳沢外相を訪ねた。そして、米国国務長官の来電によれば、日本軍は守勢・攻撃のために他国の分担区域に侵入して、住民の生命財産を危険に瀕させていると抗議した。芳沢は、分担区域侵入はないと承知しているものの一応確認すると回答する一方、「日本軍ハ受持区域外即チ支那ノ土地ニ於ケル作戦要地ヲ占領シツツアリ且右占領ノ為居留地ヲ根拠」にしているとの抗議に対しては、「日本ハ居留地ノ受持区域ヲ守ランカ為居留地外ニ多少進出シ支那軍ニ対抗シ居ルヘキ処因ヨリ右ハ居留地保護ノ為ニシテ之ヲ以テ居留地ヲ根拠トシテ支那ト交戦シツツアリト云フハ日本ノ真意ヲ誤解」するものだと反論した。先述のように、日本海軍陸戦隊は昼間に作戦上区域外に進出しても、夜間には必ず受持ち区域に帰投していたのである。そして元来、米国政府は日本の陸戦隊には非常な批評を加えるが、中国軍隊の行動には何らの批評も加えないのは不当であり、非難されるべきは日本軍に挑戦した中国軍にあると述べると、同大使は日本軍の行動は米国新聞等に多大の疑惑を抱いているものが多くあるといい、芳沢は、上海情報は無稽のものが多いので、米国政府において正しく峻別してほしいと述べると、さらに大使は昨日の上海における防備会議にせっかく纏まりかけたものを、日本司令官のみが反対したため協定に至らないのであって、日本司令官の態度は戦争になる虞れある等と日米相互に応酬する場面も見られる始末であった[166]。戦闘開始直前の錯綜した中での日本側の村井総領事、塩沢司令官の回答受領時の手続きの齟齬並びに塩沢の強気で誤解を招くような発言、これら二つの事案にまつわる対応の杜撰さ、拙劣さが、各種報道の曲解、誇張等を招き、より一層日本側の解決を難しくしていたのである。

二 英米の上海に対する部隊急派（プレゼンス）

米スチムソン国務長官は、「不承認主義」宣言（一九三二年一月七日）に対する英国の同意を得る折衝の努力が実らない状況に、苛立ちを感じていた。しかし、今次の上海事変によって対日抗議の態度に転じた英国が、逆に積極的に米国をリードする措置を示し始めたのである。英国政府は、一月三十一日、英国海軍は逸早く追加の陸戦隊と共に八吋砲巡洋艦二隻を増派しつつあるので、米国も同様の措置をするよう協議をもち掛けた。米国側は同日直ちに、米提督テイラー海軍大将が指揮するアジア艦隊を上海に急行させた(167)。一方、先に述べたように折からタイミング良く、日本政府が英米仏三国に対する戦闘行為休止のための居中調停の労を求むと提議したので、スチムソンはすかさず英首相ラムゼー・マクドナルドに、日中両国に戦闘を中止し、直接交渉をするように共同で呼び掛けることを電話で提案した。さらにこの機に英国を通じて仏伊にも参加させようとした。スチムソンは回想録に、米国が日本の調停を受け容れるのは、「日本の侵略的行動を助けるようなため、御先棒を担ぐことを好まなかった。よって我々両名は、事件解決の基礎として、仲介的立場にある列強により提出さるべき五項目よりなる試案(「アイデンティック・ノート」：引用者)を纏め上げた(168)」と記している。この回答は英サイモン外相によって、「提案に賛成だが表現を変えた方が良い、明日一緒に通牒を出そう、仏伊にも知らせた」と返信され、敏速な外交が展開された。この提案が後述する二月三日の英米仏三国の五項目の対日通告(同文通牒：「アイデンティック・ノート」)となったものである。しかし、これは日本の拒絶に遭うこととなったため、スチムソンは次の手を打たねばならなかった。事変が英米に部隊を急派させ、共同歩調の切っ掛けを与えていた。

第九節　英米等主要列国の対日同文通牒と第二回停戦交渉

上海現地においては英米両国総領事が斡旋した第一回の日中停戦交渉は一月三十日に成立したものの、翌三十一日には協定が破られ、不徹底なままであった。東京においては、二月一日も、先述の米フォーブス大使に加え、英リンドレー大使も、同文ではないが口頭で上海事件に関し正式抗議した。彼らは、共同租界は日本の専管居留地でないため、該地を日本軍は作戦根拠地としてはならないこと、日本軍が租界付近を占拠するのに異議を有すること、日本軍の行動は自衛措置の範囲を超えており、殊に空爆による人民殺傷等の行動を抑制すること、英米両国の経済活動への打撃、両国民の生命・財産の危殆は日本の責任であるとしている。空爆は他の手段と異なり、殊に政治的・戦略的意義をもち、一挙に対日意識を変えさせたのも事実であった。これらに対し、芳沢外相は即座に口頭で、これは根拠なき虚報に基づく抗議であるとして、その誤りを指摘して論駁した。満州事変とは異なり、上海においては列国の権益擁護を最優先課題として早期に収拾を念頭に対処している日本政府にとって、再三再四繰り返される列国公使の対日抗議で、芳沢は苛立ちと怒りに満ちていた。駐仏大使であったころのジュネーブでは、満州事変の陸軍暴走を不快に感じていたものの、上海事変直前に駐仏大使から外相に就任し、こと上海における真面目な火消しの初仕事に全力で収拾に当たっている芳沢にしてみれば、英米等主要列国の抗議は理不尽なものに映ったに違いない。

二月二日、芳沢外相は在英臨時代理大使沢田廉三と在米大使出淵勝次に宛て、「若シ支那側カ停戦ヲ肯ンセサル場合ニハ勢ヒ我方トシテハ居留民保護及共同租界防備ノ為陸兵ヲ出スノ余儀ナキニ至ルヘキ状況」であるので、「我方ノ立場ヲ然ルヘク説明ノ上貴任国政府ヨリ至急在上海同国官憲ニ対シ必要ノ訓令ヲ発スル様懇談セラレ結果回電アリタシ」と陸軍派遣の予告を発し、英米両国政府・世論に対する衝撃の緩和に努めた(169)。しかしこの手段は後述する事務局長沢田節蔵の意見具申にあるように、もし日本外務省がまず上海の領事団に働き掛け、その領事団から連盟に相談ないし提訴させる手順を踏んでいれば、日本が独善的、一方的に陸軍派遣を推し進めているとの疑惑を招くことが、少しは避け得たかも知れない。同二日に、英米仏三国大使が芳沢外相を訪ね、上海事件の解決のため、以下の五項目を同文通牒（「アイデンティック・ノート」）として提案すると共に、日本政府の速やかな受諾を懇請した。中国にも同時刻に提出した。第二回の停戦交渉の始まりである。この同文通牒はスチムソンが米国大統領ハーバート・フーバー（Herbert C. Hoover）と試案をまとめ上げ、英マクドナルド首相及びサイモン外相と電話会談の熟議のうえで、無修正のまま英国政府の承認を得、仏伊の同意を得たものであった。前日の口頭抗議内容と異なる点は、当面する上海事件の対日非難から始め、満州事変と絡めて紛争解決を一挙に図ろうとの考えから、直接的な表現を改め、日中双方に緊要かつ具体的な行動を求めたことである(170)。

一、左記条件ニ依リ、双方一切ノ強力行為ヲ中止スルコト。
二、是以上敵対行為ノ為ニスル何等ノ動員又ハ準備ヲ為サザルコト。
三、日支双方ノ交戦者ヲ、上海ノ地域内ニ於ケル一切ノ接触地点ヨリ撤退スルコト。
四、交戦者ノ間ヲ隔離スベキ中立地帯ヲ設クルコトニヨリ、共同租界ヲ保護スルコト、是等地帯ハ中立国人ニ於テ警備スベク、之ガ取極メハ領事官憲ニ於テ定メルコト。
五、上記諸条件ガ受諾セラルルニ於テハ、巴里条約及十二月九日ノ国際連盟決議ノ精神ニ準拠シ、予メ要求又ハ留保ヲナスコトナク、且中立ノ監視者又ハ参加者ノ援助ノ下ニ、両国間ニ現存スル総テノ紛争ヲ解決スル為ノ交渉ヲ促進スルコト。

これらのうちの第二項は、英米両国は日本軍の派遣に関する危機感に満ち、切迫した報道の可能性が高いことを物語っていた。第五項は、むしろ、満州に関する紛争の解決を目的として、各国の一致的行動を主張したのである。その理由は、上海事変は満州における抗争の結果として引き起こされたものであり、この抗争が解決されない限り列強の中国との関係において永続的平和を期待し得ないばかりか、むしろ逆に紛争の拡大がまず米英に予想されたからである。スチムソンがこれに固執した理由は、既に満州における日本の軍事行動に対して国際連盟が断固たる態度をとっている手前、ここで第五項を削除すれば、日本は欧米列国が「長い間その擁護のために努力して来た重大な条約を放棄してしまった」と誤った判断をすると考えたためであった。上海事変が満州事変と不可分の論議が、直接、東京の芳沢にも向けられたのである。

さて、芳沢外相はこの同文通牒に対する日本政府の以下の回答を、在ジュネーブ事務局長沢田節蔵、在英理事代理大使沢田廉三に通知した。要点は次のとおりであった。日本政府は大使側から提案中の(一)項から(四)項までは受諾の余地があるが、(五)項は満州問題も含むために容認できない。満州問題は十二月十日の理事会決議によって既に処理方針が決定されており、上海事件とは全く別個の問題である。したがって、敢えて満州問題をこれに包含させるのは理解できないと告げた。(171)これに対して英国大使は、満州事変以来、中国は動揺し暴行やボイコット等が盛んになったので、この「満州問題ノ解決ヲ一併促進スルニ非スンハ事態ノ静謐ヲ期スルコトヲ得サル次第ナリ」と答え、満州事変を上海事変処理とリンクする考え方を英国は明確にしたのであった。(172)協議の結果、本提案は廃案とせず、(一)項～(四)項までは緊急の必要があるので別に取り扱うことが可能と考えられるものとされ、(五)項は保留された。四日、芳沢は政府所見として、

(一)　支那軍ノ挑戦並ニ騒擾的行為ヲ即時且ツ完全ニ停止セシムルヲ要ス右ニシテ確保セラルルニ於テハ帝国軍ニ於テモ戦闘行為ヲ中止ス若シ支那側(正規軍タルト便衣隊タルトヲ問ハス)ニシテ挑発若クハ騒擾的行動アル場合帝国軍ノ取ルヘキ行動ニ就テハ完全ニ其自由ヲ留保ス

(二)　支那側従来ノ不信ナル行動並現在ノ重大ナル形勢ニ鑑ミ我方トシテハ動員又ハ戦闘ノ準備ヲ為ササルコトハ不可能ナリ

(三)　日支双方交戦者ノ離隔及必要ニ応シ閘北付近中立地帯ノ設定ニ関シ領事及軍隊指揮官ヲシテ取極ノ交渉ニ当ラシムルニ異存ナシ

(四)　所謂両国間ニ現存スル一切ノ紛争中ニハ満州事件ヲ含ムモノト解セラルル処同事件ハ上海事件トハ全然別個ノ問題ナルノミナラス満州事件ニ付テハ客年十二月十日ノ理事会決議モ存シ居リ且又同事件ノ解決ニ付第三国監視者又ハ参与者ノ援助ヲ受諾シ得サルハ帝国政府ノ既定方針ナルヲ以テ旁々本項ハ我方ノ同意シ得サル所ナリ

と英米仏各駐日大使に回答した(173)。ここに英米仏三国による対日同文通牒は、中国側には無条件に受け容れられたが、日本側の反対によって、一片の通告に終わったのである。『昭和六・七年事変海軍戦史（軍機）』は、この理由を、「我方一月二十九日休戦協定以来度重ナル支那側ノ不信、暴戻ニヨル」と書き添えている。ジュネーブと現地上海の両面で戦闘中止に関する調停役を担っている英国と異なり、この回答をフーバーは遺憾に思い、スチムソンは九国条約に対する意見を開陳（間接的に日本に対する武力行使の抑制と中国の主権・領土保全を要請）する目的から、二月二十三日に米国議会上院外交委員長ウィリアム・ボラー（William E. Borah）宛ての書簡を提示するに至るのである(174)。

註

（1）海軍軍令部編・田中宏巳・影山好一郎監修・解説『昭和六・七年事変海軍戦史　初めて公刊される満州事変・上海事変の海軍正史　第二巻（戦紀巻二　軍機）』（緑蔭書房、二〇〇一年）九八～九九頁（以下、『昭和六・七年事変海軍戦史　第二巻』）。

（2）同右、一八二～一八三頁。

（3）信夫淳平『上海戦と国際法』（丸善、一九三二年）一〇四～一〇五頁。

（4）事変が勃発するに至った一九三二年一月二十八日の午後八時に、塩沢司令官は声明を発し、二十九日午前〇時に警戒配備を発令した（前掲『昭和六・七年事変海軍戦史　第二巻』一五一頁）。

（5）同右、四一頁。

（6）外務省調書「松本記録・上海事件」（『日本外交文書』満州事変　第二巻第一冊、第六十五文書「上海における混乱状態急遽解決の必要について　付記　上海事件（外務省調書）」（外務省、一九五〇年）五二～八一頁（以下、「松本記録・上海事件」）。

（7）前掲『昭和六・七年事変海軍戦史　第二巻』一四七―一四八頁。

（8）同右、一四八頁。Admiral Sir William Archibald Howard Kelly, *China Station Records (1931-1932)*, Vol.LXXVIII, The Sino-Japanese Hostilities January to May, 1932, Part II (National Archive), p.1286 には、日本側が戒厳令布告に全く動かなかった事実は、在上海英国艦隊司令長官ハワード・ケリー海軍大将も確認している。午後に「夕張」「能登呂」及び一二隻の駆逐艦が到着し、陸戦隊も増強されているこ

とから、塩沢司令官は兵力増強を待っていた可能性もある。このとき夥しい数の義勇兵が登録されたという。

(9) 前掲『昭和六・七年事変海軍戦史　第二巻』一五〇頁。

(10) 同右、一五一頁。

(11) 前掲『上海戦と国際法』三九七頁。

(12) 前掲『昭和六・七年事変海軍戦史』一五〇〜一五一頁。

(13) エドガー・スノー著・梶谷善久訳『極東戦線』(筑摩書房、一九七三年)一五九頁。

(14) 華振中・朱伯康合編『十九路軍抗日血戦史料』(神州国光社、一九三二年)深堀道義訳、八一〜八二頁。

(15) 海軍軍令部編・田中宏巳・影山好一郎監修・解説『昭和六・七年事変海軍戦史　初めて公刊される満州事変・上海事変の海軍正史　第四巻(戦紀巻四　軍機)』(緑蔭書房、二〇〇一年)三一七頁(以下、『昭和六・七年事変海軍戦史　第四巻』)。

(16) ヘンリー・スチムソン著・清沢洌訳『極東の危機』(中央公論社、一九三六年)一〇八頁。『極東の危機』の訳文において、当時の検閲による空白部分は Henry L. Stimson, *The Far Eastern Crisis* (New York, Harper & Brothers Publishers, 1936.), p.121 により補った。

(17) 前掲『昭和六・七年事変海軍戦史　第二巻』一五一頁。

(18) 秦孝儀編「外交部対淞滬事変宣言」(中華民国重要資料初編編輯委員会編『中華民国重要資料初編　対日抗戦時期緒編(一)』中国国民党中央委員会党史委員会出版、一九八一年)深堀道義訳、四三一〜四三三頁。

(19) 緒戦区域の約三キロメートル圏内の中国兵は、日中双方の史料から考察(脅威・対抗力＝意図×能力)すると、合計約二、三〇〇〜二八、〇〇人との推測。つまり、能力において勝る日本軍、意図において勝る中国軍ということで、互いに衝突に向かう構図といえる。

(20) 日本国際政治学会　太平洋戦争原因研究部編『太平洋戦争への道　第二巻　満州事変』(朝日新聞社、一九六二年)一二六頁。

(21) 前掲『極東戦線』一四四〜一四五頁。

(22) 「畑俊六元帥日誌　第二巻」二月三日の項(防衛研究所図書館所蔵)。伊藤隆・照沼康孝編『続・現代史資料　4　陸軍　畑俊六日誌』(みすず書房、二〇〇四年)四六頁。

(23) 前掲『昭和六・七年事変海軍戦史　第二巻』一三四頁。史料源は「上海駐在武官報」で、蔣介石駐紮地点を中心とした情報(部隊名、拠点、兵力等)が、十二月十一日調となっている。

(24) 重光葵『重光葵外交回想録』(毎日新聞社、一九七八年)一〇三頁。

(25) 前掲『昭和六・七年事変海軍戦史　第二巻』一〇六頁。

(26) 高綱博文「第一章　第一次上海事変と日本人居留民——日本人居留民による中国人民衆虐殺の背景——」(中央大学人文科学研究所編『日中戦争』中央大学出版部、一九九三年)三二、四九〜五〇頁。

(27) 上海居留民団編『昭和七年　上海事変誌』(上海居留民団、一九三三年)八一二頁。村井幸恵「上海事変と日本人商工業者」(近代日本研究会編『政党内閣の成立と崩壊　年報・近代日本研究　6』(山川出版社、一九八四年)二一二〜二一三頁。村井氏はこの論文において、上海日本人の考え方の変質振りとその内面に触れ、蔣介石の北伐を機に排日運動が成功を収めるようになり、組織的な経済断交運動に変質して居留邦人社会に打撃を与えたとしている。追い込まれた邦人たちは、関係諸団体を糾合して「金曜会」を結成し、毎週金曜日に例会を開いて対策を協議した。上海の陸海軍駐在武官もメンバーになっていた。満州事変の成功が上海の問題解決に向かって勇気付け、漸次軍に武力行使を強要するまでになっていたのである。

(28)　前掲『昭和六・七年事変海軍戦史　第二巻』一八三頁。

(29)　濱田峰太郎編『上海事変』（上海日報社出版部、一九三二年）一〇八頁。

(30)　閘北掃討戦は、第一回の停戦協定が中国側によって破棄されて以後の戦闘再開であり、便衣隊の跳梁が目立った。前掲『昭和六・七年事変海軍戦史　第二巻』一九五～二〇〇頁。同右『上海事変』。

(31)　同右『昭和六・七年事変海軍戦史　第二巻』二二三頁。

(32)　同右、二一九頁。

(33)　同右、二二六頁。

(34)　海軍軍令部編・田中宏巳・影山好一郎監修・解説『昭和六・七年事変海軍戦史　初めて公刊される満州事変・上海事変の海軍正史　第四巻』（緑蔭書房、二〇〇一年）三一七頁（以下、『昭和六・七年事変海軍戦史　第四巻』）。Kelly, *op. cit.*, p.21 に日本海軍陸戦隊が人口密集地域を通過中に狙撃兵によって発砲を受けたとあり、国際連盟上海調査委員会の第一回報告内容に符合している。

(35)　前掲『昭和六・七年事変海軍戦史　第四巻』三一九頁。

(36)　Kelly, *op. cit.*, p.1292.

(37)　秦孝儀編『総統　蔣公大事長編初稿　第二巻』（中国国民党党史会、一九八七年）深堀道義訳、一六九頁。

(38)　前掲『昭和六・七年事変海軍戦史　第二巻』四六四頁。「二十キロメートル」とは当時の重砲の射程距離を基礎とし、租界住民の脅威を排除する最小限度の危険回避距離であったと考えられていたことが分かる。

(39)　「上海事件ニ於ケル支那軍ノ行動」〔参謀本部編『満州事変史　第十六巻　上海付近の会戦（上）　陣地構築及追撃』（一九三三年六月。防衛研究所図書館所蔵）（以下、『満州事変史　第十六巻』）〕三九頁。

(40)　同右、四〇頁。

(41)　同右、五六頁。

(42)　同右、四二頁。

(43)　同右、四五頁。

(44)　同右、四七頁。

(45)　鹿錫俊『中国国民政府の対日政策　１９３１―１９３３』（東京大学出版会、二〇〇一年）六七～七四頁。蔣介石は一月二十八日の喧騒な空気の中で、「午後、汪兆銘を訪ね、外交方針を討議。一、積極抵抗、一、交渉に備えること」と日記に記した。

(46)　同右、七三頁。

(47)　前掲「外交部対淞滬事変宣言」四三二～四三三頁。

(48)　Donald A. Jordan, *China's Traial by Fire: The Shanghai War of 1932* (Michigan: University of Michigan Press, 2001), p.75. 前傾『総統　蔣公大事長編初稿　第二巻』四二六～四二七頁。

(49)　「日中間紛争に規約第十条、十五条適用を中国側より連盟に申出について」〔『日本外交文書』満州事変　第二巻第二冊、第四十九文書（外務省、一九五〇年）四九頁〕。

(50) 前掲「上海事件ニ於ケル支那軍ノ行動」四二頁。
(51) 張治中『張治中回顧録　上』(文史資料出版社、一九八五年)深堀道義訳、九六～九七頁。蔣介石は軍人を指揮する立場から対日抗戦の気概や愛国心を否定しているのではなく、準備を怠らず、自分の命を待てといっているのである。張衡「略論〝一・二八〟抗戦期間国民党内的和與戦之争〈第一次上海事変抗戦期間中の国民党内における和戦論争に関する概論〉」(『民国檔案』一九九一年第一期)深堀道義訳、一〇八～一一一頁。
(52) 韓明華「一・二八抗戦和不抵抗主義」〈「上海事変と不抵抗主義」〉(『上海師範学院学報』一九八二年)深堀道義訳、一〇〇～一〇六頁。
(53) 前掲『昭和六・七年事変海軍戦史　第二巻』六八八頁。
(54) 前掲『中国国民政府の対日政策　1931―1933』七六頁。蔣介石は二月一日から徐州で軍事会議を招集し、全国防衛計画を纏め、これによって当面の上海事変も処理する計画であった。
(55) 前掲「上海事件ニ於ケル支那軍ノ行動」四〇頁。
(56) 前掲「一・二八抗戦和不抵抗主義」一〇〇～一〇六頁。
(57) 同右。
(58) 前掲「略論〝一・二八〟抗戦期間国民党内的和與戦之争」一〇八～一一一頁。国民党の在広州の中央委員二六人の第十九路軍に対する送金であった。
(59) 同右。
(60) 同右。
(61) 同右。
(62) 前掲「一・二八抗戦和不抵抗主義」一〇〇～一〇六頁。
(63) 同右。
(64) 前掲「上海事件ニ於ケル支那軍ノ行動」二九～三〇頁。
(65) 前掲『昭和六・七年事変海軍戦史　第四巻』六八八頁。
(66) 丁秋潔・宋平編『蔣介石書簡集(中)』(みすず書房、二〇〇〇年)五六八、五七〇頁。竇愛芝「〝一・二八〟淞滬抗戦理応連同第五軍一道説」〈「上海事変では第五軍についても記すべきである」〉(『南海学報』南開大学出版社、一九八二年五月)深堀道義訳、七一～七三頁。
(67) 同右「〝一・二八〟淞滬抗戦理応連同第五軍一道説」七一～七三頁。
(68) 前掲『蔣介石書簡集(中)』五七三頁。
(69) 前掲『昭和六・七年事変海軍戦史　第二巻』六八八頁。
(70) 同右、六九〇頁。
(71) 同右、六九五頁。
(72) 前掲『張治中回顧録　上』九七頁。
(73) 前掲「〝一・二八〟淞滬抗戦理応連同第五軍一道説」七一～七三頁。
(74) 前掲「上海事件ニ於ケル支那軍ノ行動」二九頁～三〇頁。
(75) 同右、五頁。
(76) 井村寿二『日本国際問題研究所中国部会　中国共産党資料集　五』(勁草書房、一九七二年)五五七頁。国際政治学会太平洋戦争原因研究部『太平洋戦争への道　開戦外交史2　満州事変』(朝日新聞社、一九六二年)二八五～二八六頁。
(77) 同右『日本国際問題研究所中国部会　中国共産党資料集　五』五六七頁。
(78) Jordan, *op. cit.*, p.96.

(79) 前掲『日本国際問題研究所中国部会　中国共産党資料集五』五七〇～五七五頁。
(80) 同右、五七九頁。
(81) 前掲『極東戦線』一六二～一六三頁。
(82) 前掲『満州事変史　第十六巻』一四八頁。
(83) 前掲『重光葵外交回想録』九九頁。
(84) 同右、一〇〇頁。
(85) 伊藤之雄『元老　西園寺公望――古希からの挑戦――』（文藝春秋、文春新書、二〇〇七年）二七三頁。
(86) 古川隆久『昭和天皇――「理性の君主」の孤独――』（中央公論新社、中公新書、二〇一一年）一六七頁。
(87) 「在留日本人保護のため陸軍派遣方要請について」（前掲『日本外交文書』満州事変　第二巻第一冊、第三十八文書）三〇頁。
(88) 前掲「松本記録・上海事件」七一頁。
(89) 同右、七〇頁。
(90) 同右、七四頁。
(91) 同右。
(92) 「在留日本人保護のため陸軍派遣方要請について」（前掲『日本外交文書』満州事変　第二巻第一冊、第三十八文書）三二頁。
(93) 国際連盟事務局東京支局『国際連盟における日支問題議事録』（一九三三年）一四七～一四八頁。
(94) 前掲「一・二八抗戦和不抵抗主義」一〇〇～一〇六頁。
(95) 前掲『昭和六・七年事変海軍戦史　第二巻』一九一頁。前掲『満州事変史　第十六巻』四八頁。上海時局委員会代表より芳沢外相宛ての「居留民保護のため救援方申請について」に、便衣隊の跋扈ゆえに日本側の悲痛な状況が綴られている〔「上海事変の真相に関する海軍側情報について」（前掲『日本外交文書』満州事変　第二巻第一冊、第二十九文書）二三頁〕及び前掲「在留日本人保護のため陸軍派遣方要請について」。
(96) 前掲「松本記録・上海事件」七五頁。
(97) 同右、七三～七四頁。
(98) 「中国軍の自重を領事館より警告方誘導について」（前掲『日本外交文書』満州事変　第二巻第一冊、第二十六文書）二二頁。
(99) 原田熊雄『西園寺公と政局　第二巻』（岩波書店、一九五〇年）二〇六頁。
(100) 前掲『昭和六・七年事変海軍戦史　第二巻』一七三頁。
(101) 参謀本部第二課「満州事変機密作戦日誌」一九三二（昭和七）年二月三日〔稲葉正夫・島田俊彦・小林龍夫・角田順編『太平洋戦争への道　開戦外交史　別巻　資料編』（朝日新聞社、一九八八年）一八九～一九〇頁〕〔以下、「機密作戦日誌」。ページは本書による。月日は一九三二（昭和七）年〕。
(102) 前掲『昭和六・七年事変海軍戦史　第二巻』八五頁。
(103) 同右。
(104) 高木惣吉『自伝的日本海軍始末記（続篇）――帝国海軍の内に秘められたる栄光と悲劇の事情――』（光人社、一九七九年）九六頁。
(105) 内田信也『風雪五十年』（実業之日本社、一九五一年）一〇六頁。
(106) 前掲「機密作戦日誌」（一月二十六日）一八七頁。
(107) 北部九州郷土部隊史料保存会編『兵旅の賦――北部九州郷

土部隊70年の足跡――　第2巻　昭和編』（北九州郷土部隊史料保存会、一九七八年）三七頁。

(108) 前掲『昭和六・七年事変海軍戦史　第二巻』三三五頁。

(109) 同右。

(110) 前掲「在留日本人保護のため陸軍派遣方要請について」。前掲『重光葵外交回想録』一一九～一二〇頁。

(111) 同右「在留日本人保護のため陸軍派遣方要請について」。

(112) 高木惣吉『自伝的日本海軍始末記―帝国海軍の内に秘められたる栄光と悲劇の事情―』（光人社、一九七一年）九六頁。

(113) 前掲『太平洋戦争への道　別巻　資料編』一八八頁。

(114) 芳沢謙吉『外交六十年』（自由アジア社、一九五八年）一三四頁。樋口正士『芳澤謙吉波乱の生涯――日本の命運を担って活躍した外交官――』（グッドタイム出版、二〇一三年）一三八～一三九頁。

(115) 木戸幸一『木戸幸一日記　上』（東京大学出版会、一九八〇年）一三四頁。

(116) 前掲「機密作戦日誌」（二月二日）一八九頁。

(117) 前掲『昭和六・七年事変海軍戦史　第二巻』四一八～四一九頁。

(118) 前掲「機密作戦日誌」（二月三日）一八九頁。

(119) 同右（二月四日）一九〇～一九一頁。尚、伏見宮博恭王軍令部長、高橋三吉次長の就任時の背景や軍令部の権限が強化されていく状況の変遷は、水交会編『帝国海軍　提督達の遺稿　上〔小柳資料〕』（水交会、二〇一〇年）二八～二九頁に詳しい。

(120) 「大海令」は第一号から第五号まで発せられた。第一号と第四号は野村に、第二号は末次に、また、第三号と第五号は両者に対して発せられた。前掲『昭和六・七年事変海軍戦史　第二巻』四一四～四二四頁。

(121) 新名丈夫『昭和史追跡――暗黒時代の記録――』（新人物往来社、一九七〇年）六四頁。

(122) 前掲『昭和六・七年事変海軍戦史　第二巻』三四三～三四四頁。

(123) 木場浩介編『野村吉三郎』（野村吉三郎伝記刊行会、一九六一年）三三〇頁。当時在米日本大使館の海軍武官下村正助海軍大佐がプラットから、野村を上海海軍現地指揮官にできないだろうかといわれ、これが直ちに東京に打電された（電文作成した大井篤（兵五十一期）一九九二年談）。

(124) 同右、二七五～二七六頁。奈良武次著・波多野澄雄・黒沢文貴責任編集『侍従武官長奈良武次日記・回顧録　第三巻』（柏書房、二〇〇〇年）四〇九頁。

(125) 海軍軍令部編・田中宏巳・影山好一郎監修・解説『昭和六・七年事変海軍戦史　初めて公刊される満州事変・上海事変の海軍正史　第三巻（戦紀巻三　軍機）』（緑蔭書房、二〇〇一年）二六〇頁（以下、『昭和六・七年事変海軍戦史　第三巻』）。

(126) 前掲『上海戦と国際法』四〇～四一頁。

(127) 榛原茂樹・柏正彦『上海事件外交史　附　満洲建国始末』（金港堂書籍、一九三二年）四〇七頁。

(128) 前掲『野村吉三郎』二七六頁。第三艦隊派遣の目的は、野村司令長官が二月八日に出した声明に述べられている。

(129) 同右、三三〇頁。

(130) 「上海への各国軍艦増派状況について」（前掲『日本外交文書』満州事変　第二巻第一冊、第八十五文書）九六頁。

(131) 前掲『野村吉三郎』三三〇頁。

(132) 同右。「米国軍隊及び軍艦の上海派遣について」(前掲『日本外交文書』満州事変 第二巻第二冊、第四十一文書)三四頁。
(133) 同右、三一八頁。
(134) Willis J. Abbot, *Christian Science Monitor*, February 4, 1932 (前掲『上海戦と国際法』五五～五六頁所収).
(135) 「一月二十九日連盟理事会における第十五条適用問題討議の大要について」(前掲『日本外交文書』満州事変 第二巻第二冊、第五十一文書)五二頁。
(136) 同右。
(137) 同右、五四頁。
(138) 前掲「一月二十九日連盟理事会における第十五条適用問題討議の大要について」。
(139) 「中国の連盟規約第十五条適用申請の事情について」(前掲『日本外交文書』満州事変 第二巻第二冊、第五十二文書)五五頁。
(140) 「規約第十五条適用の場合中国調査委員会との関係に関するドラモンド事務総長の談話について」(同右、第五十六文書)六〇頁。前掲『昭和六・七年事変海軍戦史 第四巻』三三頁。
(141) 前掲「一月二十九日連盟理事会における第十五条適用問題討議の大要について」。
(142) 一九三三(大正十二)年ごろの新聞等に熱烈な国際連盟支持者であり、ウィルソン主義の賛同者であったことが記されている(『大阪朝日新聞』(一九二二年九月六日)。『中外商業新聞』(一九二二年四月五日))。
(143) 「上海事変に対する連盟規約第十五条適用について」(前掲『日本外交文書』満州事変 第二巻第一冊、第四十文書)三三～三四頁。
(144) 「規約第十五条適用の際の措置について」(前掲『日本外交文書』満州事変 第二巻第二冊、第五十七文書)六〇～六一頁。
(145) 「規約第十五条に基づく日本側陳述書に対するドラモンドの示唆について」(同右、第五十八文書)六一～六二頁。
(146) 「上海の事態に関する二月二日公開理事会の議事経過について」(同右、第六十二文書)六五～六七頁。
(147) 「対日空気悪化の状況について」(同右、第六十三文書)六七頁。
(148) 同右。
(149) 「上海事変に限り第十五条の適用承認について」(前掲『日本外交文書』満州事変 第二巻第一冊、第八十四文書)九五頁。
(150) 「居留民の生命財産保護のため最小限度の対抗手段採決について」(前掲『日本外交文書』満州事変 第二巻第二冊、第三十八文書)三九頁。
(151) 「上海における実力行使に関する英国外務当局への説明について」(同右、第四十五文書)四四頁。
(152) 「英米仏三国大使との上海事変勃発状況に関する会談について」(前掲『日本外交文書』満州事変 第二巻第一冊、第四十四文書)三六～四〇頁。前掲『昭和六・七年事変海軍戦史 第三巻』一二頁。
(153) 「上海事変に関する英国外務省コミュケについて」(同右、第四十二文書)三四頁。
(154) 前掲『極東の危機』一五五頁。

(155) 前掲「英米仏三国大使との上海事変勃発状況に関する会談について」三九頁。
(156) 同右、三六～三七頁。
(157) 同右、三八頁。
(158) 「芳沢謙吉」(日本経済新聞社編『私の履歴書 第5集』日本経済新聞社、一九五八年)三六〇頁。
(159) 前掲『上海事件外交史 附 満洲建国始末』五～六頁。
(160) 前掲『上海戦と国際法』四〇～四一頁。
(161) Hallet Abend, *My Years in China* (London: Torn Lane, 1944), pp.190-191(引用文は筆者訳). 後藤春美『上海をめぐる日英関係 １９２５―１９３２年』(東京大学出版会、二〇〇六年)二四三～二四五頁。
(162) 前掲『上海戦と国際法』四一頁。
(163) 「在上海日本軍の行動に関し米国領事より抗議提出について」(前掲『日本外交文書』満州事変 第二巻第一冊、第六十六文書)八一頁。
(164) 「上海の事態収拾に関し英外務当局と意見交換について」(同右、第五十九文書)四七～四八頁。
(165) 同右。
(166) 「日本陸戦隊の他国分担区域使用に関する米国の警告について」(同右、第六十二文書)五〇頁。
(167) 「米国軍隊および軍艦の上海派遣について」(同右、第四十一文書) 三四頁。前掲「上海への各国軍艦増派状況について」。
(168) 前掲『極東の危機』一五四頁。
(169) 「上海の事態収拾斡旋方列国に要請について」(前掲『日本外交文書』満州事変 第二巻第一冊、第六十三文書) 五一頁。
(170) 前掲『昭和六・七年事変海軍戦史 第四巻』九五頁。
(171) 「上海停戦に関する英・米・仏三国の同文通牒について」(前掲『日本外交文書』満州事変 第二巻第一冊、第八十一文書)九二～九三頁。
(172) 同右。
(173) 「英米仏三国同文通牒に対する日本政府の回答について」(前掲『日本外交文書』満州事変 第二巻第一冊、第九十文書)九九頁。
(174) 前掲『極東の危機』一五〇～一五七頁。

第五章　「第Ⅱ期：事変初期」における軍事と外交

——第三艦隊及び陸軍派遣による橋頭堡の設定と停戦の動き——

上海に急派される混成第二十四旅団と第九師団の作戦目的は、「上海付近ノ帝国臣民保護」[1]であり、前述のように、中国軍を租界境界から二〇キロメートル以遠へ駆逐し、上海居留民の安全保障体制を確立することであった。目的を達成するためには、中国軍の中核陣地と見られていた大場鎮を陥落させなければならず、そのための前哨戦として廟巷鎮、江湾鎮の攻略が不可欠であった。このような作戦上の必要性に鑑み、進撃の陣形は、図6における「二月十九日の配備線」に沿うべく、呉淞砲台・呉淞クリーク方面、超家浜、沈家行鎮、公大紗廠（第九師団司令部）、閘北方面を繋ぐ線を、淞滬鉄道に沿って描く緩やかなS字状の約一五キロメートルにわたって形成されるものであった。日本側の以後の作戦の骨格は、まず、橋頭堡を設定する作戦において呉淞砲台を攻略して付近の水路の安全を確保し、上海付近の制海・制空権を確保することであった。そしてこの制海・制空権下においてこそ閘北方面の陸戦、陸兵輸送・輸送船掩護、陸兵敵前上陸の掩護が可能になると考えられたのである。

戦闘開始からこの先遣旅団（混成第二十四旅団）が上海に到着する迄の間の中国軍の状況を、簡潔に述べたい。中国軍は緒戦が市街地の租界外閘北方面であることから、主力を、北方呉淞クリークを隔てた呉淞鎮に置き、南岸に背水の陣を布き、西南方は江湾鎮・真茹の線を以て遠く包囲する形をとっていた。これに対し日本軍は、陸戦隊が閘北方面と呉淞クリーク南岸の二カ所に対峙していた。

作戦の全般指揮をとっていた第三艦隊は、既に上海近海に進出中の艦艇約五〇隻を指揮下に入れ、司令長官野村吉三郎が座乗する旗艦「出雲」の上海到着を以て現地編成を完了するに至った。野村はいわゆる条約派に属する穏健派であった。事変当時の野村の存在は、対米配慮や国際関係維持という点において、重要な意味をもっている。上海に赴くに際し、「自分が出向いた限りは陸軍と終始協力して、陸海軍の喧嘩など絶対にやらぬ心算である」[2]と侍従武官長奈良武次に語っており、彼の米英協調と陸海軍協同に対する強い意気込みを窺い知ることができる。野村の登場は、上海にある海軍艦艇、航空機及び陸戦隊の一元的指揮及び第二艦隊（艦隊司令長官：末次信正海軍中将）の協力と陸軍部隊の輸送を円滑にした。さらに、派遣陸軍部隊最高指揮官であった第九師団長植田謙吉陸軍中将との陸海軍協同作戦において史上希に見る積極的な支援協力体制を可能にした。

一方、この間の外交は、現地上海の戦闘停止の交渉が四回共不成功に終わる一方、ジュネーブにおいては上海調査委員会の二回にわたる報告が行われ、国際連盟の対日空気が悪化した。

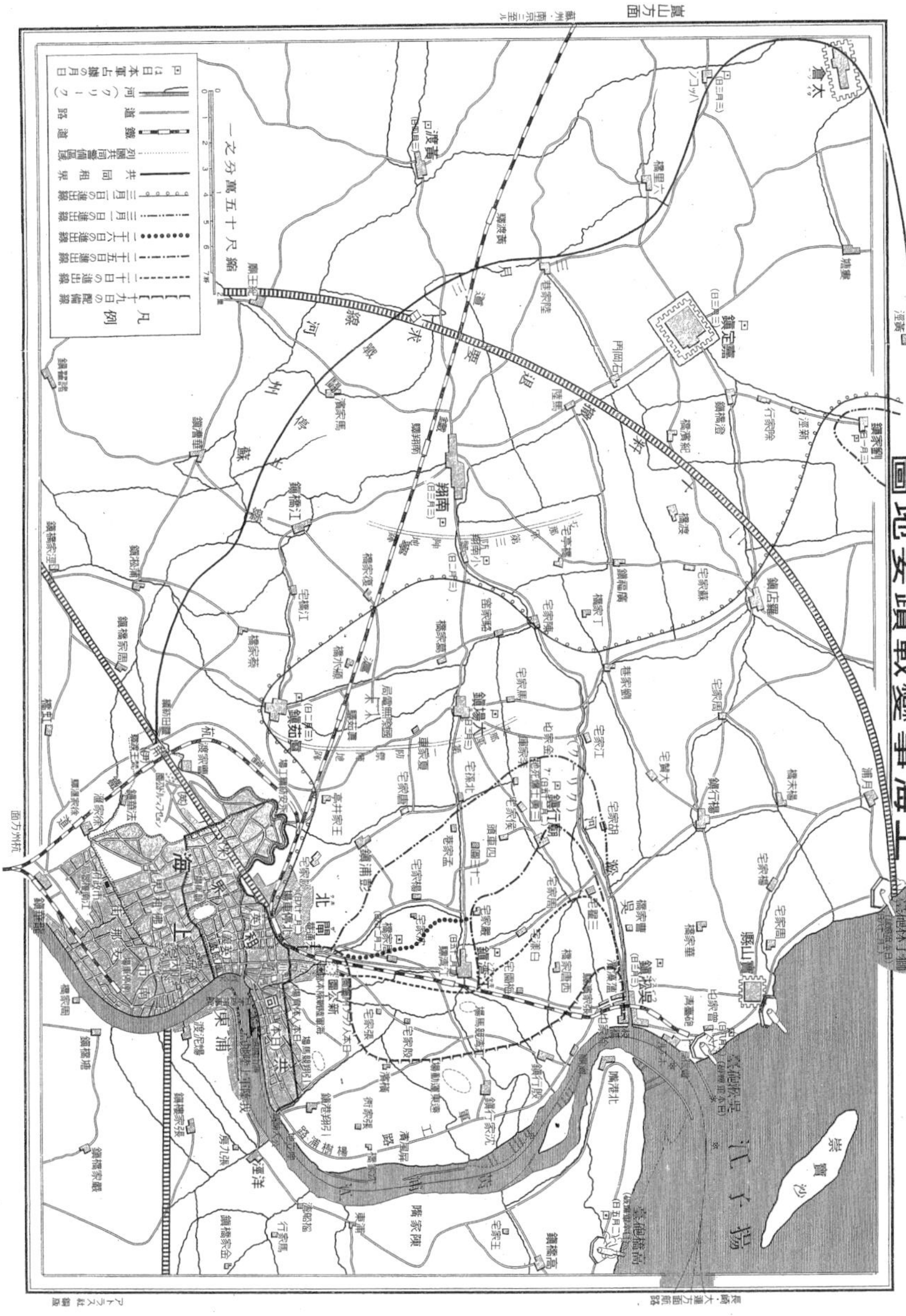

図６　上海事変戦跡要地図（日本軍の進出線を含む）
出典：仲摩照久編『上海事変の経過』（新光社、1932 年）巻頭。

第一節 「大海令」の発令と先遣混成旅団派遣決定の内情

中央では二月四日に混成旅団と第九師団の派遣が最終的に決定を見、野村第三艦隊司令長官が佐世保に向け東京を発つ翌五日正午、第三艦隊（野村）及び第二艦隊（末次）司令長官に「大海令第一号」から「大海令第五号」が発せられた。

「大海令第一号」とは第三艦隊司令長官に対し、中国正規軍が上海付近に集中しつつあるという状況を示した後、「帝国陸軍部隊ト協力シ揚子江方面ニ於ケル帝国臣民ノ保護」を目的に作戦活動を統括すると共に、「帝国陸軍ノ海上護衛（要スル場合）並上陸掩護」と「第九師団長上海付近上陸時迄右混成旅団ヲ指揮」することを命じたものである。現地上海において事変の収拾責任を負う海軍の最高指揮官に与えられ、大局的見地に立った作戦の全体像を示したものであり、陸軍と目的を共有したうえで、陸軍作戦全般に対する支援協力を義務付けたものであった。したがって当然ながらその一環としての海上護衛と上陸援護を命ずると共に、派遣部隊の主体を成す第九師団の上陸援護の作戦のために、先遣混成第二十四旅団の指揮権を第三艦隊司令長官に与えたのであった。陸軍部隊の海軍部隊に対する指揮権移譲は歴史上希有のケースであり、海を隔てた遠隔の上海に起こった事変収拾の責任と初期作戦の主導性を海軍が掌握していることが分かる。

「大海令第二号」は第二艦隊司令長官に対し、「先遣混成旅団ノ輸送及上陸掩護」を命じた。ここで先遣旅団に対する上陸援護は第二及び第三艦隊の双方に課せられていることが分かる。この二つの艦隊間の相互協力の具体化を命じたものが、「大海令第三号」であり、二つの艦隊の支援下に先遣旅団の上陸と初期作戦の任務付与が行われるに至るのである。

陸海軍中央部は、「第三号」以降の大海令（「第四号」及び

「第五号」）に基づき、陸海軍協同作戦に関する指導・指揮、陸海軍航空に関する協定を定めた。陸海軍の協同作戦は当時の陸海軍間に統帥権独立の原則が生きており、一人の最高指揮官の下に権限を集中し、陸海統合軍を組織する訳ではないので、実際の軍事行動に関しては陸海軍間の中央及び現地に協定が必要であった。殊に「大海令第一・二号」が意味するものは、現地上海の状況把握と指揮体制の確立を図るため、最初に第三艦隊司令長官が座乗する「出雲」を出港させ、次いで、動員中の先遣混成第二十四旅団を装備も含めて、第二艦隊（第四戦隊及び第二水雷戦隊）に乗艦させ、海軍艦艇自身による迅速且つ確実な派遣を保障し、具体的なすべての作業が推進された。作戦全般の統制は、第三艦隊司令長官が上海に到着する迄第一遣外艦隊司令官塩沢幸一海軍少将が指揮任務を帯びていた。

　さて、先遣混成第二十四旅団の派遣に関しては、最初閣議には上がっていなかった。その理由は、二日、英米仏三国大使から停戦が提議される一方、政府や陸軍中央において、上海方面の事態が沈静したことが影響して、陸兵の派遣そのものを差し控える意見が出て、海軍首脳部もこれに同意したためであった[3]。上海事変の発生を陸海軍共望んでおらず、しかも処理に極力深入りするような事態に発展しないよう、またできるだけ係わりを回避したいと考えていた本音を垣間見ることができる。

第二節　呉淞砲台の攻略作戦の決定と撤回

一　呉淞砲台攻略問題の発生

三日午後、海軍中央は第一遣外艦隊塩沢司令官に対し、先遣部隊を急速に派遣する必要に関し、所見を求めた。陸海軍内にこれらの状況変化は、事態の好転の兆しであろうと受け止められたところに、突然上海に予想外の状況が発生した。黄浦江の入口を扼する中国最大の要塞呉淞砲台が、たまたま後方輸送（戦死者の遺骸後送）に従事していた佐世保鎮守府所属の第二十六駆逐隊（司令：西村祥治海軍中佐。「栗」「楡」「柿」「栂」欠）に対し、三日午前十一時二十五分に砲撃を始めた。塩沢司令官は二十九日午後二時以降、呉淞沖に警泊中していた第三戦隊（司令官：堀悌吉海軍少将）の協力を得て直ちに反撃に転じた。同砲台八糎砲火薬庫が爆発、火災を起こした。塩沢はこれらの状況を踏まえ、中央部に対して「急速必要トハ認メズ。但シ黄浦江通航ノ安全ヲ期スル為、呉淞砲台ヲ占領シ相当長期間確保ノ要ア」るため、相当の兵力が必要であり考慮を望むと返電した(4)。

三日の夜行われた海軍内省部協議の結果、砲撃事件に加え、もともと陸軍の年度作戦計画に上がっている緊急対応の先遣混成第二十四旅団は準備進行中であったこともあり、取り敢えずこれを出発させ、陸海軍間の協定に基づきこの部隊の使用を野村第三艦隊司令長官に委ねることになった。要するに、呉淞砲台の日本海軍艦艇に対する発砲が、混成第二十四旅団の急遽派遣を決定させた(5)。注目すべきことは、現地で進められていた停戦協定の発砲禁止を厳守すべき期間内にもかかわらず、中国側が呉淞砲台から発砲したことである。

二　呉淞砲台が砲撃した背景と同砲台攻略作戦決定の経緯

何故呉淞砲台から砲撃が開始されたのであろうか。呉淞砲台は、中国側にとって長江口及び上海の入口を扼す重要な戦略拠点であり、日本軍の補給線を制する要衝でもある。その砲台は、前年十一月にドイツ人により改築されたベトン（コンクリート）製の中国最大かつ頑強な造りの要衝であった。この要塞は、国際都市租界の第三国に対する中国主権のプレゼンスを体現する恰好の場所である。今次の上海事変において、日本海軍は陸軍部隊の輸送・護衛及び上陸援護作戦を行うのが必至であることを考えれば、中国側がこの呉淞砲台をまさに死守しようとするのは当然であった。

日中衝突直前の一月二十八日以降、呉淞要塞は第十九路軍第七十八師副師長譚啓秀が要塞司令として任務を掌握し、第一五六旅第四団及び義勇軍を併せ指揮していた。武力衝突する直前に第十九路軍長が発した命令の筆頭に、日本は大部隊の艦隊を上海に派して来ること、確実に「我ガ駐屯部隊ヲ攻撃シ来ルトキハ、全力ヲ以テ之ヲ撲滅」せよとした後、「第七十八師第百五十六旅ハ、京滬鉄路以北呉淞・宝山ノ線ヲ担任シ、陣地ヲ占領扼取セヨ。」とあり、呉淞方面が極めて戦略的価値が高いことを示している。それ故に「呉淞要塞司令ハ、現有部隊ヲ率ヒ固守セヨ。」と厳命し、これを受けた師命令は、「（第一五六旅第四団は：引用者）呉淞ヲ死守スベシ。」と命じている。第十九路軍は、日本側が呉淞砲台を橋頭堡拠点として認識しており、したがって絶対に占領されてはならないという高い戦略的価値を置いていたことを物語っている。(6)

第一五六旅は三個団（第四・五・六団）から成っており、事変勃発時に閘北第一線にあった部隊が第五・第六団であり、呉淞要塞を死守する立場にあったのが第四団である。つまり、第一五六旅がすべて日本軍との最前線に立ったのであった。

尚、中国陸軍の編制は、師は日本の師団であり、旅は旅団であり、団は連隊であり、営は大隊を意味している。

日本海軍艦艇を砲撃した二月三日午後一時に、第十九路軍内において交代が令され、この第一五六旅は閘北の防務を第六十師第一二〇旅（旅長：鄧志才）に引き継ぎ、暫時休憩の予定であった。ところが、日本海軍艦艇及び飛行機による呉淞要塞砲爆撃により大砲六門が破壊され、要塞参謀長及び副官以下多くの死傷者を出した。このため、午後六時に第七十八師長は第一五六旅の第五団に休憩を中止させ、直ちに呉淞に増援させ、同夜、同旅司令部も呉淞に赴いたのであった[7]。

次に、日本側における国際的配慮と呉淞砲台占領に対する現地上海・中央部の応酬の実態は如何なるものであったか。

本格的な陸軍投入に先立ち、「徹底的攻撃ハ我ガ威信並ニ通航ノ安全確保上切要」は当然のことで、現地指揮官の塩沢司令官は、三日午前十一時、上海に到着した第一航空戦隊による飛行機爆撃と第三戦隊の艦砲射撃によって一気に砲台を破壊し、陸戦隊（第一水雷戦隊の艦船陸戦隊）を呉淞に派遣して第三戦隊に協力させ、占領作戦の実施を両戦隊に要望したことを海軍中央に打電した。これに対し海軍次官左近司政三は塩沢に、午後六時過ぎ「（呉淞砲台の：引用者）占領ハ国際関係其ノ他ノ顧慮上、時機尚早ナルモ、爆撃ハ可ナリトスル内意ナリ」と回答した[8]。海軍中央部は、俄に砲台を占領することが国際関係に強く影響すると考えていたことを窺わせる。ところが実際には「呉淞ニ揚陸ノ各国海底電線不通」となっており、各国領事共に呉淞砲台の早期占領を望んでいたのであった。また、英国艦「コーンウオール」艦長は「英商船全部上海出入ヲ禁止シアル」ため、早期に商業行為を再開する必要があることから、塩沢司令官に早期回復を強く要望していたのであった[9]。これら現地の要望を背景に、塩沢は「上海航路ノ安全ヲ速ニ確保」するため、海軍次官の内意を踏まえつつ、「国際関係上ヨリスルモ、呉淞砲台ハ迅速ニ占領シ我ガ軍ノ掌中ニ収ムルコトハ絶対ニ必要ナリ」と直ちに上申し、翌四日午前十一時に指揮下の艦艇に命じて砲台攻略作戦を進めた。

先遣の混成第二十四旅団の出発がほぼ確実となった。これより先、四日の午前零時、第三戦隊司令官堀悌吉が、左近司海軍次官及び軍令部次長高橋三吉に対し、当面の呉淞鉄道桟橋に対する揚陸の安全は確保したので、砲台攻略は揚陸後にすべきであると徹底した研究と慎重を期すことを上申した[10]ことが注目される。塩沢司令官は、指揮下の部隊に攻略作戦を命じたものの、四日は朝から天候不良（波浪高、視界不良、雨）により午後四時近く迄航空爆撃が不能で、しかも江岸陣地から激しい射撃を受けて十分な効果を収めることができなかった。しかし、一応砲爆撃により砲台を沈黙させた。

午後十一時半、第三戦隊司令官から、①敵情から判断するに背面防御があり占領は要塞正攻法に依らなければならないこと、②陣地付近に海底電線引揚場所（外国を含む）の無線電信柱が多数あるために、これを避けての砲撃は至難であること、の二つの報告があり、占領には時間を掛けて可能な条件作りが不可欠であることを示した。これに基づき塩沢司令官は砲台占領の中断を決定した。[11] 一方、四日深夜、輸送任務を帯びた第二艦隊司令長官末次信正は、新軍令部長伏見宮博恭王に対し同砲台の占領を要請した。これは説得力の大きい上申であった。何故なら同艦隊は先遣旅団の輸送と護衛、上陸援護という最優先課題を帯びており、その任務達成のうえで、その占領こそ長期交通線の安定に不可欠と考えられ、しかもそれが当時海軍随一の理想の指揮官像と見られていた末次司令長官からの上申であったからである。先の塩沢に宛てた堀の砲台攻略に対する慎重姿勢とは異にしていた。末次の先の砲台占領の意見が新軍令部長に受け容れられ、六日午前、軍令部次長百武源吾から第三艦隊参謀長嶋田繁太郎に、「占領ヲ必要トスル時機ナリト認ム」という電文が発せられた。[12]

三　呉淞砲台占領作戦の撤回問題

さて、野村第三艦隊司令長官は、二月五日午後に急ぎ東京から佐世保に到着し、直ちに佐世保在勤の将官会議を開き、作戦に関する意思疎通と処理方針の徹底を図った。[13] 出港に先立ち、野村司令長官は、既に現地の堀第三戦隊司令官から、懸念された呉淞水道の通過が可能であり、「出雲」の入港と陸軍揚陸は可能であるとの通報を得、午後七時に「出雲」に乗艦して佐世保を出港した。ということは、以後の水道の安全確保に、堀司令官並びに塩沢司令官は、野村司令長官が上海に到着する迄の間、砲台を確実に沈黙させておく必要があった。それは、上海海域にある海軍艦艇等の艦船陸戦隊を主体にし、海軍内の関係部隊総力を挙げた占領の敢行を目指す作戦を要したのである。

他方、野村司令長官は出港に先立ち、決定すべき緊急課題は第九師団長植田謙吉が上海に到着する迄の間、指揮下に置かれた混成旅団を上海の如何なる戦場に使用するかという問題であった。佐世保出港前の関係諸将との打合わせにおいて、野村は、日本側からの徹底的攻撃は「我ガ威信並ニ通航ノ安全確保上切要」であること、「敵ハ要塞以外、黄浦江岸下流約二浬ニ防御陣地ヲ構築」し、野砲等を備えておけば危険性が極めて大きいことから、「上海ニ不慣ナル陸軍部隊ヲ即急ニ閘北戦線ニ加入セシムルハ良策」ではなく、「海軍陸戦隊トノ混交ヲ避ケ、且別途ヨリ上陸シテ租界外ヨリ敵ヲ掃討」することとした。つまり、この旅団を当面課題である呉淞砲台の攻略に使用することを決心したのである。[14] そして、先遣旅団に対する上陸掩護計画の協定は、輸送に当たる第二艦隊司令長官に委任し、上海に向け佐世保を出港したのであった。かくして、海軍独自で実施しようとした呉淞砲台占領作戦は、先遣旅団との協同によるという新たな作戦に変更されたのである。翌六日、先遣旅団の輸送のために第二艦隊が同港を出港した。

二月六日午前一時四十分、上海向け航行中の野村司令長官は、旗艦「出雲」から無線電信で二つの命令を発した。一つは、先遣旅団長下元熊彌陸軍少将に対する呉淞の攻略であり、上海陸戦隊及び第七・八駆逐隊にて到着する横須賀第二特別陸戦隊（四七四人）を指揮して同砲台を攻略するよう下令した。もう一つは、その旅団の上陸援護のために、空母「加賀」「鳳翔」から成る第一航空戦隊と「能登呂」艦載機に呉淞砲台を爆撃させることであった。この後者の爆撃は直ちに実行され、初めての海軍による呉淞空襲であった。[15]

一方、上海では、二月六日九時、上海陸戦隊指揮官に植松練磨海軍少将が着任した。したがって、それ迄の鮫島具重海軍大佐は上海陸戦隊参謀長となり、ほぼ二、〇〇〇人に倍増した上海陸戦隊はより一層の機動的な運用体制となった。装甲自動車二台・トラック五台及び約一〇〇人を直率し、呉淞クリーク南岸の中国軍を駆逐して上陸部隊を援護することになった。七日午後二時から八時にかけて先遣旅団は、呉淞鉄道桟橋鉄道庫付近（呉淞鎮南方約三キロメートル）に上陸完了した。[16]

さて、上陸はしたものの、ここにおいて新たな問題が発生した。下元旅団長は自ら八日に行った敵情偵察の結果、中国軍は既に呉淞クリークの橋梁全部を破壊していたことが分かり、旅団の装備が肝心の渡河材料を欠き、このままでは作戦決行が困難であることが判明したのである。このため、旅団長は後続の第九師団到着を待ってこれを行うとの意見を野村司令長官に具申した。[17]これは、野村にとって全く予想外な出来事で、当てが外れたことを意味した。日本軍側の作戦上の最初の躓きであり、以後の作戦期間の遅延をもたらす原因の一つになったのである。

呉淞攻略を急ぐ海軍は、現地上海公使館付武官であり、且つ第九師団参謀長として発令が近く予定されていた田代皖一郎陸軍少将の意見を容れ、その資材入手の準備を急いだ。一方、横須賀第二特別陸戦隊は午後四時クリーク南岸を占領後、戦線を陸軍に譲って予備隊となり、野村は翌朝これを閘北戦線に参加させた。

八日午後四時、新着任の海軍軍令部次長高橋三吉海軍中将は命により、野村司令長官に宛て次の内容を打電した。一つは、旅団の現装備で砲台に対する急速な攻略を行えば多大の犠牲を払うこと、したがって暫く呉淞砲台の攻略を見合わせ、これに代わり徹底した艦砲射撃、爆撃を行えば、多大の犠牲なくして第九師団の通航が可能であると判断されること、二つは、同砲台に対する監視と第九師団の通航の援護に努めつつ兵力を集中させ、中国軍に一定区域外へ撤退するよう警告を発し、師団の軍事行動の開始に併せて砲台を徹底して攻略するとしても遅くはないというものであった。要するに、出先陸軍指揮官下元旅団長の意見を十分に徴したうえで処置せよ[18]という内容であった。

野村はこれを容れ、水路安全確保の見地から野砲を増加して同砲台に対する戦闘は小規模ながら継続させた。砲台はそれ迄の日本軍の攻撃で多大の損害を蒙ってはいたが、呉淞鎮を囲む黄浦江や呉淞クリークに面する中国側の防御陣地は依然として威力を保持していたのは、野砲、機銃、小銃により頑強に抵抗していたためである。このため下元混成旅団は第一水雷戦隊と共にこれに対する攻撃に任ずることとなり、「能登呂」がこれに策応して爆撃を持続した[19]。かくして、先遣旅団は上陸時から中国軍第十九路軍の激しい抵抗に遭遇し、対峙し、苦戦を強いられたのであった。この砲台が占領されるのは、約一カ月後の三月三日の日本軍総攻撃によって中国軍が退却を始めたときであった。

中国軍側は、四日以降十六日に至る迄、呉淞要塞は義勇隊若干の補充があったのみで、十六日に休憩中であった第一五六旅の第六団一営が増援された。しかし、このように、中国側は日本の先遣旅団の上陸前に呉淞クリークの橋梁全部を破壊していたことが功を奏し、渡河作戦器材の不足に悩む日本軍の要塞攻略を思いとどまらせたのであった。

第三節 呉淞砲台の攻略問題をめぐる海軍の内在的問題

この呉淞砲台の攻略問題の措置をめぐって、海軍に内在する条約派と艦隊派間の相剋が露呈した。これは海軍が、この上海事変を通じて軍事力使用の目的を徐々に変質させていく過程を物語っており、海軍が以後の日本の国家運営に大きな影響を与える要因となっていくのである。

海軍は日中間の戦端を開いた当事者であると同時に、陸軍に出兵を依頼した手前、輸送路に危険を与えている呉淞砲台の攻略問題を早期に決着させる責任を有していた。いい換えれば、この措置を誤れば海軍は陸軍に対する面子をなくすのみではなく、中国の侮蔑を招く恐れが多分にあった。ということは、海軍はこの深刻な問題に遭遇しているからこそ、その対応をめぐって、往年の内在的要因を顕著に表面化させる可能性を有していた。

既に海軍省の大角岑生は海軍大臣に就任する前後から艦隊派の巨頭加藤寛治の傀儡となっていた[20]。その海軍大臣の下で、二月二日軍令部長谷口尚真から伏見宮博恭王へ、同八日、軍令部次長百武源吾から高橋三吉への交代をはじめ、重要な指揮官配置には、第二艦隊司令長官末次信正らの艦隊派が充てられた。これより先の一九三一(昭和六)年十二月一日には条約派の軍務局長堀悌吉が第三戦隊司令官に転出していた。要するに、満州事変の危機的空気の中、上海事変前後に、艦隊派が軍令部系の主たる枢要配置に就任したのであり、それと入れ替わるように、海軍中央部から条約派が排除され始め、艦隊派主導による海軍全体の強硬化が進んだことを意味する。辛うじて条約派と目された左近司政三は海軍次官にとどまってはいた。これら条約派といわれた人々の大きな特徴は、軍縮という政治を容認できた人々であった。一九〇七(明治四十)年に制定された「帝国国防方針」において、仮想敵国からの対日干渉を抑止するために、西太平洋全域を対象に、対米七割の海軍力を整備するという、政治の道具に海軍力を整備、運用する考えとは根本的に異なっていた。ワシントン軍縮以来の国際変化を捉え、対米六割を受容し、国際協調を優先する故に、海軍力は「防衛」の目的に徹するという政治優先の考え方に立っていたのである。その意味で、軍令部首脳のこの変化は海軍の質的な大きな転換でもあった。

この視座に立って上海の海軍部隊を観察すれば、上海現地の指揮官クラスには第三艦隊司令長官の野村吉三郎が第一遣外艦隊司令官塩沢幸一に代わって主導権を掌握し、併せて、結果ではあるが条約派の第三戦隊司令官堀悌吉が、後述するように、往年の海軍本流の穏健、リベラルな影響力を有しつつ収拾役割を演じるのである。堀は軍務局長から第三戦隊司令官として旗艦「那珂」に座乗していたのであった。他方、末次司令長官や塩沢司令官の強硬派は、もちろん中国に対して事件の発生や紛糾の抑止を企図しつつも、その達成手段において、強圧的な武断的な考え方に立っていた。かくして海軍内には未だ条約派と艦隊派の二つの考え方が微妙に交錯する中で、事変処理が行われていたのである。しかしながら、これらの矛盾が大きく顕在化しなかった理由は、海軍が直面している戦場は海洋を隔てた米国ではなく中国本土であり、すべての関係者がこの事態収拾という緊急かつ共通の任務に向かい、しかも先のロンドン軍縮のような軍備問題ではなく、用兵問題に限定、集中しており、両派が大きく衝突するに至らなかったためであった。

そのような中で、今次の軍事衝突を引き起こした塩沢司令官らの対中方針や対応法そのものに、不満と失望感をもった穏健派の指揮官がいた。それが第三戦隊司令官堀悌吉海軍少将であった。彼は、名指しこそせずとも、塩沢の武力を背景にした対中方針が衝突を招いたのであり、対応法に失望と怒りを感じていたのであった。[21] そして、第三戦隊司令官として中国側の非戦闘員の犠牲の拡大を防ぐという作戦を前提にして、陸軍部隊の輸送の掩護目的を達成しようとしていた。付近在泊の船舶、外国軍艦に予告を発し、先に呉淞砲台から砲撃を受けた第二十六駆逐隊と協同し、第三十駆逐隊、第一航空戦隊、第一水雷戦隊の協力の下に、目標砲台の主要機能部の破毀を主眼にし、跳弾や不規弾が民家地帯に飛ぶのを極力避けての攻撃に努めた。[22] その配慮にもかかわらず、この作戦は砲台後方に位置した頑強な中国正規兵の抵抗に遭ったため苦戦を招いたが、「出雲」の入港と先遣部隊の揚陸を可能としたのである。

堀は非戦闘員に敵も味方もないという人道重視の思想をもっていたが、これは、もともと日本の満州事変以来の国際関係を無視した陸軍の強引な対中進出、それに負けまいと戦功に逸る海軍の良識を欠いた軍人に対する怒りから来ていた。進行中の強引な陸軍の満州進出が排日の原因となっているのであって、これに全く無頓着な陸軍の考え方に怒りを覚えていたことを意味する。そして、満州事変と同じく、塩沢の武力偏重の解決法に堀は失望したのであった。

尚、軍令部次長が末次と同じ強硬派の高橋三吉海軍中将に交代したのは二月八日であった。

塩沢と堀は山本五十六と共に同期（海兵三十二期）であった。しかし堀の塩沢に対する評価は厳しい。同時期に上海戦を戦い、塩沢の事変対処の指揮振りをくまなく観察していた堀は、事変終了後ではあるが、「『子々孫々に至るまで斯かる海軍の人となる勿れ。』之は昭和七年上海事変の現地に於て深く感じた所である。抑々昭和七年一月末の上海事変は、第一遣外艦隊は無分別、無定見に依り起されたものである。従て全く無名の師である。素因既に然り、次に来たものは平戦時公法の無視蹂躪、兵力濫用の修羅道である。戦果誇張、功名争ひの餓鬼道の展開である。更に同僚排撃の醜悪なる畜生道である。一言にして上品に言ふても武士道の極端なる堕落である。(23)」といい切っている。この語調の強さは何を意味しているのだろうか。この分析は後にするとして、それ程、堀は艦隊派で固められつつある中央部による事変処理が往年の海軍本来の常識を欠いたものであり、排日の淵源が日本の中国進出の姿勢、方法如何にあり、その反省や考察、検討もなく、武力に依存する体質、品性と良識の失墜を嘆いたのであった。堀は誰よりも早く、海軍の良識の喪失とその結果が招来するであろう内部からの危機の到来を感じ取っていたといえる。

第四節　第三艦隊及び第九師団の作戦構想と国際関係への姿勢

一　第三艦隊司令長官野村吉三郎海軍中将の作戦に対する腹案

（一）　戦局判断と各国海軍指揮官との調整

「出雲」乗艦の野村司令長官は、八日午後四時過ぎに呉淞沖からようやく上海に到着した。要するに入港に先立ち呉淞砲台から安全を確保するために、通常航海日数より多く二日の日時を費やしたのであった。入港後直ちに第一遣外艦隊司令官及び陸戦隊司令官の状況報告を受け、閘北戦線の実況を把握した。また、在上海英国艦隊司令長官ハワード・ケリー海軍大将、米国アジア艦隊司令長官モントゴメリー・テイラー海軍大将、仏国極東艦隊司令長官オクターブ・ヘア（Octave Herr）海軍中将とそれぞれ会談し、さらに駐華公使重光葵、上海総領事村井倉松を訪ねて内外情勢を把握すると共に、租界・各国艦隊との円滑な関係の維持に努めた。

野村司令長官の総合判断の結果は、(24) 以下の五つであった。

一つ目は、第十九路軍の抵抗は意外に頑強で、兵力の増援が予想されるが「容易ニ退却セザルベシ。但シ敵ハ大兵ヲ擁スルニ拘ラズ、攻勢移転ノ積極的意志ハ無キガ如シ」であり、二つ目は、「敵ハ流言飛語ヲ放チ、又便衣隊ヲ活躍セシメ、虹口方面ノ人心ヲ極度ニ動揺セシメントスルガ如シ」であり、三つ目は、「敵ハ我ガ飛行機ノ攻撃ヲ極度ニ恐」れており、中国側の航空機運用の態勢が遅れていること、四つ目は、中立国在留民の神経は極度に尖鋭化しており、「支那側ノ巧妙ナル宣伝」のため、「其ノ本国ニ於テ、我ガ国ニ不利ナル報道頻々トシテ伝ハリツツアルモノノ如シ」であり、五つ目は、各国首脳部は、本事変の早急解決を望んでおり、「共同租界ヲ離レテ戦闘スルコトヲ希望」しているというものであった。

いずれも作戦計画立案上、重要な指摘をしており、殊に、中国側の便衣隊の存在、中国側の巧妙な宣伝によって日本に不利な報道が広がっていること、租界外に戦域を設定してほしいとの願望等は、以後、日本側の総攻撃の作戦展開に影響を与えることになる。野村の収拾策は、一度、塩沢が武力解決に訴え、中国軍との戦闘を交えている以上、その武力収拾以外にはなかったといえる。

これらの観察結果を踏まえ、野村は、当面の方針として、現在の戦線と現有海軍兵力とに鑑み、「当分進撃ヲ強行セズ、陸軍ノ来着ヲ待ツテ一挙ニ敵ヲ撃攘」すること、「陸戦隊ニ対スル迫撃砲・歩兵砲・其ノ他重要兵器ノ充実ヲ促進」すること、「飛行機ニ依ル爆撃ハ極力之ヲ敢行シ、敵ノ戦術並ニ戦略要点ヲ潰滅」するが、「租界上空ノ飛行ハ極力避」けること、「陸軍ノ到着ヲ促進シ、事件ノ急速解決ニ力メ、又事態ノ拡大ヲ極力防止」すること、「虹口方面ノ人心安定ヲ計リ、又出雲陸戦隊ヲシテ即時派遣準備ヲ為サシメ、以テ便衣隊等ノ後方攪乱ニ備」えること、各列国首脳部と意思の疎通を図り、「正確ナル報道ヲ迅速ニ公表シテ支那側ノ悪宣伝ヲ抑圧」することを決定し、次の声[25]明を発表した。

声明

我ガ第三艦隊ハ在支日本帝国臣民ノ安全ト権益トヲ保護スルノ任務ヲ有ス。本職ハ当市ノ性質ニ鑑ミ、能ク列国ト協調ヲ保持シ、事態ノ拡大ヲ防止シ、今次事件ヲ速ニ解決シ、以テ右任務ヲ達成センコトヲ期ス。茲ニ新ニ命ヲ奉ジ当地来着ニ当リ、一言声明ス。

昭和七年二月八日

この声明文は、上海の外国人、邦人の生命財産を慮り、且つ複雑な蔣介石政権と中国軍との相剋に鑑み、バランスのとれた判断であったといえる。野村は、各国海軍指揮官らと会見した状況を次のように海軍大臣、軍令部長に報告した[26]。それは、自分は休戦を斡旋中の英国艦隊司令長官ケリーに対しては、休戦条件として鉄道線路を境にすることには異存ないが、日本軍の新公園付近の撤退は不可能であって、むしろ中国軍が撤退し、安全距離迄引き揚げるべきであると答えたこと、また討議の間、ケリーが中国と日本とを同一視していたため、自分は、それは不合理であると述べ「断ジテ然ラズ」と釘を刺した。また、閘北の中国兵は豪語しているが、「袋ノ鼠ナリ、我ガ兵力増加シ我ガ陸軍来ルニ於テハ、彼等ハ紛(粉)砕サルル外ナシ」と述べると、ケリーは租界安全のためには租界近傍の戦闘を避け、租界を作戦根拠地に使用せず、遠隔の地域での戦闘を要望すると共に、通商貿易上の損害も大きいので事態の早期解決を望むと述べたという。

かくして野村は、欧米の調停者を信頼して日中間の調整に必要な基礎的な作業を始めたが、当時第三国からは違った見方をされていた。それは、大規模な陸軍の到着前、野村は上海における日本海軍が栄光を保持し得るよう力を尽くしていると見られていたことであった。要するに、英国としては、ともかく日中戦闘の当否を問題にしているのではなく、やるなら遠い所でやれという訳であり、英国の権益擁護の姿勢が見てとれる。また、米国海軍作戦部長ウィリアム・プラット海軍大将[27]よりの電として、上海の良好なる解決を望むとの言を伝え、具体的非難を避け、簡潔な表現にとどめた。その背景には、プラットが在米日本大使出淵勝次を通じ、野村を事変処理の最高指揮官に推し、事態の早期収拾を期待していたという経緯があったからでもある。プラットは野村の旧友であり、彼の国際性を買っていたのであった。

十日、野村は各方面の観察結果と所見を海軍中央に報告した[28]。その内容は、野村が現地上海に到着後数日間にとった態度や判断の根拠を示したものであり、三つの特徴をもっていた。

一つ目は、上海租界に置かれた日本の立場を踏まえ、英国を軸にして租界列国との協調の精神に徹し、客観的な措置をとる基本方針を鮮明にしたことである。二つ目は、矛盾するようだが、事態収拾を目的にこの段階に至っては飽く迄武力攻撃しかないと判断し、この準備態勢の構築を優先する決断を行ったことである。最後の三つ目は、その決断に至らせた背景に、中国軍の陸軍兵力に対する情報源に不十分さ、甘さを伴っていたことである。

野村の頭の中には後述するように、満州事変時の不抵抗主義という士気の低下した中国軍という認識があり、第十九路軍の士気や頑強な質に対する評価が不十分であった。上海陸軍武官府（田代皖一郎陸軍少将）の平素の対中国兵力の観察が不十分であり、野村を補佐できていなかったことを意味している。

この野村の所見に対し、海軍次官、軍令部次長は全面的に了解を与え、英国艦隊司令長官とは停戦交渉に対し不即不離の態度をとる件は外務省とも打合わせ済みと回答した。日本側の作戦を優先し英国の斡旋は、先行き早期収拾の手段の一環に位置付けていることが分かる。いわゆる条約派の野村といえども、対中国観は武力解決以外にないというもので、そこに至る迄果たして他に方法が考えられなかったのであろうか。

（二） 上申した平時封鎖案の結末と制空権の確保

話は少し遡るが、先述のように、日中軍事衝突前に塩沢司令官から平時封鎖の意見具申がなされてはいた。当時は海軍中央部の承認が得られなかった。事変という平時概念の枠内では、第三国の船舶に対する臨検が困難で、実質的な効果が得られにくいという考えであった。しかし野村司令長官は、現に、海上ルートから中国軍に兵器、弾薬等の軍需品の輸送が激増している情勢に鑑み、今後平時封鎖が不可能ではないと判断した。中国船の武器輸送の確証を得れば、これを捕獲する決意であることを中国地方官憲に告知する案を、二月十三日、海軍大臣、軍令部長に具申した[29]。しかし中央は出兵目的が居留民の保護、租界の防衛にあり、平時封鎖を現実に行うことによって第三国や国際連盟に新たな衝撃を与え、事態拡大の誤解を招かないよう避けるべきとしてこれを拒否した。つまり先の塩沢の上申以来、海軍中央部は国際関係維持の思想に立脚して却下したといえるが、現実は研究不足のままであった可能性が高い。

国際法的な観点から野村に対するアドバイザー的な役割を担って旗艦「出雲」に乗り組み、幕僚を兼ねて戦闘経緯を観察した信夫淳平は、著書『上海戦と国際法』において、平時封鎖に関しては、既に万国国際法協会が二年間の研究結果として纏めたものに自己の意見を付して紹介している。それによれば、特定条件（三条件）の下に行う平時封鎖は国際法上容認されるというものであり、開戦前に平時封鎖により一時抑留した船舶はこれを別扱いとし、「交戦中は抑留を継続するも、平和克復後現物又は代償を以て船主に還付すべきもの」と解するのが至当であると、海軍中央部の拒否回答に婉曲的に反省を求めている[30]。閘北方面の中国軍は兵器弾薬その他の軍需品を鉄道その他の陸路から補給されるが、長江口を経て水面から受ける数量も累日少なくはなかったため、海軍本来の任務として平時封鎖の実現が望まれたのであった。野村司令長官同様に軍務局長豊田貞次郎も、海軍次官左近司政三も共に条約派と見られた人物であったが、逆に国際協調を重視するあまり平時封鎖の採用に臆し、腰を引いた感がある。むしろ、作戦においては、条約派も艦隊派もなく、如何なる配慮と海軍政策が妥当であるかの一点において確たる研究をしていなかったといえる。

かくして中国軍に対する武器弾薬の輸送を断ち切るべき平時封鎖ができないとなれば、次の対策は制空権を獲得することであった。制空権の確保については、事変前においては飛行機の爆撃使用はしないという塩沢の方針にもかかわらず、実際に厳しい戦闘が始まってしまうと、陸戦隊兵力の不足に鑑み、緒戦から使用され、「能登呂」艦載機が偵察、爆撃に効果を発揮した。一方、新編された第一航空戦隊の飛行機は馬鞍群島付近の母艦から発着し、その往復、機体収容等に多大の時間を要していた。殊に海軍が中国空軍に警戒し、制空権確保の切迫した作戦を触発したのは、二月五日、真茹方面を偵察爆撃任務中の「鳳翔」偵察機二機及び爆撃機三機が、中国軍機のコルセア機三機、戦闘機一機と交戦し、一機操縦者重傷で敗走させ、一機を撃墜したものの、日本側の偵察機一機が真茹上空にて地上射撃で搭乗員三人全員が即死したことがあったからである。この戦闘以来、天候に障害を蒙ることが多かったため、陸上基地の設定が必要とされた。その調査、選定に当たっては、第三国に対する刺激が少ないこと及び活発化しつつある中国側飛行機に対する対空防御にも即応しなければならなかった。調査の結果、第一航空戦隊と第一遣外艦隊は、当面、上海北東端にある「公大紗廠」の広場を選定し、七日に設営して即日使用を始めたのである。(31) 飛行機の任務は、特別陸戦隊と陸軍に対する上陸支援及び呉淞の攻略作戦等に備えることであった。攻略作戦から砲爆撃に切り替えたのは、先述のように翌八日であった。

中国側中央の何応欽は、二月七日に広東航空司令に飛行機の援助要請を行った。先の中国軍機と交戦した相手部隊の名称も企図も把握し切れなかったことは、日本側の情報収集能力が如何に低かったかを示しているが、八日に至ってようやく中国空軍の暗号解読を目的に陸戦隊内に特務班(無線諜報機関)が編成され、十日以降の動静の把握が容易になった。

航空作戦に関しては、野村は以下、三つの配慮を行った。一つ目は、先の広東空軍の部隊・飛行機の移動情報(敵信傍受)から、飛行場を特定し爆撃を敢行したことである。二月十五日から蘇州、虹橋、龍華の各飛行場を連日爆撃した。広東空軍は蘇州に出動し中央空軍(蔣介石軍)と合して支援体制を整備したばかりのところに、十九日、蘇州を放棄して杭州に移動する状態であった。二十三日の蘇州、虹橋飛行場の爆撃を受けて以降、蔣介石は犠牲の極小化を図り、全飛行機を蚌埠に移動集中を命じた。そして空軍の使用を許さなかったため、第十九路軍の総指揮蔣光鼐の怒りを買ったのであった。軍事的な中国軍飛行場の爆撃効果は、上海戦総攻撃における空からの脅威を排除するに至るのである。

野村の配慮の二つ目は、租界上空の飛行禁止措置であった。二月十一日、基地攻撃機が閘北爆撃の途次、爆弾投下装置の故障を起こしたため三〇キロ爆弾二個(一個は盲弾)

が誤って米国海兵守備区域内永安紡績工場に落下し、中国人五人死亡、一五人が負傷するという事件が起きた[32]。野村が恐れていたことが起こったのであった。第三艦隊参謀長嶋田繁太郎海軍少将は米国艦隊司令長官テイラーに、また、陸戦隊指揮官植松練磨海軍少将と日本総領事館員は米国海兵隊指揮官にそれぞれ遺憾の意を表し謝罪により解決を見たが、野村は同日、麾下部隊に対し上海租界上空の飛行禁止をはじめ、その統制を強化した。

三つ目は、切迫した飛行機の脅威排除に因んで、第三艦隊及び陸戦隊の情報収集能力を高めたことであった。先の陸戦隊特務班の増員と通信施設の拡充と共に、二月十八日、第三艦隊司令部に後方警備指揮官として「出雲」副長別府明朋海軍中佐を配員し、日本人倶楽部において専ら後方内外人居住区域の情報収集及び警備事務を行うことになった[33]。

尚、野村は、それ迄事変の当事者として作戦を指揮して来た塩沢第一遣外艦隊司令官に対して十一日、「主トシテ鎮江及其ノ上流揚子江流域各地ノ警備[34]」を命じた。中国軍は、これを事変の責任をとった塩沢の格下げと見たのである。しかし、現実は淡々とした指揮継承の措置であった。

二 閑院宮参謀総長及び荒木陸軍大臣が植田第九師団長に与えた指示

派遣陸軍の主力である金沢市にある第九師団に、二月二日、日露戦争従軍以来初めて動員が下令された。二月七日に金沢現地から移動を開始したが、師団総力を挙げての対応であった。

東京では二月五日、「臨参命第十四号」により、第九師団と混成第二十四旅団の上海派遣が下令され、翌日、参謀総長閑院宮載仁親王は、上海の特性と任務に鑑みて、第九師団長に、厳正なる軍紀、正当なる行動、事態不拡大、列国との協調、海軍将兵に対する礼譲と精神的協同動作を指示し、行動に関し注意を与えた[35]。これは陸軍が、上海事変を満州事変とは全く異なる受けとり方をし、国際連盟に対する強い配慮を示すものであった。事変不拡大を奉ずる海軍が、「特に国際情勢に明るい人を」と陸軍大臣荒木貞夫陸軍中将に注文を付けた結果の第九師団長植田謙吉陸軍中将の人事であった[36]。

二月六日、荒木は第九師団長に七項目にわたり、本事変対処の目的、対応の具体的な限界と行動の規範等を指示した[37]。

一つ目は、「帝国政府ノ対時局根本方針ハ、成ルベク事態ノ紛糾拡大ヲ避ケ、迅速且有利ニ時局ヲ収拾スルニ在リ」、したがって任務遂行に当たっては、「機微ナル政戦両略ノ関係ヲ考慮」して現地の情勢に善処せよ、二つ目は、「自衛上ノ必要ニ基ク発動ニシテ、戦争ヲ目的トスルモノニアラズ」「満州及支那本土ニ於ケル軍事行動ハ、両者斉シク自衛行動ナリト雖、（中略）対満蒙策ト全然其ノ趣ヲ異ニシ、進ンデ列国ト協力シ、以テ平和的市場ヲ顕現セシムルノ主義ニ即応セザルベカラズ。」とし、三つ目は、上海の居留邦人の福祉保護のみでなく任務に差支えない限り列国人のそれも配慮し、皇軍の威信を向上させること、四つ目は、政府方針に基づき、陸・海・外務中央はそれぞれの出先官憲に対し、上海の平静を期すよう、市外一定の地域に限り中国軍が侵入できない地域の設定を目指して列国の誘導に努めるよう内訓したので、この趣旨に沿うこと、五つ目は、敵性を有する動産・不動産の押収等は自衛の場合に限ること、六つ目は、日本国家・国軍に不利な宣伝の口実を与える行動、とりわけ歴史的・美術的な建築物、第三国人の生命財産に留意すると共に、中国の赤化運動に特に注意せよ、七つ目は、「帝国居留民ノ窮状救済ニ関シテハ、外務並ニ海軍官憲ト協力シ、任務達成ニ妨ナキ限リ、可能ノ努力ヲ払フヲ要ス。」とし、もし緊急措置を講ずる場合においても、「軍政」または「戒厳」等の名を用いず、実を収めるように攻究工夫を望む、と指示した。

これら荒木の指示内容は、政戦略の一致、自衛上の行動、列国との協調、列国人の福祉保護、歴史的・美術的建造物、第三国人の生命財産に対する留意、外務・海軍官憲との協力、誤解を招きやすいマスコミ報道への配慮等、大所高所に立った対処方針を示したといえる。もし本事変の措置を誤れば、予想外に日中が本格的な戦争に突入することとなる。そうなれば満州確保の計画そのものが根底から否定され、日本の存立基盤を失うことが必至となる。つまり、満州問題を重視する故に、全面的な戦争を回避すべく、国際的な配慮を払い早期収拾という目的に向かって出兵を決意し、制限的な戦闘に封じ込めることを海軍、政府はもちろん、陸軍中央部が、図っていたのである。

三　第九師団長が指揮権掌握に際して行った四つの措置

第九師団長植田謙吉陸軍中将は、現地上海における陸軍最高指揮官としての指揮をとるに当たり、四つの措置を行った。

一つ目は、宇品に配属部隊が集結した九日、各級指揮官を通じ全将兵に訓示した[38]ことである。日本軍兵士は列国環視の上海に出動した以上は、「上海付近帝国臣民保護」の目的、意義を十分に弁え、正義の軍、人道の師、精錬の軍隊、優秀の国民たることを自覚し、任務達成に当たって「厳粛ナル統制ヲ保チ渾然一体ノ実ヲ挙」げるように、行動上の細部の注意を与えた。これは統括する自軍の質を決定するうえで重要なことであった。

因みに「大義名分ヲ正シクシ彼我紛争ノ場合常ニ我ニ有利ナル確証ヲ得ル」「渉外事項ノ適切ナル処理」「対敵者ノ認識ヲ誤ラサルヲ要ス」「警戒ヲ怠ラサルヲ要ス」として秘密確保、武器の盗難防止を挙げ、便衣隊に対する警戒を強く促した。「国際的儀礼ヲ尊重スヘシ」として非戦闘員に対する懇切な扱い、寺院、病院等における戦闘回避、人馬材料の節約、火薬・戦利品の慎重な処理、記録の徹底などが挙げられた。これらは徹底して国際的配慮と正義人道に即した精緻な指示を表しており、海軍が荒木陸相に敢えて名指しで派遣指揮官に要請した人物であることを裏付けるに十分であったといえる。そして、後日、停戦交渉に関する国際連盟での対日非難の論戦の中で、この植田師団長の現地将兵に対する具体的配慮が、ジュネーブの日本外交部から外交舞台に出されることがなかったのは残念であった。何故なら満州事変に対する疑念が渦巻く中で、この訓示は、上海現地において、日本軍が事変の処理目的に徹し、真に国際法遵守の精神を体現しようとした希有且つ公正な印象を与える内容であったからである。もし、これが外交部において、ジュネーブ等要所に説明されれば、事変収拾の外交段階において日本軍に対するイメージも少なからず好転した可能性がある。

二つ目は、植田師団長は上海向け航行中、事変勃発以来の海軍側の苦闘と努力を称えると共に、陸軍側との交代の時期と方法に関する調整及び陸海軍間の円滑な協同作戦の基本原則を野村司令長官との間に打ち立てたことである。植田は第三艦隊参謀兼第九師団参謀羽仁六郎海軍大佐に「海軍トノ協同ニ就テハ、克ク協力一致渾然一体トナリ、国軍トシテノ武力ヲ充分ニ発揮シ度キ考」であることを示した[39]。他方の野村は、陸軍が上海到着のうえは、海軍は全力を尽くして陸軍に積極的に協力し、速やかに「敵ヲ潰滅シ度キ希望ナリ」とし、海軍としても場合によっては「多少無理ナル要望ヲ出スコトアルヤ量ラレザルモ、是等ハ大局上ヨリ打算シテ隔意ナキ協調ヲ遂ゲ、以テ帝国ノ威武ヲ発揮シ度キ考ナリ。」と述べる等、「海陸軍最高指揮官相互ノ尊敬ト理解並ニ同情ハ、幕僚ハ勿論部下全般ニ反映」し、「真ニ協同作戦ノ基調ヲ成セルモノナリ。」であった[40]。陸軍兵の輸送・護衛等はもちろん相互信頼が醸成され、陸海軍の兵士レベル迄その思想が具体的行動に現れたのである。最高指揮官同士の意思疎通は、現地部隊全体の陸海軍協同の士気高揚の原動力となった。これは満州事変とは全く異にした事変の性格と、野村、植田の性格からも来ている。

措置の三つ目は、植田師団長はその協同作戦の基本に則り、まず江湾鎮以西の中国軍に全力を以て打撃を与えることに作戦を集中し、並行的に行われている諸作戦を整理統合したことである。二月三日以来の中国軍呉淞砲台に対する砲爆撃は強靭な塹壕によって長期化し、呉淞クリークを隔てて混成第二十四旅団の一部兵力が中国軍と対峙中であったが、これ以上、支作戦である呉淞攻略に兵力を割くのを不利と見て、呉淞砲台には一部兵力を以て監視するにとどめた。とはいうものの、その間海軍は現実問題として、それと呼応しつつ呉淞水道における軍需品等の安全な輸送を確保するため、艦艇及び飛行機による砲爆撃を約半月間にわたって継続した。また二月十四日、海軍陸戦隊と陸軍との戦線受持区域の協定を交わし、閘北方面の横浜橋以南約七〇〇メートルの正面を陸戦隊が保持し、同橋以北は陸軍と交代する、但し租界内及び拡張道路区域の警護は従前どおり全部海軍が行った[41]。しかしながら二十日以降は、後述する江湾鎮方面の戦線に陸軍が苦戦したため、陸戦隊は結局、停戦迄従前どおり閘北戦線の全部を担当することになった。

最後の措置の四つ目は、陸海軍協同作戦の基本原則及び国際関係維持の原則に則り、現地上海における陸海軍協同作戦の協定が二月十五日に合意されたことである。既に海軍側では二月五日の「大海令第四号」を以て軍令部長伏見宮博恭王から野村司令長官に指示されており、さらに現地上海における植田と野村の間に具体的な「陸海軍航空協定ニ関スル一次協定」が十五日に交わされた。また十八日、「陸海軍協同作戦ニ関スル協定及陸海軍航空ニ関スル第二次協定」が成立した。このように敢えて作戦に当たって陸海軍間に協定を結ばなければならない理由は、有事の陸海軍間の並列関係が一九〇三（明治三十六）年の「戦時大本営条例の改訂」に規定されていたからである[42]。

殊にこれら一連の航空協定において注目されるべきものは、三つある。

一つ目は、現状を追認した形になったが、陸海軍機の主要な作戦の役割分担が明確にされたことであり、陸軍機は師団作戦に、海軍機は爆撃、遠距離偵察と防空に、「能登呂」艦載機は呉淞支隊正面の爆撃、偵察及び七了口方面の艦隊の陽動に策応することが指定された[43]。二つ目は、作戦戦略の視点から主攻目標に大場鎮と江湾鎮間の「敵陣地の第一線」、呉淞クリーク上にある全橋梁、砲兵陣地と軍事輸送列車を挙げ、陸軍作戦の効果を挙げたことである。三つ目は、「爆撃ヲ希望セザル目標」[44]として、真茹駅北方の国際通信大電台（真茹無線室）、租界及びその隣接区域、浦東の中国軍隊、復旦大学（江湾競馬場東南側）、南市方面の中国軍隊を掲げており、租界の列国に対する便宜維持、中国施設における軍事的敵性の有無の峻別、国際的な非難や不必要な紛糾原因を極力回避するという被害極限と国際法遵守の姿勢を貫こうとしていたことを示している。

四　第九師団主力の海上輸送及び国際関係を阻害した上海上陸

第九師団は、二月六日に動員を完結し、七日から陸上（鉄道）輸送を開始した。出征に際して官民の熱烈な歓送の中を金沢駅出発、広島に向かった[45]。当時の金沢市民にとどまらず、日本全国の出征軍に対する期待と空気をよく表している。師団の諸隊は、広島兵器支廠から軍需資材を受領して装備を整えた。先遣の混成第二十四旅団の輸送が急を要するために軍艦輸送であったことに比し、第九師団の輸送は重装備兵器・糧食、馬匹等の後方支援部隊を抱えた本格的な輸送であり、徴用された民間船舶による二つの部隊（梯団）となって上海に向かった。植田師団長が座乗する

図７　日本総領事館前に停泊中の第三艦隊旗艦「出雲」
出典：前掲『上海事変写真画報　第二輯』（朝日新聞社、1932年3月20日）3頁。

図８　第九師団長植田謙吉を迎えた上海事変関係者（1932〈昭和7〉年２月）
左から村井総領事、野村第三艦隊司令長官、重光公使、植松陸戦隊司令官、植田第九師団長、嶋田第三艦隊参謀長。
出典：前掲『上海事変写真画報　第二輯』３頁。

「三笠丸」をはじめとする第一梯団（「岩手丸」「ふらんす丸」「摩耶丸」「浦塩丸」「筑波丸」「八雲丸」「生駒丸」「あむうる丸」の計九隻）は師団戦列部隊の主力であって、十日迄に宇品において九隻の輸送船に分乗して、十一日未明に門司に到着した。残余の第二梯団（「昭久丸」「ふろりだ丸」「白梅丸」「神龍丸」「あいだ丸」「美春丸」「宇品丸」の計七隻）は十一日門司において、兵員を乗船させた。この輸送は途中の情勢変化にも即応できるよう敵前上陸を予想したもので、特に第一梯団の「ふらんす丸」「岩手丸」に搭載された部隊は、その後の上陸、移動をはじめとする作戦行動に即応できるようそれぞれ一支隊として配船された(46)。

一方、野村第三艦隊司令長官は九日、「大海令第三号」に基づき輸送援護のため麾下の第一水雷戦隊の駆逐艦を一隻ずつ各梯団の直接護衛に任ずる命を発した。

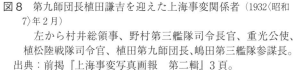

また末次第二艦隊司令長官は麾下の第二水雷戦隊の第一錨地待機並びに会合点から上陸地点迄の直接護衛に備えた。上海事変の陸兵輸送において陸軍主力の直接護衛は、第一梯団約一〇ノット、第二梯団約八ノットの速力であった。船団速度は最劣速の船に支配されるので、必然的に第二梯団は遅くならない配慮が必要であった。いずれの梯団に対しても各一隻の駆逐艦で護衛、誘導を済ませ得たのは、先述のように中国海軍が敵対の態度をとらず、全く動かず、直接的な脅威がほとんどなかったからである。

十三日午後、「夕張」及び第三十駆逐隊（一部）は呉淞砲台の制圧に努めつつ第一梯団の水道通過を援護した。「一同甲板に上つて見ると、眼につくものは唯、呉淞の廃墟のみ。」であったという(47)。同夜、師団長は「三笠丸」にて野村司令長官、植松陸戦隊司令官、重光公使、村井総領事と会合して「皇軍発動ノ真意」を闡明した。

いよいよ第九師団が上陸し、迅速な作戦準備段階に入った。第一梯団の主力は十四日午前、上海の大阪商船等の碼頭に揚陸し東部楊樹浦日本諸工場に、また残りは呉淞鉄道桟橋に揚陸し、江湾鎮東方約六キロメートルの部落に集結した。第二梯団は上海埠頭に到着した。かくして十六日中に第九師団の全部が揚陸し、作戦後方機能が整えられた。但し、大阪商船や上海埠頭は租界内であり、作戦基盤である部隊、軍需品、舟艇類の上陸は安全を重視して、この地を上陸地点に選んだ。この間、基地飛行隊及び「能登呂」艦載機は砲台及び付近陣地の爆撃を行った。このように日本軍が共同租界の一部の東部楊樹浦を軍事基地として使用したことは、国際連盟で既に非難の対象になっていたが、上陸桟橋の問題に改めてスポットを当てるような事件が起こり、これが同地の英国をはじめ、各国官民を著しく刺激したのである。

それは十六日の夜、公和祥碼頭（Shanghai Honkew Wharf）で糧食積み込み監視中の英国艦「サフォーク」が中国軍の砲弾を受け、水兵一人が重傷（後、死亡）、一人負傷、その他中国労働者二人死亡、数人が負傷するという事件が起こったことである。[48] 十七日、英提督ケリー海軍大将はその参謀長を「出雲」に派遣し、厳重抗議した。[49] 日本軍が租界の国際関係に対し配慮するということは、交戦国である日本が、付近にある相手の中国軍砲弾の被害責任を負うという論理であり、共同租界の軍事的使用の難しさを物語っていた。野村司令長官は深く遺憾の意を表し、艦隊軍医長に負傷者を見舞わせると共に、事情を陸軍指揮官植田師団長に告げてその考慮を促し、さらに東京にも報告して善後処置を講ずると述べた。租界を軍事行動の根拠地とすることに、険しい現実的な非難の目が注がれたのである。

第五節　閘北及び呉淞鎮方面の戦闘から陸海軍協同作戦の態勢へ

一　停戦期間中の閘北戦闘の実態と協定破棄後の日本海軍陸戦隊の総攻撃

陸軍派遣部隊が到着する前の、海軍陸戦隊の閘北戦について触れたい。前章に述べたように、一月二十八日夜半、約五時間の苦戦によりようやく全警備地区の掃討を終えた陸戦隊は、閘北において攻勢をとるに至った。この間、英国上海総領事ブレナンの斡旋によって即時停戦の勧告案が提示されたが、結果は実らず交戦が継続した。二月四日に、中国軍は協定を無視し、三十日以来閘北方面で攻撃を反復するので、自衛上日本の陸戦隊は午前七時頃より砲撃し、閘北掃蕩戦を開始した。それは、いわゆる陸軍の到着前に少しでも有利な作戦環境を設定すべく、佐世保・横須賀特別陸戦隊からの増強部隊を含む陸戦隊の面子にかけて行われた陸戦隊独自の総攻撃であった。両軍間には機銃、野砲、曲射砲、迫撃砲などが主用され、日本側からは陸戦兵力の不足を補うべく空爆が行われ、榴弾砲が加わったのである。陸戦隊は、四日の戦死者八人（重軽傷者一三人）、五日は戦死者五人（重軽傷者三九人）を出し、戦闘初日を除く最大の犠牲規模になった。(50)

午後二時ごろに新公園西方の地区に進出したが、その間、宝山路、天通庵路、横浜路の激戦においては事変以来最多の犠牲者（死傷合計七三人）を出した。また、陸戦隊は呉淞砲台・クリーク方面の砲爆撃でも多大の被害を与えたものの、先遣旅団の上陸迄には中国軍を撃滅できず、結果的に逆に同旅団の作戦協力を得なければならない事態に陥った。

公表資料によれば、第十九路軍の第六十師の死傷者数は約四三〇人であった。死傷者数比は日本側が小さいものの陸戦隊は著しい苦戦に陥り、五日には「能登呂」艦載機が偵察と新爆弾を使用しての爆撃を行ったが、初めての新爆弾は不発が続出して空中攻撃が頓挫し、戦線の膠着を見るに至った。閘北の中国側の便衣隊の跳梁は、この日本側の制空権が維持できなかった期間に顕著であったのである。

海軍陸戦隊が使用した主要装備は、戦闘開始時の装甲車九台、八糎野砲四門、五糎野砲四門、曲射砲四門、機銃車一一台であったが、最も兵力の増加を見たのは内地より輸送された各種陸上砲であって、二月一日に八糎野砲四門、新たに五日に到着した第六大隊の山砲一一門、十二榴四門、十五榴四門、十五臼四門、高射砲三門が揃った。六日に野砲一六門、十二日に七・五糎山砲一門、十七日十二糎榴弾砲四門、十八日七・五糎山砲一二門であった[51]（この後、二十日に八糎高角砲三門、二十六日に十五糎臼砲四門、三月五日に十五糎榴弾砲四門が届いた）。かくして、陸戦隊の砲火力面では中国側に比し圧倒的に優勢になった。しかし、兵力の小出し的そしりは免れない。国際関係を配慮するとはいいながら、現実には先に戦局の見通しがなく、危機の進展状況に追随する形の戦備推進であるという日本側の事情もある。市街戦であり頑強な煉瓦の建築物・砲観測所の設定や租界に対する被害を与えない等の各種制約がその運用を困難なものにしていた。日本の飛行機の爆撃は漸次増加した。二月七日に使用を開始した公大紗廠の基地飛行機は、十日に陸戦隊指揮官の指揮下に収まり、二月十七日に第三艦隊司令長官の指揮下に入った。尚、先遣の混成第二十四旅団が到着するのは二月七日であり、陸兵と携行品が呉淞鉄道桟橋に揚陸完了したのはその夜のことであった。したがって陸戦隊第二・第四大隊による七日の攻撃計画はまだ実現を見ないでいた。混成旅団の到着後に同旅団の呉淞方面からの攻撃と相俟って陸戦隊は戦線に近い後方地区には猛烈な戦火を交えた。にもかかわらず頑強な第十九路軍の抵抗は激しく、以後約一カ月の間、概ね現態勢を維持したままであった。十二日は人道的見地から、一時（四時間）閘北内部の外国籍婦女を避難させるために便宜（戦闘中止）が与えられることになった[52]。日中両軍は鉄道線路及びクリークを挟んで相対峙したので、戦線は膠着し緊張状態が続いた。尚、第九師団が上海に上陸を完了するのは、二月十六日のことであった。

二　陸海軍協同作戦の徹底の背景と第一次総攻撃の発想

第九師団全部が上陸した二月十六日、参謀次長真崎甚三郎陸軍中将は中国軍を撤退させることにおいて、もはや日本軍に対する列国軍の協調の見込みがないと判断し、「帝国軍単独攻撃ニヨリ撤退ヲ強要シ神速ニ事態ノ解決ニ邁進スルノ時期」と認めた。そこで、中国軍に対する撤退要求提出の時期、関連する軍事行動及び「政略上諸般ノ処置」に関し、出先外務官憲及び海軍側と協議のうえ、決定するよう植田師団長に対して指示した。真崎次長は、大蔵・外務両大臣が出兵に際し潜在的に陸軍に不信感を抱いていることから「上海ハ一日モ速ニ撤去シタキ考」えであり、このためには「一大打撃ヲ与フルニ必要トスル」との観点から作戦の急展開を指示したのであった(53)。第一次総攻撃の出発点であった。

これに基づき、第九師団の作戦計画が十七日に策定され、十八日、海軍に依頼すべき事項について協議された。海軍側は羽仁六郎海軍大佐、阿部勝雄第三艦隊参謀海軍中佐、大西瀧次郎海軍中佐ら計六人、陸軍側は参謀本部付軍令部参謀今村均歩兵大佐、第九師団参謀長谷実夫歩兵大佐ら五人であり(54)、陸海軍相互に積極的・友好的な会議であったという。もともと陸軍部隊の派遣を要請したのは海軍であることから、海軍側は陸上作戦に関する陸軍側からの協力要請は積極的に受け容れた。協力要綱の基本的考え方は、要するに、総攻撃の全体を見通し、大勢の中国軍を如何に分散させ、海軍の機動力を如何に活用するかにあったといえる。具体的に期待されたものは、呉淞方面の混成旅団に対する支援協力と中国軍に対する撃攘、揚子江本流の瀏河方面の中国軍の牽制、飛行機による陸上戦闘の協力、飛行基地及び黄浦江上の警戒、南市方面に対し河上より日本軍による攻撃企図の流言を放つ画策、陸戦隊の増強、並びに、陸軍発動機船の運転と後方勤務であった。南市とは上海の中心を成し、中国主権が及ぶ城内を指す。瀏河方面の中国軍に対する牽制という意味は、先述のように、陸軍の年度作戦計画に上海有事の上陸を想定し、測量済みの戦略地点(七了口)を確保するための陽動作戦を指すものである。飛行機の運用は協定に基づき、陸軍飛行機（戦闘機八機、偵察機八機）は師団の作戦に直接関与させ、海軍飛行機は主として爆撃、遠距離偵察と防空に任ずることとされた。

三　第九師団隷下の兵力編成と兵力装備

金沢第九師団が先に選ばれた理由は、山砲師団であること、即ち中国に転戦するためには「駄載または臂力」ででも転戦できる山砲は不可欠の装備であること及び海軍の要望から国際派と目された植田師団長が選ばれたという経緯がある。

さて、上陸が完了した第九師団の兵力構成は、歩兵、騎兵、山砲兵、工兵及び輜重兵、衛生隊、野戦病院の計八、八〇〇人、混成第二十四旅団は人員約二、七七〇人、その他の配属部隊として独立戦車第二中隊、野戦重砲兵第一大隊、攻城重砲兵第一中隊、第三師団第一・第二野戦高射砲隊、飛行第二大隊、独立飛行第三中隊、臨時派遣工兵隊、その他無線電信第二十二・第二十三小隊、兵站自動車中隊の計約一、八〇〇人（三月一日以降の参加部隊を除く）であり、上海陸戦隊は、本部及び佐世保・横須賀からの特別陸戦隊の増強を得、合計七個大隊で構成され約四、〇〇〇人から成っていた。かくして第九師団長が指揮する部隊は合計約一万七〇〇〇人を数えた[55]。なお、先のことになるが、今次の第一次及び第二次の総攻撃後、急速に補充を求められた主要な部隊が第十一師団の歩兵第二十二連隊であり、野戦重砲兵第六連隊第二大隊（十五榴）二個中隊四門の部隊及び独立野戦重砲兵第八連隊第四中隊（十榴加農）四門である。以後の理解を容易にするために、戦闘全期を視野に入れ日中両軍の兵力を比較すれば、表6のとおりである。

では、以下、第九師団長が指揮する対象となった混成第二十四旅団及び海軍陸戦隊の兵力・装備について逐次触れたい。

混成第二十四旅団はその地理的位置から分かる如く、平時から大陸に一旦事ある場合に即応するため必要な兵種を文字どおり「混成」し、二四時間以内に即応を計画され、急ぎ派遣される部隊であった。第九師団の応急動員に並行して、計画されたのである。具体的な編成は以下のとおりであった[56]。軽砲主体とし、また、上海戦にはクリークが多く、陸戦中、装備の運搬は「駄載または臂力」によるものが多かったのであった。したがって上海への輸送は軍艦輸送であった。

最後に、上海陸戦隊の兵力装備について触れる。陸戦隊は二月七日の時点で最終的に七個大隊が編成され、第一大隊は事変前から上海に常設されていた固有の陸戦隊であり、三個中隊と特科隊から構成された。特科隊は装甲車隊、機関銃隊、野砲隊、曲射砲隊等から成る。第二大隊から第七大隊（第六大隊を除く）は臨時派遣の特別陸戦隊であって、各大隊は二個中隊から成り、一個中隊は四個小隊と機関銃隊から成った。一個大隊は約四五〇人から五五〇人であった。第六大隊は二月五日に到着した佐世保第四特別陸戦隊（砲隊）であって七個中隊から成り、陸軍砲兵部隊に比肩し得る以下の火砲を有する特別な専門部隊であった。佐世保は大陸に近く、正面・後方共に多くの面で策源地の役目をもっていた[57]。

第六大隊（佐世保第四特別陸戦隊：火砲専門部隊）

第一中隊　十二榴　四門　　第二中隊　山砲　四門

表6　日中両軍の兵力・装備(砲兵のみ)

中国軍の兵力・装備

軍名	師	総兵員数	主要装備(門) 山砲	野砲	迫撃砲	十五糎榴弾砲	備考
第十九路軍	第七十八師	約 10,000 人	6		10		・実戦・戦闘経験豊富
	第六十師	約 11,000 人	8		10		・総兵数：約 35,000 人
	第六十一師	約 12,500 人	10		20		・計：砲数：64 門
第五軍	第八十七師	約 20,000 人			144		・第五軍：実戦経験なし
	第八十八師	約 20,000 人	36	24	144	8	・八十八師に砲兵旅を含む
他：憲兵団		約 15,000 人					・八十八師の兵力は八十七師に略同じとの記載

(註)中国軍の兵力に関しては、記載資料が少なく、資料によって異なり、正確さを欠く(本数値は、海軍軍令部編『昭和六七年事変海軍戦史』や陸上自衛隊第十師団篇『第九師団戦史』などを参考とした)。

日本軍の兵力・装備　(単位：人、門)

派遣	部隊名	四一式山砲	改造三八式野砲	十四年式十加	八九式十五加	四年式十五榴	四五式二十四榴	十五糎臼砲	総兵員数
一次	山砲兵第九連隊(9D)	24							9D：約 8,800 配属：約 1,800 24B：約 2,770 総兵員数：約 13,370
	野戦重砲兵第二連隊第一大隊(配)					8			
	攻城重砲兵第一連隊第一中隊(配)							4	
	独立山砲兵第三連隊第二大隊(24B)	8							
*	上海海軍特別陸戦隊								約 3,800
	合計	32				8		4	約 17,000
二次	山砲兵第十一連隊	24							軍司令部＋11D：約 4,600 (14D 兵員は後)
	野砲兵第二十連隊		36						
	独立山砲兵第一連隊	24							
	野戦重砲兵第六連隊								
	第二大隊					8			
	独立野戦重砲兵中隊			4					
	攻城重砲兵第一連隊							12	
	攻城重砲兵第二連隊								
	第一中隊						2		
	攻城重砲兵隊			2					
	合計	48	36	4	2	8	2	12	
陸軍総計		80	36	4	2	16	2	16	156
	山砲	八糎野砲	五糎野砲	曲射砲	高射砲	十二瑠	十五瑠	十五瑠臼	
海軍陸戦隊	24	20	4	4	6	8	4	8	78
陸海軍合計									234

出典：前掲『昭和六・七年事変海軍戦史　巻2巻』459 ～ 464 頁及び「田藤博資料」(靖國神社偕行文庫所蔵)より作成。

第三中隊 山砲 四門 第四中隊 山砲 三門
第五中隊 高射砲 三門 第六中隊 十五榴 四門
第七中隊 十五臼 四門

このほかに在上海各艦船より揚陸した陸戦隊（計六個中隊：艦船陸戦隊）があった。尚、特別陸戦隊とは鎮守府等の陸上に常設された固有の陸戦隊であり、艦船陸戦隊は艦船乗員を以て臨時編成された陸戦隊である。したがって後者は比較的に練度も低く、上陸後の作戦地区の事情にも疎い性格をもっていたため、苦戦と犠牲が強いられることになった。

第六節　中国軍の作戦・戦闘の内情と蒋介石の対応

一　中国側の戦闘経緯と蒋介石のジレンマ

海軍陸戦隊単独による総攻撃が敢行された二月四日から、陸軍派遣部隊による第一次総攻撃が準備完了した二月二十日迄のうち、二月四日から八日にかけては、中国軍が初めて大勝利したとして上海の世論が歓喜した時期であった(58)。蒋介石の意に反して戦端を開いていた第十九路軍に対するこのような国民的な賞賛によって、「一面抵抗、一面交渉」を掲げた蒋・汪合作政権は、新たなジレンマに陥るに至った。では、如何なるジレンマが生起したのであろうか。

蒋は、第十九路軍が陸戦隊と激戦中の二月三日以降も事態の不拡大を企図し、同軍に対して抑制・抵抗禁止を指示する一方、後手になった防衛の全体計画の立案と外交解決を促した。殊に外交面では二月四日に蚌埠飛行場に赴く行政院長汪兆銘に対し、国権を喪わず、寸土も失わず、「日寇が耐え忍びがたい条件を出さない限り」英米の干渉の機を逸することなくこれと交渉しても良いこと、各国の干渉故に却って強硬な態度をとって不利な影響をもたらしてはならないこと、及び対日交渉においてはその軍部のルートを重視するように明示したのであった(59)。さらに、上海市長呉鉄城に対しては国際的解決を念頭に置いて現地交渉を行うように指示し、「一面抵抗、一面交渉」の確認と徹底を図った。

二月五日、空軍は目下、陸海軍からの独立組織化と航空戦力の充実強化の途上にあるために、その使用に消極的であった蒋は、日本軍の参戦を前にして、「日本陸軍が参戦したときには、わが空軍も上海戦に加わり、陸軍との協同作戦として定めてある以外に、空軍は風の如く随時随意に出没して敵を奔走せしむるを要す(60)」と軍政部長何応欽に指示した。この空軍の投入は、軍事的見地から積極的な方向変換を意味したのであろうか。答は、軍人である蒋としては、陸・空作戦を併せて一面抵抗の範疇と考えたのである。この日、中国軍機によって、真茹方面の偵察、爆撃に従事していた日本機（「加賀」偵察機）が中国軍の地上射撃を受け墜落、焼失し、搭乗者三人が戦死した。[61] 中国軍の航空基地、使用可能性のある航空基地を積極的に粉砕する方針であった。

二月六日、第十九路軍は閘北戦線で多大の犠牲を払った第七十八師を第六十師に交代させ、強靭な戦闘力を維持した。

二月七日から八日にかけて行われた戦闘は、渡河器材の不備により呉淞クリーク右岸掃討と橋頭堡設定にとどまった日本の混成第二十四旅団との戦闘であり、これらはいずれも中国軍が初めて大勝したと称えるに十分な宣伝材料になっていた。混成第二十四旅団の上陸という不安定な戦局の「虚」を第十九路軍に突かれた形になり、多大の犠牲を払った。これに対し、蒋は冷静であった。「上海戦で倭寇の攻撃はきわめて激烈であり、わが軍は何とか保持できたのに、世人は知らず、本当に勝利したと思いこんだ、と。実際は、倭の海軍陸戦隊が陸上でわが陸軍と戦うに、その技が尽きたのであり、わが軍の戦闘力が倭に優っていたのではない。ただ、わが十九路軍の忠誠、勇気は賞賛すべきだ。」と軍人としての冷静な顔を覗かせており、自戒と第十九路軍に対する率直な賛辞を披瀝している。[62] 尚、蒋は日本軍の侵攻を「倭寇」と呼ぶ程対日印象が憎悪に満ちたものであり、日本との交渉が欺計に満ちたものであると認識していたのであった。

二月十日には、上海駐在の公使館付海軍武官北岡春雄海軍大佐からの情報によれば、中国軍は、「最近滬寧線（上海—南京：引用者）ニ依リ弾薬ヲ補充サレタル形跡アルニ鑑ミ必ズシモ楽観ヲ許サズ　一方南京方面ヨリ蘇州昆山付近ニ輸送サレタル部隊ハ相当数ニ上リ（蘇州領事談）且閘北方面我前戦並ニ呉淞砲台付近ニアル敵部隊ノ頑強サ等ヨリ鑑ミ対敵上今後共相当戒心ヲ要スルモノト認ム」[63] とある。これは第五軍の到着に先立ち弾薬補給が行われたこと、また、蒋介石としては世論の手前、第十九路軍を見殺しにもできないので、表面上第五軍を参戦させること、しかもあたかも第十九路軍を自認する勇者として扱い、民意に沿って戦っていることを装うためにも、その自軍の第五軍を第十九路軍の指揮下に入れて戦闘を行わせることを決心するに至ったといえる。

この自軍の第五軍を第十九路軍の指揮下に置くことは、どのような意味があったのであろうか。純軍事的に見て、行き掛かり上、第十九路軍の統制を重要視せざるを得ない蔣としては、自軍の第五軍を第十九路軍総指揮・軍長の指揮下に置いて、作戦に従事させるリスクの反対給付として、その第十九路軍の総指揮・軍長をより一層、厳しく直接統制するのが可能な条件を手に入れることができると考えたからであったと思われる。第五軍は、十日夜に上海の真茹に到着した。

このような中国側の有利な状況の進展の中で、第十九路軍に対する「世人」の評判が変わった。海外の華僑から義捐金が寄せられた。十日の武官報告の中に、新たな状況が判明し、広東・香港方面で募集された第十九路軍に対する後援資金二〇〇万ドルが受け取られた可能性が後方補給の事実から判断され、同軍を軽視できないと観測されるとあった。これは、アメリカ在住の華僑などからも莫大な支援金が寄せられつつあること[64]を意味していた。

このような中国側の戦闘体制及び後援資金の支援態勢が進む状況の中で、蔣はジレンマに陥ったのであった。二月十一日の日記には、「終日思慮したが、対日に良法はない。戦いには戦うべき条件がなく、和平もまた国民に反対される。もし戦いも和平もしないのなら国家と人民の被害は日に日に重くなる。現在誰も敢えて和平を唱えず、ひたすら戦おうとしている。知識も程度もなき人民は、是非も分からず、利害もわきまえていない。[65]」と嘆息している。この意味は、「軍事的対応」と「和平の確保」との関係、つまり「抵抗」と「交渉」の可能性を蔣が如何に考えていたかを観察することによって整理がつくようである。その観察とは、蔣の政治家としてと軍人としての両面性を観察することにほかならない。

蔣介石は政治家である前に軍人である。つまり戦闘能力の現状把握と評価は最も鋭敏かつ正確であり、「事の軽重をはかって、頃合をみて止める」好機であると判断した。今こそ作戦は自衛の限度にとどめ、事態を拡大させず、困窮した財政を立て直さなければならない。さらに最も重要で最優先課題である湖南、湖北の紅軍討伐作戦には、三十個師が不可欠であるという事実からすれば、直ちに第十九路軍の総指揮・軍長に発砲を厳禁する選択肢の実行が強く求められた。現に何軍政部長は蔣の意を体し、第十九路軍の激しい反対を予知したうえで彼らの抗戦に対しては漸次阻害するようになり、遂には食糧、弾薬も絶ち、抗戦を阻止したのである[66]。打開策は国民の抗戦の民意を表面的に受け容れ、戦闘に協力する姿勢を装いつつ、全面作戦を回避するということで、改めて「一面抵抗、一面交渉」の真意を貫く以外になかったと考えられる。

それは端的にいえば、蔣は、中国国民も反対勢力の要路も共に、国家としての軍事的実力が未成熟という現実に無知であるゆえに、感情を昂ぶらせ、ひたすら日本軍の侵略に敵対し抗戦することのみしか考えられない自国民の知的未成熟さを嘆いているのである。孫文が革命断行に際して、要路に注意を促した「知難行易」[67]は、まさにこの現実の悲哀と将来への見通しに対する国民の民度の低さを失望し、切歯扼腕していた姿を感じさせる。このような思いどおりにならない八方塞がりの構造を、蔣はあらためて肌で感じていたといえる。汪兆銘は先行きを心配し、寧ろ悲観していた。蔣は汪を諌め励まし、南京にて軍事と外交の両面に責任を以て当たる決心をしたという。

その後の二月十二日、蔣は「一面抵抗、一面交渉」の方針に沿って、明らかに予想される日本軍の総攻撃を前に方針を立てた。それは時勢柄、必然的に軍事抵抗力を高めることに比重を置きつつ、「戦線を縮小し、配備を改め、進むは戦い、退くは守るべきであり、無論和戦いずれであっても受身にならないようにせよ」と指示したのである。そしてこれに沿って、二つのことを決定した。その一つ目は、日本の軍艦からの砲火を避け、租界を防ぐために「抗戦の本陣地を二つ持つ選定」を行ったことである。それは現在の防衛線である第一線（楊家行、大場、真茹、虹橋を結ぶライン）であり、第二線は後退に関係する配備線（劉河、嘉定、南翔、泗涇鎮のライン）であり、この二線間に間隙があってはならない。戦線は短縮し、自由自在に攻守を行えるようにするというものであった[68]。即ち、蔣はこの時点で既に、以後の日本軍の総攻撃に対する撤退ラインと後退後の兵力体勢の立て直しのシナリオを描いていたことを示している。

その二つ目は、防衛に関する全体計画が確定する迄総攻撃は断じて許さないとしたことである[69]。この決定は、逆に総攻撃という決戦を熱望する第十九路軍要路と真正面から対決を招くことになる。といって蔣としては、明らかに開始が予想される日本の総攻撃に対峙して、完全なる敗北は、以後の「一面抵抗、一面交渉」の遂行を貫くための国家的基礎条件さえ抹殺される。そこに考えられた対応とその結果が、以下の六つであったといえる。

一つ目は、全体計画なるものの立案が、この危急の時期に間に合わなかったという事実である。つまり、総攻撃を命ずる論拠を作り出せなかったということである。十三日に蔣の意を体した何応欽が、第十九路軍のいわばスポンサーであり隠然たる影響力をもつ陳銘枢と会談した際、全体計画が確定した後にのみ総攻撃が可能であると肯定的否定を以て禁止命令を出している。しかし往年、対立することが多かった陳は逆に第十九路軍に単独で激励電を発した。

二つ目は、軍事作戦の推移に不安を隠し切れない蔣は、第十九路軍に対してはここ一〇日間の勝利によって矛を収め、決戦は避けよと直接命令したことである。決戦は総力戦準備を不可欠とするからである。

三つ目は、矛盾するようだが、自軍の第五軍長に対しては、逆に「もし倭軍に和平の誠意なく、譲歩しようとしないならば、之と決戦することを決定。この旨を外交当局に通知させ、自ら方針を決定させればよい」として、全力投球を指示したのであった。(70) 蔣は自分の意図どおりに動かせる第五軍と、微細な配慮と指示が欠かせない陳麾下の第十九路軍という、二つの異質な部隊に異質な思惑を託することによって、当面する複雑な防衛という軍事的対応の局面を乗り越えようとしていることが分かる。

四つ目は、ここに至っても尚、蔣は掃共戦を優先し、困窮する軍費をこれに充当したことである。二月十五日、「最近屢各軍長、師長より、軍費がまだ届かない、糧食を保持する方法がないというような電報に接している。」「財政の不足、何を以って国のため、外国の侮りを防がんとするのか、まさにこれを計らねばならない。」といいつつ、翌日、「江西と河南への補給は完全に断たれている。どうか南昌へ一千万元、鄭州へ二千万元の中央銀行の紙幣を送ってほしい。」(71) と財政部長宋子文に掃共優先策を命じているのである。

五つ目は、軍人としての蔣が上述したジレンマを抱えつつ、日本の総攻撃に対峙する中国軍宛てに、如何なる配慮で激励電を発したかという問題である。それは、「第五軍将兵を電報で激励した。第十九路軍の団結奮闘は、彼と我とを隔てることなく、十九路軍の栄誉は即ち我国民革命軍全体の栄誉なのであり、一致して日本軍に対抗し、革命を完成するよう諭した。」に表れている。実際の戦闘場面において日本軍に対峙して第五軍は左翼軍、第十九路軍は右翼軍となっており、「淞滬戦線のわが軍は、そのすべてが十九路軍の名の下に戦」っており、「抗日は全民族の存亡に関わるところであり、一個人や一部隊の栄誉になることではない。」として、中国軍は組織の垣根を越えて愛国の一点において凝縮された強靭な力を発揮していることを強調した。そして「すべての我前線の将兵は徹底的にその意義を明らかにすべきである。故に十九路軍の栄誉は即ち、我国民革命軍全体の栄誉」であり、「このたびの第五軍の戦線への加入は、固より敵に恐怖を与えるものであり、反動派が中傷したとしても終始十九路軍の名の下に抗戦を行なうことは我国民革命軍の強さを表現するものであって、之と生死を共にすることが、いわんや栄辱いずれにありといえるであろうか？　この意をもって第五軍将兵諸氏に、十九路軍と団結して奮戦し、如何なる犠牲も惜しまず、以って革命完成の使命達成を、切に諭し示し願うのである。[72]」との電文に如実に表れている。つまり、すべての外見的矛盾や蔣の事変処理に伴うジレンマが、より高次元の孫文以来の革命遂行の一環であるという一点に昇華させたことによって、蔣の「一面抵抗、一面交渉」の「一面抵抗」の機能を十分に果たし、もはや矛盾なく整理統合されていることに注意を払わねばならない。

二 蔣介石直系軍の第五軍の参戦と第十九路軍の対日迎撃配備

日本の第九師団が上海に到着した十四日当日に、蔣介石は南京に復帰した。第十九路軍総指揮蔣光鼐は第十九路軍と第五軍を併せ指揮し、日本軍に対する迎撃配備を発令した。それによれば、右翼軍は、第十九路軍の三個師に加え第五軍の第八十八師独立旅及び同旅付憲兵第六団及び南市一帯の団警を以て編成し、指揮官は蔡廷鍇であり、左翼軍は第五軍の第八十七師、第八十八師（独立旅欠）及び義勇軍であり、第五軍長の張治中が指揮官とされた。[73]尚、この指揮下に第十九路軍の呉淞要塞指揮官譚啓秀とその部隊（第一五六旅）がいた。そして航空部隊が、両翼軍を支援する態勢がとられたのであった。「我ガ軍ハ保土自衛ノ目的ヲ以テ、南市―龍華―北新涇―真茹―閘北―江湾―呉淞―宝山―月浦ノ線ヲ占領シ、主力ヲ鉄道線路以北ニ保持シ、閘北―江湾―呉淞方面ヨリ来犯スル敵ヲ迎撃シ、機ヲ見テ出撃、敵ヲ黄浦江畔ニ圧迫シテ之ヲ殲滅セントス。[74]」と命じ、租界を包囲する形勢をとったのである。

二月十六日、張治中が蔣介石に発信した電報は、蔣光鼐の命に服すること、第十九路軍に代わって江湾鎮北端から廟巷鎮を経、蘊藻浜に沿って呉淞に至る防衛線の受持ち等の配備に就くという内容の報告であった。[75]逆に蔣介石の電報は、蔣光鼐への忠実なる服命と民族の革命精神を表し犠牲となる決意を促している。一見、円滑に見える指揮権決定の背景には両軍間に確執があったことを日本陸軍は感じ取っていたが、具体的に如何に観察していたのであろうか。その観察結果は、以下のとおりであった。それは、第十九路軍はもともと蔣介石が危険視した軍であり、事変勃発の直前には直系の憲兵団（第六連隊）を送ってこれと交代させ、第一線部隊と日本軍との間に緩衝地帯を作ろうとした。[76]そして逐次直系の第八十八師を蘇州・昆山地区に進め第十九路軍の行動を掣肘監視させようとしたが、蔡廷鍇の詰問にあって援助と参戦を余儀なくさせられた経緯がある。同師は比較的新進気鋭の少壮将校が多く、一般の世論と第十九路軍の宣伝に刺激され、「救国抗日ヲ叫ヒ已モ亦第十九路軍ノ如ク国民ノ賞揚ト慰問金品トヲ受ケンコト」を願い進んで参戦したということである。(77)日本側のこの観察結果は、蒋介石の政権交代の背景と国内統治過程の実情を踏まえたものであり、第十九路軍側の主導的な兵力運営と組織化がなされたのに対して確たる矛盾はないことを意味している。

蒋介石にしてみれば、第十九路軍が優勢となるのは広東派を勢い付かせるため、本音としては第十九路軍の挫滅を望んでいたが、形勢が急転したためにいわゆる高みの見物もできなくなったのだと、日本側は見ていたのであった。

この第八十八師が二月二十二日廟巷鎮において日本軍を苦戦に陥らせ、「肉弾三勇士」を誕生させる元を作るのである。

三　長期的な戦争観と緊迫した戦争観との対立とその意義

かくして蒋介石と第十九路軍の要路との戦争観の相違は、深刻な事態を引き起こした。この相違は三つの考え方を生んだ。(78)

一つ目は、二月九日に実業部長の孔祥熙が返電した考え方にある。孔とは、蒋介石、宋子文、陳果夫・立夫と並び「四大家族」の一員として財政面で蒋を支えている重要人物であり、南京政府としては戦闘が始まっている以上、兵力投入を惜しむのではなく、一挙投入によって勝利を収めることこそ和といえるという見解である。軍費調達の問題は伴うが、短期的に兵力を一挙に投入するという、対日憤慨の民心を重視する参戦要求論であった。

二つ目は、十一日に国民党右派、教育・文化面の貢献者である呉稚暉が、撤退に関する姿勢のあり方に重点を置いたもので、民心を無視した撤退は日本軍の進攻を許すのみであり亡国を招くという考え方である。第十九路軍が撤退すれば満州と同じように上海にも日本の進攻を許し、国際連盟は、結局、頼りにならず中国は半亡国になる、として、財政難と紅軍討伐優先の立場から反対する何応欽に対して、孫科が激しい応酬を演じたのは十五日のことであった。

三つ目は、蒋・汪合作政権が主張する「一面抵抗、一面交渉」であり、その「一面抵抗」も一定の制限を課すべきで、「頃合いを見て止める」という考えである。蒋は二月十八日、日本軍から突き付けられた最後通牒に第十九路軍が徹底抗戦の拒否回答をした際にも、「頃合いを見て止める」という態度を貫いて阻止する態度を示した。第五軍が上海に到着した二月十四日の夜、軍長蔡廷鍇は軍政部にさらなる二ないし三個師の増派を、また、十六日には陳銘枢が蒋に二ないし三個師を予備隊として前線に送るよう要請し、さらに受け容れができない場合の戦略の再構築案を示したが無視された。しかし、そのような中、蔣は同軍を支援・賛同する人士による軍の抗日要請を無視できず、「頃合いを見て止める」という方針を、「武器をとって命を待て」との説明を以て命令するに至った。[79]これは要請を拒否するのではなく受け容れたうえで、時間を掛けて不抵抗時間を確保するという発想であった。そして日本軍の総攻撃のシナリオと連動させ、戦闘の縮小を図るという訳であった。この発想の延長線上に何応欽は二月八日、現地上海の責任者呉市長に命じて事変収拾を外交交渉の話し合いで行うという新基軸を、また、現場に対する説得性のある政策として、宋子文、張群、孔祥熙らに電報を発信させたのであった。[80]このように、蔣・汪・何は連携して、一方で在上海の党政治要員と第十九路軍に圧力を加え、他方では陸軍歩兵学校長の王俊を代表として上海に赴かせ、日本側と密談させたのである。[81]この停戦に関する折衝については、後述する。蔣のこれら消極的政策の裏には、もともと一九三一年五月二十八日に蔣が広東派に和合を求めた真意が、抗日のための団結、武力抗日が目的ではなく、広東派の力を借りて共産党を撲滅することにあったことを裏書している。

四 蔣介石の増兵の体制を目指した「全国防衛計画」

日本側が陸軍派遣の手続きを進めているころ、蔣介石は二月一日から二日間、徐州で軍事会議を開き、抗日戦の長期的・全体的な作戦計画をまとめた。それは、軍事委員としての蔣が「一面抵抗、一面交渉」の実現を図るうえでどうしても着手しなければならない問題であった。それは一月三十日に発出した「全軍の将兵に告ぐ」の通電を裏付けるものであった。

全国を四つの防衛区に区分し、それぞれの責任者を決めて、増派される日本陸軍部隊に対抗して機動的な兵力運用が可能な体制をとることを目的にしたものであった。第一防衛区は、黄河以北とし、司令長官に張学良、副司令長官に徐永昌を指名して東北軍及び晋綏（山西・綏遠省）軍を統率させる。第二防衛区は、黄河以南長江以北とし、司令長官を蔣介石、副司令長官を韓復榘として山東、河南、江蘇北部及び安徽北部の軍隊を統率する。第三防衛区は、長江以南及び浙江・福建省の二省とし、司令長官を何応欽、副司令官を陳銘枢とする。現に抗日戦に従事中の第十九路軍及び編成予定の第五軍のほか、江西から五個師を上海戦に投入しこれを指揮下に置く。紅軍監視が必要な江西には湖南から二個師、広東からも一部兵力を派遣して補う。第四防衛区は、広東・広西省とし、司令長官を陳済棠、副司令長官を白崇禧とする。広東・広西の軍隊を統率する。そして、「各司令長官は治安維持、鎮定作戦を任務とする部隊以外は、防衛区域内兵力として集結し、暴虐な日本軍との戦闘にあたらせるものとする。」とし、「同時に、四川・湖南・江西・貴州・湖北・陝西・河南の各省は、総予備隊として出兵させる」ことを命令した(82)。兵力は総計二四〇万人に及ぶという大規模なものであった。

上海戦には、第三防衛区のほかに最も近い第二防衛区の兵力も後続部隊として動員することとした。つまり長江以北から上海戦に投入される計画となっていたのである。また、第一防衛区の軍隊は東北へ進軍させ、日本軍の「上海侵略を牽制する計画」であったことが注目される。第五軍が二月八日に編成を終え、上海に赴いたのもこの計画の一環であった。

この防衛計画が有効に機能すれば、「日本の侵略を大きくつまずかせることができる」はずであった。しかし地方の軍指導者たちは、この期に及んでも旧来の軍閥の体質から抜け切れず、国家の軍隊を私兵視し、その消耗を嫌い、軍隊を動かそうとはしなかったのであった(83)。事変後期のことになるが、鉄道部長の陳公博と李済深が援軍を求めるために北上して、張学良軍の出動要請をしたが体よく断られ、山西省の閻錫山とも会見したが第十九路軍のために手榴弾一〇万発を貰った以外は、何の効果も得られなかったのであった(84)。

一方、日本軍にとっては、蔣の指揮下にあるこの第二防衛区からの援軍の可能性が高いことから、日本海軍は第三艦隊の一部を海上封鎖に充て、蔣介石軍の長江の横断南下を抑止したのであった。また、二月九日に、蔣から浙江省の防衛を命ぜられた第九師（師長：蔣鼎文）は上海へ移動する途中で紅軍の迎撃に遭い、やっと杭州にたどり着いたのは第十九路軍が撤退した後であった(85)。このように、蔣にしてみれば、見方によるが、折角の「全国防衛計画」は、国民的英雄になっている第十九路軍の援軍派遣要請にもかかわらず、実現が困難であったという側面が窺えるのである。

五　中国海軍の避戦の実相と背景

さて、中国海軍の重要基地の一つである上海では、事変中にもかかわらず、海軍はほとんど姿を現さなかった。しかも陸戦が激烈に展開され苦戦しているにもかかわらず、拱手傍観したこの中国海軍について触れなければならない。

中国海軍は、沿岸海軍として特色もあり且つ多少の新式艦を有していた。旧式巡洋艦「海容」以下巡洋艦八隻、砲艦一九隻、駆逐艦四隻、水雷艇八隻、河川砲艦一八隻、特務艦九隻で、数においては必ずしも少なくはなかった。尚、巡洋艦三隻、駆逐艦四隻、潜水艦三隻の建造計画を有していたが、総じていえば、国防能力はほとんど絶無に近い状態であった。

編成については、一九二九(昭和四)年一月海軍編遣会議が南京で開催され、その統一が策されたが、各軍の利害が相反し、統一どころか却って次の四つの海軍に分離独立した[86]。

一つ目は、中央海軍であり、南京政府を背景とする福建海軍閥から成るもので、海軍部長陳紹寛の統率により福建省、浙江省沿岸、江蘇省の一部及び中下長江流域を地盤とした。第一艦隊、第二艦隊、練習艦隊、魚雷遊撃隊及び福建省各地にある陸戦隊を有した。

二つ目は、東北海軍である。張学良を背景とし奉天に東北海軍司令部を置く。陳鴻烈の統率する艦隊で多数の日本海軍留学生を幹部に網羅し、江蘇沿岸以北及び満州の松花江流域を地盤とし、第三艦隊と江防艦隊を有した。

三つ目は、広東海軍であり、広東軍権を背景とし、陳策により統率される河用砲艦群及び陸戦隊から成る。広東沿岸及び西江流域を地盤とし、第四艦隊を有した。

四つ目は、四川海軍であった。純然たる劉湘の私有艦隊で将たちに統率され、長江流域を地盤とした。

さて、これら中国海軍は上海事変の勃発以来動揺することなく、対応姿勢は冷静且つ一貫していた。その理由は、事変が勃発した一九三二年一月二十九日に南京駐在の菅沼武官が塩沢司令官の命により海軍部長陳紹寛に対して、「第一遣外艦隊司令官ハ声明ニ基キ、近ク上海付近ニ於テ自衛行動開始ノ予定ナルモ、是レ固ヨリ戦争ニ非ザルヲ以テ、支那海軍トハ従来通リノ関係ヲ希望ス」と述べ、「但シ貴国軍艦ヨリ攻撃ニ出ヅル事アラバ、已ムヲ得ズ敢然対抗スベキニ就キ、間違ナキヤウ通達アリ度キ」とのことで交渉したところ、陳は彼我勢力の懸隔が甚だしいため同意を表し、敢えて積極的な行動をしないばかりか日本海軍に好意を示し、事態拡大の防止に努めることを回答した[87]。当時日本海軍は、これらの態度の原因は中国官憲に宿っていたいわば敗戦思想であったと観察していた。但し、現実には、国民にとっては抗日興奮の時期でもあることから海軍のみ超然としていることもできないため、対内政策上一部艦隊を南京下流に策動させ、あるいは密に情報を提供して軍需品の供給をなす等、日本海軍を刺激しない程度の消極的な行動をとったのである。

また広東海軍を見れば、事変勃発に際して当然ながら同郷の誼で第十九路軍に援軍を送るべきであるが、艦隊兵力が微力で日本海軍に対抗できないため、第四艦隊参謀長金彦文その他の技師数人は広東より機雷数個を運び、そのうち二個を以て日本海軍「出雲」「大井」を爆沈させようとし、多大の脅威を与えた[88]。水雷隊も第十九路軍の援助策動のため上海に来たといわれたが、特に活動の形跡がなかった。

事変において日本海軍と戦わず、一発の艦砲も発することのなかった中国海軍に対し、国内において当然ながら非難、攻撃が起こった。北京の『朝報』の論説[89]は、「(拱手傍観の…引用者)売国行動は恕《ゆる》すわけにはゆかない。今日の海軍が敵対能力の無い原因は種々あるが、最大の原因は海軍自身にある」と安逸をむさぼり、腐敗と凡庸であるとして中国海軍を非難した。海軍部長陳紹寛は日本海軍との友好維持から非戦命令を出したが、中国海軍の若手士官や兵員は悲憤慷慨したといわれる。殊に高橋砲台の新調した大砲が全く無抵抗なまま根こそぎ破壊され、多数の負傷者を出したことから、部内強硬論者の反対著しく、中国海軍首脳部は困難な立場に追い込まれ日夜腐心する状態であった。

事変中、高昌廟海軍司令部は第十九路軍から「陣地構築用の鋼板の借用を申入れ、又大砲をも借りようと」申し入れたが、「之ヲ拒絶」した。そこで「国民抗日興奮ノ期ニ於テ、海軍ノミ超然タル能ハズトナシ、対内政策上、一部艦隊ヲ南京下流ニ策動セシメ、或ハ密ニ情報ヲ提供シ、軍需品ノ供給ヲ為ス等、日本海軍ヲ刺激セザル程度ノ消極的行動ヲ執レリ[90]。」

尚、事変後の五月下旬に国民政府監察院監察委員高友唐らが中国海軍弾劾案を蒋介石に提出し、部長陳紹寛と次長李世甲を速やかに逮捕し、軍法会議にて処分し、士気振興を願うとしたものである。陳・李共に新聞に反論を出したり、中立書を発表したりして身の潔白を述べたが、世論は中国海軍に不利であった。そのうち政府は陳を行政院の査問に、李を懲戒委員会に掛けると噂されたが、暫くして監察院長は弾劾案を取り下げ、結局この問題はうやむやのうちに葬られてしまった[91]。この理由は、蒋による統一後の日が浅く、国民党政府の基盤もまだ不安定であることから、日本海軍と戦えば全滅は必至であり、蒋政権の崩壊に繋がるため、彼としては中国海軍を中立にさせたと考えられる。中国海軍は国内戦に大きな力を発揮していたから軍事基盤の大きな柱であり、未だ軍閥の基盤を構成する一要素であった。

要するに、蒋にとっては陸戦の第十九路軍に対してとった不抵抗主義と同根の問題なのであり、異なっている点は第十九路軍が蔣の意図に反して「完全抵抗」を忽然と開始したことに比し、中国海軍は蔣の統制下に収まり、避戦に徹したということにある。したがって、避戦は事態拡大を避ける日中両海軍の共通の利益であり、蔣の基本的な不抵抗主義かつ内戦処理の重視政策から来ていたのである。

六　中国空軍の兵力と避戦への行動

先に、中国空軍が二月五日を皮切りに日本軍機と空中戦を演じた状況に触れたが、国民政府の軍政部が統括する機関（陸軍署、海軍署、航空署）の航空署は、行政機関であり且つ実戦部隊の航空大隊を直率していた。一九二〇年代の終わりごろに中国各地方の軍閥は、それぞれ外国から軍用機を輸入して自前の小規模な航空部隊を編成していた。国内統一を図る蔣介石は、一九三〇年に航空部隊を統括する司令部を設立し、満州事変が始まった翌三一年から翌年にかけて、空軍の独立組織化をはじめとする諸政策を実施して航空戦力の充実を図った。その結果、中国の航空兵力は軍用機数において四〇〇機以上に達し、逐年増加の傾向にあったが、一九三一年初頭の時点で各軍に属した航空機の概略は次のとおりであった[92]。

中央空軍（蔣介石）　九〇機（操縦者一四七人）飛行隊八隊
東北空軍（張学良）　一六七機（操縦者四五人）機種雑多、実用に供するもの八
山西空軍（閻錫山）　四三機　徐永昌麾下特殊部隊飛行隊
西北空軍（馮玉祥）　二七機　馮系孫良誠軍所属
広東空軍（陳済棠）　四四機
福建空軍（張貞）　一五機
雲南空軍（龍雲）　一七機
四川空軍（劉湘）　九機
広西空軍（黄旭初）　三機
合計　四一五機

これらの機数の中には、旧式・老朽機のため第一線の使用に耐えないものが約半数であったという[93]。中国にはほとんど航空機工業の見るべきものがなく、全部の器材を外国から輸入していた。これらの航空機は、各所に群立する政府や軍閥の存在に必須の武器であった。従来頻発した国内戦における主要な戦闘新式兵器として、これら航空機は、毒ガス、機関銃、高射砲と共に最も精神的威力を示し、また、軍閥間の葛藤に際して重要な財産と見なされていた[94]。

最も有力な航空兵力を備えた東北空軍は、かつて中ソ抗争（一九二九年）に際し、ソ連空軍によって被った痛手に鑑

み、鋭意、航空編制の改革、新鋭機の購入、航空教育の刷新等に努力して来たが、満州事変の勃発と同時に日本陸軍のため「根底ヨリ一蹴セラレ、復立ツ能ハズ。」であった(95)。これに次ぐ新鋭の器材と多数の航空要員を要する中央空軍（南京空軍）及び中国航空の発祥の地として伝統を誇る広東空軍は、先述のように、今次上海事変によって打撃を受けたのであった(96)。

中央空軍の航空大隊は第一隊から第八隊の八個に加え、水上機一隊を有していた。所在は南京であるが、国内戦あるいは討匪のため各地に分駐することが多かった。航空大隊の編制は一隊の員数は一一〇人、機数九機で隊長を上校（大佐）とし、一隊を三個分隊、各分隊搭乗員五人、機数三機を有し、中校（中佐）がこれを指揮した(97)。飛行機数約九〇機の内訳は、戦闘機米国製「コルセア」三〇機、爆撃機米国製「ダグラス」二〇機、偵察機独国製「ユンカース」一〇機、練習機その他三〇機であり、日本海軍はこれらの内実用に適したものは七〇機と見ていた。

広東空軍は陳済棠の指揮する第八路軍航空処に属し、この航空隊の沿革、南京・広東両政府間の相剋の下で中央空軍と共に、統一指揮の作戦実施が至難の状況にあった。兵力の内容は、三個飛行隊及び航空学校から成る。機数四四の内訳は、第一飛行隊は偵察戦闘機一〇機、第二飛行隊は戦闘爆撃機八機、第三飛行隊は戦闘偵察機九機、航空学校は練習機その他一七機であった。上海事変中に上海付近に出現した中国空軍の主な機種は「コルセア」「ダグラス」「リンコック（英国製）」「ユンカース」「ボーイングＦ４Ｂ－１（米国製）」であった(98)。

蔣介石の上海事変に対する対応姿勢は一貫しており、結論は日本海軍を爆撃してはならないと秘密の厳命をしていたのである。とはいうものの、日本陸軍部隊の到着を前に、中央といえども蔣の方針に対し一枚岩であった訳ではなく、何応欽自身も二月七日には広東航空司令に飛行機の援助要請をしていた(99)。広東空軍は、蔣にしてみればいわば客軍であった。上海方面への前進基地として、蘇州飛行場が急設された。急設が可能な理由は、作戦地帯が中国大陸中最も平坦な長江下流に位置し、労力潤沢で低廉であることであった。この余りの速さは、日本軍の作戦判断を困難ならしめたのである(100)。しかし、これら飛行場は、日本陸軍の第一次総攻撃が開始された二月二十日の組織的な抗戦に移行する前に、日本海軍機によって空襲された。二月二十二日のボーイング機（米人ロバート・ショート〈Robert Short〉機）が撃墜(101)されて以降は、空中戦闘は見られなくなり、退避行動が続いた。「愛国心があっても抗命の処分を受ける」という状況下で、海軍同様に空軍においても政府の指示どおりに動いていたのである。二十四日、蒋の命により主力となる南京空軍及び広東空軍の部隊は共に避退のため、杭州から最終的に蚌埠に移動したのである。

第七節　日本軍の最後通牒と日中両軍の対峙

中国軍を何処まで撤退させるかに関し、二月十六日、駐華公使重光葵、第九師団参謀長田代皖一郎、第三艦隊参謀長嶋田繁太郎が公使館で協議した結果、上海共同租界外周二〇キロメートル（南市方面を除く）以遠に撤退させる方針を策定し、それぞれ中央に請願した結果、十七日午前、陸海外務三省会議の結果異存なしとの回訓を得た。[102]

第九師団長植田謙吉は作戦開始に先立ち、第十九路軍に撤退を勧告することを決めた。まず和解解決に関する先方の意思を確認のため、ランプソン英国公使が斡旋の労をとっていることを機に、十八日、田代参謀長を仏国租界の中日聯誼社に派遣して第十九路軍代表范其務と会見させた。[103]つまり、第一段階として日本側は和平的な状況作りの最終的な会見を行ったことは、記憶されなければならない。[104]しかし、中国側に日本側の通告を受け容れる見込みが薄いと判断した植田師団長は、十八日午後九時四十五分、第二段階として第十九路軍長蔡廷鍇に宛て、また上海総領事村井倉松は同九時、上海市長呉鉄城にそれぞれ撤兵要求書を交付し、二十日午前七時迄に第一線撤退、午後五時迄に全部の撤退を要求した。改めて日本側の交渉は軍事と外交が一体的に動いていることが分かる。第三艦隊司令長官野村吉三郎は艦艇が如何なる事態にも対応できるよう、関係各艦に対し、二十日午前七時以降「一二ノット一時間待機」を令し、即応の体制をとった。これは、一時間後に一二ノットが航走できる諸準備を行ったことを意味する。十九日午後七時、蔡軍長が植田師団長に宛てた回答は、左記のとおりである。[105]

二月十八日午後九時発書簡拝承ス本軍ハ中華民国国民政府直轄ノ軍隊ニシテ一切ノ行動ハ国民政府ノ命令ニ従フヘク御来示ノ各節ハ既ニ国民政府ニ報告シ外交部ヨリ

直ニ貴国公使ニ回答セラルヘク本軍長ハ未タ回答ニ便ナラス

これは何を意味しているのであろうか。三つのことを意味している。

一つ目は、「本軍ハ中華民国国民政府直轄ノ軍隊ニシテ一切ノ行動ハ国民政府ノ命令ニ従フ」とあるように、蔡軍長が率いる第十九路軍が国民政府の軍隊である点を、改めて国民政府にその確答を迫っていることである。国民政府内部においては上海事変が勃発した時点で、蔣介石は下野していたが、直ちに南京に招かれ、事変翌二十九日に中央政治会議は蔣、馮玉祥、閻錫山、張学良の四人を軍事委員に任命し、戦時体制に入っていた。蔣が軍事委員会委員長に就任するのは、三月十八日であった。したがってこの時点での蔣は、実力者の軍事委員として対日戦の指導に当たっていたのである。いずれにせよ、このような状況下の蔡軍長としては、最後通牒に対する回答文にこの一句を入れることによって、正式に国民政府軍としてのお墨付きを得ると同時に、後方支援を確保する効果を狙ったものと考えられる。

二つ目は、もともと第十九路軍の監視役であると見られ、上海付近に配備を完了しつつあった蔣介石直系軍（警衛軍）第五軍をこの機会に味方にし、協同で対日戦を戦う体制作りの意味をこの回答文にもたせたことである。第五軍から作戦上の支援体制を築くことは、蔡軍長にとって死活問題であった。そしてこのお墨付きと現実の蔣直系軍の第五軍の参戦の承認を、二月十六日に実際得たのである。蔡にとって幸いなことは、いわば蔣の親衛隊であり実戦経験の少ない第五軍長の張治中は、純粋に愛国心に燃えた対日戦の意欲の高い指揮官であったことである。日本軍が上海に集結しつつある二月初め、政府疎開先の洛陽から南京に帰った蔣は、自己の直系軍である第五軍長の張から、大局的見地に立って上海戦に是非とも参加したいと強く参戦の申し入れを受けた[106]。蔣は上海の市民層の第十九路軍に対する熱烈な支援ぶりを見て、ついに参戦命令の発出に至ったのである。第五軍は十六日に上海に到着したばかりであり、張軍長は第十九路軍総指揮蔣光鼐命に基づき、第十九路軍と関係部署の交代を行った。その新たな部署は、第八十八師（師長：兪済時）には江湾北端から廟巷鎮、周巷を経て蘊藻浜に至る防衛線を第八十七師（軍長兼務：張治中）と第二六一旅には胡家荘から蘊藻浜北岸に沿い、曹家橋を経て呉淞西端に至る防衛線の担当であった。十八日に交代を完了し、張は左翼軍指揮官、蔡は右翼軍指揮官となった。

三つ目は、「既ニ国民政府ニ報告シ外交部ヨリ直ニ貴国公使ニ回答セラルヘク本軍長ハ未タ回答ニ便ナラス」として、回答責任は政府外交部にあるという正当論を強調することで、現地部隊指揮官としての責任を回避し、応戦態勢の構築に時間を稼いだといえる。外交部長陳友仁は対日抗戦の扇動者でもあり、回答があったとしても、その内容は目に見えていた。

中国側は、以下のように二つの回答を提示した(107)。

一つ目は、呉市長から村井総領事に対して「今般貴総領事ヨリ申込アリタル我カ国軍隊ニ伝達シ其実行ヲ要求スヘキ各項ハ本市長トシテハ伝達シ難シ」「(日本軍の攻撃に対し：引用者)我カ国民ノ憤慨日ニ増シ此情勢ノ下ニ所謂抗日運動ヲ鎮圧スルノ困難ハ勿論ノコトニシテ之ニ依テ生スル一切ノ責任ハ当然貴国ニテ負フヘキモノナリ」というものであった。

二つ目は、中国政府外交部の「対日宣言要旨」であり、「此種ノ要求ハ実ニ中国ノ主権及国格ヲ危ウスルモノナリ中国ノ地方当局トシテハ素ヨリ流血ヲ回避セントスルノ誠意ヲ有スト雖斯クノ如キ要求ハ絶対ニ接受スル能ハサルトコロナリ」「唯一ツノ決心ハ即時作戦ニ在ルノミ中国ノ在滬(在上海：引用者)軍隊ハ国土防衛ノ為須ラク奮闘スヘキナリ」という拒否回答であった。

ついに朝のタイムリミットが迫った。これにより、「我ガ要求ヲ拒否セルナリシ(108)」を以て、日本側は、翌二十日午前七時を期して第一次総攻撃を開始したのである。要するに両軍が対峙する戦場は、淞滬鉄道線―北停車場―京滬鉄道線によって形成される線と、北は呉淞クリークとによって挟まれ、構造的には「南翔」を頂点とする三角形の広大な区域を形成した。その戦場において、日本軍の布陣は、淞滬鉄道線を軸にした西向きの緩やかなS字状の線を形成し、呉淞支隊を最右翼部隊に、閘北方面の海軍陸戦隊を左翼隊にした横陣の隊形であった。そして、江湾鎮方面に向け西方へ攻撃前進し、廟巷鎮を経て最強の陣地といわれた大場鎮を攻略することを目標にしたものであった。租界並びに淞滬鉄道線以東、黄浦江に至る地域は、上海市公共施設等が多く国際的配慮から避戦の考え方に立っていたと考えられる。

第八節　「第Ⅱ期：事変中期」の外交
――第三回、第四回の停戦交渉と事変収拾の動き――

先の「第Ⅰ期：事変勃発」期に行われた二回の停戦交渉は、いずれも不成功に終わった。本節で扱う停戦交渉は、二月三日から二十日の第一次総攻撃直前迄の時期であるため、交渉条件は基本的には以前のものと変わらなかった。この期には、国際連盟上海調査委員会が全四回中二回（二月八日及び二月十四日）にわたり報告を行った。また、連盟は、日本軍が戦闘態勢を整える中で、二月十九日、三月三日の総会において上海事変を審議することが決まるという状況に至った。

一　上海現地における停戦交渉の継続

（一）　三回目の停戦交渉（ケリー司令長官と野村司令長官の会見）

先述のように、二月二日、英米仏三国大使による五項目の同文通牒は日本の反対に遭遇したため、第二回目の交渉は不成功に終わっていた。その日本側の主張は満州事変と上海事変とは全然別個の問題であって、同一扱いすることは不当であり同意できないというものであった。ここで扱う第三回目の停戦交渉は、現地上海の海軍関係者の俎上に移り、結果は、日英両国海軍の指揮官相互の情報交換に終わったのである。但し、三国大使の同文通牒は四日に至って独大使が賛同したため、以後四国大使同文通牒となった。(109)

図９　在上海列国海軍首席指揮官（1932〈昭和７〉年２月）
前列左から３人目が安保清種海軍大将、英国ケリー海軍大将、野村吉三郎海軍中将、米国テイラー海軍大将、中列左から５人目が塩沢幸一海軍少将、嶋田繁太郎海軍少将、右端が山縣正郷海軍中佐。
出典：第三艦隊司令部編『昭和七年　上海事変記念写真帖』（第三艦隊司令部、1932年）12頁。

日本の第三艦隊の編成が現実化していなかったことから、ケリー司令長官は直ちに塩沢司令官に会見し、停戦調停の斡旋を申し出たのであった[110]。そして、日本側が提出する条件を聞いたうえで、中国側と会見した。中国軍はケリーに対し、中国軍は面目上、閘北方面から撤退するので、同時に日本軍もまた占拠地域の一部撤退を行えないかと述べ、このことをケリーから塩沢に伝言してもらえないかどうかを打診した。これに対し塩沢は、日本側の居留民保護、協同防備等は正当であること及び中国人捕虜の安全を確保することを主張すると共に、近く野村第三艦隊司令長官が来着するので、むしろ同司令長官と商議してほしいと述べた。ケリーは、それを了解したうえで、日本軍飛行機が英国艦艇の上空を通過することは直ちに止めるべきであり、また、租界上空通過が中国軍の対空砲火を租界方面に向かわせることとなり、全く新たな別の脅威を与えるので、極力なくすべきであると要請し協議を終わった[111]。

野村司令長官が上海到着する前の六日朝、

ケリー司令長官は中国側の行政院院長代理宋子文を訪れ、租界の安全を重視し局地解決のため、日中の停戦と和平区域の画定の方法を提案し、打ち合わせを希望した。そこで午後、上海にある外交委員は会議を開き、蔣作賓、尚、顧維鈞、王、孔祥熙、呉鉄城、宋子文及び郭泰棋が出席し、総指揮蔣光鼐も列席した。ケリーの提案及び四国大使の提案(同文通牒の五項目)を叩き台にして、方案の策定にかかった[112]。殊に蔣光鼐は以後の対日停戦交渉に戴戟、黄強を代表として送り込むことになる。

事変勃発当日の一月二十八日夜、「閘北ノ守備ヲ憲兵ヲ以テ交代」させるとの南京政府電に反発した蔣光鼐は、午後十一時、蔡廷鍇、戴戟、翁照垣等と緊急会議を開き、第十九路軍の三大方針(打倒軍閥、打倒共産党、打倒帝国主義)の内、「打倒帝国主義ノ思想ヲ背景トシ領土防衛、民族保護ヲ名トシテ愈々積極抗日ノ方針[113]」を明らかにしていたことは、記憶されなければならない。

方案の策定の基礎になったものは、ケリーの提案である日本軍を一月二十八日の原位置に戻すというもので、日本軍の撤退区域には第三国軍隊を駐留させる、中国軍も相当地区まで撤退し、その撤退地区には第三国軍隊及び中国警察とで共同警衛する、同時に声明を出して呉淞及びその他の方面を均しく停戦させるというものであり、これを尊重することと及び日中、関係各国代表との会合をもつことが合意された。

二月八日に上海に到着した野村は、翌九日「ケント」号にケリーを訪ね、休戦条件に関して会談した。そのときの会談結果は先述のとおり双方の主張のみに終わり、結論が得られなかったのである。このとき、巡洋艦「夕張」「龍田」及び駆逐艦による呉淞砲撃並びに閘北方面の砲爆撃という、二正面作戦が継続していた。野村は中立地帯を設け、中国軍から先に五〇〇ヤードの距離迄撤退すべきことは快諾した。しかし、中国軍と日本軍とを同一視すべきではなく、日本軍の増勢で中国軍は粉砕されるであろうことを述べ、上海における中国軍も満州事変時の不抵抗主義の士気の低い中国軍と同様であろうと認識されていたことを示している。ケリーは、昨日の中国側に提案したときの会合の空気との違いを感じたと思われるが、「租界安全ノ為ニハ租界近傍ニテ戦ヲ避ケ、隔離セル地域ニテ戦闘サレ度、殊ニ租界ヲ作戦ノ根拠地ト為スハ困ル」と述べ、通商貿易上の損害も大きいので事態の早期解決を望むとした。この発言は、英国の国益を代弁していた。先述のように、巨大な権益を有する英国としてはともかく日中戦闘の当否の問題ではなく、やるなら遠い所でやれというわけであった[114]。野村は旗艦に帰ってすぐ、熟慮の後に撤退距離を二〇キロメートルに変更したことをケリーに伝えた。このような経緯が物語るように、結局、停戦交渉は実を結ぶ環境にはなかったのであった。尚、十二日にはカトリック教会当局によって閘北方面の非戦闘員が避難できるよう、停戦に向け協議された[115]。

（二）第四回目の交渉（英ランプソン公使の斡旋）から日本軍の第一次総攻撃へ

第四回目は、前回の交渉から約一〇日が経過した二月十六日、第九師団の全部が上海に揚陸を完了した時点で、中国側がランプソン駐華英国公使を通じて日本側に休戦会議を申し入れたことから始まった。中国軍は日本軍上陸に伴う軍事的脅威を感じていた。この日は、折しも、英国が主導する国際連盟理事会が、「国際連盟十二国理事通牒」（以下、「アピール」）という名の対日抗議[116]を発出した日でもあった。

ランプソンは重光公使に中国側の意向を伝えた。それは、「一、双方撤兵ノ主義ノ下ニ、日支軍司令官ノ会見ヲ支那側私人住宅ニ開キ細目ヲ決定スルコト。二、右審議中ハ凡テ敵対行為ヲ中止スルノ黙契ヲナスコト」であった。これに対し重光は現地の陸海軍と協議のうえ、「日本軍ノ意向ヲ詳細開陳スル為、日本軍参謀長ハ第十九路軍司令官又ハ参謀長ト中日連誼社ニ会合スルノ用意アリ、尚戦闘行為ノ中止ハ約束シ得ザルモ、今日ニ於テハ日本軍ハ支那軍ノ射撃ニ応戦シ居ルノミ。」と回答した[117]。このような中、翌十七日、参謀次長真崎甚三郎から師団参謀長田代皖一郎宛てに電報が届いた。それは先述のように、連盟理事会及び列国の世論から判断すれば、「上海付近ノ事態ハ一日モ速ニ一段落ヲ遂ケシメ以テ列国ヲシテ発言ノ機会ヲ失ハシムルヲ有利」と考えられるので、「貴師団ノ実力行使ハ列国ニ口実ヲ与ヘサル限リ速ニ発動」せよと指示したものであった。師団長植田謙吉に急ぎ作戦を強行せよと指示したのである[118]。

かくして、まず植田は、両者の会合の約束が成立したので、十八日午前九時に田代師団参謀長を第十九路軍代表范其務と中日連誼社において交渉させた。この会議に対する日本側の方針は、対外関係を考慮し、特に「平和的解決ニ熱心ナルヲ表示シ、又最後的要求案タル支那兵ヲ上海ノ外周二十粁以上撤去セシムル件其ノ他（呉淞及び獅子林砲台の撤去：引用者）ニ対シテハ十分ノ説明ヲ与」え、会議が纏まらない場合には断固たる通告を手交するという方針を提示した[119]。植田は、海軍が上海派遣軍の司令官に推した程の国際感覚を備えた指揮官であり、直線的な一撃論の持ち主ではなかったことに注意を払われるべきであろう。これは逆に真崎らの植田に対する不満のもとになる。

ここで、現地上海の植田師団長と陸軍中央部の見解の相違に関する内在的な問題に触れなければならない。何故なら後の話であるが、戦闘停止後の三月末からの最終的な外交交渉において、真崎参謀次長は日本国内の統帥権をかざして陸軍中央部から強硬な態度をとることを指導するに至るからである。陸軍統帥に関する参謀総長は閑院宮載仁親王ではあるものの、実質的な指導者は真崎であった。彼は上海出兵に際し財政面から悲観する蔵相高橋是清、外交面から悲観する外相芳沢謙吉とはそりが合わなかった。「支那軍ニ一撃ヲ与ヘザレバ万事休ス」との強硬意見をもった真崎は、現地上海で国際的な配慮を払いつつ作戦を指導する植田に対し、「目下上海方面ニ於ケル第九師団ハ君命ヲモ聞カズト云フ如キ程度ニ迫リアリ。(120)」と不満をもっていた。そこで真崎は閑院宮が病床であることを機に、十九日に海軍軍令部長の伏見宮博恭王に、「若シ此処ニ（上海事変処理が：引用者）有耶無耶ニ終ラバ満蒙問題モ解決セザルベク、又過度ニ抑ユレバ国内ニ平穏ナラザルニ至ル恐アリ」「上海ハ一日モ速ニ撤去シタキ考ナリ。只一大打撃ヲ与フルニ必要トスルノミ」と天皇に「御序ノ折リ」によく御了解してもらうよう尽力を懇請したのであった。

一方、第十九路軍側は短距離の撤退は考慮するにしても、二〇キロメートルは不可能であって、また呉淞砲台の撤退と防備の撤去は受容できないと主張したため、結局この日中両軍の会合は何らの成果のないままに終わったのである。ここに至って先述のとおり十八日、植田は蔡軍長宛てに、前文及び六項目から成る最後通牒を発した。そして、翌日の拒否回答を以て、二月二十日に攻撃（第一次）を開始したのである。但し日本側の態度に関し、注目すべき点が四つある。

一つ目は、その文書の前文に「本職ハ平和友好的手段ニ依リ任務ヲ達成セントスル切ナル希望ニ基キ茲ニ貴軍司令ニ対シ左ノ件ヲ通告ス」と極力武力解決を回避したいとの姿勢を維持していたことである。

二つ目は、敵対施設の撤去を最優先にし、次いで軍の撤退を要求していることである。

三つ目は、「排日運動ノ禁止ニ関シテハ一月二十八日呉市長ノ村井総領事ニ為シタル約束ヲ厳重ニ実行スルコト」と述べ、「本項ニ関シテハ帝国外務官憲ヨリ貴国上海行政長官ニ対シ別ニ交渉スルトコロアルヘシ」と、出兵目的が上海の排日を根絶やし、安定した環境の確保ができるように別途の専門的会議を設けることを考えていたのが分かる。これは後の第三次総攻撃直前の斡旋に当たった英サイモン外相の「円卓会議」となって表現され、さらに、戦闘停止後の停戦交渉中に行われた三月四日及び十一日の国際連盟総会決議に基づき英ランプソン公使の斡旋によって提示された「円卓会議ニ関スル草案」となるのである。

四つ目は、第四項に「便衣隊ハ一切有効ニ之ヲ禁止スルコト」と国際法に準拠するよう中国軍に強く要求していることである[121]。

これに対し蔡は、先述のように、二月十九日に植田に、本軍は中華民国国政府直轄の軍隊にして一切の行動は同政府の命に従うこと、「御来示ノ各節ハ既ニ国民政府ニ報告シ外交部ヨリ直ニ貴国公使ニ回答セラルヘク本軍長ハ未タ回答ニ便ナラス[122]」と回答した。それは、租界の周囲より二〇キロメートルに撤退することも、呉淞及び宝山砲台の永久的武装解除も拒絶し全く相容れないものであったことから、翌二十日午前七時を期して日本軍の第一次総攻撃が開始されたのである。尚、十九日の国際連盟理事会は、三月三日に上海事件審議のために臨時総会を開く決議をした。

二　国際連盟規約第十五条の適用をめぐるジュネーブの日本代表と国際連盟要路との折衝

話は少し戻るが、二月二日は、国際連盟で英国理事の請求によって開かれた公開理事会で、日中両国に対する調停手段の説明の後、理事佐藤尚武の事件発生以来の詳細な説明等で終わった。六日の理事会は日中両国を除く「十二理事国」会議が行われたが、審議の結果、現状において公開理事会を開くことは、徒らに事態の紛糾を招くとの意見が有力で公開会議は延期となった。この間、日本代表部は、以下のように非公式な会談を通じて事態の好転に繋がる調整努力を続けていた。

二月三日、ジュネーブの連盟代表部の佐藤は、芳沢外相から第十五条の適用に関し日本側の反対意見を説明せよとの命に従い、事務総長ジョージ・ドラモンドに対し詳細に陳述した。しかしドラモンドは、第十五条適用については「紛争国ノ要求アル以上之ヲ却下スル権能無シ」との意見を開陳する一方、日本側の希望に副いたいが、他のすべての理事が中国の要求を拒否できない状況にあり、「日本政府ニテハ十五条ニ余リ重キヲ置カルルニ非スヤト察セラル[123]」と逆に第十五条適用に理解を求めるような発言をした。つまり、同条の第三項の理事会の仲介が意味をなすので、結局、第十一条の場合と大差はないとの解釈を繰り返し説明した。かくして日本側に対するそれ迄の好意的態度は徐々に変質し始め、日本側の留保に否定的になり、むしろ宥めつつ理解を求めるようになって来ていたのである。確かに法理論的にいえば、国際連盟は一度中国側から提訴されれば、その要請を拒否する理屈はないのである。

さらに佐藤は第十五条を適用することになれば、日本が第三者の干渉を容認できない事情を述べ、日本側に一層の反対の結果を生ずることは必至であり到底甘受できないと述べた。駐英大使松平恒雄も口を添え、「十五条ノ決定カ日本側ニ悪シキ印象ヲ与ヘ理事会カ恰モ無法ノ支那側要求ヲ取上ケタルカ如キ感想ヲ懐キ十二月理事会ノ際ノ好意的態度ニ顧ミ失望シ居リ事件解決上甚タ面白カラス[124]」と力説した。これに対しドラモンドは、第十五条の適用は内容的に制裁ではなく、単に国交断絶の虞ある紛争の処理上の手続きを定めたに過ぎないと説明し、また中国側は上海事件の勃発がなくても第十五条要求を有していたのであって、「満州問題上海問題ノ二者ヲ判然区別シ得ヘキ性質ニ非サルカ故」に上海問題に局限できないとした。また、理事会議長ポール・ボンクールも、自分も極力その提出を阻止して来たが、ついに及ばなかった次第を了承して頂きたいと述べた。

このように結局、佐藤・松平のドラモンドに対する説得は実らなかったことから、英国国際連盟協会長エドガー・セシルにも同様に試みたが、満州に対し第十五条適用を容認し得ない日本の政治上の理由については、多少の理解を示したものの、結果は大同小異であった。満州問題を重要視する日本側の内部事情は、所詮連盟に提訴された以上は、第三国には安易に理解の態度をとり得ない性格のものになっていたといえる。第十五条適用による日本国内の衝撃と悪影響を回避したいという日本側からの情緒的な懇請と、第十五条適用の法制上の筋論を立てる国際連盟側の主張とは、次元が全く違う問題であり、かみ合うはずがなかった。

四日、佐藤はボンクール理事会議長と単独会談したが、議長個人の考えとしては、要は、満州問題については日本の立場も十分考慮し、事実、第十一条による解決法と同一態度に出て、日本の満足すべき協定に達することは、必ずしも不可能ではないと考察されるとし、自分としては、約束はできないが、極力その正当の主張を考慮するに吝かでないと友好的態度を示した。さらに今回の紛争が欧州において先例となるので慎重に注意を払っており、「此ノ十五条適用ノ要求ヲ無下ニ斥ケ得ス」といい、同条第一項の処置を迅速にとらざるを得ない所以であるが、一旦同条の適用を見るに至った以上は、その実際の適用振りに関しては、「充分ノ伸縮性ヲ保タシムルコト」は当然のことと考えられると述べたのであった[125]。議長個人の見解ではあるものの、日本側に期待を抱かせたといえる。

この会談後、佐藤は芳沢に以下を報告した。それは、上海事件さえ解決できれば満州問題の解決に資することができるとの感触を得たこと、二月二日の外相電の趣旨を踏まえ、「十五条ノ適用ヲ上海事件ノミニ限ラントスルカ如キ約束ヲ前以テ各方面ヨリ取付クル事」は「頗ル困難」なので、日本としては上海事件のみに関する陳述書を提出して、第十五条を上海事変にのみに限定すべきであること、そしてもし連盟から異議があれば改めて日本の決意を示して奮闘することとし、それ迄の間、形勢を日本に有利に導くように理事会内外にて善処することが得策であると上申した。[126]尚、芳沢が三日に示した「第十五条ヲ満州問題ニ迄適用セントスル場合ニハ重大ナル決意ヲ為ササルヲ得ス」という文言の「重大ナル決意」とは、連盟脱退の問題を考慮していると考えられるが、もし脱退となれば、日本は国際社会より敵視されるだけでなく、満州問題自体も単に日中間のみで解決できるものではないので、いずれにせよ、国際間にてこの解決を承認させる必要があり、寧ろこの際連盟を利用し、他国の承認を取り付けることが日本にとって有利であると上申した。[127]

上海事変の勃発翌日の一月二十九日に、中国側が連盟に満州問題を含めた第十五条の適用を提訴して以来、わずか一週間足らずの二月三日に、芳沢は在ジュネーブ局長沢田節蔵宛てに、「帝国上下一致ノ信念ヨリシテ理論ヲ超越シ絶対ニ承服シ得サル所ナリ」を発したのであり、もし連盟側の強硬な反対に遭えば、「帝国政府トシテモ茲ニ重大ナル決意ヲ為ササルヲ得ス」という、連盟脱退を匂わすような言質を示したことは、記憶されなければならない。

三　上海調査委員会の第一次・第二次報告と二月九日以降の国際連盟理事会

国際連盟規約第十五条第一項の適用によって組織された上海調査委員会は、事務総長に第一回報告を行い、ジュネーブと上海の両方において二月八日に公表された。これは満州事変によって激化した排日運動の背景と現状及び上海事変勃発以降、英米を交えた一月三十一日の停戦提議に至るまでの経緯を纏めたものであった。[128]

さて、上海付近の形勢が悪化した二月九日午後、中国の要求により公開理事会が開かれた。この日の理事会は二つの特色を有している。一つ目は、中国代表顔恵慶は、日本陸軍部隊の兵力に関する数値も含め事実無根の誇大な情報で対日非難演説を行ったため、佐藤理事から徹底的に事実関係を指摘、糾弾されたことである。中国代表は、日本陸軍は満州に七万五〇〇〇、上海方面に二万五〇〇〇、さらに二個師団を動員し、一は上海、他は方向不明の地点に向かったと説き、理事会は日本軍の戦闘行為中止の方法をとるべきであると力説した(129)。実際には日本陸軍は第九師団も日本を出発（二月十日以降に宇品、下関乗船開始）しておらず、さらなる二個師団の増派もこの時点で発想にも及んでいない。第十一師団、第十四師団の増派が現地上海部隊から要請されるのは、第一次総攻撃の苦戦中の二月二十二日、閣議決定は翌二十三日のことである。このように中国側は、日本側の兵力量や実動される時機共に事実無根の情報で理事会に臨んでいることを示している。このような中国側の数字に関する誇大な主張が、日本側が中国側を信用できなくなる一因にもなった。佐藤理事は、中国理事の誇張された声明に反駁し、第一次報告書は客観的事実を叙述しており、日本の提出した一切の報告を裏書きするものであると説いた。さらに日本陸兵（先遣部隊と第九師団）派遣と七日の帝国政府の声明に言及し、最後に目下の現地において戦闘行為の休止に関する交渉が行われており、日本は上海において自発的に戦闘行為を行う意志はなく、先に定められた受け持ち区域にとどまり、中国側の撤退を求め、両軍間に中立地帯を設定しようとしている。この地帯の治安維持は、これを中立官憲に委ねるものであり、詳細な取決めは同様の訓令を受けて上海に到着した野村司令長官が努力しているところであり、現地で行う以外にないと述べた(130)。

特色の二つ目は、理事会ではこれ迄の議事の経過、現地上海の戦闘中止の交渉等を確認し、今後の措置の整理と督促に終始したもので、中国側が期待した議事の進行が得られなかったことである。因みに、議長のボンクールは、英国理事に四国共同措置の経過報告を求めた。英国理事は、同措置は未だ十分の効果を生じてはいないが何らかの効果なしとはいい難い、現地では戦闘休止の中立地帯の交渉が行われており、且つ各理事と共に日本がなるべく速やかに戦闘行為の休止の意志を有していることを知り、これに満足していること、本件を速やかに局地的に解決することを希望すると述べた(131)。英国理事の淡々とした日本側の早期収拾の態勢構築に対する説明は、説得力をもっていた。

議長は、調査委員会の第一次報告は逐次追補されるので事態は明瞭になるであろうし、四国共同措置は今後継続し、各関係者は戦闘行為の中止の実現に努力しつつある。自分は中立地帯の設置に関する実現方法について交渉しており、静観する必要があると述べた(132)。次いで日中両理事の上海事件の排日・抗日の実態とその解釈に関し、相互に執拗な応酬があった。この模様は、他の理事にとって如何ともし難い論戦であった。最後に議長は事件の特殊事情に鑑み、理事会の措置が緩慢にならざるを得ない事情を説明した後、日中双方の主張に関し、十分考慮を加えるべきではあるが、差当たり戦闘行為の休止、中立地帯の設置が一日も速く推進されることを切望するとして閉会した。中国側はこの会議において日本側から演説内容の誇大さを糾弾され、しかもその経過において進捗が見られなかったことに不満が残ったといえる。

二月十二日、つまり、中国側が最初に理事会に提訴した一月二十九日から二週間というタイムリミットが切れないうちに、総会の開催を請求したのである。当日の「十二国理事会議」の中で、中国側代表の顔恵慶は上海事件の解決を国際連盟規約第十五条第九項前段（「連盟理事会ハ本条ニ依ル一切ノ場合ニ於テ紛争ヲ連盟総会ニ移スコトヲ得」）に基づく総会の開催を要請した。第九項の前段とは中国からの要請で始まるのではなく、理事会自身が自発的に総会に移すのを要求することを意味した。サイモン英国理事が自重論を唱え、理事会としては日中いずれにも偏った配慮はできないし、また話の筋論として現在進行中の交渉努力を否定することはできないと述べ、理事会自ら発動はせず、むしろ第十五条第九項後段（「紛争当事国一方ノ請求アリタルトキハ亦之ヲ連盟総会ニ移スベシ」）を適用し、当事国中国の責任において事件を総会に移すこととなった[133]。また、佐藤理事が総会に付託することは理事会の無力を表示するものと顔代表に強く反対したが、結果は同じく第十五条第九項の「但シ右請求ハ紛争ヲ連盟理事会ニ付託シタル後十四日以内ニ之ヲ為スコトヲ要ス」の規定により、二月十九日の理事会で三月三日に開催されることが決まった[134]。

さて、上海調査委員会の第二次報告書は、十四日連盟に通達され公表されたが、その内容の中で特筆すべきことは概ね次のとおりであった[135]。

（一）日本の虹口一帯には恐怖時代が現出するに至り、公然たる戦争状態が数日にわたって存在するに至った。（二）攻撃は専ら日本軍の側にあり、日本軍の公称目的は呉淞の砲台を占領し、一切の支那軍を上海より相当の距離迄に駆逐するにある。（三）虹口における日本人以外の居留民は殆ど避難するに至った。（四）日本領事もまた感情興奮の混乱状態に至った場合、自国民の行動が矯激にわたったことを容認している。しかし（五）その後の状態は、改善されるに至り、相当数の好ましからぬ日本人も日本に送還された。但し、（六）本委員会は、日中いずれの側が休戦を破ったかを決定することは不可能である、というものであった。

日本側は、この内容は事件経過に対する認識において正鵠を欠くものとした。「日本軍ハ支那側ヨリ攻勢アリタル場合ニ之ニ反撃シ居ルニ過キス」のほか、大げさな表現に対する反駁はあったものの、驕慢で好ましからぬ日本人が現出し、恐怖に満ちた言動は先述のように現存したのであり、内容は間違ってはおらず、それ以上の抗議をしてはいない。[136] 先述のように、現地上海の村井総領事も塩沢司令官もまた東京の陸海軍中央部、政府も共に、これら劣悪な日本人が数多く上海現地に居留していること、彼らの常軌を逸した行動が日中外交の回復どころか却って悪化要因として働いているため、常に彼らを強い抑圧対象に掲げ、対策の念頭に置かなければならなかった。[137]

総じて形勢は日本に不利であり、尚、上海の事態は中国側の執拗な要求を無下に拒絶し得なくなった。また連盟加盟国には第十六条の制裁規定を適用すべしとの極端論もあったため、理事会は可及的速やかに三月三日の臨時総会召集の義務を果たさざるを得なくなっていったのである。

四 日本軍上陸に対する「連盟十二国理事の対日勧告（アピール）」と日本の反駁

列国の対日意識は、上海調査報告書の影響も加わり、日本が上海において租界地を拡大し、軍事的占領によって長江及び中国南部の権益を拡大し、英米と争奪するようになることを恐れていたということができる。したがって二月十三日、第九師団が上海に上陸を開始した際、英米伊総領事、殊に駐上海米国総領事エドウィン・カニンガムは、米国の名において租界を軍事行動の根拠地として使用することに抗議した。[138] さらに米国国務長官ヘンリー・スチムソンは、同様の抗議と共に「支那側ニ於テ之ヲ口実トシ或ハ報復的ニ租界内ヲ攻撃」すれば、「米国人ノ生命財産ニ危害ヲ及ホス」恐れがあると抗議した。[139]

これに対し在米大使出淵勝次は最も敏速に反応し、日本擁護の意見を開陳した。それは、かつて米英も中国側から排斥を蒙り多大の困難を嘗めたことがあり、将来もそのような事態が再来しないとも限らない。その場合、「陸兵ヲ租界ヨリ上陸セシムル」ことになるであろうから、「今更抗議カマシキ態度ニ出テラルルコトハ見合セラルル方得策ナルヘシ」と説き、日本の行動が、かつての英米のそれに共通するものであり、ご都合主義でものを行ってはならないと抗議し、[140] 以後の日本の行動に対する容喙を封じた。これに対し、「十二国理事会」は二月十六日、この日中紛争が臨時総会に移されることになれば、理事会はそれを機会に本件より手を引くことになるので、この際、理事会の決意を示す意味で対日警告を行うことになり、この案文を作成した。そして、同日午後ボンクール理事会議長は佐藤代表を招致し、次の通牒を日本政府のみに対して提議した。[141] その趣旨は、中国のとった一連の措置に対しては、国際連盟規約第十条が意図する、連盟各国の領土保全及現在の政治的独立の尊重とその維持の規定を確認する一方、日本に対しては、「十二国理事は日本が主張せる苦情を決して忘却せず、十二国理事は国際社会の一員として其義務及び責務を常に細心に遵守し来れる原連盟国の当然有すべき一切の信頼を、過去数箇月間日本に対し与へたり」。しかし、「十二国理事」は日本が国際連盟規約の平和的解決法に従うことができないと考えている点を遺憾とせざるを得ず、また、不戦条約も謳った平和的手段に依るべきであり、「今一応注意を喚起す[142]」として、日本が連盟常任理事国としての責任ある地位や立場を忘れ、紛争解決に武力を行使しつつあると非難し反省を促しつつ、連盟としても一月七日の「スチムソン・ドクトリン」を支持する旨を明らかにしたものである。

これに対して日本政府は、二月二十三日、ボンクール理事会議長に対し芳沢外相答翰及び付帯声明を佐藤理事に訓電した。それは、「十二国代表」があたかも理事会自体が対日警告を決定したかの如く行動したうえ、「本申入は必要なき方面に向つて為されたる嫌あり」と、日本側に対してのみ警告することは片手落ちであるとして、「十二国理事が日本に対し申入れをなしたるは、恰も日本が隠忍さへすれば上海の危急なる事態を直に終息せしめ得べしとなすが如き寓意を含むものにして、帝国政府の了解し得ざる所なり。攻撃をなしつつあるは支那側なるを以て、之に対して申入れをなしてこそ有効なるべし」と述べ、日本が何故これ程国際団体から非難攻撃を受けるのか、その原因を顧みる気概と姿勢が中国政府・外交部に対して盛られないのは偏見・不公正も甚だしいと反駁したのである[143]。公文書としては「随分思ひ切つた強硬なもので、恐らく霞ヶ関はじまつて以来の文書であらうといふ世評であつた[144]」。その対象は、額面上は「十二国理事」であるものの、この「アピール」中に表れた九国条約の引用を通じて米国とも対立していることに注意を要する。いや寧ろ、連盟の思想的根拠として漸次、米国の理念が浸透しているのであり、日本は結局米国との対立に進んでいるといえる。

この反駁回答は日本がとっている政策と軍事行動のさらなる展開が、日本の正義人道に悖るものではないという信念に裏付けられていた。それは換言すれば、日本側には、中国側が非軍事的手段といって連盟に提訴し、軍事に依らない排日・排日貨運動の卑劣な実態と理不尽さが許し難いものになっていたと同時に、それを見誤っている連盟「十二国理事」及び米国に対しては、中国を組織ある国家として見る観察の甘さに対する不満と憤りがあった。しかも事実、中国側は武力抵抗をしており、このままでは日本軍の行動そのものが危機的状態に陥り、収拾することそのものが不可能になるという日本側の事情を、この「アピール」は全く無視した意見開陳であると日本側には受け止められたのであった。現に二月十六日の理事会審議が約一時間半後に打ち切られた後にこの「アピール」が起草され、同夜のうちにボンクールから佐藤に手渡された。翌十七日午後に日本外務省に届いたが、(145)間もなく発動が予想される日本軍の総攻撃に対する抑止の悲願を象徴する、いわば拙速の対応であったといえる。

五　二月十九日公開理事会と事変初期の日本外交の特色

対日アピールが発出された状況下に、中国軍に撤退を要求する十八日付の日本側の最後通牒が触発剤となって、中国側は十九日公開理事会の開催を要求し、実現の運びとなった。この十九日の理事会は、もともと懸案になっていた総会を開く日時を決めるものであった。結果は、中国側が要求していた国際連盟規約第十五条第九項が受け容れられ、総会の三月三日の招集が決まり、上海事件の審議が行われた。理事会は日本政府に対し、最後通牒の期限を延長するよう要求した。(146)

十九日の理事会における日中理事の論戦には、四つの争点があった。

一つ目は、中国理事顔恵慶による日本軍の最後通牒の撤回、攻撃中止の要求であり、二つ目は、顔の「日本軍は『ダムダム弾（対人用拡張弾頭であり一九〇七年ハーグ陸戦条約で使用禁止）』を使用した」という対日非難が、佐藤理事の反駁により、実相は逆に中国軍による使用であることが披瀝された。(147)三つ目は、「統制ある国家」論をめぐる日中両理事の誹謗・中傷と応酬である。四つ目は、日中双方の満州に対する価値認識と必要性の議論であった。ここでは、一つ目と三つ目について論じたい。

一つ目の最後通牒の撤回と攻撃中止については、上海調査委員会の第二次報告書が、二月三日以来明白な戦争状態にあると記載している点に特に注意を喚起し、また「十二国理事」が日本に与えた「アピール」に言及して、連盟国としての日本の責任を強調した。そして、上海事件の最後通牒を披瀝し、これらは日本軍が中国の領土より中国軍を駆逐せんとする企図に起因するものであるとして理事会が即応するように要求した。そして最後に、今次の上海事変は満州問題と区別して取り扱えないこと、中国軍は抵抗の用意があるとして南京政府からの電報を読み上げたのである。(148)そこで三つ目であるが、この演説が日本代表としては最後であると前置きしつつ佐藤理事は、中国側の陳述に反駁し、日本軍が中国軍の撤退を要求するに至った理由は、従来説明して来た所で明らかであるとし、「若シ支那カ秩序アル国家タラハ日本ハ勿論平和的手段及規約ノ文字通ノ手続ニ依リ紛争ノ解決ヲ計リタルナラン」、として中国に内乱が相次ぎ無政府状態にあること久しく、国際連盟規約が「組織ある人民」を規律しているが到底それに匹敵せず、このこと自体が今日の紛争の原因であると述べたのである。(149)

これに対して中国の顔理事は、「日本モ亦組織アル国家ナリヤ否ヤ疑ハシ、現ニ日本軍ハ政府ノ支配ヲ逸脱シ居ルニ非スヤ」等と日本の侵略行為と非難したことに対し、佐藤理事は「日本カ常ニ支那ノ安寧ト秩序ノ確保ヲ希望シ」等と反駁し激論が交わされた。(150) この論戦は国家の本質と日中双方のそれぞれの相手国に対する現状認識と不満を象徴的に表現したものであった。そして注目すべきは、この論戦において、満州事変以降の連盟からの環視と高まる対日不信感に加え、「十二国理事」の対日「アピール」が追い討ちを掛けて実質的に孤立無援となり、日本側に連盟に対する強い不満が一挙に吹き出した感があったことである。

ボンクール理事会議長は佐藤に対し、理事会が中国側の要求により事件を総会に付託するに至った次第を述べ、「十二国理事」が勧告を日本にのみ送った理由は、常任理事国にして大国である日本に対し信頼しているためであって、決して非友誼的性質を有するためではない。しかしながら日中間の交渉が決裂し日本側から最後通牒の交付を見、しかも大規模の戦闘が行われようとするに至り、この際危機を救えるのは日本側が最後通牒の期限を延長し、中立地帯の設定の交渉を続ける余裕を与えることにあって、これが連盟を救う唯一の道である、と日本政府に対する要請を行った。(151)

しかし二十日、芳沢外相は、「(最後通牒は：引用者）国交断絶ニ至ルノ虞アル国家間ノ最後通牒トハ全然意味ヲ異ニスル次第」であって、最後通牒の期限は既に終了しており、日本軍は行動を開始しているので、「今トナリテハ十九路軍ノ態度ニ一大変化ヲ生セサル限リ」延長は不可能であると拒否したのである。(152) 佐藤は、先の会議の情勢を二十日、芳沢に「本使ノ予テ想像セル通リ日本ハ全然孤立ノ状態ニ陥リ支那代表者ノ辛辣ナル攻撃ニ対シテハ我ニ於テモドウヤラ対抗シ得タルモ最後ニ議長ヨリ明晰ナル言辞ヲ以テ諄々トシテ日本ニ難キヲ忍ンテ最後通牒ノ期間延長ヲ懇請スルニ至リ」「各国理事相次テ皆之ヲ支持シ日本ハ傍聴席新聞記者満員ノ理事会ニ於テ完全ニ世界世論ノ前ニ孤立無援トナレリ」と、対日空気の悪化は空前であると認められ、政府、国民共に既に最悪の場合を覚悟しなければならない破目に陥ったと看取されること、この覚悟なくして単純な面目論により推し進めるようなことでは、正に国家百年の計を誤ると危惧されるとの沈痛な感想を報告した[153]。物理的に延期が不可能であっても、寧ろ連盟の最後通牒延期の要求を無視するのは、以後に与える影響が大きいことを佐藤は訴えざるを得なかったのであった。重要なことは、芳沢は、最後通牒どおり総攻撃を貫徹しても、日本の行動を以て直ちに「侵略ト断定スルコトハ極メテ理由無キコト」と認識していた点である。日本は「之ニ依リ第十六条ノ適用ヲ来シ延テ世界ヲ相手トシテ戦フカ如キ問題起レルモノトハ認メ居ラサル次第」であると極めて楽観視し、連盟の空気と大きく乖離していた。この状況を駐伊大使吉田茂は、「大国としての威信が一朝にして失墜」と岳父牧野伸顕宛ての書簡に、芳沢外相の「漫然不用意」の外交を批評した。

ボンクール議長は「日本ノ余リニ悲惨ナル状態ニ同情シタルモノカ」、最後に中国側にも衝突を避けるために全力を尽くすように勧告したので、幾分か日本の面目が回復し得たと佐藤は併せて芳沢外相に報告した[154]。同日、議長は「法律家委員会」の「支那側ノ要求ハ之ヲ受理スヘキモノナリト結論セリ」との意見を披露した。その結果、中国側の臨時総会開催の要求は受理されることとなり、ドラモンド事務総長は加盟国五五カ国に、三月三日開幕の臨時総会に代表を送るように招請状を発したのである[155]。

現地上海では、植田第九師団長が中国軍に対し、二十日午前七時のタイムリミットを設定し最後通牒を発した。結果は、中国軍の拒否に遭い、二十日早朝、日本軍の第一次総攻撃が敢行されたのである。

註

（1）日本陸軍部隊（第九師団長、第二十四混成旅団長、上海派遣軍司令官）に対する任務はいずれも「上海付近の帝国臣民の保護」であった（「上海事件ニ於ケル支那軍ノ行動」〔参謀本部編『満州事変史　第十六巻　上海付近の会戦（上）　陣地構築及追撃』（一九三三年六月。防衛研究所図書館所蔵）一〇二七～一〇六九頁（以下、『満州事変史　第十六巻』）〕）。

（2）木場浩介編『野村吉三郎』（野村吉三郎伝記刊行会、一九六一年）三二八頁。

（3）海軍軍令部編・田中宏巳・影山好一郎監修・解説『昭和六・七年事変海軍戦史　初めて公刊される満州事変・上海事変の海軍正史　第二巻（戦紀巻二　軍機）』（緑蔭書房、二〇〇一年）三三七～三三八頁（以下、『昭和六・七年事変海軍戦史　第二巻』）。

（4）同右、一九四頁、二七八～二八九頁。呉淞砲台との砲戦の模様は、瀬戸山安秀海軍少佐「上海事変の回顧」（『水交社記事』第三十三巻第三号別冊、通巻第二八〇号、一九三五年）五一～五二頁。

（5）前掲『昭和六・七年事変海軍戦史　第二巻』一八五～一八六頁。英米国総領事の斡旋により現地協定が成立した。

（6）同右、六八二～六八四頁。

（7）同右、六八四～六九五頁。

（8）同右、一九七～一九八頁。

（9）同右、二九一～二九二頁。

（10）同右、二八三頁。

（11）同右、一九九頁。

（12）同右、二八〇～二八二頁。六日午前、百武軍令部次長から嶋田第三艦隊参謀長に、「占領ヲ容認ス」という電文が発せられた。なお、本事変に第二艦隊参謀として参戦した参謀扇一登は、末次司令長官は艦隊の指揮について海軍随一の評判であったと回想した（一九九二年）。

（13）同右、二八四頁。上海作戦に関する打ち合わせ。

（14）同右、二八四～二八六頁。

（15）同右、四一四～四一九頁。

（16）「上海事件ニ於ケル支那軍ノ行動」（前掲「満州事変史　第十六巻」）五〇頁。

（17）前掲『昭和六・七年事変海軍戦史　第二巻』三二五～三二六頁。

（18）同右、三二六～三二八頁。

（19）同右、三二九頁。

（20）田中宏巳「昭和七年前後における東郷グループの活動（一）」（『防衛大学校紀要』第五十二輯、一九八五年九月）一七～三一頁。ロンドン軍縮条約の批准後、第二次海軍補充計画の実行をめぐって安保海相は東郷・加藤らの艦隊派の監視下に置かれ、傀儡化が始まった。大角はこの延長線上にあり、就任時からこの性格をもった。

（21）堀悌吉君追悼録編纂会編『堀悌吉君追悼録』（堀悌吉君追悼録編纂会、一九五九年）四二四～四二五頁。堀は将来の海軍大臣と期待されるほど、犀利で優れた観察力、判断力を有し、省部の多数に有望視された人物であった。加藤友三郎の信頼する人物であった。

（22）同右、四二五頁。Admiral Sir William Archibald Howard Kelly, *China Station Records(1931-1932)*, Vol.LXXVIII, The Sino-Japanese Hostilities January to May, 1932, Part II

(National Archive), p.1299に、二月八日、堀第三戦隊司令官は、戦闘危険水域に所在する英国巡洋艦「サンドウィッチ」などの外国艦船に対し、避退を要請する通報を出す等、好感を与えていたことが記されている。

(23) 前掲『堀悌吉君追悼録』四二四頁。堀は、軍事力は飽く迄「防衛(自衛・正当防衛)」のためのものでなければならず、国策遂行の手段(問題解決の道具・国権の発動たる武力行使)としての軍事力の行使は断じてならないとの信念に基づき、海軍における勤務に徹していた。

(24) 前掲『昭和六・七年事変海軍戦史 第二巻』四二五〜四二六頁。

(25) 同右、四二七頁。

(26) 海軍軍令部編・田中宏巳・影山好一郎監修・解説『昭和六・七年事変海軍戦史 初めて公刊される満州事変・上海事変の海軍正史 第三巻(戦紀巻三 軍機)』(緑蔭書房、二〇〇一年)六頁(以下、『昭和六・七年事変海軍戦史 第三巻』)。

(27) 同右、四三〇頁。

(28) 前掲『昭和六・七年事変海軍戦史 第二巻』四三一〜四三二頁。

(29) 同右、四三四頁。

(30) 信夫淳平『上海戦と国際法』(丸善、一九三二年)三七三〜三八五頁。

(31) 前掲『昭和六・七年事変海軍戦史 第二巻』四三七〜四三八頁。

(32) 同右、四三九頁。

(33) 二月八日には、海軍陸戦隊特務班(無線諜報機関)の編制が行われたが、これは日本海軍が最も脅威とする中国空軍の暗号解読を目的に活動を開始した(同右、七五八〜七五九頁)。

(34) 同右、四四一頁。

(35) 前掲『満州事変史 第十六巻』一〇二七〜一〇二八頁。

(36) 陸軍は年度作戦計画において「長江沿岸居留民現地保護ノ為派兵ニ関スル研究」を行っており、上海に事が起こった場合は、第一案には第九師団に応急動員を指令し、それ以前に急を要する場合はまず第十二師団管轄下の大村連隊などを指定していた〔稲葉正夫・島田俊彦・小林龍夫・角田順編『太平洋戦争への道 開戦外交史 別巻 資料編』(朝日新聞社、一九八八年)一八七頁〕。

(37) 前掲『満州事変史 第十六巻』一〇三五〜一〇三八頁。

(38) 同右、一〇三五〜一〇三八頁。

(39) 前掲『昭和六・七年事変海軍戦史 第二巻』四四八頁。

(40) 同右、四四八〜四四九頁。

(41) 同右、四五〇頁。

(42) 日露戦争に突入する危機的状況であった一九〇三(明治三十六)年に、陸海軍間に一〇年前と同様の激論が再度戦わされた。戦時大本営条例の改定論争であった。結局、「勅令二九三号」を似て、主管争いの妥協が行われた。平時はもちろん戦時においても、統帥事項の実施は、陸海軍は並列関係、つまり必要の都度陸海軍は対等の関係に立ち、作戦上の調整が不可欠とされた。今次の上海事変の対応においても、この並列関係が維持され、事前に指揮系統及び航空協定等の具体的な陸海軍協定が必要とされた。

(43) 前掲『昭和六・七年事変海軍戦史 第二巻』四六七〜四六八、四八八頁。

(44) 同右、四六八〜四六九頁。

(45) 金沢市史編さん委員会編『金沢市史　資料編11　近代一』（金沢市、一九九九年）五五一、六二四〜六二五頁。追憶金沢輜重兵聯隊編集委員会編『追憶金沢輜重兵聯隊』（金沢輜重兵会、一九七六年）二三〇頁。

(46) 前掲『満州事変史　第十六巻』五四頁。

(47) 濱田峰太郎編『上海事変』（上海日報社出版部、一九三二年）一九二頁

(48) 前掲『昭和六・七年事変海軍戦史　第二巻』四一一頁。**Kelly, *op. cit.*, pp.47〜48.** 中国側は列強に日本軍が租界を作戦基地に使うこと及び列強が対日支持をしないよう頻繁に要請していたが、列強は、租界内の犠牲は中国軍の作戦である限り中国軍が責任をもつべきであると回答した。

(49) 同右『昭和六・七年事変海軍戦史　第二巻』四一一〜四一二頁。

(50) 同右、二六六頁。

(51) 同右、六二九〜六三〇頁。

(52) 仲摩照久編『上海事変の経過』（新光社、一九三二年）五五頁。

(53) 伊藤隆・佐々木隆・季武嘉也・照沼康孝編『真崎甚三郎日記　昭和7・8・9年1月―昭和10年2月』（山川出版社、一九八一年）四五頁。

(54) 前掲『昭和六・七年事変海軍戦史　第二巻』四六六頁。

(55) 同右、四一六、四五九〜四六四頁。

(56) 同右、三五九頁。北部九州郷土部隊史料保存会編『兵旅の賦――北部九州郷土部隊70年の足跡――　第2巻　昭和編』（北九州郷土部隊史料保存会、一九七八年）三七〜三八頁。（『付録二、事変関係者氏名表』）。上海居留民団編『昭和七年上海事変誌』（上海居留民団、一九三三年）二頁。

(57) 前掲『昭和六・七年事変海軍戦史　第二巻』三四四頁。「事態ニ鑑ミ、諸修理ノ促進ヲ図り、集合準備」を整える艦隊集合場所は二月一日佐世保とされた。

(58) 「蔣介石日記」二月八日（フーバー研究所図書館・文書館所蔵）（以下、月日は一九三二年）。

(59) 同右。

(60) 秦孝儀編『総統　蔣公大事長編初稿　第二巻』（中国国民党党史会、一九八七年）深堀道義訳、一七三頁。蔣介石が南京の何応欽軍政部長に宛てた空軍の上海戦投入指示の電報。

(61) 前掲『昭和六・七年事変海軍戦史　第二巻』七二三〜七二四頁。

(62) 前掲「蔣介石日記」二月八日。

(63) 「上海北岡春雄武官報告」（昭和七年二月十日、次官・次長宛）機密第二二七番電（防衛研究所図書館所蔵）。

(64) 前掲『昭和六・七年事変海軍戦史　第二巻』六七九頁。張衡「略論〝一・二八〟抗戦期間国民党内的和與戦之争」〈第一次上海事変抗戦期間中の国民党内における和戦論争に関する概論〉（『民国檔案』一九九一年第一期）深堀道義訳によれば、一月三十一日国民党の在広州の中央委員唐紹儀、陳済棠ら二四人は第十九路軍に四〇万元を送金した。また、「在留中国人の十九路軍に対する醵金について」（『日本外交文書』満州事変　第二巻第一冊、第一四〇文書（外務省、一九五〇年）一四七頁）によると、二月二十六日、在ニュー・オルリンズ領事代理佐藤（由巳）が中国人約四〇〇人から五

千ドル、中国人は収入の一〇パーセントを送金したと報告している。

(65) 前掲「蔣介石日記」二月十一日。

(66) 韓明華「〝一・二八〟抗戦和不抵抗主義」〈「上海事変と不抵抗主義」〉(『上海師範学院学報』一九八二年四月)深堀道義訳。

(67) 孫文は一九一九年に二十世紀の中国のあり方を三部作にして世に問うたが、その一つが『孫文学説』であり、『知難行易学説』とも呼ばれる。彼は革命の実行が極めて難しいことについて、従来いわれて来た「知易行難」への反論を表し、革命の理想を実現させるためには国民の知的水準を上げ、心理建設を図るべきことを痛感した。つまり、行動することよりも知ることの方が難しいと記している。

(68) 前掲『総統 蔣公大事長編初稿 第二巻』一七五頁。

(69) 同右。

(70) 同右、一七五〜一七六頁。

(71) 同右、一七六〜一七七頁。

(72) 前掲『総統 蔣公大事長編初稿 第二巻』一七七〜一七八頁。

(73) 張治中『張治中回顧録 上』(文史資料出版社、一九八五年)深堀道義訳、九七〜九八頁。

(74) 前掲『昭和六・七年事変海軍戦史 第二巻』六九五〜七〇一頁。IKelly, *op. cit.*, p.1318. 英国提督ケリー海軍大将は第五軍の兵力規模を約四万人と観察していた。

(75) 前掲『張治中回顧録 上』九八頁。

(76) 第十九路軍を憲兵第六連隊と交代させる予定であったが、一月二十八日深夜に一個大隊が到着したばかりで兵力不足でもあり、時間も遅いので翌二十九日に交代することになった〔華振中・朱伯康合編『十九路軍抗日血戦史料』(上海神州国光社、一九三二年)深堀道義訳、八一頁〕。

(77) 「上海事件ニ於ケル支那軍ノ行動」〔参謀本部編『満州事変史 第十六巻 上海付近の会戦(上) 陣地構築及追撃』(一九三三年六月、防衛研究所図書館所蔵)〕五七頁。

(78) 前掲「〝一・二八〟抗戦和不抵抗主義」。

(79) 前掲「略論〝一・二八〟抗戦期間国民党内的和與戦之争」一〇八〜一一一頁。

(80) 同右。

(81) 同右。

(82) 前掲『総統 蔣公大事長編初稿 巻二巻』一七一〜一七二頁。

(83) サンケイ新聞社『蔣介石秘録 第九巻 満州事変』(サンケイ新聞社、一九七七年)一六二〜一六三頁。

(84) 前掲『中国国民党秘史』二三四頁。

(85) 同右。

(86) 前掲『昭和六・七年事変海軍戦史 第二巻』七八五〜七八六頁。

(87) 同右、七八七頁。Kelly, *op. cit.*, p.1295 に日本の紀元節当日、日本海軍部隊が呉淞砲撃中にもかかわらず、上海在泊中の中国海軍艦艇は、天皇誕生を祝って、正装して儀式に参加したという。

(88) 前掲『昭和六・七年事変海軍戦史 第二巻』七八九頁。

(89) 中国海軍が「一発も撃たず、日本軍と結託して抗戦をぶち壊した」と国民的反発を招いた。第十九路軍が海軍に対し「大砲と鉄板の借用」を申し入れたにもかかわらず陳紹寛によって拒否されたことが、張晞海・王翔『中国海軍之謎』(海洋出版社、一九九〇年)深堀道義訳、三四五頁に記されており、事変後「海軍弾劾案」をめぐって争われた。

(90) 前掲『昭和六・七年事変海軍戦史　第二巻』七八七〜七八八頁。

(91) 前掲『中国海軍之謎』三五五頁。

(92) 前掲『昭和六・七年事変海軍戦史　第二巻』七四六〜七四七頁。

(93) 同右、七四七頁。

(94) 同右。

(95) 易幟を闡明した張学良は、一九二九年、南京政府の第一の外交方針である失地回復の矛先をソ連に向け、中ソ紛争を起こし敗北した(ソ連機三五機・中国機五機)(同右、七四七〜七四八頁)。

(96) 同右、七二七〜七三〇頁。

(97) 同右、七四九頁。

(98) 同右、七五九頁。

(99) もともと蒋介石にとって広東系の政治勢力や兵力は、蒋の意のままに運用し難い関係にあった。加えて、蒋の命に従う航空署は各地の紅軍討伐に空軍を要するため、対日戦に使用することに消極的であった(同右、七二五頁)。

(100) 同右、七五五頁。

(101) 同右、四九四、七三〇、七六四〜七六五頁。

(102) 同右、四六四頁。

(103) 同右、四六五頁。

(104) **Kelly, *op. cit.*, p.1315.**

(105) 前掲『満州事変史　第十六巻』一〇五一頁。

(106) 前掲『張治中回顧録　上』九七頁。Donald A. Jordan, *China's Trial by Fire: The Shanghai War of 1932* (Michigan: The University of Michigan Press, 2001), p.137. 植田第九師団長の最後通牒が、蒋介石に直系軍の第五軍を戦闘中の第十九路軍の指揮下に入れ、革命軍として統一する切っ掛けとなったとしている。

(107) 前掲『満州事変史　第十六巻』五九、一〇五一〜一〇五二頁。

(108) 前掲『昭和六・七年事変海軍戦史　第二巻』四六五頁。

(109) 「上海停戦に関する三国提案に賛同とのドイツ大使の申出について」(『日本外交文書』満州事変　第二巻第一冊、第一一一文書(外務省、一九五〇年)一一四頁)。

(110) 前掲『昭和六・七年事変海軍戦史　第三巻』五〜七頁。

(111) 同右。**Kelly, *op. cit.*, p1302** にケリー英国提督が上海到着後直ちに塩沢司令官に会見し、停戦の策を議し、租界の安全を優先すべく、日本軍に対する爆撃の現状に関し、強く要請した状況が記されている。

(112) 前掲『中華民国重要資料初編　第一編　緒編の一　日本の侵略』五二六頁。

(113) 前掲「上海事件ニ於ケル支那軍ノ行動」三九〜四〇頁。

(114) 前掲『昭和六・七年事変海軍戦史　第三巻』六頁。**Kelly, *op. cit.*, p.1302** にケリーと野村の初度会見の内容が記録されている。

(115) ***Ibid.*, p.1311** に、カトリック教会が中心になって停戦の協議が行われてことが記されている。

(116) 海軍軍令部編・田中宏巳・影山好一郎監修・解説『昭和六・七年事変海軍戦史　初めて公刊される満州事変・上海事変

の海軍正史 第四巻』（緑蔭書房、二〇〇一年）三四～三五頁（以下、『昭和六・七年事変海軍戦史 第四巻』）。「十二国理事よりの日本に対する停戦勧告について」（前掲『日本外交文書』満州事変 第二巻第一冊、第九十八文書）九五頁。
(117) 前掲『昭和六・七年事変海軍戦史 第三巻』八頁。
(118) 前掲『満州事変史 第十六巻』一一四頁。
(119) 同右。
(120) 前掲『真崎甚三郎日記（昭和7・8・9年1月―昭和10年2月）』四五頁。
(121) 前掲『満州事変史 第十六巻』一〇四三頁。
(122) 同右、一〇五一頁。
(123) 「規約第十五条適用範囲に関するドラモンド事務総長との折衝について」（前掲『日本外交文書』満州事変 第二巻第二冊、第六十八文書）七〇～七一頁。
(124) 同右。
(125) 「規約第十五条適用範囲に関するポール・ボンクール理事会議長との会談について」（前掲『日本外交文書』満州事変 第二巻第二冊、第六十九文書）七三頁。
(126) 「規約第十五条適用を事実上上海事変に限定すべき方策について」（同右、第七十三文書）七五頁。
(127) 同右、七六頁。
(128) 前掲『昭和六・七年事変海軍戦史 第四巻』三三～三四頁。「上海事変調査委員会の第一次報告要領送付について」（前掲『日本外交文書』満州事変 第二巻第一冊、第一二三文書）一二三～一二八頁。
(129) 「上海事変に関する理事会第五次会議の経過について」（同右、第一三〇文書）一三二～一三六頁。
(130) 同右。
(131) 同右。
(132) 同右。
(133) 「日中紛争の総会移牒問題に関する対策について」（前掲『日本外交文書』満州事変 第二巻第二冊、第八十九文書）八八頁。
(134) 同右。榛原茂樹・柏正彦『上海事件外交史 附 満洲建国始末』（金港堂書籍、一九三二年）一二九～一三〇頁。
(135) 「国際連盟上海調査委員会第二次報告中の事実に反する点について」（前掲『日本外交文書』満州事変 第二巻第一冊、第一三八文書）一四一～一四六頁。
(136) 同右。
(137) 犬養首相は上海に陸軍出兵を決断し、国際協調を前提にした軍の運用を指示する一方、「それからいわゆる日本の便衣隊を一番注意しなければならん。かくの如き者は真っ先に取り締まる方針でやるよう、出先に訓令する」と開陳している（原田熊雄『西園寺公と政局 第二巻』（岩波書店、一九五一年）二〇六頁）。
(138) 「日本軍租界内上陸への各国領事の抗議および回答について」（前掲『日本外交文書』満州事変 第二巻第一冊、第一四七文書）一五四頁。
(139) 「日本陸軍の租界内上陸に関し国務長官遺憾の意表明について」（同右、第一五三文書）一五七頁。
(140) 同右。
(141) 前掲『昭和六・七年事変海軍戦史 第四巻』三五～三六頁。前掲『上海戦と国際法』六一～六二頁。早稲田大学教授一又正雄「国際連盟における満州事変および上海事件処理の概観——故杉村陽太郎大使を追慕しつつ——」(植田捷雄編『現代中国を繞る世界の外交』野村書店、一九五一年)一五三頁。*Sir J. Simon to Mr. Patterson (Geneva)*, Foreign Office, February 16, 1932, 10. 30 a. m. [*Documents on British Foreign Policy*, Second Series IX, No. 465], pp. 500-502.「アピール」が出されたことに関して、英サイモン外相は米スチムソン国務長官や英国政府に断ることなく発出したことに対する不満を述べている。

(142) 前掲『上海事件外交史　附　満洲建国始末』一二一頁。

(143) 同右、一二三～一二九頁。

(144) 山浦貫一『森恪』(森恪伝記編纂会、一九四〇年)七四一～七四八頁。「朝日新聞のいう如く『……おそらく日露戦争後、霞ヶ関より発せられたる外交文書中最も強硬なものであろう』而して本声明は、森書記官長と白鳥外務省情報部長の合作になったものである」としている。これに対する外国の反論と抗議が掲載された。前掲『上海事件外交史　附　満洲建国始末』四二二～四二三頁に収録された記事によれば、『紐育《ニューヨーク》タイムス』(一九三二年二月二十日)には、「日本を巨人と見立てて分別を似て其力を行使せんことを請ひたる」ためであると述べられ、また、『費府《フィラデルフィア》パブリック・レッジャー』(一九三二年二月十九日)では、日本外務省のスポークスマンは、「(連盟の対日覚書は)米国之を起草し寿府《ジュネーブ》において書直したるものと信じ居れり。」と誤認のまま対米強硬の意見を吐いていると非難している。またこの日本の反駁回答が、後に中国の連盟に対する同情を喚起した。

(145) 前掲『上海事件外交史　附　満洲建国始末』一二〇頁。

(146) 「二月十九日理事会経過大要について」(前掲『日本外交文書』満州事変　第二巻第二冊、第一一一文書)一〇九頁。

(147) 同右。ダムダム弾の使用の実態及び日本軍との関係は、前掲『上海戦と国際法』一四一～一六一頁に分析されている。

(148) 前掲「二月十九日理事会経過大要について」。

(149) 同右。

(150) 同右。

(151) 同右。

(152) 「最後通牒期限延長不可能の事情について」(前掲『日本外交文書』満州事変　第二巻第一冊、第一七〇文書)一七一頁。

(153) 「面目論による戦争開始の危険性について」(前掲『日本外交文書』満州事変　第二巻第二冊、第一一二文書)一一三頁。

(154) 同右。

(155) 「総会の三月三日開催決定について」(同右、第一一四文書)一一六頁。海野芳郎『国際連盟と日本』(原書房、一九七二年)二〇八頁。

第六章　「第Ⅲ期：事変中期」の陸海軍協同作戦と停戦への動き

――日本軍の第一次・第二次総攻撃の苦戦と外交の硬化――

本章の「第Ⅲ期：事変中期」とは、一九三二（昭和七）年二月二十日に第一次総攻撃が敢行され、同月二十五日の第二次総攻撃を経て、三月一日の第三次総攻撃の準備が完了する二月二十九日迄を考察の対象期間とする。

本章の論点は四つ存在している。

一つ目は、第三次総攻撃を余儀なくさせた第一次・二次の戦闘の実相と苦戦原因を探ることである。

二つ目は、租界の安全確保と早期収拾を目指した日本側の本格的な陸上戦が、逆に租界の安全を阻害するというジレンマを招来した。また、極東情勢に疎い国際連盟小国が中国に同情を寄せ、上海の排日運動を勇気付けたことが、居留邦人たちの生命財産を危機に陥れ、激昂した自警団、浪人たちとの間に暴力沙汰を惹起させるという負の連鎖が存在したという点である。

三つ目は、日本側が第三次総攻撃の準備に着手したという情報が、中国軍を脅威し、在上海英国艦隊司令長官ハワード・ケリー海軍大将に停戦交渉の斡旋を依頼させ、本格的な会議開催の触発剤となったことである。

四つ目は、戦闘が長期化すればする程、日本の満蒙へのこだわりに対する疑念と中国に対する侵略性を弾劾する構造が形成されたことである。

第一節　第一次総攻撃（二月二十日戦闘開始）

一　日中両軍の会戦準備

第九師団全部が一九三二年二月十六日に上海に上陸を完了しただけでは、中国軍は撤退しなかったし、むしろ中国本土に漲る排日・侮日は「決死抗日ノ志愈々強固」であり、「単ニ一片ノ通告等ニ依リ其撤退ヲ強要スルカ如キハ殆ト不可能ナリト予想[1]」された。「蔣介石日記[2]」は、「今日、倭寇はまた突然相互撤兵を求めてきた（十七日）」「……。倭寇の出したのは最後通牒式の提案であり、わが国に呉淞獅子嶺の砲台を廃棄させようとするもので、まことに恨むべきものであることを知る。私は両軍撤兵前にいかなる条件も付してはならないと主張した（十八日）」とあり、「倭寇」が代弁するように、日本に対する強い怒りと抵抗意思があることを記している。

前章で述べたように、第九師団長植田謙吉の撤兵要求書（二月十八日）に対する正式回答は、国民政府から何ら得ることができなかったため、以下の軍隊区分（作戦のための部隊編成）を以て攻撃行動の開始に踏み切るに至った。呉淞支隊（歩兵二個中隊基幹）は呉淞鎮対岸に継続配備し、海軍側には師団右側背を援護させる。混成第二十四旅団を最右翼隊とし、呉淞西南方地区を経て江湾鎮西北方地区の中国軍陣地を攻撃する。歩兵第六旅団を右翼隊とし、江湾鎮及びその付近の敵を東方より攻撃する。歩兵第十八旅団（歩兵第三十六連隊主力欠）を中央隊とし、江湾鎮及びその南側の中国軍を攻撃する。海軍陸戦隊（約四、〇〇〇人）を左翼隊として租界に置いて中国兵を監視させるというものであり、砲兵隊及び飛行隊はこの戦闘の初期に、主として右翼隊に協力することにしたのであった。ほぼ南北方向約一二キロメートルにわたる長大かつ緩やかなS字状の戦線を以て西方への攻撃前進を企図するものである。(3) 他に通信、衛生、補給等の後方支援部隊を有した。第三艦隊は呉淞支隊に対する協力、要点の爆撃、劉河鎮方面の陽動作戦等を行い、師団に協力したのである。

中国側は、閘北対峙戦を継続しつつ、二月十五日、北方戦場の防御陣地戦を決定し堅固な工事を施した。第十九路軍将兵は一般民衆に歓待され、「義勇軍等ノ羨望ノ的」(4) となったという。十六日、「呉淞クリーク」、紀家橋付近を占領していた日本軍の撤退後に同地を回復した。また、第五軍の第八十七・第八十八師将兵は、師長兪済時以下「誓死抗日」を叫び、戦闘法や対日本軍工作の研究に従事していたが、十七日、この両師は南翔を発して大場鎮付近に進出した。軍長張治中は蔡廷鍇と会い、指揮統制に合意を得た。十九日、第十九路軍は最後通牒を拒否する決心をして、上海市長、実業家等の戦闘中止の懇請を拒否して、隷下部隊に明朝七時の日本軍の来攻を期して戦闘を開始することを命じた。中国側は、第十九路軍が局面全体を支配していた。具体的には「便衣隊探偵条例」を定めている点、並びに早朝の五時半起床、午前十一時から午後二時迄「昼寝ヲ為シ以テ夜間工作、行軍ヲ便」(5) にすべきと義務付けている点は、中国軍の作戦様相を知る意味で興味深い。国際世論と上海市民の後援を得ているという自信と余裕の一端を窺い知ることができる。

二　第一次総攻撃

(一)　第一次総攻撃の諸戦闘及び苦戦の実相

上海の第九師団長植田謙吉は、先述の拒否回答を受けて、駐華公使重光葵、第三艦隊司令長官野村吉三郎共再度協議して、十八日午後九時、日本側の六項目（租界境界から二〇キロメートル以外の地への撤退と敵対施設の撤去など）から成る最後通牒を発するに至った。これも同様に、十九日、第十九路軍に容れられず、タイムリミットの翌二十日午前七時が近付いていた。

第九師団司令部は、租界東方端にある公大沙廠に置かれていた。二十日、午前七時三十分より攻撃前進を始めた。(6) 日本側の攻撃目標を端的にいえば、最右翼の混成第二十四旅団には目前の廟巷鎮東方の中国軍を、また、第九師団には江湾鎮のそれであり、陸戦隊は閘北方面の戦闘に従事することになった。

実際に戦闘が始まると、指揮官は戦局に即応するために自己の裁量で自由に駆使すべき二つの部隊が必要不可欠となる。それは、「砲兵火力（部隊）」と「予備隊」である。

「砲兵火力」とは地勢的に悪条件である中国戦地において、装備の分解が可能かつ人馬で運搬が可能な山砲を主とする軽砲（山砲、野砲）部隊並びに破壊力の大きな重砲（野戦重砲、攻城重砲）部隊の火力を指すのであり、敵陣に穴を開け前進攻撃を可能にする破壊力を指す。「予備隊」とは、攻撃の場合は、自軍の砲兵火力によって破壊された敵陣の穴に、兵力を投入して攻撃前進を行うための部隊であり、逆に守備の場合には負傷・弱体化した部隊の急速補填の役割をもち、千変万化する戦局に迅速、正確に即応しなければならない。植田師団長は、「砲兵火力」に山砲第九連隊、野戦重砲第一大隊、攻城重砲兵第一中隊を、また「予備隊」に当初、歩兵第三十六連隊、騎兵第一中隊等を充当していた。しかし、中国軍の深い塹壕及び縦横に張りめぐらされたクリーク等の存在と、その対応の措置が足りないことが分かり、渡河器材と重砲の追送を中央部に急ぎ要請することになった。

二十日時点でさえ、日本軍には江湾鎮が如何なるものかはほとんど分かっていなかった。歩兵が前進し右翼正面の砲兵は射撃し、戦車は突進する。その間、飛行機は江湾鎮を爆撃し「紅蓮の焔」が村落の所々から立ち昇る。しかし、江湾鎮の中国陣地は堅牢、頑強であり、日本軍は緒戦から苦戦に陥った[7]。植田は右翼隊の戦闘が進捗しないので、江湾鎮付近の敵に強圧を加えるため、中央隊の主力を右翼隊の江湾鎮攻撃に協力させたが、依然として効果が見られなかった。混成旅団を金馮宅、孟家宅各西端の線に、中央隊を方浜、陳家宅、韓家浜の線に進出させた。併せて陣形を変更し予備隊であった第三十六連隊の主力を混成旅団と右翼隊間に入れ、江湾鎮東側付近に兵力を集結し翌日の攻撃に備えた。

二十一日、日本軍右翼方面の中国軍は、蔣介石直系の警衛軍（第五軍軍長：張治中）第八十八師の一団であることが明らかとなった。この軍が第十九路軍長蔡廷鍇による一元的な指揮の下に頑強に抵抗していた[8]。中国軍は頑強で戦況が進捗せず、ついに師団は江湾鎮の力攻を避け、江湾鎮北方地区の攻撃に重点を指向した。第十八旅団の大部を右翼隊とし、左翼隊より第七連隊（林大八連隊長）の大部を抜いて師団予備隊とし、二十二日払暁より猛攻を開始した。この第七連隊の第二大隊長が、江湾鎮の戦闘で重傷を負い人事不省に陥り翌日捕虜となった陸軍少佐空閑昇[9]であった。指揮下の中隊長らは戦場の混乱と情報錯誤のために負傷した大隊長一人を残し、再起のため一時部隊の退却を指揮したが、この件は戦場放棄の廉で中隊長らの軍法会議問題に発展した。救出された空閑少佐は自決し、軍人の鑑とされたのである。

さて、江湾鎮は依然として中国軍の掌中にあり、日本軍は主力を以て北から西南に押そうとしたため、江湾鎮は陣形の旋回軸となった。また、大胆にも日本軍の師団司令部は江湾鎮の北西方向一、〇〇〇メートルにあるため危険極まりないこと、及び「二十三日一万五千の敵が閘北付近に集結」という陸戦隊からの情報により、二十四日に攻撃予定の歩砲兵の協同打ち合わせを行う必要を生じたため、第二次総攻撃は、二十五日に延期されるに至ったのである。(10)

一方、混成旅団の最右翼隊の廟巷鎮においては、二十二日払暁前より上海戦最大の激戦があり、午前六時に至ってようやく「幅約十メートルの突撃路二条を開設」(11)したのである。苦戦の結果、戦況は発展を見るに至り、日本軍は東部廟巷鎮、客家宅、孟家宅、呉家宅の線に進出した。この廟巷鎮の鉄条網に対する突撃路の開設に、混成第二十四旅団の工兵隊が係わり、「肉弾三勇士」(12)という苦戦を物語る戦時美談を生んだ。戦時美談は確かに苦戦の証左であり、それ故に士気振作の必要を高めたことを意味している。前日の江湾鎮に続き、廟巷鎮の戦闘の結果、「鹵獲した書類其他の資料」(13)によって初めて蔣介石の直系である警衛軍(第五軍)第八十八師が第一線にあり、第十九路軍の味方であることを実際に確認したのであった。捕えた正規兵捕虜の一人に「不都合な奴ではあるが」日本人がおり、中国軍の様子が判明した。(14)

第九師団の主作戦に策応した諸作戦は、以下のとおりである。それは、①陸戦隊の閘北方面の戦闘、②呉淞方面における第一水雷戦隊及び「能登呂」の協同作戦、③獅子林、瀏河鎮、楊林口及び七了口方面に対する第三戦隊の協同作戦であった。

閘北の戦闘は、海軍陸戦隊が第九師団長の指揮下に入り、陸軍の総攻撃に策応し、左翼隊として閘北方面の中国軍に対する攻撃を行った。しかし、二十日、江湾鎮方面が頑強なため、陸軍部隊が閘北配備部隊を撤して当方面へ移動したため、陸戦隊は従来の戦線の全部を受け持つことになった。これらは作戦上、まさに陸海軍の垣根を越えた「融通無碍の協同作戦」であった。(15)呉淞方面の戦闘に関しては、要塞攻略が棚上げにされたままとなっており、第一水雷戦隊は呉淞鎮及び同クリークの中国軍陣地を砲撃し、「能登呂」艦載機四機と協力して橋梁等の爆撃を継続した。その結果、中国兵二個中隊の迫撃砲の攻撃を撃退し、二十一日の砲爆撃で呉淞鎮市街の大半が焼失したのであった。(16)獅子林砲台、瀏河鎮、楊林口及び七了口方面に対しては、第三戦隊、第三十駆逐隊が偵察した。特に二十三日迄連日、獅子林砲台を砲撃して中国兵を北方に誘い出す陽動作戦に努めた。(17)七了口方面は年度作戦計画中に指定されており、いざというときの上陸地点であったからである。これは第三次総攻撃時の挟撃のための上陸地点となる。

（二）　戦闘における飛行機運用と弾薬使用等

第三艦隊は、第一次総攻撃の支援のためには、制空権の確保は最も重要であり、中国空軍の動静把握と飛行場破壊は最優先の課題と考えていた。一方、蔣介石は陸軍部隊の増援や補給は政治闘争に目立つことから、自ら政治的に制約を課さざるを得なかったが、航空部隊の運用に関しては陸軍部隊に対する程の掣肘を受けることなく、軍事的判断に徹した運用が可能であったといえる。[18] 二月二十二日、廟巷鎮の激戦の当日、日本海軍飛行機隊の一部は蘇州飛行場の撃破に向かった。攻撃機及び戦闘機の各三機であった。攻撃機隊は、虹橋飛行場を爆撃した際、蘇州飛行場より反撃のために離陸して来た米人ロバート・ショートの操縦する中国軍ボーイング戦闘機と交戦し、これを撃墜した。[19]

翌日、海軍飛行隊は蘇州及び虹橋飛行場の建造物、野砲陣地、橋梁等を破壊し、東行する中国部隊を爆撃して多大の損害を与えたが、搭乗員一人が戦死し、一人が重症を負った。野村司令長官は士気維持が戦局打開のための重要な要素であるため、二十六日の杭州付近の飛行場を奇襲爆撃して制空権確保に貢献した小田原部隊を表彰した。[20]

中国空軍は中国海軍と同様に、自ら日本海軍を攻撃、爆撃するなという蔣介石の指令を守っていたが、日本側から見て中国空軍が積極的態度に出ているように見えるのは、「従来航空機材ノ供給ニ任ジ来レル欧米人、特ニ米・独人等ガ、個人的資格ニテ、好条件ノ下ニ航空戦指導乃至参加ヲ志願シタルモノ多数ニ上リシ事実」があるからと観察しており、外国人の自由意思による中国軍支援態勢が有効に機能していた。[21] 野村司令長官は中国側の空輸補給を遮断するため、蘇州・虹橋両飛行場を二十三日から二十八日迄の間、爆撃を敢行した。とにかく中国空軍によって制空権が奪取されるのを作戦面から最も恐れていたのである。[22] 海軍飛行機の協力任務は空母からの発進に依らず、専ら陸上の前進基地から行われた。陸海軍協定によれば、陸軍機は爆撃能力が貧弱な一方、海軍機は陸戦の協同作業には慣熟しておらず、地上部隊の誤認の恐れもあるため、当初第一線付近の戦闘は主に陸軍機が当たったが、市街建造物や保塁、塹壕はもちろん中国兵は頑強であり、爆撃能力の大きさが不可欠なため、逐次海軍機の第一線参加に変更された。[23] 二十日、攻撃開始時、「加賀」から公大沙廠に前進した基地海軍飛行隊は陸軍部隊と策応して爆撃に協力した。[24]

さて、二十四日に、「臨参命第十五号」により上海派遣軍司令部及び第十一・第十四師団の増派の電に接した植田師団長は、増援軍の到着前に攻撃の続行を決定した。一見平凡に見える上海付近の地形は、実際は戦術的に極めて複雑であり、日本側はクリークに阻まれ、頑強な中国軍の抵抗に遭い多大の犠牲を強いられる一方、十分な戦果が得られず、江湾鎮の陣地突破に至らなかった。占領したのは東端の一部に過ぎず、本格的な占領は第三次総攻撃迄待たねばならなかった(25)。

第二節　第二次陸軍派遣（第十一・第十四師団）の決定とその背景

三月三日の国際連盟総会の開催は、日本側が国際連盟や米国の忠告を全く顧みることなく、頑なに自己の方針を貫くことに対する国際的制裁の意味をもっていた。しかしながら現地上海における第三艦隊司令長官野村吉三郎や上海総領事村井倉松は、この総会は、日本軍の攻撃前進が進捗しなければ、それ自体が「支那軍ノ結束ヲ強固ナラシメ、侮日態度ヲ増進シ、且国際関係ヲ著シク不利ナラシムル等ノ見地ヨリ、此ノ際大兵力ノ増援ヲ必要[26]」であると、逆に日本の利益を守る見解に立っていた。

この増援の趣旨に沿って、第一次総攻撃の二十二日の苦戦の最中に、野村司令長官及び現地指導に来ていた参謀本部兼軍令部参謀今村均歩兵大佐並びに重光公使は、短期の戦闘終結は国際的にも不快感を催すことはなく、長期戦に陥ることは日本に不利という考えに立って、それぞれ中央に対し意見を具申した[27]。

野村は、「当方面商取引極度ノ減衰ニ由リ、英・米等何レモ我ガ国ニ劣ラザル打撃ヲ蒙リ」且つ戦闘による生活上の不安と不快のため、急速な時局の収拾を熱望しており、「長引クニ従ヒ怨嗟反感ヲ高メツツアリ、是等在留英・米人ノ態度ハ、直ニ其ノ本国ノ政策ニ反映スベキコト明カナリ」として、それ迄対日強硬な態度を示さなかった現地外国人が、対日印象を悪化させていることを海軍中央部に報告した。また中国側の状況については、「又蒋介石一派ハ既ニ第十九路軍ニ対シ援軍ヲ出シアリ」、速やかに第十九路軍に対して決定的打撃を加えなければ、「蔡ノ戦勝宣伝ニ由リテ人気高マルニ従ヒ漸次協力ノ度ヲ加ヘ、遂ニ日支開戦ニ至ルノ惧アリ。」として、速やかに十分な大兵力の増援が必要と認めるに至ったのである。そして「軍艦等ニ依リ急速輸送シ、其ノ上陸点ハ呉淞鉄道桟橋ヲ可トス、上海租界ノ使用ハ、国際関係上絶対ニ避クルヲ必要」とした[28]。

この野村の伏見宮博恭王海軍軍令部長宛ての具申電に基づき、具体的な上陸地点を含めて二十二日、軍令部第一班長及川古志郎は参謀次長真崎甚三郎に増援を求めた。

陸軍側は、対応法について目下いずれも研究中であり大臣の裁断を待っていると答え、同夜陸軍首脳部と内閣書記官長森恪らが会し、「本件ニ対スル態度ヲ議シタル模様(29)」であったという。森は犬養内閣の副総理格であって強硬な意見の持ち主であり、連盟に対し独自の強硬外交を外務省の情報部長白鳥敏夫らを中心とした若手外務官僚に指導していた注目すべき人物であった。第二次陸軍派遣(上海派遣軍司令部、第十一・第十四師団、その他諸隊)が承認されたのは、二十三日の定例閣議においてであった。第十一師団は第九師団に並び、山砲等を中心とする砲兵火力を有した部隊であった(30)。増派によって三月三日の国際連盟総会前に頑強な中国軍の抵抗を封じ、軍事的有利な条件の設定が、以後の日本外交の展開に不可欠であると期待された。上海派遣軍司令官白川義則陸軍大将に命ぜられた任務は、先の第九師団長に対するものと同様に、「軍司令官ハ二十五日奉勅命令ニ依リ上海付近ニ於ケル帝国臣民保護(31)」であった。軍司令官及び第十一師団長厚東篤太郎陸軍中将、第十四師団長松木直亮陸軍中将が拝謁したのは二月二十四日であった。同日、「臨参命第十五号」が増派の全部隊に、また、同月二十六日に臨時派遣工兵隊が「臨参命第十六号」を以て奉勅伝宣された。

第三節　第二次総攻撃（二月二十五日戦闘開始）

植田第九師団長は第二次攻撃に際し、混成第二十四旅団に対しては継続して廟巷鎮付近の占領地点を保持させた。そして、兵力を江湾鎮方面に集中し、師団攻撃の重点を右翼隊方面（廟巷鎮南方）とし、主要な兵器材料を集中した。

二十五日から第九師団は再度の攻撃を開始し、江湾鎮、廟巷鎮方面に爆撃と重砲火力を集中させた。この猛攻は四昼夜に及んだ。野戦重砲兵及び攻城重砲兵連隊からそれぞれ一個中隊の兵力が参加していたのである。この日の昼前、右翼隊の戦闘において中国軍内のことだが、第八十八師の部隊が第一線を退却し始めたことから、田園付近にあった督戦隊の第六十一師の部隊がこれを阻止し、同士討ちを演じた。このため、第八十八師は再び陣地に着いて猛射を始めたため、第九師団は苦戦するに至ったが、ようやく第一線は概ね客家宅、登家宅、金家墻、郭家宅の線に進出した。このころから江湾鎮西南方にあった中国軍は動揺を始め、一部は西方に退却するものが出始めたのである。[32] 第九師団は続いて左翼隊正面の中国軍に砲火を集中し、午後四時迄に陣地を占領した。

二十七日午後、砲兵の協力の下に江湾鎮西端を占領したので、第九師団はようやく廟巷鎮から江湾鎮の中国軍第一線の陣地を完全に攻略した。以後、次の目標である大場鎮付近の中国軍第二線陣地に対し攻撃準備を必要としたが、最も問題となったことは、連日の人員、弾薬のうち、特に重砲弾が減耗を来し、この補充なしには作戦続行が困難となったことである。[33] 増派を予定されている部隊の上海到着期日は混成旅団所属の者が二十七日、第九師団所属の者が二十九日の予定であり、補充用弾薬の到着が三月三日以後という見込みであった（実際には、二十九日に関東州から到着した「第二太源丸」により緊急調達された）。

二十八日には中国軍に休戦の希望があることが判明する

一方、国際連盟の空気も悪化し、いつ停戦要求が発せられるか予断できない状況に至ったため、三月三日の国際連盟総会迄に「戦局ノ一段落ヲ告グル如ク作戦ヲ指導」することが不可欠と判断された。そこで、第七連隊に江湾鎮の要点を奪取させ、三月三日の第三次総攻撃に備えるに至った。

ここで、この第二次総攻撃に策応した諸作戦を概括しておきたい。基地飛行機は、二十五日午前六時半より師団主力の目標である江湾鎮北西の中国軍の第一線・第二線陣地を爆撃し、また夕刻迄、師団右翼正面より退却する中国軍部隊及び大場鎮方面から救援に来た中国部隊の爆撃を行った。また、蘇州方面の偵察、閘北方面の爆撃にも従事し、師団の進撃に寄与したのであった。制空権下に退却する中国軍への追撃は、効果が甚大であった[34]。

閘北方面の戦闘は、断続的な砲戦のみで戦況に大きな変化はなかったが、上海陸戦隊指揮官植松練磨は閘北方面が以後の日本軍の大場鎮攻略のための要点であり、且つ、中国軍の交通の要衝でもあると判断した。午後二時には、虹口クリーク左岸の中国陣地全部を奪取した。この閘北方面の有利な戦闘を可能にした背景には、二十五日以降、第十九路軍司令部が日本軍は閘北方面には決して進撃して来ないと誤判断し、この方面を軽視し義勇軍を充てたためであった[35]。

野村司令長官が作戦当初から多大の注意を払ったのは、中国軍飛行機の牽制、破壊であった。蔣派も反蔣系の軍閥も、中国空軍を整備中であった。日本側は中国根拠地の覆滅の一環として中国軍の無線暗号の解読、情報収集、偵察に努めた結果、中国側は最初、蘇州を前進飛行基地にして上海方面の対日作戦の実施を意図していたが、日本側の飛行偵察・監視が厳しいために杭州に変更した[36]。第一次攻撃時に、中国機二二機の活動は見られなかった。

野村司令長官は、戦術的見地から杭州飛行場の空襲を決定した。奇襲を徹底するため第一航空戦隊の母艦から二十六日未明、攻撃機九機（「加賀」機六機、「鳳翔」機三機）、戦闘機六機を発進させ、杭州飛行場を概ね使用不能の程度迄破壊し、以後の作戦に影響を与えた。このとき日本攻撃機一機が不時着したが、駆逐艦「沢風」に収容された[37]。

飛行機の爆撃と砲兵の集中火力が最も猛威を奮い、中国軍に多大の損害を与えたが、第九師団も連日の戦闘により人員の損耗が多く、先述のように、弾薬特に重砲弾の欠乏が憂慮された。重砲の効果は確かに甚大であったが、補充なしには迅速な成功は望み難い状況になった。第二次派遣陸軍の内、特に緊急補充を求められた兵力が第十一師団指揮下の歩兵第二十二連隊（予備隊）であり、野戦重砲、攻城重砲の重砲火力であった[38]。

第四節　第一次・第二次総攻撃における日本軍の苦戦原因並びに中国軍の対日抗戦の強弱

日本側から見た上海事変における第一次及び第二次総攻撃の意義を、三つ挙げてみたい。

その一つ目は、事変直前の村井総領事が、中国軍の敵対施設の撤去を強要できなかった陸上兵力が、ここに日本内地から到着したので、日本側の要求を貫徹し得る条件を満たしたことを意味した。他方の中国にとっては、この上海戦は本土の防衛戦の条件をそろえており、地の利を得、兵力補充面で縦深性をもつと考えられた。二つ目は、到着した日本陸軍部隊は、国際連盟の外交舞台では、最初から上海侵略の実働部隊として、非難の対象となる宿命を負っていたことである。三つ目は、これらの陸軍作戦は、満州事変時のように鎧袖一触ではなく、相対的に日本軍の装備兵器の優秀さにもかかわらず、予想外に苦戦に陥り、総攻撃が二回共失敗しているという事実である。

日本軍の苦戦原因については、以下のことが考えられる。

① 第十九路軍は広東系の軍隊で、訓練が行き届き、実戦経験豊かで、過去二十数回の国内戦において一回も負けたことのない常勝軍であり、中国軍の最強といわれた鉄軍であったこと、さらに蔣介石直系の第五軍は初陣であるだけ純粋で国家危急の愛国の情に燃えた軍であったことである。これらの二つが、中国の軍人としての本懐である死を覚悟させていた(39)。

② 強靭な中国軍を日本側が見誤り、正確な知識を欠いていたことである。また、日本軍の作戦司令部の所在地は国際関係を慮り、租界に配慮して前線から離れ後方に選んだために、敵状偵察が不十分であった(40)。このことが逆に、江湾鎮は簡単にとれるくらいにあっさり考える弊害を生んだ。江湾鎮の造りは後から見て日本軍がぞっとする程頑強で、俄作りではなかったことが分かった。

③ 戦場には大小無数の村落が点在し、中国軍はこの村

落と、もともと紅軍討伐用にドイツ軍事顧問団の指導により造られた「クリーク」[41]とを巧みに利用し、陣地を造って日本軍を待ち構えており、攻防が逆転していたことである。蔣介石は、このクリークが日本軍に中国軍の一〇倍の損害を与えると予言していた[42]。

④　国際都市上海は列国の権益が錯綜するところで、日本軍としては常に外部との折衝に多大のエネルギーを費やさねばならず、作戦上の制約を受けたことである[43]。

⑤　第一線が血みどろになって戦っている間、後方部隊が便衣隊に悩まされることは一通りではなかったことである[44]。電話線の切断、弾薬糧秣運送の輜重兵に対する便衣隊の襲撃、夜間における師団司令部衛門の襲撃等に日本側が苦悩、苦戦した。相手の実態と意図が不明な状況が日本軍をして恐怖に陥らせ、付近の民家を盲目的かつ徹底的に焼かせたのである。

⑥　中国軍の後方には督戦隊という部隊が控えており、逃げ来る友軍を機関銃で「薙ぎ倒す」のであった。この著しい効果によって、二十五日の第二次総攻撃における金家墻陣地付近の戦闘で、日本軍は戦線突破ができなかったのであった。日本軍の命令の中に、「敵の退却を阻止する敵を火制し」と「珍妙な文句を用ひた」という文言が見られるのは、この事情を物語っている[45]。

次に中国側においては、二十日午前七時過ぎ、江湾鎮の前線で日本軍の第一次総攻撃が始まった際、中国側は第八十七師（師長：張治中）の主力を真茹に、一部を南市龍華に、また、八十八師（師長：兪済時）の主力を劉河に、一部を呉淞方面にそれぞれ置いていた。閘北、呉淞及びその他の方面の戦闘において「士兵ハ勇躍シテ応戦」したが、江湾競馬場西北端付近の中国軍は、日本軍が行う予想外に激しい空襲と野戦重砲の砲撃によって瞬く間に掃討され、びっくり仰天したという[46]。戦術的なキーポイントに連続的に重砲を打ち込むのは、植田師団長の攻撃法であった[47]。これらの日本軍の近代化された砲爆撃能力を見た蔣介石は、「個人の名義で密かに英米の態度を尋ね、中国は長期抵抗する意思だと表明[48]」した。以後の中国の対日抵抗意思の有無とその体現の方法に、英米が不安と疑念を抱かないよう、意思を表明したのである。「一面抵抗、一面交渉」は中国の防衛という最小限度の自助努力の実在を第三国に認めてもらうことが不可欠であり、現時点での可能な最大限の戦闘は行いつつも、頃合いを見て後退して体力を付け、次の作戦における長期抵抗に持ち込むことの意思の存在を明らかにしたことを意味した[49]。

翻って、日本側から見た場合、江湾鎮東端江湾駅付近は、堅固な銃眼、鉄条網、巧みに遮蔽された側防機能は決して俄作りではなく堅固な陣地が設置されており、日本軍に対して何時でも、射撃を浴びせることが可能であった[50]。

二十一日、中国軍は頑強なる抵抗を続け、便衣隊の活躍と相俟って巧みに出没しては逆襲した。したがって、日本軍は野砲、山砲、重砲による援護射撃と戦車隊の行動、空襲等を加えたが、戦況は進展せず、しかも日本軍が多くの死傷者を出すに至ったのは、このような状況の下にあったためである[51]。後方部隊の便衣隊による妨害は、尋常ではなかった。

二十二日、中国軍の第七十八師第五・第六団が閘北戦線に加わった。一方、廟巷鎮方面では払暁に激戦があり、第五軍所属の第八十八師の楊歩飛（第二六二旅）、銭倫体（第二六四旅）の両旅及び第八十七師の宋希濂（第二六一旅）並びに第十九路軍所属の第六十一師の張炎（第一二二旅）は「血を浴びる奮戦」をした。先に述べた「廟巷鎮の激戦」である。これに対する日本軍の最右翼部隊の混成第二十四旅団は苦戦の連続であった。尚、蔣介石は日記に「今日、警衛軍第一、二師（第八十八・八十七師のこと：引用者）が廟巷鎮で倭寇を撃破し、第九師主力は敵三千余人を倒し、俘虜三、四百人を得た」と喜ぶ一方、「だが、銭倫体旅長以下将兵二千余人が死傷し、わが兵力喪失は三分之一に及ぶのは、また相当のものだ。それでも第十九路軍は不十分だとし、自らその勇を誇っている。武人も驕りを免れられないものだ。警衛軍に対し、十九路軍と団結一致し、僅かでも諍いを起こしてはならない[52]」と驕りに対する懸念と戒めを記した。「一面抵抗、一面交渉」の方針の内、「一面抵抗」がこの戦闘であり、防衛戦の国際的な正当性と実績が得られた以上、内部の確執が生起する点を、蔣が強く懸念していたことを示している。

海軍駐在武官北岡春雄海軍大佐の報告によれば、二十二日迄の中国軍側の人員損害は、死者二、五〇〇人、負傷者約二、五〇〇人であり、第十九路軍は日本軍に対する奇襲目的の太刀隊約五〇〇人を有していた[53]。尚、日本陸軍の戦闘全期間、全死傷者数が二、二四二人であることから、中国側宣伝の二月二十二日の一日の日本軍戦死者三、〇〇〇人は、過大であることが分かる。

二十四日、関東軍参謀板垣征四郎陸軍大佐による満蒙新国家設立の動きに苦悩する蔣介石は、「終日、病気で寝込んでいた。そこに汪兆銘、何応欽、陳銘枢らが来談したが、その結果、蔣は規定方針どおり、勝利後に退却して交渉を進め、下手に出て和平の意向を表明する一方、徹底抗戦の準備を求めた。しかし、第十九路軍がそうであるように、現時点をベストと見做し、徹底的な決戦を求める陳銘枢と李済深は蔣に反対した。蔣は「だが、私は日本に持久抵抗し、日寇をして休戦できなくすると決心」したと日記に記しており、既にこのときから世論を離反させない程度の抗戦をしつつ軍を撤退させ、以後の長期抵抗のシナリオを描いていたことを示している。(54)

一方、日本軍との激戦に直面した第十九路軍は、指揮下にあった第五軍の第八十八師長兪済時が廟巷鎮の戦闘の際、蔡廷鍇は「退却セバ殺ス」と威嚇し、「爾来八十八師ヲ信用セズ、切リニ之ヲ罵リ居レリ(55)」であったという。また、蔡は大場鎮、真茹鎮方面の形勢が危ういと見て、閘北にあった精鋭部隊(第六十・六十一師)を当該方面に移動させた。このように、蔡の強靭なる戦闘意欲と往年の蔣に対する不信感が、第五軍に対する蔡の厳しさを触発した可能性がある。先の廟巷鎮における国民的勝利と異なり、その後の実質的な第八十八師の敗北が南京方面に打撃を与えた。北岡の観察によれば、同師は面目上、戦線に参加する方針であったといい、胡漢民、孫科一派と蔣派の間の暗闘は「可成熾烈ニシテ胡等ハ現状ヲ極力拡大セシメ蔣ヲ窮地ニ陥レテ彼ヲ打倒セント企図シ且蔣系要人暗殺計画(56)」を進めていたという。

同二十五日、真茹に蔡を訪ねた陳銘枢は「十九路軍ヲ昆山迄後退スベキ」との蔣介石命を伝えたが、蔡は頑として聞かなかった。二十四日以来の閘北方面の中国軍の砲撃が不活発になった理由は、第十九路軍に多大の死傷者を出し陣地の破壊に加え砲弾が欠乏していたためであった。(57)

日本軍が第二次総攻撃の最中であった二十八日から二十九日にかけての中国軍の大きな特徴は、第十九路軍に全国から莫大な支援金が送付されたが、俄に兵器弾薬の入手に結び付かなかったことである。『萬情報』によれば、二十八日に華僑からの第十九路軍への送金は既に四〇〇万元を超え、新たに五〇〇万元が送金される予定であるとあり、全国を通算すれば一八〇〇万元(一九二八年に鄒敏初らによって上海市に創設された国華銀行扱い)となるものであった。(58)しかし、蔡にしてみれば多額の支援金があったにしても、戦闘の兵器弾薬等に速やかに変換できず、ジレンマに陥っていたのである。

第五節　第三次総攻撃（三月一日攻撃開始）の決定の経緯

中国軍が二月二十五日ごろより漸次頽勢を示しつつあったため、日本軍としては速やかに一撃を加え、作戦目的を達成すべきとの空気が濃厚になった。二十七日、第十九路軍参謀長及び顧維鈞がケリー司令長官を訪ね、「日本軍租界ニ後退セバ第十九路軍ハ二十粁後退スベキヲ以テ、仲裁アリ度キ」と斡旋を申し出たので、ケリーは直ちに野村司令長官と会談し、第十九路軍の状況等を説明し、翌二十八日に非公式会談を行いたいと提案した。(59) この非公式会談については後述する。野村は翌二十八日、その非公式会談が始まる前に陸軍との意見交換を急いだ。即ち、参謀長嶋田繁太郎に植田第九師団長を訪問させ、前夜の会談の状況、つまり、第十九路軍から停戦の仲裁の申出があったこと、第十九路軍内部に相当の混乱が生じつつある等の状況を述べさせ、一日も速やかに中国軍に痛撃を与える必要性を説明させたのである。その結果、現地の陸海軍は次の意見一致を見た。(60) 上海到着予定の上海派遣軍司令官白川義則が方針を決定するに必要な準備に着手した。

一、此ノ際停戦前ニ一痛撃ヲ加フルコト必要ナルモ、英長官ノ提議ハ現在ノ国際関係上、無下ニ一蹴シ難キヲ以テ、礼ヲ以テ応対シ、時日ヲ遷延シツツ攻撃準備ヲ進ム。

二、攻撃ハ極力促進シテ三月一日ト予定ス。

三、応対ニ当リ、我ガ方最初（二月十九日）ノ提案全部ヲ容ルルモノナリヤ否ヤ、又十九日ノ提議ニ於テハ第十九路軍ノミヲ目標トシ交渉セシモ、事実上警衛軍参加シアルヲ以テ、警衛軍ニ対スル責任者ノ誰ナルヤヲ確ムルヲ要ス。

第六節　第二次派遣が決定した陸軍部隊（第十一師団）の規模内容と輸送

第二次派遣軍の輸送や上陸援護等に関する命令が、翌二十四日に発せられた。第二次派遣兵力の全体は、表7のとおりである。第一次派遣に比し、緊急且つ相当の規模に拡大されているが、動員が極めて効率良く行われたのは、対応法が学習されていたことが影響している。そのうえ、先発の第十一師団（四国）の兵員、軽砲等の装備に係わる輸送も民間船舶に依らず、混成旅団のときと同様に第二艦隊の艦艇そのものによって、上海に急行したことも大きな要因であった。

第二艦隊の第四戦隊は第十一師団主力兵員（第二十二連隊欠）合計三、二一二人、装備は山砲三〇門、高射砲九〇門であり、さらに第二水雷戦隊により第二十二連隊兵員一、三八六人、山砲五〇門、高射砲六〇門であった[61]。いずれも搭載は軽砲が限度であり、重砲は軍艦では運べなかったのである。この第二十二連隊は、緊急輸送で速やかに、第九師団長の指揮を受けることになっていた。重装備と他の関係部隊は別行動をとり、民間船舶の輸送船を利用することになった。これら先発の艦艇は閣議決定後、わずか三日目にして出港するという異例の早さであった。総じて兵員約四、五〇〇人、山砲八〇門、高射砲一五〇門であった。尚、第十一師団長厚東篤太郎陸軍中将は二月二十五日の陸海軍首脳部会議において、白川軍司令官に、「師団ハ積年上陸作戦ノ演練ヲ重ネ将兵一同確乎タル自信ヲ有スル」ので安心して上陸作戦を決行してほしいと開陳している[62]。

「大海令第八・九・十号」が第三艦隊司令長官野村吉三郎、第二艦隊司令長官末次信正にそれぞれ下令された。「第八号」は、第二艦隊司令長官に対し第十一師団主力の輸送と上陸援護を、また第三艦隊司令長官には上陸援護を命じた。「第九号」は、第二艦隊と「木曽」に対し第十一師団の輸送割り当てと指揮系統等を規定した。「第十号」

表7　第二次派遣陸軍兵力（第十一・第十四師団）の編成

上海派遣軍	軍司令官	陸軍大将	白川義則
	参謀長	陸軍少将	田代皖一郎
・第十一師団	師団長	陸軍中将	厚東篤太郎
・第十四師団	師団長	陸軍中将	松木直亮

・機関銃第二・第四・第九及第十大隊（第一・第四・第十四及第十六師団ヨリ）
・独立山砲兵第一連隊（第二師団ヨリ）
・野戦重砲兵大隊（第十二師団ヨリ、但シ満州ヨリ帰還中ノモノ）
・独立野戦重砲兵中隊（近衛師団ヨリ、但シ満州ヨリ帰還中ノモノ）
・攻城重砲兵（甲）連隊（第十二師団ヨリ、内一中隊ハ上海ニ派遣シアリ）
・攻城重砲兵第二連隊第一中隊（第十二師団ヨリ）
・独立攻城重砲兵隊（関東軍ヨリ）　・第一牽引自動車隊（第一師団ヨリ）
・独立工兵第九大隊（留守第九師団ヨリ）
・独立工兵第六大隊第一中隊（第五師団ヨリ）
・偵察飛行一中隊（関東軍ヨリ）　・上海派遣飛行第一中隊（第三師団ヨリ）
・独立気球第一中隊（近衛師団ヨリ）　・野戦電信第十四中隊（第四師団ヨリ）
・軍無線電信隊本部及十一小隊（近衛師団ヨリ、内二小隊ハ上海ニ派遣シアリ）
・野戦鳩第一小隊（第一師団ヨリ）
・第九師団第一・第二架橋材料中隊（留守第九師団ヨリ）
・近衛師団第四兵站司令部（近衛師団ヨリ）
・第五師団第四兵站司令部（第五師団ヨリ）
・第八師団第四兵站司令部（第八師団ヨリ）　・兵站電信第一中隊（近衛師団ヨリ）
・兵站自動車第二十三中隊（第五師団ヨリ）
・第三師団第一乃至第四輸送監視隊（第三師団ヨリ）
・第十二師団第一乃至第四輸送監視隊（第十二師団ヨリ）
・軍野戦兵器廠（第一師団ヨリ）　・軍倉庫（第一師団ヨリ）
・野戦予備病院第三及第十班（第一及第四師団ヨリ）
・患者輸送部第三及第十班（第一及第四師団ヨリ）
・三号兵站病院（第十六師団ヨリ）　・兵站病馬廠（第五師団ヨリ）
・第三師団第六及第七陸上輸卒隊（第三師団ヨリ）
・第十六師団第六乃至第八陸上輸卒隊（第十六師団ヨリ）
・第一師団第二乃至第四水上輸卒隊（第一師団ヨリ）
・第十六師団第二及第三水上輸卒隊（第十六師団ヨリ）
・近衛師団第一建築輸卒隊（近衛師団ヨリ）
・第四野戦防疫部（第十二師団ヨリ）
・軍憲兵隊（上海ニアリ）

出典：前掲『昭和六・七年事変海軍戦史　巻2巻』517～520頁。

は、第二水雷戦隊（第七・八・十九・二十駆逐隊計一一隻）乗艦中の第二十二連隊を二月二十八日中に呉淞鉄道桟橋付近に上陸させることにあった。併せて第四戦隊（旗艦「妙高」、「那智」「羽黒」「足柄」）及び「木曽」に乗艦の師団主力は三月一日未明、宝山県滸浦鎮間（七了口付近の予定）への上陸が指示された。(63)

さらに第三艦隊司令長官は陸軍部隊が到着する迄、七了口付近一帯の艦船の行動を中止させて中国軍を欺瞞し、同地の空中偵察の結果を関係各部に通報することが命ぜられた。司令長官の作戦上の関心が、何故上海北方の七了口方面に向いていたかといえば、有事の際の陸軍の年度作戦計画に掲げられていたためであり、さらに実際の作戦条件に応じて具体的な上陸地点が決定されるからである。(64)

閣議決定後わずか四日の間に、歩兵、騎兵、山砲兵、工兵、重砲兵など多軍種の大規模な部隊の集合体である派遣軍の緊急輸送を実地に移すことは、戦局の推移が逐次分かっていたとはいえ、物理的に至難に近い課題であった。陸海軍協同による破格の努力が払われていたのであった。

輸送は三つのグループに分けられ、一つは、緊急派遣の第二十二連隊で、上海到着後直ちに第九師団長指揮下に入るべく、二十七日早朝に第二水雷戦隊にて速やかに三津浜から上海向け出港した。(65)残りの二つは、第十一師団主力を二つの梯団に分け、その一つである先遣兵団（第十一師団司令部、歩兵第十二連隊、歩兵第二十二旅団等から成る第一梯団）は二十七日午前、小松島において第四戦隊及び「木曽」に乗艦し長江に向かった。

もう一つの梯団は、残余の部隊を以て二十九日早朝、須崎、三津浜、詫間にて輸送船に搭乗し長江に向け出発した。

最初の二つのグループは、緊急性の高い兵員、部隊本隊と不可欠な軽砲以上の装備兵器・弾薬を海軍艦艇そのもので輸送し、最後のグループは、重砲等の重装備・弾薬、作戦・衛生・輜重等の器材、糧食、補給品、軍馬等のあらゆる作戦諸器材を民間の輸送船に搭載し輸送したのであった。

これら大部隊の緊急輸送実績は、陸軍の歴史に残るものとなった。軍事参議官から軍司令官に親補された白川陸軍大将並びに第十一師団長厚東篤太郎陸軍中将は小松島において第二艦隊旗艦「妙高」に乗艦した。各艦は弾丸に信管を装着し臨戦態勢で航行した。

第四戦隊及び「木曽」は二十七日午前六時半より陸兵及び物資の搭載を開始し、午後四時、軍司令部の乗艦と同時に出港し、長江口に高速力二四ノットで、また、第二水雷戦隊は同日午前八時陸兵の乗艦を開始し、十一時長江口向け出港し、翌日には強風と動揺の中、速力二〇ノットで航行した。

相当数の海軍将兵すら船酔いで疲労したといわれる程の高速輸送であり、まさに非常時を物語っていた。第四戦隊は二十九日午前七時に、第二水雷戦隊は二十八日午後三時二十分に長江口第一錨地に着いたのである。

第七節　第十一師団の上陸問題と昭和天皇が軍司令官に与えた叡旨

一　第十一師団の上陸地点の研究

第十一師団の輸送に先立ち、二十四日（「大海令」の下令）以来、第三艦隊と第九師団の参謀並びに東京参謀本部との間で、作戦方針と上陸地点の研究が行われていた。上陸地点は毎年度の作戦計画に予定されているのだが、呉淞から長江上流の約二〇浬《マイル》にある「七了口」で本当に良いのかという問題に直面したのである。当時七了口に上陸する場合、最も顧慮しなければならないことは、七了口は小さなクリークのある河口で水深はあるものの、干潮時には一浬くらいまでしか船が寄り付けず、接岸可能な場所はないこと、連日の強風と四ないし五ノットの強潮流の下で、第三戦隊及び駆逐艦の舟艇により上陸するのは多大の困難と時間を要すること、獅子林砲台も現存しており交通線の保持も難しいこと、さらに上陸点はわずか四〇〇メートルの小地区に限定され、しかも相当の中国軍の防御施設があり、上陸しても策源の機能維持が困難であったためである。このような理由から第三艦隊嶋田参謀長は、第三艦隊としては、上陸地点七了口は不適であるとの所見を海軍次官左近司政三、軍令部次長高橋三吉に打電した(66)。要するに海軍としては全力を挙げて援助するが、周到な上陸用舟艇の準備がなければ甚だ困難であって、相当の犠牲の覚悟が必要であり、第十一師団主力は速やかに呉淞方面に上陸が必要であると結んだ。一方、現地陸軍側の今村均歩兵大佐は、上海に事変が起きた時には七了口に陸海軍部隊を揚陸するということは陸海軍の作戦協定で決まっており、陛下に上奏して御内諾も得ている次第であり、そう簡単に変更できるものではない。しかもこれ迄数年間続けて陸海軍の偵察員が協同調査を行っているのであって、やはり陸海軍作戦協定で決まっている七了口にすべきと考えなければならない[67]と、作戦計画の盛り込まれた戦略的観点から、第十九路軍の後ろから攻撃しなければ戦争はできないと強調したのである。

かくして現地上海の第三艦隊司令長官野村吉三郎は、陸海軍間の見解の相違を認識したうえで、大所高所に立った意見を提示すべきであることを自認していた。それは大所高所とはいっても確かに、海軍軍人の専門的観察の結果として危害回避を優先すべきであるということであり、したがって、七了口上陸は不利であり、「成ルベク速ニ呉淞砲台ヲ攻略シ、国際水路ヲ安全ナラシムルハ、作戦上極メテ緊要ナルハ勿論、各国何レモ希望スル所ナリ」と呉淞に変更することを意見具申した[68]。

以上から注目される点は、この意見具申は上海の外交官や新聞報道関係者が本事変を通じて外からどのように日本を見ていたか、さらに日本側中央の事変の対応姿勢を知るうえで興味深いものがある。また、未完のままになっている呉淞砲台を、機を見て徹底攻略し、水路の安全確保を主張していることが注目される。

一方、話は遡るが、出港前の中央における陸海軍の協議はどうであったのだろうか。出港前の二十五日午前、東京の参謀本部に参集していた派遣軍司令官、第十一・十四師団長に対し、参謀次長真崎甚三郎より任務の伝達並びに状況の説明が行われた。引き続き海軍側の命令・状況が説明され、高橋軍令部次長は第三艦隊よりの意見具申に基づき、七了口上陸の不利を説いたのである。しかし、陸軍側は、「三月三日ノ連盟総会迄ニ局面ヲ展開セシメンガ為ニハ、敵ノ側面ニ出ヅルコト極メテ緊要」であり、このためには「人員ノ損傷亦已ムヲ得ザルベシ」であり、「七了口ニ上陸セシメントスルノ要求極メテ切ナルモノアリ」と、海軍側の上陸そのものの安全性とは異なった作戦戦略上の必要性を強調した[69]。尚、第十一師団はかねてから上陸作戦兵団としての指定により訓練を積み上げて来ており、七了口の上陸を意見具申していた。これら陸海軍の意見の食い違いは、「然レドモ最後ノ決定ハ、軍司令官上海沖ニ到着シ、第三艦隊司令長官ト協議ノ上ニ俟ツ」こととなり、高橋は、第二、第三艦隊参謀長宛てに、七了口付近上陸準備を進めることを同日午後九時に依命申進した[70]。強硬派である高橋が陸軍に同調したといえる。

一方、二十七日昼、野村司令長官は海軍大臣大角岑生、軍令部長伏見宮博恭王に次の内容を打電した。それは、七了口付近を上陸点及び作戦根拠地とした場合、海軍側は呉淞と同地間の約二五浬の航路の安全確保が必要になるだけではなく、呉淞及び獅子林の固定砲は爆撃、艦砲により相当の打撃を与え得るものの、野砲のような移動性の砲に対しては、完全制圧は不可能であって、しかも一門の野砲といえども、輸送船に致命的な損傷を与えるので、当隊としては忍び難いとしている。そして過去一カ月にわたって、わずか二浬の呉淞水道を第一水雷戦隊がその全力を尽くして交通確保に任じている苦心と犠牲を考えれば、呉淞水路の安全確保は責任を以て明言できると力説し、最後に陸軍の増兵はこの際、先ず呉淞を攻略し、次いで獅子林他の沿岸を占拠しておくことが不可欠であって遅滞なきよう軍司令官に伝声を依頼した。(71) 海軍としては懸案である足元の要塞攻略を含む呉淞水路の安全を固め、そこを拠点に一挙に展開する作戦戦略を強調した。海軍と陸軍の作戦思想の根本的な相違が、色濃く滲んでいた。この時点で、白川軍司令官は上海向け「妙高」の艦上にあり、航走中であった。

二　昭和天皇が白川軍司令官に与えた叡旨

二十七日午後十一時、東京の高橋軍令部次長はさらに陸軍側と具体策の協議を続けると共に、最後の決定を白川軍司令官が長江口に到着した後に、各部の意見聴取のうえ行うこととなったと打電した。(72) 白川は、同日午後五時、小松島出港後初めて、第二艦隊旗艦「妙高」艦内にて、末次第二艦隊司令長官、厚東第十一師団長以下海陸軍主要職員と会合し、各軍が受領した命令の説明や情報交換を行った。白川はここで重要な発言を行っている。それは「叡旨中ニ於テ特ニ次ノ三点ヲ諭シ給ヘル」とし、「一、各国ト協調ヲ保ツコト。二、条約ニ離反セザルコト。三、速ニ戦捷ヲ獲得スルコト。」を披瀝した。(73) これは昭和天皇が、事件勃発が国際都市上海であり一歩処理を誤れば日本が国際孤立に繋がりかねないことを的確に掌握し、その回避と早期収拾に如何に腐心していたか、如何に現地入りする白川に迅速的確なる収拾を期待していたかを物語っている。『昭和天皇独白録』には、「上海で戦闘地域をあの程度に食ひ止め、事件の拡大を防いだのは、白川〔義則〕大将の功績である。三月三日に停戦したが、あれは奉勅命令に依つたのではなく、私が特に白川に事件の不拡大を命じて置いたからである。(74)」と記されている。白川が叡旨の内容を披瀝した意味は、本事変収拾に向かう目的とその責務の大きさを、主要な陸海軍の指揮官に周知させると同時に、如何なる事態になろうとも、叡旨を守り抜く自らの覚悟を固めたかったに違いない。この叡旨が、戦闘中止命令の発出に大きな影響を与えたのであった。

三　第十一師団の上陸地点・七了口の決定

野村司令長官からの前記の電報に接した陸軍側は、依然戦略上七了口が最も有利であると主張し、且つ厚東第十一師団長は、同師団は平素からこのような場合に備えるための特殊の訓練をしているので是非決行を望むとした。白川軍司令官は現地で野村と協議のうえ最後の決定をしたいと考えていると、依然として未決・保留の態度をとったのであった。

二十七日午後八時、末次第二艦隊司令長官はこのような不安定な状況を憂慮して、この際速やかな決意と準備が大局上有利と判断し、野村に「叡旨ヲ畏ミ速ニ戦捷ヲ得ンガ為、主トシテ戦略上ノ要求ニ基キ、犠牲ト困難トハ覚悟ノ上ニテ、天候其ノ他ノ都合ニ由リ一両日遅延スルモ、予定計画ヲ決行セントノ強固ナル決意ヲ有シアリ。卑見ニ依レバ、此ノ上議論ヲ重ヌルハ徒ラニ作戦遅滞ヲ来ス虞アレバ、海軍トシテハ最善ヲ尽シテ軍ノ計画遂行ニ協力セラルルヲ大局上有利ト認ム。[75]」と打電した。作戦・戦略上の問題とはいえ、強硬派（艦隊派）の末次が叡旨を引用して高橋軍令部次長と同様に陸軍側の見解に賛意を示し、いわば穏健派（条約派）の野村を説得しているのは興味深い。両派の対立が、このような事変の用兵の重要問題に際して表面化しているということを、全く否定することはできないのである。

尚、航行中の派遣軍においても一応現地の状況の確認が必要との判断から、陸軍参謀岡部直三郎は命により在上海上海派遣軍参謀長田代皖一郎宛てに、「最近ニ於ケル陸軍自ラノ偵察ノ結果ニ依ル意見至急承リ度シ。要スレバ新ニ偵察ヲ行ヒ、軍司令官揚子江到着時報告セラルル如ク手配アリ度シ[76]」と現地調査を命じている。これは、田代が公使館付武官であった時期の中国の軍事情報の収集に不備があったことを物語っていた。田代は後に慙愧の念に耐えない、と反省の辞を吐くことになる。

野村司令長官は、以上の事情を了解し、中国側に海軍兵力がなく、また日本側が完全な制空権を有する以上、七了口方面上陸の成否は一に天候次第であり、作戦上及び技術上不可能の程度ではないので、同地上陸に同意することに決心したのである[77]。情勢判断は、大局的に見て的確であった。並行して進めていた海軍側の上陸支援の準備作業は、軍司令部と第十一師団主力を載せた第四戦隊が第一錨地に到着した二十九日に完了する状態にあった。

野村は白川軍司令官と上陸作戦に関する協定を行う予定であったが、時あたかもケリー司令長官の停戦に関する斡旋中であり、それに対応するために出席できなかった。このときの野村が出席した会議が、停戦のための「二十八日非公式会談」であり、この会議が国際連盟総会の開催を可能にした反面、その総会を紛糾させる元にもなったものである。

かくして、二十九日午前八時ごろ、第三戦隊司令官堀悌吉、田代軍参謀長、羽仁六郎、第三艦隊参謀阿部勝雄、陸軍運輸部臨時上海派出所長田尻昌次等が「妙高」に集まり、上陸諸計画について打ち合わせを行った。翌日の気圧配置によれば好天候は確実であって揚陸可能と予想され、末次司令長官からこの天候予察の結果を白川軍司令官に述べたのである。ここに第三艦隊司令長官及び軍司令官の意思の一致を見、三月一日未明を期し第十一師団主力を以て七了口に、また残余の部隊は呉淞に上陸させることになったのである。日本陸海軍が好天の予報を等しく天佑と評したのも、うなずけるのである。

これより先、「臨参命第十五号」を以て、第十一師団より分派し第九師団長の指揮下に入った第二十二連隊は第二水雷戦隊に乗艦し、二十八日夕、呉淞鉄道桟橋より上陸し、同日到着した第九師団補充兵約一、〇〇〇人と合流した。そして共に二十九日の戦線に参加した。また同命令で野戦重砲隊も第九師団に加えられ、二十九日、呉淞に上陸したのである。(78)これら第二次派遣陸軍の内、特に緊急補充を求められた兵力が歩兵第二十二連隊であり、野戦重砲、攻城重砲の重砲火力であった。これらの増強の結果が、中国軍の総退却を触発、促進する要因となるのである。

第八節　第三次総攻撃に関する「上海派遣軍命令（上陸作戦及び中国陣地攻略作戦）」

かくして上陸地点が七了口に決定された後、二月二十九日午前十時、「妙高」にて航行中の白川軍司令官は中国軍の情勢と在上海部隊を掌握し、次の上海派遣軍命令（「上軍作命甲第二号」）を発した[79]。白川は指揮連絡の便宜上、依然「妙高」に座乗したまま会戦指導に当たった。この命令で第九師団には「明（三月：引用者）一日前面ノ敵ヲ撃攘シ、廟巷鎮西方張家橋付近ヨリ大行橋・家巷ヲ経テ百鳥湾付近ノ線ニ進出シ第十一師団ノ上陸ニ策応スルト共ニ、大場鎮付近ノ敵ニ対スル爾後ノ攻撃ヲ準備スベシ」を、また、第十一師団に対しては「明一日七了口付近ニ上陸シ、且成ルベク速ニ劉河鎮ヲ急襲占領シテ、大場・真茹方面ニ対スル攻撃ヲ準備スベシ」とそれぞれに任務を与えた。

白川軍司令官は、上陸に関しては海上護衛指揮官である堀第三戦隊司令官に協議すること及び「海軍第三戦隊及海軍飛行機ハ軍ノ作戦ニ協力ス」として、植田第九・厚東第十一両師団長及び堀海上護衛指揮官との円滑な協同作戦の体制の骨幹を整えたのであった。

第十一師団は、中国軍を次のように観察していた。それは、津浦線（天津―浦口の間の鉄道：引用者）方面より新たに第七師及び第四十七師を上海付近に輸送中であること、現在主力は江湾鎮・閘北付近にあると観測されること、その他の中国軍の配置は従来と大差はなく、長江河岸には所々に警戒部隊がおり、「殊ニ瀏河河口・楊林口河口付近ニハ相当堅固ナル陣地ヲ構築シアルモノノ如シ[80]」であった。第十一師団に対するこれらの情報は、戦闘中の第九師団から提供されたものであった。これらの情報を元に、同日、第十一師団は同師団命令及び師団上陸計画を発出した。

二十九日の夕刻、天候は次第に静穏となり、予察どおりに希に見る好天となった。この間、第三艦隊命令に基づき関係各艦艇は写真偵察、舟艇の曳航、輸送船の護衛・誘導、七了口沖予定錨地侵入・投錨等の行動を漸次終了した。第二艦隊に搭乗した兵員は上陸のために陸海軍に徴用された商船（「長陽丸」「宜陽丸」他の計五隻）に一旦移乗し、さらにそれら商船が搭載中の上陸用舟艇に分乗して七了口に上陸することになった。七了口は移乗を繰り返さねばならならず、さらに困難な上陸を要する位置にあった。尚、総攻撃が発動される直前の海軍は、総攻撃の成功の鍵を握る呉淞、獅子林砲台を砲爆撃し、水路の安全を確保し、杭州郊外の筧橋飛行場等を襲撃し、その空中勢力を粉砕したのであった[81]。

植田第九師団長は、白川軍司令官の命に基づき、隷下部隊に、二十九日夜、「（中国軍は：引用者）二十五日ニ於ケル我カ痛撃ニ依リ支離滅裂ノ状態ニ陥リ配備変更退却実行ノ両難ニ会シ混乱ノ状態ニ在リ、一方国際連盟並列国ノ情勢ハ一両日間ニ戦局ヲ結フノ必要ニ迫ラレアリ依テ敵ノ退却ノ兆アル場合ハ勿論直ニ追撃シ否ラサル場合ニハ計画ニ基キ明日ノ攻撃ニ於テ更ニ一大痛撃ヲ加ヘ茲ニ出兵ノ目的ヲ完全ニ解決セントス[82]」と訓示し、国際連盟や列国との関係において本作戦が如何に重要な意味をもっているかを示したといえる。第三次総攻撃以降の論述は、次章に譲る。

第九節　「第Ⅲ期：事変中期」の外交（日本軍の第一次・第二次攻撃の期間）

二月十八日、第一次総攻撃の最後通牒を発した日本に対し、国際連盟はその延期を要請し、米国は事態の拡大を警告した。日本の外務当局は有効な手立てを模索していた。しかし、日本が総攻撃を敢行して迅速に上海の平静を保ちたいとの立場を強めれば強める程、租界の危機の高まりに抵抗する連盟との対立を招き、その結果、中国の対日抵抗を助長して租界は危機に陥るという負の連鎖が形成された。これらの修羅場を迎えたこの期の日本外交を概観すれば、次の二つの特徴となる。

一つ目は、東京・上海・ジュネーブを結ぶ外交当局が、総攻撃の敢行の正当性を主張し、且つ、それを貫けば貫く程、国際孤立の兆候を色濃く露呈させていったことである。「（日本は：引用者）上海事件を拡大し列国の満州に対する注意を上海に向けて満州問題を支那本部より引離さんとするは日本年来の主張なり。(83)」「日本人は今や戦争熱に罹れり、満州に於いては日本は匪賊を平定し之を把握して十年の後遂に合併するに至るやも知れざりしに、其の上海に於ける行動は遂に一切を失はしむるに至らん(84)」「世界各国ハ日本政府ハ一種ノ国際的海賊行為ニ従事シツツアル事ヲ認メサル可カラス(85)」等と批判を生んでいた。

軍事・外交の一体化といっても、国際連盟代表部と外務省及び陸海軍との関係がすべて一枚岩であった訳ではなく、既に破局的要素が進行していた。論戦の渦中にあるジュネーブの連盟事務局長沢田節蔵らは、列国や連盟諸国が対日印象を悪化させることを恐れ、第一次総攻撃の中止を、恫喝ともいえる勢いで外相芳沢謙吉に強く求めている。一方、日本側が期待した二十日及び二十五日の第一次・第二次総攻撃は、苦戦に陥り、功を奏しなかったばかりか八方塞がりの態を呈した。殊に第二次総攻撃前の二十三日、先の「連盟十二国理事の対日勧告（アピール）」に反駁回答し、最後通牒の延期に応えることなく総攻撃を発動したことが、連盟の対日反感をさらに強めさせ、国際連盟規約第十五条適用が避けられない状況となりつつあった。厳しい対日世論が形成されるに至り、その最たるものが米国であった。米国は、先の「スチムソン・ドクトリン」が、ほとんど効果が認められなかったことから、この機に九国条約の浸透と徹底を図り、日本に反省を求めるために、第二次総攻撃前の同二十三日、以下に述べる「上院外交委員長ボラー宛ての公開状」と題した書簡を発した(86)。重要なことは、連盟を主導し、中国権益の維持、租界の安全確保という現実問題の解決を図りつつ対日外交を展開する英国と、人道的・普遍的理念を九国条約と不戦条約に託して外交を展開する米国との間に政策理念の相違は存在するものの、日本の総攻撃の強行が英米両国に一致を促す役割を演じたことを意味した点である。事態の収拾を急ぐ外務省は、英米国駐日大使館、英米本国中央、上海総領事館及びジュネーブの連盟事務局との間に、外交と軍事による政戦略の一貫性に配慮しつつ米英が共同歩調を整えることがないように外交舞台で演じ続けた。

特徴の二つ目は、上海戦場における日中軍事衝突の閉塞状態を打開し、租界をその恐怖から救済すべく、租界の主導的立場にある英国が、ひたすら迅速に停戦を実現させたいと考え、ケリー司令長官が、二月二十八日、「ケント」号上に、非公式会談を開催したことである。この会議は、以後の進展に大きな影響を与えた。この非公式会談については、後述する。

一　第一次総攻撃前の国際連盟と重光公使の請訓

第一次総攻撃の危機に直面した国際連盟理事会は、二十日を期限とした最後通牒の履行を延期するように二月十九日、日本側に要請した。他方、中国側の第十五条適用の要求を受容すると共に、上海事変審議のための臨時総会を三月三日に開くことを決定した。日本側は何としても臨時総会前に事態を有利に展開させ、戦闘中止の合意を得たうえで急ぎその実現を図らなければならない状況に至った。

二月十九日、理事佐藤尚武は芳沢外相に対し、日本政府の最後通牒延期の受け容れを強く具申した。もし拒否すれば日本は侵略者と断定されるだけではなく、第十六条の制裁（経済制裁）をも甘受しなければならず、政府は世界と戦争する覚悟があるのかと詰め寄った(87)。結果は、陸軍の総攻撃は敢行された。それからというものは、日本外交は新たな局面を迎え、もはや迅速に軍事的な決着を付けたうえで、事態収拾の早期実現を目指す以外に日本外交の道はなかった。延期は確かに時間的にも無理であった。第五章で述べたように、芳沢はむしろ「今トナリテハ十九路軍ノ態度ニ一大変化ヲ生セサル限リ」延長は不可能と回答したような状況であった。芳沢の最後通牒に対する理念と解釈は関係国に適時に知らされておらず、時間的にも対応が後手になっていることを意味していた。現地上海では生命の危機にさらされている邦人が、直ちに総攻撃を望むと悲壮な訴えを行っていた。第一次総攻撃後の二十三日、上海総領事村井倉松は上海居留邦人代表（福島喜三次、米里紋吉）から要請された第二次増兵の迅速な実現を芳沢に要請した。(89)

これより先、二十日、駐華公使重光葵は、「我軍事行動ハ我要求スル撤兵地域（蘇州河ノ北租界境界線ヨリ二十基）以外ニ及ホササルコト」と、日本軍の行動範囲を自ら制限した案をもとに、軍中央部との十分な了解取り付けを請願した。その理由は国際関係を重視し、蔣介石直属の第五軍との衝突を回避するためであり、さらに軍事行動が拡大した場合は明らかに後方が攪乱される恐れがあり、不穏思想の感染にも十分の注意を要するためでもあった。(90)この重光の請訓電に対する回訓の遅れが、以後の事変後期に重大な影響を与えることになる。このとき、芳沢は、「アピール」に対する強い反駁のメッセージを作成中であった。

二　第一次総攻撃後の仏国新聞記者らの国際連盟脱退慫慂の意見

第一次総攻撃後の二十三日、攻撃が不成功に終わり、事態を重く見た沢田連盟事務局長は、芳沢外相宛てに、先に重光公使が外相宛てに請訓したと同じように、上海事変を局限し「我方ノ面目ヲ維持シ得ル限リ我方従来ノ声明ヲ裏切ラサル様速ニ時局ヲ収拾セラルルコト」は総会において最も重要なことなので、準備に万全を期す必要があると外相に陳述した。(91)それは、総会における論議は満州事変を切り離して上海事変に局限する必要があり、日本側の行為は「全ク自衛行為ニシテ我方ノ責任」はないのであって、「支那カ無秩序不統一ニシテ責任アル政府ヲ有セサル事実支那ノ排日行為ノ暴戻ナルコト条約侵害ノ事実等」を国際連盟諸国に十分認識させるように努める一方、上海現地の日本人の行動に行き過ぎが生じ、満州に波及することがないように警告した。そして目下の急務はなるべく速やかに上海方面の軍事行動を終結させ、中国軍の撤退後に円卓会議を開催するよう具申した。(92)その円卓会議の意義内容は、後述のように同床異夢であった。

同二十三日、在伊大使吉田茂は外相宛てに、「上海付近ノ支那兵ヲ掃討シ独力秩序回復ヲ計ルニ邁進スル一事アルノミ」であり、連盟や列強に対しては「爾後ノ結果ニ応シテ善後ノ措置ヲ講ス」べきであって、躊躇逡巡すれば、結局万事休すであるので、「我軍ノ迅速果断事功ヲ挙クルヲ翹望シテ已マス」と具申した。要するに上海事変の拡大は絶対禁物であり、居留邦人の中の常軌を逸する行為に対する懸念と同時に満州事変に影響しないよう早く決着を付けろと悲壮な覚悟の上申であり、当面の陸軍の総攻撃の成功を期待するものであった(93)。

翌二十四日、在仏臨時代理大使栗山茂から芳沢宛ての電文が届いた。仏国新聞記者らから寄せられた友人として事態を熟慮したうえでの忌憚のない意見であると前置きし、「若シ支那軍カ日本軍ニ勝ツカ如キコトアラハ支那軍ヲシテ自負心ヲ強メシメ（現状ニテ抑ヘ居ルタケニテモ既ニ此ノ危険アリ）遂ニハ欧州人ノ支那ニ於ケル地位ヲモ破壊スル結果トナル」であろうから、日本の兵力小出しは不適当であり、「此ノ際兎ニ角総会開会前ニ支那軍ヲ撃退シテ少クトモ事実上ノ状態ヲ作ルコト必要」であって、そうでなければ戦闘中に総会を開くことになり「日本ニ頗ル不利」となるだけでなく、「他方援軍ノ抵抗ヲ益々強ムル結果」となるとの意見を開陳した。そして、日本が「最モ困難ナル地位」に立って総会に臨むぐらいなら「寧ロ理事会ノ手続ノ規約違反ナル点等ヲ指摘シテ連盟ヲ脱退スル方日本ニ執リ得策ナルヘシ」という、注目すべき電文であった(94)。総会前の兵力を集中した日本軍総攻撃の勝利こそ日本の生きるべきすべであり、その成功がなければ連盟からの脱退以外にないとの強硬な意見を、第一次総攻撃の時点で、仏国新聞記者という外国人から開陳されたのは興味深い。同時に「理事会ノ手続ノ規約違反ナル点等ヲ指摘シテ」とあるように、連盟の不完全さが認識されていたことも看過できない。

三 第三次総攻撃前の米英の対日態度と日本の対応

翌二十六日、英米仏伊の各国大使が芳沢外相を訪ね、それぞれ本国政府の名において、「日本軍上陸の際の租界不使用等」の申請に関し、ほぼ同様の覚書が提出された。芳沢は、好意的配慮の約束をした(95)。以後、第三次総攻撃前日、二十九日の連盟理事会に至るまでの間の主要国米国と英国の対日姿勢を取り上げ、日本側の対応を考察したい。

（二）　米国「上院外交委員長ボラー宛ての公開状」の思想的背景、意義と日本との応酬

米国は、二十三日に上院外交委員長ウィリアム・ボラー宛ての公開状を発し、日本の行為を非難し、九国条約に対する米国の態度を宣明したのであった。日本に反省を求める手法に悩んだ米スチムソン国務長官は、国務長官から上院外交委員長に宛てた一国内文書を公開するという先例に倣い、この書簡方式を思い付いたのであった。この書簡は連盟の議事録に書き込まれ、新聞に大きく取り上げられた[96]。では、この公開状の発出の背景に、何があったのであろうか。

スチムソンは回想録に、未知僻遠の地満州に対する問題処理には自信がない米国民ではあるが、問題が中国中央部の上海に及んで、「国民の大部分に異常な関心が惹き起された。閘北の×××攻撃と×××に対して祖国を守らんとする支那兵活躍の写真版等によつて、日本の………の意図は一層明にされたのであつた。この事実が我がアメリカ国民の感情を刺激した」と述べ、永年の米中接触は「人道的諸施設によつて、（中略）広汎な基督教布教運動」と「青年女子を多数我国の学校及び大学に送つたこと」の二つの方法によるもので、中国に対する普通以上の関心・興味が米国民間に広がったのは、「我国の商業逐利の衝動に基くものではなく、むしろ我が政治的、人道的理想主義に根ざすものである」というものであった。米国民の中国地理に対する自信のなさと日本に関する情報源が、基督教布教に当たっている宣教師と支那青年女子留学生であった点を、正直に表現している[97]。写真版が日本の侵略の意図を明確にしたというのも興味深い。

公開状の内容は四項目から成っていた。

一つ目は、中国における門戸開放、領土保全はジョン・ヘイ（John M. Hay）以来の米国の政策であって、九国条約に集約されており、ワシントン会議（一九二一〜二二年）時の他の諸条約と相互関連して締結されたもので、九国条約のみを改定することは考慮の余地がない。また、強国の弱国に対する侵略を排除する精神は、「不戦条約」によりさらに裏書きされているとし、米国が主導した九国条約が他の条約に共通するいわゆる普遍性を有していることを改めて強調した。

二つ目は、最近の満州、上海の事態は、これら条約改定の必要性を暗示するものではなく、寧ろこの厳守の必要性を示すものであって、「若しこの条約が忠実に遵守されたならば斯くの如き状勢には至らなかったであらう[98]」としている。これは事変の動機は如何なるものであれ、武力を発

動するに至らしめた政策そのものを否定したのである。つまり不戦条約の精神に照らし、武力に訴えたこと自体が国家政策の失敗を意味するという、細部の内情に係わりなく武力行使という事実を最優先し、日本の責任を問う論理であった。

三つ目は、一月七日、米国政府は、不承認宣言を日中両国に通牒したが、もし列国が同一立場をとる場合は、圧迫または条約違反により満州を獲得した日本の行動の適法性を阻止することができるとしたことである。これは現時点で英米の共同歩調がとれていない故に、今後（日本に）政策の改善がない限り、英国と同一立場に立って断固阻止するであろうと日本に対して警告したことを意味した。同時に英国に共同歩調を慫慂したことをも意味した。

最後の四つ目は、米国政府は本政策を将来にわたって維持することを謳った点である。要するに、第三者的に見た場合、日本が相手国中国の本土に踏み込んで加える圧迫行為は、それだけで不利な要因を包摂しており、条約違反と判断され、強国の「弱国侵略を阻む自己滅却の政策」[99]、い い換えれば「弱小国に対し見通しある自制の政策」が不可欠であるという九国条約の精神を主張したのであった。日本が主張する内情が意味する特殊性が否定され、武力に依らない自制の普遍性、共通性が、弱小国に説得力をもつことを意味した。

このころ、日本海軍内では上海事変処理を契機にして強硬派が主要な省部のポストを占め始めていた。海相大角岑生をはじめ軍令部長伏見宮博恭王、軍令部次長高橋三吉らの強硬派が、次期軍縮会議に向け比率平等原則と主力艦（戦艦、巡洋戦艦）、空母の全廃を掲げ、第二次ロンドン会議の失敗を予期して軍縮離脱の動きを始めていたのであった。[100] スチムソンは日本が起こした満州・上海両事変がこのまま拡大すれば、九国条約に違反しているのみではなく、それは日本が同条約とそれに連動している海軍軍縮条約の改定に挑戦していると考えた。そうなれば米国としては黙過できず、したがって先行き英国と共同歩調をとり、米国の方から海軍軍縮条約の廃棄や太平洋を海軍基地化する可能性が高いことを日本に仄めかす必要があると考えたのであり、いわば婉曲的に恫喝したのである。[101] そして同じ日に、米国上院海軍委員会が一〇億ドルの海軍建設費を認めた。[102] 注目すべきことは、スチムソンが、この書簡の宛先は五人であるとした点である。[103] それは失望した中国に対する激励であり、米国一般民衆に対する国際信義の信念に基づく政策発表であり、連盟諸国に対しては将来起こり得る行動の暗示であり、英国には、米国同様に門戸開放主義、九国条約の協力者であることを注意喚起した。そして、日本に対しては恫喝を以て対応する決意を示した。これ迄、スチムソンは列国との協調態勢の確立のため英国外相ジョン・サイモンに打診し共同歩調の交渉を再三試みたが、連盟国でもある英国は米国と異なる複雑な環境下にあり、二月十五日、英国不参加の回答[104]に接したため、やむなく単独でこの公開状の方策をとった。

では、このような米国の対日認識に対して、日本はどのように受け止めたのであろうか。日本側には、その公開状はそれが発せられた二月二十三日当日、先の「アピール」に関し日本政府が連盟理事会議長に宛てて送った「ステートメント」に対する米国政府の反駁にほかならないものであると一般に認められた。芳沢外相はボラー米国上院外交委員長宛ての非公式な書簡であることから、何もコメントはしてはいない。しかし、この答えは二十九日付吉田在伊大使発、芳沢外相宛ての電報に端的に表れていた[105]。それによれば、日本は中国本土において、諸事件や困難に遭遇して来たにもかかわらず、中国の統一政府樹立に対する協力に努めて来たが、これは日本が九国条約を遵守している証左であること、他方の中国側が逆に条約を無視しており、その結果、内乱は絶えず、無秩序、無政府状態は極東の禍源になっており、これこそ九国条約違反となっている。したがって日本は、極東平和の基調は日米親善の維持にあると考える故に、対中・対米外交において最善の注意を注いで来たのであって、それにもかかわらず、米国は今次の書簡を公開し、連盟は平和を提唱しつつ対日経済絶交を暗に慫慂するような態度をとって来ているではないか。このような、日本の利益と威信を無視するような態度が継続される限り、日本は「我自ラ守ルノ途自ラ存ス」であって、「連盟ノ脱退ハ固ヨリ辞スル処ニ非ストテ此ノ国際的危局ニ直面シ連盟及列国ハ最モ慎重ナル態度ニ出ツヘキヲ暗示」し、「事態ヲ認識セス軽々シク日本ヲ圧迫セントスル結果ニ付充分ニ考慮スヘキヲ直言スヘキ」であると芳沢に進言したのであった。吉田大使自ら連盟脱退という文言を出したのであった。もちろんこの場合の連盟脱退という表現は、額面どおり連盟脱退を目的にしたものではなく、真意は、米国も連盟も中国及び日中関係の実情を知らずして、条約の建前の奇麗事のみを並べ、対日圧迫に汲々としていることに釘を刺し、反省を求め、その一環として連盟脱退も辞さずと開き直りの姿勢をとれと外相に進言したのであった。

要するに、米国から見れば、日本は事変に関する特殊事情の個別議論に固執し、国際関係全局の把握ができていないと映り、逆に日本から見れば、米国は実情知らずの上辺だけの普遍的理念の主張に徹しているように映ったのであった。上海事変が満州事変とリンクするということは、米国がいう自制の普遍性、共通性がより濃厚なものとなり、日本の個別・特殊性の論議は真っ向から否定され、一致点を見出すことはより至難なものになりつつあったのである。

翌二十七日、在米大使出渕勝次は「上海事変早期解決の必要性について」と題し、日本は「国軍ノ士気及面目保持上飽ク迄支那軍隊ヲ撃破スルニ努力」以外にないとしても、「同時ニ支那側ニ於テ世界ノ同情ト自己ノ実力トヲ過信シ」益々増長すれば、「遂ニ絶体絶命ノ窮地ニ陥」ることになり、満州の地歩も失うと警告した。したがって、「面目ヲ毀損セサル程度ニ於テ局面ノ転換ヲ図ルコト焦眉ノ急」であり、具体策を模索することを提言した。重要なことは、連盟と折衝する場合、「我全権ヲシテ寿府ニ於テ米国代表者トノ間ニ密接ナル連繋ヲ保タシメ米国側ヲ我方ニ引付クル様」努力すべきであると、米国に対する特段の配慮を具申したことである。そして現に増大しつつある米国の国内知名人の高まる経済断交説の存在及び「米国ノ世論日々悪化シ対日排貨運動愈々拡大」しつつある民意を無視できない実情を勘案して、「時局解決ニ関スル大体ノ見据付ク迄ノ間ハ暫ク満ヲ持シテ積極的攻勢ヲ差控フル様軍部ノ深甚ナル考慮ヲ求ムルコト緊要」であると訴えたのであった。要するに、出渕は「局面ノ転換ヲ図ル」ことと「積極的攻勢ヲ差控ヘル」ことの矛盾を敢えて掲げつつ、芳沢に解決すべき対米配慮の必要性を訴えたのであった[106]。また、在独大使小幡酉吉《ゆうきち》からは、独国将校が中国軍に参加している事実を紹介した。当時、米国や独国軍人が義勇兵の形で中国軍に参加していたのである。

(二) 英国の対日警告と日本の対応

(ア) 英国外務省の対日姿勢と日本外務省の対応

英サイモン外相の動きは、理念を重視した米スチムソン国務長官の見解とは異なり、現実に根ざしていた。沢田事務局長は芳沢外相宛てに二十四日にサイモンと親しく会談した感触を、翌二十五日、次のように伝えた。サイモンは日本の増兵に理解を示す一方、小国の意見が対日反発の「危険ノ状態」にあることを慮り、増援部隊の上陸を租界外で行うことを希望し、中国側を圧倒する態勢が整った暁にこそ、武力を行使せず、列国の斡旋に任せて時局解決に資すれば、自分らは総会で小国を抑えると自信の程を見せたのである[107]。老練な英国外交は、軍事的な圧力を国際外交の圧力に代えて止めるという、「武」の本質を体現するような理想的な砲艦外交に即した対応をするように日本に提議したのであった。逆にいえば、日本政府が飽く迄世論を無視し、戦争を継続し、増兵すれば、連盟小国が「万一勢ヒノ赴ク処第十六条ノ適用又ハ米国ニ於ケル経済絶交等ノ問題起リタル上ニテ調停提案ヲ突キ付ケラレ之ヲ受諾」するような事態になれば、日本政府として「対支政策及国家ノ威信ニ重大ナル結果ヲ来ス」と警告したのである。沢田は、「彼等ノ斡旋ヲ容」れ、「支那側ニ於テ戦フニアラサレハ我ニ於テハ戦ハス」との日本の意思を示せば、列国に安心感を与え、満蒙問題の解決にも効果があると強く進言した。日本政府、軍中央、外務省がこれを受け容れるか否かに掛かっていた。

その英国政府は別の場でも、日本を擁護する姿勢を、未だ日本が満州国独立宣言（三月一日）を発していない段階において二つ存在した。

一つ目は、ある英国下院議員が、二十四日、満州独立国の成立は日本政府の後盾によるものではないかとの質疑を発した際、外務省政務次官アンソニー・イーデン（Anthony Eden）は日本の公式見解を引用し、「日本政府モ其領土的野心ヲ有セサルコト及門戸開放主義ヲ維持スヘキコトニ就テハ明確ナル保障ヲ与ヘ居ル次第」であり、英国としては「別ニ九国条約等ヲ引用シテ措置ヲ講セサルヘカラサル何等ノ理由モ認メ居ラス」と日本弁護の見解を吐露した(108)。

二つ目は、同二十四日に駐日英国大使フランシス・リンドレーが、西園寺公望の私設秘書原田熊雄に、大多数の上海居留英国人は租界を英国領域と考えており、したがって日本軍がそこに上陸すれば租界の軍事的中立を破るだけではなく、西側の居留民の怒りを買うことになると強く要請し、上海の対日不満を和らげる配慮と日本陸軍のさらなる不評を予防しようとした。その意向は原田から海軍次官左近司政三を経て伝えられ、参謀本部は「鉄道桟橋か、ずっと北の方の海岸から上陸」させるに至った(109)。

では、これら英国側の態度に、日本外交はどのような対応をしたのであろうか。以上のような連盟の意に反して二回目の総攻撃を敢行した二十五日、芳沢外相は、覚書「上海事変に関する日本の態度説明について」と題し、日本の対応方針をジュネーブの沢田に伝達した(110)。この中で、まず芳沢が「我方トシテハ時局ヲ利用シテ上海地方ニ政治的野心ヲ遂ケムトスル意図毛頭ナク」と述べたことが、サイモンに好印象を与えた。さらに具体的には、①日本政府の基本方針は先の政府声明のとおり上海の平和回復を目的にしたものであり、第十九路軍に対する撤退要求もこのためであること、②それが可能かどうかは第十九路軍の撤退次第であること、また、③その第十九路軍の撤退を促進するために列国は共同行動をとりたいと考えているにもかかわらず、日本を信用できずこれを渋っていると観測されていること、そして、列国の認識不足と誤認に不満を吐露し、これを正すためにも「殊ニ今後ニ於ケル上海付近外国人保護問題協議ノ為メ上海ニアル列国代表者ヲ加ヘタル」円卓会議の開催が必要であると説いたのであった。そしてさらに、④今次の増兵は第一回の目的と同じで他意のないことを強調し、列国の安心を得ようとしたのであった。このように芳沢の措置は、第二次総攻撃後の増兵に関する正当性を主張し、誤認を防ぐと共に、以後の有利な外交環境の設定を上海現地の円卓会議に託したのである。この覚書は二十八日に公表され、後述する「ケント」号上の同日付非公式会談内容と並び、二月二十九日の理事会を開催させるきっかけとなるのである。サイモンは、「(日本の：引用者)自己ノ利益ノ為ニ野心ナキコト」を承知できたことに「大ニ安心」すると共に、芳沢の覚書を以後の交渉の基礎条件として受け止めたのである。

二十七日、沢田が芳沢に宛てた「日本軍の上海出兵および円卓会議に関する英外相との懇談内容について」と題する電報には、在英大使松平恒雄とサイモンの対談内容が詳細に述べられていた。それは、一連の芳沢の覚書は、第三次総攻撃を目前にした今、英国の理解が得られているとはいえず、停戦と上海の安定確保を現実的にどのように確保すべきか、中国側に二〇キロメートル以遠迄撤退させるといっても如何にして実現させるのか、また、最も重要なことであるが、円卓会議をどのように決着させるのか、また、最も重要なことであるが、先の二十四日のサイモンとの会談内容にあった、中国側を圧倒する態勢が整った暁にこそ、武力を行使せず、「戦ハスシテ列国ノ斡旋ニ依頼スルコト然ルヘキヤ否ヤ」[111]等の質疑に、日本側から何らの回答がなかったことに対するサイモンの不満を吐露し、芳沢に対策の必要を指摘したのである。

この中で、サイモンは、まず「停戦ヲナシ両軍ノ間ニ差当リノ衝突ヲ繰返スコトヲ避クル為他ノ軍隊ノ介入ヲ為サシムルコトモ一案」であること、円卓会議の参集範囲については、米国は九国条約国の参加希望案を有しているが、英米仏伊支等に限りたいということで、松平と見解が一致した。さらに満蒙問題の分離に関してサイモンは、「総会ニ於テハ連盟ノ精神及権威ヲ維持スル点ニ最モ重キ」を置いて斡旋の労をとりたいこと、他方、「総会ニ於テ日本カ世界ノ前ニ立ツ時単ニ日本ノ増援隊カ上海ニ到着セリトノ事実ノ外何等世界ニ安心ヲ与フルカ如キ措置ヲ執ラサル場合ニハ日本ノ立場ハ頗ル困難ニ陥ル」と述べ、第二次派遣陸軍部隊の上陸に関し、恐らく日本側は国際的配慮に無神経であろうとの、厳しくとも正直な憂慮を述べたのである。[112]英国はこのとき、日本の第三次総攻撃を前にして、これに対する抑止・調整機能を有効に発揮させることができるか否かの瀬戸際に立たされていたのである。

（イ）　在外公館（在英・在仏日本大使）から芳沢外相に宛てた意見具申

第二次派遣部隊が上海に接近しつつあった二月二十六日、日本のジュネーブ現地の日本代表部が、如何に事態を深刻に受け止めていたかを物語る電報が、沢田事務局長から芳沢外相に届いた。その電文は、折からジュネーブで行われていた軍縮会議代表の武者小路公共、矢田七太郎、沢田節蔵、堀田正昭の四公使並びに東郷茂徳、斉藤博両参事官、杉村陽太郎のエリート外務官僚七人が集まって協議した結果を知らせるものであった(113)。それは、先のポリチス・ニコラス（Nikolas S. Politis・ギリシャ代表）、サイモン、デービス（Norman Davis・米軍縮代表）各氏の意見を踏まえ、総会前の現時点で日本がとるべき対策を日本代表部が総力を挙げて協議した結果の報告であった。

結論の第一は、総会前においては、現地上海の局面の進展が最も重要であること、第二は、今後総会付議の核心は敵対行為の停止であって、日本がこれを無下に拒否すれば、「世界ノ公敵トシテ取返シ着カサル難局ニ陥ルノ憂」があるので、日本は必ずしも最後通牒中の諸条件に固執せず、列国と妥当と認める範囲内で事態の解決を図り、上海租界の平和回復を確実にする方針を立てる必要があること、そして直ちに敵対行為の中止と派遣部隊の引き揚げに着手するのに異存がないことを、予め関係各方面に了解させ、総会においてもこれを言明すれば、「我立場ノ好転ヲ計ル事最モ緊要」であるとした。

総攻撃の態勢を築いた暁に、その攻撃を控え、潔く連盟に斡旋を依頼するという、先のサイモンの提示案に同意することを意味した。そして、紛争当事国と利害関係国から成る円卓会議の開催を日本から提唱し、総会前に大国の了解を得たうえで推進すれば最も好都合であるとした。尚、総会で満州問題を除外することを主張しても、連盟としては受諾困難であるので、むしろ日本としては進んで十二月十日理事会決議による調査委員会の報告を待つとして、満州問題の討議を打ち切り、上海事変解決のみに限定すべきであるとの意見をまとめたのであった。

当時の状況の中で、最も公正で客観的なとるべき日本の姿勢であったといえる。もしこの時点で外交主導権が外務省革新派ではなく、芳沢が英米列強を少なくとも敵に回さない定見と強いリーダーシップを備えていれば、間違いなく受容されたであろう(114)。ところが芳沢に、全く違った意見（「総会対策のための我世論操作について」）が、同日、在伊吉田大使から届いていた。それは、「我ハ一ニ邦人ノ権益ト租界擁護ニ已ムヲ得サル丈ケノ措置ヲ講シ一面連盟側ノ意向ヲ尊重シテ陸兵ノ派遣ヲ努メテ差控ヘ一旦派兵ニ決スルモ最小限度ノ兵数ニ止メタ」にもかかわらず、国際連盟は規約第十五条の適用要求を受け容れ、拙速な調査報告書を作成し、「支那側ノ宣伝ヲ信シテ我行為ヲ難シ、進ンテハ我ヲ侵略者ト認ムルカ如キ勧告」を一方的に行い、遂に「支那側ヲシテ戦備ノ余裕ヲ得セシメタルノミナラス上海支那側ノ戦争気分ヲ煽リ蔣介石軍隊迄モ我ニ対抗スルニ至ラ」せた。その結果のもたらす危険が日本の増兵を余儀なくさせたのであるという「ライン」で日本世論を指導し、これを欧米に反映してはどうかというものであった。[115] 要するに日本は往年の加害者的立場から、逆に被害者的意識に立って反撃してはどうかという発想の転換を促したのである。

芳沢は、以上の相反する二つの意見具申にどのように対応するか難しい状況に立ち至った。そして、一応の事変対策として纏めた結果を、二十六日、上海とジュネーブに打電した。[116] それは統帥権独立の原則から、軍の作戦行動に容喙できない外務省に覆いかぶさった厚い壁と、外務省としての限られた範囲の動きを如実に示すものといえた。

芳沢は、上海の重光に対する、二十六日の電文「交戦継続中においても円卓会議の開催希望について」の中で、「(円卓会議は：引用者) 成ル可ク速ニ開ク」ことにし、上海の日本陸海軍と連携して、「英国公使辺リノ斡旋ヲ」求めることに努力するよう指示した。その円卓会議の目的は、上海付近の平静維持問題（安全地帯設定、武装解除、排外排貨運動停止）の解決であり、まず「日支両軍ノ戦闘停止ニ資スル為メノ要綱」を、村井総領事が呉市長に宛てた最後通牒の精神に基づき現地の実情に即して決定すること、撤兵区域の警備については、国際警備義勇軍（日本軍を含む）が受け持つことにし、また、円卓会議開催の実現を促すためには、当面、会議目的には積極的には触れないように指示した。そして、沢田にもこの旨が転送された。会議目的が議論されないというのは、いずれ紛糾が先送りされることは必至であった。

要するに芳沢は、エリート七官僚の連盟代表部が最も心を砕いて進言した第三次総攻撃の中止に関しては触れてはいない。むしろ、物理的に無理と考え、「交戦継続中」との現状を是認したうえで、次段階の円卓会議開催に関する手続きを指示するにとどめたが、目的が上海付近の平静維持なのか、戦闘停止なのか、不明確なまま、連盟代表部の具申にも、吉田の意見にも、共に答えることなく、当座しのぎの感があった。さらに、芳沢は、同日、ジュネーブの沢田に対する電文、「総会における上海事変の審議は黙過の方針について」の中で、最も大きな関心事項である第十五条適用問題に触れ、日本政府としては「第十五条ノ手続進行ヲ静観スル方針ナルヲ以テ」、総会において「上海事件ヲ審議」することを実質的に黙過することを指示した。黙過とは何も手を打たず静観するということである。その理由等を四つ示した。

一つ目は、上海事変審議の場が理事会から総会に移行した以上、日本としては事務総長に対し紛争の存在を通告する義務（第一項）が生じるが、日本の異議が留保されているということは、総会の開催自体が「法理上ノ疑点ヲ留保セサルヲ得ス」と解釈でき、総会自体の開催基盤が薄弱であると考えたことを意味した。

二つ目は、したがってこのような状況下で、日本政府はさらに「第十五条第二項ノ陳述書ヲ提出スヘキ」であるが、その「筋合ニアラサル」ため、もし総会が開催される場合、「上海事件ニ関スル事項ノミヲ掲クルニ止」め、「右ノ趣旨ニ基ク説明書ヲ提出スル」ように指示した。

三つ目は、総会が満州事変を取り上げる場合は、「客年十二月十日ノ決議ニテ一段落着キタルモノトノ見解ヲ堅持シ進ム考」であるとした。

そして四つ目は、第二次増援隊派遣の目的は、第一次のそれと同様であり、「之ヲ日支ノ開戦ト見ルヲ得サルハ申ス迄モナシ」と念を押している[117]。

要するに芳沢は国際連盟規約第十五条第九項に基づく総会開催が決定された後も、日本に有利とはいえない迄も日本側からこのような異議を唱える資格とその効果を期待し、火の粉を払い得ると考えたことを意味した。これは、連盟の大勢が形成されつつある厳しい現実を前に、日本独自の当座しのぎの独善的な解釈であり、高まる圧力の前には薄弱な後手の対応でしかなく、第十五条の適用を実質的に受容したことに等しいものであった。

芳沢はこの段階においても、重要な二つのことに、回訓を発していなかった。その一つは、沢田に対するもので、サイモンの見解である第三次総攻撃の中止とサイモンに対する斡旋依頼の対応のあり方であり、もう一つは、重光に対するもので、先の二十日に重光が芳沢に請訓した日本軍の行動範囲（「二十粁以外」への同時撤退）の縮小に対する回答であった。この原因はいずれも統帥権に係わる問題であり、芳沢はこの点に関し何も記録を残していないが、その壁を十分に認知する彼としては、最初から陸軍との議論を避け、握りつぶした可能性が高い。いずれにせよ事態は予想外の展開を遂げるに至るのである。殊に重光に期待された緊急の回訓が、少なくとも二十八日の「ケント」号以上の非公式会談までに得られなかったことが、次章に述べるように、第三次総攻撃の実施を境にして、大きな軍事・外交上の負の遺産をもたらすのである。

上海の重光に電報を発した後、円卓会議の開催の見通しが困難であることを予測した芳沢は、現地上海の列国は事変当初は内心一日も早く日本軍が中国軍を掃討してほしいと希望しながら、反面、その後の問題解決には日本のみに任せる訳にはいかないと、猜疑の目で日本を見ていると推察し、如実に焦りを感じていた。

慌ただしく外交電が往き通う。芳沢は二十七日、「総会における代表演説の作成方針について」(118)を沢田宛てに打電した。この中で、日本側としては論戦するような態度をとらず、列国に「帝国政府ノ真意」が十分に了解されるように努め、「連盟側ヲシテ冷静ナル考察（事変現地の状況：引用者）ニ立帰ラシムル」こと、また、「スチムソン・ドクトリン」の趣旨と門戸開放の原則を日本も厳守しているとの説明を行うこと、第十五条の留保は書面に留め、演説には触れないことを指示した。そしてさらに芳沢は、沢田と出淵に対する追電「日本軍上陸の際の租界不使用等を各国より申出について」の中で、昨二十六日に英米仏伊四国大使がそれぞれ本国政府の名において、ほぼ同一趣旨の覚書（日本軍上陸の租界不使用等の申出：引用者）を自分に提出して来たことを知らせる一方、外相として四国大使に「日本ハ租界ニ兵ヲ揚ケ又軍艦ヲ現位地ニ置ク権利ヲ有スルト同時ニ右ニ依リ外国側ニ損害乃至迷惑ヲ生スルコトハ固ヨリ希望セサルモノ」であるので、「早速陸海軍当局ニ通牒シ出来得ル限リ好意的考慮ヲ加フル様」に申し入れると回答したことを付け加えた。このように芳沢は、米国と連盟を代表する英国の両国に配慮する一方、東京と現地上海を結ぶ交渉態度の一致を図ったのであった(119)。

尚、四国大使のそれぞれの覚書には、まず冒頭に、日本側が租界に禍害が及ばないように努力していることに対する深謝するという文言が書かれていたが、米国のみにそれがなかったのは注目されるべきことであった。米国の覚書のみが、増援部隊揚陸等の場合に租界を使用しないこと、旗艦を極力下流に移動するようにすること、を淡々と要望していた(120)。

（三）　二月二十八日「ケント」号上の非公式会談の開催に至る英国側の舞台裏

翌二十八日、第二次増派の陸軍部隊である第十一師団は上海付近の海域を航行していた。停戦に関する交渉も山場に差し掛かっていた。この時点で米英は、どのような対日姿勢をとったのであろうか。

在米出渕大使は、二十八日「米国における日貨排斥運動」に関して、スチムソンの見解を報告した。上海方面に対して日本は政治的野心のないことは十分了解しているが、「自分トシテハ力ノ及フタケ斯ル運動ヲ『ディスカレッジ』シツツアル次第ナリトテ鮮カラス今後ノ発展ヲ憂慮シ居ルカ如キ口吻」を示したのであった。満州の錦州攻略に関しては遺憾に堪えずとし、米国の対日政策を説明したうえで、戦局の拡大が米国国論を刺激し、急転直下するような事態にならないよう釘を刺した(121)。日本側の現場の詳細な紛争原因を問題とせず、武力行使自体を問題としていたのである。

英国の態度は、二十七日の午前に行われた松平・サイモン会談の内容に集約されている。英国流の停戦後の円卓会議か、日本流の戦闘継続（第三次総攻撃の敢行）のままの円卓会議か、に関する相違の確認と英国流のやり方の説明が対談の中心であった。対談に先立ち、松平から、停戦と将来の保障のための円卓会議を速やかに開くことに異議はないこと、上海の英国公使らが「『イニシアチブ』ヲ執ラルル希望アル」こと、「支那代表モ又参加シ然ルヘキ」であること等の情報を、日本側が積極的に示したことによって、サイモンは謝意を表し、会議が急速に進み、喜びを隠し切れなかった。

サイモンは現地及び中央共、斡旋に先立ち、上海付近に「自己（日本：引用者）ノ為ニ租界ヲ設クル意図ナキ事重要各都市ノ周囲ニ中立地帯ヲ設クル如キ意図ナキ事」等に関する日本政府の保障が不可欠であり、日本政府の回答を列国に説くことで総会対策としたいがどうかと尋ねたのであった。それはイギリスが主導的立場に立って静穏な総会にしたいと考えていたことと同時に、サイモンの対日懸念・疑惑がある部分払拭されたことを意味している。これは先の二十五日に芳沢が重光に宛てた指示（沢田に転電：引用者）の円卓会議の趣旨（列国の対日誤認を正す：引用者）に符合するものであった。しかし肝心な問題が残っていた。それは、ジュネーブにおいて議論の対象になる第三次総攻撃を止められるかどうかの問題であった。

松平が「日本ヨリ停戦ノ保障ヲ為スカ如キ」ことは望めないとの回答をしたため、会議を一旦打ち切ったサイモンは、午後に再度、英国海軍大臣イーレス・モンセル（Sir Bolton M. Eyres-Monsell）を帯同して松平を訪ね、会議を継続した。それだけ英国は重大な局面に差し掛かり、上海の主導的立場にいる英提督ケリー海軍大将との軍事専門的なパイプを維持し、外交・軍事一体の下に妥結の道を探ろうとしていたことを物語っている。ここで松平は、円卓会議の目的及び停戦との係わりに対する日英間に解釈の相違がある点を指摘した。つまり、日本側は戦闘継続中の会議開催と停戦の決定を得たいとの考えに対し、英国側は停戦後に会議開催すべきとの見解をとっており、総会中に大衝突が起これば多数死傷者の報道が取り返しの付かない結果を招来するので、「矢張リ不取敢戦闘ヲ止メ暫ク現状ヲ維持」して会議を進めれば、たとえ「総会ニ於テ満蒙問題出ツルトスルモ何トカ之ヲ後回シト為シ目前ノ危険存スル上海問題ヲ右関係主要国ノ斡旋ト円卓会議トニ譲リ切抜ケ得ル」と信ずると述べた。松平はここに二者択一を迫られたのであった。いずれにせよ外務省、陸海軍との調整と統制を要したため、政府意向を至急確認するということで会談が終了した。(122) この会談は、有利な軍事的条件を確保した後に外交交渉に委ねるというシナリオが日本側に受容されない場合は、円卓会議そのものの開催が危うくなることを意味していた。

一方、上海の日本の外交当局には、先の二月二十日に重光が請訓した「我軍事行動ハ我要求スル撤兵地域（蘇州河ノ北租界境界線ヨリ二十基）以外ニ及ホササルコト」に対する回訓は未着のままであった。このような中で急ぎ、夕方十七時から約二時間にわたり「ケント」号上での「二十八日非公式会談」が、野村司令長官と私的立場の松岡洋右が参加するに至った。

（四）　第五回停戦交渉（二月二十八日「ケント」号上の非公式会談）

上海では既に四回にわたって行われた停戦交渉が、いずれも不成功に終わっており、三月三日の国際連盟臨時総会が目前に迫っていた。そのような中、幸運にも、これら陰鬱な空気を緩和する好機が二十八日に訪れた。これが第五回の停戦交渉となり、英国旗艦「ケント」号上で行われた非公式会談であった。非公式ながら日中間の荒作りの合意が得られたということは、戦闘行為に依らない話し合いの路線形成の曙光と目され、連盟各国の期待や願望が寄せられたのである。

（ア）　二十八日非公式会談の背景と結果

上海現地で、租界の安全回復を優先し、停戦成立のための調停に熱意を燃やしていた英提督ケリー海軍大将は、二月二十八日、野村第三艦隊司令長官を介して、私的なレベルの会合の機会を設けた。戦闘が続いている状況の下では、とかく外交官による外交レベルの停戦交渉は至難であり、むしろ軍事レベルとの一体的な動きが必要であった。

二月二十七日夕刻、ケリーは参謀長を「出雲」に派遣し訪問の意を告げさせたことから、逆に野村は午後七時に自ら英国艦「ケント」号にケリーを訪れた[123]。ケリーによれば、中国側の状況は以下のとおりであった。当日の昼食会に第十九路軍参謀長黄強中将と前外交部長の顧維鈞とが来談したが、中国側は、もし、撤退が相互同時に行われ、避難区域の監視が最後通牒に要求されたように日本側によってではなく、中・日・中立国の委員会によって行われるならば、二〇キロメートル撤退するという原則を受容したがっているように見えたという[124]。この第三次総攻撃直前に至ってようやく二〇キロメートルという数字が、今次の中国側からの提示の中に、具体的に示されたのである。但し、中国側が、撤退の順序は先に日本側から行うよう求めていた。このとき、野村はケリーに日本軍が最後通牒を貫徹するのは戦争継続のためではなく速やかな局面の収拾にあって、従来の経験から見て中国側に対する信用を置き難いので、中国側からの提案に対し陸軍中央部や本国政府がどのように考えるか分からないため即答できないと回答した。さらに中国軍は若干の抵抗をしつつ退却するのみであり、列国の利害錯綜する上海で戦闘行為を継続することになれば、第三国の生命、財産に危害が及び、「不測ノ厄介惹起ヲ心配シ居ル」と付け加えた[125]。

ケリーは、野村に対し今後仲介の労をとるので、自分の艦で会見すれば各方面の注意を引かず都合が良いと思うと述べ、さらに、中国の前外交部長顧維鈞と旗艦で昼食を共にしたいから日本公使、もし駄目なら松岡洋右氏に来てほしいと申し入れた。中国の顧は現時点で羅文幹の私的代表であることから、日本側も重光ではなく松岡が適当と判断したのである[126]。松岡は犬養首相及び芳沢外相の個人的依頼で重光を支えるべく主として英米仏等の関係諸国との協調及び日本陸海外務の三者の連携強化を目的に特派使節として派遣されていた。

ケリーは当夜の英国海軍省宛ての報告の中で、野村が総会前に何らかの協定に漕ぎ着けるように来艦したことに頼もしさを痛感したが、むしろその野村が逆に現地軍に知らせることなく、東京の軍中央に攻撃を促進するような提案をしたことに衝撃すら覚え、そのために、野村は中国より、さらにより大きな脅威となる第三者からの批判の危険に、明らかに気をもんでいるようであったとしている[127]。このことから分かるように、野村がとった姿勢は、ケリーや英ランプソン公使に、日本側は南京攻撃のような作戦企図をもっているのではないかと疑念を抱かせた。

翌二十八日、野村は嶋田参謀長を第九師団司令部に派遣して、会談の開催予定を知らせた。嶋田と植田師団長との会談結果、中国軍への一大打撃は緊要事ではあるが、英国司令長官の斡旋は一蹴する訳にはいかないので、野村に一任し、不即不離を保って会議を引き延ばしている間に陸軍側は攻撃準備を進めると述べ、意見が一致した[128]。

二十八日午後六時四十分から、二時間にわたり野村及び松岡が英国旗艦において第十九路軍参謀長黄強及び顧と会談した。本会談は、以後にわたって重要な歴史的意義を有している。ケリーはオブザーバーとして列席した。談話の内容を、重光は芳沢に次のように報告した。

「二〇粁撤退区域ニ付論議ヲ戦ハシタルカ支那側ハ難色ヲ示シタルカ結局(一)二〇粁ト云ハスシテ事実上二〇粁位ニ当ル地点ヲ指摘シテ撤退スル事(二)撤退ハ相互的且同時ニ之ヲ行ヒ日本軍ハ租界及「エキステンション」(更ニ二個師団到着暫時駐屯セシムル事アルヘシ)ニ撤退スル事(三)撤退順序、撤退ノ実行ヲ保障スル方法及撤退地域ノ警察等ニ付テハ別ニ専門委員ヲ設ケ審議決定セシムルカ若ハ其或部分ハ次回会合ニ於テ更ニ審議スルカハ漠然ノ儘差措キタリ但シ次回ノ会合トハ若シ幸ニシテ会談ノ結果カ両国政府ノ賛同スル所トナルニ於テハ之ヲ基礎トシ更ニ両国ヨリ責任者ヲ出シテ会議スル事アルヘキヲ予想シタルモノナリ[129]」

撤退地点は事実上二〇キロメートルぐらいに当たる地点を、また撤退は相互的且つ同時というように、私的会談としては極めて重みの大きいものであった。しかし私的会談であることから具体性はなく、(三)項において以後の調整の余地を残してはいるものの、(一)、(二)項は明快な基本線を示すもので、この会談結果が両国政府から賛同が得られれば、さらに公式な会議が開かれることとなろうとの予想に基づくものであった。最後迄妥協できなかった点は二〇キロメートルであり、日本側はその維持を、中国側はその削除の含みをもったままであったという。

当日の非公式会談を終わるに当たり、日中双方の代表者は、俄に根本的な調和が望めないものと認識しつつも、ケリーの斡旋の好意を慮った。それは、日中双方において紳士的な妥協策をとることであり、それぞれの政府の判断に委ね、ケリーを介し、合意内容に対する速やかな回答を送る手続きが約束された[130]。中国側は顧維鈞から政府の意向を問い、その結果を速やかにケリーに送るとされた。日本側は会談の模様をまず重光に取り継ぎ、その必要性や価値を重光が認めれば、これを現地の陸海軍に諮り、その結果を政府にそれぞれ上申することが適当と判断された場合に、直ちに政府の回訓を得、ケリーに通知するという回りくどいものであった。それは重光が先の二十日に提示した請訓(撤退の構想)に対する回訓が未入手で、不安定な状況のままに置かれていたことを配慮したからであった。つまり、今次の交渉結果は、当然日本政府の意図に反した場合のリスクを伴うものであった。重光は芳沢に報告した電報の中で、「右会談ノ内容報告左ノ通（本電ハ絶対極秘トセラレタシ）」と報告した[131]。当日の会談の模様は、「黄強ハ一見闘志大ニ衰ヘ、二十粁撤退ニ差支ナク追テ蘇州以西ニ退クノ意ヲ示セシガ、顧維鈞ハ二十粁ヲ縮少セント執拗ニ値切ル態度ニ出ヅ、我ガ方之ニ応ゼズ。尚顧ハ獅子林・呉淞ノ撤退モ差支ナキモ永久撤退ニハ同意シ得ズ[132]」という。

　一方、ランプソンは別の動き方をし、二十八日午後に蒋介石に会って長時間会談した。蒋は日本側の要求（二〇キロメートルの撤退と呉淞要塞の撤去）に激しく抵抗を示した。ランプソンは一つの打開策として、要塞の撤去には触れずに自由意志で撤退することを提案したが、蒋はこれには反対しなかったという[133]。

　これら会談内容は、後述するように、英国側において秘密が漏洩したが、以後の日中双方の交渉の原点を示すものとなり、この結果が以下の二つの交渉を急速に促すに至った。一つ目は、現地上海の中国軍側から先に五項目の停戦条件[134]の提議に至らせたことであり、二つ目は、二十九日のジュネーブの理事会の主要議題に取り上げられたことである。

（イ）　中国側からの停戦に関する五項目の提議

二月二十八日非公式会談の一つ目の結果は、上海現地の中国側から、最初に具体的な停戦条件を提示させたことである。停戦の交渉を速やかにまとめたいと考えていたケリー司令長官は、先の非公式会談の後、英ランプソン公使に対し、南京政府にやや肩入れした交渉姿勢で斡旋するよう示唆したのである。その結果、ランプソンは、中国側の考えに近い線で斡旋を始めたことを物語っている[135]。

　中国側は二十九日の午後七時半、南京政府の回答を英国司令長官に寄せ、五項目の停戦条件を提議した[136]。その五項目の提案内容は、「一、両軍相互及同時撤退。二、呉淞及獅子林要塞ノ永久的武装解除問題ヲ出サザルコト。三、両軍撤退監視ノ為、中立「オブザーバー」ヲ加ヘタル連合委員組織。四、撤退区域ハ支那官憲統治シ支那警察ヲ使用スルコト。五、支那軍ハ真茹ニ退却シ、日本軍ハ租界及租界拡張道路ニ撤退ス。爾後支那軍ハ南翔ニ撤退ス、日本軍ノ艦船ヘノ引揚ハ次ノ会議ニテ議題トス。」であった。この中国側の提議内容は、ケリーから野村に同夜手渡された。また、休戦会談が開かれることになれば、中国側は外交部次長郭泰祺及び上将蒋光鼐が出席すると伝えて来た。

　野村はこの中国側の提案を中央に打電すると共に、ケリーとの会談の模様を報告した[137]。これによれば、ケリーは、

「此ノ提案ハ日本ノ要望ヲ全部容レタルモノナリト云ヒシ故、南翔ヲ始メ二十粁内ニ尚敵軍アリト答へ、（中略）英長官ハ重光公使モ実質的ニ二十粁ヲ退却スルナレバ有望ナリト云ヘリト云ヒ、東京ノ返事ハ何日ヲ要スルヤ明晩返電アルベキヤ」と尋ねた。五項目案は、ケリーとしてはそれ迄の調整結果を踏まえ、日中双方の満足し得るものと確信する一方、重光からの政府回訓を鳩首していたことを窺い知ることができる。ケリーはランプソンが斡旋している関係上、日本側としてもこれを無下に無視できないであろうと考え、承諾回答を期待していたことを示している。しかし、野村は、「南翔ヲ始メ二十粁内ニ尚敵軍アリ」といい、中国側の不誠実さを許し難いと考えていた。ケリーには、これが認識されていなかったのである。

（ウ） 中国側の五項目の提議をめぐり、陸軍を激昂させた松岡洋右の会談姿勢

中国側からの五項目提議の内容は、日本陸軍に受け容れられる筈がなかった。日本の陸軍中央部は二月二十九日、この中国側から提示された五項目に接して初めて、この交渉が陸軍抜きでなされたことを知った。この秘密の会談の模様が英国の新聞紙上に漏洩し[138]、日本陸軍中央部が松岡によって〝つんぼ桟敷〟に置かれていたという事実が露見したからである。また、中国側は陸軍からも参加していることに比し、日本側は海軍の野村司令長官が参加し、陸軍中央部の了解なしに進めたことがここに至って問題となったのであった。松岡は私的会合とはいいながら、内容において陸軍の参加なしに、もちろん検討の余地を残しつつも、かなり軍事専門的に突っ込んだ撤兵交渉の基本枠を設定したことを意味していた。重光は「いずれも権限外の人であるので、具体的な結論は得られなかったが、連絡にはなった。」と記す[139]一方、「これが後に陸軍に知れ、陸軍側代表のいないところで勝手な話し合いをやった松岡君の行動は統帥権の干犯であると陸軍側を激昂させた」と回想している[140]。この統帥権抵触問題は、次の四つのことを意味している。

一つ目は、二月二十日の重光の請訓に対して芳沢が陸軍中央部に十分な調整を行っていなかったのではないか、また、仮に行っていたとしても陸軍・外務間に回答が得られていなかったということである。寧ろ先述のように、統帥問題として芳沢は陸軍に話していなかった可能性が高い。

二つ目は、嶋田参謀長が二十七日のケリーとの会談結果を現地陸軍の師団参謀長田代晥一郎に説明し、対策を協議した際、踏み込んだ具体的な議論がなされなかった可能性がある。少なくとも田代は陸軍中央部に打診してはいないことを意味した。

三つ目は、田代は交渉に関しては野村に一任しており、その一任された野村が松岡を帯同したことから、松岡の交渉内容を認めており、野村の行動内容に踏み込んで詮索するような内容のものとは考えられなかったといえる。

四つ目は、松岡が陸軍との調整を踏まえず独断的な対応をとったことであり、上海での彼の不用意な発言[141]をめぐって、国際連盟で水面下の紛糾を招く等、本人の自己顕示的な性格の側面を窺い知ることができる。それは二月二十九日、中国理事がドラモンド総長宛てに上海の松岡の談話内容を通告したことに端を発し、「満州問題ハ既決ノ問題ナリ」「日本ハ極東『モンロー』主義ヲ奉シ極東ノ盟主ヲ以テ任ス」「九国条約ハ……今ヤ空文ニ帰セリ」「日本カ支那ニ講和条件ヲ課スル為ニハ戦争ヲ必要トス」「日本現時ノ軍事行動ハ膺懲」「不戦条約カ『ボイコット』ヲ戦争行為ト認メサルハ誤ナリ」等の発言であり、本人は否定したものの、連盟や列国の日本に対するイメージを低下させた。松岡の常軌を逸した言行が、このころから蠢動を始めていた。二十九日という日は、慌ただしく、事態を大きく転換させる一日であった。

四　二月二十九日の理事会決議とその意義

二十八日非公式会談の結果の二つ目は、それが直ちにジュネーブの国際連盟理事会に現れたことであった。つまり、翌二十九日に秘になっているはずの非公式会談内容を基に、英サイモン外相が理事会開催を提案し、その運びとなったのである。ケリーから送られた上海非公式会談に関する報告電を、サイモンが極めて重要と認めたためであった。サイモンは、現地交渉が内密であるという事情を配慮するような悠長な事態ではないと判断したといえる。その理由は、第三次総攻撃を何とか中止させることが最優先課題であり、それが彼の事態収拾の基軸となっており、この好機を逃すわけにはいかなかったからであった。サイモンは、急ぎ二十九日午後六時の理事会開催を要請した。この背景には既に会談の模様が実際、新聞紙上に漏洩してしまったこと、彼が「各方面ノ情勢ハ益々総会対策トシテ即刻理事会開会ノ必要アルコト」を認め、日本理事に対し、「日本ノ為ニモ是非明日ニ延ハス事ナク其ノ開会ヲ希望」したことがあった。日本側は私的会合の意味を真正直に、額面どおり受け取り、英国自身による秘密漏洩が起こるとは、全く予想していなかったのであった[142]。

理事会議長ポール・ボンクールは「何等日本側ニ於テ御不便無キ事ト思考ス」[143]として案を作成したのである。つまり、会談内容は非公式で、内容的にも未だ固まっていない内密とされたにもかかわらず、英国自身によって中国代表を含む方面にリークされ、一挙に公式の場に引き出されることになったのである。[144]漏洩という罪悪感どころか、背に腹は代えられない切迫した中で見出した唯一の解決案であった。当時日本陸軍の上陸と総攻撃が予想される中、連盟の空気が如何に重苦しいものであり、英国が如何に事態収拾の光明を求めて焦燥していたかを物語っている。

理事会議長をはじめ英仏理事らは英国の通告に喜び、後述する議長案（一部修正提案）に対し讃意を表した。その骨子は、先の議長案を一部修正してほぼ原案どおり決議されたものであった。内容を要約すれば、日中両国及び租界に関係する主要列国が協調、貢献すべき提案内容は三つあり、一つ目は、「上海ニ於テ直ニ着手スヘキ商議ハ決定案作為ノ為」日中両国代表のほか、列国代表者により組織化されるべきこと、二つ目は、日本は「何等政治的或ハ領土的野心ナク又上海ニ日本租界ヲ作リ或ハ日本人ノ独占的利益ヲ進ムル等ノ企図」がないこと、三つ目は、中国は租界の安全及び保全を保障すべき協定により維持されるべきとの条件で商議に参加すべき、というものであった。また、商議は停戦に関する地方協定を経るべきであり、「協定カ直ニ提起セラレ且在上海両国外ノ列国代表ノ陸海軍武官及文官カ該協定ヲ強固ナルモノタラシムル為凡ユル援助ヲ与フヘキ」であると、理事会は確信を以て結び、最後に関係国の一致した協力を呼び掛けたのである。要するに、理事会は戦闘停止と円卓会議への確実な動きへの切っ掛けを、現実的な政策として打ち出したのである。

この連盟の空気好転の背景には、この英国理事の発言及びタイミング良く佐藤理事が、二十五日付で芳沢外相から、日中両軍の撤退と善後処置を目的にした円卓会議の場の設定のための交渉を開始するよう「覚書」として訓電[145]されていたので、各国理事に対する説得が可能となったことがあった。さらにこれに加えて「ケント」号上における非公式会談が実現したことが、大いに役立ったのであった。そしてさらに、二十九日理事会議長の提案内容が日本理事らによって「対敵行動ノ停止ハ凡テ地方的協定ニ譲ルコトトナリ居リ現ニ上海ニ於テ成立セル停戦仮協定ノ実施ヲ妨害スルモノニ非ス」[146]と考えられたこと、さらに提案内容全体は、日本の理事にとっては、それ迄接受した訓令の範囲内において受諾可能であるとの判断が働いていたのであった。また、理事会開催を翌日に控え、ジュネーブ・東京間の電報授受に時間的な余裕もなかったのであった。したがってこれらのことから、日本の理事らは政府に対する事前報告や承諾を得ることなく、二十九日の理事会開催に同意し、三月一日に、事後報告と追認の上申電を発信し、即日、受諾の回訓を得た(147)。

しかし、このような連盟の空気好転を背景に進められた二十九日の理事会決議は、先述のように、翌三月一日の日本軍による総攻撃の開始という厳しい現実に直面した。実質上、日本は連盟等をペテンに掛けたこととなり、連盟代表部は予想以上に深刻な打撃を受けたのである。直ちに、立場を失った日本代表は、急ぎ芳沢宛てに理事会の経緯と内容を報告すると同時に、大規模な攻撃の開始が「道徳的ニハ帝国ノ立場ヲ極端ニ悪化シ列国ヲ挙ケテ我ニ反抗セシムルニ至ランコトヲ恐ル」状態に至ったことを打電した(148)。

註

（1）　参謀本部編『満州事変史　第十六巻　上海付近の会戦（上）　陣地構築及追撃』（一九三三年六月。防衛研究所図書館所蔵）八三頁（以下、『満州事変史　第十六巻』）。

（2）　「蔣介石日記」一月八日（フーバー研究所図書館所蔵）（月日は一九三二年）。

（3）　混成第二十四旅団を最右翼隊、最左翼隊を海軍陸戦隊として緩やかなS字状の攻撃陣形は、最左翼の陸戦隊を回転軸とするもので、漸次反時計方向に移動させるように、攻撃前進運動することになる。

（4）　「上海事件ニ於ケル支那軍ノ行動」（前掲『満州事変史　第十六巻』）七二頁。

（5）　同右、七六～七七頁。これは「第十九路軍総司令部ニ於テハ敵情捜索ノ為便衣隊ヲ派遣シ且此等ヲ統制シテ使用活用セシム」目的から作成されたものである。

（6）　海軍軍令部編・田中宏巳・影山好一郎監修・解説『昭和六・七年事変海軍戦史　初めて公刊される満州事変・上海事変の海軍正史　第二巻（戦紀巻二　軍機）』（緑蔭書房、二〇〇一年）四八三～四八四頁（以下、『昭和六・七年事変海軍戦史　第二巻』）。

（7）　先遣の混成旅団は、海軍部隊が事前に十分な敵情把握をしていなかったことに不満をもっていた。しかし、到着した第九師団司令部が江湾鎮の頑強さをはじめとする戦場・戦局に認識不足であったことに対して、陸軍自身も事前の敵情把握ができていないことに対し、海軍部内にも不満があった［山縣正郷第一遣外艦隊司令部参謀の「第一次上海事変の所見」（一九三三年、防衛研究所図書館所蔵）］。

（8）前掲『昭和六・七年事変海軍戦史　第二巻』六九五～六九二頁。

（9）前掲『満州事変史　第十六巻』三一六～三一七頁。空閑少佐は第六十一師により二十三日に捕えられた（前掲「上海事件ニ於ケル支那軍ノ行動」一〇八頁）。今村均『続　一軍人六十年の哀歓』（芙蓉書房、一九七一年）一二九～一三一頁。豊田八千代・奈良島正三『皇国の花――上海事変美談集――』（更正社清水書房、一九三二年）。

（10）前掲『昭和六・七年事変海軍戦史　第二巻』四九六頁。小西永吉『上海事変戦記』（帝国在郷軍人会上海支部、一九三二年）三四頁。

（11）濱田峰太郎『上海事変』（上海日報社出版部、一九三二年）二三九頁。

（12）前掲『上海事変戦記』一七九～一八七頁。この記録は前掲『満州事変史　第十六巻』四三〇～四三一頁に書かれた事実関係を綴ったもので、二月二十二日払暁、歩兵第二十四連隊第一大隊の突撃前に、工兵第十八大隊第二中隊（約一〇〇人）が突撃路を開設に至った実相を綴ったものである。「然ルニ未タ鉄条網ニ達セサルニ第一組先頭ノ一等兵北川丞傷ツキ倒レ同江下武二、同作江伊之助ノ両名機《はずみ》ミヲ受ケテ共ニ転倒シ一時不成功ヲ思ハシメシカ再ヒ起ツテ刻々点火ノ機切迫セル破壊筒ヲ抱イテ敢然鉄条網ニ驀進シ遂ニ之カ挿入ニ成功ス此間一髪轟然タル爆音ト共ニ全員壮烈ナル爆死ヲ遂クルニ至レリ」と淡々と綴っており、当時は、軍神という表現も、美談としての扱いや表現もない（山室建徳『軍神――近代日本が生んだ「英雄」たちの軌跡――』（中央公論新社、中公新書、二〇〇七年）一八九～二六〇頁）。

（13）同右『上海事変戦記』二四頁。

（14）同右、二五頁。

（15）前掲『昭和六・七年事変海軍戦史　第二巻』四八九～四九〇頁。

（16）同右、四九三頁。

（17）同右、四九三～四九四頁。

（18）蔣介石にとっては世界環視の中で、政戦略的意義を有する陸軍部隊に対する統制を最重要視していた。航空部隊といえども直系の空軍以外の使用は消極的な指示命令を余儀なくされていたが、日本の第三艦隊からの集中的な航空基地撃破に対しては防衛の見地から統一的な統制がやりやすい条件が揃いつつあった。

（19）前掲『昭和六・七年事変海軍戦史　第二巻』四九四頁。

（20）同右、七四四頁。

（21）同右、七六〇頁。

（22）同右、五〇五頁。野村第三艦隊司令長官としては、陸海協同作戦の開始に先立って、中国軍の根拠地を覆滅することは喫緊事であり、無線暗号の解読・情報獲得及び飛行機偵察行動に努めた。

（23）同右、四六五～四七〇頁。

（24）同右、四八八頁。

（25）二十五日朝以来の師団の攻撃（砲兵隊、海軍飛行機を似て第一線・第二線陣地を爆撃・集中）によって予期の成果を得たものの、人員・弾薬、特に重砲弾の補充なしには戦闘が継続できなくなった（同右、四九七～四九八頁）。

（26）同右、五一三頁。

（27）同右。

(28) 同右、五一四頁。

(29) 同右、五一五頁。

(30) 第十一師団は平素から敵前上陸部隊としての訓練を重ねて来ており、今次の派遣に関して参謀総長から期待されていた。「第十一師団作戦経過ノ概要」（第十一師団司令部、昭和七年三月八日）（陸上自衛隊徳島県板野郡部隊記念館所蔵）に収録された「昭和七年」の中に、二月二十五日、厚東師団長は参謀総長官邸において訓示を受けた後、陸海軍首脳部会議において、「師団ハ積年上陸作戦ノ演練ヲ重ネ将兵一同確乎タル自信ヲ有スルニ依リ安シテ劉河鎮北方江岸ノ上陸ヲ決行セラレ度」と自信の程を紹介し、積極的に作戦に従事する決意を披瀝している。

(31) 前掲『満州事変史　第十六巻』六五五～六五六頁。二月二十四日に派遣の件が伝宣され、翌日天皇から直接白川大将に任務遂行に関する親諭（列国との協調、条約尊重、速やかな戦勝を収めよ）が下された。

(32) 前掲「上海事件ニ於ケル支那軍ノ行動」一一〇～一一一頁。

(33) 前掲『昭和六・七年事変海軍戦史　第二巻』四九八頁。

(34) 同右、四九九頁。

(35) 同右、六三九頁。

(36) 同右、七三四～七三五頁。

(37) 同右、七四〇頁。不時着した日本攻撃機の搭乗員三人を僚機（小隊長：安延多計夫大尉）が自ら不時着して救助し、「澤風」に収容された。

(38) 師団長の戦闘指揮に最も重要なことは予備隊（敵前上陸専門部隊の歩兵第二十二連隊）と重砲火力の早期補充であった。派遣参謀今村均歩兵大佐が特に重砲兵力増強を中央に打電した（前掲『続　一軍人六十年の哀歓』一二八頁）。

(39) 第十九路軍については、前掲『昭和六・七年事変海軍戦史　第二巻』六七七頁。第五軍については、竇愛芝「〝一・二八〟淞滬抗戦理応連同第五軍一道説」（「上海事変では第五軍についても記すべきである」）（『南開学報』南開大学出版社、一九八二年五月）深堀道義訳、七一～七三頁。事変勃発当時、京滬線、京杭線に配備されていた第八十七師第二六一旅の旅長以下の代表が国民党軍政当局に戦闘参加を強く要望した。張治中『張治中回顧録　上』（文史資料出版社、一九八五年）深堀道義訳、九六～九七頁。第五軍長の張治中は蒋介石に参戦を直接要請して認可を得た。

(40) 前掲『続　一軍人六十年の哀歓』一二七頁。Donald A. Jordan, *China's Trial by Fire: The Shanghai War of 1932* (Michigan: The University of Michigan Press, 2001), p.167. 一般的に海軍側の上海に関する情報は、不確かな中国人の密告者によるものであったが、海軍駐在武官北岡春雄の二月二十日から二十五日の間の重要情報（戦略的）は、蒋介石が紛争を急ぎ解決する動きに一致しており、正確であったという。犬養首相が、上海に派遣した松岡洋右と蒋介石とが話し合いをしていた時期でもあった。

(41) 日本軍にとって障害の主体は水濠及び外濠であって、陣地はほとんどその前部その直後に設けられていた。水濠は小運河または灌漑用水壕であって、その小さいものは徒歩兵の行動に障害を与えたが、大規模なものは水深が数メートルに及び徒歩兵であっても渡河材料の使用を必要としていた。水濠がない場合は、陣地の前に対戦車壕を設けていた。

（前掲「上海事件ニ於ケル支那軍ノ行動」九五〜九六頁）。
(42) 華振中・朱伯康合編『十九路軍抗日血戦史料』（神州国光社、一九三三年）深堀道義、一七二〜一七三、三六〇頁。サンケイ新聞社『蔣介石秘録 九 満州事変』（サンケイ新聞社、一九七六年）一六八頁。
(43) 仲摩照久編『上海事変の経過』（新光社、一九三二年）一二四頁。
(44) 前掲『上海事変』二二六、二五一頁。
(45) 同右、二四四頁。
(46) 中国軍は「日本陸軍トノ初手合セニ意外ノ損害ヲ受ケ第一線守備兵ニ不安ノ念ヲ懐カシメタルコト」とあり、このことは後に逐次暴露されるに至ったという（前掲「上海事件ニ於ケル支那軍ノ行動」一〇二頁）。
(47) 植田師団長は本作戦の迅速な終結を目指して、殊に砲兵火力により中国軍の制圧に配慮したといわれている。
(48) 前掲「蔣介石日記」二月二十日。
(49) 如何に軍事力不足であっても、正当防衛に対しては、一定の犠牲を払っても戦うという気概の有無が、第三国の同情を勝ち得る決め手となることを体現したといえる。
(50) 日本軍は、第一次総攻撃で多分二十日の午前中にはとれるぐらいにあっさり考えていたが、江湾鎮の陣地は実に堅固そのものであって、後から見てぞっとした程であったという。堅固なる銃眼や鉄条網、巧みに遮蔽された側防機能は決して俄作りではなかった（前掲『上海事変』二二〇頁）。
(51) 同右、二二六、二五一頁。戦闘開始後の海軍陸戦隊が被った便衣隊の強靭な抵抗のみではなく、陸軍部隊も第一次総攻撃以降、第一線の日本軍部隊が血みどろになって戦っている間、後方部隊（特に通信隊、弾薬食糧輸送の輜重兵など）は便衣隊に頗る悩まされたのであった。
(52) 前掲「蔣介石日記」二月二十三日。
(53) 「上海北岡春雄武官報告」（昭和七年二月二十二日、次官・次長宛）第二二六七番電（防衛研究所図書館所蔵）（以下、所蔵場所は省略。月日は昭和七年）。
(54) 前掲「蔣介石日記」二月二十四日。
(55) 「上海北岡春雄武官報告」（二月二十五日、次官・次長宛）機密第二五四番電。
(56) 同右（二月二十五日、次官・次長宛）機密第二五五番電。
(57) 同右（二月二十六日、次官・次長宛）機密第二五六番電。
(58) 同右（二月二十九日、次官・次長宛）機密第二六五番電。尚、佐藤在ニュー・オルリンズ領事代理から芳沢外相宛てに、在米中国人から第十九路軍に対する醵金情報が報告されている（「在留中国人の十九路軍に対する醵金について」『日本外交文書』満州事変 第二巻第二冊、第一四〇文書（外務省、一九五〇年）一四七頁）。第五章註(63)も参照。
(59) 海軍軍令部編・田中宏巳・影山好一郎監修・解説『昭和六・七年事変海軍戦史 初めて公刊される満州事変・上海事変の海軍正史 第三巻（戦紀巻三 軍機）』（緑蔭書房、二〇〇一年）一一〜一二頁（以下、『昭和六・七年事変海軍戦史 第三巻』）。
(60) 前掲『昭和六・七年事変海軍戦史 第二巻』五〇二頁。
(61) 同右、五二七〜五三七頁。
(62) 前掲「第十一師団作戦経過ノ概要」。
(63) 前掲『昭和六・七年事変海軍戦史 第二巻』五二二頁。
(64) 前掲『続 一軍人六十年の哀歓』一三四頁。
(65) 前掲『昭和六・七年事変海軍戦史 第二巻』五三四〜五

三九頁。
(66) 同右、五四四～五四五頁。
(67) 前掲『続　一軍人六十年の哀歓』一三四頁。
(68) 前掲『昭和六・七年事変海軍戦史　第二巻』五四五～五四六頁。
(69) 同右、五五一頁。
(70) 同右、五五二頁。
(71) 同右、五四九頁。
(72) 同右、五五三頁。
(73) 同右。白川陸軍大将は、昭和天皇から事変は局所的かつ極力迅速に終結せよ、と厳しく指示されたことに深く心を動かされたという。
(74) 寺崎英成・マリコ・テラサキ・ミラー編著『昭和天皇独白録』(文藝春秋、文春文庫、一九八九年)三四頁。
(75) 前掲『昭和六・七年事変海軍戦史　第二巻』五五四～五五五頁。
(76) 同右、五五五頁。
(77) 同右。
(78) 同右、六一四頁。
(79) 同右、六〇九頁。
(80) 前掲「第十一師団作戦経過ノ概要」。
(81) 前掲『昭和六・七年事変海軍戦史　第二巻』五九六～六〇〇頁。
(82) 前掲『満州事変史　第十六巻』一〇三九頁。
(83) 『費府レッジャー』(一九三二年二月九日)(榛原茂樹・柏正彦『上海事件外交史　附　満洲建国始末』(金港堂書籍、一九三二年)四〇九頁)。
(84) 『デイリー・メール』(一九三二年一月三十日)(同右、四〇四～四〇五頁)。
(85) 「英国下院におけるランズベリー議員の日本非難発言について」(前掲『日本外交文書』満州事変　第二巻　第二冊、第六十六文書)六九～七〇頁。
(86) ヘンリー・スチムソン・清沢洌訳『極東の危機』(中央公論社、一九三六年)一五七～一六〇頁。
(87) 「最後通牒発出による連盟規約第十六条の制裁適用の危険性について」(『日本外交文書』満州事変　第二巻第一冊、第一六七文書(外務省、一九五〇年)一六九頁)。「面目論による戦争開始の危険性について」(前掲『日本外交文書』満州事変　第二巻第二冊、第一一二文書)一一三頁。このときの連盟代表は、「各国理事相次テ皆之ヲ支持シ日本ハ傍聴席新聞記者満員ノ理事会ニ於テ完全ニ世界世論ノ前ニ孤立無援トナレリ」と悲惨な状況に陥った心情を伝えている。
(88) 「最後通牒期限延長不可能の事情について」(同右『日本外交文書』満州事変　第二巻第一冊、第一七〇文書)一七一頁。
(89) 「情勢危険につき大規模な増兵を時局委員会要請について」(同右、第一七六文書)一七四頁。
(90) 「撤兵要求地域外への我軍事行動の波及防止について」(同右、第一六八文書)一七〇頁。
(91) 「臨時総会への対策について」(前掲『日本外交文書』満州事変　第二巻第二冊、第一一九文書)一一八頁。
(92) 同右。
(93) 「上海事変善後対策に関し意見具申について」(同右、第一二〇文書)一二〇頁。

(94)「仏国新聞記者らの上海事変に対する反応について」（同右、第一二六文書）一三二頁。

(95)「日本軍上陸の際の租界不使用等を各国より申出について」（前掲『日本外交文書』満州事変　第二巻第一冊、第一八六文書）一八四頁。

(96)『毎日新聞』一九三二年二月二十七日。

(97) 前掲『極東の危機』一三六～一三八頁。引用本文中の「××××」は当時の検閲によりマスクされたもので、「閘北の猛烈な攻撃と侵略者に対して祖国を守らん……」である。Henry L. Stimson, *Far Eastern Crisis, - Recollections and Observations-* (New York: Harper and Brothers Publishers, 1936), p.153.

(98) 前掲『極東の危機』一五四～一五五頁。ボラー宛ての書簡において日本に対する批判の中心的な抗議といえる。九国条約と不戦条約の二つの条約は、独断的武力によらず正義と平和の手段によってすべての紛争を落着せしむる国際法であるとしている。

(99) 同右、一五三～一五六頁。

(100)「軍事参議院奉答文」（稲葉正夫・島田俊彦・小林龍夫・角田順編『太平洋戦争への道　開戦外交史　別巻　資料編』朝日新聞社、一九八八年）五五～五六頁。元海軍大将東郷平八郎以下海軍大臣財部彪、軍事参議官岡田啓介、加藤寛治、谷口尚真が連名で奉答している。

(101) 前掲『極東の危機』一四七～一四八頁。日本国際政治学会　太平洋戦争原因研究部編『太平洋戦争への道　開戦外交史　2　満州事変』（朝日新聞社、一九六二年）八七五頁。

(102) Armin Rappaport, *Henry L. Stimson and Japan, 1931-1933* (Chicago: Univercity of Chicago Press, 1963), pp.141-143. Jordan, *op. cit.*, pp.160-161.

(103) 前掲『極東の危機』一五七～一五八頁。

(104) 同右。

(105)「スチムソン米国務長官の対日態度批判の必要性について」（前掲『日本外交文書』満州事変　第二巻第二冊、第一六二文書）一六六頁。

(106)「上海事変早期解決の必要性について」（同右、第一四九文書）一五五頁。

(107)「祭文英外相日本軍増援部隊の租界外上陸を要望について」（同右、第一二九文書）一三六頁。

(108)「日中紛争に関する英国下院における討議状況について」（同右、第一四一文書）一四八頁。

(109) 原田熊雄『西園寺公と政局　第二巻』（岩波書店、一九五〇年）二二五頁。

(110)「上海事変に関する日本の態度説明について」（前掲『日本外交文書』満州事変　第二巻第一冊、第一八〇文書）一七九～一八一頁。

(111)「日本軍の上海出兵および円卓会議等に関する英外相との談話内容について」（前掲『日本外交文書』満州事変　第二巻第二冊、第一四八文書）一五三頁。

(112) 同右。

(113)「連盟総会開会前に上海の局面転回の必要性について」（同右、第一三八文書）一七九頁。

(114) 満州事変を契機に白鳥敏夫情報部長を中心に外務省革新派が形成され、事変擁護の姿勢を明らかにした。国際連盟事務総長の対日勧告案にも一貫して否定的態度をとり、連盟脱退論に同調的で各新聞社に脱退論の材料を提供したという〔戸部良一『外務省革新派――世界新秩序の影響――』(中央公論新社、中公新書、二〇一〇年)三七~四一頁。吉田茂は芳沢外相の外交の欠陥を「漫然不用意外交」と批評し、帝国主義外交の時代に沿った仁義を欠いていたという〔ジョン・ダワー著・大窪愿二訳『吉田茂とその時代』(株・ティービーエス・ブリタニカ、一九八一年)一〇一~一〇五頁〕。

(115)「総会対策のための我世論操作について」(前掲『日本外交文書』満州事変　第二巻第二冊、第一四二文書)一四八頁。要するに吉田の平常の論から観察すれば、日本は中国との関係において被害者であるという主張によって、連盟と英米列強等に対する理解と同情を集める発想を具申したのであった。

(116)「交戦継続中においても円卓会議の開催希望について」(前掲『日本外交文書』満州事変　第二巻第一冊、第一八二文書)一八二頁。

(117)「総会における上海事変の審議は黙過の方針について」(前掲『日本外交文書』満州事変　第二巻第二冊、第一四三文書)一四九頁。

(118)「総会における代表演説の作成方針について」(同右、第一五三文書)一五八頁。

(119)前掲「日本軍上陸の際の租界不使用等を各国より申出について」。

(120)同右。

(121)「米国における日貨排斥運動に関するスチムソン国務長官の談話について」(前掲『日本外交文書』満州事変　第二巻第二冊、第一五七文書)一六一頁。

(122)「円卓会議開催に関するサイモン英外相との会談について」(前掲『日本外交文書』満州事変　第二巻第一冊、第一八八文書)一八六~一八八頁。*Memorandum by Sir J. Simon (Geneva)*, Situation in the Far East 2〔*Documents on British Foreign Policy*(以下'*D.B.F.P.*'), 1919-1939, Second Series IX, No. 636, pp.675-676.

(123)前掲『昭和六・七年事変海軍戦史　第三巻』一一頁。

(124)"*Ships Logs*", 27th February,1932 (ADM53/79433). Admiral Sir William Archibald Howard Kelly, *China Station Records (1931-1932)*, Vol.LXXVIII, The Sino-Japanese Hostilities January to May, 1932, Part II (National Archive), p.1319.

(125)前掲『昭和六・七年事変海軍戦史　第三巻』一二頁。日本軍は戦闘が租界に被害を与えないよう十分配慮しているの意。

(126)重光葵『重光葵外交回想録』(毎日新聞社、一九五三年)一一三~一一四頁。英国提督ケリー海軍大将の記録の中には、自ら松岡の出席を慫慂したとは書かれていない。Kelly, *op. cit.*, p.1320.

(127)*Sir R. Vansittart to Mr. Patteson (Geneva)*, Foreign Office, February 28, 1932, 12.50 p.m. (*D.B.F.P.*, 1919-1939, Second Series IX, No.607), p.649. 英国提督ケリー海軍大将発海軍大臣宛の秘電報(一九三二年二月二十七日付)の中で野村海軍中将の会議に臨む基本的な考え方と姿勢に強い関心を抱き、好意と警戒感を表明している。

(128)前掲『昭和六・七年事変海軍戦史　第三巻』一一二~一一三頁。

(129)「英国東洋艦隊旗艦ケント号における撤兵交渉について」

(前掲『日本外交文書』満州事変　第二巻第一冊、第一九〇文書)一八九頁。

(130) 同右。

(131) 同右。

(132) 前掲『昭和六・七年事変海軍戦史　第三巻』一三頁。

(133) *Sir M. Lampson (Nanking) to Sir J. Simon* (Received February 29, 10 a.m.), Nanking, February 28, 1932 (*D.B.F.P.*, 1919-1939, Second Series IX, No.613), p.654.

(134) 前掲『昭和六・七年事変海軍戦史　第三巻』一四頁。Kelly, *op. cit.*, pp.1322-1323.

(135) 木場浩介『野村吉三郎』(野村吉三郎伝記刊行会、一九六一年)三二五頁。*The Minister in China (Johnson) to the Secretary of State.* Shanghai, March 1, 1932-11 a.m. [*Foreign Relations of United States Diplomatic Papers* (以下、*F.R.U.S.*), 1932, Vol.III], p.483. 駐華米国公使ネルソン・ジョンソンはスチムソン宛てに、この提案が中国側から行われたこと及び文書内容が「秘扱い」であると付言した。

(136) 前掲『昭和六・七年事変海軍戦史　第三巻』一三～一四頁。

(137) 同右、一四～一五頁。

(138) 「上海事変に関する理事会開催の事情について」(前掲『日本外交文書』満州事変　第二巻第一冊、第一九六文書)一九二～一九四頁。

(139) 前掲『重光葵外交回想録』一一四頁。

(140) 同右。

(141) 松岡洋右は、二月二十九日付、上海にて談話(満州・対中貿易等に関し中国、米国等に対する日本政策の優越性)を発表した旨を、中国理事が総長宛てに通告し、連盟の不評を買った〔「中国理事より松岡代議士の上海における談話を事務総長に通報について」(前掲『日本外交文書』満州事変　第二巻第二冊、第一七五文書)一七七頁〕。

(142) 前掲「上海事変に関する理事会開催の事情について」。

(143) 同右。

(144) 同右。*The Minister in Switzerland (Wilson) to the Secretary of State*, Geneva. February 29, 1932-2 p.m.; *Memorandum of Trans-Atlantic Telephone Conversation* (*F.R.U.S.*, 1932, Vol.III), p.476. ジュネーブの米国在スイス公使ウィルソンからスチムソン国務長官宛てに、その情報は英国の代表者から受領したもので、連盟理事会は大歓迎し、英国政府が最大限の支援をしたことを伝えている。また同日、上海のジョンソン米国公使からスチムソン宛ての電信によれば、彼の情報源であるハレット・アベンド記者が『ニューヨーク・タイムズ』紙に、その情報(非公式)は中国人に提示されたという(pp.473-474)。

(145) 前掲「交戦継続中においても円卓会議の開催希望について」。

(146) 「理事会議長提案受諾事情について」(前掲『日本外交文書』満州事変　第二巻第二冊、第一六七文書)一七三頁。

(147) 佐藤理事が、この時点で未だ日本政府から回答を得ていないため、正式な対応ができないと述べている。前掲『上海事件外交史　附　満洲建国始末』一四二頁に、即日回訓を得たとある。

(148) 「上海における戦闘行為自重方について」(前掲『日本外交文書』満州事変　第二巻第二冊、第一六六文書)一七〇頁。

第七章　「第Ⅳ期：事変後期」の軍事と外交

――第三次総攻撃から停戦協定の成立へ――

第一節 本章における四つの論点

一つ目は、日本側にとって、三月三日の国際連盟総会迄に、中国軍・施設を撃破して事変を終結させ、公明正大に一挙に撤兵して日本に侵略意図がないことを立証する必要があったが、そのために敢行された第三次総攻撃の実相と連盟総会に与えた影響である。

二つ目は、中国軍が総退却に至った原因と中国側の内情である。

三つ目は、停戦の交渉が著しく難航した実相とその意義である。殊に、戦勝にもかかわらず、最重要に考えた排日の抑圧・根絶が挫折し、また国際連盟脱退への兆しが見え始めるという、外交の原因を軍事との係わりにおいて明らかにすることである。

四つ目は、上海事変の対処を通じ、海軍内の条約派（穏健派）が海軍から排除される動きが顕在化し始め、満州事変の華々しい作戦展開の中にあって、目立つことなく始まった艦隊派（強硬派）による海軍暴走の兆しの実相を明らかにすることである。

第二節　日本軍の第三次総攻撃

一　白川軍司令官の上海到着と第三次総攻撃の実相

第四戦隊（第二艦隊司令長官末次信正乗艦）旗艦「妙高」に乗艦していた上海派遣軍司令官白川義則は航行中、最高指揮官としての本格的な攻撃開始命令を出すにふさわしい態勢が確認できたため、三月一日正午過ぎに租界を避けて呉淞鉄道桟橋に上陸した。(1) それは、第十一師団の上陸が成功したこと、七了口―劉河鎮間距離八、〇〇〇メートル以内に中国兵らしきものを認めずとの海軍の通報を得たこと、第九師団の新たな師団予備隊となる第二十二連隊（第十一師団より）が補充されて攻撃を開始したこと、さらに、租界を作戦根拠地に使うことの国際的非難を避けるべく、砲兵火力である野戦重砲兵第六連隊第二大隊（第十二師団より）が呉淞に上陸し、また、独立野戦重砲兵第八連隊第四中隊（近衛師団より）が上海大阪商船埠頭に到着したという、一連の作戦上のバイタルな情報が、第三次総攻撃を可能にするものであったからである。

白川軍司令官は公大第一紗廠に軍司令部を設定すると同時に、第九師団と第十一師団に作戦命令（第十一師団の上陸作戦及び両師団の相互協力と前進攻撃）を発した。

（一）　第九師団主力の第三次総攻撃の作戦態勢と戦闘

長江口に到着した第二水雷戦隊に乗艦している第二十二連隊の呉淞鉄道桟橋上陸は二月二十八日夜に、また、第四戦隊及び「木曽」に乗艦した第十一師団主力の七了口上陸は三月一日早朝であった。これら一連の部隊輸送・上陸に係わる現地上海側の護衛指揮官に、第三戦隊司令官堀悌吉海軍少将が二月二十八日に第三艦隊司令長官野村吉三郎から指名されていた。

第九師団長植田謙吉は引き続き上陸地点に最も近い呉淞支隊（歩兵一中隊基幹）に上陸部隊を援護させる一方、攻撃陣形を形成する混成第二十四旅団主力を最右翼隊として北方の中国軍を警戒しつつ西部の廟巷鎮及び田園付近を、また、右翼隊（歩兵第六旅団、歩兵第十八旅団）には金家碼頭付近を、左翼隊（歩兵第六旅団、歩兵第十九連隊基幹）には楊家沿、韓家塘、魏村橋、楊家楼付近の中国陣地を、さらに、海軍陸戦隊には最左翼隊として閘北方面の警戒を命じ、機を見て中国軍を攻撃させることにした。新たに加わった歩兵第二十二連隊（第十一師団より）の主力を師団予備隊とし、戦況により師団両連隊の中間に中央隊として組み入れた。この連隊は平素から上陸作戦に練度を上げ、この作戦に期待された部隊であった。

三月一日、ついに早朝より主として廟巷鎮・江湾鎮の間の正面において攻撃が開始された。海軍飛行機の爆撃、砲兵隊主力による攻撃準備射撃並びに突撃支援射撃に次いで午前十一時より突撃に移り、まず左翼隊方面楊家沿及び江湾鎮西側陣地の突破が成功した。この間、中国軍は虹口クリークの対岸に塹壕と前面に堅固な鉄条網を張り、有利な地形を利用して勇敢な「十字砲火」を送る態勢をとった。その射撃は、正確で強靭な抵抗を示した。[2] 歩兵第七連隊長林大八陸軍大佐の戦死という戦時美談は、この戦闘で生まれた。一方、混成旅団及び右翼隊方面もまた当面の中国陣地を攻略し、戦況は逐次有利に発展した。そして午後二時、新たに到着した野戦重砲兵第六連隊第二大隊（十五榴）は江湾南側地区に陣地を占め、主として左翼隊の戦闘に協力した。また午後四時に到着した独立野戦重砲兵第八連隊第四中隊（十加）は午後四時三十分ごろ迄に飛行隊の協力の下に戦闘に参加した。これら砲爆撃の戦果が、中国軍の継戦意思に大きな打撃を与えたのである。かくして師団は夜半迄に第一線はほぼ予定の線に進出し、その後の戦闘準備に掛かった。

（二） 第十一師団の七了口の上陸及び茜涇営、劉河鎮の占領と追撃

第十一師団長厚東篤太郎は三月一日、予め海軍関係者と協定して策定した上陸計画に基づき、午前二時に七了口泊地に投錨した。その東北部に、この戦闘における空襲を担う重要な地上基地の日本陸海軍の協同飛行場を設置した。

中国軍は河岸一帯に陣地を構築し、所々に数百人の部隊が配備されていたが、これらの部隊は実際に日本軍が上陸して来るとは考えていなかった。風波も収まり好天となっ

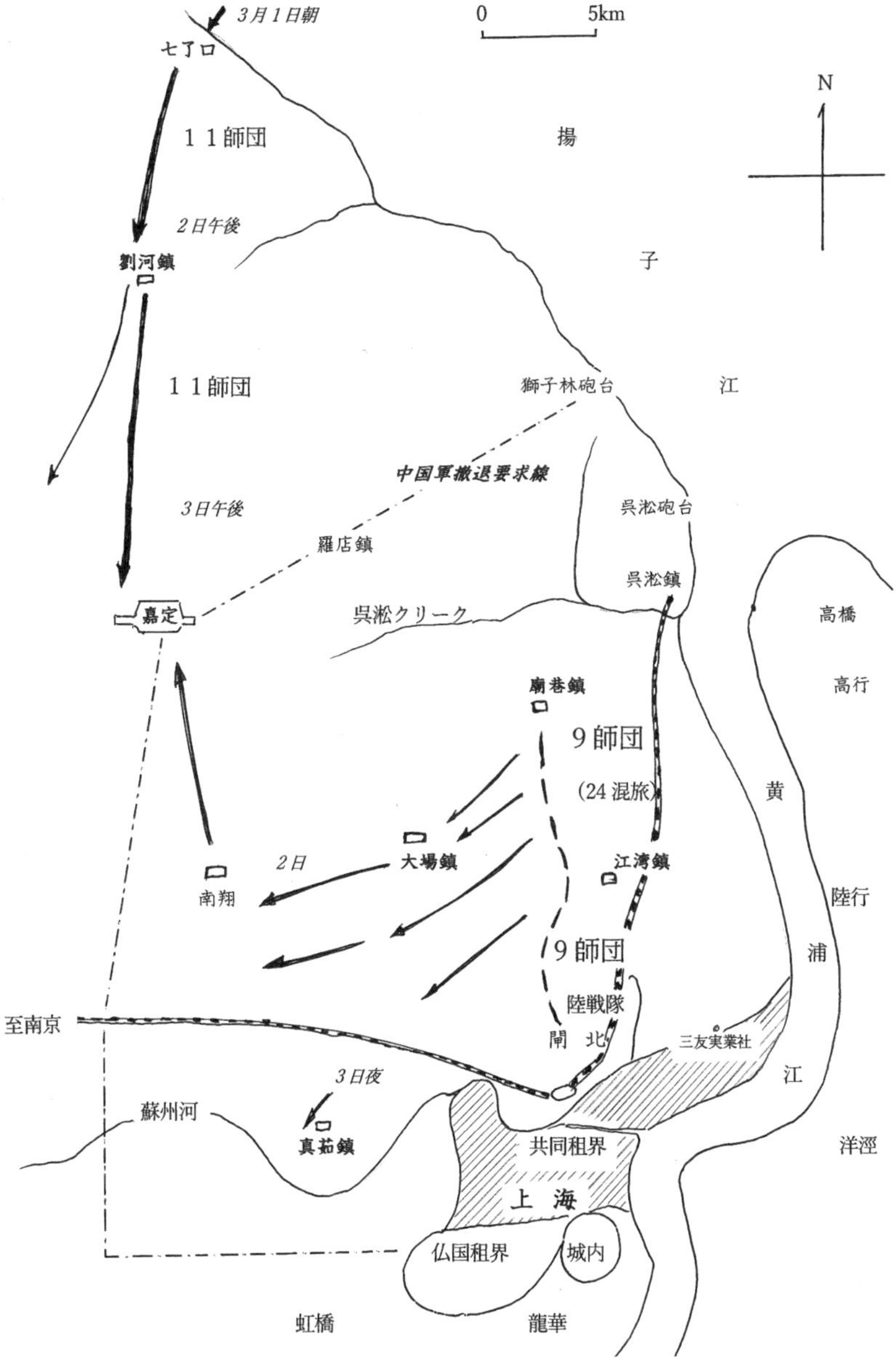

図10　第十一師団の七了口上陸と追撃作戦の経過（1932〈昭和7〉年3月1～3日）
出典：第三艦隊司令部編『昭和七年上海事変記念写真帖』（第三艦隊司令部、1932年）、上海居留民団編『昭和七年　上海事変誌』（上海居留民団、1933年5月）及び仲摩照久編『上海事変の経過』（1932年、新光社）から作成。

た。日本の第一次上陸部隊は午前四時二十分ごろ、上陸用の大小舟艇に移乗を開始し、五列の舟艇群が目標の河岸に向かって驀進中、江岸迄二〇〇メートルに達するや中国陣地から機銃、小銃が猛射され先頭舟艇が応戦した。[3] 中国軍（第十九路軍第七十八師の一部）は日本軍の上陸地点を想定して直接江岸に配備する一方、全軍の左側背を援護するため、この方面の主力部隊を中国軍茜涇営、劉河鎮付近に配備していたのであった。

「那珂」艦上で中国軍の銃火の模様を見た上陸部隊指揮官の厚東第十一師団長の希望で、堀護衛指揮官は中国防御陣地に艦砲による制圧射撃を実施し、華北から長江を横断して来援しようとする中国軍を阻止した。その結果、厚東師団長は午前八時、軍艦旗掲揚と共に、上陸開始を下令したのである。[4]

第十一師団の上陸部署は歩兵に砲兵、工兵等を加え、右翼隊を以て七了口両側に、左翼隊を以てその南方にそれぞれ上陸し、一旦江岸堤防の線を占領した。艦隊の援護射撃の下に猛烈な中国軍の砲火を冒して、同十一時に戦死者二人を除く兵員全部の揚陸を完了した。この地方は特にクリークが多く師団長以下全員徒歩で、食料、兵器弾薬等はすべて兵士が担い前進したのであった。この急襲的上陸の成功が、楊林口以北一帯の河岸にあった中国軍の退却を促し、そのため浮橋鎮付近にあった中国軍後方部隊は逆襲することができなくなったのである。この間、第一線は、正午ごろに楊林口の線を越えて劉河鎮に向け前進を開始した。「能登呂」艦載機は早朝から日没迄、上陸地点付近及び瀏河鎮、羅店鎮方面を連続偵察し、午前十時ごろ瀏河鎮方面に集中する中国軍の増援部隊を爆撃した。午後二時ごろに主力の先頭が茜涇営に達するや中国軍と衝突し、陸海軍飛行隊の協力を得て中国軍を駆逐し、午後五時ごろに同地を占領し兵力を集中した。[5]

第九師団は午後六時半、中国軍は動揺の色があり、「第十一師団ノ上陸ニ由リ左ノ如ク兵力ヲ移動」を始めたようであり、「（呉淞北方の砲台：引用者）宝山方面ヨリ羅店鎮方面へ。大場方面ヨリ羅店鎮方面へ。大場方面ヨリ南翔西方へ。羅店鎮方面ヨリ瀏河鎮方面へ」との情報を得、中国軍が西方奥地への退却の兆候を見せ始めたことを確認した。白川軍司令官は翌二日に第十一師団に劉河鎮の占領と、第九師団と共に中国軍主力を包囲攻撃する命令を下達した。[6]

三月二日に第九師団の前面の中国軍は既に退却し、第一線は午前九時三十分に追撃に移った。中国軍の損傷が大きかったことは、戦場に遺棄された「屍体のみでも少くも千八百で……、中央部でも電報を見て多分百八十の誤だらう」といったそうである、[7] ということからも分かる。第一線は正午前より独断行動を開始し、厚東第十一師団長は劉河鎮に向かい前進を命じた。

白川軍司令官は第九師団方面及び飛行機からの報告により中国軍の総退却を察知し、中国軍を南翔鎮付近の地区に捕捉することを決定した。午前十時十分、軍命令を下達し、第九師団には攻撃の継続を、第十一師団には劉河鎮の攻略と、嘉定方向への前進を命じた[8]。植田第九師団長は混成第二十四旅団（旅団長：下元熊弥陸軍少将）と歩兵第二十二連隊を以て南翔支隊を編成して追撃をし、当該地の南翔付近に停止した。第十一師団は午後四時半ごろに劉河鎮を占領し、引き続き新涇河両側地区から嘉定に向かい夜間追撃に移った。この日、陸海軍の飛行機は退却中の中国軍を攻撃し、殊に海軍機は昆山付近の鉄道橋を爆破して退路の遮断に努めた。しかし、この夜、白川軍司令官は中国軍が概ね戦場を離脱したため、捕捉の機会を逸したことを認め、両師団を以て三日、嘉定―南翔鎮―真茹鎮の線を占領した。そして以後の行動の準備を命ずる一方、一部を海軍の呉淞砲台攻略に参加協力させた[9]。懸案であった呉淞砲台攻略が達成され、上海水路の安全が確保されたのである。

三月三日、第九師団は中国軍の抵抗を受けることなく、一部が真茹鎮を、主力が南翔鎮を占領し、さらに海軍陸戦隊が閘北一帯の残敵を掃討した。また、軍命令により歩兵第二十二連隊を嘉定に向かわせて原所属に復帰させた。その後の第十一師団主力は二日夕より夜を徹して悪条件の道路を追撃前進し、夜半婁塘鎮の中国軍に対し夜間攻撃を行い、三日朝以来再び其西南方及び南方地区において陣地にいた数百人の中国軍と激戦を交えて撃退した。ここに夜半城内にある歩兵第二十二連隊との連絡が可能となり、師団主力は四日、嘉定に入城したのであった[10]。

二　過去三回の総攻撃に策応した日本軍の主要な作戦

（一）　閘北対峙戦、追撃戦

日本海軍陸戦隊が終始主役を演じたのは、もともとの持ち場であった閘北戦であった。先述のように、緒戦において苦戦に陥った陸戦隊は、死者計一一八人中の六二人（約五三パーセント）がこの二月五日迄の八日間に続出するという陸戦隊史上驚くべき犠牲を出していた[11]。二月十四日に至り、植田第九師団長の上海到着を期して、陸戦隊は作戦用兵の指揮を受ける一方、租界内の警備は従前どおり野村第三艦隊司令長官の指揮を受けることになった。閘北方面の戦線は、淞滬鉄路に沿って北方に向け陸軍の第一線と繫がる長く緩やかに形成されたS字状の線の南部（南端）に位置した。したがって陸戦隊は閘北の現態勢を維持しなければならず、戦線は常に緊張し、彼我共に猛烈な砲火を交え続けた。

海軍陸戦隊の戦闘は、作戦目的はいうに及ばず、もともと上海市の占領を目的にしておらず、また、後方機能において完結性をもった陸軍と異なり、昼間に攻撃前進し一定の地域を占領し、夜に鉄道線路以東の元の陣地に撤収する作戦形態をとった。また、陸戦隊は地理に不案内且つ少数兵力であることから、海軍飛行機で爆撃を加えて動揺したところを自前の野砲で叩くという戦法をとったのであった。対峙戦中の陸戦隊の使用した主要砲弾数は、十二糎榴弾砲約三、五〇〇発、八糎野砲約四、五〇〇発、七・五糎山砲約九、〇〇〇発であった[12]。この数を如何に見るかであるが、後述するように弾薬不足を予算上の無理を承知で急速補塡（海軍軍令部で石川信吾海軍中佐がこの事務に当たる）したのであった。

二月一日以降三月五日迄に、陸戦隊に逐次、野砲計二〇門、山砲一三門、八糎高角砲三門、十二糎榴弾砲四門、十五糎臼砲四門、十五糎榴弾砲四門が加わり[13]、破壊力は大きく、末期には著しく優勢となった。しかし便衣隊が日本側の警備区域内に活動し、後方警備部隊にも脅威となり、また中国軍の砲弾が随所に落下して死傷を生ずることがあった。

陸戦隊は第三次総攻撃の開始に先立ち、二月二十九日、閘北戦線の北端から積極的に進撃を開始し、同日中に日本人墓地、八字橋方面を奪取し、虹口クリーク左岸の中国軍陣地の全部を占領した[14]。この八字橋は、中国軍にとって江湾鎮方面に通ずる交通上の要点であり、日本陸戦隊にとって陸軍と呼応して進出する重要な戦略的な要衝でもあった。

三月一日の第三次総攻撃に、これら砲隊は陸軍に策応し、大場鎮方面の中国軍側面及び退路を砲撃し、多大の損害を与えた。そして翌三日、閘北一帯の中国軍を掃討し、陸戦隊作戦本部を北停車場に移したのである[15]。尚、この閘北対峙戦、追撃戦に関する特記事項は以下のとおりである。①急速増勢された海軍陸戦隊は上海の地理、中国軍に対する認識が不十分であったことなどが犠牲を生んだ一因にもなっている。②緒戦の一月二十九日の商務印書館の戦闘を含む戦いでは、日本側の戦死者一一人（当日参加陸戦隊員約二、七〇〇人）を出した。中国側は文化的価値の高い同印書館の破壊の責任を日本側に追及したが、それより前、中国側は同地に、兵力派遣と戦闘施設を設営していた。③「能登呂」艦載機二機が事変直前から陸戦隊及び派遣陸軍の作戦支援に当たったが、第一航空戦隊による前進飛行基地

（公大沙廠：引用者）が二月七日から爆撃を開始した。④海軍陸戦隊による敵情偵察、情報収集能力は未熟であって、「之ヲ幕僚（陸戦隊の：引用者）ノ片手間ト為スガ如キハ、到底理想的成果ヲ収ムル所以ニ非ズ」[16]と本格的な組織体制の必要性を痛感し、重要な反省事項となった。

（二）　海軍飛行隊の作戦と制空権確保

日本軍機の爆撃の物的標的は三つあった。一つ目は、呉淞砲台であり、二つ目は、中国軍及び軍事施設であり、三つ目は、近隣の中国飛行場から発進する中国機であり、蘇州、虹橋、杭州等の飛行場であった。参加兵力は、二月一日の時点で第一航空戦隊（「鳳翔」「加賀」）は攻撃機四五機、戦闘機二二機に達し、二月五日に中国軍機が上海方面に活動することを察知して以降、同地付近に基地を設置し、二月九日に上海東端の公大沙廠が完了した。海軍の全飛行機は「能登呂」艦載機（四機搭載）並びに第一航空戦隊の艦載航空機に、陸上の基地飛行隊の爆撃機及び攻撃機を加え、第九師団が上陸した二月十四日には、計三六機であった。尚、陸軍飛行機は主として師団の作戦に、海軍飛行機は主として爆撃、遠距離偵察及び防空に任ずることになり、第一次総攻撃以降の陸軍作戦に海軍飛行機は積極的に呼応した。[17]

呉淞砲台、中国軍及び軍事施設の破壊も、制空権下において、すべての作戦における機動力、破壊力の発揮があってこそ可能であった。広大な戦場における日本陸軍の数的な劣勢と戦闘地形に不慣れな弱点を、空からの威圧によってカバーする作戦を必要とし、基地飛行隊は、呉淞方面においては第一水雷戦隊と協力して砲爆撃により中国軍機銃陣地、狙撃兵屯所を破壊し、呉淞クリーク以北の中国軍に被害を与えた。

三月一日の第三次総攻撃において、海軍は陸軍に協力し、江湾鎮西方より大場鎮に至る一帯の陣地並びに追撃については南翔、嘉定、太倉方面に対し猛烈な爆撃を加えた。一部の飛行機により、閘北及び劉河鎮方面の戦闘に協力した。租界上空の飛行は、在留外国人からの中止の要請により二月十四日以降は閘北方面の爆撃を中止しており、この爆撃中止が再度中国側の便衣隊の活動を活発にさせ日本軍を悩ませた。第十一師団の七了口上陸作戦では「能登呂」及び「由良」の艦載機が劉河鎮、羅店鎮方面の中国陣地と部隊に対する反復爆撃を行い、第十一師団の劉河鎮方面の進出に協力した。[18]

最後に、上海周辺飛行場に対する爆撃は、前章にて述べたとおり、中国軍基地（真茹、蘇州、龍華、虹橋、杭州などの飛行場）[19]の爆撃を延べ一四日間敢行した。二月五日を皮切りに、二十二日（ロバート・ショート機撃墜）、二十六日の計五回にわたる空中戦で五機を撃墜し、七機を破壊した。日本軍機の損害は二月五日、二十六日の「加賀」攻撃機の不時着二機、二月五日の偵察機の墜落一機（三人戦死）、二十二日に米国人のショートと戦った攻撃機隊長小谷進海軍大尉の戦死及び重傷者一人であった(20)。

確かに、高い戦意と士気の強靱な中国軍第十九路軍との戦闘にもかかわらず、日本軍が真茹、蘇州、虹橋、杭州などの飛行場、戦場周辺の主要な戦略点（獅子林、劉河、南翔、七了口、太倉など）に打撃を与え得たのは、中国側が制空権を喪失したこと及び日本軍の重砲の砲爆撃の破壊効果の蓄積によるものであり、中国陸軍に対する南京政府の補給停滞の問題と相俟って、中国軍の継戦意思を挫き、退却を余儀なくさせたといえる。

（三） 呉淞砲台の攻略

事変初期の呉淞砲台の攻略は、先述のように、戦闘全局から見た作戦の優先度を配慮して占領作戦をとらず、砲台に対する砲爆撃を継続し、継続的な軍需物資の輸送船の安全確保を図っており、約二〇日が経過していた。

三月二日、第一水雷戦隊司令官友地十五郎は上陸作戦支援を終了後、呉淞水道偵察のため、「夕張」「水無月」を率いて午前六時七了口を発ち、水路に侵入したところ、中国兵が著しく減少し、かつ士気が沈滞していることを看破し、呉淞要塞の攻略を具申した(21)。野村第三艦隊司令長官はこの意見に基づき、翌三日に攻略の敢行を決定し、軍司令部との協議に当たり、直ちに陸海軍両部隊の編成が行われた。その背景には、陸軍側としては、先の七了口上陸に強く反対していた海軍側が作戦戦略の見地からその決定を受容してくれた経緯もあり、ここに至って呉淞攻略の決行の賛同に至り、作戦計画の作成に至った(22)。三月三日、白川軍司令官は、艦隊援護の下に中国軍の抵抗が比較的小さいと判断される呉淞砲台東南側にこれらの部隊を上陸させた。敵前上陸において、「能登呂」艦載機及び基地飛行機（延べ機数攻撃機六機、戦闘機三機）による爆撃の後、午前六時半「金陵丸」「宜陽丸」（第一水雷戦隊の陸戦隊乗艦）は第二錨地を発進し、友隊の援護射撃下に「皐月」「水無月」の誘導の下に進撃した。また、右翼に進出した陸戦隊主力の第二中隊が午前八時に呉淞砲台を占領した。かくして、上陸部隊は上陸を全部終了し、陸軍部隊は呉淞鎮方面に、上海陸戦隊第七大隊は中間地区に進撃し、いずれも完全に呉淞地域を占領したのである。その中国軍は、三月一日午後九時の時点で、「左翼軍ノ撤退命令（旅命令）」に接し、嘉定、太倉の線に退却したのであった。

（四）便衣隊の掃討と自警団

事変の全期にわたって日本軍は、便衣隊に悩まされた。便衣隊とは戦地において平服を着て敵の占領地に潜入し、敵情偵察や後方撹乱をなす部隊等のことをいう。部隊等というのは、個人レベルと組織レベルの行動が存在したという意味である。交戦法が認める交戦者は、三つある。[23]一つは、正規兵、二つは、民兵・義勇兵団（但し指揮者の存在、視認可能な特殊徽章の装着、公然たる兵器の携帯、戦争法規慣例の遵守）、三つは、民衆軍（条件は民兵・義勇兵団に同じ）であるので、便衣隊は交戦法違反である。拳銃・弾薬その他の軽便兵器を隠蔽して敵地に入り込み、調査、諜報、宣伝、暗殺、放火、重要物の破壊等の裏面手段を施し、終始自軍に連絡しつつ敵の不利を図るのである。日清・日露戦争においても日本軍は便衣隊に撹乱された経験をしていたが、今回程深刻且つ執拗に被害を蒙ったことは日本海軍としては初めてであった。

海軍陸戦隊の主な作戦行動は、攻撃にとって頗る不便な市街戦と悩ましい便衣隊の捜索であり、苦戦を強いられた。下元混成第二十四旅団長及び植田第九師団長が指揮下の部隊に対し、原隊出発時に行った訓示（二月六日、二月十八日）の一節に、便衣隊の存在と後方撹乱に十分に警戒せよと戒めており、海軍陸戦隊の苦渋の体験と教訓が生かされていた。[24]

閘北戦における便衣隊は、日本の警備区域内に深く潜入して随所に陸戦隊を射撃するのみならず、放火し、在留邦人に危害を加え、民心を動揺させた。陸戦隊の進路の両側の家屋に隠れて陸戦隊に方向不明、不意な射撃を浴びせ、撹乱させ、兵力分散を画策した。そして〝日本人はすべて鏖殺《おうさつ》する〟ことを目的に掲げる場合もあった。軍事衝突の一月二十九日以降の三日間は、「能登呂」艦載機の空襲用の砲弾の多くが不発であったため、便衣隊の活動が活発となり、前面の強固な陣地と策応して陸戦隊の進軍を遅滞させ、常時二個大隊に相当する部隊を警備区内に常置させなければならない程の深刻な事態となった。この期間は、英米両国総領事の斡旋により停戦を守るべき期間であったところに注意を要する。終夜銃声が絶えず、一時、閘北戦場の便衣隊の数は千数百人といわれたが、陸戦隊の増強もあり、二月三日ごろより激減し、その後は毎日銃声は二、三発程度となったのである。[25]陸戦隊の占拠区域内の警備統制、各部との協調を図る目的から、日本人倶楽部に上海海軍特別陸戦隊後方警備司令部が第一次総攻撃直前の二月十九日に設置された。この結果、日本側の内外人の各方面より中国側の情報をもたらす者が続出し、陸戦隊の作戦に有効な情報を提供し続けた[26]。

これら便衣隊は、個々に散在し概して集団能力はなかったが、第十九路軍の兵士が加わり、あるいは第十九路軍の命令によるケースがあった。殊に二月十九日の第七十八師第一団長の命令書の中には「陣地占領部隊ハ土人ノ衣服ヲ借リ便衣偵察ヲ為スヲ有利トス」として「便衣探偵隊」を設け、三個班、各班三組、各組三人として敵情偵察、捜索に関する条例を定めて「当地駐軍長官」に報告を義務付けた。第五軍は便衣隊の活動を容易にするため識別徽章を規定し、第十九路軍もこれに倣った[27]。便衣隊は発見ないし逮捕されれば、その多くは日本軍ないし在郷軍人会の自警団によって射殺されたが[28]、彼らに関する各種の情報、報告及び処置等は兵力分割と共に陸戦隊の作戦指導に大きな影響を与えた。

便衣隊は四種が存在した。一つ目は、教育訓練が行き届いた正規兵であり、少数ながら不法に戦闘員たる身分を隠し相手に相当の混乱を与える。二つ目は、抗日を信奉し且つ共産主義思想より来る打倒帝国主義の信念が堅く、最も勇敢且つ決死的な性格をもつもの。三つ目は、愛国抗日の一時的義憤により義勇軍、抗日会等から派遣された者で数的に最大であった。これらは自発的なもので、無頼漢の首領らが排日団または軍隊より給料を得て請負的に行動するもの（当時これを「請負便衣隊」といった）であった。四つ目は、虹口付近居住の広東出身市民にして自ら義憤を覚えて邦人を悩ますものであった。請負便衣隊には、苦力の多数を使役して日本人を刺殺した者には五ドルの賞金を与えるといったケースがあった。ガウンの下に隠しもった武器を携え、苦力を装った。建造物が密集し、人口が多い地域での戦闘が難しいということは、中国側にとって便衣隊の使用を容易且つ頻繁にさせた。青帮が関与したという見方があるが[29]、この秘密結社の首領は親日派（日本とうまく付き合った）と見られた杜月笙で、彼は全面否定したという[30]。

さらに特異な例であるが、便衣隊の戦法の一つに日本軍と米国との衝突を惹起させ、その干渉の力を以て日本軍の行動を掣肘しようとするケースがあった。一月三十日早朝、陸戦隊員が巡邏中に米国監督教会経営に属している東呉中学校の校舎から射撃を受け、陸戦隊による応戦と突入後に、そこは青年義勇軍の本拠となっていたことが判明した。当時の米国宣教師の本国教会に対する報告が、日本バッシングに偏っていた事実と相通ずるものがある[31]。また、米国旗を掲げた家屋から射撃しているのが度々見受けられており、中国軍の統率の下に日米関係を混乱させる意図で行われていると見なされた。日米関係を見るうえで、注目せざるを得ない一面である。

ここで、これら便衣隊に対峙した邦人側の対応に触れなければならない。長期の排日、抗日によって激昂動揺する在留邦人は、さらに便衣隊に対する不安のために益々平静さを失い、ついに恐慌状態になった。夜間にも目立つ陸戦隊の白脚絆が黒く染められたのも、このころからであった。[32]流言は頻々としてとどまるところなく、対敵憎悪の復讐心が生まれ、ここに在留邦人は自らの生命を自衛するために「所謂義勇隊ヲ募ツテコレヲ武装セシメ腕章ニヨツテ区別セル平服」を着せた自警団を作ったのであった。[33]寡兵の陸戦隊の手薄となった後方警備の補足ともいえ、各町内会を中心に組織された。尚、上海居留民団編の『上海事変誌』によれば、事変勃発直前の一月二十八日午前十時に在郷軍人会上海支部は時局重大につき非常呼集を行い、日本人倶楽部に集合し、海軍警備力の手薄な地域の警備に当たり、物資輸送、陸戦隊通訳等に当たると共に、事変勃発後、陸戦隊から土嚢の作製、道案内、通訳、便衣隊捜索等に人員派遣を要請され、数日間継続従事したことが記されている。陸戦隊員と居留民団の自警団員の手で、上海の日本警備区域内には毎日、毎夜峻厳な「便衣隊狩り」が行われた。しかし、自警団員の中には、必要な軍事的教育訓練を受けていなかったり、町内会長らの役員が事変と共に事務の引き継ぎもせず、いち早く避難した事例等があったり、任務に対する正確な認識を欠いた彼らの行動は次第に常軌を逸し、便衣隊以外の中国人も惨殺するという不祥事故を起こす傾向を生じたのである。また、陸戦隊にあっても居留民の言を信じて過った処分を行う者を生じた。これらの事実は、国際連盟上海調査委員会が第二回報告書の中で、便衣隊の射撃、放火の存在を認めたうえで、それに対抗する日本側に対し、「過当ノ行為―正式ノ手続ヲ経ザル処刑サヘモーガ、海兵（陸戦隊：引用者）、義勇隊、暴徒等ニヨツテ行ハレタ。殊ニ暴徒ハ何等公ノ立場ヲ持ツテ居ナイニモ拘ラズ、以前ノ排日行動ニ対シ支那人ニ復讐スルト云フ精神丈ケデ恐ラク此ノ行為ヲナシタモノト思ハレル。」とし、「恐怖時代ガ現出」したと記している。[34]中国人多数に対する捕縛、殺害の証跡を突き止めることができなかったので、工部局は領事団に対して調査のために日本当局に交渉することを要求した。事例約三〇〇件の詳細な事実が収集された。

一月三十日午後に佐世保から第三特別陸戦隊が増強されたことにより、陸戦隊指揮官鮫島具重は、以後、自警団等の軍部の補助をなす者は後方勤務に当たるべく、直接行動は一切厳禁すると発表し、さらに翌日午前零時に自警団を撤退させたのである。そのときの第一遣外艦隊司令官塩沢幸一海軍少将の命令[35]は、「一、不逞ノ徒ノ訊問ハ、成ルベク領事館・警察官ニ一任スルコト。二、誰何・立番等ハ軍隊自身ニテ行フコト。通訳ハ司令部ニテ指定シタルモノヲ使用スルコト。三、一般市民ノ凶器ヲ携ヘ往来・集団スルヲ禁ズ。四、捕虜トナリタルモノニ対シテハ、乱暴ナル取扱ヲ為サザルコト」であった。

尚、実際は解散後も統制不十分なため不必要な時期迄存続していたため、外国人から「日本便衣隊」という非難を浴びた。後方勤務に多大の援助をなした在郷軍人と陸戦隊員との間に、感情の疎隔が生じたのである。二月一日第一遣外艦隊は参謀の名を以て「協力尽瘁」するよう各所轄長宛てに注意を促し、二月九日第三艦隊命令を以て、捕縛した便衣隊の処分法を憲兵隊ないし工部局警察に依拠する方針に改訂した。[36]便衣隊への対処のノウハウは、苦労しただけ日本陸戦隊が列国中一番その蓄積を有していたが、その反面、悪質な日本人も上海に集まったのである。上海事変が勃発する直前（一月十二日）に起こった青島事件において、居留民の中に過激で悪質なボス的人物がいて、青島事件後、一部の者は青島では望みのないことを悟っていち早く上海に逃れ、間もなく所謂上海事件を引き起こす主役を演じたといわれている。[37]また、「平常時に於ては常に大言壮語を事とし、自己の権益を頑強に主張しながら、一旦事変に臨めば、老人幼女子を避難せしむべき避難船に先を争うて乗船し、……、海外第一線の死守に当るべき在留民としての義務を回避し、……、狂奔寧日なきが如き輩が相当にあつた。」と居留民は嘆息し、「堂々たる日本男子にして此事あるは詢に顰蹙に堪えない所」[38]と、当時中国に往来した日本人の質の劣悪さを怒っている。

第三節　全戦局を通じて観察された中国軍の強靭な抵抗及び総退却の背景と理由

一　中国軍が示した強靭な抵抗力の背景と理由

蔣介石の第五軍を指揮下に収めた第十九路軍は、往年の国内軍閥と異なり中国の歴史上驚く程頑強に日本軍に抵抗した。具体的には射撃が巧妙であり、殊に防御陣地の構造の多くは最新式の型に則っており、到底他の中国軍の類ではないと観測されていた。したがって第十九路軍には、外国人将校が参与しているのではないかと風説が流れていたのであった。上海事変直前に中国国民政府の軍事顧問職にあった独国将校は少なくとも一〇人いたが、二月十六日の「*The North China Daily News*」にメーレンホッフ（Moellenhof）中佐は、独国教官は国際法に準拠し顧問としても指揮者としても参与した事実は一切ないと明言した。(39) 一九二〇年代から三〇年代にかけて独国は、中国資源（タングステンなどの希少鉱産物）と市場確保という国内事情（再軍備）から国民政府への兵器輸出と軍事顧問団の派遣を国益としていた。(40)

第十九路軍が、頑強に抵抗して日本軍を悩ました理由は、大きく、以下の四つにまとめることができる。

一つ目は、第十九路軍の将卒の性格である。第三章において述べた如く、幹部以下一兵卒に至る迄、大半が広東人の「客家」といわれ、その戦闘力は鉄のように強固であったので民衆から「鉄軍」と称された。(41) 満州事変の失地回復意識、上海の日本軍の侵入という一連の事実が、彼らの愛国心を強く刺激した。(42) 鉄軍と称される所以のものは、客家族特有の風俗習慣によるもので、夷狄の侵略に対する民族意識と闘争力を具備していること、命令によく服従し集団的活動に訓練されていること、高い犠牲的精神、強大な戦闘力を具備していること、陳銘枢の教育による人格高尚団結力に富む等といわれた[43]。一方、日本軍の同軍に対する観察によれば、「孫科、陳友仁等広東派の首領が南京政府乗取りに成功した際、この十九路軍は終始孫、陳の武力的バックをなしたものである然るに其後、孫、陳等は南京政府を持ち切れず、再び同政府を蔣介石に開け渡して、上海に引揚げ、爾来蔣介石いぢめの目的で盛んに対日絶交を唱へてゐたものであつて、勢ひ十九路軍は南京政府の統制に服するものではない[44]」のであり、現政府に服さぬ無節操ではあるが、それだけに独自の愛国の情に燃えた軍隊であると認識するに至った。また、従来の国内戦の戦勝の自負と日本軍に接したことのない侮蔑観念があり、日清・日露戦争も、また日本軍も知らず軍閥と同程度にしか思っていなかった[45]という。

二つ目は、上海戦線の中国軍の軍事行動を勇気付ける環境が、醸成されたことである。上海の新興土着ブルジョアジーの一部が、中国青年・大衆の急進分子を巧みに操って、抑圧されていた紡績をはじめとする諸企業の復興を企図し、往年の排日・排日貨を国民運動に拡大した。また、主要な銀行財閥ブルジョアジーをはじめ、財界、実業界、新聞界の有力人物によるボイコット[46]が中国軍に勇気を与えた。

三つ目は、定量的な評価は難しいが、共産党の先行的策謀も少なからず影響していた。共産党は上海戦に乗じて長江一帯を赤化しようと、陰に第十九路軍を鼓吹して禍乱の拡大を図ろうとしていた。第四章において述べた如く、第十九路軍将校の役割を欺瞞としつつ、民族革命戦争の指導権取得を任務としていた[47]。共産党はソビエト区の拡大に主力を注ぎ、第十九路軍の檜舞台に表立って登場するに至らなかったが、中国国民には共産党の働きが、上海戦において中国のために支援するものと受け止められた。共産党の隠然たる力が否定される環境ではなかったのである。

最後の四つ目は、四つの条件を具備していたことである。それは、①狙撃兵にとって人々が密集して住む農村や村落、市街において、建物がお互いにくっつき合っている中国の地形では、その狙撃効果が大きかったのである。閘北と江湾、呉淞の前線の日本軍の損害に占めるその比率は大きかった。狙撃はソ連軍事顧問団から習得した技術であり、日本軍の軍事操典に宿る正統的、善良な紋切り型の精神を困惑させた。②日本軍が戦線の後方にいる限り中国軍の砲弾はほとんど届かず、その大部分が不発であったが、迫撃砲と機関銃においては、第十九路軍も第五軍も共にその使い方が卓抜していた。③頑強な地形（クリーク）と塹壕の存在[48]であり、これが中国軍の迫撃砲、機関銃の効果を大きくした。減水期で舟が通れず、折角の日本の戦車もしばしば立ち往生し、騎馬は馬を乗り捨てて徒歩で斥候の役目を果たさなければならなかった。日本側からいえば、この「困難無類な地形」を形成している水路の偵察、道路の補修、橋梁の架設等に迅速に対応する必要があり、これら交通、補給を比較的に容易にしたのは工兵中隊、殊に船舶工兵中隊の死力を尽くしての働きであった。④便衣隊の神出鬼没の戦術が、先述のように日本軍を撹乱した。特に狙撃兵と便衣隊の跳梁が日本軍に恐怖を与え、その反動としての報復措置を刺激した。尚、中国軍の強靭さは、とにかく母国中国本土に敵軍の日本軍が乗り込んで武力行使しているという本土防衛の国際的な正統性の強みと、逆に、相手国に踏み込んでいる日本側は、最も基本となる情報収集及び分析の甘さ、対中蔑視があり、中国側の裏返しの弱点を抱え込んでいることを説明しておきたい。

二　中国軍の撤退の背景、実相とその理由

三月一日の午後五時に日本軍による猛烈な砲爆撃下に中国軍は、総退却を決意し、九時に行動を開始したが、実質はその前から退却は始まっていた。閘北方面の第六十師、廟巷鎮、江湾鎮方面の第七十八師、第八十八師は鉄道及び蘇州河を利用して南翔鎮、昆山方面に退却した。二日の早朝、「戦線ヲ後退シ戦略ヲ変更セル」[49]旨を宣布して数万の大軍の退却移動をほぼ終わった。各方面共退却部隊で混乱し、避難する地方住民は右往左往し、上海―蘇州間の地区一帯は大混乱に陥った。

三月二日、第十九路軍司令部は黄渡に撤退、移駐した。部隊は上海付近より退却し、一部は嘉定、羅店鎮方面に移動した。劉河付近警備兵の退却も始まっていたのであった。在上海英国艦隊司令長官ハワード・ケリー海軍大将は、当日、中国軍の総退却の兆候を認め、正午迄には現実のものになったと確証したという。[50]三月五日の『申報』社説は、国民党を「単独救国ノ能力ナシ速ニ一党専制ヲ取消シ政治ヲ公開セヨ」「人民ヲシテ政治ニ干与セシメ倶ニ国難ニ赴クノ機会ヲ与フベシ」と蒋介石を罵倒していた。[51]また、同日、「南京路方面租界内目抜ノ街」の中国商店の大部分は虚報に惑わされ、国旗を掲揚し自国側の戦勝を祝っていた。[52]その反面、南市方面は鉄道線路の破壊に怯えていたのである。

中国軍の総退却の理由は、大きく捉えて四つあるといえる。

一つ目は、作戦戦略面において第十一師団の七了口上陸が成功し、中国軍の側背を突き、第九師団の正面攻撃との挟撃の態勢となり、退却を強いられたことである。

二つ目は、第十九路軍は「前線各師は死傷者多数、生き

残った者もまた昼夜休みなきため疲労困憊し」「前に強敵あるが後ろに援兵なし」で、継戦能力に限界を感じていた。[53] 日本陸軍は、中国軍の鹵獲兵器は、時として相当優秀なものを所有しているが、耐用命数及び精度を害するものが多いこと、また弾薬補充は不足し、殊に口径が異なる実包を使用している疑いがあり、威力を減殺していると観察していた。火砲は日本の三八式野砲並びに四一式山砲及び、重・軽迫撃砲を主とし、十二糎及び十五糎榴弾砲等は四十余門に過ぎなかったという。第一線歩兵でこれを巧みに隠蔽配置し、至近距離の日本軍歩兵に対して集中的に使用し、夜間急襲的に高等司令部を射撃することにとどまったといえる。[54]

制海権、制空権が日本軍によって掌握されており、中国軍にとっての被害の最大のものは日本軍の飛行機によるものであり、抗戦意思を低める効果があった。日本軍の観察によれば、中国軍の空軍の稼動可能なものは飛行機総数一〇〇機足らずであり、虹橋飛行場のほか蘇州、南翔鎮、龍華鎮付近に着陸場を有し、それも漸次破壊されたという。[55]

三つ目は、中国の内在的問題が二つあったといえる。

その一つは、補給途絶が大きな敗戦原因になったことである。蔣介石は、第十九路軍が徹底抗戦を断行して以来、国民世論、関係列国の同軍に対する好意的観察に、ある程度同調を示し、兵器弾薬、兵員の補給を行ったものの、掃共を最優先する以上、一定の幅内にこれをとどめなければならないと考えた。蔣は、日本軍の第一次総攻撃前の二月十五日、「最近屢各軍長より軍費はまだ届かない、糧食を保持する方法がない」との接受電に、財政不足を嘆く一方、共産匪が贛城を攻め、急を要する事態に陥っているため、朱紹良総指揮に速やかに救援部隊を送るよう指示した。十六日には、江西と河南は完全に補給が立たれているので、南昌へ一千万元、鄭州へ二千万元の中央銀行の紙幣を送るように指示した。[56] 苦境の財政の中で、上海事変の対応に加え、紅軍対処のための兵力・資金の配分が欠かせない事態にあったことを意味している。

一方、上海の第十九路軍は自ら「我軍後援部隊が到着しないため、孤軍堅持を続けたが、実際すでに力尽きて苦境に陥っていたのである」といっており、蔣介石の非直系軍である第十九路軍に対する補給の欠如は著しい不満を招いたのである。[57] かくして、蔣にしてみれば第十九路軍、第五軍という、出自・立脚点は異なっても、両軍の熱烈な愛国の意識に燃えた抵抗戦は予想外であり、正直のところ迷惑であった。しかし、中国上海市民のナショナリズムと徹底抗戦の機運が高揚し、第十九路軍に対する熱狂的な応援合唱が奏せられるにつれ、蔣は如何に本音をカムフラージュし、如何に愛国軍を自ら支援している如く演出するか、要するに事変を如何に乗り越えるかを内外から問われたのであった。

一方、両軍にしてみれば、満州占領の悲劇を招いた東北軍に対する反発と、今次の上海事変での日本の理不尽な武力発動に対する敵対感情が高まっている現環境の到来こそ、それぞれ自軍の存在を示す好機でもあると考えられたのである。しかし、蔣としてはこれら軍の行動が「一面抵抗、一面交渉」の枠から外れ、国家的な徹底抗戦に発展することは何としても回避すべきと考えた。広東系の第十九路軍はもとより自己の直系である第五軍に対しても、公平さを印象付けるためにも、水面下で武器・弾薬、給料及び援軍は不十分なものにし、ブレーキを掛けたのである。尚、中国海軍は第十九路軍からの艦砲の借用の要請にも応じず、蔣の不抵抗主義を厳守したのであった。それ故に、第十九路軍は独自に日本海軍に対し希有な作戦で抵抗している。それは、海軍武官北岡春雄の報告[58]によれば、第十九路軍はいずれからか露国製機雷を入手し、三月一日に「出雲」「大井」付近で爆発させたのであった。

内在的問題の二つ目は、日本軍の第二次派遣部隊で停戦後に上海に上陸し、戦列に加わることがなかった第十四師団参謀部が作成した「十九路軍俘虜訊問記録」が重要な状況として伝えていることである。もちろん、この記録すべてを信頼することができないにしても、無視できない内容をもっている。この記録の中で、かつて三友実業社の職工であったといい、今次の戦闘で日本軍に「収服（投降し日本軍の雑役に使って貰う意味）」を求めた安徽省出身の二十七歳の俘虜は、訊問に答え以下のように軍の内情を暴いている。それは、街角等において若者が強制徴兵法「拉夫」によって入団させられており、戦場を移動して塹壕掘りばかりで疲労困憊していること、「飯カ粗悪テ而モ足リナイ」、給料は連長らが懐し、「昼モ夜モ打チ続ケテ働カセ我々カ少シテモ休ムト……虐待スル」こと、逃亡は銃殺され、逃げ得ても見つかれば必ず「拉夫」となること等を答えている。一方、日本軍に対する彼の認識は、「日本軍ハ金モ糧食モ沢山アリ」「投降スレハ虐待サレス」「（日本軍が：引用者）支那人ヲ使役スレハ金モクレル飯モ呉レル」という理由から本人を含む二四人が投降したという。生存のために日本に擦り寄った意識がないとはいえない迄も、孫文の三民主義、第十九路軍と蔣介石の相剋、共産主義の矛盾等に関する回答の内容から察すれば、ある一定の教育水準と常識的な感性をもった一中国人の俘虜であることが分かる。

日本側の総攻撃に全力で対決する第十九路軍の兵士の維持管理の窮状と破局的な側面が、士気低下と総退却に影響していたことは否めない[59]。

総退却理由の四つ目は、中国側が日本側の画策による誤情報を信じたことである。三月二日の参謀本部編「満州事変機密作戦日誌」は中国軍退却の原因の一つとして、「二十九日未明上陸セル第二十二連隊及第九師団補充兵ノ到着ヲ利用シテ田中隆吉少佐カ川島芳子ヲシテセシメタル第十四師団全力到着トノ宣伝亦其ノ一因タルヲ失ハス[60]」と記している。第五軍長の張治中は「(二十八日には：引用者) 情報によれば敵 (日本：引用者) の援軍は一斉に到着したようである。上海にある敵軍は合わせると、第一、第八、第九、第一一、第一四の各師団及び第一二混成旅団と陸戦隊の残部」との認識を軍政部長何応欽に打電したことがこれを物語っている[61]。第八十八師長兪済時は、継戦は徒らに犠牲を招き、補給もなく第二防衛線に撤退して反攻を待つと考えたと回想している[62]。

このように中国軍は自ら撤退の要因を認めてはいるものの、その撤退は戦略上の退却であり、「実力保存上全然計画的行為ニシテ最後ノ攻勢移転ヲ準備センカ為ナリ[63]」と士気を鼓舞し、国民は目前の現象により悲観するなと警告の姿勢を示した。蔣介石の補給の途絶を機に、それ以上の奮戦による自滅を防ぎ、退却したことが分かる。

第四節　戦闘中止声明の発出と日本側の事変指導の問題

第三艦隊司令長官野村吉三郎は、中国側が二十九日午後に英提督ハワード・ケリー海軍大将に提出した五項目案に関する対応について、現地の陸海軍及び外務当局と協議した。その結果、同時撤退に不同意であった陸軍側は、国際連盟が五項目案に基づき即時停戦のような決議をしないよう回答案文の作成を急いだ。総攻撃の真最中のことである午後九時に、海軍次官左近司政三及び外相芳沢謙吉から中央の方針である「現地停戦交渉に対する方針(64)」に関する電文が届いた。それは、二十八日非公式会談の結果に対する陸海軍中央部の協議結果であった。先の二十日に駐華公使重光葵が行った請訓（戦闘行為の中止に際し、同時撤退と日本軍の行動範囲の自粛（二〇キロメートル以遠に進出しない））に対する回訓の意味を併せもつものともいえた。しかし時既に遅く、同時撤退のイメージを国際連盟及び米国に定着させてしまっていた。回訓の内容は、陸海軍の強い意向を反映したものであり、重光の考えとは全く異にしたものであった。それは次の四項目から成り、以後の交渉の難航を予想させるものであった。

一つ目は、戦闘行為の中止は、「支那軍ヲ上海付近ヨリ一定距離（現地ニ於テ協定ス）撤退スルコトヲ保障スル」場合に限って、日本は一定期間（現地ニ於テ協定ス）中止するものであり、その細目は「日支出先軍憲ニ於テ協定」するというものであった。

二つ目は、停戦後上海に利害を有する列国代表者から成る円卓会議を開き、「両国軍隊ノ離隔並上海付近ノ平静維持」の具体策を協定することであった。

三つ目は、両軍の離隔のためには「先ツ支那側（便衣隊ヲ含ム）ヲシテ撤退ヲ実行セシメ之ヲ確認シタル後日本軍ハ先ツ概ネ上海呉淞付近ノ地区ニ撤収シ次テ事態ノ平静トナルニ伴ヒ逐次上海付近我陸兵ヲ支那領土外ニ撤去」するというものであった。

最後の四つ目は、「何レカ一方カ停戦条件ニ背反セル場合他ノ一方ハ戦闘再開ノ権利ヲ有ス停戦期間終了スル場合亦同シ」であった。

このように、細目は「日支出先軍憲ニ於テ協定」に期待し、それに基礎を置くものの、中国軍から先に撤退させるという基本的枠組みを厳しく被せたものであり、現地には自由裁量の余地がほとんどないものであった。戦勝者の発言権の強さに確証をもっていたことを示している。

一方、同一日の午後、軍司令官白川義則は「上海西方地区ニ於ケル軍会戦後ノ行動」の要領を陸軍中央部から指示された(65)。この方針は、以後の日本側の停戦協定及び円卓会議に関する基本となったのである。

要領

一、軍ハ速ニ敵主力ニ大打撃ヲ与ヘタル後、茲ニ所要ノ声明ヲ発シ、先ヅ其ノ主力ヲ一時蘇州河以北撤退要求地域（瀏河鎮方面ヲ含ム）内ニ撤収集結ス、而シテ停戦受諾ニ至ル間、成シ得ル限リ同地域内ノ敵防御設備ヲ壊滅スルニ努ム。呉淞砲台及獅子林砲台ノ敵ニ対シテハ此ノ間速ニ降伏ヲ勧告シ、且少クモ砲撃及爆撃ニ依リ其ノ施設ヲ破壊スルニ努ム。

二、停戦受諾後軍ハ外交交渉ノ成果ニ伴ヒ、成ルベク速ニ其ノ兵力ヲ宝山県・呉淞・江湾鎮ノ地区並ニ瀏河鎮付近ニ集結ス。

この二つの項目が意味するものは、日本軍は一挙に大打撃を与え、中国軍の集結地・戦略要地・施設の破壊を行った後、さっと引くのを企図していたことである。それは、事変勃発の直前に海軍陸戦隊ができなかった中国軍の敵対施設の撤去と軍の撤退を今次の大規模な作戦を以て強要し、その完成のうえに、一挙に戦場から撤退の姿勢を示すことによって、これ以上の国際的な対日印象の悪化を防ぐ意味を併せもっていた。さらに停戦受諾後の日本軍の集結地を戦略的要地の呉淞、江湾鎮、瀏河鎮とすることによって中国軍の再進出の根を絶ち、対中警備体制の構築に備えたのである。

二日午前、第三艦隊参謀長嶋田繁太郎は重光公使、松岡洋右、第九師団参謀長田代皖一郎と打ち合わせを行い、嶋田からケリーに手渡す文面を作成した。それは先の二十九日の中国側の五項目提案は、二十八日非公式会談の結果と相違しているため不同意であるということと、重光が未入手の日本政府の回訓の確定案を得次第、ケリーに通知するというものであった(66)。午後九時、「休戦会議ノ件、英長官ヨリ頻ニ催促」があったため、野村は直ちに松岡を同道して英国旗艦を訪問し、前日入手した回訓の停戦条件案をケリーに手交した。

野村、松岡及び重光は共に、前回の仮約束とは異なった回訓内容が事態の進展と大きくかけ離れており、不本意であったことに違いない。日本側の意向は、上海付近の治安回復にあり、そのためには中国側が「同時一切ノ反日運動ノ終息ヲ見ルコト肝要」であって、一月二十八日の上海市長呉鉄城から上海総領事村井倉松に対して既に約束した所を守ること、また、停戦の協議開始に当たっては、「一切ノ反日運動ノ有効確実ナル禁止」を実行することにあり、これらを野村は強く要求して先の日本側の四項目を提示した。総攻撃の最中に、ケリーは中国側と会見して、両軍責任者を英国旗艦に招くことを仮約束し[67]、戦闘行為停止に関する「日支正式会見」が、三日に、駐華英国公使マイルズ・ランプソンの同席のうえ、開催された[68]。

図 11　停戦問題の会議（1932〈昭和 7〉年 3 月）
左から公使重光葵、上海派遣軍司令官白川義則、松岡洋右、上海総領事村井倉松。
出典：朝日新聞社『週刊朝日臨時増刊　上海事変写真画報　第二輯（朝日新聞社特派写真班撮影）』（朝日新聞社、1932 年）30 頁。

三日に日中正式会見が予定されたにもかかわらず、中国側は日本側が提案した第一項以外は南京政府に請訓中[69]であるとのことで会見は取り止めとなった。ところが当日、日本軍の総攻撃によって中国軍が二〇キロメートル以遠に駆逐され、日本陸海軍の最高指揮官（白川軍司令官、野村司令長官）がそれぞれに戦闘行為の中止声明を発したため、局面は大きく変わり、日本側の要求は総攻撃によって満たされ、停戦交渉は一時中断することになった。陸海軍最高指揮官が午後二時に自主的に戦闘行為の中止を声明した。三月三日午後一時半、野村司令長官は麾下の部隊に対し、同日午後二時以後、中国軍が敵対行動をとらない限り戦闘行為を中止せよと命じ、次いでこれを中外に声明した。この声明の通報を受けると、白川軍司令官も概ね同文の声明を発した。この声明の結果、「機宜ニ適セル本声明ハ、同日国際連盟総会ニ於テ上海事件ヲ付議スルニ先ダチ寿府ニ達シ、頗ル好評ヲ博セリ(70)」という。

声　明

帝国海軍ハ、上海付近ニ於テ帝国陸軍ト共ニ、平和的手段ニ依リ、帝国居留民保護ノ任務ヲ達成センコトニ努力シタリシモ、此ノ見地ニ拠レル我ガ軍ノ要望ハ、不幸ニシテ支那第十九路軍ノ容ルル所トナラズ、遂ニ戦闘行為ヲ惹起スルニ至レリ。今ヤ支那軍ハ当初要求シタル距離以外ニ退却シ、帝国臣民ノ安全ト上海租界ノ平和ハ茲ニ回復セラルルニ至レルヲ以テ、本職ハ支那軍ニシテ対敵行動ヲ執ラザル限リ、戦闘行為ヲ中止セントス。

昭和七年三月三日

日本第三艦隊司令長官　野村吉三郎

日本陸海軍最高司令官の戦闘停止声明の発出は、いかなる関係国にも歓迎されることではあった。しかし、先述のように、日本外交部が英国外相ジョン・サイモンの収拾案に沿って攻撃を避け調停のテーブルに着くように芳沢外相に働き掛けたにもかかわらず、第三次総攻撃が敢行され、さらに後続の第十四師団の上陸の敢行が、日本の不利益を意味するものとなっていくのである。

第五節　ジュネーブにおける英サイモン外相の対日避戦要請（第三次総攻撃中止の要請）の挫折

事務局長沢田節蔵は、外相芳沢謙吉に宛てた「円卓会議開催に関するサイモン英外相との会談」に関する二十八日付の電文に、英サイモン外相が強くリコメンドする「直ニ停戦シテ会議ニ入ルヘキ」を日本側として受け容れるか、あるいは「戦闘継続中ト雖会議ヲ開催シ之ニテ停戦ヲ決定スヘキ」かのいずれかの決定を請訓し、政府回訓を待っていた。これに対し二十九日、芳沢は明一日早めに正式に回訓するとして、次の三つを指示した。(71)

一つ目は、即時無条件の停戦は不可であること、二つ目は、戦闘中止に関する細目は「上海ニ於テ非公式ニ停戦ノ予備的交渉」を行うこと、三つ目は、二十八日非公式会談内容に係わるサイモンの勇み足に留意し、中国に乗ぜられないように交渉せよと注意を促した。

さらに、大規模戦闘行為の自重に関しては、三月一日付で、日本軍としては中国軍の「急迫ナル脅威アル以上停戦成立迄ハ作戦行動ヲ中止シ難ク」、現に日本軍は「三月一日ヨリ大場鎮攻撃ニ着手シタル次第ナルモ我方ハ右攻撃ノ結果如何ニ拘ラス」一日も速やかに上海付近の平静の回復に努力するとしたのであった。(72)軍の作戦行動を芳沢は、未然に制止できなかったのである。

そこで、三月一日、沢田は芳沢に対し、停戦協定成立前に「列国側ニハ両国間ニ戦闘行為ヲ中止セシメ度キ希望歴然タルモノアリ」と国際連盟の空気を紹介した後、二十九日理事会が決議した議長提案の内容に触れ、日本軍が大攻撃を行えば、「道徳的ニハ帝国ノ立場ヲ極端ニ悪化シ列国ヲ挙ケテ我ニ反抗セシムルニ至ランコトヲ恐ル」と自重を促した。そして、敵対行為停止のため円卓会議を開催し、地方的協定の締結等、先の二十八日非公式会談内容の具現化が必要であり、日本政府としては二十九日の理事会決議を追認し、議長の提案に同意するように具申した。(73)日本からの援軍の上陸が、大規模な総攻撃の前触れであると誰もが予想するに十分であったためである。

連盟は、理由の如何を問わず戦闘行動の中止を望み、兵力の拡充はとても容認できなかった。したがって、日本が現実に増兵し三月一日に総攻撃を敢行したことは、各国に大きな衝撃と憂慮の波紋を投げ掛けた。サイモンは戦闘が長引けば日本に不利となり、二十九日の理事会決議も無効となり、以後の会議の形勢も悪化すると駐英大使松平恒雄に忠告した(74)。

連盟の主要国にとって、総攻撃の始まりもその経緯も未だ詳らかではない翌二日、沢田は芳沢に、日本側の総攻撃が主要国の要路に与える意義、影響を知らせるべく、サイモン、理事会議長ポール・ボンクール及び国際連盟事務総長ジェームズ・ドラモンドがどのように捉えているかを伝えた。ドラモンドの言が端的にこの共通点をいい表していた。それは総会開会の劈頭に日本軍総攻撃の報が届けば、総会は、日本側が「二十九日ノ理事会決議ヲ受諾シ置キ乍ラ、実ハ之ヲ無視シテ恰モ支那側ヲペテンニ掛ケタ(75)」ように誤解し、日本代表の立場を著しく「困難ナラシムル事必然ナリ」という見方であり、日本側の無神経さを指摘したのであった。沢田も同じ認識に立っていた。そこで彼は、日本から積極的に円卓会議ないしケリーの仲介による会談を行い、停戦に対する「我カ誠意ヲ披瀝スル事及支那側ニ於テ何等不都合ノ点アルカ為停戦ノ協定ニ到達シ得サル事情ニテモアラハ当方ニ於テ適宜之ヲ利用シ以テ我カ地歩ノ防護ニ資スル事」にしたいと、政府の自覚と迅速な処置回答を求めた(76)。連盟諸国や米国が環視する中で、対日協力・同情の立場を維持している英国をいかなる目的のために、どのように捌くか、政府・軍中央・外務省の裁量が問われたのである。

このような不利な状況下に総会を明日に控えた三月二日の芳沢は、現実に議論の対象から満州問題が除外できるか、つまり第十五条の適用を回避できるか否かに関する懸念と、回避が不可能とあっても、選択の余地のない日本側としては以下により一貫した主張を行うよう沢田に指示した。それは二月二十六日以来、日本側としては、「第十五条ニ依リ日支事件ヲ理事会ニ付託スルコトニ対スル異議」を明記している以上、総会では言及せず、仮に何らかの決議がなされた場合は、「我方全権ハ前記留保ニ顧ミ投票ニ加ハルコトナク単ニ『アブステーン（棄権：引用者）』」せよとの不退転の処置を指示した(77)。第十五条適用の懸念が初めて取り上げられたものの、連盟の空気が省みられることはなかったのである。

芳沢の連盟に対する強硬な姿勢が、このころから目立つようになっていた。それは、このころ、外務省情報部長白鳥敏夫らが陸軍に同調的な革新外交を主導的に推進中であり、もともと軍に不快の念をもった外相であるといえども、軍の動きを傍観する以外になかったといえる。この上海事変時の外務省の公式文書は存在しているが、省内の実情を物語る記録、陸海軍間との往復文書、個人的な回想録等は太平洋戦争時の戦災で焼失したといわれている。また、白鳥は、海軍大臣大角岑生、事務局長豊田貞次郎、亜細亜局長谷正之との会食の席上、芳沢外相の無能ぶりを憤慨し、外務次官永井松三を大臣にした方がよいと発言し、また省内に駐米大使出淵勝次の酷評を口外する程であり、内閣書記官長森恪や陸軍中佐鈴木貞一らと連盟に対するさらなる強硬外交を展開するように迫ったものと考えられる。[78]サイモンの勧告した、日本が最優勢な段階で総攻撃を中止して以後の処理対応を連盟に託す発想は、日本側の当時の政情の下では、とても受け容れられるものではなかったのである。それは当然ながら、日本側が意図する円卓会議の開催も上海事変と満州事変との一体解決の回避も、共に一層難しくするものであった。

第六節 三月三日の国際連盟総会に露呈した日本側のジレンマと外交破綻の序曲

同時撤退原則は中国側の退却でその意味を失い、停戦会議の設定そのものの条件から外れた。理事佐藤尚武は三月三日、芳沢外相宛てに「遠距離迄之ヲ追撃スルコトナク」、先の二十八日会談の「ライン」で速やかに協議を纏め、「彼我ノ主張ニ多少ノ距離アリトモ戦勝ト総会前ノ当地情勢トヲ考慮ニ入レラレ末節ニ拘泥スルコトナク一刻モ早ク」停戦協定と円卓会議に到達するように切望した。[79] これは、二十八日の会談内容がそのまま日本代表においても協議の叩き台になっていたのを認めたことを意味する。そうでなければせっかくの二十九日理事会の受諾も意味を失い、また、そのまま大規模の戦闘が続くとなれば、総会が日中双方に無条件停戦勧告を行うだけではなく、満州事変以来の日本の軍事行動を戦争と認定し、「アグレッサー」と認めることになりかねないと危惧したためであった。

さて、いよいよ三月三日、五一カ国の参加による七年振りの臨時総会が開かれた。上海派遣軍司令官白川陸軍大将の戦闘中止声明がジュネーブに届いたのは四日の朝のことであり、三日総会の時点ではその声明による緊張緩和の効果はまだ認められなかった。[80] 二十八日の非公式会談結果は、以後に日本がとった行動との連関において、二つの負の遺産を生じていた。

一つ目は、先述のように、内密に交わされた同時撤退の仮の原則が、事態の好転を急ぐ英国の意図的な遣り方の強引さも手伝って、連盟総会の正式議論の叩き台として登場してしまった以上、日本は中国をはじめ関係列国をペテンにかけた恰好になったことであり、二つ目は、日本軍は中国軍の退却後も続々と後続部隊（第十四師団）を上陸させ、日本は武力を背景に有利な条件で停戦させるのではないかとの疑惑を連盟諸国、第三国に抱かせたことである。この第十四師団が最終的に上海に上陸を完了するのは、三月十二日のことである。ここに、戦闘中止声明後の第十四師団の上陸問題が新たに紛糾の火種になった。日本連盟代表は芳沢外相に、中国軍が敗退し日本軍の第十四師団が上陸を目前にした昨今、速やかに軍の本国への帰還を開始すれば、「円卓会議ノ進行ヲ容易ナラシムルト共ニ列国ノ猜疑ヲ晴ラス事極メテ緊急ナリト信ス」(81)と進言した。その背景には、サイモンをはじめ総会、理事会事務局内の一般の空気も、「日本ハ戦勝ヲ利用シ此侭上海付近ニ長ク駐屯スルニ非スヤトノ疑問ヲ抱キ居ル者鮮カラス」であり、二十八日の非公式会談の趣旨を踏みにじり、両軍同時撤退主義を無視しているのではないかとの疑念を深めさせていたからである。

一方、対米配慮は日本にとって極めて重要であった。同四日、出淵在米大使は、米国国務長官ヘンリー・スチムソンに、「戦闘中止ニ関スル軍司令官声明英訳文」と「我方ヨリ英国司令官ニ交付シタル停戦案英訳文」を手交して、「成ル可ク速ニ円卓会議開催ヲ見ルニ至ランコトヲ切望」していることを伝えた。これに対しスチムソンは、日本側はボンクール案を受諾しておきながら、意外にもその後、俄然総攻撃を行ったのに対し理解に苦しむこと、さらに中国に対して武力打撃の一方で円卓会議に出るのは公平とはいえないこと、したがって日本からの円卓会議出席の求めには逡巡していると伝えた。要するに、日本側は総攻撃を迅速に終わらせ、難癖を付けられる前に中止声明と停戦案を同時に示したことによって、スチムソンにそれ以上の対日非難の拠り所を激減させた感があった。さらに出淵は、事変勃発当初の停戦約定に対する中国側の違約発砲の事実説明、停戦促進の談判に対し中国側が躊躇、愚弄したこと等の不誠実さを詳細に説いた。また、出淵は日本がボンクール案を受諾したことを直ちに日本が停戦を承諾したのだと早呑み込みしたこと等、一連のスチムソンの誤解を解くと共に、円卓会議開催の協力を要請し、ようやくスチムソンが考慮するとの約束を取り付けたのであった(82)。

かくして戦闘中止後は、二月二十八日の非公式会談内容が、新たに日本側の後続の増援軍第十四師団の上陸に誤解、疑念を抱かせる刺激剤となり、日本陸軍部内の以後の軍事行動を拘束するに至るのである。

第七節　三月四日の総会決議と停戦の実動を阻害する二つの要因

一　総会において露呈した日本側の二つの阻害要因

三月三日の総会〔議長：ベルギー外相ポール・イーマンス（Paul Hymans）〕の空気は甚だしく険悪であったが、翌四日の朝、軍司令官白川義則の声明書が総会に接受され、それ迄の険悪な空気は光が射すような明朗なそれに代わった。中国側は、三月六日、第十九路軍総指揮蔣光鼐が「国際連盟ハ日支両軍ニ対シ停戦ヲ実行スヘク要請シ来レルヲ以テ」これを受理し、以後の日本軍の攻撃の場合は抵抗するとの電を発した(83)。既に四日午後の総会は新たな第一歩を踏み出した。ところが、会議劈頭からつまずきを見せた。阻害要因は、停戦命令後の小競り合いであり、後続の日本陸軍第十四師団の上陸の問題であった。

一つ目の小競り合いに関しては、イーマンス議長が中国側から提出された書簡を読み上げ、「日本側ハ停戦布告ニ拘ラス尚 Peutangchong（地名は確認不能で間違いの可能性：引用者）ヲ攻撃セリトノコトニテシ斯カル矛盾セル報道ハ著シク総会及一般ノ世論ノ感情ヲ刺激スル」と発言したことに端を発して、日本側の応酬により激しい論戦となった。議長が先に日中いずれの発言を取り上げるかによって、会議の空気が大きく支配された。議長が中国の書簡を一方的に取り上げたこと自体が問題をはらんでいたともいえるし、日中両軍の司令官が停戦を宣言した後、いずれが攻撃行動を継続しているのかという事実関係を、論戦を通じて明らかにしたいと考えてのことかもしれなかった。外交交渉は停戦したから俄に協定締結が可能なのではなく、「陸戦ノ法規慣例ニ関スル条約〔一九一二（明治四十五）年条約第四号。いわゆるハーグ条約〕」に従い、停戦行為自体を確実にする作業から始めなければならなかったのであった。その結果、「敵対行動ノ停止」に関する「討議ノ次第ヲ一ノ決議案ノ形式ニ表明シタク幹部会ニ於テ案文」が起草され、そのうえで討議が進められた(84)。総会は、満場一致により初めて決議を採択した。それは両国政府に対し発出した停戦命令の徹底を勧告すると共に、租界関係列国にその勧告の実現法と日本軍撤退に関する協定を締結するよう商議を開始すること、総会に対し状況を通知する体制を構築することを企図したものであった。以下の三項目から成り、これは二月二十九日の理事会決議の処理原則を再確認したものであった。

国際連盟臨時総会決議(85)(三月四日)

総会ハ二月二十九日理事会ノ為セル提案ニ鑑ミ、且同案ニ現ハレタル他ノ手段ニハ影響ヲ及ボサザルコトヲ前提トシ、

一、日支両軍司令官ノ発セル趣ナル戦闘中止命令ヲシテ有効ナラシムベキ必要ナル措置ヲナスベキコトヲ日支両国政府ニ要請ス。

二、上海租界ニ特別ノ利害関係ヲ有スル他ノ諸国ニ対シ、前項要請ノ実行状況ヲ総会ニ向ツテ通報セラレンコトヲ要望ス。

三、日支両国代表者ハ前項諸国ノ陸海軍及文官タル当局ノ援助ヲ得戦闘ノ中止ヲ決定的ナラシメ、且日本軍ノ撤退ヲ規定スベキ商議ヲ開始センコトヲ勧告ス。総会ハ上記諸国ヨリ右交渉ノ進捗ニ就キ通知セラレンコトヲ希望ス。

この決議文が採択される過程での日中論戦の実態と連盟首脳部の考えについて触れなければならない。まず、日本代表は、総会の冒頭発言に取り上げられた中国の対応姿勢をどのように見ていたのであろうか。日本側は日中双方の軍司令官が戦闘中止の声明を出したからといって、中国側が俄に本格的な停戦交渉に乗るとは考えてはいなかった。中国側は現に続行中の小規模な戦闘を捉えて、総会に対し日本側の攻撃により停戦が阻害されているという印象を与えようとの企図の下に、対日外交の攻勢確保に努めていると観察していた(86)。他方、中国代表は、中国軍司令官もまた三日夜半十二時に停戦を宣言したにもかかわらず、日本軍が三日夜、劉河方面を攻撃中であるため、上海地方が真に戦闘が停止されているかどうかを、英米仏伊四国の四提督に監視してほしいこと、また、総会はその四提督に撤兵を含む休戦条件の提議を希望すること、そして、その休戦を実現させたうえで円卓会議を開催すべきであると述べた(87)。

この中国の発言は、日本側は停戦どころか未だ攻撃の意志をもっていることをアピールしていた。

他方のジュネーブの日本外交部には、戦闘の実相が遅滞なく知らされていなかった。この日本側の外交部に対する東京中央部からの軍事情報は中国側に比し少なく、しかもほとんど遅滞しており、論戦に苦境を強いたのである。[88]このため、佐藤代表は、中国代表顔恵慶が発言した「日本軍の軍事行動継続」の真相を詳細に把握分析し、「最初ニ攻撃ヲ中止セルハ日本軍ニシテ右ニ依ルモ我方ニ攻撃ノ意思ナキコト明カナリ」と述べ、「進ンテ両軍撤退地域ノ秩序維持等ノ問題ニ付テモ審議ヲ希望ス又上海安全確保問題ニ付テハ我方ハ円卓会議開催ヲ要望シ支那側ニ対シ之カ促進方」を申し入れていること、さらに日本軍は秩序回復に伴い漸次撤兵する予定なので本会議はこの撤兵についても審議してほしいと要請した。[89]佐藤が独自に日本軍の戦闘の動きを掌握し、分析したことが窺える。そして、戦闘を終えた以上は潔く軍の撤退の態勢を進めており、長期的上海の安定確保に努めていることを強調したのである。

中国側はさらに反論し、三通の電報を引用し、三万五千の日本増兵隊はなお劉河、呉淞方面において激戦中であり、「呉淞防備ノ支那軍ハ鏖殺セラレ外人実見者ノ言ニ依レハ日本兵ハ銃剣ヲ以テ之カ屍体ヲ河中ニ投入セル由ナリ」と、この状態が継続する限り、日本軍の停戦宣言も無意味であると述べ、総会は速やかに休戦の措置をするように要望した。[90]

次に、停戦の阻害要因の二つ目は、後続部隊の第十四師団の上陸問題であり、佐藤代表が外相の指示に基づき、連盟に与える衝撃を見越し、先手を打って対日非難の緩和のために提示したものであった。佐藤は、現時点で未だ中国側の非難の対象にはなっていないが、敵対行為の拡大に伴い増援隊の派遣はやむを得ないことは既に通告済みであり、必要がなくなれば日本に帰還するものであること、及び、「之カ方法ハ現地ニ於テ決定スルノ外無シ吾人カ一日モ速ニ現地ノ会議開催ヲ主張スルモ之カ為ニシテ増援隊ノ派遣ト第一線ニ於ケル戦闘行為ノ休止トハ全然無関係ナリ」[91]と、第十四師団の現地における交代の目的の含みをもたせて中国側に反駁した。ここで気が付くことは、その佐藤の提示内容から、陸軍が外務省に対して現地軍の作戦の詳細な意図と実相を伝えていなかったことが分かる。しかし、佐藤は客観的推測から交代目的であることを「方法ハ現地ニ於テ決定スルノ外無シ」と声明し、先の増援隊の上陸によって日本の停戦交渉の意図、姿勢に疑念を抱いている連盟諸国に対する予防的弁明として反駁したといえる。

この論戦の結果、イーマンス総会議長は「只今支那代表ノ齎セル情報ハ吾人ノ不安ヲ一層強カラシメルモノナリ」と述べ、議長が最初に日本側に対する懸念を表明した。そして、「本日討議ノ次第ヲ一ノ決議案ノ形式ニ表明シタク幹部会ニ於テ案文ヲ起草ノ上之ニ基キ更ニ討議ヲ続ケタシ」と提議し、「同案起草ノ為一時停会ス」となったのである。

では、ドラモンド事務総長は、敵対行為停止の徹底に関して如何なる考えであったか。彼は、当然ながら、まず敵対行動の停止を最優先に考えていた。ドラモンドはまず中国側が要請した英米仏伊四国提督による戦闘停止の監視と休戦条件の提示に関し、停戦確保のための中立国の公平な情報が必要と述べ、直ちに上海調査委員会に情報提供を依頼する一方、敵対行為中止の原則が成立した以上、前線における小競り合いも、間もなく停止されるだろうと述べ中国側を抑えた。とはいうものの、上海の安全及び秩序の維持を以て撤兵の条件とすることを主張する日本側に対しては、安全に関する一切の問題は現地において商議されるべきものであり、日本側が主張するような明確な字句、表現を用いて撤兵条件とすれば、政治的な条件を付すことになり、それでは会議の停頓をもたらすものでこれを何としても避けたいと考えたのである。

他方、現に日本側は大規模な部隊となり、またさらに交代目的とはいえ、第十四師団の上陸が目前であることから、ドラモンドは時を改め、事務次長兼国際協力部長の杉村陽太郎に対して見解を述べた。それは、打ち明けていえば、連盟首脳部は満州に対する日本側の遣り口を顧みれば、今回も租界または居留民の保護を口実に、「日本軍隊カ永久又ハ半永久的ニ上海地方ヲ占領スルヲ虞ルル次第ニテ」と対日懸念の本音を述べる一方、「決議第三項中ノ『撤兵』トハ決シテ日本軍隊全部ノ撤兵ヲ意味スルニアラス租界内ニ於テハ例ヘハ英国カ一千ノ兵ヲ止ムルニ際シ日本カ三千ノ兵ヲ止ムルモ決シテ之ヲ非難セス又租界外ト雖モ決シテ即時無条件全部撤兵ヲ強フルカ如キ意志毛頭ナキ次第ナリ」云々と日本の肩をもつ意見であった[92]。かくして、連盟首脳は、日本側に対しては理解を示す一方、中国側に対しては逆に第十四師団の上陸の目的は交代どころか、中国に対する強圧、侵略という疑惑を抱き、同情していることを意味した。ドラモンドは、ようやく発出された戦闘中止声明の効果がここに至って薄れることを懸念し、錦州爆撃等の国際関係を無視した軍事的な展開が、上海に再来しないように考えていたと推測される。この一環として、日本軍の単独駐留ではなく各国軍隊の同時駐留によってこそ、中国側の発言を抑制し、議事の進行を急ぐことができるのであるが、しかしこれは他方において、連盟が日本を相当程度に弁護しているとの誤解を与えないよう配慮したともいえる。

要するに、戦闘行為中止の徹底を図るべく常識的な三項目を規定した三月四日の総会決議は、小競り合いの責任を問う日中間の応酬と、後続の第十四師団の上海接近の侵略性の有無、並びに、決議文の第三項に謳われた日本軍が撤退する条件の解釈という三つのテーマに対する論戦の結果として得られたものであり、いずれもその後の議論の火種となる。殊に第三項の「戦闘ノ中止ヲ決定的ナラシメ」る日本軍の撤退とその後の上海の安寧確保に関する体制構築（円卓会議開催）の議論が、最も紛糾することになるのである。

二　三月四日決議後の第十四師団上陸とジュネーブにおける対日印象の悪化

三月五日から八日迄の総会は、日中紛争全般に関する討議が行われ、非理事国の内の大部分（三十数カ国でほとんどがいわゆる小国）の代表による自由な論陣の披瀝が新たな意味をもち始めた。五日の総会に第十四師団の上陸という新たな問題がもち込まれ、日本軍の撤退問題に国際的な注目が集まったのである。ともかく、既に第九・第十一両師団の大部隊が上海に集中している事実に加え、総攻撃が終了しているにもかかわらず、当初計画であった第十四師団という新たな追加増援部隊の上陸開始は、連盟首脳部に著しい懸念材料を提供したことを意味した。その懸念どおり、連盟小国の対日強硬意見が目立ち始め、しかも日本が懸念していた連盟と米国との共同歩調を促すこととなった。コロンビア代表は「連盟トシテハ未タ侵略者ヲ決定シ又ハ規約ニ違反セル領土侵害ノ事実ヲ宣言スルノ時機ニハ達シ居ラサルヘキモ必要ナル場合ハ何時ニテモ之ヲ為スノ用意アルコト肝要ナリ」と論じ、デンマーク代表やスイス代表等も表明したように、小国は連盟の指導的大国である英仏が日本に対して妥協的な態度をとって来たことを批判したのである。[93]

そこで、沢田事務局長が芳沢外相に、「直接ニ日本ヲ目指シテ其行動ヲ非難スルモノハ無」かったが、専ら日中紛争を一般的見地から批判し、この総会を機に、往年の力を背景にした大国の論理は通用しにくくなり、小国の論理が力をもって来ていることを報告し、[94] 国際的世論の見地から芳沢に以下を進言した。それは、「停戦ノ今日我増援隊上海上陸ノ報陸続当地ニ到着」すれば会議の空気に影響し、累を満州問題に及ぼすことになると観測されること、また、中国側が「我方ノ大兵増援ヲ宣伝シ総会ノ対日感情ヲ悪化セシメントスル」ので、これに対抗すると共に、「列国ノ懸念ヲ除去スル為ニモ」、増援部隊の第十四師団の上陸交代を速やかに実行し声明すること、さらに「支那ノ会議参加ニ関スル不誠意ヲ指摘スル」と共に、迅速な撤収を行い、その事実を国際世論に強調すべきという進言であった(95)。

要するに、戦闘停止命令後の段階で当然ながら撤兵の論議が期待される中、日本増援部隊の上陸が敢行されたことは、日本側の無神経への怒りと連盟への侮辱とも受け取れるものとなっていた。それでも、満州事変と上海事変の分離を至上命題としてその実現を欲している日本に対し、満州事変に関する言及は、三月三日、四日の総会においてなされなかった。その背景には、三日の総会が開会された際、『上海事件外交史』(96)によれば、代表（駐英特命全権大使）松平恒雄が演説中、「満州問題に関する日本政府の見解は敢て総会の論議すべき所に属しないが」と前置きし、日本は領土的意図を抱くものではなく、門戸開放主義と一切の既得条約とを尊重するものであること、「既に対支調査委員の一行も現地に近付きつつあり、既に充分審議を了した問題を再び論議することは、徒らに事態を紛糾せしめ解決を遅らすに過ぎぬであらう」と、満州問題の総会付託に反対の意向を伝えたことも影響していた。しかし、それも一時的であり、会議全体の空気が連盟の多数を占める小国を中国側に追いやり、しかも以後の会議において、上海事変と満州事変とのリンクを促すことに繋がるのである。

三　局面打開を図った英サイモン外相の国際連盟総会一般原則

このような停戦交渉の開催への動きが頓挫していたところに、八日に重光公使が英ランプソン公使に斡旋を依頼した。

一方、ジュネーブでは、七日午後の総会一般委員会における英サイモン外相が動き、注目すべき発言があった。それは、国際連盟総会は国際連盟規約と不戦条約の原則を再確認することを宣言すべきであるというものであって、結果的に加盟国のメンバーの意見を米国のそれに一致させるものであった(97)。その発言は、以下のとおりである。

（一）　総会ノ第一ノ任務ハ十五条第三項ニ依リ両当事国間ノ調停ヲ図ルニ在リ戦闘継続中ト雖斯カル調停ヲ放棄スヘカラス却テ一層其措置ヲ講セサルヘカラス本総会ニ両当事国及紛争現地ニ直接利害関係ヲ有スル諸国代表ノ参会シ居ル事実ハ現地ノ交渉ヲ容易ナラシムヘク特ニ米国ハ何等ノ留保ナク右ニ協力スル旨ヲ言明シ居ルコトハ吾人ノ意ヲ強ウセシム

（二） 総会トシテハ未タ紛争ノ本質ニ関シ正邪ノ判断ヲ与フヘキ時機ニ達シ居ラス右ニ付テハ十二月理事会決議ニ基ク調査委員ノ報告ヲ待チ審議スルノ要アル処差当リ此際総会トシテ為シ得ヘキコトハ紛争ノ解決ノ手段ノ一般原則ニ付一ノ宣言ヲ為スコトナリ即チ各国ハ如何ナル場合ニモ規約第十二条ノ規定セル平和的手段ノミニ依リ紛争ノ解決ヲ図ルヘキ次第ヲ規約或ハ不戦条約ヲ引用シテ声明スヘキナリ又場合ニ依リテハ右声明中規約第十条ニ言及スルモ可ナルヘシ

この二つが意味する原則論は、日本側にとっては俄に歓迎できないものであった。紛争解決の舞台がそれ迄の連盟理事会から実質的に総会に格上げされたうえに、連盟として当然受諾すべき一般原則は、第十条、第十二条、第十五条第三項（紛争の事実等を記載した調書の公表）及び不戦条約であることを連盟各国が一体のものとして確認し、以後の総会はこれで進むことを希望すると結んだのである。ただ日本にとっての救いは、「総会トシテハ未タ紛争ノ本質ニ関シ正邪ノ判断ヲ与フヘキ時機ニ達シ居ラス」という文言に代表された。独仏伊代表は、それぞれサイモンの発言に賛意を表明した。殊に仏国代表ボンクールが、満州問題は英国代表の発言のように調査委員の報告を待って審議すべき等と発言したこと(98)は、日本にとって救いであったものの、上海が著しい事態の悪化がない限り、英仏独伊の大国代表の意思が一応揃い、総会の方向性が確認されたことを意味した。今迄にない大きな変化であった。この打開策のサイモンの発言の中には、米スチムソン国務長官へのより一歩の歩み寄りと不承認宣言の思想が取り込まれていることは、記憶されなければならない。

八日、沢田事務局長はとにかく総会を早く切り抜ける必要性を芳沢外相宛てに意見具申した。それは、日本の国際連盟代表部としては、連盟総会から満州問題を分離し、上海問題のみの審議による早期解決を目指していること、小国の対日感情の悪化と大国の対日猜疑心が払拭されていない現状であるので、政府自ら進んで撤兵に着手する決心を示し、総会を切り抜けるのが必要と判断したこと、他方、中国側は「七日朝以来支那兵ノ我カ前哨線攻撃ト共ニ両軍衝突ノ徴候アルカ如キ」状況であり、しかも、「成ルヘク事端ヲ醸シ」、総会引き延ばしを図り、「其ノ同情ヲ利用シ日支紛争ニ関スル全般的立場ヲ良好」にしようと努めているので、中国側は今後も日本側を挑発する態度に出るであろうこと、そこでもし両軍が大きく衝突するようなことになれば、日本側が如何に説明しようとも、列国の同情は弱者と目されている中国側に集まり、総会は収拾不能な状態に至るであろうし、結局「支那ノ術中」に陥ることになる。したがって日本側においては、なるべく隠忍自重の態度を持し、速やかに撤退の実行が総会を切り抜ける最善の方法である、と芳沢に進言したのである。(99)満州事変と上海事変の一体化の危険性を察知した、連盟代表部の迅速な撤兵の勧告であった。

同日、駐独大使小幡酉吉からも沢田と同様の意見が出された。(100)結論をいえば、大国、小国のいずれにも猜疑心を抱かせぬように、日本が率先して撤兵する以外にないと意見を述べた。このように在外公館から率先して撤兵すべきという意見に対し、日本政府、外務省はどのように考えていたのであろうか。芳沢は、もし連盟が満州問題に関する決議案を上程した場合、日本側としては、当面、請訓中であるとして時間を稼ぎ、その間、連盟側が満州問題を含ませる意図の下に日本側に出す要求内容と程度に応じて反論を表明し、最終的に「アブステーン」投票せよと指示したのである。(101)要するに、関東軍の一部の参謀により、確かに一時的に国際社会の目を上海に引き付け、満州国建国宣言を可能にはしたものの、日本政府、外務省は国際社会に受け容れられる政策を全くもち合わせていなかった。連盟との協調の発想から大きく離れ、既に対決姿勢に移行しつつあった。軍事行動を統制し得ない外交の、ジレンマであるといえる。

四　三月十一日の国際連盟総会決議と日本軍の撤退をめぐる日本側の対応

ジュネーブでは八日の一般委員会における小国代表者の演説は、五日の委員会におけるものと同様の趣旨が多く、「大国ノ態度ニ追随スルモノ少」く、小国側の見解が著しく目立った。会議は最終的に総会幹部会を構成する諸国及び決議案を提出する諸国代表（小国）を以て停戦協定案に関する起草委員会が組織されることになり、その起草案を元に十日に一般委員会が開かれることになった。(102)

中国側の主張は、日本軍が先に撤退することを停戦交渉の設定の「入り口論」に位置付けており、日本側は、日本軍が残置してこそ戦闘中止の取り決めが可能となり、上海の安寧が確保されるのであって、その後に撤退するという、「出口論」に位置付けていた。この両者の折り合い如何が、停戦交渉の場の設定を決めるというジレンマに陥った。

未だ現地上海の停戦交渉が開始されていない状況を踏まえ、九日、沢田事務局長は芳沢外相に強く進言した。それは、撤兵前に「支那側ノ円卓会議ヲ期待シ難ク且上海将来ノ安全問題等ニ関スル英米外交代表者ノ支持望無キ以上大兵ヲ同地ニ留ムルハ徒ニ反感ト猜疑心ヲ向上」させるので、大局的見地から戦闘中止に関する取り決め及び撤退区域警備関係を確定する必要があること、連盟の空気を緩和させるためにも、日本から自発的に撤兵する方針を、十日現在の午後に開催される一般委員会に間に合うよう回答を要請したのである。[103]今度は円卓会議の開催のためにも撤兵が要請された。

連盟代表は、「明九日ノ起草委員会ニ於テハ小国側ヨリ相当極端ナル提案ヲ為スモノ有之ヘク大国側ハ之ヲ抑フルニ多大ノ困難ヲ感スルニ至ルモノト予測」され、七日の英国外相の演説中に含まれた二項目の提案、つまり、満州問題は調査委員の報告を待って審議すべきという件も、そのまま各国の容れる所とはならないだろうと予想した。また、起草委員会は極端な強硬意見をもつスペインと南米諸国、穏健なスカンジナビアの諸小国と極力現実的解決を図ろうとする大国とが相対立する形で作成に携わり、極端派の気勢が頗る強く憂慮すべき形勢であると芳沢に報じた。[104]

十日、中国を慮り、日本を抑制しつつその日本が受容可能な起草案を見出すべくサイモンは奔走した。サイモンは、松平代表に九日の起草委員会の模様を次のように語った。[105]彼はまず各国の提案を審議したところ、随分過激なものがあったため、現下の空気を顧み、自ら主導的に日本が受諾可能な案を作成したこと、その調整はかなりの困難に遭遇したが、ようやく日中両国が受容可能と思われる点に到達したこと、その原則は、①国際連盟規約及び一般条約の尊重、②国際連盟規約第十条の主義の尊重、③兵力圧迫による紛争解決は規約の精神に違反すること、④武力によって得た既成事実の否認等である。さらに自分が最も努力した点は二つある。

その一つ目は、日本の駐兵目的が居留邦人の保護にあることから、交渉開始のためには撤兵が先であるという中国側の意見を抑え込んで、日本軍の駐兵が「兵力圧迫による紛争解決」を図るものでないとの国際連盟規約の精神を述べるにとどめたこと。

二つ目は、先に松平代表の言のとおりに撤兵期限を付す案に反対し、決議案中にこれを挿入させなかった。

さらに敷衍すれば、①項の一般条約の尊重を取り容れた理由は、むしろ中国に対する警告の趣旨（ポリチス案）を盛り込んで日本側に有利を図ったのであったという。このようにサイモンは松平代表に対するこれらの説明によって、暗に日本にその受諾を迫ったのである。そして、昨今の総会の空気では、「英国カ孤立ノ地位ニ陥ルカ如キ状態ヲ呈シ居ル」状況になることが必至であるので、ここ迄来るには多大の困難を感じたという。[106]そのような中でサイモンは、総会から上海停戦交渉の問題をなるべく速く分離させるため、現在の理事のほかに四、五人を加えた委員会を組織し、一、二カ月後に検討結果を提出させることを提案した。この委員会案が三月十一日の総会において決議される「十九人委員会」となるのである。要するに、会議停頓の打開を図るサイモンは、米国を友邦にとどめ、条約厳守の原則論をかざすことによって連盟の正当性を確保すると同時に、日本には撤兵期限を抑える姿勢を示すことで、日本の了解を得たいと考えたのであった。日本にとってこの了承は、当座の撤兵期限を切らない代わりに、上海事変が満州事変とリンクさせられる可能性を高めるという大局を受け容れざるを得なくしていくのである。

三月九日の起草委員会は基本的にこの英国案を採用し、十一日一般委員会に付議し、同日総会は決議した。この決議案が採択される直前の外交交渉の実態を明らかにすべく、先に三月十一日の総会決議内容を紹介したい。三月十一日の総会決議は三つから成っていた。[107]

第一決議は、「総会ハ、現紛争全般ニ対シ、連盟規約条項、特ニ左ノ諸点ヲ適用シ得ベキモノト思考ス。」として適用対象に、①条約厳守、②連盟国の領土保全、政治的独立尊重、③紛争の平和的解決に関する連盟国の義務を掲げ、満州事変勃発以後、連盟理事会が総会に付託する迄の平和的解決に努めた原則を確認した。これは、日本が最も回避したかった満州問題を論議の場に取り上げる可能性とその場合の論理的な考察の必要性を暗示するようなものであった。

第二決議は、総会は「日支紛争ノ解決ガ、紛争当事国ノ何レカ一方ニ於ケル武力圧迫ノ脅威ノ下ニ求メラルルハ、連盟規約ノ精神ニ反スルコト」を確認したうえで、三月四日の決議に則り、上海関係諸国に「撤収地帯治安維持ノ為必要アラバ協力」するよう要求した。

第三決議は、その後の連盟のとるべき措置として、総会が「支那政府要請ノ主題ヲ形成スル紛争ノ全般ガ総会ニ付議セラレ、且規約第十五条第三項所定ノ和解手続及必要ナル場合ニハ同条第四項ニ規定サレタル勧告手続ヲ適用スル義務アルコトヲ思考」し、総会議長、「十二国理事」及び総会が秘密投票によって選挙する他の六国代表より成る「十九人委員会」を設け、その任務に、戦闘行為の停止と日本軍の撤収につき報告し、前年九月と十二月の理事会決議の実行を監視し、国際連盟規約第十五条第三項の和協手続と同第四項の勧告手続きに関する作業を行うことを付与した。

さて、この採択前の決議案に対し、日本側はどのように対応したのであろうか。日本の国際連盟代表は同日、芳沢に大国側の斡旋でようやくこの程度に取り纏めた実情等を考慮し、この際反対しないことが得策であり、受諾するよう強く要請した。[108]

この連盟代表の芳沢に対する進言の背景には、何があったのであろうか。それは沢田事務局長から十一日当日に芳沢に宛てた発信文に見られ、イーマンス総会議長及びボンクール、ポリチス三人が佐藤に語った内話の中に存在していた。要するに、三人はそれぞれに、日本に対する非難の圧力軽減に努めたことの説明と共に、日本に受容を強く勧めたのであった。つまり、後述する三月十一日決議案の中の、第一・第二決議案は受容できると考えられること、さらに、沢田は同日、「決議案の受諾方要請について」[110]の電報において、第三決議案は「第十五条第三項ニ依ル手続及第四項ニ移ル可キ順序ヲ記載スルモノニシテ正面ヨリ之ニ反対スルコト甚タ困難」であるだけではなく、大国側が苦悩して斡旋した経緯と努力を慮り、決議案に反対しないよう芳沢に進言したのである。そして、「決議案の問題点等に関するサイモン英外相との会議について」[111]の電報において、サイモンの見解に触れ「十六条ノ適用等ニ対シテハ自分ハ反対ノ意向ヲ表シ置ケリ」と念を押した。

これに対する芳沢の回訓は、「決議案ハ当方トシテ種々意ニ反スルモノアルニ付同案採択ニ当リテハ我方ノ立場ヲ闡明シ且第十五条適用ニ対スル留保ヲ述ヘテ『アブステーン』セラレ度」[112]であった。要するに、日本政府は受諾しなかったのである。ここでいう「種々意ニ反スル」理由は、十一日「総会決議案不承認の理由について」[113]の電報において、三つあるとしている。一つ目は、総会決議が国際連盟規約第十一条によるリットン調査団が極東に到着して事業を始めている今日、第十五条を適用すれば事態を荒立てること、二つ目は、日本側が明確に反駁した二月十六日の「アピール」が、必要のない日本にのみ向けられ、国際連盟規約第十条の問題を提起して「連盟規約ニ反スル手段ニ依リ獲得セラルルコトアルヘキ情勢、条約、協約等ヲ認メス」とか「日支紛争ノ解決ヲ武力的圧迫ノ下ニ於テ求ムルコトハ規約ノ精神ニ反ス」等、あたかも日本が妥協を欠き、何らかの意図を蔵しているような印象を以て受け止められたことに対する不満であり、理由の三つ目は、委員会を作って第十五条第四項の報告案を準備させることが予想され、日本に対し威嚇を加えるような傾向があると考えられたからであった。

芳沢は、連盟の小国が無視できなくなって来ており、先行き、大国が小国を支配する懸念を払拭するための布石であることを看破し、強気になったことは否めない。[114]つまり、サイモンが努力した対日配慮や松平、佐藤らの考えた受諾の要請は、全く違った観点から日本政府によって一蹴されたのである。この芳沢の回訓の国内的な背景に外務省内の革新派や軍部がどのように関わっていたかを知る資料が未だ発見されていない。しかし、外相就任以前に仏国大使兼国際連盟日本代表部であった芳沢が、ジュネーブで満州事変の弁明の過程で関東軍の独走に翻弄され、苦渋の答弁を強いられた点に憤激していたことと、外相就任によって一挙に変節したことを考え併せると、これら両者間の矛盾を埋めるものは、外務省内の確執が芳沢に与えた影響並びに芳沢が政府に対して優位に立つに至った陸軍に異議を唱えることを諦めていたのではないかと考えられる。サイモンの奔走の汗は、ここに実を結ばなかったのである。

同十一日、各国代表一人から成る一般委員会において、決議案が採択される直前に、佐藤は日本政府から届いた訓令に基づき日本政府の態度を説明した。それは、日本は連盟諸原則を遵守して来ており、未だこれに違反してはいないこと、中国に対し領土的野心はなく、昨年九月以来の時局は日本の自衛行動であること、その根本原因が中国のボイコットにあり、特に総会に注意を喚起すること、及び日本は第十五条の適用留保の前提の下に総会に参加していること等を陳述してアブステーンすることにしたと説明した。(116)

次いで総会は、決議案に対する指名投票の結果、四五対棄権二(当事者の日本、中国)で、全会一致で採択した。

改めて、ここにおいて、上海事変が満州事変とリンクした意味は極めて大きいといわねばならない。第一決議と第三決議とは、日本にとって満州問題の回避のために第十五条適用の留保を一層難しいものにし、厳しい局面を迎えるに至った。

ここで、第十五条第三項の和協手続き及び同条第四項の勧告手続きについて簡潔に説明しなければならない。第三項手続きとは、紛争の平和的解決が可能な場合の手続きである。つまり、中国側の提議による紛争の全般に関し今後提示されるであろうリットン調査団の調査報告書と日中両国の意見書を併せ審議し、紛争を平和的に解決することが可能な手続きを定めたものである。一方、第四項手続きとは、これとは逆に、解決が不可能であることが明らかになった場合の手続きであり、連盟自身が紛争解決の勧告書を作成、公表して紛争の解決に便宜を与えようとするものである。そしてこれらの手続きを担うものが、この総会の幹部会ともいうべき「十九人委員会」であった。いずれにしても、第三項と第四項の決め手は、「リットン報告書」とそれに対する日中両国の意見書如何に掛かっていたのである。

話を元に戻せば、先の第三決議の内容には、日本が反対する「連盟十二国理事の対日勧告（アピール）」及び米国の不承認宣言の精神が取り容れられていたのであった。尚、ここにおいて、この不承認宣言内容が採用されたことが、米国を勇気付けた。

さて、第三決議中の委員会委員六人を確保するための選挙結果は、スウェーデン、チェコ、コロンビア、ポルトガル、ハンガリー、スイスが当選し、同委員会が間もなく開かれることになった。この委員会は紛争当事国の日本、中国を除く一二人の理事及び議長（イーマンス総会議長）にこの新たな六人を加え、一九人で構成されるものであった。(117) 新たな六人は中国に利権をほとんどもたない小国であり、机上の理論に走る傾向が免れず、日本はさらなる苦境が予想されたのである。重要なことは、総会が実質的に遂に満州問題を含む決議の採択をしたということであり、日本が過去、国際連盟規約第十五条の適用問題を避けて来た姿勢が、今後この「十九人委員会」の場には通用しなくなったことを意味したのである。

一方、満州で日本軍はその後も反日抵抗運動を鎮圧し、先の上海で日本軍総攻撃が敢行された三月一日と同日に、満州国政府の名において満州国独立宣言が発せられた。満州国の樹立に英国は静観の態度をとり、仏国も同様であった。米国は規定の方針に沿って反対の態度をとり、ニューヨーク金融業者に財政的援助を拒絶するように英国に働き掛けた。しかし、英国下院で実際に満州国独立問題が論議されたのは三月十一日のことで約一〇日が経過していた。即ち、建国宣言後、約一〇日後にして、関東軍参謀板垣征四郎らが予想しなかった満州問題が、国際連盟の舞台で新たな局面を伴って登場し、改めて日本に問われることとなった。十七日に初めて開かれた「十九人委員会」は、総会の統制下に直接かつ具体的に満州問題を関連付けて論議する場ともなったのである。かくして、日本代表部が国益を背負ってひたすら粉骨砕身の努力をしたにもかかわらず、第十四師団の上陸問題を契機に、日本軍の撤退の可否をめぐって紛糾し、三月十一日の決議を以て、ようやく停戦交渉の場が設定される至ったものの、日本側が最も懸念した上海事変が満州事変とリンクして俎上に載せられる可能性を一層高めたのであった。これが、ジュネーブにおける三月十一日の会議結果の経緯と意味するものであった。

第八節　三月四日の総会決議に基づく上海現地の停戦協議の開始

一　停戦協議開始に関する日本側の基本姿勢

現地上海においては、三月四日に総会が決議した停戦交渉を、如何なる経緯で始動させたのであろうか。

三月六日、外相芳沢謙吉は四日の総会決議を先の経緯から「第十五条適用反対留保ノ経緯ハ別トシテ」との立場をとり、停戦交渉に当たらせることにした。三月四日の決議以来、満州事変との絡みが緊要な停戦交渉に障害を与えてはならず、また、現に停戦交渉が停滞気味な空気を配慮してのことであった。これに伴い参謀総長閑院宮載仁親王は軍司令官白川義則に対し三日の停戦命令を厳守するよう訓令した。それに並行して、芳沢は駐華公使重光葵に停戦交渉を関係国出先官憲の援助の下に推進するよう指示した。(118)

停戦交渉に対する方針は、これ迄の経緯を踏まえ三段階に分けられた。それは、「(イ)現地ニ於ケル戦闘中止ノ確保（中略）(ロ)将来ニ亘ル停戦交渉（中略）(ハ)上海地方平静確立ニ関スル円卓会議ノ開催（中略）」であった。

既に方針中の(イ)項は総会で決議され、しかも中国側が退却している以上、如何に中国軍に対する再進出の抑止と日本軍の撤退を取り決めるかという点に問題が絞られた。この帰趨が(ロ)、(ハ)項の推進を左右することを意味していた。したがって、その難航を予想していた芳沢は、重光に対し関係国の出先官憲の援助の下に(ロ)、(ハ)項に関する日中間交渉を行うと共に、総会決議の趣旨を踏まえ将来にわたる停戦交渉と円卓会議を連携、並行して行うことを指示した。(ロ)項の停戦交渉においては「(甲)支那側攻撃的行動ノ防止（支那軍ノ兵力前進中止、我軍撤去地帯不可侵ノ保障等）（乙）我軍撤収ノ順序（丙）支那軍ノ行動監視及我軍撤去地帯ノ治安維持」の三つの問題を現地陸海軍との協議により処理するように指示した。これは東京中央における外務省と日本陸海軍中央部との調整結果でもあり、細部に関しては現地陸海軍の考え方を重視する態度を示すものであった。また(ハ)項の円卓会議の早期開催の件は、以後の上海における日本の活動の基礎条件の確立に最も重要なものであった。そのためにも芳沢は、「列国側ト共ニ（中国に対し参加を：引用者）迫ルニ便ナルカ如キ事態ヲ馴致」するよう努めること、さらに円卓会議は上海地方の平静を確立する見地から、各種問題の議論が必要であるので、当面「租界及租界周囲ノ平静維持、排日取締ニ関スル呉市長回答ノ確認並実行及上海付近支那側武器設備ノ再建禁止等」を考慮しているとした。この言質は、かつて事変勃発時点での上海総領事村井倉松の処置に不手際があったことを芳沢自身が認めたことを示していた。日本側の交渉の根底には、今次の事変収拾目的でもある上海方面の居留邦人の安全確保が最優先であり、この保障のために、紛争抑止の体制確立なしには撤兵もあり得ないこと、その実現には一定の時間が掛かることが予想され、後続の増援部隊である第十四師団の上陸と交替が考えられていたことを意味している[119]。国際連盟総会における日本軍撤兵の考え方、第十四師団の上陸に関する見解、認識とは全く逆であったことを如実に示している。尚、六日、芳沢は重光に対して、在日英国大使フランシス・リンドレーが、総会決議が行われる三月四日、芳沢外相を訪れたときの内容を紹介した。それは、駐華英国公使マイルズ・ランプソンが「日本軍ハ何等協定成立前ニ即時撤退スルコト」等の線で時局の収拾ができないかとリンドレーを通じて芳沢に申し出た[120]ということであり、中国軍が総退却した今日、ジュネーブの英国外相ジョン・サイモンの調停作業と並行して、日本側の撤退のみが解決の鍵となっていることを示していた。それは、戦勝国である日本のように、いわば余裕のある方が大乗心を以て譲るという考え方であり、これは日本側にとっては受容できるものではなかった。この問題は以下のように、現地上海では八日の重光の停戦交渉開始に関するランプソンに対する斡旋依頼に、また、ジュネーブでは、七日にサイモンの打開策が提示され、翌日、停戦交渉に関する起草委員会の設置に向けた外交問題として表面化するのである。要するに、英国の対日折衝の喫緊の課題は、日本が軍隊を撤兵させずに軍を残置させたまま外交交渉を有利に展開するのでは、軍を政治の道具に使っていることを意味し、不戦条約や国際連盟規約の明らかな違反となるため、日本に国際孤立に至るリスクを悟らせ、撤退を強く望んでいたことを窺わせている。

二　英ランプソン公使の斡旋による三月十四日「円卓会議ニ関スル草案」

かくして、現地上海の重光公使は、戦闘停止と日本軍撤兵の取り決めを討議することが急務であるにもかかわらず、中国側から申し出がないことから、停戦の交渉を開始すべく、三月八日、英ランプソン公使に仲介を依頼した。これに対する中国側の十日付の回答は、討議の範囲を戦闘行為の確然たる停止及び日本軍の「完全ナル撤退」に関する事項に限定、且つ「何等ノ条件ヲモ付セラレザル」との留保付きで交渉開始を受諾したのである[121]。ここに「完全ナル撤退」の文言が紛糾の種になった。交渉開始の口火を切ったばかりのこの段階でもう、つまずいたのである。三月四日の総会決議の三、は「戦闘ノ中止ヲ決定的ナラシメ、且日本軍ノ撤退ヲ規定スベキ商議ヲ開始」となっており、「完全ナル」という文言はどこにもないし、日本の解する「撤退」の意味は、一月二十八日以前の状態回復であり、軍の復員を意味する。そこで重光は十一日、ランプソンを通じて外交部次長郭泰棋に抗議した。その結果、郭は、外交部長羅文幹に、重光の「完全ナル」「無条件」なる文言は、連盟決議の範疇からはみ出しており、外交の基本は連盟決議の範囲内で行動し得るのであって、勝手な解釈はなし得ないと伝えると同時に、自らランプソンに対し「完全ナル撤退」と「無条件」という文言に対する日本側の解釈を明示した[122]。かくして、ランプソンは、十四日午後、総領事館にて駐華米国公使ネルソン・ジョンソン、駐華仏国公使アンリー・ウィルデン（M. Henry A. Wilden）、駐華伊国代理公使ガレアッツオ・チアノ（G. Galeazzo Ciano）等の陪席の下に、重光、郭を茶会に招待し、非公式な交渉の端緒を開いた[123]。この会議は以後にわたって四回開かれることになり、最後の第四回目においては停戦会議の叩き台となった「基本協定」が得られ、三月二十三日から公式停戦会議の開催の運びとなった。

重光は、会議結果を同日付で芳沢に以下を報告した[124]。それは、四時間にわたる商議の間、郭は「撤退交渉ニ於テ絶対ニ条件ヲ付スルコトニ反対ノ態度ヲ以テ終始」した。「他国公使モ其ノ間ヲ斡旋セルガ、大体ニ於テ此ノ点ハ支那側ノ態度ヲ支持」した。重要なことは、討議のテーマが三つあったことである。それは、①「支那側ガ我ガ方（日本軍側：引用者）ノ撤退区域ニ侵入セザル点」、②「我ガ軍ノ撤退ニ就テハ事件発生前ノ我ガ軍駐屯地域ニ之ヲ収容スルコトハ事実上困難ナルコトヲ指摘シ、租界付近ノ地域ニモ収容シ得ルヤウ余地ヲ残ス点」、③呉市長ノ排日阻止ニ関スル公文確認」であった。それぞれに対する中国側の意思は、①については、中国側は極力短期間である意味を表示しようと努めていること、②に対しては、租界外に日本軍を収容することを阻止しようとしていること、③には、政治的条件として極力これを避けようとしている、であって、これに対して重光は反駁して譲らなかったとしている。また、「特ニ排日ニ対スル呉市長ノ一月二十八日ノ書簡ヲ確認セシムルコトハ非常ニ困難」な状況に至ったことを記し、その理由に対する詮索はなされていないが、この書簡の確認行為が意味するものは、中国側が日本側の要請を受容して以降、約束したことを実際に何ら履行していないという、中国側の不誠実さを暴露することであり、それこそ今次の紛争の原因であるということを裏付けるものだったからである。日本側はこれを以後も重要視することになる。しかし、逆に、中国側はこの詮索を嫌ったし、各国公使も今さら、その点で紛糾を招来しても何も始まらないとの認識で中国寄りの態度をとり、これを回避した可能性がある。このような中で行われた協議の結果、「円卓会議ニ関スル草案[125]」のとおり了解が成立した。

円卓会議ニ関スル草案（第四六〇号電）

一、支那軍ハ後日ノ取極アル迄現在ノ位置ニ停止ス。

二、日本軍ハ一月二十八日ノ事件前ノ位置即チ共同租界及虹口地域ニ於ケル租界拡張道路ニ後退ス。但シ収容スベキ日本軍ノ兵力ニ鑑ミ、其ノ若干ハ一時前記地域ニ隣接セル地区ニ駐屯セシムルコトヲ得。

三、中立国委員ヲ含ム共同委員会ヲ以テ両軍ノ撤退ヲ監視ス。

注意

爾他ノ問題ハ論議セザルモノトス。

別記

支那当局ノ承認ノ下ニ次ノ如キ意見ノ一致ヲ見タリ。前記諸件ヲ基礎トシテ確定セル協定成立セバ、支那側ハ自発的ニ其ノ俟トナレル一月二十八日呉市長ノ書面ヲ実行ス。

尚、重光は会議に先立ち参謀長田代皖一郎と「篤ト協議[126]」したという。日本軍の撤退条件を付すことについては、中国側が強く反対したために、結果として上海市長呉鉄城の公文を確認することを止め、中国の意思を容認し譲歩した形で、停戦と撤兵を主とし、「別記」と書かれたいわゆる「セパレート・ノート」に落ち着いたといえる。尚、この「セパレート・ノート」が、以後、停戦交渉に係わる排日根絶の象徴的な意味をもつものとなる。これは、呉市長の書簡が排日ボイコットの中止、排日団体の解散を約束していたからである。したがって日本側としては、「別記」の文言を挿入することによって中国側にその履行を求めたのである。郭は政府に、ただ単に報告して訓令を待つだけであると、その問題を最初から回避する姿勢を見せた。[127]これが以後にわたって円卓会議の開催は政治的条件であるとする、一徹な中国側の反対姿勢を予告していたといえる。かくして重光は、この報告の中に「円卓会議ニ関スル草案」を次の正式会議に公式承認されるようにしたいと考え、芳沢宛てに至急回訓を要請した。二月二十九日の総会決議の根本原則である「停戦協定」、その後に「円卓会議」に則り進めるという考え方に立つ以上、日本側にとって、軍事的勝利にもかかわらず、外交的に不利な状況を包摂したまま、前に進むことを意味した。尚、呉市長回答の確認は「支那側内政上ノ困難ニ鑑ミ、停戦交渉終結スル迄一切発表セザルコト」となったと付け加えた。[128]

第九節　満州国家成立問題をめぐる主要国との応酬

満州国建国宣言が発せられた翌二日、在英臨時代理大使沢田廉三から芳沢外相宛てに英米関係の実情を語る重要な電報が届いた。[129] これは英国下院において議員のセイモア・コックス（Seymour Cocks）と外務省政務次官アンソニー・イーデンとの間の質疑応答形式で行われたものであった。コックスは、一月に米国のスチムソン国務長官が日本に対して条約尊重を呼び掛けたにもかかわらず、英国政府は日本の声明を信頼し、米国同様の措置に出なかったのは甚だ遺憾であること、その結果、日本に対し、英国は門戸開放のみに関心を置き、他のことに関しては余り関心がないとの誤った認識を植え付けたこと、このため日本軍閥の軍事行動を助長させ、満州国政府の成立もこのためではないか、と英国政府批判を行うと共に、今後現行条約遵守の態度に徹するよう忠告したのであった。

これに対しイーデンは、日本政府は中国に対し何ら領土的野心はないこと、門戸開放主義や九国条約の尊重をしばしば声明している事実を総合的に判断すれば、日本は満州独立運動に関係していないと知るに十分であり、英国政府の態度がその運動に助長的影響を与えているとは考えられないこと、「支那ニ独立政府ノ成立セルコトハ華府条約後モ屢々先例アルコト」、また、英国政府が特別の措置に出ないのは米国政府と異なり九国条約調印国であると同時に連盟の一員であり、しかもリットン調査団が満州にて調査を始めようとし、且つ、連盟総会も開催されようとしているときでもあり、「特ニ連盟ト別個ノ措置ヲ講スルノ要ヲ認メサルカ為ナリ」と、連盟主導者の立場を強調した。そして、「連盟及米国ト協調シテ日支紛争ノ平和的解決ヲ計ルコトハ我政府ノ終始一貫セル方針」[130] であると結んだ。これらは英国政府としての過去の経緯との繋がりに矛盾がないと同時に、既に英米両国間の対日政策の歩み寄りも必要であるとの認識も並行して進んでいることを意味した。満州国建国宣言と第三次総攻撃をめぐる日本の対応が英国を遠ざけていく過程を物語っていた。

実際に三月一日の建国宣言による影響が現れるのは、十一日の総会決議が「満州新国家非承認」の決議案を採択したころからであった。日本側の懸念事項であった満州問題に、より以上にスポットが当てられ、関東軍参謀の謀略による建国自体はできたものの、逆に連盟の環視の目が一層強く満州に注がれ始めたことを立証している。

その顚末は、最初から問題をはらんでいた。何故なら、建国が成功した後の経営は中国をはじめ連盟、英米等の列国との協調は不可欠なはずであるからである。確かに、満州事変前の一九三一（昭和六）年三月、板垣征四郎は陸軍士官学校で「軍事上より観たる満蒙に就いて」を講話したように、また、事変前後の軍人の著作が物語るように、満蒙の資源は豊富であって国防資源のほとんどを有し、日本の自給自足上不可欠と認識していた。利権回収に基づく満州の排日運動が激化しつつある中で、板垣は満蒙問題を軍事力で解決し、満蒙を明確に日満アウタルキー（日満自給自足圏）を成立させる地と見なしていた[131]。そこには、日満以外の第三国に対する、あるいは国際的な配慮の余地はなく、日満経済ブロックが確立さえすればそれで良しとした可能性がある。ともあれ、一考すべきことは、この満州国建国に対し、殊に連盟諸国や米国はどのような反応を示したのかであり、日本がこの建国宣言にどのような態度を示したのかである。

十日の英国下院では、「日本政府ハ満州独立政府ノ成立ヲ援助セリト報告シタルハ驚クノ外ナク」、英国政府としては「連盟規約第十条及九国条約第一条第一項ノ義務違反ナリトシテ日本政府ノ注意」を喚起する考えはないかとの質疑に対し、イーデンは「日本ハ自治体ニモ等シキ満州独立政府ノ成立ヲ好意ヲ以テ迎ヘタリト述ヘタルニ過キス」と答弁し、天津派兵の噂と共にこれらを否定している。「租界問題又ハ英支間懸案事項等ニ関連スル政治問題ニ拘束セラルルコトナク解決」を目指す英国政府としては、先の三月四日の総会決議は二月二十九日連盟理事会の決議を基本線にして行われたのであって、「上海地方的商議ノ成立セサル故ヲ以テ前述総会ノ決議依ル会議カ決裂セリト言フヲ得ス」と、連盟活動を軸にした対処の意向を明言し、議会での紛糾を抑えたのであった[132]。

一方、米国においては、停戦交渉の進捗に伴い日中問題の新聞記事は下火になり、三月十一日付ニューヨーク総領事堀内謙介から芳沢外相に宛てた「対日経済絶交説に反対の新聞論調等について[133]」において、「実業方面ノ大勢モ（対日：引用者）経済絶交反対ニ傾キ居ルモノト観測」すると報告した。しかし、もともと米国世論は日露戦争以後の日本の満州経営に対する不満が根深いことから、芳沢外相はこれを和らげるために、自ら積極的に説明する必要があると考えた。そこで「新国家成立ニ関スル我カ対外説明振」と題して事務局長沢田節蔵と在米大使出渕勝次に以下の三大原則を示した。それは「今次満州ニ成立セル所謂新国家ナルモノハ満州事変ニ伴フ東北政情ノ変動ト満州特異ノ政治的環境ニ基ク東北四省人民ノ希望ト努力ノ発現セルモノ」であり、日本としては満州の政情や今後の推移如何に関し、多大に関心を以てこれを注視する必要があり、今後の対満政策の基調は三つあるとしたのである。即ち、一つ目は、（国防の第一線）治安維持であり、二つ目は、日本国民の感情及び歴史的関係であり、三つ目は、満州における日本の権益の尊重であった[134]。

一方、肝心の満州国政府は、どのような対外態度をとったのであろうか。満州国外交部長謝介石は十二日、まず一七カ国の外務大臣宛ての対外通電を発し、新国家建設の理由を述べた。それは、「東北各省ヲ統括シタル張学良」政権は自己の利益のみを求め、「官界腐敗ノ結果苛斂誅求」が国民を困窮に陥れ、かつ排外政策の断行が国交を破壊したこと、他方の「支那本国」は軍閥割拠して統一政府がなく、「国民全体一日トシテ平和ナル日ヲ見タル事」がないので「満州国民ハ旧軍閥権力ノ一掃サレタル」この機に新国家を建設したとしたのであった。これは日本が満州建国に関与していないということを示すものではあったが[135]、それだけに以後の日本政府の態度に国際社会から注目が集まる可能性が高くなった。

十四日、芳沢外相は東京の英リンドレー大使の質問に対する対談内容を連盟の沢田に伝え、日本政府の「満州国にたいし差当り不承認」の態度をとるよう指示したのであった[136]。その質問とは、まずリンドレーが「（英国としては満州国が：引用者）独立政権ナラハ対外関係ニ於テ差迄懸念スヘキ事柄ナキモ新国家トナラハ種々ノ困難ヲ発生スル」とし、因みに新国家を承認すれば海関問題、治外法権問題他の新たな難問を伴うため、南京政府を承認した英国としては新国家を承認できないと述べ、芳沢の意見を問うたのであった。

これに対し芳沢は、満州人が嫌悪している張学良が去った後、満州の統治に関する日中間の直接交渉が望めない情勢下にあるからこそ、治安維持会が発達し、主体的に民族運動を興し、それが新国家樹立運動に進化し、今回の新国家の出現に至ったと説明した。そして、「独立国家其ノモノハ支那人ノ樹立ニ係ルト同時ニ東京政府ニ於テハ全然関係ナキ次第」ではあるものの、日本としては、「勿論無関心ナル能ハス此ノ際独立国家成立ニ際シ日本政府トシテノ態度」を決定したこと、そしてその決定の内容は、英国政府には秘情報であるとしたうえで、「日本政府トシテハ少クトモ差当リ承認ヲ与ヘサルコト」に決定したと説明したのである。そして将来は「日本政府トシテハ南方政権カ満州ニ於テ再ヒ出現スルコトモアラムカ同地ニ於ケル我甚大ナル権益ハ忽チ覆没ヲ免レサルヘク如此事態ハ到底我方ノ容認シ難キ所ナリ」と、先行き南方政府の出方如何によっては満州国の承認とその治安維持もあり得るという含みを残した。かくして、この対談を通じて日本が当面承認を与えない方針であるという確証を得たリンドレーは「自分ノ個人的観察モ亦同様ナリ」と述べたので、芳沢は英国政府の総会の進捗に対する協力に感謝し、日英協調の意向を相互に確認して和やかな内に対談を終わった。

ジュネーブの総会は未だ終了した訳ではなく、議長はいつでも招集可能であった。さらに「十九人委員会」は五月一日迄に第一次報告の提出が義務付けられていたし、過激な決議案を提出したスペイン、ノルウェー、スウェーデン、コロンビア等の委員が日中紛争や上海事変の行く末を注視していた。つまり、満州新国家成立問題は、「各方面ノ注意ヲ喚起シ現ニ同国ハ主要国ノ承認ヲ求ムルニ決セル旨ノ風説サヘ伝ヘラレツツアル」のであり、日本の連盟代表は独立政権ではなく新国家成立問題という新たな満州問題に遭遇したのであった。(137)

沢田事務局長は三月十五日、もしこの新国家を日本が単独で承認することがあれば国際世論が沸騰し、「支那派遣調査委員会ノ最終報告ヲ待タスシテ十九人委員会等ニテ論議盛トナリ」「大国側ニ於テモ亦我方ニ対スル態度ヲ変更スル処」があること、また、米国側にも一層険悪な空気を作ることが容易に考えられるので、新国家の正式承認は当分差し控えるべきであると進言し、政府方針を請訓した。(138)そして、リットン調査委員の報告が「我方ニ有利ナルヤ否ヤハ之ヲ予断スルヲ得ス或ハ満州ニ於ケル我行動ニ付相当不利益ナル報告ヲ提出スルコトナキヲ保セス」と観測し、次の二つのことを芳沢外相に進言した。一つ目は、殊に小国側の反対の態度が硬化する可能性が高く、「帝国ハ全世界ニ直面シテ争フヘキ破目ニ陥ル」可能性があるため「其際ニ処スヘキ方策乃至連盟脱退ニ関スル利害得失等」に関し、真剣に考慮すべきであること、二つ目は、満州に関しては九国条約の主唱者である米国の世論ないし政策が「常ニ連盟ニ反映シ其形勢ヲ助長スル」ので、「対米関係ノ善導方ニ付大ニ留意」するように促したのであった。日本が満州事変以降、上海事変審議のための総会半ばの段階で、連盟主要国の英国、小国及び九国条約主導国の米国を前にして、連盟代表が日本は世界環視の中で、如何なる位置にあるかを訴えたのであった。そして連盟脱退という言質が、外交第一線にある連盟代表部から外交舞台に取り上げられ、検討の俎上に載せられたことは、特筆すべきことであった。

首相犬養毅は、いまだ政府方針を明らかにしていなかったが、満州国建国は九国条約第一条に違反することを知っており、満州国の形式的領有権は中国にあることを認めつつ、実質的には満州国を日本の経済的支配下に置くという考えであった。芳沢の見解は基本的にこれに沿ったもので、連盟代表と見解を同じくしていたといえるが、問題は外相が革新派や陸軍との係わりにおいて、どれ程その主張を貫けるかであったと推測される。

連盟総会の米国への配慮が目立ち始めた。米国政府が上海租界に利害関係を有する他の列国との間にしばしば協力をなしている事実を慮り、ドラモンド事務総長は三月十一日の総会当日、在スイス米国公使ヒュー・ウィルソン（Hugh Robert Wilson）に「本日総会ノ採択セル決議ヲ貴国政府ノ参考ニ供スル為」に書簡を送った。決議内容はまさに九国条約、「スチムソン・ドクトリン」の受容を意味するものであったからでもある。そしてドラモンドは、同公使から「米国政府ハ総会ノ執リタル措置ニ対シ満足ノ意ヲ表ス特ニ各国カ諸種条約ニ違反シテ獲得セル結果ヲ承認セストノ政策ヲ遂行スルニ一致セルヲ確認スルヲ欣幸トス」との返信を得ている[139]。総長が上海租界における米国の貢献と九国条約に関する発言力の重さを重要視していること、米国の連盟総会に対する信頼を高めつつあることを示している。これは実質的に総会の運営理念が米国の外交理念に本質的に一致しつつあることを意味し、日本側はさらに苦しい立場に立たされることになる。

先の沢田が十五日に芳沢に宛てた新国家に対する政府の根本方針を請訓した回答が、十五日即日に届いた[140]。それは新国家の出現が「帝国及新国家ノ対外関係ニ出来得ル限リ支障ヲ生セシメサルコトヲ念トシ新国家カ先ツ其ノ内部ヲ充実シテ堅実ナル発達ヲ遂ケ漸次対外関係殊ニ条約問題乃至承認問題ノ展開ヲ計ルノ態度ニ出ツル様之ヲ誘導スル」こと、但し、国際環境を推して満州国の軽率な承認を戒め、とはいうものの、新国家への内部充実の援助をしつつ、時期を待つのを指示することで、犬養首相のもともとの満州国建国反対論と外務省革新派、陸軍とのバランスを図り、当面の急場を凌いだと見られる。

第十節　三月十四日「円卓会議ニ関スル草案」をめぐる日本陸軍の交渉姿勢と展開

一　「円卓会議ニ関スル草案」に対し日本側が示した交渉姿勢の二つの変化

駐華公使重光葵が円卓会議草案に対する回訓を要請した三月十四日、日本側の交渉の姿勢に大きな変化が現れた。現地上海の交渉の進め方に、陸軍中央部からストップが掛かり、外交官の重光を軸としたものから陸軍主導の流れに変わっていくのである。参謀次長真崎甚三郎は上海派遣軍参謀長田代皖一郎に、「出先官憲ニ対シ、停戦・休戦ハ統帥ノ範囲ニシテ貴軍ノ任務達成上直接関係アルモノナルコトヲ了知セシメ、今後ハ軍側ガ主体トナリテ実施シ、之ニ関スル報告等モ亦此ノ主旨ニ副フヤウ致シ度シ。右将来ニモ関係アルニ付為念。」と、停戦・休戦は統帥事項であり、今後は軍側が主体となって交渉を行うよう命じたのである[141]。田代に宛て、「統帥綱領」に則り、軍が主導権を以て担任することを外務省及び現地外務官憲に対する確認と徹底を図ったのである[142]。事実、この真崎の訓電以来、上海現地の陸軍の態度が硬化し、また東京中央でも外務省の陸軍に対する配慮、遠慮が目立つようになった。海軍軍令部編の『日支停戦協定経過概要（昭和七年）』は、「其ノ後重光公使ノ交渉ニモ充分陸軍側ノ主張ヲ加フルコトトナリ前記基礎案ハ之ヲ其ノ侭トシ軍ノ要求スル細目ハ付属書ニ依ルコトトセル次第ナリ」と記している[143]。要するに重光の外交主導型で進めている停戦・休戦交渉は、以後、統帥事項として外務主導型から陸軍主導型に転換したのである。ということは、上海警備の主導権をもっている海軍は、それ迄の重光と連携してなすべき外交交渉の舞台から降ろされ、新たに陸軍が主導する停戦交渉舞台において、その陸軍を補佐する位置に置かれたことを意味した。

この原因は三つあるように考えられる。

一つ目は、先の二月二十八日非公式会談において軍事的専門性を必要とする問題が、松岡洋右という私的性格の独断的な人物によって軽々に扱われた、と陸軍が不満をもったことである。[144]

二つ目は、その会談結果は政府請訓中であり、受容される確証もなく、全く別の内容にもなる可能性が高く、また、先の二月二十八日の私的会談における日本側の会談内容が秘扱いであったにもかかわらず、それが英国によって漏洩し、結果は全く日本政府の企図に反するという不利な環境を作ったことであった。[145]この対英不信感の兆候を裏付けるように、時計を少し前に戻した満州事変直後の十一月四日、陸軍次官小磯国昭が関東軍参謀長三宅光治に宛てた文書の中に、「今ヤ帝国ハ英国ノ功利的極東策カ東洋平和ニ有害ナルヘキヲ反省セシムルニ務ムル」と共に、英国主導下の連盟の対中認識に警戒すべきであると説いていた。さらに小磯は、上海事変直前の一九三二年一月二十二日に、「排英宣伝緩和ノ件」と題する朝鮮軍、支那駐屯軍、台湾軍宛ての文書の「対列国策ニ関スル件」において、特に英ランプソン公使の帰国召還を機に、「英国ノ態度イカンニヨリテハ中支方面ニオイテハアルイハ彼ト提携シ対支那本部策ヲ進ムルヲ有利トスル場合ナキヲ保シ難キヲ以テ英国ノ対極東政策ノ転換ホボ明」らかとなったとし、「コノ際従来ノ対英態度ニ考量ヲ加フルコト必要ナリト思考セラレ右外務モ同意見ナリ」と、これ迄の甘い認識を是正し、陸軍主導性を表に打ち出す方針へ変更した。[146]

三つ目は、陸軍が重光の停戦に関する具体的な交渉能力に問題があると感じたことである。停戦交渉は開始に先立って日中間の軍事的情勢を大局的に判断したうえで、最優先の軍事的対応を決断すべきであって、中国側の反対に遭ったからといって軽々に引き下がることは戒めるべきであり、そのための、過去の軍事命令との関連を十分に把握できる軍事的な専門性が不可欠と判断したといえる。以下に触れる田代参謀長の意見内容からも分かるように、その点において重光は不適であると考えられたことが分かる。重光の参画した円卓会議草案にも陸軍には釈然としたものがなく、論理を欠き不安感をもたらしたといえる。同時にこれは重光と事前に協議した田代の対応の甘さが、陸軍中央部をして反省を促すようになったことを意味している。

注目すべきことは、参謀次長真崎甚三郎が抱く軍の外交主導権の掌握に対する信念、上海派遣軍の一部を北満転用せざるを得ない内情（後述）、国際連盟の強硬な撤兵要請等の諸要素を配慮して、三月十四日に、陸軍中央は第一次帰還命令（「臨参命第十七号」）を発令し、第十四師団が上陸完了した後の十八日より、混成第二十四旅団を皮切りに第十一師団の帰還を開始した。

さて、先の真崎参謀次長の訓電内容に沿って田代参謀長が、十四日の円卓会議草案に関する重光公使発芳沢外相宛の請訓内容を修正する形で以下の意見を作成し、上程、返信した。[147] いわゆる自省の結果の上程であり、上海現地の軍事と外交の乖離を如実に示したことになる。

上軍参第二〇九号

一、第一項ハ大体ニ於テ差支ナキモ、正式会議ニ於テハ地点ヲ以テ明確ニ指示スルコト必要ナリ、之ガ為三月八日軍司令官ノ声明線ヲ以テ境界トナスコト。

二、第二項ハ動モスレバ日本軍全部ヲ内地ニ引揚グル階梯トシテ一時的ニ駐留スル如ク解セラルル虞少カラズ、若シ円卓会議ニシテ渋滞ナク開カルル場合ニハ之ニテ差支無カルベキモ、之ガ迅速ナル開催ヲ予期シ難キ今日、斯クノ如キ線ヘ撤退ヲ約束スルハ、将来外国人ヲシテ日本軍ノ完全撤退ニ関シ容喙セシムルノ因ヲ残スニ至ルベシ、従ツテ現地ニ於テハ我ガ軍ノ撤退線ハ両軍離隔ヲ目途トシ、楊行・江湾・租界西北端ノ線ニ定ムルヲ要ス。

三、第三項ハ別ニ中央ヨリ訓令セラレアラザルモ、総会決議文ノ精神ヨリ見テ差支ナカルベシ。

四、排日ノ禁止ハ軍ノ任務ニ鑑ミ絶対ニ必要ナル処、本基礎案ノ如キ不徹底ナル形式ノ下ニ結バレタル約束ハ、実行ヲ期スルコト能ハザルハ明ナリ。

五、右ノ外、撤退地区ニ於ケル治安維持モ、軍ノ撤退ト同時ニ協定シ置クコト必要ナリ、然ルニ基礎案ニハ全然此ノ点ニ触レアラズ。

停戦条件ニ関スル軍ノ意見以上ノ如シ、然レドモ此ノ際強ヒテ四・五ヲ持チ出ストキハ、停戦会議其ノモノノ成立モ見込無キコト予測ニ難カラザル所ニシテ、斯クテハ国際連盟ノ決議並ニ当地ニ於ケル我ガ国ノ国際的立場ニ鑑ミ、帝国ノ為不利ナルヲ以テ、結局

第一案

右第一乃至第五ヲ包含セル条件ヲ以テ会議ヲ開キ、成立セザル場合軍ハ独自ノ立場ニ於テ守備線及兵力ヲ整理シ、一部ヲ以テ長期駐兵セシメ徐ニ解決ヲ待ツ案

第二案

最初ヨリ両軍離隔ノ事項(第一乃至第三項)ノミヲ条件トシテ停戦ヲ会議シ、其ノ際排日取締・中立地帯ノ設定等、上海付近平静維持ニ関スル件ヲ円卓会議ニ於テ

確立セラレタル上、日本軍ハ完全ナル撤兵ヲ行フ旨ヲ通告(保留)シ置ク案
ノ二案ニ在ル処、全般ノ情勢殊ニ支那側ノ意向ニ鑑ミ、此ノ際寧ロ第二案ヲ採用シ先ヅ停戦ヲ解決シ、徐ニ円卓会議開催ノ時期ヲ待ツ方有利ナリト感ゼラル。今ヤ支那及外国ノ意向モ既ニ明瞭トナリ、帝国トシテハ最後ノ腹ヲ極ムル時期ニ到達セリト認ムルヲ以テ、本件ニ関シ公使及松岡氏トモ篤ト意見ヲ交換シタルモ一致ヲ見ルニ至ラズ、就テハ公使ノ意見ヲモ参酌セラレ至急御決定ノ上、御訓電ヲ乞フ。

これは、次の四つのことを意味している。

一つ目は、日本軍の撤退に関する円卓会議等の開催も予期し難い現状において軽々に日本側から撤退線の話をもち出すのではなく、撤退線は両軍離隔に便な線とすべきであるという軍事専門的な具体策を示したことである。これは、中国側のみではなく外国側に、日本軍撤退に対する容喙を封じる意味ももっていた。日本軍が中国軍を駆逐した優位な立場にあるという心理が働いていることは事実であり、中国側の強い反対に対する軽率な譲歩を戒めている。

二つ目は、排日運動の根絶は軍の任務に不可欠であるにもかかわらず、「セパレート・ノート」のように腰を引いていては実行が望めないとし、履行義務のある中国側に対する交渉姿勢の甘さを強く非難していることである。

三つ目は、撤退地区の治安維持に確証がなく、撤退と同時に協定することが不可欠であると主張していることである。これは軍事、警察の治安維持に重要な視点であった。

四つ目は、以上のような条件を加味して会議に臨み、協定が成立しなかった場合の選択肢が全くないことへの不満と同時に、その場合の交渉条件の絞り込みと譲歩内容迄セットにして考えるべきことを示していることである。

これだけの軍事専門的な意見を田代自ら筆を執り、上海派遣軍の意見として上申したということは、先の円卓会議の草案作成過程で、重光が田代と「篤ト協議」したとはいうものの、田代自身が思考の不足を暗に認め、重光との意思疎通にも問題があることを自戒しているのであった。

十六日、この上海派遣軍の意見に対し、真崎は満足し、「貴軍意見ノ如ク、第二案ノ趣旨ニ依リ先ヅ停戦交渉ノミヲ進メラルベシ。但シ会議ノ進行ニ伴ヒ、第二項ヲ中立地帯設定ニ有効ニ資スル如ク活用ヲ望ム、又飛行機ノ偵察ハ何等拘束ヲ受クルモノニアラザルコトヲ了解セシメ置クノ要アルベシ。[148]」と回訓を発した。そして以後の交渉は、こ

れに沿って行われるに至ったのである。

これより先の十五日、田代が真崎に対する返信を作成中、重光は並行して外交ルートの動きを継続した。ランプソンを往訪し、十四日の「円卓会議ニ関スル草案」第三項（中立国委員を含む共同委員会が両軍の撤退を監視）の修正案を彼に手交した[149]。それは、「三、中立国委員ヲ含ム共同委員会ハ、第一・第二項ノ下ニ協定セル撤退ヲ確認シ、且爾後ノ協定成立スル迄撤退地域一般ノ情況ヲ監視スルモノトス。」というものであり、この修正案に対し、芳沢外相は十六日付、第三項は「且爾後ノ協定成立」以下を「後日何等協定成立スル迄、撤収地帯ノ治安ヲ維持スルニ必要ナル適当ノ『アレンヂメント』ヲナス」と修正を指示した[150]。かくして上海現地の外務・軍の間の意思の相違が、中央部において陸軍主導により是正と統一が図られた。

かくして上海の外交機関と派遣軍とが意見対立により日時を要したので、その間ランプソンや当時上海に滞在中（三月十四日到着）であったリットン調査団から停戦会議開催の督促を受けた。十八日、芳沢は重光に、「貴公使ニ於テ軍側ト十分密接ナル連絡ヲ取リ、地点等ヲ明確ニ打合セタル上、之ガ貫徹方ニ努力セラレ度シトノコトナリ。……（略）……、右了解ノ下ニ軍側トノ合意成立シタル次第ナルニ付、特ニ御含置相成度。」と打電した[151]。それは、芳沢が如何に陸軍に配慮し、撤収地域確保を慎重に進めようとしていたかを物語っている。尚、ビクター・ブルワー・リットン（Victor A. G. R. Bulwer-Lytton）が上海を去って杭州に移動するのは、三月二十六日のことであった。

二　三月十九日（第二・三回予備会談）と二十一日第四回予備会談の基本協定（三月二十四日の停戦本会議の停戦協定案）

これらの検討・調整結果は、上海現地の居留邦人の安寧を回復維持する条件を満たすものといえた。この調整案を元に、十九日、英国総領事館において第二・三回の非公式会談が開かれた。四国公使斡旋の下に重光公使と郭外交部次長の間に協定（三則）を得た[152]。先の「円卓会議ニ関スル草案」に比し、かなり具体的に進展している。

協定案（十九日の第二回予備会談結果、四国公使斡旋）

日支間ノ戦闘行為中止ヲ決定的ナラシムベキコト、並ニ日本軍ノ撤収ハ左記条項ニ従ヒ規律セラルベキコトヲ協定ス。

一、支那軍ハ後日協定ノ成立ヲ見ル迄其ノ現在ノ位置ニ留マルベク、支那側当局ハ右位置ヲ明示スベシ。

若シ右ニ関シ何等ノ疑義生ズルトキハ、参加友国代表者ニ於テ問題トナレル位置ヲ確定スベシ。

二、日本軍ハ一九三二年一月二十八日ノ事件前ノ通リ、共同租界並ニ虹口地区ノ租界外拡張道路ニ撤収スベシ、但シ収容セラルベキ日本軍ノ兵数ニ顧ミ、其ノ若干ハ臨時上記地域ニ隣接ノ箇所ニ駐屯セザルベカラザルベキコトヲ認ム、日本側当局ハ右箇所ヲ明示スベシ。若シ右ニ関シ何等ノ疑義生ズルトキハ、参加友国代表者ニ於テ問題トナレル箇所ヲ確定スベシ。

三、相互ノ撤収ヲ確認スル為、参加友国代表者ヲ委員トシテ含ム混合委員会ヲ設置スベシ、又右委員会ハ撤収スル日本軍ト之ニ代リ到来スル支那警察トノ間ノ接収手続ニ協力スベシ、右委員会ノ構成並ニ執務手続ハ別添付属書ニ於テ明示セラルル通リトス。

第五一三号電

付属書

共同委員会（原文どおり。混合委員会のこと：引用者）ハ十二名即チ日支両国政府及三月四日ノ国際連盟総会決議ニ基キ交渉ヲ援助スベキ友国ノ代表者タル在支米・英・仏・伊各外交代表ノ出ス夫々一名宛ノ非軍人及軍人タル代表者ヨリ構成セラルベシ。（共同委員会の：引用者）委員ハ委員会ノ決議ニ基キ随時必要ト認ムル数ノ補助員ヲ使用ス、執務手続ニ関スル一切ノ事項ハ委員会ノ裁量ニ委シ、委員会ノ決議ハ多数決ニ依リ、委員長ハ決定投票権ヲ有ス、委員長ハ委員会ニ於テ参加友国ヲ代表スル委員中ヨリ選挙セラルベシ。

第五一四号電

一致セル議事録又ハ別個ノ支那政府自発的宣言一般的状況ヲ緩和シ且当該地域ニ於ケル安定及正常状態ノ迅速ナル回復ヲ確保スル為、支那政府ハ速ニ自発的ニ上海租界付近ノ撤兵地域ニ於ケル治安維持ノ為特別警察隊（中略）ヲ設クルノ意志アルコトヲ茲ニ通告ス。

協定第三項ノ末尾ヨリ二番目ノ文ニ掲載セラレタル「到来スベキ支那警察」トハ、前記特別警察隊タルベキモノト了解セラルベシ。

要するに、これら三つの項目、①中国軍は後日取り決め成立迄現在点に駐屯する、②日本軍は停戦正式会議が定める計画に沿って撤退する、③前二項の監視目的の混合委員会を組織する、が本会議の議論の柱となり、最終的に停戦協定の原型をなすものであった。この協定案の日本側に見る特色は二つあった。

一つ目は、日本側は当面する停戦交渉を絶対に頓挫させないことを最優先課題としたために、排日問題は協定成立後の円卓会議において検討するとして大きく譲歩したことである。その理由は、外交部長羅文幹の記者団に対する談話[153]に表れている。羅は「この会議は国際連盟の決議による敵対行為の停止と日本軍の撤退について討議するのであり、所謂円卓会議ではないのであり、我が方は軍事問題について議事を進めることを主張し、政治問題に係わっていない……若し日本側が、軍人が主体となる場合は政治問題を出す可能性があり、上海和平の実現は良い結果を得ることは恐らく難しいであろう。」と発言しており、また、現地交渉に当たった郭外交部次長も、同様に、「セパレート・ノート」に基づく交渉を拒否した。もともと排日の絶滅ということ自体が中国側にとっても至難の命題であるうえに、日本の交渉主体が外交部から軍部に代わったことへの警戒が、十九日の会議の結果をもたらしたといえる。寧ろ軍主導体制になったことを好機としているともいえる。この会議の協定案が成立して以来、排日の根源を断つための円卓会議の実現を企図した直接的な表現がこの討議以降、文面から姿を消したのである。

二つ目の特色は、日本側に新たな問題が発生し、この停戦会議に関する日本側の代表を誰にするかというものであった。重光公使は回想録に、「停戦交渉を始めるというところまでこぎつけたのは、英米側の仲介による日本公使と中国外交次長との交渉で実現したので、今後も外交交渉でやりたいと言って中国側は日本軍当局と話し合うことには容易に承知しなかった。従来の経緯からみて中国側はもちろん、英米等の第三国側もこの停戦交渉は日本公使と話し合いをするほかに解決方法はないとしていたのである。ところが、軍側では停戦協定というのは統帥権の発動だからこの交渉には軍人が当たらねばならないという立場をとり、政府は植田師団長をその首席委員とし、私を次席委員、田代（陸軍）、嶋田〈繁太郎〉（海軍）両参謀長を委員に任命した。」とし、さらに「中国側は郭泰祺外交部次長が首席委員となり、蔣光鼐《しょうこうだい》将軍、黄強第十九路軍参謀長が委員となった。私は中国側や、英米側に『日本の事情でやむを得ないが、実際には私が交渉をやるのだから』と伝えて了解を得て交渉を進めることができた。」と記している[154]。

重光には、満州事変時の陸軍の暴走の記憶があり、また、今次は上海事変前、海軍の一部の軍人が排日抑圧のために独自の兵力展開を行う等と豪語していた状況から、外交の主導性を発揮すべきであると考えたことは間違いないが、田代参謀長は重光にとって肌の合う軍人であったと考えられる。田代は謹厳実直な性格で、事変前から停戦交渉に関して重光と意思疎通を図っていたものの、重光に代わって交渉の表に立つことは考えていなかったようである。しかし、真崎参謀次長は田代自身の個人的属性は別問題として、軍の統帥事項の一環として停戦交渉を掌握すると強調することで、停戦交渉はもちろん、以後の満蒙問題の有利な解決路線の強化を目指し、田代に暗に強制したものと見られる。日本国内の特殊な事情にある統帥権独立の考え方を国際舞台に適用することによって、中国や第三国は一驚したと想像されるが、それだけ日本陸軍は国際的な良識に歪みを感じさせるものになっていた。同時に、外交部は陸軍にとって信頼を失いつつあったという側面も否定できない。外務省は陸軍中央部と協議のうえ、芳沢外相発重光公使宛「陸軍ノ立場ニ関スル報告ヲ受領スル迄回訓ヲ差控フルヲ以テ正式交渉ニ移サザル趣」であることを指示する有様であった[155]。さらに現実には真崎の訓令がなされて以降というものは、上海における陸軍と外務官憲との間には日本側の撤退地域に関して意見の一致が得られにくくなり、徒らに時日を費やすことになった。英ランプソン公使から連日のように停戦会議促進の督促があり、且つ上海調査委員会もその開催を急いでいたのである。要するに、日本側の交渉メンバーには軍人である第九師団長植田謙吉が首席委員に、また文官である重光公使が次席委員となった。他方の中国側は文官の郭外交部次長が首席委員であった。

さて、ここで、先述の協定案（三月十九日の第二回予備会談）に対する日本側の認識について触れておきたい。

二十日、上海派遣軍は中央部に、この十九日会議の背景と経緯を説明すると共に、現地の陸海軍及び外務当局と折衝した結果の基本的な考え方と処置案を報告した[156]。それは、第一項の中国軍がとどまるべき現在位置は、常熟、昆山、松江を連ねる線とすべきであり、最後の譲歩案も用意する必要があること、第二項の日本軍の撤兵地域には呉淞鎮付近を含む地域の明示が本会議で必要なこと、第三項の中間地域の治安維持の方法に関しては、「結局支那巡警ヲ以テ日本軍ト警備ヲ引継グ間委員会ガ斡旋スベシトノ案」に一応の落ち着きを見たというものであった。

重光公使は治安維持を担う実体組織としては第一に国際軍隊案、第二に工部局案、第三に中国警察及び国際警察隊案を主張したが、中国警察を軽視した案である故に、米ジョンソン公使が最も強くこれに反対し、その他の公使も難色を示したため、いずれも成立の見込みが立たなかった。そこで重光は、最後の案として本書三六三頁で触れたように「後日何等協定成立スル迄、撤収地帯ノ治安ヲ維持スルニ必要ナル適当ノ『アレンヂメント』ヲナス」案を持ち出したが、米国公使をはじめ英国以外の国々の公使の賛成が得られず、代わりに「支那巡警ヲ以テ日本軍ト警備ヲ引継グ間委員会ガ斡旋スベシ」との案が出たことから、重光はこの案であれば幾分なりとも日本に有利であろうとの判断からこれに同意した。しかし、日本軍の見地からは、中国巡警を以て引き継ぐことは到底実際に実行できないのは、済南出兵の例からも明らかであった。したがって、重光の質疑に中国側は数日で引き継ぎはできると答えたものの、もしこの案が採用されれば現実的には机上の議論でカバーできない複雑な要素が係わり、日本軍としては掣肘される不利益があると考えられた。そこで上海派遣軍は、公使の労も無にできないことから「会議ニ於テハ最少《ママ》限ノ時日ヲ約束シ、之ガ実行セラレザル場合ニ於テハ、軍トシテ行動ノ自由ヲ保留スルコトニスル外無カルベシ」と考えられると陸軍中央部へ打電し、同意を得たのである[157]。

三月二十二日、現地の外務、陸海軍は、統帥上の必要事項と政府訓令の主旨を取り入れた付属書を作成し、これを付加して日本案とし、二十三日から予定されている正式会議に持ち出すことになった[158]。先の十九日の予備会議時の「協定案」と今次の「停戦協定案（日本案）」との大きな相違点は、第一に、「一切の戦闘行為（便衣隊を含む）」が取り上げられたことである。特に括弧書きの便衣隊の戦闘行為の禁止は日本軍にとって作戦上最も忌まわしく苦戦させられた経験に基づくもので、中国側の承認は難航するのである。第二は、第三次総攻撃の追撃の経験から、停戦中は、中国の各地方の名誉棄損や民心の刺激を厳禁したことであり、中国側の都合の良い宣伝戦を触発しないための配慮をしたことである。第三は、停戦実行の確否の監視のために飛行機が登場したこと、第四は、日本軍の撤収は協定実施の一週間後から開始すると明記している点である。しかしこれは日本側の撤兵目的との関連でこの表現は消え、中国側から具体的な期限を明記するような強い要望に遭遇し、最も難航する問題となる。いずれにせよ、日本陸海軍及び外務省は、十九日の協定案を基礎として左記の停戦協定案（日本案）を作成し[159]、二十三日から開催予定の停戦本会議の原案としたのである。

停戦協定案（日本案）

第一条　日支両軍ハ昭和七年三月　日午前（後）　時ヨリ一切ノ戦闘行為（便衣隊ノ活動ヲ含ム）ヲ停止ス。

停戦中日支両軍ハ各地方ノ名誉ヲ毀損シ又ハ民心ヲ刺激スルガ如キ一切ノ言動ヲ為サザル

べシ。

第二条 支那軍ハ後日ノ取極アル迄其ノ現駐ノ地点ニ留マルベシ。

前項ノ地点ハ付属書第一ノ通リトス。

第三条 日本軍ハ昭和七年一月二十八日ノ事変前ニ於ケルガ如ク、共同租界及虹口方面ニ在ル租界外拡張道路ニ撤収スベシ、尤モ収容セラルベキ日本軍ノ数ニ鑑ミ、前記地域付近ノ地方ニモ当分ノ間駐屯セシメラルベキモノトス。

前項ノ地方ハ付属書第二ノ通リトス。

第四条 両軍ノ撤収ヲ認証スル為、参加友好国ヲ代表スル委員ヲ含ム共同委員会ヲ設置スベシ。

右委員会ハ撤収日本軍ヨリ交代支那警察ヘノ引継ニ関シテモ協力スベシ。

右委員会ノ構成手続ハ付属書第四ノ定ムル所ニ依ル。

第五条 日支両軍ハ停戦実行ノ確否ヲ監視スル為、必要ニ応ジ所要ノ地点ニ対シ飛行機ニ依ル偵察ヲ行フコトヲ得。

右偵察ニ使用スル飛行機ハ左ニ定ムル標識ヲ付セラルベシ。

日本軍使用ノモノ

支那軍使用ノモノ

第六条 日支両軍ノ何レカノ一方ガ本協定ニ定ムル条項ニ違反スル場合、他ノ一方ハ本協定ヲ遵守スル義務ナキモノトス。

第七条 本協定ハ其ノ調印ノ日ヨリ効力ヲ生ズベシ。

本協定ハ日本語及支那語ノ本文各二通ヲ作成ス。

付属書

一、付属書第二ニ定ムル地方ヘノ日本軍ノ撤収ハ、停戦協定実施ノ日ヨリ一週間以内ニ開始スルモノトス。

右撤収ニ際シ収容シ難キ患者又ハ病馬発生シタル場合ニハ、衛生機関(若干ノ護衛ヲ付ス)ト共ニ現駐地ニ残留スルコトアルベシ。

右ニ対シテハ支那官憲ハ保護ヲ与フベシ。

二、日本軍ノ撤去セル地域ニハ支那側ニ於テ本協定調印後　日以内ニ、協定第四条第二項ニ定ムル交代特別警察隊ヲ配置スベシ。

付属書

共同委員会ハ日本国政府・支那国政府並ニ昭和七年三月四日国際連盟総会決議ニ従ヒ本商議ヲ助力セル友好国ノ代表者タル米国・英国・仏国及伊国ノ支那駐箚ノ外交代表者ノ各ノ代表者タル文官及武官各一名宛即チ

十二名ノ委員ニ依リ構成セラルベシ。
委員会ノ決定ニ従ヒ、共同委員会ノ委員ハ、随時其ノ必要ト認ムル数ノ補助員ヲ使用ス、手続ニ関スル総テノ事項ハ委員会ノ裁量ニ委セラルベク、委員会ノ決定ハ多数決ニ依リテ決セラレ議長ハ決定投票権ヲ有スベシ、議長ハ委員会ニ依リ参加友好国ヲ代表スル委員中ヨリ選出セラルベシ。

支那国政府ノ別個声明（停戦協定成立前又ハ之ト同時ニ発出セラルベキモ本協定ニ付属セズ）

一般事態ヲ平静ニシ且事変ノ影響ヲ受ケタル地域ノ安定及平常状態ノ速ナル回復ヲ確保スル目的ヲ以テ、支那国政府ハ上海租界付近ノ撤兵地域ニ於ケル平和及秩序維持ノ為ニ自ラ進ンデ特別警察隊ヲ設置シ、其ノ警察官吏及指導官トシテ専門家ヲ招聘スルノ意向アルコトヲ茲ニ表示ス。

　月　日ノ日支停戦協定第四条第二項ニ定メラルル交代支那警察ハ、前項ノ特別警察隊ヲ以テ之ニ充当スベキモノトス。

第十一節　ジュネーブの「十九人委員会」の任務・権限と上海の第一回停戦本会議（三月二十三日）（日本側の「セパレート・ノート」の譲歩）

三月二十三日付で予定されている現地上海の正式停戦会議開催の前に、ジュネーブの現状について触れたい。「十九人委員会」は、十九日の委員会において、「関係国ヨリ提案アリタル場合之カ総会決議ニ違反セサルヤ否ヤヲ注視スル」[160]権限が付託された。これは現地上海の停戦交渉の実現を主目的にしたものであり、改めて、①日本側が提案した「セパレート・ノート」に集約された排日根絶の問題と、②中国側が提起した第十五条適用問題の二つを結び付けたことになった。

「十九人委員会」は、この二つの重要テーマを同時に扱うことのできるプロジェクト・チームでもあり、この委員会の主導の下にジュネーブと上海の二つの外交舞台において、二つのテーマが相互に連関を保つ形で進められるに至った。

一　「セパレート・ノート」と国際連盟規約第十五条適用除外がもたらす矛盾

「セパレート・ノート」の意図する内容と日中間の対立の意義について考察したい。日本側から見れば推進中の停戦交渉の目的は、三つある。

一つ目は、確実なる停戦である。

二つ目は、排日の根を断ち、長期的な上海の安寧確保の態勢の構築とその後の早期且つ円滑な撤兵であった。しかし、往年の排日の実情を勘案すれば、これら二つの目的達成は簡単ではないことは、日本側には認識されてはいた。だから、安寧確保の見通しがつく迄早計な撤退はできない、と同時に、当時の多くの日本人の考え方の中に、積極的な武力発動は慎むべきであるが、万一武力行使を要すると認められた場合、武力で押さえ付ければ中国は日本の意図に従うという対中侮蔑の「一撃論」が存在していたことは事実である。軍事的勝利が得られれば、二つの目的は中国側に受け容れられるであろうし、その後に日本軍は直ちに撤退するという考えに立っていた。しかし、その排日運動は武力で解決できるような簡単なものではなかった。いずれにしても、この軍事衝突は日本側の勝利によって一応沈静化したことから、不履行のままになっている呉市長の回答を今一度、日中交渉の場に取り上げ、履行されることを企図したのが「セパレート・ノート」の内容であった。

日本側の外交交渉の目的の三つ目は、上海事変を満州問題から切り離し、満州問題は調査団の調査結論待ちとし、上海事変は先の二つの目的を達成すべく協定の締結という形で会議を終了させるということであった。では、上海事変と満州事変の一体化の底流に何があるのか、その構造を考察したい。前の二つの目的を達成するには、日本側は呉市長が約束して不履行なままになっている「セパレート・ノート」を確実に実施してもらうことが不可欠となる。ところがその受け容れは、中国側にとって完全なる敗北を意味した。中国側はそれを受け容れれば、上海事変処理の中国側の理不尽さ・弱点（敵対施設撤去ができなかったこと、蔣介石は欧米人が怪訝に思った第十九路軍を統制できなかったこと、上海中国市民の騒擾を抑止できなかったこと、日本人の多く住む閘北、租界外地域の管轄権を曖昧なままに放置していたことなど）が表面化し、それは満州事変の中国側の正当性を貫徹するための説得力を失い、併せて満州の主権や領土を喪失する結果を招くことに繋がるからであり、断じて受容できないものであった。さらに連盟小国の対日非難と中国に対する国際的な同情によって大多数の国民が勇気付けられており、その下で蔣介石非直系軍の第十九路軍が愛国軍隊として奮戦している。この状況は、蔣・汪合作政権にとって、もはや国民の民意を無視できない程の大きな存在となっていた。このような中で中国側の対日外交の有利な武器となったものが、上海事変と満州事変のリンクという理論であり、これが意味する日本の侵略性故に、日本に対する第十五条の適用要求という抑圧の決定打が可能となったのである。つまり、理事会ではなく総会において満州事変と上海事変がリンクするからこそ、第十五条を操ることが可能となり、日本を暴く場を設定し、極東・中国情勢に疎い連盟小国を論戦のアクターとして登場させ、日本の武力行使を糾弾、断罪できるのである。

いずれにせよ中国が、日本を侵略国として烙印を押し、経済封鎖を連盟の名において行えるという法的根拠を得ることを意味した。かくして、「セパレート・ノート」と、

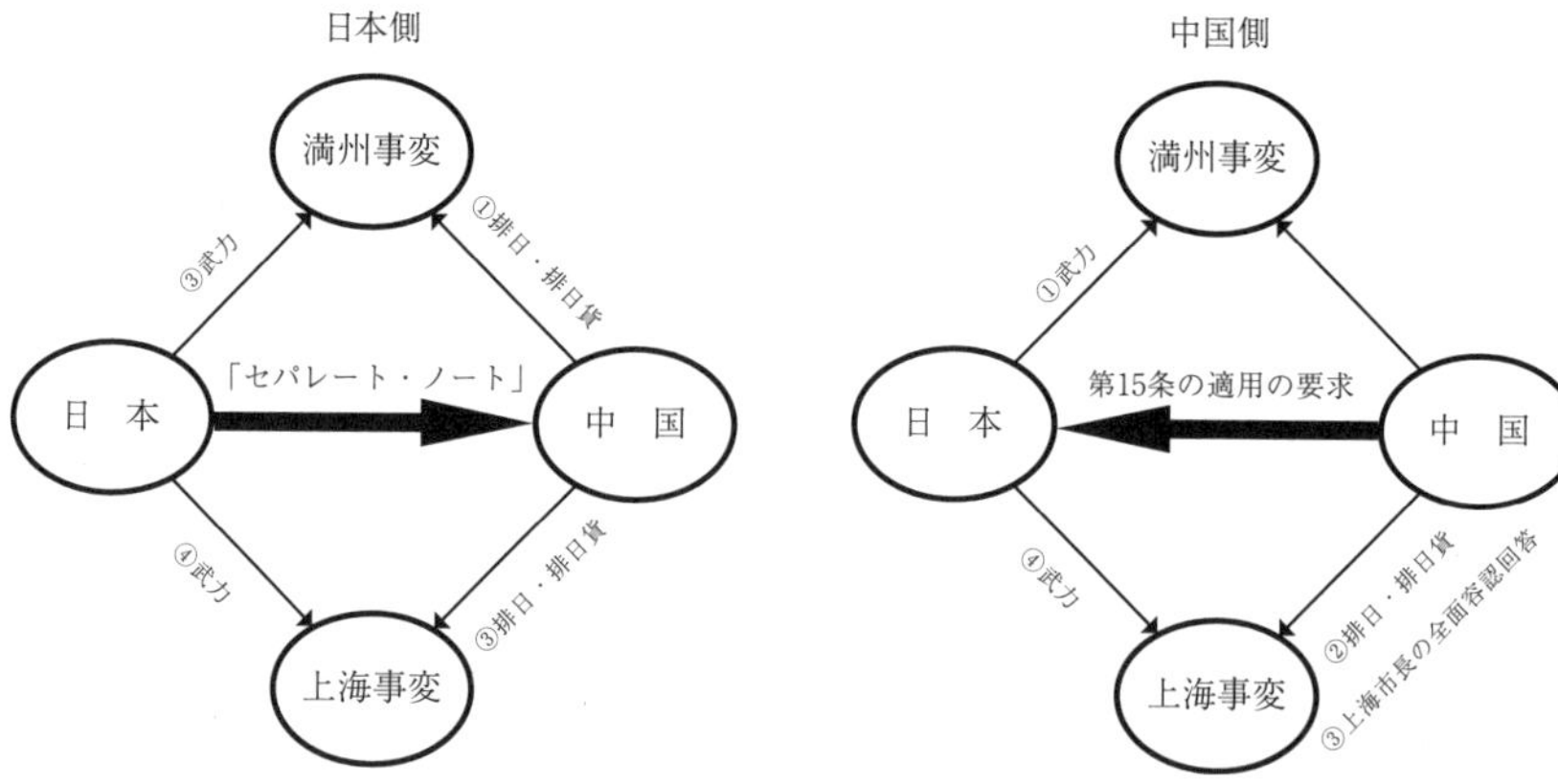

図 12　中国側の第 15 条適用要求と日本側の「セパレート・ノート」の関係
図中の①～④迄の意味は、事象の順番を指す。
出典：関係諸外交文書から筆者作成。

第十五条適用の二つのテーマを、日中双方から見た場合の構造を整理しておく必要がある。日本側の「セパレート・ノート」の要求は中国側にとってはその拒否となり、中国側の要求である「第十五条適用」は日本側に拒否されて、「第十五条適用の除外」となって現れる。したがって、日本側からの要求は「セパレート・ノート」を、また、逆に中国側からの要求は、「第十五条適用」と標記して考察したい。

まず日本側が中国側に対して抱いていた認識は、以下のとおりであった。それは、満州事変は日本の満州権益を排日ボイコットの危機から救うために関東軍が発動した自衛行動であって、九月、十二月の二回にわたる連盟決議を踏まえ、リットン調査団の報告待ちである。そして不戦条約については、外国における権益の擁護は自衛行為であるとの解釈である。

上海においても同様に、排日ボイコットが居留邦人を苦しめ、しかも中国軍は日本人地区に鉄条網等を築いて恐怖感を与え続けていることから、やむなく警戒配備に就いた陸戦隊と戦闘が開始され上海事変が勃発した。この事変は満州事変とは全く無関係、別個の問題である。ただ共通しているところは排日ボイコットがいずれも原因を成しており、今はただ上海現地の排日の根絶がすべての基本であるというものであった。したがって、「セパレート・ノート」は、その象徴的意味合いをもつ上海市長呉鉄城の全面容認回答（一月二十八日深夜）の文書を列国にも連盟諸国にも確認させ、それら国際社会の面前で実現させることを最終的な狙いにしていたといえる。いい換えれば日本の狙いは、中国にも連盟諸国にも満州問題は上海事変とは全く別個のものとして認識させ、上海事変のみの問題に限定することによって、停戦の早期実現と排日根絶の両方の問題解決を図ろうとした。それは国際連盟規約第十五条適用の拒否でもあった。

他方の中国側は、全く逆であった。日本が権益拡大のために武力を行使して、満州を侵略し確保するに至った。その拡大の過程はおよそ自衛とはかけ離れたもので、その侵略の意図は連盟諸国が等しく認識しているところである。それが原因となって、中国国民の対日反発を招いた。その結果が上海の排日運動や国権回収運動の激化に繋がっているのであって、「日蓮宗僧侶殺害事件」もその現れである。日本側の求めに応じ、事変当日の午後、呉市長は村井総領事に市長の謝罪を含む全面的な容認回答を送り、村井は満足の意を表明したにもかかわらず、深夜になって第一遣外艦隊司令官塩沢幸一が新たに武力行使に踏み切ったのは日本の裏切りであり、侵略であって断じて許すことはできない。このことは、満州事変以降の一貫した日本の中国侵略以外の何ものでもなく、上海に迄手を広げることに対する国際的な非難を免れるものではない、というものであり、侵略国日本の断罪と中国本土から日本軍の全面撤退を狙うものであった。したがって、中国側にとっては、上海事変は満州事変の延長にあり、満州事変と上海事変とは一体のもの、という認識であった。これこそ国際連盟規約第十五条の適用に正当性をもたせるものであって、そうでなければ日本の侵略の排除という目的が達成できないことを示していた。

国際連盟小国から見れば、日本はそもそも上海事変の勃発によって、居留邦人の保護と上海の安寧の確保という目的で現地に大部隊を出兵させたが、理由はともかく、日本が相手国中国に陸軍部隊を進攻、展開させ、圧力を掛けていること自体が許し難いことであった。小国側は、連盟を後ろ盾にして大国の侵略を抑止するメカニズムを築きたいと考え、中国に同情を示し、名指しこそせずとも暗に日本を侵略国と位置付けることによって、大国の抑圧から自国の安全確保が可能な体制の構築に寄与できることを望んだ。[161]したがってこのような意思をもった連盟小国の数が多いことは、国際連盟規約、九国条約及び不戦条約を対日抑制に機能させる条件が揃い、中国側に有利に働く仕組みができたことになる。多数の連盟小国の強硬な意見は、漸次英国をはじめとする大国に少なからず影響を与え、ドラモンド事務総長も「『ボイコット』ノ問題ハ結局満州問題ノ解決ニ至ル迄ハ解決シ得サルヘシ[162]」と考えていた。これらは、二つのことを意味したのである。その一つ目は、日本にとって最も回避したかった満州事変・上海事変不可分論の到来を意味したこと、二つ目は、その論の勢いを加速する要素として、中国本土に自国民を置く国が、権益擁護のためには中国の主権尊重と領土保全策を配慮しなければならないという基礎条件の存在が、小国の論理をより正当化する役割を演じるに至らしめたことである。

満州問題の回避を最優先する日本側のとるべき方策は、三つあるように考えられる。

一つ目は、満州事変は正当であると中国側を説得できなければならないということであった。具体的には満州の排日の現状と関東軍の自衛行動を説き、上海には別個の排日ボイコットが原因で上海事変が起こっていることを立証するのが必要であった。

二つ目は、日本側が「セパレート・ノート」を中国側に実現させることであった。しかし後述するように、実際の交渉過程で早くも日本側は譲歩し、中国側にテークノートさせるに止めてしまった。現実には「セパレート・ノート」は骨抜きとなり、円卓会議への移行の可能性を残すことによって満州問題除外のわずかな期待を繋ぎとめたといえる。しかし結果は、いずれも中国側の手中に落ちたことを意味し、日本側の最終目的からは大きく外れ、説得性を失ったのである。

三つ目は、連盟関係国に対する友好的な関係維持であった。総会、理事会議長や連盟の小国に対する満州問題の啓蒙であり、列国のそれ迄の対日理解の態度に対する謝意の表明と協力要請であり、殊に英米に対する友好関係の維持であった。しかし、肝心の中国側の主張は一貫して頑強であり、情勢は一段と日本に厳しい環境が作られつつあった。殊に「十九人委員会」の設立は日本に対し益々不利となり、ある意味では全面的に中国側の主張が受け容れられやすい環境の到来を意味した。

二　ジュネーブの「十九人委員会」の第一回会議（三月十七日）と日本の満州問題の登場

話は少し遡るが、ジュネーブの「十九人委員会」（委員長はベルギーのイーマンス）の第一回公開会議が十七日午後行われた。開催を急いだ理由は、三月十一日の連盟総会決議（第三項）が、この委員会に停戦とその協定の締結に関し極力速やかに五月一日迄に報告するように義務付けていたからである。この時点で幸いにも上海現地は、日本軍が漸次本国に帰還（三月十四日、第十一師団及び混成第二十四旅団の総数約一万四千人）命令が発出されるという状況に至った。[163]

　十七日の第一回会議の状況を事務局長沢田節蔵は外相芳沢謙吉に以下のように報告した。現地上海における円卓会議草案（英ランプソン公使の斡旋による十四日の第一回予備会談案及び十六日付重光の第三項修正案を含む）を元に、停戦に関し日中両国代表による意見陳述と応酬が行われたが、決議はなかった。論議の中心は重光公使の提起した「セパレート・ノート」であり、中国代表は「『セパレート、ノート』記載ノ事項ハ呉市長ノ回答ノ確認ヲ求ムルニアル処右ハ政治的条件ナルヲ以テ」「受諾シ得ス」[164]と述べた。そしてこれを受けて、議長が中国側の意見を支持するようにもとれる曖昧な発言をしたため、それに釘を刺すような形でチェコ代表のエドワルド・ベネシュ（Edvard Beneš）とフランス代表のボンクールが「『セパレート、ノート』ノ事項ハ円卓会議ノ議題タルヘキ実質問題ナリ」[165]と結んだ。佐藤代表は、ここで改めて日本が「セパレート・ノート」の提示に至った経緯と意義を説明した。これらの状況を踏まえ、最後に議長は、重光の「セパレート・ノート」は政治的条件ではなく総会決議案に相背馳するものとは認め難く、「支那側カ之ヲ受諾セサレハ今後ノ問題トシテ円卓会議ニ譲ルヘキ意見ノ一致」があったと結んだ。しかしこの段階においても、中国側は「セパレート・ノート」が放棄されたので満足であるとあえて曲解した発言を行い、かつ「排日問題ハ地方的問題ニ非サルヲ以テ円卓会議ノ題目ニ非ス」と述べたので、議長は「円卓会議其ノモノニテ決定セラルヘキ問題ナリ」[166]と反論し、中国側の独善的解釈に釘を刺した。「停戦交渉成立後行ハルヘキ会議（円卓会議：引用者）ニ於テ協議セラルヘキモノ」として、中国側を抑えて「十九人委員会」の会議を終了した。かくして、「支那側ヲ引摺リ円卓会議ニ赴カシム」策は日本代表の成功といえる。但し、紛争当事国の日本と中国の理事は、この委員会の委員から除かれており、自らの発意で出席が可能であったことに注意を要する。

　一方、満州問題は同十七日午後の秘密会議に委ねられた。そして総会決議に基づき九月及び十二月の理事会決議の実施振りに関し、両国のとった手段についての報告書「プログレス・レポート」を日中双方に提出することを勧告すると共に、「十九人委員会」議長は満州独立問題に対する態度決定のためにもリットン委員会の報告をできるだけ速やかに入手することを希望すると申し送って散会した。[167]当日の日本側の模様を佐藤代表は、「日支両国代表ハ委員ニ非サル関係上最端席ニ据エラレ本使トシテ常任理事国ノ権威ヲモ失ヒ支那ト全然同格ニテ被告席ニ着キ一部小国ヲ加ヘタル委員会ノ査問ニ列シタルヤノ感アリ遺憾此上無シ」[168]と、外交面においてもはや大国の権威が全く失墜したことに嘆息する報告を行った。この権威失墜の無念さは、日本代表部の潜在的な意識の中に、強く記憶されたといえる。

九月及び十二月の連盟決議の関連をもつこと自体が、間接的に満州問題の討議が不可避なものとなることを意味した。したがって日本代表は、芳沢外相に対し、これら九月、十二月の連盟決議を日本は受諾している手前、第十五条の留保を楯に報告を提出しないとか、総会ないし「十九人委員会」の審議を拒むことになれば、従来の誓約に違反しているのではないかとの疑いを招く嫌いがあること、留保問題は法律問題として司法裁判所に託される可能性があるので、日本側としては甚だ困難な立場になるとして慎重な考慮を促し、政府方針を請訓した。

沢田事務局長は「十九人委員会」会議の二日目の十八日、芳沢外相に「十九人委員会満州問題審議の場合について」[169]の電文において「満州問題ニ付テハ既ニ調査委員モ派遣セラレ居ル次第ニモ有之ニ付実際問題トシテ当分ノ間手ヲ触レヌ方得策ナリトノ趣旨ニ依リ出来得ル限リ本件審議ヲ遷延セシメ置ク様努力シ度シ」との姿勢を示す一方、「十九人委員会」は満州国家成立に刺激され、満州問題の審議を確定する可能性が高いため、その場合の対策を請訓した。さらに沢田は二十日、芳沢に対し単なる遷延策では済まされない状況となったことを詳しく説明し、「十九人委員会」がリットン調査団の報告を督促し、満州問題も早晩「十九人委員会」に上程されることが十分予想される。かといって、総長の求めに応じて「理事会決議ノ実施振ニ関スル報告ヲ提出スル」場合は、総会ないし「十九人委員会」が満州問題についても審議を容認することになり、日本としては結局第十五条適用に関する留保を撤回しなければならなくなる。しかも同委員会は満州問題に関して相当子細に容喙することを覚悟せざるを得ないと、先の十八日の請訓と重ねて今後の政府方針を請訓した。[170]かくして、ジュネーブでは、小国が大半を占める「十九人委員会」の立ち上げと活動が、遅延策では済まない、日本側にかつてない程の深刻さと危機的空気をもたらし始めたのである。

さて、ここで話を上海に戻す。三月二十日、芳沢外相は、重光公使に「セパレート・ノート」を停戦条件とはしないものの、一日も早く円卓会議を開催し、排日問題等の審議を行って事態の鎮静を図るよう切望し、「此際念ノ為メ日支及列国間ニ停戦協定成立ノ上ハ直ニ円卓会議ヲ開催スヘキ旨ノ了解ヲ文書ニ残スコトヲ必要ト認ムル旨主張[171]」

し、その文書の成立のための努力を命じた。これに対し翌二十一日、重光は、当初から自分は円卓会議を停戦交渉に関連させようと努力して来たが、連盟の討議、決議等に影響され、この両者の会議が「関連セシメ得サルコトトナリタルニ付停戦交渉ト引離シ円卓会議ヲ出来ルタケ速ニ開カシムル様種々苦心」しており、「何等カノ方法ニテ停戦協定調印ト大体同時ニ右ノ趣旨ヲ記録ニ止ムル様努力致スヘキモ停戦交渉ノ条件トナスカ如キ形ニテ是ヲ取付クルコトハ不可能ト認メラルルニ付右御含ミヲ請フ（右陸海軍側ト打合済）」とその実施が至難である現状を訴えた[172]。

要するに、日本が置かれた状況は、先述のように、上海事変と満州事変の一体化の可能性が高まれば高まる程、中国側の要求が正当化されるという構造になっており、排日根絶を目的に議論すべき円卓会議は推進することが難しくなる一方、日中紛争は、「十九人委員会」を擁する総会の日本に対する締め付けが厳しさを増すことを意味した。

第十二節　上海における停戦本会議（三月中の第九回迄）と芳沢外相の「対連盟方針」

一　上海の第一回停戦本会議の叩き台となった停戦協定日本案

三月二十三日、停戦の本会議の予定日がやって来た。先述のように、上海現地の日本陸海軍及び外務当局は、先述の十九日の予備会談における「協定案」を元に付属書を付加した日本案を持参することになっていた。ところが、中国側は、朝、外交部次長郭泰祺が、駐華公使重光葵に対し「二十三日ノ正式会議ヲ取敢ズ中止シ度キ」旨を申し込んだ。この理由は、「初メ支那側首席委員ヲ第十九路軍総指揮蔣光鼐ニ予定シアリタルニ、日本側ハ植田第九師団長首席委員ナリト聞キ、蔣ハ自己ノ格式白川軍司令官ニ相当スルヲ以テ、白川大将委員タラズバ我モ出デズト面目論ヲ主張シ、且自ラ会議ノ責任ヲ忌避シタ」ためであるという。

結果的に中国側は淞滬衛戍司令戴戟を首席委員として、二十四日からの正式会議に臨むことになった。中止を申し入れた背景には、停戦会議開催の条件に付いて中国側に広東派、殊に胡漢民の一派が相当強い反対気勢を煽っており、協定反対の電報が各方面から外交部に山積されていることがあった。その主な理由は日本の撤兵を待って初めて停戦交渉に入るべきで、先ず協定を結んでも、果たして日本が直ちに撤兵するかどうか疑問としたのであり、対日不信感を露わにした。したがって中国外交部としては、これら中国国内の反対分子を納得させるために、予め日本軍撤兵の期日明示を頼むような状況にあった。また、今日迄本件の交渉に第十九路軍から反対したことを聞かないので、蔣の不出席は彼の本意ではなく反対派を恐れ、口実を設けているだけだと述べたのである。(173)

そして、日中双方は二十四日の本会議に臨んだ。ところが、正式会議の開始に際して、中国側は先に十九日の協定案も中国側の原案をも所持しなかったので、この日本側原案が討議の基礎となった[174]。中国側の交渉に対する戦略とは考え難く、むしろ内政の混乱の一端を窺い知ることができる。

二　停戦本会議における軍事小委員会の設置と日本側の論理の内情

さて、三月二十四日午前十時から英国総領事館で開催された第一回本会議は、第一回目から問題の保留が多く、二日目の会議は中国側が「我ガ軍ノ一時的撤退区域過大」であると交渉打ち切りを表明したため難航した[175]。

交渉は二十六日午前の第五回本会議においてようやく第四条の混合委員会（共同委員会のこと）を設置することに意見一致が得られ、それ以外の「一切の戦闘行為（便衣隊を含む）」の停止、日本軍の撤退時期と地域、中国軍の残留地域等の軍事関係事項の論議が難航したため、この第五回の本会議から、本会議と軍事小委員会に区分され、必要に応じ、並行して進められることになった。殊に後者に関して、重光公使は「この会議は軍人同士の停戦交渉ではなく、実際には複雑な政治交渉であるので、この陸軍側の態度は交渉の進行に非常な障害となった。特に陸軍の参謀長の地位で会議の委員になっている田代少将は、会議の席上でもまったく一本調子で、交渉するということは命令することと同じだと心得ている人なので、委員としてももっとも不適任であった。そこで私はある日の会議で、『中国軍の立ち入り禁止区域の問題は主として軍の関係だから、これに関する適当な案を見い出すために小委員会を作り、双方の軍当局者をこれにあてたらよい。しかし小委員会を開いている間も本委員会は続行していこう』と提案した。」と回想しており、またこの「小委員会の委員には日本側は田代参謀長を指名し、中国側は黄強参謀長を指名して別室で開かれることになった。」「田代委員は日本軍の態度を変更しないので、非常な激論となり、ついに決裂のような形になった。」と述べている[176]。要するに、二十六日からは参謀長田代皖一郎、参謀長黄強及び各随員等の軍事専門家から成る軍事小委員会が設けられ、関係国武官も参加することになった。謹厳実直と評した重光の田代に対する認識が、変わっているようであった。その背景として、田代が中央から新たに命令され、交渉を日本の優位の下に急ぎ決着させる必要性を高く意識していたことを窺わせる。

このような会議の進行に閉塞感が強まる中で、二十六日、参謀本部は上海派遣軍に対し、停戦交渉が如何なるまとまり方をするかによって以後の円卓会議が大きく左右され、しかも駐留させる兵力量と残置期間が大きく影響されるので、円卓会議成立の要件を検討した結果を示した[177]。これによれば、最悪のケースとして他日再出動が必要になる場合に備える必要があり、そのためには黄浦江の水路が安全でなければならない。したがって、中立地帯を設定する等、何らかの方法を確保する必要がある。もし円卓会議の決定にこの基本条件が取り容れられなければ、長期駐兵の必要が生じ、さらに兵力量は「支那軍民ノ情勢並ニ陸戦隊残置兵力等ニ関係スル」ので、陸軍兵力としては平時一個師団以下の規模にしてでも、呉淞付近を確保する必要があるとした。また、もし停戦交渉がまとまらない場合は、新たに一撃を加える覚悟が必要であり、兵力削減には簡単に応じられないこと、また、情勢の推移によっては第十四師団を満州方面に転用の可能性があり、したがって、第九師団をこの任務に専念させたいということであった。

他方、翌二十七日、上海派遣軍は、「会議ハ決裂ノ虞アルモ、軍ハ前企図ヲ変更スルノ要ヲ認メズ」とし、決裂の場合に即応し得る軍の運用と長期駐留の方法を考案中であると回答した[178]。現実においては、日本軍を駐留させる兵力量と残置期間とは、円卓会議の結果に依るが、その円卓会議の条件設定は、上海現状の情勢判断に依存していた。

ここで上海日本公使館付陸軍武官田代皖一郎陸軍少将（上海派遣軍参謀長兼務）は参謀本部の案を裏付けるように、二十七日、「停戦絶対反対ノ運動ハ反蔣介石派ノ使嗾ニヨリ根強ク行ハレ、百余ノ団体ハ支那代表ヲ威嚇シツツアリ、代表ノ調印困難ナル事情ヲ認ム」「一方長期抵抗ハ支那政府ノ破壊ヲ招来スベキヲ以テ、結局ハ連盟又ハ第三国ノ斡旋ニヨリ解決ノ途ヲ見出サントスルニ至ルベシ。」と述べ、中国政府・軍内部の確執の分析結果を報告したのであった[179]。

かくして、頓挫した会議を進めるために英ランプソン公使が動いた。ランプソンは五回の会議結果を踏まえ、新調停案を作成し、二十七日に次を提出した[180]。

第一条　日支両軍ハ既ニ攻撃停止ヲ命令シタルニ依リ昭和七年　月　日ヨリ停戦カ確定セラルルコトニ同意ス
　両軍ハ其統制ニ属スル限リ一切ノ戦闘行為ヲ停止ス、停戦ニ関シ疑ヲ生スルトキハ之ニ関スル事態ハ参加友好国ノ代表者ニ依リ確メラルルモノトス
第二条　支那側ノ保留トシテ左ノ句ヲ添加ス
　「本協定ノ如何ナル規定ト雖支那軍ノ支那領域内ニ於ケル移動ニ対スル永久ノ制限ヲ意味セサ

ルモノトス」

第三条　冒頭ニ「本協定ノ付属書第二ニ示サレタル撤収調整ノ順序ニ依リ」ヲ加ヘ付属書第二ヲ第三ニ改ム

第四条　第二項ヲ左ノ如ク改ム

右委員会ハ撤収日本軍ヨリ交代支那警察ヘノ引継ニ関シテモ協力スヘク支那警察ハ日本軍カ撤収スルヤ否ヤ引継クヘシ

第五条　削除ス

第六条　削除ス

第七条　第五条ニ改ム、第二項ニ本協定ハ英文ニテモ作成セラレ且日本文支那文英文ノ間ニ意義相違ノ場合ハ英文ニ拠ルコトヲ加フ

付属書第一　左ノ句ヲ添加ス

右ニ関シ疑ヲ生スル場合ニハ問題トナリタル地点ハ参加友好国ノ代表者ニ依リ確メラルヘシ

付属書第二　付属書第三ニ改ム、左ノ句ヲ添加ス

右ニ関シ疑ヲ生スル場合ニハ……確メラルヘシ

付属書第三　付属書第二ニ改ム

付属書第三ニ定ムル地方ヘ日本軍ノ撤収ハ本協定実施ノ日ヨリ一週間以内ニ開始シ最大限六週間以内ニ於テ成ルヘク速ニ完了スルモノトス

第四条ニ依リ設置セラルヘキ協同委員会ハ撤収ニ関シ収容シ難キ患者又ハ病馬ノ保護及其収容ニ就キ必要ナル処置ヲ講スルモノトス右患者又ハ病馬ハ必要ナル衛生人員ト共ニ其現駐地ニ残置スルコトアルヘシ右ニ対シテハ支那官憲ハ保護スヘシ

付属書第四　左ノ句ヲ添加ス

委員会ハ其決定ニ従ヒ戦闘停止ヲ定ムル規定ノ実行ヲ監視スル為必要ト認メラルル地点ノ上空ニ於テ参加友好国代表者ニ依リ空中偵察ヲ為ス事ニ付右ノ代表者タル委員ノ助力ヲ求ムルコトヲ得

支那政府ノ声明ハ故ノ通リ

この英国公使案を元に日本側は再度、一案を作り、二十八日の第六回から三十一日の三日間に四回にわたって停戦本会議を行った。二十九日の午前第八回会議に至ってようやく第一条の「一切ノ戦闘行為ヲ禁止」に便衣隊を含むことで中国側の承認を得るに至った。難航した理由は、中国

側が便衣隊の存在も敵対行為も存在しないと強硬に抵抗したためであった。翌三十日の午前第九回の本会議において第二条は「支那軍ハ後日ノ取極アル迄現駐地ニ留マルベシ」という文言をもって駐兵制限が中国側に容認され、残された問題は、日本軍隊の撤収の地点とその時機の問題及び中国軍の駐屯地域の問題となった(181)。

尚、三十一日の会議は、具体的に付属書第一の中国軍の現駐地点の問題が紛糾し本会議の新たな火種となった。それは、中国側は、蘇州河以北は大体安亭、太倉、滸浦鎮各東側の線を指示し、蘇州河以南は戦闘が行われなかったのだから現駐地点を示す必要なしと主張した。しかし日本側は、浦東地区（黄浦江東側地区）は日本軍の側背の安全及び居留邦人の保護にも重大な関係があるので規定する必要があると主張した。互いに譲歩なく、四月四日、英ランプソン公使が仲介案を作成し、第一条第二項の「凡テノ戦闘行為ヲ停止ス」と関連させて「上海ノ四周」という文言を加えてはどうかと提案した(182)。

停戦会議軍事小委員会は著しく難航し、参謀本部と現地上海派遣軍間に会議決裂に備える対応が話し合われていた。この間、元来、上海警備を主担当とする日本海軍は、日本陸軍とどのような関係を維持していたかに触れなければならない。

三月三十日、第三艦隊司令長官野村吉三郎は海軍中央に次の意見具申をした(183)。それは、①海軍の立場から見れば、今回の停戦協定に中国軍は後日の取り決めある迄現駐地にとどまると定め、これを共同委員にて監視するということに対しては賛意を表するが、もし協定が成立せず陸軍が自主的撤兵を行うことになれば、その後の警備任務は頗る困難であること、②停戦交渉の最も困難な点は、日本軍の撤収時期の明示を中国側が求めている点であること、③談判が難航している理由は中国側に戦意が全く失われているにもかかわらず、中央政府の薄弱、政府・軍閥間の抗争による面目論に捉われているからであり、本協定が中国側から決裂すれば別だが、日本側から進んで決裂させず成立に努めるのが賢明であるというものであった。会議の難航の理由を、野村は中国側の内部的な問題に帰しているのが注目される。

三　芳沢外相の「対連盟総会方針」

上海の第五回（三月二十六日）の本会議を終えた段階で、ようやく第四条のみ日中間に意見が一致したものの、会議の難航により悲観的な観測が起こり、陸軍内には協定不成立のシナリオが論議されていた二十八日、満州問題が総会の俎上に載せられる可能性を察知した芳沢外相は沢田事務局長宛てに、満州問題に係わる「次回連盟総会への方針決定および連盟主要国への申入れについて」の回訓を発した(184)。それは、日本政府の基本的態度を如実に表していた。英国の対日態度が反映されていると判断した芳沢の英サイモン外相に対する期待を述べたものであり、次の四項目から成るものであった。①上海事件に対する日本側の妥協的態度は満州問題の前途を円滑にするためであり、軍部とも意見が一致している、②リットン調査団が活動中であるにもかかわらず遠隔の地にあって不十分な知識のまま、極東に利害を有しない多数の小国側が満州問題に干渉がましき審議を行い、日本を拘束するかもしれないこと、③これらを防ぐためには日本の立場を十分に説明すると同時に、「政治上ノ重大意義ヲ有スル我代表ノ総会引揚ヲ断行シ爾後我方ハ連盟カ正道ニ立戻ルヲ待チツツ自ラ正シト信スル所ニ向テ進ムコト」、④これらを主要列国及び小国側の穏健分子のイーマンス、ベネシュ、ポリチス並びにドラモンド事務総長に内報し、連盟側に対して予め反省の余地を与えておく、であった。米国側にも同様に内報するよう回訓した。

併せて次回総会を狙った「対連盟総会方針(185)」として、日本の満州権益の淵源から説き起こし、満州事変以降に連盟が行って来た措置に関する一連の不適切さを論じ、日本の正当性を強く主張したのである。そして、上海の停戦問題の解決のために、またそれにとどまらず、連盟の満州問題に対する誤認、無知を正すこと自体がすべての問題解決の出発点であると認識されていたことを意味しており、チェコのベネシュから仲介役の申し出があったことを機会に、チェコ、ギリシャのような小国側の穏健分子に日本の対連盟方針を伝えることにより、小国の理解を得、仲介を依頼するものでもあった。芳沢がこのような態度に至った理由は、以下のとおり五つ存在した。

一つ目は、満州事変発生後の連盟の措置は、「眼前ノ事件ニ付焦慮」していたため、極東の全般的事態を十分に理解することが不可欠であるとの考えから、日本は「支那調査委員会派遣案ヲ提唱」し理事会の採用に至った。そこにたまたま起こった地方的上海事件は「支那側ニ対シ策動ノ機会」を与え、日本側の反対にもかかわらず、ついに総会の開催となったことである。

二つ目は、総会は極東に利害を有せず、中国の事情に通じない「多数代表者ノ純理一点張リノ主張甚タ優勢ニシテ実際ノ事態ニ即セル我方ノ主張ハ兎角ニ無視セラレ結局三月十一日決議」が通過した。しかもこの決議は支那調査委員が極東にて調査中であり、満州方面の形勢も平静に向かう兆候があるにもかかわらず、第十五条適用による対日圧迫を見るに至り、日本が「新国家ノ成立ヲ以テ我方ノ責任ニ帰スヘカラサル所以」を表明し、「第十五条ノ適用ニ対スル異議ヲ留保シツツ投票ニ参加セサルノ態度」をとったことである。

三つ目は、「十九人委員会ノ経過ヲ見ルニ前記認識不足ノ純理論ハ依然トシテ旺盛」であって、「来ルヘキ総会ニ於テ満州問題ニ関シ立入リタル審議ヲ行ハムトスル策動モ行ハレ居ルヤニ推セラルル節」があり、このような活動は「今日不必要ニ事態ヲ荒ララケムトスルモノニシテ」、日本側にとっては甚だ遺憾であるとしたことである。

四つ目は、連盟は一般的純理論の上辺だけの認識にとどまっているので、日本の特殊事情に対する認識を深め且つ現実を直視せよといっているのである。いい直せば、満州事変に関し「第三者カ現実ヲ離レタル措置ヲ以テ我国ヲ強要セムトスルカ如キ場合ニハ如何ナル犠牲ヲ払フモ断乎トシテコレヲ排除セムトスルコト実ニ我国民的信念ニシテ右信念ハ如何ナル政府ト雖モ之ヲ左右シ得サル所ナリ」と飽く迄正義人道の正当性を主張したことである。

最後の五つ目は、来る総会において「万々一ニモ九月三十日及十二月十日ノ理事会決議ノ範囲以上ニ出テ我軍ノ撤収ニ期限ヲ付スル等（中略）具体的ニ我方ノ行動ヲ束縛スルカ如キ決議ヲナサムトスル場合」には日本政府は、「最早投票不参加ノ如キ妥協的態度ニ止マルコトヲ得ス我代表ヲ総会ヨリ引揚ケシメ爾後我方ノ連盟ノ態度ヲ静観シツツ自ラ正シト信スル所ニ向テ進ムノ余儀ナキニ至ルヘシ」と対決姿勢を露わにしたことである。

とはいうものの最後に、このような日本政府の重大な国策変更は一大決意を要したが、連盟としても「周密ノ考量ヲ之ニ加フルヲ要スル儀」と考えること、このような日本政府の態度は「何等連盟側ニ対シ威迫ヲ加フルカ如キ考ナク、一ニ最悪ノ事態ノ発生ヲ避ケムトスル誠意」から出たものであり、日本政府の苦衷を披瀝し「其ノ深甚ナル考慮ヲ煩ハス次第」と結んだ。(186)

これら長文の芳沢外相の対連盟方針は、上海事変の処理をめぐって日本が中国及び連盟に対して抱いていた意識、こだわりの本質をよく表しており、国際連盟側の認識とは全く異なっていたといえる。この方針に関する訓令内容は、英仏米伊などの主要列国と日本に友好的な連盟小国を中心に発信されたが、実際は「相当広範囲ニ為シタル結果」、連盟脱退と誤解されただけではなく、「我態度ハ自然各国ニ周知セラルヘク又如何ニ弁解スルモ此ハ表ノ揉消運動ト了解」される可能性をもっていたのである。外相の肩に力の入った回訓電の発信措置の弊害が以後に現れるのである。(187)

この往年の国際関係の重要性にもかかわらず、過激ともいえる満州の国益に固執した見解は、その代案もなく、あるべき外交の本質とはかけ離れた姿勢といわれても仕方がない性格を有していた。この連盟への強い反発の裏には、史料の裏付けが十分ではないが、皇道派の陸相荒木貞夫と並ぶ参謀本部次長真崎甚三郎が現地上海に対し〝停戦交渉は統帥の範疇〟であり、派遣軍が主導せよと指示した三月十四日の約二週間後のことであり、先述のように外務省内の情報部長白鳥敏夫らの若手革新官僚の政策主導が進んでいる過程で、陸軍部内の皇道派と歩調を合わせている可能性がある。かくして、芳沢外相が「対連盟総会方針」に連盟脱退をも辞さずと謳い、連盟に強く反省を求める姿勢は、さらにその後の外相内田康哉に受け継がれていくのである。この芳沢の「対連盟総会方針」に対する主要国の反応については、後述することにしたい。今しばらく現地上海の停戦会議に話を移し、難航している状況を把握したうえで、その連関を以て改めて観察したい。

第十三節　停戦会議（四月から協定成立迄）

一　四月四日の英ランプソン公使の新たな調整案

最後に残された問題は、三つに集約された。それは、「日本軍の撤収地域の問題」「日本軍の撤収時期の問題」及び「中国軍の駐兵制限区域の問題」であったが、これらの解決には、以下のように日中双方の意見が対立し、難航したのである。

中国側の会議に臨む方針は一片たりとも主権、国土の侵害を受けずであり、第十九路軍が指揮する部隊も次戦に備える戦略後退であって全く敗北とは考えていないことも、外交の強い姿勢に影響している。つまり、中国側には日本軍の早期撤退の明記を勝ち取って、その履行を徹底させることが、その解決のすべてであったといえる。ランプソンは調整案を提議し、四月二日に再修正をして草案を作成した。四月四日に採択されたものは、以下のとおりである。(188)

草案

第一条　日支両当局ハ既ニ戦闘停止ヲ命令シタルニ依リ、昭和七年　月　日ヨリ停戦ガ確定セラルルコトニ合意ス、双方ノ軍ハ其ノ統制ノ及ブ限リ一切ノ且有ラユル形式ノ敵対行為ヲ停止スベシ、停戦ニ関シ疑ヲ生ズルトキハ、右ニ関スル事態ハ参加友好国ノ代表者ニ依リ確メラルベシ。

第二条　支那軍ハ、本協定ニ依リ取扱ハルル地域ニ於ケル正常状態ノ回復後ニ於テ、追テ取極アル迄其ノ現駐ノ地点ニ留マルベシ、前記地点ハ本協定付属書第一ニ掲記セラル。

第三条　本協定ノ付属書第二ニ示サレタル撤収調節ノ順序ニ依リ、日本軍ハ昭和七年一月二十八日ノ事件前ニ於ケルガ如ク、共同租界及虹口方面ニ於ケル租界外拡張道路ニ撤収スベシ、尤モ収容セラルベキ日本軍ノ数ニ鑑ミ、前記地方ノ付近ニモ当分ノ間駐屯セシメラルベキモノトス、前記ノ地方ハ本協定付属書第三ノ通リトス。

（付記）第一文章冒頭第二十五字（註、英文八十五字）ハ尚未決定ナリ。

第四条　相互ノ撤収ヲ現認スルタメ、参加友好国ヲ代表スル委員ヲ含ム共同委員会ヲ設置スベシ、右委員会ハ撤収日本軍ヨリ交代支那警察ヘノ引継ノ取リ運ビニモ協力スベク、右支那警察ハ日本軍ノ撤収ト同時ニ引継ヲ受クベシ。右委員会ノ構成及手続ハ、本協定付属書第四ノ定ムル通リナルベシ。

第五条　本協定ハ其ノ調印ノ日ヨリ実施セラルベシ。

（略）

付属書第一

本協定第二条ニ定ムル支那軍ノ地点左ノ如シ。（支那軍ノ地点ヲ記入ス）

右ニ関シ疑ヲ生ズル場合ニハ、問題ノ地点ハ共同委員会ノ請求ニ依リ、共同委員会ノ委員タル参加友好国ノ代表者ニ依リ確メラルベシ。

付属書第二

付属書第三ニ示サレタル地方ヘノ日本軍ノ撤収ハ、本協定実施ノ日ヨリ一週間以内ニ開始セラレ、且撤収開始後四週間以内ニ完了セラルベシ、本協定第三条第一文章ニ掲ゲラルル地域ヘノ日本軍ノ撤収ハ、地方安全ノ状態ガ、同軍ノ員数ヲ前記地域内ニ同軍ヲ収容シ得ル程度ニ減少スルコトヲ可能ナラシムルト同時ニ完了セラルベシ、右ハ三月四日ノ決議及其ノ採択前ニ為サレタル討議ノ精神ニ従ヒ、成ルベク速ニ行ハルベシ、第四条ニ依リ設置セラルベキ共同委員会ハ、撤収ノ際引揚ゲ得ザル患者又ハ傷病馬ノ看護及其ノ後ノ引揚ニ就キ、必要ナル措置ヲ講ズベシ。

右患者又ハ傷病馬ハ、必要ナル衛生人員ト共ニ其ノ現駐地ニ残置セラレ得ベシ、支那官憲ハ右ニ対シ保護ヲ与フベシ。

（註、本付属書第二項ハ何レノ側ニ於テモ未ダ同意セズ）

付属書第三

本協定第三条ニ定ムル地方左ノ如シ。
（日本軍ノ当分ノ間駐屯スベキ地方ヲ記入ス）
右ニ関スル疑ヲ生ズル場合ニハ、問題ノ地方ハ共同委員会ノ請求ニ依リ、共同委員会ノ委員タル参加友好国ノ代表者ニ依リ確メラルベシ。

付属書第四

共同委員会ハ、十二名ノ委員即チ日本国政府・支那国政府並ニ三月四日国際連盟総会決議ニ従ヒ本商議ニ助力スル友好国ノ代表者タル米国・英国・仏国及伊国ノ支那駐箚外交代表者ノ各ノ代表者タル文官及武官各一名ニ依リ構成セラルベシ、共同委員会ノ委員ハ、其ノ随時必要ト認ムル数ノ補助員ヲ委員会ノ決定ニ従ヒ使用スベシ、手続ニ関スル一切ノ事項ハ委員会ノ裁量ニ委セラルベク、委員会ノ決定ハ多数決ニ依リ為サルベク、議長ハ決定投票権ヲ有スベシ、議長ハ委員会ニ依リ参加友好国ヲ代表スル委員中ヨリ選出セラルベシ。委員会ハ其ノ決定ニ従ヒ、其ノ最良ト認ムル方法ニ依リ、本協定第一条・第二条及第三条ノ実行ヲ監視スベシ。

支那国政府別個ノ自発的声明（本協定成立前又ハ之ト同時ニ発出セラルベキモ本協定ニ付属セズ）
一般事態ヲ平静ニシ、且事件ノ影響ヲ受ケタル地域ノ安定及正常状態ノ速ナル回復ヲ確保スル目的ヲ以テ、支那国政府ハ上海租界付近ノ撤兵地域ニ於ケル平和及秩序維持ノ為ニ、自ラ進ンデ直ニ特別警察隊ヲ設置シ、其ノ警察官及指導官トシテ専門家ヲ招聘スルノ意向アルコトヲ茲ニ表示ス（此処ニ協定名及日付ヲ挿入ス）、協定第四条最後ヨリ二番目ノ文章ニ定メラルル交代支那警察ハ、前記特別警察隊ヲ以テ之ニ充当スベキモノトス。

さて、この案に対して、将来も上海居留邦人保護の責任を負う現地海軍の意見は極めて実利的であり、四月六日、海軍次官、軍令部次長は先の三月三十日の野村司令長官に同意見であると回答したが、軍令部次長・参謀本部次長会談の結果に対する陸軍側の意見を野村に打電した[189]。それは、①上海方面で、必要の場合に中国軍に一撃を与え得る戦略要点の呉淞クリークを挟む地域の確保が「上海地方ノ安全ヲ保持シ軍ノ生存」のためにも不可欠であること、②「停戦協定ハ当面ノ一統帥事項ニ過ギズシテ、上海地方将来ノ治安維持ニ関シテハ、極力円卓会議ヲ速ニ開催スルガ如ク誘導」すべきであって、「停戦協定ハ仮令順当ニ進捗セズトモ、陸軍兵力ハ必要ノモノヲ残留シ、余リハ自発的ニ逐次帰還セシメ、気長ニ処理スル方針ナリ」、③「上海付近黄浦江以東ニ於テハ、特ニ浦東方面及呉淞砲台ノ対岸地域」を重要視する、であった。海軍はもともと今次事変の根本原因が、居留邦人の排日運動の脅威と上海陸戦隊の兵力不足にあり、そのために排日を抑圧することも敵対施設を排除させることもできず、陸軍の出兵依頼に繋がったことを考えると、今回の協定案の成立を望むと同時に、不成立の場合の陸軍の自主撤兵に反対しているのである。このことは、陸海軍共に排日根絶と上海の安寧確保の目的において一致していたものの、その達成手段の考え方に相違点を有していたことを示している。

具体的にいえば、海軍側は、先に野村司令長官が、会議が難航している理由は中国側の内在的な事情（中央政府の薄弱、政府・軍閥間の抗争による面目論に捉われている）にあると観察しているように、当面、協定不成立が避けられないのであれば、中国側の事情の推移に任せるとの考えに対して、陸軍側は逆に、急ぎ武力威圧に解決を求め、排日行動に必要と考えられるときはいつでも一撃を与えることが肝要であり、それに即応できる戦略的態勢を構築することを意図していたといえる。また、陸軍側は、法制面において「停戦協定ハ当面ノ一統帥事項ニ過ギズシテ」という「陸軍統帥綱領」に停戦交渉の主導性を確保したうえで、「上海地方将来ノ治安維持ニ関シテハ、極力円卓会議ヲ速ニ開催スルガ如ク誘導スベキモノニシテ」との姿勢で身構えていた。陸軍は、国内規範の統帥事項を、結局「我軍建軍ノ本義不磨ノ鉄則。外国ノ掣肘等ニヨリ動クヘキモノニアラス」[190]という認識に立って世界的な外交舞台に引き出し、国際的な常識を覆してでも交渉を進めたことは、交渉の難航を招来したのみではなく、日本外交に対する国際的な威厳と地位を低下させるものであった。海軍は「陸軍統帥綱領」の援用が可能であるにもかかわらず、それをとらず、外務当局とほぼ同一の路線を採用したのは、最終的な上海の安全確保という目的において同じくするためであり、陸軍の強引さに反対するより、停戦協定の成立を望んだのであった。陸軍がいう、「停戦協定ハ仮令順当ニ進捗セズトモ、陸軍兵力ハ必要ノモノヲ残留シ、余リハ自発的ニ逐次帰還セシメ、気長ニ処理スル方針ナリ。」[191]とは、上海の早期安寧を確保するための外交舞台の意義や労苦とはかけ離れた傲慢ともいえる見解であったが、逆に陸軍の価値や効用を最も理解したのが日本海軍であった。尚、海軍は第三項の「上海付近黄浦江以東ニ於テハ、特ニ浦東方面及呉淞砲台ノ対岸地域ヲ重要視ス。」は、その後の警備任務から強い関心とこだわりをもっていたことを立証している。これはこの後の交渉の最後になって再び登場する。

外務省もこの陸海軍の硬軟両様の主張の調整に苦悩し、

重光公使に次の訓令を発した。それは、①租界内への撤収にタイムリミットを付けないこと、②日本軍撤収地域は、中国側に「譲歩ノ色アルヲ幸イコレヲ取リ決メルコト」、③蘇州河以南及び浦東側に関しては、上海四周ということで折り合うよう出先部隊と協議すること、④他国公使を慫慂して支那側にプレッシャーを加え、会議成立に努力して、将来円卓会議に誘導するように努めることであった(192)。

これに基づき、四月七日から本会議及び軍事小委員会が並行して行われたが、それらの全期間を通じて最初に解決したものが日本軍撤収地域の問題であり、ほぼ全期間にわたって難航したものが日本軍の撤退時期の問題であり、最終段階に至って解決されたものが、中国軍の駐兵制限区域の問題であった。

二　上海現地の三つの重要問題と四月十一日の会議停頓迄の交渉

(一)　日本軍の撤収地域問題

日本側は日本軍撤収地域として当初、獅子林砲台、楊行鎮、大場鎮、真茹鎮を連ねる線以東を主張したが、中国側にとっては、日本案はそれまでの主張に比し過大であり、飽く迄租界付近に局限しようとし、交渉打ち切りを表明する等、猛烈に反対した(193)。しかし、日本陸軍の主張は「将来必要ニ応ジ随時敵ニ一撃ヲ与ヘ得ル為、戦略上自由ナル態勢ヲ占ムルコトニ於テ些ノ不便ヲ蒙ラザル地域ノ占拠ヲ主眼トシ、此ノ為ニハ交渉決裂トナルモ已ムヲ得ズトノ決心」を有していたのである(194)。外務省が重光に与えた訓令に従い、本問題は小委員会において討議され、日中双方の歩み寄りと英国駐在武官バダム・ソンヒル（Badham Thornhill）陸軍大佐の斡旋とにより、四月六日にほぼ協定が成立した。その後数次にわたり実地調査が行われ、同十一日に日本軍が撤収すべき四つの地域の協定が、他の問題に比較して最も早く成立した。

(二)　日本軍の撤収時期問題

本会議を通観していえる最大の難関は「撤収期間ノ一点ニ帰(195)」すといわれた日本軍の撤収時期問題であり、争点は日本軍が租界及び拡張道路等に引き揚げる時期の問題であった。決め手は居留民の生命財産に関する「セキュリティ」の問題であり、この安全が確保できれば日本軍は撤収し、そうでなければ残留させるという覚悟であった。円卓会議が流産した結果が、日本側に大きな不安材料を残していた。中国側の執拗な期日明示の主張に日本側は応じなかったが、四月四日の本会議で停戦協定が成立すれば、次を声明すると述べた[196]。それは、上海及び付近の状況が改善し、「日本国民ニ対シ其ノ生命・財産及合法的生業ノ保護ニツキ安全ノ観念ヲ与フルニ至ラバ、直ニ日本軍ハ一九三一年一月二十八日ノ事件前ニ於ケルガ如ク、共同租界又虹口方面ニ於ケル租界外拡張道路ニ撤退スベシ。」であった。これは「セパレート・ノート」に関し、日本側が中国側に求めた内容を、円卓会議で関係国の議論も調整、決定を経るに至らなかった故に、改めて中国側に対し、日本軍の撤兵の条件として、日本人の生命財産等の保護の確証を促し、その条件下でこそ撤退するといい出したことを意味する。しかし、依然として中国側は撤退の期日を明記すべきであると主張して譲らなかった。ついに七日の本会議は妥協不能を思わせ、停戦会議は破綻に瀕した。そこで英ランプソン公使は、次の三種の折衷案を示し、両国政府の請訓を促した[197]。

第一案　日本側声明案中ニ「日本ハ上海付近ノ状態ガ六箇月又ハ之ヨリ早キ期間内ニ於テ、充分改善スルコトヲ望ム」トノ趣旨ヲ挿入ス。

第二案　前記日本側声明案ニ対シ、支那側ハ左ノ如キ趣旨ヲ声明シ之ヲ記録ニ留ム。支那政府ハ、日本側声明案（原案）ヲ了承スルモ、三月四日ノ連盟総会決議ニ依リ停戦ヲ確実ニシ、日本軍ノ撤収ヲ規定シタル本協定ノ条項ハ、第三条ノ規定ニ基キ日本軍ガ一月二十八日以前ノ如ク租界及拡張道路内ニ撤収スル迄ハ、最終的ニ完了セラレタルモノニ非ズト了解ス。

第三案（当時第二案Aト称ス）　日本ノ声明案ヲ取リ止メ、単ニ「第三条ノ規定ニ基キ一月二十八日以前ノ如ク、日本軍ガ租界及拡張道路ニ撤収ヲ完了スル迄ハ、決議精神及本協定ノ条項ハ最終的ニ完了セラレタルモノニ非ズ」トノ支那側ノ了解ヲ記録ニ留ム。

このランプソンの新仲裁案に対し、日本側の陸海軍は以下の経緯を踏まえ、第一案に賛意を示した。

四月七日、野村司令長官は海軍中央に次の意見具申をした[198]。それは、第二案及び第三案は、いずれも日本に差支えないが、中国側の同意は望みようもないので、何らかの形式で時限を付さなければ解決が困難であること、また「英・米等ニモ我ガ国ハ上海・呉淞ニ亘リ長期占領ノ企図アルヤノ邪推モナキニアラズ」「上海事変ハ若干忍ビ難キヲ忍ビテモ停戦協定ヲ成立セシムルコト大局上有利」であって、英国提案の第一案、即ち日本側の声明中に「六箇月以内ニ斯クノ如ク事態ガ改善セラレンコトヲ希望ス」を挿入することに同意して時局収拾に尽力すべきとした。

一方、同日、白川派遣軍司令官の意見は、次のとおりであった。[199]中国側は相当に譲歩し協定成立に焦りがあるように見受けられるが、「残サレタル唯一ノ問題タル我ガ軍撤収時期ニ関シテハ、飽ク迄強硬ニ時限表示ヲ主張シテ譲ラズ、最後ニハ国際連盟ニ移シ其ノ判決ニ依ランコトヲ申出ヅル」であろうし、その間、四国代表の感情を害し、中国側の立場が俄に不利な情勢となったので、次回は恐らく、中国側は英国案の第一案を多少修正して折り合う対案に出るかと判断される。したがって陸軍側として、英国提案のいずれも大体において差支えないものと考えられるので、そのいずれかを採択して問題を解決させる考えであるとしている。軍司令官としての総合的判断としては、難局打開には妥当なものであったといえる。

次いで海軍中央部から、四月八日、野村司令長官宛に届いた回答[200]によれば、第二・三案は後日中国側に「言ヒ懸リノ種ヲ与ヘ、紛糾ヲ来ス虞アルヲ以テ同意シ難」いので、第一案に同意すること、また、この意見に陸軍も同意見であるとしており、日本側は陸海軍共に一致して第一案に妥協の姿勢を示したのであった。ところが翌九日の本会議において、中国側は新たに別案を出し且つ「六箇月ヲ四箇月ニ修正スベシ」と述べた。[201]そのため会議が停頓し、日本側は「支那側ニテ案文ヲ其侭採用セスシテ常ニ修正ヲ持出スカ如キ状態ニテハ果テシ無シ」[202]と怒りと嘆息の有様であった。

そこでランプソンは、調停案（第一案中の「日本人ノ生命・財産ガ安全ナル如ク状態ガ改善ス」を「平常ノ状態ニ復ス」と変更）を出し、日中両国は政府に請訓し、その回訓を得たうえで、十一日に会議を再開することになった。ところが、十一日になって、また、中国側は洛陽よりの訓令なしとのことで会議延期を申し出てそのままとなり停頓したのである。[203]その理由は「南京ニ於ケル羅外交部長カ一括シテ洛陽ニ於ケル行政院長汪精衛ニ請訓セル結果」であったという。しかし新聞には「如何ニモ談判決裂シタル様伝ヘラレ」、それを背景に中国側は停戦会議が決裂の危機に瀕したとして、この解決を再度連盟に提訴するに至った。[204]会議関係者のすべてが、中国のペースに翻弄されたといえる。

かくしてドラモンド事務総長は、「最後ノ瞬間ニハ如何ナル案ニモ責任ヲ取リテ調印スル勇気アル支那人無キコト立証セラレタリ」と評する日本側に同意を表明する一幕もあり、十六日迄に中国側に妥結するよう期待を表明した。[205]このような難航の末、四月十四日以降停会していた上海現地の本会議が再開されるのは、改めて連盟に舞台を移した四月十九日の「十九人委員会」の決議を待たなければならなかったのである。

(三) 中国軍の駐兵制限区域問題

この問題は、蘇州河以南及浦東側を中国軍不進出の制限区域内に含ませるか否かが争点になった。主権国家の中国側が、自らの国土の駐兵区域を制限される問題である。四月七日の本会議は何らの進捗もなかったため、同日の小委員会に付託された。小委員会は、四月九・十一・十二・十四日の四日間にわたって討議を重ねた結果、制限区域に中国軍を進出させないことを中国側委員から各国武官に手紙で通知するという間接意思表示の形式を以て、中国軍の駐屯地点を表明するということでほぼ解決に近付いた。しかし問題の核心である制限地域に関しては、遂に意見の一致を見ず、しかも十四日以降本会議も無期延期で停頓状態であったため、小委員会も停会のやむなきに至り、この問題は一時中断となった。(206)

第十四節 芳沢外相の「対連盟方針」に対する主要国の反応

一 英米及びドラモンド事務総長の反応

二十八日、在日英国大使フランシス・リンドレーは芳沢外相を往訪し、「一両日来頻リニ新聞紙上満州問題カ連盟ノ討議ニ上ル場合ニハ日本ハ連盟ヲ脱退スヘキ旨ノ報道」が伝えられているが、真相はどうかと確認したので、芳沢は「十九人委員会」の提案に基づき総会で満州問題の討議をなし、日本に不利な決議が決定される場合は「総会開催地ヨリ引揚クル決心ヲ為シ居レル次第ニテ直ニ連盟脱退ト云フハ誤ナリ」[207]と説明し、その了解を得ている。

また、ジュネーブでは四月一日、松平・サイモン会談が行われた。サイモンは総会脱退とは連盟脱退かと確認した後、日本の態度を遺憾としつつも、英国政府としてもこれ迄極力緩和に努めて来たのはご承知のことと述べ、上海事態の早期解決の期待を表明した。そしてこの日本の極秘電報である対連盟方針の発信先を確認したうえ、「自分ノ方トシテハ漏洩セサル様充分注意スル積リナリ」[208]と述べた。また、在英臨時代理大使沢田廉三から外相に宛てた「我が連盟総会方針公表方に関し外務次官補との会談について」[209]の電報において先の日本文書の秘密漏洩の失敗を二度と繰り返さないように配慮を見せたが、この会談内容はまたもや四月九日の『タイムズ』紙上に掲載された。議会の追及に窮した英国政府は「発表方日本政府ニ於テ御承諾アルマシキヤ」と日本政府に収拾の協力依頼をする始末であった。

芳沢外相は二十二日、「(発表すれば：引用者)世界ノ世論ヲ刺激シ其ノ結果ハ当然ニ我国論ノ興奮ヲ来スヘク斯クテ内外空気ノ険悪化ハ帝国政府ヲシテ本意ナラスモ時期尚早ニ本件申入ノ予想セル最後ノ手段ニ出ツルノ余儀ナキニ至ラシムル虞アリ」として最悪のケース到来を回避するために申し入れを断った[210]。二度目の機密漏洩事件は、サイモンに対する芳沢の信頼を大きく傷付けた。

ドラモンド事務総長は、四月九日、事務局次長杉村陽太郎との対談において、連盟を代表する観点から日本と忌憚のない意見交換を行った[211]。それによれば、論点は三つ存在していた。

一つ目は、総長自身が「十九人委員会」の論議のうえで過去中国寄りの議事進行をして来たことに反省の念を示すと共に、連盟の立場としては対中尊重に傾かざるを得ない事情を説明した点である。そして、そのうえで、総長は三月十一日の決議に基づき、十八日に文書で日本側に提出を要求した「昭和六年九月、十二月理事会決議の実施情報」を連盟及び各連盟国に至急転達してほしいと催促した。既に四月四日には理事佐藤尚武から総長宛てに送付されていたが、関係諸国に転達の時機を失すれば、日本は「十九人委員会」から疑義を抱かれ、会議において徒らに事態紛糾を招くだけで、これでは何らの問題解決にならないので、第十五条適用留保の蒸し返しをしないよう警告した。

杉村は反論し、連盟の対中盲従がもたらした日本の国論沸騰、「十九人委員会」の小国擁護、日本にとって国運を賭けた重要問題に連盟が小国の純理論を採用したこと等の非を指摘した。総長は「十九人委員会」の議論には「幾多悲シム可キ過失アリシヲ」と認めつつも、一度連盟に提訴されればこれを拒否ないし回避できない連盟の宿命的な立場を披瀝した。連盟の対中尊重の議事進行はワシントン体制が構築された経緯に深く係わりがあり、杉村が指摘した「連盟カ支那側ノ要求ニ盲従」に表現された一面は客観性を有していた。

二つ目は、杉村が、日本側がこだわっている上海の排日運動の根絶と連盟が理解する「ボイコット」との間に認識の相違があることを説明した点である。総長が「『ボイコット』ノ問題ハ結局満州問題ノ解決ニ至ル迄ハ解決シ得サルヘシト思ハル」と述べたことに対し、杉村は上海において問題になっているのは、「便衣隊ノ活動及本邦人ノ生命、財産ヲ脅ス抗日運動ニシテ右ト純然タル商業上ノ『ボイコット』ニシテ個人ノ自由意志ニ出ツルモノトヲ混同ス可カラス従テ『ボイコット』ナル名称ハ上海ニ於ケル現地ノ安全ノ問題ヲ議スルニハ適当ナラス日本側ノ求ムル所ハ上海出兵ノ原因タル本邦人及租界ノ安全確保ニ存スレハ此ノ点ヲ明瞭ニ為シ置カレ度シ」と説明した。中国側の論理に立っていた総長が、杉村が説く日本側の論理に一定の理解を示した。総長の理解の程度から考えれば、連盟諸国には排日、抗日の質的な相違と日本の痛みが十分に理解されていないといえるのである。往年の日本外交部の列国への理解を得る配慮と、先を見越し時宜に適した説明が不足していたことを裏付けており、外交部の後手の対応を立証していた。

最後の三つ目は、満州問題に関し、総長はリットン調査団の目的は「先ツ満州国ノ正体ヲ突止ムル」にあり、「何等カ実際的解決案ヲ提示スヘシト期待」されるが、「余リニ露骨ニ既成事実構成ノ為猪突スル遣方ハ擯斥セサルヲ得ス」と日本の対満投資の巨大さをはじめ、最近の同調査委員会の到着に際し、「満州ノ事態ヲ急速ニ確定シ『リットン』委員会到着スルモ既成事実ヲ以テ之ニ対抗セントスルノ風」があることに注意を喚起した点である[212]。

杉村にしてもドラモンドにしても、議論の結果が連盟の運営面に、俄に直接的且つ具体的な成果に結び付くとは考え難いものの、忌憚のない議論によって立場の相違やこだわりを認識したのであった。これら英国外相及び連盟事務総長の判断は、既決の第十五条適用の路線で連盟を如何に纏めるかという観点で共通していた。他方、仏国首相のアンドレ・タルジュー（André Tardieu）の場合は、やや日本寄りの意見であった[213]。四月二日の駐仏大使長岡春一の電報によれば、日本のこの決定が早過ぎではないかと批判しつつも、英国の遣り方に歴史的な考察を交えて不満を披瀝した。仏国財界は英国と異なり、満州投資に意欲を見せ、外交ルートに道を開く試みがなされていた。

米国は、連盟非加盟国であるために満州問題の第十五条適用の当否に関して意見はいえないが、日本政府が主張するような二国間交渉ではなく、第三者の仲介による解決を図ることを希望すると共に、満州事変が勃発した直後の日本政府方針と、現に満州においてなされつつある事柄（例えば、「満州新政府ノ役人ハ日本人ヲ同道シ郵務塩務ノ機関ヲ接収シツツアル」こと）とはかなり乖離しており、九国条約が規定する行政保全に反すると述べた[214]。

二　日本在外公館の意見

先の芳沢外相の対連盟方針は、日本の在外公館にも種々の反応を呼んだ。駐仏長岡大使は、四月八日、芳沢の対連盟方針の回訓文書が相当広範囲に及んだことの弊害とその影響を予察し、リットン調査団の報告書が日本側の期待に背かないとも限らない状況下では、総会に対する「我立場ハ何ノ道極メテ困難」が予想される。懸念する事態発生の場合に備えて「単ナル代表引揚位ノ中途半端ナル態度ニテハ右形勢ヲ転換セシム能ハサル」であるので「形勢如何ニ依リテハ連盟脱退ノ宣言ヲ現代表ニ於テ為シ得ル様予メ廟議御決定ノ上総会ニ臨ム」ことが必要であると外相宛てに具申した。[215] 要するに、総会脱退くらいでは効き目がないので連盟脱退の腹積もりでやれといっているのである。この意見の背景には、満州自体も著しく変化するであろうし、上海事変が一段落しても中国側は今後機会あるごとに満州問題を総会及び理事会に持ち出し続け、小国も同調してさまざまな策動に引き摺られるのみで、ついに抜き差しならぬ破目に陥る。この困難な事態を避けるには「予メ連盟脱退ノ決意ヲ以テ事ニ臨ムヨリ外ニ途」なく、仮に脱退した場合は、満州問題は事実上連盟の手を離れ、「穏健ナル意向ヲ有スル右大国側ハ右過激分子ノ掣肘ヲ免レ同問題ニ付自由ノ立場ニ置カルヘキ様存セラル」とし、結局対応の仕方としては、「満州問題ノ処理ハ同問題ニ直接利害関係ナキ多数国ヲ含ム連盟ヨリ離レテ主要国ノミヲ相手トスル方得策ナリト思考」するという論理であった。注目すべきことは、満州問題は連盟脱退によってその呪縛から逃れ、日本に理解ある大国との別個の交渉で解決可能であると踏んでいることである。何故このような論理に至ったのであろうか。

日本代表部には、十一日迄の総会決議の経緯をにらみ、満州問題の回避を余り強調し過ぎては却って誤解を招くのではないかと懸念し、しかも、日本も「十九人委員会」の選挙に参加した以上は、満州問題の討議は避けられないとの認識が存在した。そうである以上、ここに至って、連盟の否定的見解に接した場合は、連盟脱退を望み且つそれを目的とするのではなく、連盟脱退も辞さないという脅かしを以て連盟の反省を促すという意識に到達していたということができる。しかし、当時の出先日本外交官の中には、このような軽率な脱退の意見と異にする者がいた。駐伊大使吉田茂は、四月十一日、外相宛てに「国際相依ノ世界大勢ノ下ニ即チ貿易立国ノ我国トシテ連盟脱退ノ如キ軽々シク断行スヘキニ非ス仮令連盟脱退ノ断行ノ場合アリトスルモ総テノ手段尽キテノ後ノコトタルヘキ」と連盟脱退を戒めた。そして、連盟脱退論が引き起こす影響に触れ、連盟の行動規範は中国の連盟に対する期待にあり、それがある限り日中関係の回復は難しいので、英米の対日印象が悪化しないように維持することが重要であって、この失策が結局日本の連盟脱退論を招来すると分析していた。したがって吉田はこの観点から芳沢外相に以下を提言した。それは、駐英松平大使は近くジュネーブに来る米スチムソン国務長官に、英サイモン外相との関係を利用し、あるいは直接に、「支那ノ態度ト連盟トノ関係」「連盟ニ対スル帝国政府ノ意向等」を松平自身が重ねて説明し、中国及び連盟に対し改めてスチムソンの斡旋を求めるように仕向けてはどうかと述べ、併せて駐米出渕大使にその促進方を訓令してほしいと結んだ。[216] 中国の連盟期待の下では、対応法において選択肢のない連盟と日本との硬直状態を打開する道は、英米との平素の円滑な意思疎通であり協調であるとの日本側に努力責任を置いた見解は炯眼であった。吉田はこの構造を理解したうえで外交努力をなすべきであり、軽々なゼスチュアー的な言質を吐くべきではないと説いたのである。このような上海停戦交渉の進捗の過程で、連盟の対応を不満とする意見が次第に日本の外交部門及び軍部に、連盟総会引揚・脱退論が燻り始めていたことを如実に示しており、特筆すべきことであった。

このような外交が展開されている中、三月十九日に始まり五月五日の調印迄一カ月半にわたって開かれた停戦外交はそれ迄と異なり、軍部の強い希望によって日中直接交渉が行われた。実際は英米等代表者の仲介、介入によるもので、場所も英国大使館であり、英米仏伊四国公使はオブザーバーとして参加した。その結果、とりわけ正式停戦本会議が始まった三月二十四日からは、先述のように、いよいよ山場ともいえる各種の難関に遭遇しつつも歩み寄りを見せた。しかし突如、中国政府がジュネーブにおいて、四月十一日「十九人委員会」に、上海の停戦会議は危機に瀕し協定成立の望みなし[217]と提訴して、交渉を上海現地からジュネーブに舞台を移すように要求した。かくして、四月十一日当日迄、上海現地では計一四回の本会議が開かれていたのである。

三　日本の国際連盟脱退論とその反響

日本国内に国際連盟脱退論が起こった四月半ばの現地上海は、停戦本会議が進行しつつあった。戦火の止んだ上海の安定的な空気を反映して、英国も米国も国内世論は沈静化しつつあった。そして重要なことは、このころ、日本の在外公館と英米等の主要列国との冷静な対話が図られ、その内容も交渉の対立点の本質に迫るものであったことである。

英国に関していえば、四月十二日、松平大使が英国首相のラムゼー・マクドナルドに会見し、満州・上海両事変における日本の立場に基本的な賛意を得た[218]のは注目すべきことであった。日中関係に関する中国及び国際連盟の対応について行った会話の要点は、以下のとおりである。

第一は、中国側の条約不尊重及び一方的破棄に対する認識の問題である。松平は、ややもすれば他国の領土に兵を使用すること自身が国際連盟規約に違反しているとして紛争を判断することが多いが、「一切ノ条約上ノ義務ヲ厳格ニ尊重スルコト」は国際連盟規約の根本原則の一つであると述べ、中国側は「自己ノ好マサル条約ハ不平等条約ト称シテ恣ニ一方的ニ破棄セントスル行動ニ出テ」、しかも尚、その意思を貫徹できないときはボイコットに訴え、「無責任ナル私的団体ニ於テ強力ヲ以テ外国品ノ不買ヲ強制スルノ挙ニ出テ居レリ」と具体例を以て説明し、「日本国民ノ激昂爆発シテ遂ニ上海事変ヲ惹起シタ」こと、満州事変と上海事変とは質を異にし、日本の対応に対し、「支那カ遷延政策ヲ執リ」紛糾させているとマクドナルドに説明したところ、マクドナルドは「支那ノ条約不尊重及一方的破棄」等については全く同感であると答えた。

第二は、連盟の上海事変の対応姿勢に対する認識の問題である。松平は、連盟には小国等が感情及び理想論によって「日支問題ヲ紛糾セシムル如キ結果」があると説明すると、マクドナルドはこれに首肯し、連盟は平時においては真に有益であるが、重大な問題に対して「余リ熱中スルニ於テハ時ニ却テ事ヲ面倒ニスル恐」があり、英国内諸団体が対日経済断交の決議をもたらしたことにより政府は窮地に陥ったこと、満州事変と上海事変を混同した上海事変処理に対する姿勢に対する批判と、上海事変の早期解決が日本のために得策であるとの意見を述べた。

いずれも、古き良き友人間の懇親の会話ではあるが、マクドナルドの視座は、現実に連盟外交の主導的役割を演じているサイモン外相の路線と異なり、永年の日英関係の歴史を踏まえ、また、多難な中国経営の労苦体験からにじみ出る対日同情と本音が読み取れる。このような外交界の日英両重鎮の腹蔵なき会話が、時宜に適した早期段階に行われていれば、何らかの外交上の影響が生かされたかもしれない。

連盟小国の中で数少ない親日意見のポリチスは、十三日に連盟事務局次長杉村陽太郎に、日本の総会退席は第十五条適用留保に関する従来の主張を無意義にするものであり、かつ種々不利な誤解を招く恐れがあり、また、「日本ハ自ラ好ンテ国際的孤立ニ陥ルノ観ヲ呈スル」可能性があるので、十分自重することが必要であると述べた。そして、事情に適合するために「総会ノ報告提出期間タル六箇月ノ期間ハ差向キ上海事件ニノミ第十五条ヲ適用シ満州問題ニ付テハ『リットン』報告提出ヲ起算点トシテ六箇月ノ期間ヲ計算スルコト」を提言した[219]。日本を慮り、総会やリットン調査委員会の全体を見渡したうえでの冷静、客観的かつ実現性が望める見解であると考えられる。

第十五節 ジュネーブの「十九人委員会」と上海の停戦本会議の再開と協定成立

一 国際連盟に対する中国側の対応と「十九人委員会」の開催

先述のように、中国側は、四月十一日、上海の停戦本会議は決裂の危機に瀕したとし、再び連盟に提起すべく、十三日に「十九人委員会」召集を申し出た。日本の外務当局は、中国側の態度はその内政上の問題から責任逃れを図っていることが明白であり、「十九人委員会」の任務は、「停戦条件ヲ『ディクテート』スルモノニ非ルニ付同委員会ハ支那側申出ヲ直チニ上海ニ『レファー、バック』スヘキ筋合ニテ右ハ論議ノ余地ナキ当然ノコトナリ（尚ホ右ノ如ク直チニ上海ニ『レファー、バック』スルコトカ停戦協定ノ成立ヲ促進スル所以ニシテ此ノ際十九人委員会ニテ彼是討議セハ必スヤ支那側ノ乗スル所トナリ上海地方事態安定ヲ益々遅延スヘキコト明ナリ）」と考え、また仮に中国側の申し出によりその委員会が開催されても日本側は代表を出席させず、単に事情を通知するという建て前を通す態度をとることにしたのである。[220]

当時の連盟の英仏伊代表は日本側の見解と同じように見受けられたが、小国側の策動が大きく、十六日に開催された「十九人委員会」は二回の秘密会議の後、四月十九日、次の一四項目にわたる決議案を決定するに至った。[221] この決議案の決定に至る経緯の特記事項は、三つ存在している。一つ目は、日本軍の撤収時期に関する上海地方の正常状態復帰を「混合委員会（上海ニオケル日支英米仏伊代表カラナル）」の決定に委ね、その決定結果は「十九人委員会」の承認を要するとしたこと、二つ目は、同じく小国が修正させた案のもう一つ、この「混合委員会」から日中両当事国を外したこと、三つ目は、この日中両当事国の除外は到底当事国の受諾を得難いので、イーマンス委員長、サイモン英国代表、ドラモンド事務総長をはじめとする各大国代表はこれら二つの修正案の撤回を迫り、説得に努めたが、小国代表は両修正案を固執して譲らず、結局決定に至ったのであった。(222)

「十九人委員会」決議(四月十九日)

一、三月四日及十一日ノ連盟総会決議ガ、停戦ヲ確定的ニシ日本軍ノ撤収ヲ律スベキ取極締結ノ為、上海両租界ニ特別ノ利害関係ヲ有スル列強ノ陸・海及文官当局ノ助力ノ下ニ、日支代表者ニ依リ商議開始セラルベキヲ勧告セルコトヲ考慮シ、

二、三月四日及十一日ノ連盟総会決議ニ於テ考慮セラレアル取極ハ、現地ニ於テノミ締結セラレ得ルニ依リ、商議者ニ代理スルハ特別委員会ノ為スベキ所ニアラザル一方、右商議ニ代表セラルル有ラユル列強ハ、若シ商議ノ進行中又ハ上記取極ノ実行中ニ於テ重大ナル困難生ズルトキハ、右困難ヲ「連盟総会ノ為、且其ノ監督ノ下ニ職務ヲ行フ」特別委員会ニ通知スル資格アルコトヲ考慮シ、

三、当事国ハ何レモ上記連盟総会両決議ニ合致セザル条件ヲ強調スル資格ナキヲ以テ、商議ハ右両決議ニ従ヒ続行セラルベキコトヲ考慮シ、

四、特別委員会ニ通報セラレ、且両当事国ノ受諾セル停戦協定案ノ諸条ヲ見タルヲ以テ、

五、右諸条ガ上記両決議ノ精神ニ合致スルコトヲ考慮ス。

六、上記停戦協定案第三条ニ依リ、日本国政府ガ一九三二年一月二十八日ノ事件前ニ於ケルガ如ク、共同租界並ニ租界外道路ニ其ノ軍隊ノ撤収ヲ行フコトヲ約シ居ルコトヲ特ニ注意ニ留ム。

七、右撤収ガ近キ将来ニ於テ行ハルルコトハ、三月四日及十一日ノ連盟総会決議ノ精神ニ従ヘルモノナルコトヲ宣言ス。

八、三月四日ノ決議ハ、日本軍ガ全部撤収セラレタルトキニ於テノミ、全ク従ハレタルコトトナルコトヲ宣言ス。

九、停戦協定案ハ中立国委員ヲ含ミ相互ノ撤収ヲ認証シ、且日本軍撤収後直ニ引継ヲ受クベキ交代支那警察ヘノ撤収、日本軍ヨリノ引継ノ取運ビニ協力スベキ共同委員会ノ設置ニ関シ規定ヲ設ケアルコトヲ注意ニ留ム。

十　右(混合:引用者)委員会ガ其ノ決定ニ従ヒ其ノ最良ト認ムル方法ニ依リ、第一条・二条及一九三二年一月二十八日ノ事件前ニ於ケルガ如キ日本軍ノ完全ナル

撤退ニ関シ、規定ヲ設クル第三条ノ実行ヲ見守ルベキコトヲ満足ヲ以テ注意ニ留ム。

十一、停戦協定案第一条・第二条及第三条ノ実行ヲ見守ルベキ（混合：引用者）委員会ノ協定案第四付属書中ニ定メラレアル権力ハ、日本軍隊ノ完全撤収ガ合理的ニ実施セラレ得ベキ時期到来セルコトヲ、当事国ノ一ノ請求ニ依リ宣言スル権限ヲ含ムトノ意見ヲ有ス。委員会ノ一切ノ決定ハ全員一致ナルベキコトヲ望ムモ、若シ全員一致ガ得ラレザルトキハ、上述第四付属書ノ規定ニ依リ有効ナル決議ハ多数決ニ依リ為サルベク、議長ガ決定投票ヲ有スベキコトヲ認ム。

十二、商議ノ速ナル成立ニ達センガ為、繋争当事国ニ対シ、目下停頓中ノ商議再開ヲ熱心ニ勧告シ、上海両租界ニ特別ノ利害関係ヲ有スル諸政府ニ右目的ノ為其ノ斡旋ヲ続ケンコトヲ求ム。

十三、三月四日及十一日ノ決議ニ定メラルル如ク、商議成立ニ到達スルコトナキ限リ、問題ハ再ビ連盟総会ニ提起セラルベキコトヲ特ニ指摘ス。

十四、上海両租界ニ特別利害関係ヲ有スル列強政府ニ対シ、混合委員会ガ其ノ職務執行ニ依リ有スベク且右委員会ニ於ケル各代表者ニ依リ之等政府ニ供給セラルベキ情報ヲ、国際連盟ニ伝達センコトヲ求ム。

本決議は、三月四日と十一日の総会決議内容に則り、日中当事国及び租界の第三国で進めるべき具体的な手順と確認である。前者の三月四日の議決内容は、有効な戦闘停止と日本軍撤退の協定締結の商議開始を、三月十一日議決内容は、関係条約に則り撤兵地域内の秩序回復の協力と新設「十九人委員会」による第十五条第三・四項の勧告手続きの実施を規定したものである。日本側が殊に後者の三月十一日決議を忌避する理由は、第十五条第三・四項が満州事変と上海事変のリンクを前提にしていたからである。本文中の「特別委員会」は「十九人委員会」を、「共同委員会」は「混合委員会」を指している[223]。

二 「十九人委員会」の決議に対する日本側の解釈と対応

公表前日の十九日に、「十九人委員会」の決議案を芳沢外相に送信した日本代表部〔代表長岡春一（四月一日付理事佐藤尚武と交代）〕は、同日、決議案に対する以下の三カ所の修正意見を纏め、翌日に上申した。第八項は「円卓会議開催ヲ遅延セシメ且支那側カ我軍租界内撤収ニ至ル迄絶エス之ヲ悪用スルノ口実ヲ与フルノ虞」があること、第十一項は「支那側ノ要求ニ基キ同委員会カ撤兵期到来ヲ宣言シ得ルコト」とあること、第十三項は今回のように、「支那側カ勝手ニ交渉ヲ停頓セシメタル場合ニモ総会ニ『リファーバック』」されることとなるために、明日公表された場合は直ちに、「一体此案ハ妥協的精神ニテ作ラレタルモノナリヤ」「上海交渉ヲ是迄三月四日決議ノ精神ニ則リ進捗シ来リタル日本ノ努力ヲ水泡ニ帰セシムル為作ラレタルモノナリヤ」と、これら三項の削除を求め、もし削除に及ばない場合は、具体的に第十一項については、「混合委員会ノ前掲権限ニ顧ミ十九人委員会ハ該任務就中日本軍ノ完全ナル撤収ニ関スル任務ヲ該委員会ニ委ヌルニ一致ス」との修正を加えること、第十三項に関しては、「三月四日及十一日ノ決議」の次に「若シ停戦交渉ニ参加セル各国ノ多数カ同意スルニ於テハ」を追加することがなければ、日本政府の承諾は得難いとの詰問をする予定であるので、上海問題で連盟と対立することは回避すべきであり、満州問題の大局から見て得策でないので十分なる考察を望むと打電した。(224)

これら「十九人委員会」の決議案に対し日本政府、特に陸軍は同委員会や現地の「混合委員会」の容喙を極力排除したいと考えていたので、この決定は憤懣の情抑え難いものがあり、とりわけ第十一項は現地における停戦協定案に対し重大な変更を加え、さらに「混合委員会」の多数決により日本軍の撤退を規定しようとするものであると解釈したのである。

四月二十日、芳沢外相は沢田事務局長に、第十一項にある「十九人委員会」が停戦協定案の内容に容喙し変更を加えることは、同委員会が停戦条件の内容を審議決定する機関ではないので権限逸脱であること、そして、「上海地方ノ和平維持問題ニ至大ノ関係ヲ有スル英米仏伊側ノ斡旋ノ結果ヲ無視スルモノ」であり、とりわけ「右第十一項ノ後半ニ依レハ混合委員会ハ多数決ヲ以テ日本軍ノ撤収ニ関スル決定ヲナシ得ヘキコトヲ予想シ居ル処我方ノ意思ニ反シ我軍ノ移動ヲ行ハシムルカ如キハ統帥権ニ重大ナル影響アリ(225)」として、第十一項全部の削除の主張を指示した。究極の満州問題を最優先課題と考える故に、しばらく第八・十三項を不問に付し置き、第十一項の撤退時期判断の自由を確保することを優先すべきと指示した。これによって当面の緊急課題は、第十一項に集中するに至った。

長岡代表は同二十日、イーマンス総会議長、ドラモンド事務総長に第十一項の全面削除を要望した。ドラモンドは、それでは「第十一項ヲ削除スルカ又ハ協定案其ノ侭ヲ引用スル規定トシ其ノ代リ日本側ハ混合委員会ノ権限ニ関シ第十一項後半ノ如キ趣旨ノ解釈ヲ声明セラルル事トシテハ如何」と提案した。つまり削除せずに、日本側の事情を斟酌した案の提示を推奨した。これに対し、長岡は日本独特の統帥権問題を説明し、軍の行動を第三者の判断に任するのが不可能なことを述べた。ドラモンドは尚もこれに反駁して、当事国一方の意思で軍隊がいつ迄も残留することは「十九人委員会」に満足を与えないであろうと語った[226]。日本の統帥権問題が、国際的に日本の独善と映っていることを意味した。

この日、駐英松平大使も英サイモン外相と会見し、統帥権問題を説いて第十一項の削除を懇請したが、サイモンは日本の統帥権の重要性と憲法精神の重要性に理解を示したものの、「然レトモ自分ノ見ル処ニテハ今回ノ決議案ハ上海ニテ協定セラレタル草案カ三月四日ノ決議ニ合致セルコトト確認シ居ルヲ以テ支那側ノ面目ハ潰レタル訳」であって、それは「日本ニハ極メテ好都合ナリト思考ス」と述べ、委員会は期限付撤収論が強硬に主張されているが、自分はこれを押え結局期限を付さずに平常状態の判断を現地に委ねるに至った訳で、さらに、上海においては四国（英米仏伊）が日本の利益を相当に擁護できると認めるので、日本側が本案を拒否すればジュネーブの空気はさらに悪化するであろうと、極力決議案の受諾を外相に上申したのである[227]。要するに、サイモンは、日本軍の撤退期限を切らない代わりに第十一項の受け容れを求めたのである。このとき、日本代表部は、決議案決定前とは打って変わってすっかり悲観的な空気に包まれていた。ドラモンド事務総長の提案に依拠せざるを得ないと結論し、二十一日、日本政府に対し以下を請訓した[228]。

一　前記「ドラモンド」案ハ適当ト思ハル。新聞報ニ依レバ、上海ニテ協定再開ノ由ナレバ、現地ニ於テ実行ノ上連盟ニ移サバ、十一項削除可能ナルベシトテ、統帥権問題ヲ考慮シテ、曩ニ略決定セントシタル「ランプソン」案ニ代ルベキ我ガ方宣言案（下記）ヲ提言ス。

「……日本軍ノ撤収差支ニ至リタルヲ認メタルトキハ、混合委員会ハ多数決ヲ以テ、右趣旨ヲ表明スルコトヲ得」

二　右考案ニシテ採用セラルレバ、十九人委員会ニテ発言スル要アリ。同委員会ニ出席ヲ拒絶スル理由ハ極メテ機微ナル問題ニシテ、満州問題ノ地歩ヲ作リ置ク為ニモ、上海問題ハ適当ニ収拾スルヲ有利トスル見地ヨリ、先方ノ招請ニ応ジ出席スルコトト致度。

日本代表部は、陸軍が主張する統帥権の優越（天皇大権）

という国内規範を国際問題に適用して、撤兵の政治的判断の自由を確保しようとしたが、戦勝国が自ら上海の安全確保を確認できたうえで、撤兵するという論理は筋が通っているとはいえ、国際的な視座と多様な見解の存在に対する日本側の無神経さに気後れを感じ、連盟要路の客観的な見解に納得させられたことは間違いない。しかし日本政府の回訓は全く次元を異にし、「十九人委員会ニ対スル根本観念ヨリセバ……（中略）……、時局収拾ノ為第十一項ノミナラズ、第八項、第十三項モ同様削除方主張スベシ。」とし、全面的にこれを否定したものであった[229]。

しかし、ジュネーブの空気はこの芳沢外相の訓令を実行できるものではなく、もしこれを強行すれば連盟脱退を決意しなければならない程の乖離が生じていたのである。このような中で、日本代表部は今迄になく日本政府に対する強い反発の気概に裏打ちされた以下の請訓を発した[230]。

一　右訓令ノ趣旨ニ依レバ、連盟ト正面衝突ヲ惹起スルコト明白、政府ハ最後ノ決意ヲナスノ腹案ナリヤ。

二　若シ上海事件ヲ速ニ解決セラルル所存ナラバ、十九人委員会トモ出来得ル限リ歩調ヲ合スル必要アリ。如何ニ事件ヲ解決スル御見込ナルヤ。

三　第十一項ノ削除ニ極力努力スベシ。但シ右ニテ我ガ方受諾シ得ル範囲ナラバ第八項、第十三項ハ四月二十日訓令㉑通不問ニ付シ可然哉。

この意見に上海の重光公使は、賛同した。というのは、重光は現地上海の陸軍の要求により第八・十一・十三項の修正を芳沢外相に、要求していたが、同二十一日に大局的判断から、第八・十三項の削除の進言は、満州問題を最重要に考えて削除すべきであると、変更を上申したばかりであったからであった[231]。日本側は現地上海の重光もジュネーブの沢田事務局長も難航を予想し、第八・十三項は不問に付し、しかも第十一項も荒立てず、受容することが得策ではないかと考えるに至ったのである。「混合委員会」の判断を重要視し委ねるということは、事態進展の確保と同時に、「混合委員会」が結果に全責任を負うということを意味した。野村司令長官もほぼ同じ意見で、この際余りこだわらずに収拾を図った方が有利であると海軍中央部に意見具申を行った。東京の外務省及び陸海軍中央部が協議して政府方針を以てそれぞれ回訓が作成されたが、島田俊彦氏の研究によれば、陸軍の提案は、「軍の行動に他国の干渉を排除する意味で、第八・第十一・第十三項の無条件削除を要求する。もし聴かなければ連盟との正面衝突も敢て辞せず」「もし四国で上海の治安維持の責に任ずることを請合うなら、陸軍は全部撤兵の決意がある」というもので取り付く島もなかったという。(232) かくして暗礁に乗り上げたこの事態を見た英ランプソン公使は、決裂回避のために急ぎ第十一項修正の斡旋に努めた。

二十二日にランプソンは重光を、引き続き郭外交部次長をはじめとする各要路を訪ねて修正を重ね、協定付属書第四（共同委員に関する件）の最後の文言である「委員会ハ其ノ決定ニ従ヒ、其ノ最良ト認ムル方法ニ依リ、本協定第一条、第二条及第三条ノ実行ヲ監視スベシ」の後に「前記三条ノ何レカノ規定ノ実行解怠ニ対シ、注意ヲ喚起スルノ権限ヲ有ス」を追加して、監視の目的を「注意喚起」する方向に誘導し、日本側の撤退の主体性をとどめたことによって、撤収期限問題を解決すると共に、ジュネーブの「十九人委員会」決議の第十一項をこの案の主旨に改めようとした。(233) その結果、野村司令長官はこの新仲裁案は受諾差支えないものと認むとの意見を二十六日、中央に打電した。海軍中央部では、大局上できるだけ速決を可とするという見解で軍令部次長高橋三吉、海軍省軍務局長豊田貞次郎を通じて陸軍側の説得に努めた結果、陸軍側も遂に同案に同意するに至った。(234) 日本政府は同日夜、重光と連盟代表部に宛て、同案のラインで交渉を進めるように指示した。

これ迄強硬な態度に終始していた陸軍側がここに至ってランプソン案に同意するに至った理由は、如何なるものであったのであろうか。それは、参謀次長・派遣軍参謀長間の電報の内容に表れている。先に参謀次長真崎甚三郎は派遣軍参謀長田代晥一郎（上海公使館付陸軍武官）に、「十九人委員会」の決議が日本を拘束しないという建前で、現地上海での停戦交渉の再開と即決を指示した。これを受けて、田代はその趣旨に基づき停戦交渉を進め、「残ルハ小委員会ニ於ケル支那軍位置ノ問題ノミトナル理ナリ」(235) と返信した。陸軍が妥協に至った背景を、海軍中央部は、二十八日、以下のように嶋田に発した。(236)

左記ノ内第一項ハ貴官限リノ心得迄ニ、尚極メテ機微ニ亘ル事項ナレバ機密保持ニ関シ特ニ留意セラレ度シ。

一、陸軍側一部ガ、当初十九人委員会ノ態度ニ就キ極メテ強硬ナリシモ、遂ニランプソン仲裁案受諾ニ同意スル迄ニハ種々ナル紆余曲折アリタルガ、要スルニ陸軍トシテハ、北満ノ情勢ニ鑑ミ増援ノ必要ヲ感ジ居レルモ、予算其ノ他ノ関係上実現困難ナル有様ニテ、結局上海方面ノ兵力ハ情況許ス限リ速ニ移動セントスル意向ヲ有スルモノト推定セラル、過日陸軍側ニテハ、十九人委員会及停戦協定ノ進展如何ニ拘ラズ、直ニ自発的ニ上海方面全兵力撤収ノ意向ヲ洩シタルコトアル位ニテ、今トナリテハ陸軍側ハ、海令機密第一三五番電ノ如ク、停戦協定可及的速決ヲ希望シ居ル次第ナリ。

二、右ノ次第ニテ、陸軍ノ大部ハ急速引揚ノコトトナルヤモ計リ難キ処、停戦協定中未解決ナル蘇州河以南及浦東側支那軍現駐地区ニ関シテハ、陸軍撤収後ノ警備ヲ担任セザルベカラザル海軍トシテ、又重光電松岡談ニ依ルモ円卓会議成立ノ見込少キ今日、本問題ハ陸軍ヨリモ寧ロ海軍トシテ多大ノ関心ヲ有ス。然ルニランプソン公使ヨリ駐日英国公使宛内報ニ依レバ、過日ランプソンハ南京ニ於テ本地区問題ニ関シテモ支那側ニ強硬ニ交渉セシガ、支那側ヲ説得スルコトヲ得ザリシトノ趣ナルニ付、今後ノ交渉ニ於テモ大ニ難色アリト認ムルモ、此ノ際今後ノ警備上必要地ニ関シ、形式ヨリモ実質ニ重キヲ置キ、何等カノ形ニテ協定シ置カルルコトニ致度。

これらは日本側の内情を物語る通信内容であった。陸軍部隊の北満転用の必要に迫られている陸軍と、その北転の情報に狼狽と焦燥を隠し切れない海軍の姿が見てとれる。

かくして連盟における「十九人委員会」決議第十一項は、英ランプソン公使の新仲裁案に改めることになった。[237] 中国側は連盟総会決議の結果を待って停戦会議を再開する方針をとったが、連盟は上海のランプソンの新仲裁案が日中双方の同意確実となるのを待ったうえで総会を開こうとした。そこで四月二十八日、四国公使、重光公使、郭外交部次長らは、英国総領事館において非公式会見を行ってランプソン仲裁案を協議した。その結果ようやくにして日中双方同意に達し、協定草案の二、三点の字句修正のうえ、連盟に直ちに報告された。このようにして停戦協定文は軍事小委員会で未決定の、蘇州河以南及浦東側における中国軍の現駐地問題を残すのみとなり、他はすべて事実上成立したのである。[238]

三　最終的な停戦協定の成立

最後に残った中国軍の駐兵制限地域問題は、海軍にとっては極めて重要であった。何故なら、海軍は停戦協定が成立した後の上海居留邦人保護のための警備任務に復帰し、その責任を負う立場にあるからである。先に円卓会議の開催の約束を、停戦会議を開催することの前提にするには大きな政治的条件であるとして、中国側から俎上に載せることさえ強く反対され、譲歩を余儀なくされた日本側にとって、「中国軍の駐兵制限地域問題」が、ここに至ってようやく訪れたのであった。円卓会議ではないが、軍事的脅威と排日運動の抑制効果に繋がる中国軍の駐留地域を制限し、それを明確にしておくことは後顧の憂いを断つ意味で極めて重要不可欠なものであったからである。したがって、この中国軍の駐兵制限地域問題は、海軍が最後に主導権を握る形になり、海軍中央部は、「形式より実質を執る」とする指示を二十八日に出した。これに対し同日、嶋田参謀長はランプソン案を元にした当時の情勢一般について、以下を報告した(239)。

一、支那軍ノ現駐地ハ、安亭ヨリ太倉ノ東方五粁ヲ経テ経金塘口ニ至ル線ハ、第一回小委員会ニテ支那委員言明シ之ヲ付属書ニ記載スルニ同意シ居ルモ、蘇州河以南及浦東ハ今回ノ戦闘ニ関係ナク全ク問題外ナリトス、第三回小委員会ニテ追及セラレ紀王廟・虹橋・龍華ヲ指示セシガ、之ハ協定第二条ニハ関係ナシト主張セリ。爾後本会議及小委員会ニテ論議ヲ重ネタル結果、

（一）第一条中「凡テノ戦闘行為ヲ停止ス」トアルニ対シテ「上海周囲ニ於テ」ナル句ヲ加ヘタリ。

（二）浦東側ニテハ、呉淞対岸ヨリ租界東岸ニ亘ル高橋区・高行区・陸行区ニハ軍隊存在セズ、又日本軍駐在中軍隊ヲ入レザルコトヲ、支那委員ヨリ各国武官ニ手紙ニテ通報ノ形式ヲ執レリ。

（三）蘇州河以南ハ、第三回小委員会ノ言質ヲ捉へ、之ヲ議事録ニ留ムル腹案ニテ各国武官同意シアリシモ、最近支那ノ態度強硬ニナリシコト当方ニテモ聞及アリ、蘇州河ニ沿フテ租界西北端ニ至ル迄ハ、最少《ママ》限ニ議事録ニ留メ得ル見込。

二、要スルニ残存ノ問題ハ（一）浦東側ニテハ尚南方ニ洋涇区ヲ加フルコト、（二）蘇州河以南ニテハ虹橋・龍華ヲ加フルコトノ二点ニシテ更ニ論争ノ要アリ。本日午後段如耕《ママ》（殷汝耕：引用者）領事館ニ来訪、本会議再開セバ急速ニ纏メタキニ付、残存問題ハ予メ下交渉シタキ申出アリ、田代少将ヨリ当方ノ主張ヲ充分ニ話シ明日午後再会ノ予定。将来ノ警備ニ関シ成ルベク有利ノ解決ヲ希望シ、形式ニハ拘泥セズ最後ノ努力ヲ為シツツアリト雖、各国共同委員ヲ活用セバ、実質上（一）・（二）・（三）ノ程度ニテ差支ナシト認ム。

三、貴電第三項ニ関シテハ、本日モ英国公使ヨリ重光公使ニ話アリタルガ、支那軍隊ヲ現駐地ニ留ムルコトハ元来日支両軍ノ衝突ヲ避クル為ノ手段トシテ考ヘラレ、総テ支那側ノ言フ如ク、今回ノ戦闘ニ関係ノ

方面ノミノ問題ト考へ居ルモノニシテ、作戦上ノ実際問題ヨリ、他方面ニモ軍隊近接シ来ラザルコトヲ協定セントスル日本ノ要求ヲ過大ト見ルガ如シ。
四、本会議ハ五月二日トナルベク、急速終了スベシ。

要するに、日本海軍側は、以後の日本人の生命財産の保護のためには、今次の戦闘には無関係であった蘇州河以南、浦東地方においても安全を確実に確保したいと考えており、対する中国側は、自軍の行動の自由を確保する意味でも、戦闘がなかったことを理由に強く反対していたことを窺わせる。そして嶋田の電報が示すように、結果は南京政府が頑強な態度を崩さず、その主張を譲らなかった(240)。当時邦字新聞や漢字新聞は上海四周の中立地帯設置に関し各種の記事を連ねた事実があり、このため中国側はこれらが本問題の前提でもあるように危惧したようである。停戦交渉で難航した三つのテーマの内、中国軍の駐兵制限区域問題のみが中国側が自国内で規制される唯一のものであっただけに、この交渉に臨む南京政府に対する中国民衆の抵抗が極めて大きかったのである。主権国家の中国が、危機意識をもったのであった。重光公使は、「日本軍部と、英米公使と、中国側との間を往復して説得に努め、ようやく撤収地域問題についても妥協にこぎつけた。そしてこの区域内に日本軍を撤収する期日は日本軍の判定にまかせるというところまで話がつき、停戦協定の草案もほとんど完了する運びとなった。四月二十八日には英総領事館で郭泰祺委員のほか四国公使と非公式に会合して停戦協定の案文を確認することができたわけである。（略）日本人の生命財産の保護はこれによって全うされ、また、莫大な日本権益の擁護もどうやら目的を達し、日本の権威を維持することができたというので大いに満足して、四月二十九日の天長節には上海北四川路の新公園を中心にして大観兵式を挙行することになった(241)」と回想している。

ところが、その天長節の当日、予想外の爆弾事件が起きた(242)。上海新公園及び江湾路上において観兵式、空中分列式などに引き続き午前十一時過ぎより官民合同祝賀会が行われていたが、その儀式の最中に群衆中より一凶漢（朝鮮人尹奉吉で二十五歳）が進み出て式台の白川軍司令官以下七人の重要人物めがけて爆弾を投じた。爆弾は野村司令長官と重光公使の中間に落下炸裂し、式台にあった諸官はいずれも重軽傷を負った。犯人は直ちに陸戦隊員に逮捕され、憲兵の手に移された。白川と植田師団長は陸軍兵站病院に、野村、上海居留民団書記長友野盛は陸戦隊本部内病舎に、重光、村井上海総領事らは福民病院に送院された。

爆弾事件発生の翌日、日本外務当局及び陸海軍中央部より爆弾事件の真相調査と処置は停戦交渉と切り離して対応することとし、「既定ノ如ク速決ノ方針(243)」どおりに停戦交渉の進展を図ることが指示された。その後の調査で事件には「支那人関係セルノ事実ヲ認メズ(244)」との結果を得て、停戦交渉が進められたのであった。白川軍司令官は、翌五月二十六日に死亡した。

五月一日、日本側軍事小委員会委員と四国武官との会見の席上、英国駐在武官ソンヒルが新提案を行った(245)。これによれば、「蘇州河以南及浦東側支那軍現駐地問題ニテ支那側ノ説得ニ努メタルモ、頑強ニシテ小官等ノ力ヲ以テシテハ之レ以上斡旋ノ途ナシ、仍ッテ左ノ提案ヲ為ス、枉《ま》ゲテ承認ヲ望ム。」とした。その提案内容は「軍隊ニ於テ敵対行動ノ如何ナル疑ニテモ起リシ場合ニハ、其ノ状況ハ日支両国ノ何レカノ要求ニ基キ、共同委員タル参加友好国代表ニ依リ確メラルベク、同代表ハ第一条ニ規定セラレタル権限ニ従ヒ、斯クシテ生ジタル状況ニ対シテ当該国ノ注意ヲ喚起スベシ」というもので、議事録にとどめることとする一方、これは改正第一条中の「上海ノ周囲ニ於ケル敵対行動」を意味するので、日本側の主張は実質において満たされていると説明した。これに対し現地の第三艦隊は、四国武官を信用せざるを得ない状況にあり、会議の情勢からももはやこれ以上のものを目指して纏めることは不可能と判断し、これらに満足すべきであり、極力明二日に小委員会を開き、二、三日中に本会議開催の心組みである旨を中央に意見具申した(246)。

かくして四月十四日以来停頓していた小委員会は、五月二日午後六時に再開され、最終の懸案であった中国軍の現駐地について協議が開始された。その結果、中国側の駐兵制限区域問題は、以下の情勢となり承認された。

一、蘇州河以南及浦東側ニ支那軍行動制限ノ問題ニ就テハ、一日ノ非公式会議ニ於ケル英国武官ノ提議ニ「上海ノ付近及隣接地ニ於ケル」ノ字句ヲ追加シ、左記記録ヲ議事録ニ留メテ総括的ニ軍隊ノ進出ヲ抑制スルコトトス。
「軍隊ニ於テ敵対行為ノ如何ナル疑ニテモ起リシ場合ニハ、其ノ状況ハ日支両国ノ何レカノ要求ニ基キ、共同委員タル関係友好国代表ニヨリ確メラルベク、同代表ハ第一条規定ノ権限ニ従ヒ、右発生セル状況ニ就キ注意ヲ喚起スベシ」
二、浦東北部即チ米国「スタンダード」会社以北ノ地域ニハ、現在支那軍存在セズ、将来モ支那軍ヲ入レザル旨ノ書面ヲ支那側代表ヨリ中立国武官ニ送ルコトハ既ニ協議ノ通リ。（但シ支那ハ右書面ニ於テ、匪賊

討伐等、治安維持上警察力不足ノ際ハ、軍隊派遣ノ権利ヲ有スルコトヲ保留ス）

三、尚本日モ、特ニ蘇州河以南及龍華対岸迄ノ浦東側ニ現在支那軍駐屯セズ、且其ノ以内ニ兵ヲ移動セザルコトニ就キ、再ビ黄参謀長ヲシテ明確ナル言明ヲナサシメ、四国武官亦責任ヲ以テ日本側ノ不安ヲ醸成セシメザルベキコトヲ口頭ヲ以テ声明ス、斯クシテ形式ヲ譲歩シテ実質的効果ニ満足スルコトトナレリ

これによって最後の難題であった中国側の駐兵制限区域問題は、五月二日にひとまず解決し、小委員会の任務を終了し本会議に報告することになったのであった。ところが、日本側の陸海軍中央部は、これ迄の事務面で、従来から小委員会の中央部に対する報告は簡単であったうえに、報告内容が一致しない点があり、混乱に苦悩する状況であった。このため、海軍中央部は、この小委員会が終了した五月二日夜、急ぎ、洋涇区（租界の対岸）を含む浦東側に「支那軍不進出ノ件ヲ明確ナラシムル」ことを極めて重要視した陸軍と協議のうえ、嶋田参謀長宛てに中国軍の浦東進出制限の交渉の纏めを指示した[247]。海軍が浦東側に警備上多大の関心を有するのは、「洋涇区ヲモ含マシムルコトハ、従来ノ不信行為及機雷沈置等ニ鑑ミ極メテ必要」であると認めるので、「蘇州河以南ニ於テハ支那側主張ヲ容認」しても良いから、浦東側においては、「洋涇区ヲモ含マシムルコト」を主張し、明確に記録等を通じて今後の利用に供し得るよう最後の努力を指示した。これに対し同夜、第三艦隊は、同日の小委員会に既に最終的な承認を与えた後であること、及び「浦東側ニ関スル支那側ノ手紙ニ洋涇区ヲ追加スベク、第八三三番電ノ通リ段如《ママ》耕ヲ利用シ又英武官」を通じて日本の主張を開陳したが、これに対して南京政府は強硬になったことを海軍中央部に報告し、その現状に了解を求めたのであった[248]。

嶋田参謀長はこの中で、中国側が強硬な原因は、「上海周囲ニ中立地帯設置ノ実現ヲ……（略）……極度ニ恐レタル結果」であると述べた。しかし、これらを総括的にいえば小委員会摘録の中にある「（中国軍は：引用者）上海ノ付近及隣接地ニ於テ軍隊ヲ移動セズ」という文言に十分いい尽くされている。しかも、小委員会会議で中国側黄参謀長が特に「蘇州河以南及龍華対岸迄ノ浦東側」において、「現在支那軍駐屯セズ」且つ「其ノ以内ニ兵ヲ移動セズ」と発言したのは中国側の承認と受け止めて良いと確認したこと並びに「四国武官モ責任ヲ以テ日本側ノ不安ヲ醸成セズト応酬」した事実を以て、小委員会に最終的な承認を与えたので、艦隊としては「戦闘地域以外ハ総括的ニ取扱ヒ、細

図13　日支停戦会議（本会議）
左から一人おいて重光公使、嶋田第三艦隊参謀長、植田第九師団長。右からジョンソン米公使、一人おいてランプソン英公使、二人おいて、郭泰棋、戴戟。
出典：省文社編輯部編『満洲・上海事変写真帖』（省文社、1932年）。

項ハ小委員会記録ヲ有効視スルコト」にし、承認決議したことを説明した。既に小委員会が任務終了後に、海軍中央部が新たな要求をしたことは、そのまま簡単に受け容れられるものではなかったが、その解釈においてその趣旨が受け容れ可能なものとされたのである。しかし、三日午後、海軍中央部から再度の指示があり、今度は、浦東側の治安維持のため、(一)中国軍の侵入及び(二)上海周囲の意味の二件に関しては「我ガ方ノ了解ヲ明瞭ナラシムル為、本会議ニ於テ前記(一)、及(二)、ニ関スル我ガ見解ヲ単独声明スル等、貴地陸軍側トモ協議ノ上」措置せよと指示したのであった[249]。嶋田参謀長は、小委員会の報告中にある「支那側ヨリ中立国武官宛書面ニハ治安維持上必要ノ場合軍隊派遣ノ権利ヲ保留セラレアル処、右ハ予メ共同委員会ノ同意ヲ得タル後実施セラルベキモノト了解シ、且之ヲ議事録ニ留ムルコトヲ希望」するという内容の声明案を作成し、英ランプソン公使の了解を求めたところ、ランプソンは「中立国委員ニ新任務ヲ課シ且支那側ノ主権ニ干渉スル」ことになり、「必然的ニ会議ノ決裂」を招き、「自分モ手ヲ引クヨリ外方法ナシ[250]」と強硬に反対したため、撤回して小委員会の決定事項に沿うことになった。

　四日夕刻に「洋涇区ニ関スル五月二日最終小委員会ニ於ケル黄強ノ言明並ニ右ニ対スル列国側ノ確認」を内容とする文書をランプソンに送付し、受容されるに至った。この内情は中国側に知れることはなかったが、往復通信やランプソンとの調整等に手間取り、本会議は五日に開かれるのである。ここに多難であった浦東側洋涇区追加問題も落着し、植田師団長は、これ迄の経緯から日本側の懸念を払拭し得たとの確証を、文書を以て残すべく、四国公使宛てに、

「予ハ五月二日軍事小委員会ニ於ケル支那委員ノ言明及四国武官ガ浦東地区ニ関シ日本側ノ不安ヲ醸成スルコトナシトノ言明ヲ重要視シアリ。　五月四日　植田中将」として送付した。

かくして仲介案「円卓会議ニ関スル草案」を出発点にした約五〇日に及ぶ日中会議は、四国公使の陪席の下に、ようやく合意を得たのであった。五月五日、午前十時、正式本会議が上海英国総領事館で開催され午後一時、英文協定文に出席委員が署名を行った。入院中の植田・重光各代表に持ち回り、午後一時二十分、全部の署名を終わった。ここに協定、付属書及び議事録から成る停戦協定が成立し、停戦協定の効力の発生を見るに至った。(251)

五月十六日、日中両国語の正文の署名が終了した。その協定全文は、左記のとおりである。

上海停戦協定(252)

（五月五日発表）

（本協定ニハ標題ナキモ便宜上仮ニ右標題ヲ付ス）

第一条　日本国及中国ノ当局ハ既ニ戦闘中止ヲ命令シタルニ依リ昭和七年五月五日ヨリ停戦ガ確定セラルルコト合意セラル双方ノ軍ハ其ノ統制ノ及フ限リ一切ノ且凡ユル形式ノ敵対行為ヲ上海ノ周囲ニ於テ停止スヘシ停戦ニ関シ疑ヲ生スルトキハ右ニ関スル事態ハ参加友好国ノ代表者ニ依リ確メラルヘシ

第二条　中国軍隊ハ本協定ニ依リ取扱ハルル地域ニ於ケル正常状態ノ回復後ニ於テ追テ取極アル迄其ノ現駐地点ニ止マルヘシ前記地点ハ本協定第一付属書ニ掲記セラル

第三条　日本国軍隊ハ昭和七年一月二十八日ノ事件前ニ於ケルカ如ク共同租界及虹口方面ニ於ケル租界外拡張道路ニ撤収スヘシ尤モ収容セラルヘキ日本国軍隊ノ数ニ鑑ミ若干ハ前記地域ニ隣接セル地方ニ当分ノ間駐屯セシメラルヘキモノトス前記地方ハ本協定第二付属書ニ掲記セラル

第四条　相互ノ撤収ヲ認証スル為参加友好国ヲ代表スル委員ヲ含ム共同委員会ヲ設置スヘシ右委員会ハ又撤収日本国軍ヨリ交代中国警察ヘノ引継ノ取運ニ協力スヘク右中国警察ハ日本国軍ノ撤収スルトキ直ニ引継ヲ受クヘシ右委員会ノ構成及手続ハ本協定第三付属書ノ定ムル通ナルヘシ

第五条　本協定ハ其ノ署名ノ日ヨリ実施セラルヘシ本協定ハ日本語、中国語及英吉利語ヲ以テ作成セラル意義ニ関スル疑又ハ日本語、中国語及英

吉利語ノ本文ノ間ニ意義ノ相違アルトキハ英吉利語ノ本文ニ拠ルヘシ
昭和七年五月五日上海ニ於テ之ヲ作成ス
陸軍中将 植田謙吉（署名）
特命全権公使 重光葵（署名）
海軍少将 嶋田繁太郎（署名）
陸軍少将 田代皖一郎（署名）
外交次長 郭泰祺（署名）
陸軍中将 戴戟（署名）
陸軍中将 黄強（署名）
同席者トシテ
昭和七年三月四日ノ国際連盟総会決議ニ従ヒ商議ニ助力スル友好国代表者
中国駐劄英国公使 「サー、マイルズ、ウェッダーバン、ランプスン」
中国駐劄米国公使 「ネルスン、トルンスラー、ジョンソン」
中国駐劄仏国公使 「アンリー、オーギュスト、ウィルダン」
中国駐劄伊国代理公使伯爵 「ジェー、チアノ、デイ、コルテラッツオー」

第一付属書
本協定第二条ニ定ムル中国軍隊ノ地点左ノ如シ
付属縮尺十五万分一郵政地図上海地方参照
安亭鎮ノ正南方蘇州河上ノ一点ヨリ北方安亭鎮ノ直ク東方ノ「クリーク」ノ西岸ニ沿ヒ望仙橋ニ至リ、次テ北方ニ「クリーク」ヲ越エ沙頭ノ東方四キロメートルノ一点ニ至リ、次テ西北方揚子江上ノ滸浦口ニ至リ且之ヲ含ム
右ニ関シ疑ヲ生スルトキハ問題ノ地点ハ共同委員会ノ請求ニ依リ共同委員会ノ委員タル参加友好国ノ代表者ニ依リ確メラルヘシ

第二付属書
本協定第三条ニ定ムル地方左ノ如シ
前記地方ハ甲、乙、丙及丁ト標記セル付属地図ニ区画セラル右ハ第一、第二、第三及第四地域トシテ引用ス
第一地域ハ「甲」地図ニ示サル(一)本地域ハ呉淞鎮ヲ除外スルコト(二)日本国側ハ淞滬鉄道又ハ其ノ工場ノ運用ニ干渉セサルヘキコト合意セラル
第二地域ハ「乙」地図ニ示サル国際競馬場ノ北東方約一哩ニ当ル中国人墓地ハ日本国軍隊ニ依

リ使用セラルヘキ地域ヨリ除外セラルルコト合意セラル
第三地域ハ「丙」地図ニ示サル本地域ハ曹家寨及三友織布工場ヲ除外スルコト合意セラル
第四地域ハ「丁」地図ニ示サル使用セラルヘキ地域ハ日本人墓地及之ニ至ル東方ノ通路ヲ含ムコト合意セラル
右ニ関シ疑ヲ生スルトキハ問題ノ地方ハ共同委員会ノ請求ニ依リ共同委員会ノ委員タル参加友好国ノ代表者ニ依リ確メラルヘシ
右ニ示サルル地方ヘノ日本国軍隊ノ撤収ハ本協定ノ実施ヨリ一週間以内ニ開始セラルヘク且撤収開始ヨリ四週間内ニ完了セラルヘシ
第四条ニ依リ設置セラルヘキ共同委員会ハ撤収ノ際引揚ケ得サル患者又ハ傷病動物ノ看護及其ノ後ノ引揚ニ付必要ナル措置ヲ講スヘシ右患者又ハ傷病動物ハ必要ナル衛生人員ト共ニ之ヲ其ノ現在地点ニ残置スルコトヲ得中国当局ハ右ニ対シ保護ヲ与フヘシ

第三付属書

共同委員会ハ十二名ノ委員即チ日本国及中国ノ政府並ニ三月四日ノ国際連盟総会決議ニ従ヒ商議ニ助力スル友好国ノ代表者タル米国、英国、仏国及伊国ノ中国駐箚外交代表者ノ各ノ代表者タル文官及武官各一名ヲ以テ構成セラルヘシ共同委員会ノ委員ハ其ノ随時必要ト認ムル数ノ補助員ヲ委員会ノ決定ニ従ヒ使用スヘシ手続ニ関スル一切ノ事項ハ委員会ノ裁量ニ委ネラルヘク、委員会ノ決定ハ多数決ニ依リテ為サルヘク、議長ハ決定投票権ヲ有スヘシ議長ハ委員会ニ依リ参加友好国ヲ代表スル委員中ヨリ選出セラルヘシ
委員会ハ其ノ決定ニ従ヒ其ノ最良ト認ムル方法ニ依リ本協定第一条、第二条及第三条ノ実行ヲ看守《ママ》スヘク且前記三条ノ何レカノ規定ノ実行ノ懈怠ニ対シ注意ヲ喚起スルノ権限ヲ有ス

尚、日本軍の撤兵地帯の警備に関する中国政府の声明は、四月四日に採択されたランプソン案に示された議事録「支那国政府別個ノ自発的声明（本協定成立前又ハ之ト同時ニ発出セラルヘキモ本協定ニ付属セス）」とほぼ同文であり、これに従って、「交代支那警察ハ、前記特別警察隊ヲ以テ之ニ充当」（本書三八八頁参照）されることとされた。

かくして、停戦協定文からいえることは、日本側は苦戦しつつ軍事的に勝利したものの、一連の満州問題に対する対日糾弾という別の外交命題と複雑に絡んだことによって、

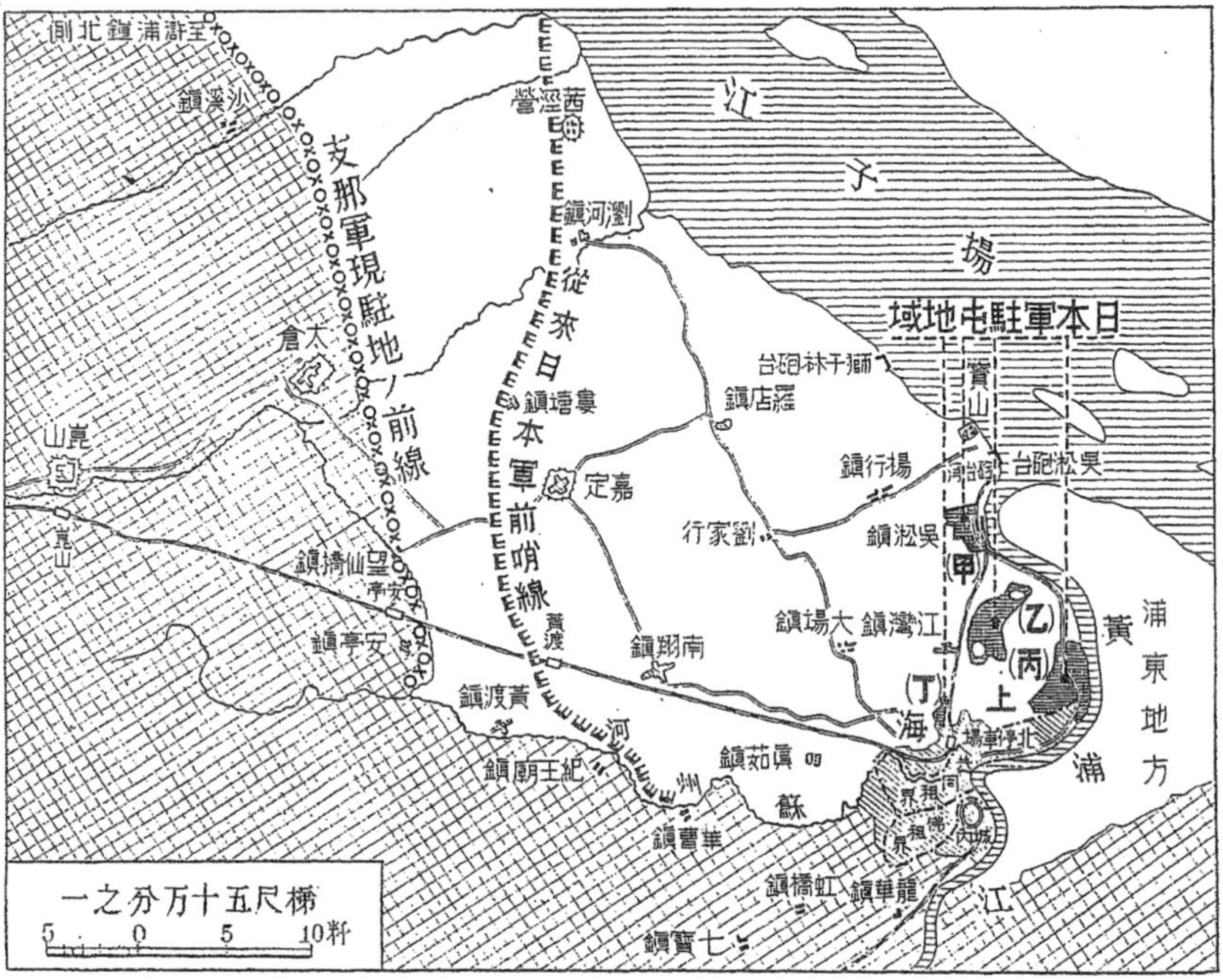

図 14　上海停戦協定　第一付属書付図「支那軍駐屯地域要図」

図 14、15 の出典：参謀本部編『満州事変史　第十六巻　上海付近の会戦(上)　陣地構築及追撃』（参謀本部、1933 年。防衛研究所所蔵）1070 ～ 1071 頁。

本来の排日根絶の目的が著しく局限され、上海における軍事的な脅威抑制の協定に終わったといえる。犬養首相は、協定成立後の談話において、「とに角うまく出来上がったのは誠に結構だ。」と評価しつつ、交渉が難航した原因に関し、「支那要人は内政問題に絡めて面子上反対するものがグズグズ云ふから支那当局者がのばしのばして今日に及んだやうな次第だ赤化した学生運動なども確かに妨害になってゐた。」といい、中国側が事を難しくしている原因は、要路が常に対外的と対内的に気を配らなければならず、国権回復に必要な中央集権化ができていないからであると不満をぶつけている。芳沢外相も、紆余曲折を経て締結に至った安堵感と同時に、日本の政治目的が「居留民の保護及び居留地の防御以外に何等の目的況んや何等の野心を包蔵せる次第に非ず」にあることを強調して、中国側の交渉遅延の姿勢を非難している。そして、協定成立の前提として「上海地方に於ける事態の平静を回復するを得更に進んで日支関係の改善に貢献するを得ば満足なり。」と述べて英ランプソン公使の斡旋の労及び関係者の努力

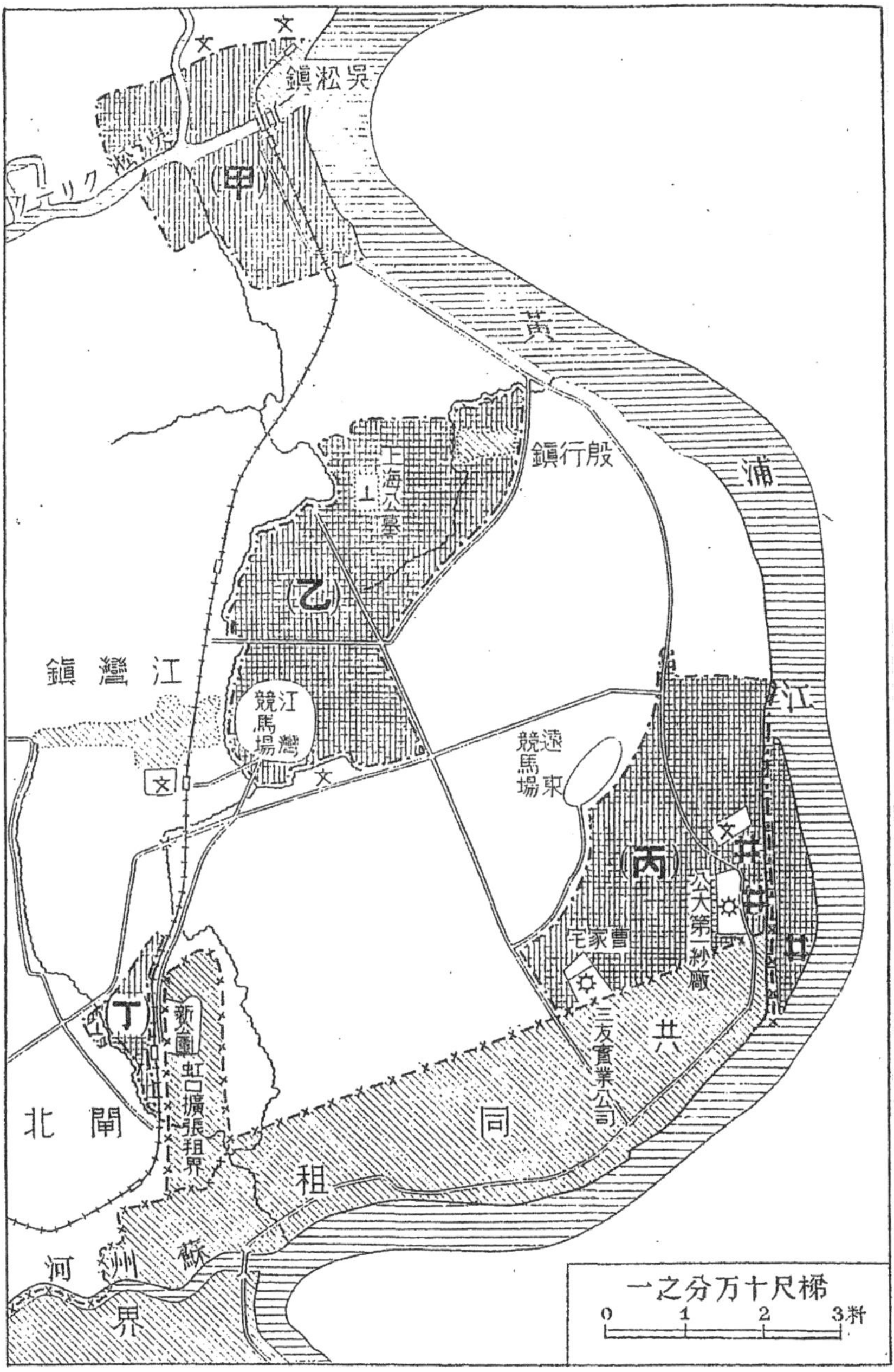

図 15　上海停戦協定　第二付属書付図「日本軍駐屯地域要図」

に対する謝辞を以て談話を結んでいる。[253] このように、協定成立に外交辞令的な意味からも一応の評価をしたものの、決して日本の政治目的が果たしたものとは考えられていなかったことを意味している。つまり、軍事的勝利を外交的な勝利に結び付けることができず、むしろその外交は破綻を始めたといえる。かくして、上海事変の全局を俯瞰して、停戦協定から大きく三つのことがいえる。

一つ目は、停戦協定は「正常状態ノ回復後ニ於テ追テ取極アル迄」（第二条）と書かれ、いわば期限が付せられていないのも同然の状況下、中国軍が駐兵制限区域にとどまる義務に関して、先行き日中両軍間の紛糾を生起させる危険性をはらんでいたことである。停戦交渉は、「（一）日本軍の撤収区域」と「（二）日本軍の撤収時期」は日本側が兵力転用を急ぐ状況の変化により、協定成立の翌六日より撤収（第三次帰還）を行い、後に何の問題も残さなかった。しかし、「（三）支那側の駐兵制限区域」に関しては、協定成立後、中国側は駐兵制限区域内に単に自軍を通過させただけでも、日本側から協定違反の抗議を受け、中国軍の行動を拘束し続けたことは事実であった。[254] しかし、中国側がこの第一次上海事変において学習した愛国心の高揚がもたらす武力抵抗の自信が、以後の日本陸軍による華北分離工作から一九三七（昭和十二）年の盧溝橋事件及び第二次上海事変において、現実のものとして対日武力抵抗を体現させた。

二つ目は、停戦協定は飽く迄締結時点での軍事上の再戦予防のためのルールであって、その域を出ず、日本側の終局的かつ最大の政治目的であった排日運動の抑制の仕組みの形成（円卓会議）が流産したことである。排日運動の根絶という政治目的は、円卓会議の実現によって、問題は伴うものの推進可能なはずであったが、中国側の国内的な配慮から強い反対に遭い、交渉は飽く迄軍事目的に限定されてしまったうえに、日本陸軍側の部隊北転の必要性から急ぎその受容と締結に至ったといえる。その中国側の内情とは、蔣介石の国家統一事業がまだ道半ばにあり、掃共未完の中で、日本軍との対決をようやくにして回避しつつある状況下に、この解決の対応は確かに至難であったといえる。

三つ目は、日本の満州国承認に向けた性急な動きと、その問題が外交論戦の主要テーマになることを回避する外交的配慮が、リットン調査団の活動や連盟総会における審議においてことごとく阻まれ、日本の意に反して国際連盟からの脱退を加速する要因として働いたことであった。では、何故、そのような結果になったのであろうか。停戦外交の審議が総会に格上げされたことで、連盟小国の主導体制が漸次構築され、満州国の承認の要求が硬化すればする程、それが日本にとって国際連盟脱退への加速剤として機能するという、八方塞がりの性格をもった外交破綻の考察を必要としている。これは第十一章において改めて考察したい。

註

（1）参謀本部編『満州事変史　第十六巻　上海付近の会戦（上）　陣地構築及追撃』（一九三三年六月。防衛研究所図書館所蔵）六六一頁（以下、『満州事変史　第十六巻』）。
（2）同右、八四三〜八五三頁。日本軍（第七連隊）は西部江湾鎮を出て韓家塘に移動するや、中国軍の正確で強靭な抵抗の十字砲火に遭遇し、連隊長林大八以下四三人が戦死し、九五人が負傷した。
（3）海軍軍令部編・田中宏巳・影山好一郎監修・解説『昭和六・七年事変海軍戦史　初めて公刊される満州事変・上海事変の海軍正史　第二巻（戦紀巻二　軍機）』（緑蔭書房、二〇〇一年）六〇〇頁（以下、『昭和六・七年事変海軍戦史　第二巻』）。大杉守一海軍中佐「七了口揚陸戦闘手記」（『水交社記事』第三十三巻第三号別冊、通巻第二八〇号、一九三五年）一七頁（以下、『水交社記事』通巻第二八〇号）。
（4）同右「七了口揚陸戦闘手記」一八頁。
（5）前掲『満州事変史　第十六巻』九七五頁。前掲『昭和六・七年事変海軍戦史　第二巻』六二一頁。
（6）同右『昭和六・七年事変海軍戦史　第二巻』六一二〜六一三頁。
（7）小西永吉『上海事変戦記』（帝国在郷軍人会上海支部編、一九三二年）五二頁。
（8）前掲『満州事変史　第十六巻』九二七頁。
（9）追撃全般作戦の兵力に余裕がない状況から軍司令官は、海軍の要求に基づき第二十四連隊第四中隊、陸軍重砲兵大隊（十五榴八門、十五糎臼四門）及び騎兵一小隊を海軍部隊の指揮下に入れて作戦を遂行させた（同右、六五〇〜六五三頁）。

(10)　同右、一〇一三頁。
(11)　前掲『昭和六・七年事変海軍戦史　第二巻』六二五、六三〇～六三二、二三一～二六六頁。
(12)　同右、六二七頁。
(13)　同右、六二九～六三〇頁。
(14)　同右、六二〇頁。
(15)　有馬成甫『海軍陸戦隊上海戦闘記』（海軍研究社、一九三二年）五二三頁。前掲『上海事変戦記』一三九頁。
(16)　前掲『昭和六・七年事変海軍戦史　第二巻』巻末に掲載された「附録　事変関係者所見摘録」五四～五五頁。
(17)　小山茂「空襲第一弾」（前掲『水交社記事』通巻第二八〇号）四三頁。
(18)　「陸海軍航空協定」は、二月二日に事前に策定され、二月五日の「大海令第四号」の別紙第三として添付されている。尚、別紙第一は「上海方面における陸海軍協同作戦指導に関する協定」であり、別紙第二は「陸海軍指揮に関する件」である。陸海軍並列の考え方が、統合思想の導入を阻害し、このような協定を必要とした。
(19)　上海付近の中国軍基地の所在と位置に関しては、第三艦隊司令部編『昭和七年上海事変写真帳』（第三艦隊司令部、一九三二年）に具体的に記述されている。航空作戦に関して特に配慮した野村司令長官の「第三艦隊ノ対空警戒方針」は、前掲『昭和六・七年事変海軍戦史　第二巻』七二四頁にある。
(20)　同右『昭和六・七年事変海軍戦史　第二巻』七二〇頁。
(21)　同右、六五〇頁。
(22)　同右、六五一～六五二頁。
(23)　信夫淳平『上海戦と国際法』（丸善、一九三二年）一一四頁。
(24)　前掲『満州事変史　第十六巻』一〇三四頁（混成第二十四旅団長）、一〇四三頁（第九師団長）。
(25)　便衣隊の跳梁は、殊に緒戦時の二十九日以来「猛烈を極め、……午後六時以降その跳梁愈々頻繁となり、虹口各所に亘って銃声湧くが如くに起こり、虹口方面の居住邦人は極度の不安に駆られた」ため、塩沢司令官は便衣隊射殺命令を出した。三十日から三十一日迄呉淞路武昌路付近で逮捕した便衣隊数は約五〇〇に達したという。二月三日ごろより激減した〔浜田峰三郎『上海事変』（上海日報社、一九三二年）一〇五頁。前掲『昭和六・七年事変海軍戦史　第二巻』二〇八頁〕。
(26)　別府明朋海軍大佐「上海海軍特別陸戦隊後方警備司令部の活動」（前掲『水交社記事』通巻第二八〇号）二一～一三頁。
(27)　「上海事件ニ於ケル支那軍ノ行動」（前掲『満州事変史　第十六巻』）七七～七九頁。
(28)　海軍軍令部編・田中宏巳・影山好一郎監修・解説『昭和六・七年事変海軍戦史　初めて公刊される満州事変・上海事変の海軍正史　第四巻』（緑蔭書房、二〇〇一年）三三一頁（以下、『昭和六・七年事変海軍戦史　第四巻』）。仲摩照久『上海事変の経過』（新光社、一九三二年）一一〇頁。
(29)　エドガー・スノー著・梶谷善久訳『極東戦線』（筑摩書房、一九七三年）一七三頁。
(30)　前掲『昭和六・七年事変海軍戦史　第二巻』一九〇～一九二頁。
(31)　前掲『海軍陸戦隊上海戦闘記』一三九頁。

（32）陸戦隊の白い脚袢は、わざわざ存在を知らせるようなもので、「脚袢を黒くせよ」という命令が出て、即黒色の脚袢に代えた経緯がある（同右、一二八頁）。

（33）前掲『昭和六・七年事変海軍戦史　第四巻』（国際連盟上海調査委員会第二回報告の中にある）三二〇～三二一頁。Admiral Sir William Archibald Howard Kelly, *China Station Records (1931-1932)*, Vol.LXXVIII, The Sino-Japanese Hostilities January to May, 1932, Part II (National Archive), p.1286-1287 に、英国提督ケリー海軍大将は事変勃発の直前、多数の日本人たちが特別な義勇隊（自警団）として編入され、腕に腕章を巻きつけ、「浪人（Ronin）」として知られていたと記している。

（34）同右『昭和六・七年事変海軍戦史　第四巻』三二一頁。

（35）前掲『昭和六・七年事変海軍戦史　第二巻』二〇九頁。

（36）便衣隊処理法を憲兵隊送致法に改訂した（同右、二一〇頁）。

（37）提督新見政一刊行会『提督　新見政一――自伝と追想――』（原書房、一九九五年）七五頁。

（38）上海居留民団編『昭和七年　上海事変誌』（上海居留民団、一九三三年）八一一頁。

（39）前掲『上海戦と国際法』一三六頁。独国が再軍備のための地下資源と中国市場を求め、兵器輸出と軍事顧問団を派遣したことは、細井和彦「南京国民政府時期の陸軍大学校の組織機構及び教学内容」（平成二十四年度軍事史学会大会発表。鈴鹿国際大学所属）に詳しい。

（40）ゲルハルト・クレープス「在華ドイツ軍事顧問団と日中戦争」（軍事史学会編『日中戦争の諸相』錦正社、一九九七年）二九九～三〇一頁。

（41）前掲「上海事件ニ於ケル支那軍ノ行動」二四頁。華振中・朱伯康合編『十九路軍抗日血戦史料』第一章（神州国光社、一九三三年）深堀道義訳、八頁。

（42）同右「上海事件ニ於ケル支那軍ノ行動」四三頁。同右『十九路軍抗日血戦史料』第一章（一〇頁）、第四章（九九～一〇〇頁）。

（43）同右「上海事件ニ於ケル支那軍ノ行動」二七頁。

（44）前掲『上海事変』八二頁。

（45）同右『上海事変の経過』一〇四頁。

（46）菊池貴明『中国民族運動の基本構造――対外ボイコットの研究――』（株式会社大安、一九六六年）三九八～四〇〇頁。抗日救国会の会務を執行する常務委員会二一人中資本家層、知識人層、労働者から成り、比率は五・五・三の割合であったという。

（47）井村寿二「資料八十九　中共中央　反日戦争はどうすれば勝利できるか」（『日本国際問題研究所中国部会　中国共産党史料集五』勁草書房、一九七二年）五七九頁。前掲「上海事件ニ於ケル支那軍ノ行動」一四八～一四九頁。

（48）同右「上海事件ニ於ケル支那軍ノ行動」一二七～一二八頁。

（49）同右、一二二頁。

（50）Kelly, *op. cit.*, pp.1330-1331. 中国軍第十九路軍の退却は、日本軍第九師団の圧力の増加によるとはいえるが、第十一師団が登場した結果、漸次自発的に（voluntarily）撤退したというのが妥当であろうと観察していた。

（51）「上海北岡春雄武官報告」（昭和七年三月五日、次官・次長宛）

第二九二番電（防衛研究所図書館所蔵。以下、所蔵場所は省略。月日は昭和七年）。

（52）　同右。**Kelly, *op. cit.*, p.1332.** 中国軍の勝利に街中の中国民衆が歓喜を挙げ、日本軍は偉大な勝利者中国軍によって撤退させられ、指揮官たちは死刑に処せられた等のデマ情報が錯綜したと記している。

（53）　前掲『十九路軍抗日血戦史料』第四章、三三九頁。

（54）　前掲「上海事件ニ於ケル支那軍ノ行動」八頁。

（55）　前掲『昭和六・七年事変海軍戦史　第二巻』七四六〜七五〇頁。

（56）　秦孝儀編『総統　蒋公大事長編初稿　巻二』（中国国民党党史会、一九八七年）深堀道義訳、一七六〜一七七頁。「蒋介石日記」（一九三二年二月十六日）（フーバー研究所図書館所蔵）。

（57）　前掲『十九路軍抗日血戦史料』第四章、二九一頁。第十九路軍に対日抗戦の記事があるが、蒋介石の非直系軍の第十九路軍に対する補給の実態を語る資料はほとんど見当たらない。しかし、中央檔案館・中国第二歴史檔案館他編『日本帝国主義侵華檔案資料選編』（中華書局、一九八八年）五九四〜五九五頁によれば、上海事変時に、国民政府が第十九路軍に、銃弾一〇六〇万発、拳銃弾四九・八万発、各種砲弾七・三四万個余、手榴弾一六・七万個余、歩兵銃一、五〇〇丁、機関銃一三〇丁及び各種火砲七三門を補給した。また、第五軍に、銃弾七六〇万発余、拳銃弾三万発、各種砲弾一・六万個余、手榴弾五万個、歩兵銃一、六〇〇丁及び機関銃一二丁を補給したとある。兵員数の規模等を勘案すれば、両軍に対する軍に不公平感を与えるものではないように思われる。しかし日本側の観察結果は、「損害多キ戦闘ヲ継続スルハ蒋介石派ノ希望スル第十九路軍勢力削減ノ手ニ乗ルコトトナリ従テ広東派実力保全ノ一大打撃タルヘキヲ考慮セルコト亦明ナリ」としている（前掲「上海事件ニ於ケル支那軍ノ行動」一二六頁）。

（58）　「上海北岡春雄武官報告」（昭和七年三月二日、次官・次長宛）機密第二七一番電。

（59）　「十四師団参情報特第6号（戦時参考資料）第十九路軍ノ内情（俘虜尋問記録）」（第十四師団参謀部作成）。この記録の中での尋問者は、第十四師団司令部付歩兵大尉寺田秋三であり、対象の俘虜は、第十九路軍七十八師補充団第三連の呉元禮である。「本訊問ハ昭和七年四月九日南翔ニ於テ実施サレタルモノニシテ十九路軍ノ内情ヲ知リ得ル資料ト認メ印刷スルコトトセリ」と紹介されている。

（60）　参謀本部第二課「満州事変機密作戦日誌〈一九三二（昭和七）年〉三月二日」（稲葉正夫・島田俊彦・小林龍夫・角田順編『太平洋戦争への道　開戦外交史　別巻　資料編』朝日新聞社、一九八八年）二〇五頁。**Donald A. Jordan, *China's Trial by Fire: The Shanghai War of 1932* (Michigan: The University of Michigan Press), p.173.** 田中隆吉、川島芳子が、未だ日本を出港していない第十四師団が、二月二十九日早朝に上陸した第二次緊急派遣の第二十二連隊と同時に到着したとの欺瞞情報を中国軍に宣伝し、混乱に陥らせたという。

（61）　秦孝儀編「淞滬抗日戦役第五軍戦闘要報」（中華民国重要資料初編編輯委員会編『中華民国重要資料初編　対日抗戦時期　緒編（一）』中国国民党中央委員会党史委員会出版、一九八一年）深堀道義訳、四八二頁。

(62) 兪済時『中華民国二十一年「一二八」淞滬抗日戦役経緯回想』(国防部史政編訳局印、一九八三年)深堀道義訳、三八頁。
(63) 前掲「上海事件ニ於ケル支那軍ノ行動」一二六頁。Jordan, *op. cit.*, p.185.
(64) 「臨時総会の空気緩和の状況について」〔『日本外交文書』満州事変　第二巻第二冊、一九七文書(外務省、一九五〇年)〕一九一頁。
(65) 海軍軍令部編・田中宏巳・影山好一郎監修・解説『昭和六・七年事変海軍戦史　第三巻』(緑蔭書房、二〇〇一年)一六〜一七頁(以下、『昭和六・七年事変海軍戦史　第三巻』)。
(66) 同右。Kelly, *op. cit.*, pp.1324-1325.
(67) 同右、一九〜二〇頁。
(68) 同右、二〇頁。
(69) 同右。
(70) 前掲『昭和六・七年事変海軍戦史　第二巻』六二三〜六二四頁。
(71) 「円卓会議開催に関し回訓について」(『日本外交文書』満州事変　第二巻第一冊、第一九四文書)(外務省、一九五〇年)一九一頁。
(72) 「理事会議長提案に同意について」(同右、第一九八文書)一九五頁。
(73) 「上海における戦闘行為自重方について」(前掲『日本外交文書』満州事変　第二巻第二冊、第一六六文書)一七〇頁。
(74) 「理事会議長提案受諾に関するサイモン英外相との会談について」(同右、第一七二文書)一七五頁。
(75) 「総会開会時における日本軍総攻撃に関するドラモンド事務総長の憂慮について」(同右、第一七六文書)一七七頁。
(76) 同右。
(77) 「第十五条適用に対する決議採決の場合我方の措置について」(同右、第一八〇文書)一八〇頁。
(78) 原田熊雄『西園寺公と政局　第三巻』(岩波書店、一九五〇年)二二二頁。戸部良一『外務省革新派——世界新秩序の幻影——』(中央公論新社、中公新書、二〇一〇年)六〇頁。
(79) 「上海停戦交渉の即時妥結を切望について」(前掲『日本外交文書』満州事変　第二巻第二冊、第一八三文書)一八一頁。
(80) 三月三日当日に在ジュネーブ沢田事務局長が外相に宛てた「上海停戦に関する情報至急供給方について(二〇〇番電)」〔(同右、第一八五文書)一八二頁〕によれば、追撃続行か否かを含む詳細な戦闘状況を問い合わせており、現地状況は伝わっていなかった。総会の空気緩和の状況は三月四日に沢田から外相に知らされた(前掲「臨時総会の空気緩和の状況について」)。
(81) 「上陸前の上海派遣軍隊の本国帰還について」(同右、第一九五文書)一八八頁。
(82) 「上海における日本軍の総攻撃実施に米国務長官不満の意表明について」(同右、第一九八文書)一九一頁。
(83) 前掲「上海事件ニ於ケル支那軍ノ行動」一三三頁。
(84) 「総会における上海停戦に関する決議採択の経緯について」(前掲『日本外交文書』満州事変　第二巻第一冊、第二〇九文書)二〇二頁。
(85) 前掲『昭和六・七年事変海軍戦史　第三巻』二三頁。
(86) 前掲「総会における上海停戦に関する決議採択の経緯に

ついて」。

(87) 同右。

(88) 前掲『昭和六・七年事変海軍戦史　第二巻』の附録「事変関係者所見摘録」に、日本側の連盟代表部、駐在武官に対する軍事情報の不足と遅滞がジュネーブの議論に影響を与えた反省事項として窺える。

(89) 前掲「総会における上海停戦に関する決議採択の経緯について」。

(90) 同右。

(91) 同右。

(92) 「円卓会議終了まで各国軍隊による日本軍占領地域警備案について」(前掲『日本外交文書』満州事変　第二巻第二冊、第二〇〇文書)一九三頁。

(93) 「三月五日午前の総会一般委員会の経緯大要について」(同右、第二〇四文書)一九五頁。

(94) 「三月五日の総会一般委員会における小国代表の発言および動向について」(同右、第二〇八文書)二〇二頁。

(95) 「総会の対日空気緩和のための対策について」(同右、第二〇七文書)二〇一頁。

(96) 榛原茂樹・柏正彦『上海事件外交史　附　満洲建国始末』(金港堂書籍、一九三二年)一四八頁。

(97) 「三月七日午後の総会一般委員会の経過について」(『日本外交文書』満州事変　第二巻第二冊、第二一一文書)二〇六頁。

(98) 同右。

(99) 「日本軍の早期撤退実施による総会切抜け策について」(同右、第二一二文書)二〇七頁。

(100) 「連盟における窮境打開に努力方要望について」(同右、第二一三文書)二〇八頁。

(101) 「満州問題に関する決議案上程の場合の対策について」(同右、第二一四文書)二〇九頁。

(102) 「八日の総会一般委員会における小国の動向について」(同右、第二一九文書)二一三頁。

(103) 「上海撤兵方針声明方稟申について」(前掲『日本外交文書』満州事変　第二巻第一冊、第二二〇文書)二一四頁。

(104) 前掲「八日の総会一般委員会における小国の動向について」。

(105) 「サイモン英外相より決議案受諾方要請について」(前掲『日本外交文書』満州事変　第二巻第二冊、第二二九文書)二二七頁。

(106) 同右。

(107) 前掲『昭和六・七年事変海軍戦史　第四巻』四八～五二頁。

(108) 「決議案承認方要請について」(前掲『日本外交文書』満州事変　第二巻第二冊、第二三三文書)二三〇頁。

(109) 「決議案に関するイーマンス総会議長などの意向について」(同右、第二三九文書)二三六頁。

(110) 「決議案の受諾方要請について」(同右、第二四〇文書)二三八頁。

(111) 「決議案の問題点等に関するサイモン英外相との会談について」(同右、第二四一文書)二三九頁。

(112) 「総会決議案にたいし棄権の方針について」(同右、第二四五文書)二四二頁。

(113) 「総会決議案不承認の理由について」(同右、第二四六文書)二四二頁。

(114)　満州事変当時、駐仏大使兼国際連盟理事であった芳沢は、理事会において、前言を翻して事態拡大を憚らない日本に熾烈な非難が集中し、その弁明に苦悩させられたが、外相就任後に事変の全容を知って以降、国策擁護の外交方針に基づき上海事変処理を指導した。連盟総会における小国の主導性の高まりが、確実に上海事変処理に満州問題をリンクさせ、満州の絶望と国際孤立は必至と見る芳沢は、日本代表部に対し、大国英国理事が主導性を発揮するよう誘導を指示する一方、連盟総会の見解受容の具申を徹底的に拒否した。これらの強硬な外交実績は一九三二年七月内田康哉外相に受け継がれる。

(115)　樋口正士『芳澤謙吉波乱の生涯——日本の命運を担って活躍した外交官——』(グッドタイム出版、二〇一三年)一四四頁。

(116)　「一般委員会および総会における決議案採択の状況について」(前掲『日本外交文書』満州事変　第二巻第二冊、第二五〇文書)二四六頁。

(117)　同右。

(118)　「上海停戦に対する我方方針について」(前掲『日本外交文書』満州事変　第二巻第一冊、第二一一文書)二〇六頁。

(119)　後続の第十四師団の上陸を敢行する陸軍側の意図に関し、芳沢外相から沢田事務局長に対する電報は発信された形跡はない。つまり、ジュネーブの佐藤代表は自分自身が客観的と認識する判断で対応したことが分かる。

(120)　「英国大使停戦協定成立前の日本軍の即時撤退申出について」(前掲『日本外交文書』満州事変　第二巻第一冊、第二一二文書)二〇七頁。

(121)　「総会の決議に対する中国代表の留保の効力に関し照会について」(同右、第二一八文書)二一二～二一三頁。前掲『昭和六・七年事変海軍戦史　第三巻』二一五～二一七頁。

(122)　秦孝儀編「停戦協定の調印と日本の撤兵」(前掲『中華民国重要資料初編　対日抗戦時期　初編(一)』深堀道義訳、五三四頁。同右『昭和六・七年事変海軍戦史　第三巻』二四頁。

(123)　同右『昭和六・七年事変海軍戦史　第三巻』二一五～二一七頁。

(124)　同右、二一六～二一七頁。

(125)　同右、二一八頁。*The Minister in China (Johnson) to the Secretary of State*, Shanghai, March 15, 1932-10 a.m.〔*Foreign Relations of the United States*(以下、*F.R.U.S.*), 1932, Vol.III〕, pp.584-585.

(126)　前掲『昭和六・七年事変海軍戦史　第三巻』二一六頁。

(127)　同右、二一八～二一九頁。*The Minister in China (Johnson) to the Secretary of State*, Shanghai, March 14 [15?], 1932-11 p.m. [5 a.m.?] (*F.R.U.S.*, 1932,Vol.III), pp.583-584.

(128)　同右、二一七頁。

(129)　「英国下院におけるスチムソン・ノートに関する質疑応答について」(前掲『日本外交文書』満州事変　第二巻第二冊、第一七七文書)一七八頁。

(130)　同右。

(131)　荒川憲一『戦時経済体制の構想と展開』(岩波書店、二〇一一年)三九～四〇頁。

(132)　「満州国独立、上海停戦問題などに関する英国下院での質疑応答について」(前掲『日本外交文書』満州事変　第二巻第二冊、第二四四文書)二四一頁。
(133)　「対日経済絶交説に反対の新聞論調等について」(同右、第二四三文書)二四〇頁。
(134)　「満州国成立に関する対外説明振りについて」(同右、第二五二文書別電)二四九頁。
(135)　「満州国成立に関する対外通知について」(同右、第二五三文書別電)二五一頁。
(136)　「満州国にたいし差当り不承認の意向を英大使に内告について」(同右、第二五四文書)二五二頁。
(137)　「満州国の承認差控え方について」(同右、第二五六文書)二五五頁。
(138)　同右。
(139)　「三月十一日の総会決議に対し米国公使賛意表明について」(同右、第二五七文書)二五六頁。
(140)　「満州新国家に対する日本の態度について」(同右、第二五八文書)二五七頁。
(141)　前掲『昭和六・七年事変海軍戦史　第三巻』二九頁。
(142)　『統帥綱領・統帥参考』(参謀本部編、一九二八年。財団法人偕行社復刻一九六二年)には、統帥の意義として「六、原則トシテ国軍ヲ対象トシ之ニ対スル総ユル命令権ハ統帥権ニ属スルモノトス」とあり、「十八、部分的休戦……停戦ニ関スル協定ハ純統帥事項ナルヲ以テ軍隊指揮官之ヲ締結ス」とある。
(143)　海軍軍令部「日支停戦協定経過概要　附連盟トノ関係」の「昭和七年以降　上海停戦協定関係綴」(防衛研究所図書館所蔵)。
(144)　重光葵『重光葵外交回想録』(毎日新聞社、一九七八年)一一四頁。松岡の行動は統帥権干犯であると陸軍側を激昂させた。
(145)　「上海事変に関する理事会開催の事情について」(前掲『日本外交文書』満州事変　第二巻第一冊、第一九六文書)一九二頁。
(146)　「排英宣伝緩和の件(昭和七年一月二十二日、満密第一〇四号)」(「満密大日記、14冊の内其1、其2」(防衛省防衛研究所))。
(147)　前掲『昭和六・七年事変海軍戦史　第三巻』三〇～三二頁。返信日時の明示がないが、おそらく十五日と考えられる。
(148)　同右、三二頁。
(149)　同右。
(150)　同右、三二～三三頁。
(151)　同右、三三～三四頁。
(152)　同右、三五～三六頁。
(153)　前掲『中華民国重要資料　初編　対日抗戦時期　初編(一)』五三五～五三六頁。
(154)　前掲『重光葵外交回想録』一一四頁。
(155)　前掲『昭和六・七年事変海軍戦史　第三巻』二九頁。
(156)　同右、三七～三九頁。
(157)　同右。
(158)　同右、四〇頁。
(159)　同右、五四～五七頁。
(160)　「十九人委員会の停戦案議事状況について」(前掲『日本外交文書』満州事変　第二巻第一冊、第二二八文書)二二二～二二四頁。

(161)「次回連盟総会への我方針ベルギー外相に申入れについて」(前掲『日本外交文書』満州事変　第二巻第二冊、第三〇〇文書)三〇一頁。ベルギーのイーマンス外相の日本代表部の佐藤に対する発言に表れている。
(162)「連盟における満州、上海問題審議に関する杉村・ドラモンド会談について」(同右、第三〇八文書)三〇八頁。
(163)「第十一師団等に内地帰還命令発出について」(前掲『日本外交文書』満州事変　第二巻第一冊、第二二四文書)二一七頁。
(164)「十九人委員会第一回会議における停戦案に関する討議について」(同右、第二二六文書)二一八頁。
(165) 同右。
(166) 同右。
(167)「十九人委員会秘密会討議内容について」(同右、第二二八文書別電)二二四頁。
(168)「十九人委員会の停戦案議事状況について」(同右、第二二八文書)二二二頁。
(169)「十九人委員会満州問題審議の場合の対策について」(前掲『日本外交文書』満州事変　第二巻第二冊、第二六二文書)二六一頁。
(170)「九月三十日および十二月十日の連盟理事会決議の実施ぶりに関する報告書提出方について」(前掲『日本外交文書』満州事変　第二巻第二冊、第二六七文書)二六五頁。
(171)「停戦協定成立後直ちに円卓会議開催に関する了解取付方について」(前掲『日本外交文書』満州事変　第二巻第一冊、第二二九文書)二二四頁。
(172)「円卓会議開催を停戦交渉の条件とするのは困難の旨具申について」(同右、第二三一文書)二二六頁。
(173) 前掲『昭和六・七年事変海軍戦史　第三巻』四〇頁。
(174) 同右、四五頁。
(175) 同右、四六頁。
(176) 前掲『重光葵外交回想録』一一六〜一一七頁。
(177) 前掲『昭和六・七年事変海軍戦史　第三巻』四七〜四八頁。
(178) 同右、四八頁。
(179) 同右、四八〜四九頁。
(180) 島田俊彦「昭和七年上海停戦協定成立の経緯(一)」(『アジア研究』第1巻第3号、一九五四年)九四頁。
(181) 同右、九五〜九六頁。
(182) 同右、九六頁。
(183) 前掲『昭和六・七年事変海軍戦史　第三巻』五〇〜五一頁。
(184)「次回連盟総会への方針決定および連盟主要国への申入れについて」(前掲『日本外交文書』満州事変　第二巻第二冊、第二八三文書)二七九頁。
(185) 同右。
(186) 同右。
(187)「総会引揚げより連盟脱退の実施方について」(同右、第三〇七文書)三〇六頁。
(188) 前掲『昭和六・七年事変海軍戦史　第三巻』五七〜六二頁。
(189) 同右、五一〜五二頁。
(190)「錦州方面軍事行動ニ対スル外間ノ疑惑ニ関スル件(昭和六年十二月五日、陸満密受第二四四号)」(『満密大日記、14

冊の内其1」(防衛省防衛研究所)」。

(191) 前掲『昭和六・七年事変海軍戦史　第三巻』五一～五二頁。

(192) 前掲「昭和七年上海停戦協定成立の経緯(一)」九七頁。

(193) 前掲『昭和六・七年事変海軍戦史　第三巻』六三頁。

(194) 同右。

(195) 「上海停戦交渉停頓経緯などドラモンドへ説明について」(前掲『日本外交文書』満州事変　第二巻第一冊、第二四三文書)二三九頁。

(196) 前掲『昭和六・七年事変海軍戦史　第三巻』六三～六四頁。

(197) 同右、六四～六五頁。

(198) 同右、六五頁。

(199) 同右、六六頁。

(200) 同右、六七頁。

(201) 同右。

(202) 「上海停戦会議における中国側対案をめぐっての論議について」(前掲『日本外交文書』満州事変　第二巻第一冊、第二三三文書)二三三頁。

(203) 同右。

(204) 「最後案に対する中国側訓令未着につき会議延期について」(同右、第二三六文書)二三五頁。

(205) 前掲「上海停戦交渉停頓経緯などドラモンドへ説明について」。

(206) 前掲『昭和六・七年事変海軍戦史　第三巻』六八～六九頁。

(207) 「日本の連盟脱退説に関し英国大使に真意説明について」(前掲『日本外交文書』満州事変　第二巻第二冊、第二八四文書)二八五頁。*Sir F.Lindley (Tokyo) to Sir J.Simon*, Tokyo, March 28, 1932, 8.20 p.m.〔*Documents on British Foreign Policy* (以下、*D.B.F.P.*), Second Series X, No.147〕, p.200.

(208) 「次回連盟総会への我方針をサイモン外相へ申入れについて」(同右、第二九四文書)二九二頁。

(209) 「我が連盟総会方針公表方に関し外務次官補との会談について」(同右、第三二三文書)三二三～三二四頁。

(210) 「我が連盟総会方針公表には不同意について」(同右、第三二四文書)三二四頁。

(211) 前掲「連盟における満州、上海問題審議に関する杉村・ドラモンド会談について」。

(212) 同右。

(213) 「次回連盟総会への我方針をタルジュー首相へ申入れについて」(同右、第二九五文書)二九三頁。

(214) 「満州問題と連盟規約第十五条、九国条約等との関係に関する米国務長官の談話について」(同右、第二九八文書)二九九頁。

(215) 前掲「総会引揚げより連盟脱退の実施方について」。

(216) 「連盟脱退は慎重に対処方について」(同右、第三一三文書)三一四頁。

(217) 前掲『昭和六・七年事変海軍戦史　第三巻』五二～五三頁。

(218) 「満州・上海事変における我が立場に関しマクドナルド首相に説明について」(前掲『日本外交文書』満州事変　第二巻第二冊、三一六文書)三一七頁。

(219) 「日本の総会引揚げは不得策とのポリチスギリシャ代表

の談話について」(同右、第三一八文書)三一九頁。
(220)「十九人委員会に上海停戦問題上程の際の措置について」(前掲『日本外交文書』満州事変　第二巻第一冊、第二五一文書)二四七頁。前掲『昭和六・七年事変海軍戦史　第三巻』七一頁。
(221) 同右『昭和六・七年事変海軍戦史　第三巻』七二〜七五頁。
(222) 前掲『上海事件外交史　附　満洲建国始末』二〇二〜二一一頁。Confidential (14196) :*Further Correspondence respecting JAPAN*, part XLIII, pp. 270-271(臼井勝美氏から借用).
(223) 同右、二〇九〜二一一頁。『上海事件外交史　附　満洲建国始末』と『日本外交文書』満州事変　第二巻第一冊との比較考察の結果であり、外務省電の「委員会」名称の訳語は混乱を招いている。
(224)「十九人委員会の決議案に対する修正意見について」(前掲『日本外交文書』満州事変　第二巻第一冊、第二八一文書)二八二頁。
(225)「十九人委員会作成の決議案第十一項削除について」(同右、第二八四文書)二八五頁。
(226)「十九人委員会決議案に関するイーマンス、ドラモンドとの会談について」(同右、第二八七文書)二八九頁。
(227)「十九人委員会作成の決議案第十一項に関するサイモンとの会談について」(同右、第二八二文書)二八三頁。
(228) 島田俊彦「昭和七年上海停戦協定成立の経緯(二)」(『アジア研究』第1巻第4号、一九五四年)八一頁。
(229) 同右、八二頁。
(230) 同右。
(231) 同右。
(232) 同右。
(233) 前掲『昭和六・七年事変海軍戦史　第三巻』七六頁。
(234) 同右、七七頁。前掲「昭和七年上海停戦協定成立の経緯(二)」八三頁。
(235) 前掲『昭和六・七年事変海軍戦史　第三巻』七七〜七八頁。
(236) 同右、七八〜七九頁。
(237) 同右。
(238) 同右、八〇頁。
(239) 同右、八〇〜八二頁。
(240) 同右、八二頁。
(241) 前掲『重光葵外交回想録』一一八頁。
(242) 渡辺行男『重光葵――上海事変から国連加盟まで――』(中央公論社、中公新書、一九九六年)三三〜三六頁。爆弾事件の被害状況は、水交会編『帝国海軍提督達の遺稿　上　小柳資料』(水交会、二〇一〇年)六四〜六五頁。
(243) 前掲『昭和六・七年事変海軍戦史　第三巻』一〇五頁。
(244) 同右、一〇六頁。
(245) 同右。
(246) 同右、八四頁。
(247) 同右、八五〜八六頁。
(248) 同右、八七頁。
(249) 同右、八八〜八九頁。
(250) 同右、八九〜九一頁。
(251) 同右、九五頁。*Note from the Japanese Chargéd' Affaires in London to Sir J. Simon*, Japanese Embassy, London, May 5,

1932. (*D.B.F.P.*, Second Series X, No.327), pp.408-409. 日本代表部の沢田廉三は芳沢外相の命により、サイモン外相宛に英国が停戦協定成立に仲介の労をとってくれたこと及び英ランプソン公使に対する感謝の辞を送った。

(252)　外務省情報部編『満州事変及上海事件関係公表集』(外務省情報部、一九三四年)一七七～一八二頁。

(253)　前掲『上海事件外交史　附　満洲建国始末』二二六～二二八頁。

(254)　前掲「昭和七年上海停戦協定成立の経緯(二)」九四頁。

第八章　日本陸海軍の撤収と日中双方の損害

第一節　海軍派遣部隊の帰還

日本陸海軍の最高指揮官は上海戦の成果を軍事的勝利と解し、戦闘中止命令を出し、「列国環視ノ間ニ於テ赫々タル武威ト厳粛ナル軍律ヲ現示シ、克ク皇軍ノ真価ヲ発揚シタ(1)」と苦戦を乗り越えた喜びと共に中国軍の敗走を以て勝利を確信した。その反面、日本軍からの能動的な戦闘行為を停止したといっても、国際連盟の対日非難が深刻さを増す中で、その指揮官たちは、今後一層の警戒を厳にして悔いを残さないよう、隷下部隊に対して「有終ノ美果ヲ収ムルニ格段ノ努力(2)」を望むとし、上海現地において軽率な予断をせず、必要な警戒体制を維持しようとしたのである。

さて、上海の警備を担任する海軍部隊の撤収順序の基本的考え方は、停戦協定に沿って、増強された陸戦隊（艦船陸戦隊及び特別陸戦隊）、艦艇及び航空機の部隊を、如何なる役割で残し、如何なる部隊を、如何なる順序で撤収させるかに応え得るものでなければならなかった。そこで、まず第三次総攻撃終末段階の呉淞攻略戦に参加した海軍陸戦隊を三月四日に全部陸軍部隊と交代させ、それぞれ所属隊に復帰させた(3)。そして、邦人保護の要となる地域、具体的には東亜同文書院及び豊田紡績工場に警戒隊を派遣し、また、海軍集会所等の各要所には配備変更をした。他方、艦船陸戦隊（安宅陸戦隊、出雲陸戦隊、大井及び第十五駆逐隊陸戦隊、常盤陸戦隊）は帰還して所属艦艇の固有任務に戻った。したがって閘北方面の警備は、陸上の基地施設（陸戦隊本部庁舎に本拠を置く）に対する特別陸戦隊（二、三九四人）のみを以て当たることになった。上海特別陸戦隊の任務は、中国兵の死体処理、道路清掃、危険物撤去等の戦場の整理、交通整理、犯罪防止等であって、漸次、警備区域内の平穏が得られるよう復興の緒に就くに至った(4)。警備区域内の居留邦人はもちろん中国人の商店も、四月二十日ごろ迄には大部分がほぼ事変前の状態に復帰した。日本陸軍は五月末日迄に派遣軍全部が撤兵し、他方の中国は、六月上旬より紅軍討伐のために上海付近の軍隊を撤収させた。そしてこの一環として第十九路軍が福建方面に移駐を始めた。[5] また、工部局は六月十三日に戒厳令を解除した。約五カ月間の戒厳令であった。

時間を少し戻したい。三月六日から十六日迄の間に、陸軍の第二次派遣部隊であり、戦闘に参加しなかった第十四師団全部が上陸完了した。この上陸に先立ち、上海派遣軍司令官白川義則は、一時的な増加に対応すべく兵舎を増設し、それ迄戦闘に従事して来た混成第二十四旅団と第十一師団には第十四師団との交代と帰還準備を命じた。残留する部隊には、事変の最初から主導的に戦闘の統制役を演じた第九師団が指定された。白川は、新たな撤兵後に後顧の憂いを残さないために、この第九師団に命じて、撤退に伴う閘北西北方地区の陣地構築を併せ実施させた。[6]

三月二十五日に、海軍は艦船陸戦隊による第一次帰還を完了した。そして、海軍特別陸戦隊は四月十一日（第一次帰還：佐世保特陸准士官以上三七人、下士官兵七二五人）を皮切りに、同月二十三日（第二次帰還：横須賀特陸准士官以上二三人、下士官兵四八二人）及び五月一日（第三次帰還：准士官以上一二人、下士官兵四六四人）に三回にわたって約一、七〇〇人を帰還させた。残留員はこの特別陸戦隊から成るもので、約三、〇〇〇人となったのである。[7]

第二節　陸軍の撤収

一　第一次及び第二次帰還

三月十二日、白川軍司令官は速やかに兵力の大部分を内地に引き揚げ、一個師団をとどめて後方要点を占拠させ、長期駐屯の決心を確実にして対応したいとの意見を具申すると共に、その受け容れが可能な兵舎の建設に関する研究を第九師団長植田謙吉に指示した。参謀本部は第十一師団と混成第二十四旅団の内地帰還の内報を発し、白川軍司令官の軍司令部の引揚げに関しては、中央において諸般の情勢から現在考慮中であると回答した。完全撤退迄現地上海に何が起こるか分からないこと、満州情勢の不安定さが明確な結論を躊躇させていた。上海派遣軍は長期駐屯に応ずるため、第九師団に陣地構築計画を作成させ、十五日から居留邦人に脅威となった地域、最も死活的な閘北西北地区の陣地構築に当たらせた。(8)

陸軍部隊の帰還は三回に分けて計画された。三月十四日、第一次帰還命令（「臨参命第十七号」）により上海派遣部隊、関係留守部隊に復員要領が発令され、十八日より混成第二十四旅団の帰還を皮切りに、第十一師団を以て終わるように計画され、兵站部に対しては先の宿営の臨時建築を行うよう命じた。ちょうどこのころ、後続の梯団（第八梯団迄）である第十四師団の上陸と重なった。十六日にこの第十四師団の全兵力が上陸完了したが、第一次帰還命令を受けていた混成旅団は、守備地域を第九師団と交代して十八日から上海及び呉淞において乗船を開始し、十九日に乗船完了して出発した。第十一師団は、二十一日に上海及び呉淞から二十五日に出港した。かくして第一次帰還部隊が、全部引き揚げた。(9)

このような帰還が進行中の三月中旬、中国軍は昆山付近以西の防備を強化し部隊移動が活発化しているとの現況が認められ、小競り合いの可能性と、停戦交渉の解決が近いと判断した軍司令官は陣地構築を急がせた。[10]第二次帰還命令が二十六日に発せられ（「臨参命第十八号」）、三十日、翌四月一日に上海、呉淞にて乗船を開始し第二次帰還を終了した。

二　第十四師団の満州転用

陸軍部隊は三月末迄には第一次帰還を完了し、第十四師団は主たる残留部隊として占領地域の守備を以て長期駐屯準備を進めていたが、ここに大きな情勢変化を強要する事態が起こった。それは上海において停戦交渉を斡旋中の英ランプソン公使の提示案が暗礁に乗り上げ、交渉決裂の危機に立ったこと、また、満州では満州国の建国宣言に反発して抗日軍の跳梁が活発になったことから、急遽陸軍派遣の必要が生じ、上海に到着したばかりの無傷な第十四師団が満州に転用されたのである。[11]したがって上海現地には、第九師団と付属部隊（機関銃一大隊、野戦重砲兵二大隊、十糎加農一中隊、攻城重砲兵一中隊、高射砲兵二中隊、飛行隊四隊等[12]）の合計約一万五千人を当分残留させるに至った。

このような中、天長節に新公園爆弾事件が起こり、政府、陸海軍共に大きな衝撃を受けた。にもかかわらず停戦交渉は爆弾事件に関係なく進捗させるという政府方針に基づき、陸海軍の協議結果、翌三十日には「臨参命第二十二号」で第十四師団の満州派遣が命令された。[13]五月四日、第十四師団の一部は呉淞発大連に向かい、その師団主力は六日朝、劉河、嘉定、南翔の線を撤して、呉淞付近に集結し大連へ向かったのである。[14]

三　白川軍司令官の負傷と第三次帰還の決定の経緯

五月一日、爆弾事件の負傷で入院加療中の白川軍司令官は、停戦交渉の再開と第十四師団の撤収に鑑みて、植田第九師団長に軍の守備線を願家宅、楊家行、大場鎮、真茹の線に後退するように命令した。[15]第九師団は、四日にこの守備線を占領して第十四師団の一部と交代し、その第十四師団の主力は乗船のために呉淞方面に撤収した。参謀本部は、第十四師団の満州移転を急いでおり、いわば浮き足立っていたといえる。陸軍中央部においては、停戦協定が成立するや、上海の安寧維持のための部隊残留に関する命題も取り消し、上海派遣軍部隊全部を内地に帰還させる議が起こり、海軍軍令部との間に内協議が行われた。もちろん、陸軍は憲兵隊若干を残留させる考えであった。

陸軍部隊の全部帰還の根拠は三つ存在した。一つ目は、停戦協定がここに至ってようやく成立したという安堵感であった。二つ目は、以後に期待される「円卓会議成立ノ見込少」ないので、「情況ノ推移ヲ見テ撤兵スルコトトナストキハ遂ニ其ノ機会ヲ失スベシ。」と、時間と経費の消耗は無駄であるとの悲観的観測であった[16]。早期撤兵は、蔵相高橋是清が強く念を押した派遣に伴う財政上の負担を軽減させることでもあった[17]。三つ目は、「兵卒ハ平和ニ慣レ軍紀・風紀」が乱れる恐れがあったことである。

以上から五月末迄に上海撤兵を完了するとした。但し、療養中の「軍司令官及師団長並ニ軍需品ノ護衛トシテ連隊長ノ指揮スル二個大隊ヲ残置シ、師団長回復後撤退ス。[18]」であった。

海軍軍令部はこれに対し、逆に、まだ円卓会議の開催の目途もつかず、上海の安寧確保の見通しが立たない現状のまま陸軍が全面帰還することは頗る不安であり、「陸軍撤兵ノ時機ハ今暫ク現地ノ事情ヲ見極メタル上決定」してほしいこと、具体的には一カ月後から始めてほしいとの希望を述べた。しかし、陸軍の意志は固く、海軍側から出された混成一連隊の兵力の残置を希望したことに対しても同意せず、当初どおりに二個大隊を軍司令官と師団長が帰還する迄の間残置して、同時に引き揚げる案を回答したため、海軍側はそれ以上要求ができずやむなく同意するに至った。五月十一日の奉勅命令を以て、上海派遣軍司令官はその隷下部隊と共に内地帰還を命ぜられたのである[19]。

四　第三次帰還に伴う撤収準備

停戦協定が締結された五月五日、軍司令官は二つの文書を発簡した[20]。その一つは「爾今一切ノ戦闘行為ヲ停止」せよという隷下部隊に対する上海派遣軍命令であり、もう一つは、停戦協定の第四条に謳われ、日中両軍の撤収の認証を目的として設立された共同委員会に対する通告であり、これを四回行ったのである。その第一号は、六日から日本軍の撤収を開始する旨の通告であり、翌六日に発簡された第二号は、第一次撤収の要領に関する説明と第四次迄の予定が通告されたものであった。隷下部隊に対し、五月十五日以降撤退完了する迄の約半月の軍の警備区域を指定し、その実施要領を示すと同時に、九日に第三号、第四号を共同委員会に通告した。それは撤退に先立ち、中国警察との治安維持のための交代・引継ぎを行い、逐次撤退する旨を伝えたのであった。しかし、中国警察が現実に来て接収を終わったのは劉河鎮のみであり、他は到着を見ず、やむなく十日に撤収を終了した。

翌十一日に上海派遣軍は、参謀本部から指示された工作中の臨時構築物の中止と、最後迄残る第九師団長には既設陣地の破壊と撤収要領を示したのである。海軍陸戦隊は十二日に軍司令官の指揮を脱した。尚、当時の陸軍部隊の北転に関し、メイヤーズ（M. S. Myers）在奉天米国総領事は疑義を感じ、奉天総領事森島守人を訪れた。森島は軍司令官本庄繁と打ち合わせた結果、「最近一兵団（数ヲ明言セス）ノ兵力北上セルカ右ハ最近匪賊三四万依蘭方正ヲ中心トシテ東支東部線沿線ノ治安ヲ攪乱シ居リ既ニ数次列車転覆等ノ事件アリタル処連盟調査委員北満旅行中絶対安全ヲ期スル為兵ヲ動カシテモ之ヲ保護スヘキ旨司令官ヨリ委員ニ約束セル経緯アリタル」と答えている[21]。当時の状況と米国の警戒心の一端を示している。

五　第三次帰還と白川軍司令官の死去

五月十一日当時、今後概ね四週間で全快の見込みといわれていた白川軍司令官は、軍参謀長から参謀次長宛てに、五月末に帰還を目処に船舶派遣の要請を打電させた。また、第九師団に命じた既設陣地の破壊作業は十五日に完了し、十九日迄の間に関係部隊を整斉と帰還させたのである。このように帰還が順調に進んでいる中での、五月十八日、東京の諸新聞は、「白川軍司令官・植田師団長ハ、来ル三十一日軍司令部・師団司令部ヲ随ヘ内地ニ凱旋スルニ決シタ」と報道した[22]。

ところが五月十九日ごろから白川の容態が異状を来し始め、二十二日午後から病状が悪化し、二十四日に手術と輸血が行われた。その後の容態は比較的に良好であったが、ついに二十六日正午に死去したのである[23]。植田が陸軍撤収の任を代行し、六月一日帰還した。白川の死因は爆弾事件が直接的なものではなく、胃潰瘍であったといわれている[24]。白川は、豪胆な性格とはいえ、最高司令官として戦闘中止後の国際連盟の轟々たる対日非難の中で、如何に早期に、①小競合いの停止、②外交交渉の場の設定、③交渉の成功、④上海の安寧確保、そして⑤日本軍撤兵の効果的な実現を図るか等の命題に、腐心していたかが推察される。事態の不拡大とこれら一連の成功を支えたものは、白川に対する天皇の直接の命令によるものであり、そのことがより一層、白川に大きな責任を自覚させていたことは間違いない。天皇は白川の死を悼み、「未亡人へ大将の功績を嘉した歌を詠んで贈った[25]。」のであった。

第三節　上海事変における日中双方の被害

一　日中両軍の損害

事変の損害については、当然ながら当時の如何なる日時の数字か、如何なる史資料を基に考察するかで数字は異なる。本節では、主要な史資料を基に日中双方の損害が如何なるものであったかを掌握したい。この状況は表8に示すとおりである。

上海事変の日本側に関する損害の正式公表統計は、当時第三者には正しい数値とはいえないといわれていた[26]。当時、英国駐在武官バダム・ソンヒル大佐が日本の軍葬儀（第九師団と混成第二十四旅団のみ）に出席した際、五四五人の位牌をカウントしていること、及び事変が終結し世情が落ち着いた後に編纂された公刊戦史『満州事変史　第十六巻　上海付近の会戦[27]』の信憑性が高いと判断される。

戦死傷者数三、〇九一人は日本軍の総参加兵力二万三〇三三人（参加陸軍総兵力一万九三二五人＋参加海軍陸戦隊三、七〇八人）に対し、約一三パーセントである。他方の中国軍は、死傷者数計一万四三二六人（第十九路軍八、八九六人＋第五軍五、四三〇人）は、総参加兵力七万一七〇〇人に対し、約二〇パーセントである。中国軍の第十九路軍及び第五軍の損害統計は、一九三三（昭和八）年に公表された「淞滬禦日血戦大畫史」の信憑性が高いといわれている（これは当時軍長蔡廷鍇がエドガー・スノーに語った数値より小さい）。

数字には政治的配慮が働いている可能性が高いものだが、それでも中国側の被害が極端に大きく、戦死者数において日本の約五・三倍、負傷者数において約四倍の犠牲（失踪者を除く）を払ったことを示しており、装備兵器及び軍規などにおいて問題があったことを暗示している。また、中国側には失蹤者数が第五軍将校二六人、下士官兵に五九九人、

表８　日中両軍の損害

（表中の単位は人）

日本側の損害

満州事変時の陸軍の損害（昭和７年３月15日　陸軍省発表）

区分	将校・相当官	准士官・下士官兵	計
戦死者	25	353	378
戦傷者	50	771	821
計	75	1,124	1,199

上海事変時の陸軍の損害（昭和７年３月15日　陸軍省発表）

区分	将校・相当官	准士官・下士官兵	計
戦死者	21	224	245
戦傷者	59	1,536	1,595
計	80	1,760	1,840

日本陸海軍統計（上海事変）

区分	陸軍将校以下	陸戦隊将校以下	艦艇部隊	計
戦死者	620	118	31	769
負傷者	1,622	457	243	2,322
合計	2,242	575	274	3,091

公刊戦史『満州事変史第16巻　上海付近ノ会戦』（停戦協定後に編纂）1025頁における。

上海事変時の海軍の損害（昭和７年３月16日　海軍軍令部発表）

区分	准士官以上	下士官兵	計
戦死者	11	134	145
戦傷者	34	426	460
計	45	560	605

参加陸軍総兵力　　：19,325人
参加海軍陸戦隊兵員：　3,708人
合計　　　　　　　：23,033人

中国側の損害（第十九路軍）

（昭和７年５月29日　第十九路軍司令部発表）

区分	将校	下士官兵	計
戦死者	117	3,176	3,293
戦傷者	311	5,942	6,253
計	428	9,118	9,546

（昭和８年２月15日　淞滬禦日血戦大畫史）

区分	将校	下士官兵	計
戦死者	120	2,302	2,422
戦傷者	401	5,942	6,343
失踪	131	131	
計	521	8,375	8,896

中国軍の損害（第五軍）

（第十九路軍司令部発表：昭和７年５月29日）

区分	将校	下士官兵	計
戦死者	97	1,728	1,825
戦傷者	276	3,211	3,487
失踪	26	599	625
計	399	5,538	5,937

（「淞滬禦日血戦大畫史」昭和８年２月15日）

区分	将校	下士官兵	計
戦死者	81	1,583	1,664
戦傷者	242	2,899	3,141
失踪	26	599	625
計	349	5,081	5,430

中国軍（第十九路軍、第五軍）の参加総兵力
第十九路軍：約33,500人
第五軍　　：約40,000人
合計　　　：約73,500人

（註１）：上海事変の日本側に関する損害の統計は、事変が終結し、世情が落ち着いた後に編纂された公刊戦史『満州事変史　第十六巻　上海付近の会戦』の信憑性が高い。
出典：参謀本部『満州事変　第十六巻　上海付近の会戦（上）　陣地構築及追撃』（参謀本部、1933年、防衛研究所図書館所蔵）（以下、『満州事変　第十六巻』）。
（註２）：日本軍の戦死傷者数3,091人は総参加兵力23,033人（参加陸軍総兵力19,325人＋参加海軍陸戦隊3,708人）に対し、約13パーセントである。他方の中国軍は、「淞滬禦日血戦大畫史」によれば、戦死傷者数計14,326人（第十九路軍8,896人＋第五軍5,430人）は総参加兵力73,500人に対し、約20パーセントである。
出典：「淞滬禦日血戦大畫史」（『満州事変　第十六巻』）130〜131頁。
（註３）：中国軍の第十九路軍及び第五軍の損害統計は、昭和８年に公表された「淞滬禦日血戦大畫史」の信憑性が高いといわれている。
出典：「淞滬禦日血戦大畫史」（『満州事変　第十六巻』）130〜131頁。

さらに第十九路軍の下士官兵に一三一人あり、軍自体の体制上問題があったのであろう。犠牲者の多さと併せ考えると、軍の徴兵(強制徴兵法：拉夫)と兵員の使用に関して体制的に相当の不備を抱えていたことを示している。尚、中国側が脅威に感じたものは、日本軍の飛行機、火砲及び白兵戦であったとしているが、飛行機による爆撃が最も微小な損害(人的)であったという。その理由はドイツ軍事顧問から教えられたとおり、深い塹壕に隠れ連続砲火が緩んだ後に、日本兵が彼らの塹壕から出るときに一斉に姿を現し戦闘に入るためであった。これは中国兵が優勢な火力をもった敵からの激しい攻撃に耐えることを立証したのであり、米国をして将来の日本の侵略に中国が有効に抵抗できることを確信させた。

二　上海の災禍

上海事変は上海の一般民衆の生命、財産、経済、文化共に空前の災害をもたらした。死傷者に関して、「淞滬禦日血戦大畫史」は、一般民衆の戦禍に基づく損害として、死者一万一四七五人、負傷者四、三二八人、失蹤五、四三二人と記している。また、国際連盟の報告書『*China Year Book* (1933)』によれば、一括して死傷者一万三千人としており、最も人口が多い閘北で一、七三九人の死者、七一九人の負傷者、九八五人が行方不明と報じた。

空爆の損害は、砲撃と並び上海の物的財産に大きな被害をもたらした。戦闘区域は総面積三、二九七平方マイル、そのうち上海市内の占領された面積は四七四平方マイルに達した。直接に損害を受けた住民は一八万八一六戸、八一万四〇八四人、上海市内の全中国人の総数の四五パーセントに相当し[28]、戦闘地域以外の爆撃では蘇州から虹口迄の損害が一億八五〇〇万元に及んだ。男女二四万人が家や財産を失い、そのうちの五分の一が食うや食わずの状態になった。

当時の日本軍の占領区域内居留民の財産損失は八〇億元、損害は財産全体の一〇分の七、民家の価値は二億四千万元、損失は全体の一〇分の八であったといわれている。全市及びその他地域における直接・間接の損害財産の損失は統計に含まれていない。上海交通運輸も惨めな破壊に遭い、占領された区域の鉄道損失価値は一六八九万元以上になった。これは全線路の一〇分の四である。戦闘区域内の道路は橋梁もひどい破壊を受けた。閘北、江湾、呉淞等にある民族工商業の集中的中国管轄地域は破壊的な打撃を負った。上述の戦闘区域内には上海全市の工場の四分一の五七社が集中しており、商店は約一万三千軒であった。これら工場と商店の圧倒的な多数が、民族資本であった。半数に上る工場が戦禍に見舞われ、損失金額は六七九九万元に達した。商業損失は、全体の一〇分の七に相当し、直接・間接損失は五億九八〇〇万元以上に達した(29)。

上海の文化教育事業の戦禍は、金銭で計算できないものであり、破壊を受けて停止した学校は二三三校、そのうち大学及び短大は一〇校に上り、中高校三一校、小学は一九二校、国立の労働大学、同経大学、広州大学、中央大学、商学院、省立水産大学、私立中国公学、……等が爆撃された。被害を受けた失学の学生は三万九七三五人、全市学生の四分の一であった。教職員失業者は三、一〇七人、全市教職員の三分の一であった。とりわけ痛まれるのは、中国最大の出版社である商務印書館及び東方図書館の貴重な文化遺産が砲爆撃により損失したことであった(30)。いずれにせよ、日本側の痛みに比し、戦場となった上海市民は熾烈な犠牲を強いられたのであった。

註

(1) 海軍軍令部編・田中宏巳・影山好一郎監修・解説『昭和六・七年事変海軍戦史　初めて公刊される満州事変・上海事変の海軍正史　第三巻(戦紀巻三　軍機)』(緑蔭書房、二〇〇一年)一一〇頁(以下、『昭和六・七年事変海軍戦史　第三巻』)。野村第三艦隊司令長官の「麾下一般ノ訓示」に記されており、白川軍司令官も同様の訓示を与えている。参謀本部編『満州事変史　第十六巻　上海付近の会戦(上)　陣地構築及追撃』(一九三三年六月。防衛研究所図書館所蔵)一〇五七〜一〇五八頁(以下、『満州事変史　第十六巻』)。

(2) 同右『昭和六・七年事変海軍戦史　第三巻』一一〇頁。

(3) 同右、一一一頁。

(4) 同右、一一二頁。

(5) 第十九路軍の福建方面への移動については、「停戦協定ハ浙江派ノ勝利ヲ意味シ遂ニ第十九路軍ハ上海地方ヨリ追ハレ国民政府ノ命令ヲ以テ福建地方ニ移駐ヲ強制セラルルニ至」った〔「上海事件ニ於ケル支那軍ノ行動」(前掲『満州事変史　第十六巻』)一四六頁〕。福建において第十九路軍は反蔣の独立運動に投じた〔野村誠哉「反蔣の嵐を呼ぶ十九路軍」(『解剖時代』解剖時代社、一九三四年)六六頁(国立国会図書館所蔵)〕。

(6) 前掲『昭和六・七年事変海軍戦史　第三巻』一四〇頁。

(7) 同右、一三〇、一三二〜一三四頁。

(8) 同右、一四〇頁。

(9) 同右、一四五頁。

(10) 同右。

(11) 同右、一五一〜一五二頁。

(12) 同右、一五四頁。
(13) 同右、一五一頁。
(14) 同右、一五四頁。
(15) 同右、一五九頁。
(16) 同右、一五六頁。
(17) 原田熊雄『西園寺公と政局　第二巻』(岩波書店、一九五〇年)二〇四～二〇五頁。
(18) 前掲『昭和六・七年事変海軍戦史　第三巻』一五六頁。
(19) 同右、一五八頁。
(20) 同右、一六〇～一六二頁。
(21) 「北方向け軍隊輸送に関する米国総領事館員の質疑について」(『日本外交文書』満州事変　第二巻第一冊、第二一二文書(外務省、一九五〇年)八五七頁)。上海から北満に転用された第十一師団が、ハルビン市内の依蘭、方正方面(いずれもハルビン市所属の県)の匪賊討伐に充てられていたことを示している。
(22) 前掲『昭和六・七年事変海軍戦史　第三巻』一六九頁。
(23) 同右、一七〇頁。
(24) 五月十九日、脳貧血を起こし胃の出欠による血便があった。胃潰瘍であったという(『歴史と旅　臨時増刊号三二　帝国陸軍のリーダー総覧』(秋田書店、一九八八年)二一七頁)。
(25) 寺崎英成・マリコ・テラサキ・ミラー編著『昭和天皇独白録』(文藝春秋、文春文庫、一九九一年)二八～二九頁。
(26) エドガー・スノー著・梶谷善久訳『極東戦線』(筑摩書房、一九七三年)一八三頁。
(27) 前掲「上海事件ニ於ケル支那軍ノ行動」一二八～一三三頁。
(28) 華振中・朱伯康合編『十九路軍抗日血戦史料』(神州国光社、一九三三年)深堀道義訳、六九五～六九六頁。
(29) 同右、六九七頁。
(30) 同右、一九四、七〇九～七一三頁。上海の文化教育事業の戦禍は、信夫淳平『上海戦と国際法』(丸善、一九三二年)三四二～三五〇頁に詳しい。

第九章　事変の謀略に関する考察

――その発想と限界――

当時、謀略はある目的達成のために必要な行動を起こす機会や場を作為することであり、今日的な罪悪の概念はなかったといえる。(1)上海事変の謀略の目的は、関東軍が推進中の満州国建国事業の一環として、それ迄満州に向けられた国際連盟の環視の目を、一時的に上海に逸らし、有利なときに積極的に火を付け、そして自らその火を消すという「マッチポンプ」によって、その間に満州国の建国宣言を発するというものであった。この謀略の対象地域に上海が選ばれた理由は、満州事変以降、中国全土及び国際連盟等の轟々たる対日非難の怨嗟を背景に、確実に、しかも適度の大きさで事件が起こるのは、国際都市で列国の権益が錯綜している上海が最も適していると考えられたためである。

防衛省防衛研究所が所蔵する「謀略宣伝勤務講義録」(2)によれば、宣伝は「対『ソ』謀略宣伝」に偏らず「全班ヲ覗知会得」のため及び戦時においては広報宣伝と謀略宣伝の二種類に区分するとしたうえで、「宣伝トハ実力ヲ用フルコトナク対手側ノ感覚ヲ刺激シ其感情ト理性トヲ我方ノ希望ノ如ク整調スル行為ヲ云フ」とある。そして謀略宣伝の実施方針を、「謀略宣伝ノ方針ハ上司ノ意図ニ基キ諸般ノ状況特ニ対象ノ実情、時期手段等ヲ考慮シ明確ナル目的及重点ヲ定メ周到ナル計画ト信念トヲ以テ確立スルモノトス而シテ謀略宣伝ハ究極ニ於テ国家意識ノ破催ヲ目的トシテ行ハルヘキモ之レガ為メ離間、攪乱思想及道徳破壊誘致、等各種ノ万策ヲ採用ス」としている。

ここに規定された謀略宣伝は、広範囲な活動を対象としたもので同一視はできないが、田中隆吉らの謀略が謀略の質の面において、もし発覚や露見した場合に、国の名誉・品格や人道・倫理に悖《もと》ることがないような配慮が働いていたとはいえない。問題は、上司の意図の質に負うところが大きかったといえる。

満州の経営法は、一九二七（昭和二）年七月の東方会議の後、満州の権益擁護に強い国家的決意を謳ったことを踏まえて、陸軍省部の青年将校たちによって横断的に研究、検討されるに至った。(3)その結果の一つとして、関東軍の一部の参謀が軍事行動を画策するに至った。満州事変はその具現化されたものであり、謀略の実態を知らない国民からは、広く受け容れられたものであった。この満州事変の謀略の存在を明確に示す史料が、太平洋戦争後の極東国際軍事裁判（東京裁判）において、国民の前に晒され、驚愕を与えたのであった。(4)それに比し、上海事変のそれらを語る史資料はほとんど現存していない。また、本事変は日本自らの意思で短期に事態収拾が成功したこと、満州事変の一部に位置付けられ、注目される機会が得られなかったことなどが原因となって、戦後の田中隆吉本人の証言以外には(5)数少ないものとなっている。

田中は自己顕示欲や出世栄達の思惑から独断によって発案したとか、東京裁判において免責と引き換えに国際検事団側の証人に回ったとか、さまざまに憶測された人物であった。田中を売国奴や悪玉にして扱っている書きものも多いようである。(6) しかし、そういうことで済まし得る問題なのだろうか。真相はどうであったのだろうか。

第一節　事変に係わる謀略の背景

一　満州事変の推進に自信を得た関東軍

満蒙領有を目的に起こした満州事変は、参謀本部第一部長建川美次陸軍少将の親日政権の樹立という方向付けの説得に若槻礼次郎内閣が応じることになり、軍事行動を含む複数の手段が実施に移された。関東軍は、一九三一（昭和六）年十月八日、張学良の政権根拠地の錦州を爆撃したため、国際連盟は激しく日本を糾弾した。そのような中、十八日、侍従武官川岸文三郎陸軍少将が来奉し、関東軍は「満州事変一周月の聖旨・令旨」を賜わったことで頗る感激したことが、「満州事変機密政略日誌（片倉衷）」[7]及び「遠藤三郎日記」[8]にある。外相幣原喜重郎等の外務関係者の陸軍に対する反対と抑制にもかかわらず、関東軍をはじめ陸軍が満州事変を推進することの正当性を強く意識し、自信を得たと考えられる。勢いを得た関東軍は、十一月の第一次・第二次天津事件で廃帝溥儀の担ぎ出しと錦州確保の布石を打ち、十一月北満攻略、一九三二（昭和七）年一月三日錦州を占領した。この段階で軍中央や政府に以後の満州国建国の具体的構想の説明と協議のため、関東軍高級参謀板垣征四郎陸軍大佐は関東軍司令官の依命で一月五日に上京した。八日、関東軍は天皇から勅語「曩に満州に於て事変の勃発するや自衛の必要上関東軍将兵は果断神速、寡克く衆を制し速に之を芟《さん》討せり。爾来艱苦を凌ぎ祁寒《きかん》に堪え（中略）皇軍の武威を中外に宣揚せり。朕深く其忠烈を嘉す。汝将兵益々堅忍自重以て東洋平和の基礎を確立し朕が信倚に対えんことを期せよ。」を賜った。[9]これは、改めて柳条湖事件が自衛措置であり、チチハル、錦州攻略が皇軍の武威を中外に宣揚したものであると確認したことで重要な意味をもった。板垣は以後、建国の画策に向け、最終的な実行に強い確信をもつに至ったといえる。(10)その謀略の真相を知らない政府・軍中央は、事変勃発後、挙国一致で収拾に真摯に取り組み、結果はともかく、国際連盟における全力投球の外交を展開し得たといえる。

二　田中隆吉の供述による事変勃発の画策

田中隆吉は戦後自ら筆を執り、さらにまた、テレビ画面を通して上海事変の火付け役は自分だと述べた。まず、彼自身が執筆した「上海事変はこうして起こされた」の中で、かなり具体的に登場人物と謀略の係わりが述べられている。(11)

（昭和六年：引用者）十月初旬、関東軍の花谷少佐から至急来て欲しいという電報が来たので、佐藤武官には黙つて奉天に出かけ、板垣大佐、花谷の両人に会見した。板垣等は「日本政府が国際連盟を恐れて弱気なので、事ごとに関東軍の計画がじやまされる。関東軍はこの次にはハルピンを占領し、来年春には満州独立迄持つて行くつもりで、今土肥原大佐を天津に派遣して溥儀の引出しをやらせているが、そうなると連盟がやかましく云い出すし、政府はやきもきして、計画がやりにくいから、この際一つ上海で事を起して列国の注意をそらせて欲しい。その間に独立迄漕ぎつけたいのだ」という話であつた。更に溥儀妃を満州に連れてくるため、私と親しかつた川島芳子を天津に派遣してくれという依頼も受けた。

関東軍は帰りがけに、運動資金に二万円をくれたが、これだけでは足りないので、後に鐘紡の上海出張所から十万円を借りた。

それから、支那課に連絡して機密費を少し出して呉れと頼んだら、関東軍の連絡で、計画のあらましを知つていたらしく、課長重藤（千秋）大佐、班長根本（博）中佐、影佐少佐等、大いに乗気でしつかりやつてくれということだつたが、資金の方はどうも応じ切れないという話で、正月に専田（盛寿）大尉が連絡にやつて来て激励して行つたが、金の方はとうとう出ずじまいだつた。

一方上海には重藤（千秋：引用者）支那課長の弟である重藤（憲文：引用者）憲兵少佐が共産主義研究のために駐在していたが、私と彼は余り仲が良くなかつたとはいえ、この陰謀では協力して、仕事をした。実際の仕事は殆んど彼がやつてくれた。

さて準備もほぼととのつたので、翌七年一月十八日夕方江湾路にある日蓮宗妙法寺の僧侶が托鉢寒行で廻つているのを、買収した中国人の手で狙撃させた。二名が重傷を負い、一名は後に死亡したが、支那側巡警の到着がおくれたために犯人は捕らなかつた。待ち構えていた日本青年同志会員三十余人が、ナイフと棍棒を持つて犯人が匿れていると主張して、三友実業社を襲つて放火し、帰路警官隊と衝突して死傷者を出した。之が上海事変の発端である。

ここで注目されるべきことが、三つある。

一つ目は、十月初旬という時期の意味であり、事変を主導している関東軍の一高級参謀にしてみれば、謀略の誘惑に駆られやすい環境下にあったということである。柳条湖事件の九月十八日深夜のほぼ二〇日後のことである。この間、九月二十一日に中国側は連盟に提訴した。同日、日本側は満鉄沿線から離れた吉林を占領した。九月二十九日に作戦課が決定した「満州事変解決ニ関スル方針」においては、「支那本部ヨリ政治的ニ分離セシムル為独立政権ヲ設定シ……適当ノ時期ニ中央政権ヲ樹立セシム」を目標とする一方、国内的準備としては、米国、国際連盟の干渉が予期されるので、「対外宣伝ニ力ヲ用フル」と同時に、目標達成のために国民に「進ムヘキ最小限度ヲ理解認識セシメ」「米国又ハ連盟ノ干渉ニ際シ挙国一致之ヲ排撃スル決意ヲ涵養スルノ手段ヲ講ス」としている。[12]しかしそれ迄の間、連盟も米国も日本の行動を未だ侵略的とは判定しておらず、中国を被害者として扱っていなかった。十月初旬とは十月八日の錦州爆撃を断行した前後で、その影響も全く見えない状況下にあったので、板垣としては、満州国建国計画を貫徹しようとする企図は、どこからも否定されることはないと判断したものと考えられる。

二つ目は、したがって板垣にしてみれば、政治的な国際孤立というものに対する配慮も痛みも感じていないという視野の偏狭さがあったという事実である。何故なら仮に建国宣言は発しても、その後の満州国に非難が集中し、日本自体が国際孤立すれば、満州国運営そのものが失敗するからである。つまり、満州国建国後の国際的な地位と運営に関する実証的な検討の発想自体を欠いていた。これは計画が一度動き出せば、真摯な分析研究の発想も姿勢も起こりにくい体質を形成させたといえる。

三つ目は、田中隆吉が一九六五（昭和四十）年一月六日テレビで述べたことである。[13]

「（満州事変も：引用者）一一月半ばにほぼ平定した。日本人としては満州を独立させたいんです。ところが列国側が非常にうるさい。そこで関東軍高級参謀板垣征四郎大佐から私に電報がきまして、『列国の目がうるさいから、上海で事を起こせ』と。列国の目を上海にそらせて満州の独立を容易ならしめよ、という電報がきたんです。それで、金を二万円(運動資金：引用者)送ってきた。」

「実は私も満州事変に関係した一人ですから、是非成功させたいと思いました。当時、親しくしていました川島芳子さんという女の人がいました。」

「ええ、これに二万円を渡しましてね。上海に三友実業公司というタオルの製造会社があったんですが、これが非常に共産主義で排日なんです。排日の根拠地なんです。『それをうまく利用して日蓮宗の托鉢僧を殺せ』ということを頼んだんです。それが、果たしてやったです。」

「そこで私は、このときこそ事を起こそうと思って、当時、上海に日本人青年同志会というのがあったんですが、それをちょうど上海にきておった重藤千春（憲文であり、戦後十五年が経っており、田中隆吉の記憶誤り：引用者）という憲兵大尉に指揮させて、その抗日色の強い三友実業社公司を襲撃させたんです。そうすれば必ずや日支間に衝突が起こると、私はそう確信したんです。果たして、その後の日支間の空気は非常に険悪になった。そこで当時の上海の松《ママ》井倉松総領事がシナ側に抗議したんです。こういう排日運動をやめろと。すると、中国側は全面的に承知したんです。ところが、日本の居留民が承知しないんです。非常に激昂したんです。で、上海陸戦隊に頼んだんですな、なんとかしてシナ人の排日運動をとめてくれと。ところが、だんだん険悪になりまして、一月二八日の晩に陸戦隊と一九路軍が衝突したんです。」

「(先方は：引用者）塹壕を作って。陸戦隊が出動すると、すぐ反撃してくる。それで上海事変が起こったんです。」

「それ以外に方法はない。」

「そうして三月一日にですな、『満州国』は建国できた。あとで関東軍の板垣大佐から非常に丁重な礼状がきました。」

ここでの注目点は、前述の田中の雑誌の執筆内容と関連させて観察すれば、田中と板垣や花谷正陸軍少佐との接触の仕方や時期、運動資金の送付の方法、時期に食い違いがあることである。後者のテレビ・インタビューは時間的制約も考えられることに比し、前者の記述式証言は落ち着いた環境下に書かれたためか、内容が具体的できめ細かい。両者の発言の時間間隔は約一〇年と長く、後者のインタビューではこの間の本人の記憶の減退も全くないとはいえない。つまり、前者の記述証言がより正確で真実に近いと見るべきであろう。しかし一方、隆吉の長男の稔氏は一九七九(昭和五十四)年の『田中隆吉著作集』の中で、「昭和七年一月十日、関東軍板垣参謀の名で長文の電報が届き、時を同じくして上海の正金銀行に二万円の金が送金されて来た。電文の内容は次の如きものであった。（後略）」と記しており、具体的な日付が入り、しかも板垣からの指令は電報であったとしている。[14] ここで稔氏の立場を紹介すれば、彼は田中の生前、いわば秘書の役割を担い、東京裁判はもちろん、公私にわたって父を支え、夫人と共に父の最期を見届けている。稔氏の上海事変及び父・隆吉に係わる知識・認識は、永年にわたる生前の父からの話、東京裁判の秘書的活動、父への支援、看病等が基本となっている。稔氏は父・隆吉を公私にわたり公正な立場で描写し、非は非として憚らず明確に記し、第三者の評価に待つ姿勢を貫いている。前記の食い違いについて真相を語る板垣の電報が現存しないため究明は至難であるが、稔氏のいう板垣参謀の電報が届いた一月十日は、稔氏が父から聞いた記憶のはっきりした情報であり、あながち根拠のないものとは考えられないという。一月十八日の日蓮宗僧侶殺害事件の八日前のことである。田中が東京裁判で、国際検事団側の証人とされたのは、その卓抜した記憶力が一因でもあった。彼の証言が事実無根ではないとの前提に立てば、これらの三者の間の表面上の食い違いはそれ自体重大な意味をもっている。即ち、上京中の板垣が八日、満州事変の成功の関東軍に対する勅語を賜っていることを考慮すれば、これに感激し自信を深めた板垣は、いよいよ建国の最終段階に着手し、是非とも成功させねばならぬと考えた。そして奉天の花谷に電報で予ての計画どおり、上海での画策を板垣名で指示させ、送金させたと考えられないだろうか。したがって、田中が奉天の関東軍に呼び出されて板垣、花谷に会見したのは、それ以前の十月初旬が最初であったとも考えられる。何故なら、先の「片倉日誌」にあるように、関東軍は十月八日「関参第六四一号」を以て北京、上海、天津に対し「満蒙には錦州政府其他旧政府の一人も存在を許さざること、其軍隊は飽迄徹底的に糾弾するの方策を執りあること、排日排日貨を助長し一挙解決に邁進する如く積極的に活動せられ度件等を依頼打電」し、「依て以て中央を引づらん[15]」と策したからである。上海にいる田中がこの電報に策応したか、あるいはこの電報起案の段階での呼び出しに応じた可能性がある。要するに、満州事変の推進に自信をもった板垣が、永年にわたり個人的な繋がりの深かった田中に対して、組織ではなく個人として発案し、田中に自由裁量の余地を残しつつ画策を指示したということであり、この命に田中は軍人として忠実に従い、具体的画策のシナリオを構築しつつ実施に移したということになる。この点は、父隆吉の性格や性癖を十分承知している稔氏が強調していた本音の部分であったといえよう。このような本人の戦後の記述、発言が、当時及び昨今の史資料に新たな意味と確証をもたせたということである。いい換えれば田中の証言が事実無根ではなく、かなりの信憑性をもっていることを示しているといえよう。

第二節　事変の画策を裏付ける史料とその意味

一九三一（昭和六）年十二月十日付の「片倉日誌」には、「軍は此際寧ろ北京南京上海の官場、民衆の世論を錦州撤兵反対錦州政府撤去反対に指導するを以て学良、蔣介石を窮地に陥らしめ（中略）〈本件は外務側の撤兵交渉の裏を掻くが如きも之に依り支那民心を混迷に陥らしめ反張運動を促進するに力あり、上海田中武官《隆吉》最も活動せり。（板垣参謀と連絡）[16]〉」と記されており、板垣征四郎と田中隆吉の画策の内容には言及されていないが、その存在は否定できない。板垣は田中が一九一二（大正元）年の陸軍士官学校生徒時代の第四区隊長で、田中の勇猛心、正義感が昂じて校内乱闘事件に及んだ際、区隊長の取り計らいで大事に至らずに済むということがあって以来、田中は板垣に軍人らしさの魅力を感じ、尊敬の念と相互信頼の感情を宇垣一成や下村定に対すると同様に終身もち続けたという。田中は陸軍内の参謀本部支那派として育ち、板垣を頭に田代晥一郎、重藤千秋らと同じグループに属していた。これらからすれば、同日誌中の「板垣と連絡」の意味する板垣・田中の関係は、田中の証言どおり、彼が関東軍高級参謀だった板垣と謀議し、板垣の指示によって事変を具体的に画策し、行動に移したと考えても不思議ではない。一九三二（昭和七）年二月三日付「畑俊六元帥日誌[17]」にも当時の上海の暗闘の空気を記している。

また戦後書かれた花谷正の「満州事変はこうして計画された[18]」があり、「ハルピン占領が出来たのは翌年一月で、この時には我々と上海の田中隆吉少佐の合作でやつた上海事変に火がついたのでそのどさくさにまぎれて簡単に作戦を終了した。」と、その事変の存在を淡々と書き残した。また、当時参謀本部にいた同期の遠藤三郎少佐は、戦後の日記の中で、「私の友人で当時上海に勤務しておった田中隆吉少佐（中略）から〝日蓮坊主の傷害はおれがやらしたのだ〟と直接聞いたことがありましたが、国際都市上海付近で戦闘を開始するが如きは却って日本が侵略者としての悪評を受けるのみで、満州問題の解決にはプラスになるとは思われませんでしたが。」と、田中が自ら放言していたことを証言している。[19]また田中に会って直接本人から同様の発言を聞いたことを、小説ではあるが村松梢風が『燃える上海』[20]に書いている。

一方、海軍側の史料では、横須賀鎮守府第二特別陸戦隊の一員として出征した中山定義中尉が戦後の回想の中で、「田中謀略将校には面白いエピソードがついた。事変が片づいて、上海特有の平和気分が蘇った頃、何処からともなく、われわれ陸戦隊は田中謀略に踊らされたんだという説がわれわれの耳に入り出したから堪らない。若い士官の怒りはおさまらず、遂に植松陸戦隊司令官自ら田中少佐を某所に招待し、その不届きを激しく面責した処、彼は『……頭をそって坊主となった気持で改心し、将来再び今度のようなことはやらぬ』旨誓って平身低頭平謝りしたので、司令官も赦してやったということが伝えられ、われわれの憤慨も一応鎮まった。

然しその後も田中少佐の謀略癖は一向改まらず、後日の百霊廟謀略の大失敗、東京裁判における米側特別証人として出廷する等その異常性は改まらなかった[21]」と事変後の上海の状況を記しており、田中の謀略の一面がリアルに描かれている。また、戦後著述された今井武夫の『昭和の謀略』[22]によれば、「田中のやった陰謀は、途中からうすうす海軍側に漏れて、その憤激を買った。……山岸宏海軍中尉(後の五・一五事件において犬養首相暗殺：引用者)以下の海軍青年将校数名が、田中をその自宅に襲い、ピストルや軍刀を突きつけて問責するという一幕もあったが、……」とあり、時期的に相違はあるものの、田中の謀略に踊らされた悔しい思いの当時の海軍の様子が示されている。

当時事変の当事者であった第一遣外艦隊首席参謀の山縣正郷中佐は、一九三三(昭和八)年の『上海事変秘録』[23]の中で、「上海駐在陸軍武官(田代公使館付武官ハ帰朝中)ハ支那浪人又ハ日本人ヲ使嗾シテ事端ヲ起サント策動シ或ル時ハ支那人ヲシテ日本軍艦襲撃ヲ企図セシメタルコトアレトモ海軍側トシテハ極力之ヲ抑止シタリ」と述べており、「田代公使館附武官ハ帰朝中」ということで、暗に田中の策謀を仄めかしている。そしてさらに「(一月：引用者)二十日上海陸戦隊ヨリ得タル報告ニヨレバ十九日夜重藤憲兵大尉ガ上海陸戦隊本部ニ来訪シタル際ノ言動ニヨリ邦人三友実業社襲撃ハ上海駐在陸軍武官連中ノ画策使嗾シタル事明トナレリ」とあって、重藤憲文憲兵大尉が三友実業社襲撃に指導的役割を果したことを明らかにしており、前記の田中の戦後の証言に一致している。このように山縣の回想は、海軍側が陸軍将校の画策に如何に苦悩させられたかを物語っている。上海居留邦人の生命・財産の保護のためには、中国人の排日運動、救国会を抑圧するのみではなく、本来保護対象であるべき邦人が軽挙妄動し、さらにこの中に、日本陸軍将校があったため、彼らも抑圧の対象にしなければならない等の異常な状況に陥っていることに、第一遣外艦隊としてはまさに断腸の思いであったと考えられる。画策や紛争の火種を取り締まるべき日本の憲兵が、逆に謀略、画策の具体場面で主導者として煽っていたのである。

第三節　陸海軍の田中隆吉少佐の謀略に対する姿勢

筆者は、陸海軍中央内の田中の謀略に対する姿勢や所見などを語る文書類を未だ発見していない。しかし矢次一夫の『昭和政変秘史』により、その一端を窺い知ることができる。「排日色の強い蔡廷階（鍇：引用者）率いるところの第十九路軍を相手に、少数の日本海軍陸戦隊が戦うというだけでは、本格的戦闘の場合となったら勝ち目はない。そこで田中は、日本から陸軍の大部隊を増援させようとし、例によって上海居留民団大会を開かせ、いまにも皆殺しになりそうな決議やら、要望を打電させるとか、日本公使館にゆさぶりをかけて、重光から外務省に、救援のための増兵を要求させようとしたのだが、田中の陰謀を薄々感づいていた陸軍中央部は、警戒して容易に動こうとはしない。」とあり、「そこで田中は、陸・海軍を否応なく上海大出兵に踏み切らせるために、思い切った非常手段を計画した。すなわち塩沢海軍遣外艦隊参謀長の暗殺を、中国人暴徒にやらせたら、いかに慎重派の中央も動くだろうと謀ったのだが、これは失敗した。」と記している。「海軍側は、暗殺事件の取調べを通じて田中の陰謀を知り、非常に激昂した」こと、「艦政本部第四課とは格別懇意にしていたので、課長の石井大佐、桑原主計中佐とは相許した友」であったが、「極秘で聞いてほしい、と前置きの上、塩沢参謀長暗殺未遂事件の取調べ内容を聞かされ、驚いた記憶をもつ。平素温厚長者の風があった石井大佐が、このときばかりは、満面朱をそそいで、あたかも私が田中当人でもあるかのように、激しい怒りをぶつけられた」と記している。上海事変はついに二回にわたる陸軍増派となり、五月五日停戦協定が成立した。矢次は「田中は、事変のあと、その謀略と暴走のため軍法会議にかけられるところであったが、彼の陸軍支那派の先輩田代皖一郎の格別の命乞いによって、叱責されただけで免れ、前言したように、大阪の野戦重砲隊に左遷された。(24)」という。田中は先の記述の中で、「中央部でも海軍側から抗議が出たということだつたが荒木陸相は元々寛大な人だし、何ということもなかつた、永田(鉄山)軍事課長と上海派遣軍の岡村(寧次)参謀副長に叱られたことはあつたがそのまま有耶無耶になつてしまつた。(25)」としている。このように軍中央は謀略の事実認識に消極的態度をとり、むしろ上海の列国との障害を早期に取り除くことを最優先の課題と認識し、収拾に追われたというのが真相と考えられる。

第四節　事変勃発と謀略の構図

関東軍にとっての本事変の謀略の相手は、陸軍出兵という実際の行動を決断させるために、関東軍の動きの壁となっている味方の日本政府であった。関東軍参謀の謀略は、満州事変にとどまらず、上海事変においても繰り返され、既成事実を積み重ねて政府に追認を強要し、目的の完遂に繋ぐという、下克上の牽引車の役割を担っていたことになる。では何故、且つ、何が、出先の関東軍にそのような謀略の発想を触発し、結果的に、政府、軍中央部に受容させるに至ったのであろうか。簡潔にいえば、政府、軍中央部の満蒙問題に対する現実的な解決法に対する無定見さが、板垣、田中らの直情的で、かつ陸軍省部の横断的な人脈を拠り所にした謀略を許す土壌を育んでいたといえる。では、何故、政府に無定見な現実を誘発させたのであろうか。このことは、次の四つの要因の存在を意味しているといえよう。

要因の第一は、知らず知らずのうちに、下克上の謀略を許す日本の政治体制が構築されていたことである。満州事変を画策した石原莞爾が、一九二八年に著した「国運転回ノ根本国策タル満蒙問題解決案[26]」にその淵源を見ることができる。それは、「一　満蒙問題ノ解決ハ日本ノ活クル唯一ノ途ナリ　1　国内ノ不安ヲ除ク為ニハ対外進出ニヨルヲ要ス」といい、「(ロ)　満蒙問題ヲ解決シ得ハ支那本部ノ排日亦同時ニ終息スヘシ」との信念の下に、「二　満蒙問題解決ノ鍵ハ帝国々軍之ヲ握ル」と謳っており、軍が国家の危機を救う後見人であるという意識を高めていたことが分かる。それは、①西南戦争以降の官制と習慣によって統帥権独立の原則が定着していたこと、②日露戦争後の一九〇五（明治三十八）年の「満州に関する日清条約」が「不動の国策（満州権益の維持拡大）」に設定されたこと、③一九〇七（明治四十）年允裁の「帝国国防方針」によって、対外的に「対日干渉抑止」のために陸海軍軍備が整備運用される道筋ができたこと、さらに、④一九二七(昭和二)年の南京事件後の東方会議によって、満州をはじめとする大陸の日本権益の危機に対しては、軍事力によって擁護するという強固な意思を固めたこと、そしてさらに、⑤一九二八(昭和三)年の不戦条約によって、その権益や在外居留邦人の生命財産の擁護のための軍事力使用は、正当防衛であるという価値を認め、日本の政治、外交、軍事の要路が、個々には温度差があっても、それらを共有していたことである。これらの五つの要素が、日本の大陸政策を、殊に陸軍によって死守する枠組みとその行為が正当防衛であるという価値観に裏打ちされる構造になっていたといえる。このような構造の下では、政府の機能麻痺に乗じて陸軍が正面に躍り出、政府に対する下克上の謀略を生むのはむしろ自然の成り行きであるといえる。それは同時に、日本側のあり方如何によって日中関係が決まり、悪化した場合は、解決困難に向かう可能性を高めるものであった。

要因の第二は、上海には、日本人が中国人を使って、日本人を殺傷させるという、奢りに満ちた卑劣な謀略が生起してもおかしくない環境条件が存在していた。それは、満州事変が賞賛と支持がなされており、これが関東軍の以後の行動を最も大きく勇気付けたのである。また、上海の商工業者層を中心とする居留邦人が、武力行使を要請すべく軍部を突き上げたことである。殊に閘北方面の「土着派」[27]は、満州事変後の排日・排日貨が著しい経営難を招来したため排外主義に傾斜した。これは陸軍部隊のいない上海における謀略にとって好都合であり、海軍陸戦隊にまず武力を発動させ、苦戦の後に内地陸軍部隊の派遣というシナリオが自動的に発動される仕組みになっていたからである。満州事変前の一九三一年六月、上海商工会議所は関係諸団体を以て「金曜会」を結成して、毎週定例的に排日・排日貨に対する対策を検討し始めた。七月の万宝山事件をきっかけに中国各地で反帝国主義運動が巻き起こり、上海では各界の反日援僑会が成立して盛んに決議を上げ始めた。そこで田中隆吉少佐は、八月七日の「金曜会」において、最近、国民政府が北京に対し東北の反日緩和を内命すると共に、蔣介石は排日を急がず、「紅軍討伐優先」を訓示したことを報告した。そしてこの討伐は苦戦中なため、益々手こずると予想されるので、「徹底的排日ハ不可能ナルベク反日運動ニ対シ鉄槌ヲ加フルニ最モ好時期ナリト思フ」[28]と結論付けた。これが、上海日本人商工業者に「対支膺懲」の勇気を与えたといえる。さらに、上海の海軍も今回は積極的であったことである。上海駐在の桑原重遠海軍大尉の、「本(八：引用者)月四日以来海軍側ニ於テ領事館ノ要求又ハ必要ト認メタル場合臨機ノ処置ヲナス為メ水陸両方面共暴行防止ニ関スル行動ヲナスコトニ決シタ」[29]という報告を受けて、「金曜会」は今後事故発生の場合は海軍へも届けることを申し合わせた。以後、「金曜会」は積極的な強硬論へと傾斜した。このように、当時満蒙問題の強行解決を軍部に期待する国民の嘆願には凄まじいものがあった。排日運動で経済活動が死活問題となったため、満州事変同様の軍事的な解決を軍に期待し、深刻に海陸軍の増派を訴えたのである。

謀略を許した要因の第三は、本謀略が下克上的性格で、しかもその活動が暗躍する性格上、政府も軍中央も自覚がなく、結果的にそれを受け容れる土壌が形成されていたことである。これは謀略を参画する側において、真の国益に見合い、政戦両略の視点に立った見識や指導も計画もない場合は、国家の衰亡に繋がることを意味している。本来守るべき味方で無抵抗の日本人僧侶を殺害させ、あるいは日本軍艦襲撃ないし第一遣外艦隊司令官塩沢幸一暗殺を策する等、謀略の質的な堕落を招いただけでなく、軍部内に自浄の見識も勇気をも欠いたことが分かる。田中の直接の現地の上司（駐支公使館付武官）であり上海派遣軍参謀長の田代晥一郎陸軍少将は、参謀本部から派遣された今村均歩兵大佐に対し、日本軍の苦戦と犠牲は、「中国研究のため派遣された人々の中には……、所謂大人気取りになり、……政治乃至謀略の研究に走り、中国軍の軍事能力とか地形の研究とかには殆んど気を向けないようになっていた。」[30]ためであると、涙ながらに懺悔している。

板垣の田中に対する事件の画策の指示に際して、板垣は海軍との関係をどう考えたのであろうか、また上海の列国の対応の仕方、その結果の日本に与える影響についてどのように観察していたか等を知る史料はない。事変後の田中に対する軍中央の処分の姿勢も含めて曖昧なままにされ、彼自身が左遷人事（八月に大阪の野砲兵第四連隊大隊長）と自覚する被害意識が残ることになった。田中は戦後、「叱られるなら、関東軍が発案者だし、その上満州事変迄やっているのだから、罪は向うの方が重しとせねばならぬ。」[31]と述べている。謀略といっても、目的や方法により異なっていた。板垣、田中のそれは、例えば日露戦争に先立ち、戦争を有利に導くため、政戦略の一致の下に、参謀次長児玉源太郎陸軍中将が謀略の元締めともいうべき青木宣純陸軍大佐を私邸に訪ね、彼に清国、露国の内部に潜入して諜報活動をし、後方基盤の破壊工作等の謀略を懇請、指示し[32]、その後の一切の活動が国益に一致し、国家的意思の下に統制されたという状況とは異にしていたことが分かる。関東軍板垣参謀を中心とする一部の陸軍軍人の画策は、政府、軍部の国益を慮って、意思統一する発想や仕組みもないままであった故に、安易に下克上が発動されたといえる。但しこの場合、板垣の頭の中に、その国家としての意思統一と同等と認識させたものに、関東軍に対する勅語の下賜があり、これに寧ろそれ以上の重みを認めていたといえるかもしれない。板垣はこれら謀略に関し一切を語らず、東京裁判でも他の被告と違って弁明することなくすべてを否定し通した人物であった。要するに下克上の体質は、そのまま上海事変後も引き継がれたのであった。

最後の要因の第四は、既成事実の積み重ねによって下克上された後の政府というものは、その既成事実とその後の国策に対する弁護士の役割を演ずるということである。板垣には、その確信があったと見るべきである。事変に対する政府の対応目的が、事態収束という一点に収束できた大きな要因は、上海の列国や国際連盟の執拗かつ強硬な対日抗議という外圧であり、それに抗することによって日本が国際孤立するとは考えていなかったことであった。満州事変以降の謀略によって運命付けられた日本の行動態様は、その後、「満州国承認問題」の貫徹という具体的な命題に発展し、国際連盟にこれを強要することと、連盟にとどまることとは両立ができるとの観測に発展した。しかし、厳しい現実の前に、これらが打ち砕かれることになるのであった。日本側の主観的な理想を以て、これを客観的な現実に置き換えるという、相手国や国際関係に無知、無神経な甘さが、結局、国際孤立を招くという痛みに気付いていなかったといえる。

上海事変が関東軍の謀略（陽動）によって始まったという事実認識は、ドナルド・ジョーダンの著書によれば、日本軍が撤収する時点でも気付かれていなかったようであり、とにかく停戦の斡旋に苦労した英ランプソン公使や米カニンガム総領事らは日本軍の撤収によって、あたかも悪夢から覚めたようであったという[(33)]。上海事変によって日本は確かに満州国の建国という地域的小目的を達成したが、中国を徹底した抗日に追いやり、連盟をも中国支援の側に回し、米国との対立を深めたのであった。

註

（1）排日運動（日貨排斥・対日経済絶交）の結果は居留邦人や日本側にとって死活問題となり、これに対抗する手段としても謀略や画策は当然のこととして見做されていたようである〔陸軍参謀本部『秘　昭和三年支那事変史』（一九三〇年。防衛研究所図書館所蔵）〕。

（2）小冊子「謀略宣伝勤務講義録」（陸軍中佐近藤毅夫著、防衛研究所図書館所蔵）は記述された時期が明記されていないが、内容から判断して、太平洋戦争勃発後に関東軍の謀略活動の基準を明確にすると同時に、部内に対する説明のために作成された可能性が高い。軍事機密扱いで、九〇部が印刷されている。

（3）橋本欣五郎の桜会や永田鉄山らの木曜会、その後改称された金曜会等の研究会があり、満州経営の方法や国家改造運動を背景に昭和の陸軍の強硬な大陸政策を決定付ける土壌ともなった〔筒井清忠「陸軍中堅幕僚の思想」（『歴史と人物　満州事変を考え直す』中央公論社、一九八四年）八一～八九頁〕。

（4）太平洋戦争研究会編・平塚柾緒『図説　東京裁判』（河出書房新社、二〇〇二年）一〇～一一頁。

（5）田中隆吉・田中稔『田中隆吉著作集』（あずま堂、一九八〇年）。田中隆吉「上海事変はこうして起こされた」（『別冊知性五　秘められた昭和史』河出書房、一九五五年）一八一頁。

（6）田中隆吉は、終戦時に国際検事団の証人となった。彼は日本軍の戦争指導の内幕を東京裁判において披瀝して被告席は憤然、唖然となった。彼の人物誌、東京裁判の活動の模様は稔氏（長男）著の『田中隆吉著作集』に詳しい。

（7）片倉衷「満州事変機密政略日誌（其一）」（小林龍夫・島田俊彦編『現代史資料　7　満州事変』（みすず書房、一九六四年）二一四頁。

（8）遠藤三郎「遠藤三郎少佐満州事変中渡満日誌」（一九三一年。防衛研究所図書館所蔵）。

（9）本庄繁『本庄日記』（原書房、一九七七年）六〇頁。遠藤三郎『日中十五年戦争と私　国賊・赤の将軍と人はいう』（日中書林、一九七四年）三〇頁。

（10）臼井勝美『満州事変――戦争と外交と――』（中央公論社、中公新書、一九八八年）一三九頁。

（11）前掲「上海事変はこうして起こされた」一八一頁。Donald A. Jordan, *China's Trial by Fire: The Shanghai War of 1932* (Michigan: The University of Michigan Press), p.11, p.98.

（12）稲葉正夫・島田俊彦・小林龍夫・角田順編『太平洋戦争への道　開戦外交史　別巻　資料編』（朝日新聞社、一九八八年）一三一頁。

（13）証言中の「重藤千春」は「重藤憲文」の記憶間違いの可能性がある。当時上海の駐在憲兵は憲文憲兵大尉（千秋の弟）である〔東京12チャンネル編『証言・私の昭和史　1』（昭文社、昭文社文庫、一九八四年）二七六～二七八頁〕。

（14）一九九三（平成五）年一月四日、筆者が稔氏に行ったインタビューで、以前父から聞いた日付ではっきり記憶していることで、曖昧さはないと思うとのことであった〔田中稔『田中隆吉著作集』（田中稔、一九七九年）四五五頁〕。

（15）前掲「満州事変機密政略日誌（其一）」二〇五頁。

（16）前掲「満州事変機密政略日誌（其三）」二九三頁。

(17)「畑俊六元帥日誌　第二巻」（防衛研究所図書館所蔵）一三一～一三二頁。
(18)花谷正「満州事変はこうして計画された」（前掲『別冊知性五　秘められた昭和史』）四八頁。
(19)遠藤三郎『日中十五年戦争と私――国賊・赤の将軍と人はいう――』（日中書林、一九七五年）三三～三四頁。
(20)村松梢風『燃える上海』（駿河台書房、一九五三年）二五頁。
(21)中山定義「第一次上海事変時の裏話など」（『東郷』一一四号、一九七七年）四二頁。
(22)今井武夫『昭和の謀略』（朝日ソノラマ、一九八五年）六五頁。
(23)山縣正郷「上海事変秘録」（一九三三年、防衛研究所図書館所蔵）。
(24)矢次一夫『政変昭和秘史（上）』（サンケイ出版、一九七九年）七八～八〇頁。
(25)前掲「上海事変はこうして起こされた」一八三頁。
(26)前掲『太平洋戦争への道　開戦外交史　別巻　資料編』八六頁。
(27)高綱博文「第一章　上海事変と日本人居留民――日本人居留民による中国人民衆虐殺の背景――」（中央大学人文科学研究所編『日中戦争』中央大学出版部、一九九三年）三三頁。
(28)村井幸恵「上海事変と日本人商工業者」（『年報・近代日本研究　六』山川出版社、一九八四年）は、社会経済史的視点から上海事変を分析している。「金曜会」の設立趣旨と活動の模様は、同氏の論文中の二一二頁以降にある。また、東京商工会議所事務局商工図書館に「金曜会」の記録が昭和六年度十二月分まで所蔵されている。
(29)同右。
(30)今村均『続　今村均回顧録』（芙蓉書房、一九七一年）一二七～一二八頁。
(31)前掲「上海事変はこうして起こされた」一八三頁。
(32)佐藤垢石『謀略将軍青木宣純』（墨水書房、一九四三年）五～一五頁。
(33)**Jordan, *op. cit.*, p.235.**

第十章　上海事変が日本海軍に与えた影響

――海軍軍令部の権限強化から海軍の暴走へ――

上海事変が、以後の日本海軍に如何なる影響を与えたのであろうか。海軍は、中国よりも米国に対し大きな関心と対応に力を注いでいた。米国海軍は年に一回、両洋の艦隊を一カ所に集めて総合演習を実施していたが、一九三二（昭和七）年にはハワイを根拠地とする戦闘部隊と大西洋の偵察部隊とが合同して二月六日から、三期に分けハワイ攻防演習、根拠地占領演習、大艦隊合同演習を実施した。演習終了後、米国海軍作戦部長ウィリアム・プラット海軍大将は偵察部隊を帰投させず太平洋に残留させた。その理由は明らかにされなかったが、上海事変による極東情勢に関連した措置であった。一九三三（昭和八）年の『改造』三月号に著名な軍事評論家の伊藤正徳は、「布哇攻防戦は、上海に於ける日支交戦を模擬するものに外ならない。」と評している。この米国偵察部隊の残留が、日本に少なからず大きな波紋を呼び、既に上海事変の最中から日米戦争の風説が流れていたときであったから、熱気がさらに高まった。上海事変によって国際連盟脱退のムードが醸成され、強硬派人事が形成されていく過程と、この「一九三二年の日米危機」のジャーナリズムとは表裏一体であった。一九三二年十一月に米国偵察部隊が大西洋帰港を発表した段階で、この危機が当面終結したといえる。この間、日本海軍は米国側を刺激しないように努める一方、軍令部は情報部の海軍少佐小川貫璽らを偽装商船に乗り組ませて演習海域に派遣した。米国の戦争準備の状況を調査し、真珠湾内の潜水艦が赤錆のまま係留されている未整備の状況を見た小川は、米国海軍に対日戦の意志がないことを報告している。[1]当時海軍内では、砲弾等の確保が予算面の制約で不十分で、新造巡洋艦や駆逐艦は定数に満たない状況にあった。米国海軍を意識した有事対応と平時からの円滑な移行を意識した軍令部機能強化の検討作業や、組織改編、大演習等の問題が山積みであった。

次に、日本海軍内の内情について触れたい。一九三〇（昭和五）年のロンドン海軍軍縮条約の批准をめぐって、海軍部内に統帥権干犯問題という国論を二分するような混迷をもたらし、対米七割海軍の建設を目指す強硬派（艦隊派）が、頭角を現す動きを始めていた。しかし当時はまだ条約派の主導性が辛うじて保たれていたので、条約の締結も批准も達成され、併せて艦隊派の宿願であった軍令部側の権限強化の命題が、依然として抑制させられていた。そこに起こった満州事変後に引き続く上海事変は、軍備整備という座標軸ではなく、作戦用兵というもう一つの座標軸のうえで、新たな挑戦をもたらした。上海事変は、伝統的に行われて来た海軍省主導に対する教訓や反省事項を数多く残したため、その改善改革の推進力として登場したのが軍令部系統の艦隊派の陣容であった。軍令部の権限強化の主たる目的は、対米戦に備え、米国の対日干渉を抑止するための強固な海軍力を維持することにあるが、結局、日本の国策を米国に干渉されずに擁護する姿勢を基本にする以上、満州事変以来の陸軍が主導している大陸政策を擁護することに繋がる性格を有していた。

それは端的にいえば、往年の海軍の軍事力使用の目的が「防衛」であったものを、「政治の道具」に使用することに変化させ、仮想敵国米国の対日干渉を抑止し得る大海軍（対米七割海軍）の建設を実現する根拠となり得るものであった。これはもともと一九〇七（明治四十）年に制定された「帝国国防方針」が西太平洋を対象海域にし、八八艦隊（戦艦八隻、巡洋戦艦八隻）の軍備整備の達成根拠でもあった。しかし、ワシントン軍縮は、従来の目標を台湾以北の海域に縮小して「防衛」に徹するというように縮小変更させた。そのような状況下に、上海事変は国家的危機意識を高揚させ、強硬派をして「帝国国防方針」制定時の軍備へ拡大させるきっかけを与えたのである。その結果、先ず第一弾として、軍令部の権限が強化された喜びを一九三三年十月十一日、軍令部総長伏見宮博恭王は「軍令部令改正ニ際シ軍令部職員一般ニ訓示(2)」に述べた。

然ルニ我海軍平時ニ於ケル統帥権ノ運用ニ関シテハ従来遺憾ノ点少カラズ、近ク上海事変ノ実績ニ鑑ミ且ハ時局ノ重大性ト部内ノ情勢ニ稽《かんが》ヘ軍令部令、省部事務互渉規程及関係諸法規ノ改正ハ一日ノ偸安《とうあん》ヲ許サザルモノアリ本職夙ニ之ガ実現ニ志シタルニ今回省部関係諸官ノ非常ナル努力ト英断ニ依リ庶幾ノ目的ヲ達成シ得タルハ国軍ノ為洵ニ慶賀ニ耐エザル処ナリ。

上海事変が強硬派（艦隊派）の宿願であった対米七割海軍の建設に一歩近づくための、軍令部機能強化を実現させる突破口になっていたことを明確に示している。では海軍戦略の視座に立って、日本海軍そのものに与えた影響から論じたい。

第一節　「支那事変軍事調査委員会」の設置と機能

一　「支那事変軍事調査委員会」の位置付けとメンバー

上海事変が一応終結し、現地の陸海軍部隊は停戦交渉が進行中の一九三二年三月十八日から混成第二十四旅団を皮切りに帰国を始めた。このような中、海軍中央においては省内に三月二十五日付、「支那事変軍事調査委員会」が編成された(3)。同委員会の目的は、「今次事変ニ関シ制度、警備、教育、兵器等ニ関シ得タル教訓ヲ収集シ之ガ研究調査ヲ行ヒ以テ将来ニ於ケル対策及警備上並ニ軍備充実上ノ資料ヲ得ル」ことにある。また検討の期間は、「成ルベク速ニ各項目ニ就キ調査ヲ進メ報告ヲ提出シ要スルモノハ之ヲ実行ニ移スコトトシ調査全部ノ終了ヲ十月末」とされていることからすれば、本委員会の検討が半年の期間を目途にしていたことが分かる。しかし現実には、委員が逐次人事交代を発令されていることから判断すれば、十二月末迄継続検討されていた可能性がある。委員長の海軍次官左近司政三海軍中将は一九三二年四月十八日付、全般の見地から委員会幹事五人（海軍大佐山口実、海軍中佐佐藤源藏、海軍少佐石川信吾、矢野英雄、湊乾助）を指名し、総合的な活動が開始された。海軍は伝統的に戦争終結後の早い時期に軍事調査委員会を作って戦訓の抽出、整理を行って来ており、今次の上海事変後もこれに沿ったものであった。山口も石川も、艦隊派の理論家といわれた人物であった。軍令部長伏見宮博恭王の就任後の強硬派が、表面に躍動し始める影響を垣間見ることができる。左近司委員長をはじめ総勢六四人でスタートしている(4)。これらのうち主要な少将クラスとしては、軍令部第一班長及川古志郎、艦政本部総務部長松下薫、航空本部総務部長河村儀一郎、軍務局長豊田貞次郎、軍令部第三班長坂野常善、同第二班長豊田副武、次いで大佐クラスとしては軍需第一課長名古屋十郎、教育第一課長片桐英吉、軍令部第五課長前田政一、軍令部第一課長近藤信竹、艦政本部第一部第一課長本田喜一郎、艦政本部総務部長星埜守一、軍令部第六課長佐藤脩、軍務第一課長沢本頼雄、軍事普及部第二課長武富邦茂、艦政本部教育部長杉山俊亮、省副官高橋伊望、航政本部総務部長鈴木嘉助、軍令部第二課長南雲忠一、電信課長伊藤利三郎、教育第二課長宮田義一、軍令部第四課長高橋頴雄、海軍大学校教官兼軍令部参謀関根郡平、軍令部第三課長山口実、艦政本部第一部第二課長岸本鹿子治、軍務第二課長原清らの名が連なっている。その後、間歇的に人事交代者が発令された。その中に実際に上海事変に第三艦隊参謀長として参加し、後に軍令部第三班長、第一班長となった嶋田繁太郎や、海軍大学校教官から軍務第一課長として着任した井上成美の名がある。

　委員会は具体的な調査要領として、先ず組織的には調査項目ごとに九つの分科会を設け、それぞれの担当委員と幹事を定めた。

　各分科会の検討内容は、第一分科会は「一般制度及規程」、第二分科会は「警備」、第三分科会は「教育」、第四分科会は「課報宣伝」、第五分科会は「航空」、第六分科会は「兵器」、第七分科会は「通信」、第八分科会は「船体機関」、第九分科会は「兵器以外ノ軍需品及運輸・補給」であった。この委員会の検討結果及び実際に事変に参加した上海陸戦隊、第二艦隊司令部、第三艦隊司令部、第一水雷戦隊、第二十六駆逐隊呉淞攻略輸送船隊、第三十駆逐隊、第一航空戦隊司令部、同隊「加賀」「能登呂」並びに佐世保鎮守府、連絡将校等の関係諸機関から寄せられた所見が修正加工されないそのままの形で、『昭和六七年事変海軍戦史　第二巻（戦紀巻二　軍機）』の「事変関係者所見摘録」(5)に分類記載されている。

二　「支那事変軍事調査委員会」の検討結果の推察とその結果の意味するもの

　関係各部隊等からの所見は、「軍人精神」「作戦指導」「指揮権の所在」「作戦」「国際関係と作戦」「警備」「戦務」「情報宣伝」等に区分された広範囲なものであり、分科会に従って検討の対象に指定された。本章においては部隊等の所見のすべてをここで紹介することはできないが、本委員会は省部にわたる海軍内部の総合的視点に立ったものであって、枢要な部課長クラスのほとんどが加わり、主要な佐官クラスが実務検討に参画したといって良い。問題はどの程度の専従者が何人指定されたか、その研究、検討の実施方法や検討結果の受け容れがどうであったかということである。しかし、詳細な資料が発見されていない現状では、以下に触れる第三艦隊及び上海海軍特別陸戦隊の常設の事実、並びに海軍軍令部の永年の宿願であった一九三三年海軍軍令部の機能強化の結果の事実を併せ見ることによって、本調査委員会の活動の実態に接近でき、海軍全体の動きと上海事変が海軍戦略に与えた影響等について知ることができると考えられる。

第二節　第三艦隊の常設及び上海海軍特別陸戦隊の設置

上海事変後、同事変の教訓を生かして上海に直接関係する組織上の変革が大きく二つ行われた。その一つ目は、第三艦隊の恒常的な編制であり、二つ目は、上海海軍特別陸戦隊のそれであった。いずれも一歩対応を誤れば国際的な重要問題に発展する恐れがある上海警備の重要性に鑑み、改めて海軍としての姿勢を正したものと考えられる。

一　第三艦隊の常設

上海事変後、第三艦隊は事変中のような臨時編成ではなく、上海に常設させ、普段から総合的な視点に立って警備任務を果たすこととなった。その根拠になったものが、先の関係部隊からの事変に関する所見や教訓である。これらを要約すれば次のとおりである。

その一つ目は、平素から上海警備任務そのものが優れて外交・軍事の両面にわたる性質をもっている関係上、普段から現地の関係部隊・機関が、中国諸事情・軍事情報・兵要地誌、列国との関係、排日の実情と対応策のあり方等の把握等に努めるべきものであって、これらが不足、欠落していたために、このような事変が起こったと述べていることである。これらの機能が不備欠陥があったためにこの事変を誤って勃発させ、敵兵力を見誤って苦戦を強いられ、陸軍兵力は小出しに派遣されて、後方補給にも遅れの問題を生じた。また、七了口上陸の判断に迷いを生じさせ、空襲、爆撃の効果を必ずしも十分に挙げ得ず、戦闘にも犠牲を払ったのであって、第三艦隊の新編常設が必要との意見を説いている。

その二つ目は、作戦指導面において、結果的に上海の警備の範囲を超えて中国正規軍と交戦する以上、用兵上は先制、集中、攻撃等の兵術の原則に立脚して作戦することは、事態拡大を防止し、早期収拾する必要条件であり、このため派遣部隊は速やかに一最高指揮官の指揮下に入れ、刻々急変する事態の変化に即応するためにも統制を完全なものにすると同時に、通信機能の迅速円滑な運用が不可欠であることから、同艦隊常設の必要を訴えている。

その三つ目は、特に作戦部隊の集結地であり後方補給の策源地に指定された佐世保鎮守府が、「軍需品ノ配給並ニ輸送」と題する所見の中で、作戦所要に即応し得るための軍需品を準備するには輸送艦の速やかな確保と配属はもちろん、戦況の連絡が途絶えないことが不可欠であると述べている。

以上の主要な所見等をもとに、第三艦隊が常設に切り替えられた。上海事変における指揮中枢の機能の不備欠陥と、満州・上海両事変後の国際孤立に対する危機感が、一九三三年五月二十日付、「内令一七九号」ないし「一八一号」を以て、連合艦隊⑥、第一航空戦隊⑦と共に第三艦隊を常設させるに至った。

二　上海海軍特別陸戦隊の設置

従前の事変に関係した上海陸戦隊は、第一遣外艦隊司令官の麾下にあって、同司令部付の発令形式で、いわば艦船の陸戦隊であったが、一九三二年十月一日「内令二九九号」を以て、海軍特別陸戦隊が海軍大臣指定の上海及び長江方面の地に常設された。組織上は「支那方面艦隊」に属し、司令官を置き、所在地及びその付近の警備に関することを分掌するとされた。特別陸戦隊とは、陸上基地を勤務根拠地とするもので、その所在地を冠して呼称していたので、上海の場合は上海海軍特別陸戦隊となった。特筆すべきことは警備兵力の編制、制度は直ちに作戦実施に適合するように定めるべきであること、及び警備上準拠すべき要綱を定め、一貫した方針の下に実施すべきであるとされた。この結果、新しく定められた点は、在留邦人保護に関し兵力使用の根拠とその手続き、指揮継承の基準、及び定員（約二、〇〇〇人）を明確にしたことにある。そしてこの陸戦隊は常設された第三艦隊に属し、同司令長官の指揮監督の下に隊務を統括することとされた。

第三節　海軍軍令部の権限強化

海軍軍令部の権限強化とは、具体的にどのような改革改善が行われたのであろうか。それは法制的には、最終的に一九三三年に「戦時大本営編制」「戦時大本営勤務令」が改正され、旧「軍令部条例」が新たに「軍令部令」となり、旧「省部互渉規程」が「海軍省軍令部業務互渉規程」に改められるという、一連の改定をいう。

「支那事変軍事調査委員会」の第一分科会（「一般制度及規程」担当：委員長豊田貞次郎）は発足時、調査事項の冒頭に「軍令部の改正」「省部互渉規程の改正」「軍令部定員の増加」「軍事普及会の改革宣伝機関の新設」等を掲げた。

上海事変勃発直後の一九三二年二月二日に海軍軍令部長が谷口尚真から伏見宮博恭王に代わった。次長に就任した加藤寛治系の高橋三吉は、この機に、懸案の軍令部の機能強化を再度目論んだ。この背景には二つあったといえる。

その一つ目は、新軍令部長と次長とが根本思想において意気投合したことである。高橋は、「加藤（友三郎）大臣のときに、文官の軍部大臣を認めるような空気になったので、それが実現しても累を及ぼさないように、軍令部の充実強化を考えられて来たが、茲に満州事変、上海事変が勃発するに及んでこれがどこまで拡大するか解らない。日米戦争にまで発展するかも知れないと思われ、私の在職中に何とか解決したいものだと決心した。[8]」と回想しており、当時目前の上海事変が満州事変との継続において海軍に少なからず危機意識を与え、これが高橋に軍令部機能強化の好機と感じさせたことは否めない。折しも上海事変はワシントン軍縮、ロンドン軍縮問題以降に燻り続けて来た海軍軍令部機能強化の推進の機会を窺う者たちにとって、絶好の機会を提供したといえる。そしてその具体的な推進の可能性については、「総長殿下に御話申上げたところ、それは私の在職中でなければ恐らく出来まい。是非私の在職中にやれと仰せられた。[9]」とあり、皇族の伏見宮博恭王を筆頭にして新たな態勢を構築したいわゆる強硬派（艦隊派）が、積年の海軍省条約派（反対派）の反対に対抗して、海軍軍令部機能強化の実行に有利な環境を確保し、攻勢に転じたことを意味している。

その二つ目は、軍令部機能強化の検討内容に関し、上海事変が検討に有効な戦時モデルとなり、彼らに切迫した具体性を提供したことである。いい換えれば、海軍中央においては、人事面では条約派であった谷口を新たに皇族の伏見宮博恭王に代えると共に、業務面では「作戦指導の態勢」から、「情報収集・分析の態勢」「補給・輸送等の後方態勢」に至る迄の広範な分野において、不備、欠陥が多かったという事実を逆手にとって、軍令部系統が参謀本部並みに主導権を以て行うことのできる新体制の構築を始めたのであった。

必要な具体的作業は、上海事変が終了した直後の一九三二年三月以降、軍令部側から五月雨的に開始されたのである。海軍軍令部側の首脳にこれだけの必要性と強硬な推進力を生み出させた背景には、大きな犠牲を払ってようやく収拾にこぎつけた苦渋の事変の体験と切迫した教訓が必要であったのである。このことは先述の軍令部総長伏見宮博恭王の「軍令部令改正ニ際シ軍令部職員一般ニ訓示」の中に、上海事変がこれらの改正の触発・加速剤となったことを良く裏付けている。では、次に、その軍令部権限強化の実態は如何なるものであったのであろうか。

一　軍令部機能強化の実態

高橋三吉は一九三二年二月八日から三三年十一月十五日の在任期間に、①「戦時大本営編制」と「戦時大本営勤務令」の改定、②「軍令部編制」、③「軍令部条例」、④「省部互渉規程」、の改定を実現させた。この間、「軍令部には、南雲、戸塚などの剛の者がおり、軍務の井上(成美)課長と激しく折衝するがラチがあかない。軍務局長、人事局長も次官(先きは左近司、あとは藤田)もみな反対だ。[10]」という。海軍省側が反対した理由は、海軍大臣は憲法上明確な責任をもつ国務大臣であることに比し、海軍軍令部長は憲法上の責任規定もなく、海軍大臣の監督の及ぶ部下でもないため、このような職責の配置に大きな権限を与えることは、一つ運用を誤れば政府の所管である予算や人事に軍令部が深く介入する恐れがあり極めて危険であるとしたのである。これらの改定は、海軍省側の抵抗を予察して先ず機能的に陸軍との整合性確保の見地から軍令部主導でやれると見られた①「戦時大本営編制」と「戦時大本営勤務令」の改定、

②「軍令部編制」から手掛け、その後最終目的の③「軍令部条例」、④「省部互渉規程」、の詮議を以て成しとげられた。要約は次のとおりである。

（一）「戦時大本営編制」と「戦時大本営勤務令」及び「軍令部編制」の改定

先ず、「戦時大本営編制」と「戦時大本営勤務令」の改定については、従来海軍大臣の下にあった「海軍軍事総監部」以下の軍政諸機関を新たな軍令機関としての「大本営戦備考査部」に改編統合し、さらに「大本営海軍報道部」を新設して実質的に軍令部下に置くものであった。[11] 提議は高橋次長着任直後の一九三二年三月からであり、上海事変の停戦協議中であった。この案に対し海軍省は、強硬に反対した。しかし第一班長嶋田繁太郎は、一九三二年十二月一日に改定案を軍務局長寺島健に示し六日から約七回にわたって商議し、一九三三年四月に允裁を得たのである。これは戦時に大本営を置くことで、平時には直接的な影響はないとも見られる。しかし見落としてはならないことは、この「戦時大本営編制」そのものではないが、これらの一環として整合性をとり得るように一九三三年から艦隊の平時編制をできるだけ戦時編制に近いものにし、平時編制から容易に戦時編制に移行できるようにする事業が並行して実施に移されたことである。具体的には年度初頭から連合艦隊を編成し、したがって司令長官は連合艦隊司令長官兼第一艦隊司令長官となること、第四艦隊（演習上の敵軍とする）を編成し約三カ月の急速錬成を行うこと、戦時編制に近い大部隊を以て毎年大演習を行うこと、戦隊内の各艦艇は極力同一鎮守府所管に纏め、且つ戦時と平時で移動のないようにすることであり、実際に一九三三年にこれらが実施された意義は大きい。第三艦隊及び上海海軍特別陸戦隊の常設も、同様の意義、効果をもった。

次に、「軍令部編制」の改定については、高橋によれば、『戦時即応』をモットーとし、陸海軍をもって平時から大本営の小規模のような組織にしておくことが大切と思い、先ず平時の軍令部を拡大し、従来の三班六課を四班十一課に拡大」を企図したものであった。一九三二年、上海事変後の六月ごろから着手された。元来、軍令部内の編制、各課の任務、定員などは「海軍軍令部事務分課規定」で定められており、定員増の他は、軍令部長独自の発令で行えるようになっていたため手続きの形のうえでは問題はないはずであった。新たな軍令部組織・定員は、一挙に五割増を意味した。しかしこの特徴が戦争指導、情報・諜報、電信を海軍省から移行掌握して平時から強力な戦争指導力を発揮しようとするものであったため、これも同様に海軍省次官以下の同意が全くなく反対に遭ったのである。最終的に部長代理の高橋と海相岡田啓介との論議の中で、本案の主目的は対米戦争を意識した準備にあることを強調して消極的同意を得た。その後この軍令部編制案は、該当する配置の増員は人的補充なしで兼務のまま一九三二年十月迄経過し、岡田の決裁を得ている。

（二）「軍令部条例」及び「省部互渉規程」の改定

次に軍令部側の最終目的であった「軍令部条例」改定案は、海軍軍令部から軍令部へ、また、海軍軍令部長から軍令部総長に名称を変更し、用兵と作戦行動の大命伝達は常時総長の任とすること、及び「省部互渉規程」のそれについては従来の海軍省の権限に属していた部分（兵力量に関する主務、人事行政、警備艦船の派遣等）を相当程度、軍令部の権限内に移そうとするものであった。いずれの改定案も一九三三年三月に提示された。これは、上海事変のちょうど一年後であった。これも海軍省側の主務局の不同意のまま難航したが、その結果ようやく、岡田海相の定年で再度交代した海相大角岑生がこの改定案に基本的合意を与えたことで同十月一日、新「軍令部条例」（「軍令部令」：「軍令海第五号」）と新「省部互渉規程」（「海軍省軍令部業務互渉規程」：「内令二九四号」）が制定発布された。班は部と改称された。一方の人事行政、特命検閲は現状どおり海軍省の所管に収まったのである。[12]これらの一連の軍令部機能強化策は、国際連盟脱退と国際的視野に長けた良識派の淘汰（いわゆる「大角人事」）による対米強硬派結束との相互作用と相俟って展開していったといえよう。

二　「支那事変軍事調査委員会」の検討結果の教訓と軍令部機能強化の連関

上記のような軍令部側の成果を見ると、上海事変の処理過程や事後の「支那事変軍事調査委員会」等の教訓が直接的、間接的に大きく影響していたことが窺われる。特に次の二つについては、より直接的な影響を受けているといえる。

（一）「軍令部条例」の「用兵ノ事ヲ伝達」の改定

上海事変において第三艦隊参謀長として実戦に参加した第一班長嶋田繁太郎は、「軍令部条例」の「用兵ノ事ヲ伝達」の改定については強い意見をもっていた。[13]当時海軍側は、作戦に関する指示を軍務局長（海軍次官）から艦隊参謀長（艦隊長官）に出していた。陸軍側が小部隊を動かすのにも参謀総長の奉勅命令伝宣によっているのに比較すると、海軍側の対応は著しく相違しており、これを作戦遂行の支障と感じていた嶋田は事変後の早期に、改正を図るべきと考えていたようである。彼は事変後の一九三二年六月二十九日付でこの支那事変軍事調査委員に指定され、軍令部第三班長の配置にあって、事変の反省検討に参加し教訓の抽出、整理の作業に当たったのである。彼の回想によれば、旧「軍令部令」を改め、国防上用兵に関する軍令部長の輔翼と国務に関する大臣輔弼の責任を明らかにし、「軍令部は国防用兵に関する伝達だけでよい、それ以上何も求めているわけではない」と、作戦用兵計画のみの現状から伝達迄の機能に拡大させるべきことを粘り強く次官と交渉し、その結果七月二十四日に部長・大臣の署名で原案が成立したという。嶋田が軍事調査委員会の委員に加えられた意義は極めて大きかったというべきである。永年にわたり、戦時はもとより平時における機能強化を企図していた軍令部としては、この「軍令部条例」の「用兵ノ事ヲ伝達」の改定は四班十一課の新体制への充実、拡大強化と共に、その軍令部拡大の実質的な出発点を成すものであったと見ることができる。

(二)　軍令部四班十一課への拡大改定並びに戦争指導・作戦指導

上海事変に艦隊参謀長として参加し苦戦した嶋田は、事変が往年どおりに海軍省主導によって事態の収拾処理が成功したとはいえ、多くの不具合や教訓を、身を以て体得したと考えられる。その彼に軍令部機能強化の主張の根拠となり信念に迄高めさせたものは、これらの実戦経験と先の「支那事変軍事調査委員会」の検討活動であり、そこで得られた関係各部隊等による事変の所見であり教訓であったと考えられる。特に「海令機密二九四号」による「海軍軍令部事務分課規程」の改定による第七から第十一課迄の四課の新設、第四班の新設の根拠は、いずれもそれらが強く反映されたものといえよう。

改定の具体的内容は、第一課の「国防方針」「戦争指導」が第一班長直属に移り、第二課に「通商保護計画」が加わり、第四課は第三課中より「国家総動員」「出師準備」「運輸補給計画」などを分離して主務として担当するに至った。また、第三班長直属は「情報計画」となり、この中に一九三三年十月に「防諜」が追加された。さらに第五、六、七課にはそれぞれ「南北アメリカ」「支那及び満州国」「欧州列国」の軍事並びに国勢調査、第八課は「戦史研究並編纂」を管掌することになった。新設された第四班は第九課が「通信計画」など、第十課は「暗号書の研究」など、第十一課は「暗号書の編纂改補」等を担当した。尚、これらの改定の根拠には、先の軍事調査委員会及び事変に参加した関係部隊等の所見・教訓が大きな比重を占めている。主要なものは、大きく区分して、①戦争指導・作戦指導、②国家総動員、出師準備、運輸補給計画、③中国情報、暗号等であり、殊に②、③は軍事専門的な性格が強いので、別途、報告の機会をもちたい。ただ、①戦争指導・作戦指導に関しては、海軍力の使用のあり方に大きな変化を与えており、以下により触れたい。

戦争指導の意図するところは、先ず外交と武力使用の適切な係わりと判断であろう。中国問題に必ずしも十分な関心と研究を伴っていなかった海軍は、排日運動や抗日姿勢をとっている中国軍を力で押し切る方策以外にもち合わせていなかった。つまり、軍事力使用の目的が「防衛」であるというならば、それ相応の中国における排日運動を抑止し、友好的な解決法を研究しておかなければならなかったはずである。これは現地の海軍の問題にとどまらず、国家的な規模の問題ではある。しかし、条約派が機能していた時代においてさえ、海軍にその発想も手段も講じられていなかったことが、事変の勃発を抑止できなかった一因にもなったといえる。「防衛」とは排日運動のメカニズムを徹底的に研究し、その軍事力行使に際しても外交的な配慮、解決に深く結び付いていなければならない。それができていなかったため、排日は激化し、①海軍の特性を生かした平時封鎖は中央から引き延ばしの拒否に遭い、さらに国際関係上の顧慮から、②呉淞砲台の攻略も、中央が躊躇して実施できず、③真茹方面に集中しつつあるの中国軍の大部隊への爆撃の見合わせ、④中国軍の軍需品の海上輸送を黙認、⑤租界に対する爆弾誤投下を避けるため危険を冒して敢行した中国軍への低空爆撃等[14]、国際社会から武力行使そのものに理解が得られず、消極的戦術を余儀なくされた。ということは、作戦も後手の対応となり、一旦、武力を発動してしまうと、次々に予想外の対日怨嗟の渦を巻かせるに至ったといえる。

第四節　上海事変が促した海軍の強硬化と影響

一　条約派人事の排斥とその意味

艦隊派の宿願であった対米七割海軍を実現するために不可欠と考えられていた権限強化の目的は、海軍省から軍備整備に関する起案権を確保し、軍令部参謀等の人事権、事変や有事の際の用兵を軍令部長の専管事項として奉勅伝宣の形で発し得る権限を奪取することであり、具体的な変革事項は、「戦時大本営編制」「軍令部編制」「軍令部条例」を改正し、「海軍省・軍令部業務互渉規程」を制定することであった[15]。この大きな変革を断行するには、これらを強力に推進する人材が不可欠であり、条約派の存在自体が容認できず、条約派の一掃を必要とした。山梨勝之進（ロンドン会議時の次官）を筆頭に、谷口尚真（前軍令部長）の排斥が一九三二年に終了し、左近司政三（元次官）、寺島健（元軍務局長）が翌三四年三月に左近司、寺島が、最後に、堀悌吉（前軍務局長から第三戦隊司令官）が同年十二月に排斥されたのである[16]。

かくして条約派の一掃と軍令部権限強化が完了した一九三三年十月一日、「海軍省・軍令部業務互渉規程（内令二九四号）」第三条に「兵力量ニ関シテハ軍令部総長之ヲ起案シ海軍大臣ニ商議ノ上御裁定又ハ御内裁ヲ仰グ」と明言された。また用兵に関しては第四条から第七条迄に規程した。用兵伝達の対象には戦時編制、大小演習、「海戦要務令」、艦隊及び航空隊の平時編成に及び、駆逐隊、潜水隊等の「隊編成」や「艦隊運動程式」にまで及んだ。但し、海軍の良識が働いていたのは、人事権に関しては参謀官の補職以外はすべて海軍省が握り続けたことであった。

条約派は、海軍の利益として要求した対米七割が六割に削減されても、当時の財政破綻の状況や、対米関係の改善という「国際協調」や「政治」が十分に理解・受け容れることができる人脈をいい、政治優先の考え方をもった人々である。

ワシントン海軍軍縮時の全権加藤友三郎を筆頭とし、「国防ハ軍人ノ専有物ニ非ス戦争モ亦軍人ノミニテ為シ得キモノニ在ラス国家総動員シテ之ヲ当ルニ非サレバ目的ヲ達シ難シ」「……然ラバ其ノ金ハ何処ヨリ之ヲ得ヘシヤト云フニ米国以外ニ日本ノ外債ニ応シ得ル国ハ見当ラズ」「斯ク論ズレバ結論トシテ日米戦争ハ不可能トイウコトニナル[17]」などの考え方であった。ワシントン会議前は約八年にわたって八八艦隊整備に心血を注いで来た本人が、政治を理解し納得できる故の八八艦隊の葬りであった。上海事変時にそれ迄の軍務局長から第三戦隊司令官として現地にあった堀悌吉は、日記（一九〇七（明治四十）年九月：海軍中尉で「筑波」に乗り組み時）に、「……。即ち海軍は所謂海防の具であって、何処までも其の国にとって防御的のものであると同時に、国の格式を付けて平和発展の保障となるものである。従って海軍武力の行使は平和を保持する為に已むを得ざる場合に限り、之を為すべきものであるが故に、……限度を超えて之を対外的に積極政策を押通さうとする道具に使用するが如き事あらば、それは国防の本質を超えて世界の平和を脅やかすものであって海軍本来の目的に副はぬのみならず、斯の如き積極政策は勢の赴く処、往々埒を超へて国力の範囲外に逸し、国家を危地に導くものである」といっている。また、海軍大学校甲種学生の時代に「戦争そのものは明らかに悪であり、凶であり、醜であり災いである。[18]」といい、軍という特殊世界に陥りやすい独善を排し、常識に立脚すべきことを示したのである。

また、堀は上海事変時に、先述のように中国側の非戦闘員の犠牲の拡大を防ぐという作戦を前提で陸軍部隊の輸送を掩護し、付近在泊の船舶、外国軍艦に予告を発し、第一航空戦隊などの協力の下に、目標砲台の主要機能部の破毀を主眼にし、跳弾や不規弾が民家地帯に飛ぶのを極力避けての攻撃に努め[19]、臨時編成された第三艦隊旗艦「出雲」の入港と先遣部隊の揚陸を可能とした。

また、排日運動の淵源を追究して対中国政策を転換して、武力を背景にした対中国政策を否定し、司令官塩沢幸一（堀と同期）に対する批判をしている。塩沢は、「支那ハ近代的国家組織ヲ有セズ、……。又文官ノ約束ハ軍隊ニ何等拘束力ヲ及ボサズ、従ッテ総テノ対支解決ハ武力ヲ背景トセザレバ之ヲ期待スルヲ得ズ。」「……、既得権益ノ擁護ハ絶対ニ必要ナリ。[20]」等と認識していた。これに対し、堀は、後日談ではあるが、「上海事変は、第一遣外艦隊の無分別、無定見に依り起されたものである。従て全く無名の師である。（中略）平戦時公法の無視蹂躙、兵力濫用の修羅道である。戦果誇張、功名争ひの餓鬼道の展開である。更に同僚排撃の醜悪なる畜生道である。一言にして上品に言ふても武士道の極端なる堕落である。[21]」と回想しており、現地の塩沢司令官を始め、艦隊派が影響を高めつつある中央部による人事の対応が、往年の海軍本来の常識を欠いたものであり、品性と良識の失墜を嘆いたのであった。

これに対し艦隊派は、対米七割海軍を建設すれば対日干渉を抑止できるのであって、その結果として国際協調が得られるという、いわば武装の平和ともいえる軍事優先の考え方に立ち、政治的な制約を顧みず、冷静、科学的な論拠を無視する思考特性をもっていることを意味した。しかし、日清・日露戦争の時代の海軍は、対露脅威に対抗すべく朝鮮北部国境を防衛すべき境域と定めた国策に沿って、ロシアの脅威から本土の「防衛」のために、周辺海域の安全確保、敵艦隊撃滅と陸軍兵の輸送・護衛を行った。しかし、日露戦争後の一九〇七年に制定された「帝国国防方針」は、「満州及韓国ニ扶植シタル利権ト亜細亜ノ南方並太平洋ノ彼岸ニ皇張シツツアル民力ノ発展トヲ擁護スルハ勿論益々之ヲ拡張スルヲ以テ帝国施政ノ大方針ト為ササルヘカラス」と、守るべき日本の国策を謳った後、「帝国軍ノ国防ハ此国是ニ基ク所ノ政策ニ伴フテ規画セラレサルヘカラス換言スレハ我国権ヲ侵害セントスル国ニ対シ少クモ東亜ニ在リテハ攻勢ヲ取リ得ル如クスルヲ要ス[22]」と述べており、「我国権ヲ侵害セントスル国ニ対」する「対日干渉の抑止」というものであった。ここで「国策」とは、日露戦争の戦利品であった満州の権益維持拡大を目的にしたものであり、陸海軍の軍備の目的はその国策を擁護することであった。陸軍はロシア、海軍はその対抗上、米国を選んで軍備標準にしたが、例えば米国が満州をめぐって対日干渉を強め、日本はそれを跳ね返すことができなくなるという、干渉抑止に失敗すれば、日本は最終的に武力抵抗に訴えざるを得ない構造になっているということである。何故なら、国家国民がそれ迄、そのために多額の予算をかけて作って来た海軍であるためである。「対日干渉の抑止」は一見、「防衛」のような響きをもっているが根本的な相違があり、守るべき対象が本土から国策へ大きく転換したことを意味した。

かくして、海軍運営の主導権が条約派から艦隊派に移行したことによって、海軍の任務そのものが、往年の「防衛」から、「対日干渉の抑止」という、積極的な国策擁護の軍事力使用に切り替わったことを意味したのであった。しかも、その「満州権益の維持拡大」という不動の国策は、先述のように、かつてロシアが清国の外交未熟に乗じて、力を背景にして得た権益を日本が譲り受け、新たに付加したものを基礎としているため、時代と共に中国側が進化し、排外運動（排日運動）を誘発、激昂させるという性格のものであった。

二　国際連盟脱退後の国策の設定と海軍の暴走の始まり

本書の論述の対象範囲を超えるが、その後、日本政府は、一九三三年三月に国際連盟から脱退し、同年十月に行われた五相会議において、満州国の育成と日満支提携に力点を置くことを決定した。いい換えれば、往年の不動の国策「満州権益の維持確保」がここに至って、「満州国の育成」と「日満支提携」として具現化され、政府及び陸海軍が合意を形成し、改めて国策としての軌道に固定化されたことを意味した。それは海軍にとって往年の「防衛」から「国策擁護」へと大きな暴走という変化をとげていたことを意味した。何故、海軍はそのように暴走し、どのような内容の実態を現出させたのであろうか。その理由を用兵と軍備の両面から纏めておきたい。

用兵面については、本来であれば、海軍は「防衛」を基本としつつ大陸の排日の根絶を目的にする以上、俄に武力解決に依存する方法ではなく、中国市民の特性、排日の原因の所在を分析し、日本側の対中姿勢と政策にも原因があるのではないかという、虚心坦懐な自省と平和的な解決法を粘り強く考究すべきではなかったか。これはむしろ国家的な命題である以上、海軍側から外務省、政府に対して意見具申すると同時に、上海現場の中国側要路と冷静かつ腹蔵なき研究、検討がなされるべきではなかったろうか、ということができる。しかし、その海軍にこれらのことが期待できたであろうか。

この自省とそれに基づく公的な動きは日本側に全く存在しなかったのではなく、現に、一九三七年の盧溝橋事件が始まる約半年前に、いわば「中国再認識論」として外相佐藤尚武や作戦課長石原莞爾らによって提唱され活動が存在した。(23) この時点で、皮肉にも海軍は穏健な条約派が完全ともいえる段階まで一掃されていた。総合するに、海軍の条約派に排日の解決策や中国政策の見直しをリードするノウハウも活動も期待することは難しい状況にあったといえよう。塩沢を「武士道の堕落」と激しく非難した条約派の堀自身も、事変勃発時点では上海現地の第三戦隊司令官となっていたが、では前配置の軍務局長時に、大所高所から排日の根源を探り、政府解決を支えていたかといえば、そうでなかったこと等を考え併せると、ひとり塩沢のみを責め立てすることはできないようである。要するに海軍は、大陸政策に対する明確な理念と平和的解決法の国家的なノウハウを、組織的に持ち合わせていなかったといえる。

次に軍備面においては、海軍は往年、「帝国国防方針」に謳われた八八艦隊整備が予算等の問題から難航、遅滞していたこともあって、「防衛」を任務としていたが、先述のように上海事変のもたらした国家非常時の危機意識によって、連合艦隊や第三艦隊の常設をはじめ、通信、船舶輸送・護衛等の国家総力戦体制の整備充実に力点が置かれるようになった。それは逆に、以前にもまして、米国をより強く軍備整備の相手として意識するようになったことを意味した。

軍令部の権限が強化され、強硬な政策を推進する条件が揃った一九三三年十月、新たな軍備計画案を生み出したのが、強硬派の理論派といわれた石川信吾海軍少佐であった。彼はロンドン軍縮条約時の軍令部長加藤寛治とは師弟関係といわれる程近しく、また外務省の革新派といわれた強硬外交官（白鳥敏夫ら）や、陸軍軍人（鈴木貞一ら）とも広いつながりをもった特異な海軍軍人であった。その彼が生み出した理論が、「次期軍縮対策私見」[24]であった。石川は、予定されている第二次ロンドン会議に対し、明らかに決裂が予想される理論（主力艦等の全廃など）を提言しつつ、並行して会議決裂に備えた新軍備計画を立案し、海相大角岑生はそれを基に議会説得に当たったのであった。

その考えは、大角海相の一九三三年二月の「部内一般訓示」や十二月の『非常時国民全集　海軍篇』[25]の巻頭言によく表れている。さらに、翌三四年十月十五日大坂中央公会堂で開かれた「海軍問題大講演会（聴衆七千：引用者）」において、「今は満州問題が時局の中心問題になつてゐる、ところが追々と軍縮問題といふものが満州問題とならんで時局の重大問題となつて来る、ところがこれは別々のものかといふとさうぢやない、私は信ずる、満州問題は表であり海軍々縮問題は裏だ、何となれば海軍の厳然たる存在があつたから満州が今日あるを得たのであります（大拍手）[26]」と結んでおり、先の石川の軍縮私見を全面的に支えていることが分かる。つまり、満州国の円滑な経営が国策とされた故に、さらなる発展のために海軍力の増強を図る必要がある。そのためにも軍縮の呪縛から解き放たれ身軽になってこそ、満州の安寧が得られるのであって、軍縮を整斉と守るときに要する艦艇の老朽更新の予算と、軍縮を離脱して新たな軍備を増強する費用とはほとんど変わらないという常軌を逸する恐るべき見積もりを立てるに至ったのである。この海軍軍備増強計画は、大角海相から議会に提起され、大きな反対に遭うこともなく一九三七（昭和十二）年から五カ年計画の第三次海軍補充計画[27]となり、「大和」「武蔵」等の巨大戦艦が建造されるに至ったのである。

このように、「一九三五・三六年の危機説」が風靡する中で、満州事変に対する海軍の賛意と同調は、海軍の軍備増強のための南進の根拠となっていることが分かる。[28]海軍は省部一致して、一九三五（昭和十）年に「対南洋方策研究委員会[29]」を設置して組織的に南進の具体的な研究を開始し、南方進出のための兵要地誌の作成と民間会社の進出支援を、また、半年後に「海軍政策及海軍制度調査委員会」を創設して海軍の発言権を大ならしめる組織改革を行った。要するに海軍は陸軍の北進に対抗して南進の具体化のための組織化と政策遂行の具現化を強引に進めた。これらの結果が、一九三六（昭和十一）年の「国策の基準」「帝国外交方針」及び「国防方針第三次改訂[30]」に反映され、陸軍の華北分離工作と海軍の具体的な南進政策が共に国策として認められた。注目すべきは、日露戦争後の不動の国策「満州権益の維持拡大」が、国際連盟脱退後の五省会議において「満州国の育成」と「日満支提携」に引き継がれ、一九三六年の「国策の基準」に至って海軍の南進が加わり、しかも「東亜に於ける列強の覇道政策を排除し真個共存共栄主義により互に慶福を頒たんとするは即ち皇道精神の具現」として、列強をアジアから排除することを謳っている点である。

海軍は往年の「防衛」目的から一転して、「対日干渉の抑止」という「国策の擁護任務」を真正面に据えることを謳い、対米軍備の充実に拍車を掛けることになる。これは当時の海軍の強硬化の過程の中で、手続きを踏んだ静かなる暴走ともいえるものであった。

註

（1）小川貫璽「秘められた対米諜報活動」（『別冊知性五　秘められた昭和史』河出書房、一九五六年）七二頁。

（2）『海軍系統一覧・海軍庁衙沿革　付・軍令部沿革』（原書房、一九七五年）六〇九頁。

（3）「昭和七年支那事変軍事関係調査綴」（防衛研究所図書館所蔵）。

（4）「支那事変軍事調査委員会委員長及び委員に関する辞令」（「昭和七年　公文備考　巻五　人事職課（一）」防衛研究所図書館所蔵）。

（5）「事変関係者所見摘録」（海軍軍令部編・田中宏巳・影山好一郎監修・解説『昭和六・七年事変海軍戦史　初めて公刊される満州事変・上海事変の海軍正史　第二巻（戦紀巻二　軍機）』（緑蔭書房、二〇〇一年）（以下、『昭和六・七年事変海軍戦史　第二巻』））の巻末に「付録」としてなんら加工されない状態で意識的に反省材料を提示する姿勢で収録されている。この姿勢は当時の事変指導に当たった条約派の考え方がいまだ機能していたことを意味しているといえる。

（6）連合艦隊以下の部隊は、この一九三三年を以て以後常続的に編成されるに至った。満州事変以来、海軍にとっては国家的な危機意識が高まり、さらに海軍の持ち場である上海に事変勃発を招いたことにより深刻の度を深め、それを乗り切るためにも漸次、強硬な人事交代が図られると共に、艦船部隊の一元的指揮の強化の一環として連合艦隊が常設化するのである。

（7）第一航空戦隊は上海事変時には「加賀」「鳳翔」の二隻の航空母艦と第二駆逐隊（四隻の駆逐艦）から編成されたが、事変後に以後の危機に即応すべく、定常の編成とした。この後躍進して来た航空機の攻撃威力を一層集中発揮させるため、一九四一（昭和十六）年には第一・二・四航空戦隊を以て第一航空艦隊となる。

（8）高橋三吉「高橋三吉談」（水交会編『帝国海軍提督達の遺稿　上　小柳資料』水交会、二〇一〇年）二八頁。

（9）同右。

（10）同右。

（11）野村実『歴史の中の日本海軍』（原書房、一九八〇年）六〇頁。

（12）同右、六九頁。

（13）「元海軍大将嶋田繁太郎談話収録」（防衛研究所図書館所蔵）。

（14）前掲「事変関係者所見摘録」。

（15）影山好一郎「海軍軍令部権限強化問題」（『海軍史研究』第四号、一九九七年十月）。

（16）広瀬彦太編『堀悌吉君追悼録』（堀悌吉君追悼録編集委員会、一九五九年）四二七頁。

（17）稲葉正夫・島田俊彦・小林龍夫・角田順編『太平洋戦争への道　開戦外交史　別巻　資料編』（朝日新聞社、一九八八年）三～七頁。

（18）前掲『堀悌吉君追悼録』四二〇～四二二頁。

（19）同右、四二五頁。

（20）前掲『昭和六・七年事変海軍戦史　第二巻』八九～九〇頁。

（21）前掲『堀悌吉君追悼録』四二四頁。

（22）「帝国国防方針」（防衛研究所図書館所蔵）。

(23) 臼井勝美『新版　日中戦争――和平か戦線拡大か――』（中央公論社、中公新書、二〇〇〇年）六三～六四頁。

(24) 石川信吾「次期軍縮対策私見」（伊藤隆編『続・現代史資料5　海軍　加藤寛治日記』（みすず書房、一九九四年）四八〇～四九〇頁。

(25) 木田開編『非常時国民全集　海軍篇』（中央公論社、一九三三年）特一～一五頁。海相大角岑生、軍事参技官加藤寛治、連合艦隊司令長官末次信正が、国家の危機に対処する国民意識の高揚を提言している。

(26) 『（皇魂社小冊子第一輯）皇国々防本義に基く軍縮対策附　末次大将講演「非常時局と国防問題」速記』（大阪皇魂社、一九三四年）四三頁。

(27) 軍縮離脱後の海軍軍備計画は「第三次海軍補充計画」といわれ、巨大戦艦の「大和」「武蔵」が名称秘匿のまま、建造に取り掛かかった。略称③（まるさん）計画といわれた〔島田俊彦・稲葉正夫編『現代史資料8　日中戦争1』（みすず書房、一九六四年）三五六頁。〕

(28) 影山好一郎「支那事変と日本海軍（研究資料九六RO―七H）」（防衛研究所、一九九六年）。

(29) 土井章『昭和社会経済史料集成　第一巻　海軍資料（一）』（大東文化大学東洋研究所、一九七八年）二八二頁。

(30) 前掲『現代史資料8　日中戦争1』三六一～三六五頁。

第十一章　上海事変による外交破綻への序曲

――国際連盟脱退への加速要因と「リットン報告書」の「第五章　上海」――

中国が、上海事変を新たに国際連盟規約第十条（領土保全と政治的独立）と第十五条（紛争解決手続き）により国際連盟に提訴したことにより、上海事変は、満州問題（第十一条（戦争の脅威）により提訴されていた）と一体不可分として扱われるに至り、停戦交渉は難渋を極めた。しかしこの間に、英国の粘り強い斡旋の下に、ようやく停戦協定が成立した。その反面、満州国の建国の隠れ蓑であった上海事変は、建国宣言が現実に成功すると、却って満州問題は世界の注視の的になった。さらに、日本の満州国承認に向けた性急且つ日本側に不利な状況の露呈を強引に防ぐ動きが、リットン調査団の活動や国際連盟総会との軋轢を生み、国際連盟からの脱退を加速する要因として働いた。日本は軍事的に勝利したにもかかわらず、その勝利を外交的に生かせなかった。つまり、井上寿一氏の研究成果の「協調のための連盟脱退」という、日本側の政・官・財・言論各界共に脱退を企図していないにもかかわらず、満州事変が上海事変にリンクしたことで、日本の侵略性が問われ、停戦外交も難航する一方、排日の根絶を目指す円卓会議も流産するという、外交は破綻に向かい、政治目的の達成に繋がらなかった。

第一節は、このような上海事変を機に、日本外交を時系列的に窮状に向かわせた諸要素が、相乗的に働き、連盟脱退を加速している質的な変遷を纏めた。

第二節は、これ迄の論述に詳しく触れる機会がなかったリットン調査団に触れ、同報告書に記された「第五章　上海」に焦点を当て、開陳された内容と、停戦協定が成立した五月五日迄の研究対象期間内に、調査団の活動が、報告書の起草に影響を与えた主要な事案を紹介したい。

第三節は、停戦協定の成立迄の調査活動において、後の報告書の起草に影響を与えた主要な事案を四つに纏めた。報告書作成は、短期間内に簡単に纏められるものではなかった。リットン以下の各委員は、派遣元の国の事情を個々に抱えつつも、いわば欧米先進国の普遍的且つ熟成したノウハウの下に、日中両国に対しては公正・公平なスタンスを守り、調査結果と国際連盟に対する勧告案を提示するに至った。しかしこの間、調査団は結成時から、起草に関し、テーマの模索・研究に腐心していた。尚、調査団は、上海事変の総攻撃が敢行される直前の二月二十九日に、最初の訪問国日本に到着し、三月十一日に神戸から上海に渡り、上海などの中国主要都市並びに満州の現地を視察した。本書の研究対象の終期である停戦協定が成立した五月初旬は、調査団が満州の奉天、長春、吉林方面で調査活動中であった。再度、調査団が七月四日に日本を訪問し、斎藤実内閣の新外相内田康哉ほか首脳と会談した後、北平に帰着し報告書の起草に着手したのであった。

第一節　外交破綻の序曲に繋がった上海事変の外交事案とその意義

一　上海事変勃発直前の日本側の軍事と外交部門の対応の齟齬

「日蓮宗僧侶殺害事件」に関する対応の経過は、不幸な行き違いを生じさせていた。中国側の全面容認の回答に、在上海総領事村井倉松は満足の意を表明したにもかかわらず、第一遣外艦隊司令官塩沢幸一海軍少将は独断で武力を行使し、上海の侵略を開始したという、予想すらしなかった解釈を生み、[1]以後の展開に大きな損失を招いたのである。

これらは、日本側の重要な欠陥を露呈させた。平素から第一遣外艦隊と総領事館との間に、意思疎通が十分になされていなかったということであり、その大きな原因は、統帥権独立原則が東京中央から現地上海の末端の外交・軍事の機関に至る迄徹底しており、居留邦人保護のための武力の発動は、総領事の依頼による場合と、艦隊側が独自の判断で行う場合とが並列関係にあった。[2]このような中、排日の激化に伴って、居留邦人たちは中国人に対する不信感と総領事館の対応の熱意のなさから漸次、艦隊側を頼もしく思うようになり、緊急時には艦隊側が独断で武力発動する傾向が強くなっていたのである。また、総領事館は外交関係のみ、艦隊側は軍事関係のみの担任という分掌意識に陥り、相互に日本国家としての、総合的な視座に立った判断を欠いていた。したがって、村井は、秘書長兪鴻鈞からの全面容認回答という外交案件の解決にのみ満足の意を表明し、その後、緊迫の度を増している敵対施設の撤去に関しては、当然ながら軍事関係の塩沢司令官の任務ということで、強硬・不逞の邦人を抑圧する要望を捉えて、最終段階の居留民保護の任務を丸投げしたのであった。本来であれば、村井は兪からの回答を得た時点で、塩沢と計り、最優先課題として第十九路軍の撤退と敵対施設の撤去を強く要請し、その結果を以て満足の意を表すべきであった。外交案件と軍事案件の分離が、塩沢の独断により上海侵略が始まったという、払拭し難い悪印象を世界に発信してしまったのである。殊に、米国国務長官ヘンリー・スチムソンは、「日本はその『侵略的行動』を長江にまで延長して、日本の商業に対して経済上のボイコットを継続しようとする上海の支那人の努力を『妨害』しようとした。(3)」との見解をもち、中国のボイコットに対する同情を強め、日本に対して敵対の感情を露わにした。この上海侵略という不利な印象は、中国側及び米国の対応と相俟って、詳細な実相を知らない国際連盟諸国に反日感情の高まりをもたらし、日本は徐々に窮地に立たされるに至ったのである。

二　権益擁護（居留邦人保護等）のための武力発動により後退した外交

塩沢司令官の武力発動を機に、村井総領事らの日本外交は武力行使の正当性の弁明、停戦のための交渉に様変わりした。塩沢司令官の任務は、排日の抑制と、邦人が危機的状況に至った場合の対処であり、平素から武力解決する手段に依存していた。(4)それは、陸軍が主導した満州事変の武力解決の考え方と同質のものであった。ここに、二つの命題が存在していた。一つ目は、武力に依存する方法以外に解決法はなかったのかという疑問であり、二つ目は、この武力行使の正当性の解釈である。まず、武力以外に解決法がなかったかどうかに関しては、塩沢と同じ作戦海域において、第三戦隊司令官であった堀悌吉少将(5)は、名指しこそせずとも、塩沢を厳しく非難し、自己のとった作戦の対応と比較している。非難においては、「子々孫々に至るまで斯かる海軍の人となる勿れ。」といい、第十章で述べたように、「上海事変は、第一遣外艦隊の無分別、無定見に依り起されたものである。従て全く無名の師である。」といい、「斯様な場所で斯様な友軍と協同して警備に従事せねばならなかったのは自分の不幸な廻り合はせである。(6)」と、塩沢を厳しく糾弾している。

堀は、第三戦隊司令官として居留民保護を目的にする以上、敢然として公法の厳守、国際慣例の尊重に努め、幕僚、部下に命令し、無用の犠牲を回避するという作戦をとっていた。(7)これは、堀が「筑波」乗組みの中尉時代の遠洋航海で、世界各地で得た印象を基に「平和の時に於て国際儀礼、海外警備、居留民保護の限度を超えて之を対外的に積極政策を押通さうとする道具に使用するが如き事あらば、それは国防の本質を超えて世界の平和を脅やかすものであって海軍本来の目的に副はぬのみならず、斯の如き積極政策は勢の赴く処、往々埒を超へて国力の範囲外に逸し、国家を危地に導くものであると考へる」[8]と記しており、積極的な国策擁護のための武力使用を否定しており、まさに大局に立って武力の本質を見極めた炯眼である。

これらは、当時の事変対応をめぐる塩沢と堀との確執の模様を窺わせているが、堀の見解の裏には、塩沢の「対中国観」「対支対応方針」が柔軟さと独創性のない無定見に映り、満州事変に対する潜在的な羨みと功名心からの行動[9]が否定できないことを糾弾しているのである。もし、堀が第一遣外艦隊司令官であれば、まず、着任早々から上海の排日運動の淵源を考察し、紛糾や騒擾の回避策に全力を挙げ、中国側との粘り強い交渉を継続し、妥協点を見出すべく、海軍中央へ意見具申し、襟度を以て中国側との協調と調整を図りつつ、要すれば、陸戦隊を違った形で活用したに違いない。

次に、日本は権益擁護のためのものは正当防衛であるとの解釈に立っていた。しかし、不戦条約はそれを取り扱い対象から外していた。その理由は、一九二八（昭和三）年の不戦条約の締結に先立ち、英米共「自衛行為は本条約の範囲外とし、その自衛行為は領土の侵害を要件」とする意見なので、「済南出兵のごとき居留民保護のための緊急措置は本条約とは無関係のもの」[10]とされたこと、が大きく影響している。即ち、自衛行為はいかなる国といえども天賦の自衛権である。したがって「本条約の範囲外」とはいう迄もなく当然認められているという意味で異論のない所であるが、居留民保護は「本条約に無関係」ということは、検討の対象外としたことを意味し、各国の事情や解釈に依存すると考えられた可能性が高かったのである。日本の国内事情として、前年三月の南京事件の反省から開かれた同年七月の東方会議において、日本権益の危機に対しては、要すれば自衛の措置をとるとの方針転換を宣明したばかりであり、そのような中で、米国から不戦条約締結交渉の打診があったのであった。首相兼外相田中義一はその方針の正当性を是が非でも不戦条約に明文化すべきであるという願望から、正当防衛の拠り所と解釈した可能性が高い。その理由は、全権内田康哉は、東方会議を主宰した田中外相の命令に従い、パリ条約締結に向かう往復の間、効率的な推進を図るべく英米等列国に日本の対華政策、満州権益の重要性に関して懇切な説明を行い、暗にその承認を懇請する交渉を展開した。しかし日本の満州に対する侵略的な意図に英国が疑惑を抱いている中で、具体的な地域や事案の対象を明示することは、英米のさらなる疑惑を招く可能性があるとの懸念から、「英国ノ特殊地域ノ留保ヲ為シタル関係上之ニ関シ米国ヨリ英国ニ対シ照会モアルヘク両者間ニ交渉開始サルルヲ利用シ我方トシテハ満蒙等ニ関シ諒解ヲ遂クルノ機会モアル」[11]ことを狙い、自ら表明せずに英国の対応に期待したが、内閣が交代し、その機会が得られないままに終わった経緯があるからである。

　このような中、日本側には、国外にある権益の擁護のためにとる武力行使は、本土の防衛と同じ自衛行為であるという期待が、実行可能であるとの独善的な解釈を招来したといえる。満州事変も上海事変もこのような背景の下に起こったのであった。ワシントン軍縮条約締約国は、協調の精神に基づき、中国の政情の安定と永続的な平和の確立のために共同の態度をとるべきであり、相手国・中国の了解なしの権益擁護の武力行使は、国際公法に悖《もと》ることを意味した。

　尚、連盟主導国の英国は、日本側が戦闘終結後、撤兵せずに外交を展開することに強く反発し、再三にわたって戦闘中止後の円卓会議の開催を求めたのは、日本を慮って不戦条約違反を避けさせる意図が働いていた。日本は、武力行使は発動のみではなく、戦闘終結後に兵をとどめたまま外交を展開することも、政治の道具に位置付けていることを意味しており、撤兵可能な環境の有無の問題はあるものの、国際法違反であることに気付いていなかったといえる。

三　上海事変勃発によって新たに提訴された国際連盟規約第十条、第十五条

　上記の日本側による武力行使は、中国側に正当防衛の確証を与えた。中国側は満州事変時の国際連盟規約第十一条に加え、上海事変時に第十条と第十五条を併せ提訴し、上海事変処理を満州事変にリンクさせることを容易にさせた。第十一条は「戦争又ハ戦争ノ脅威ハ連盟国ノ何レカニ直接ノ影響アルト否トヲ問ハス総テ連盟全体ノ利害関係事項」であると見做し、この種の事件が発生した場合は「事務総長ハ何レカノ連盟国ノ請求ニ基キ直ニ連盟理事会ノ会議」を開くことが義務付けられていた。ここに、上海事変が発生したことによって、中国側は、満州から上海に迄侵略の触手を広げたとの解釈の下、第十条「連盟国ハ連盟各国ノ領土保全及現在ノ政治的独立ヲ尊重シ且外部ノ侵略ニ対シテ之ヲ擁護スルコトヲ約ス」という条項を適用することを連盟に要求した。まさに中国は、国際都市上海という列国の権益と中国主権が錯綜する地域特性を捉えて、領土保全及び政治的独立を侵害していると非難する正当性を得たのである。そして、併せて第十五条（紛争解決の手続き）を適用することによって、日本の満州事変、上海事変の一体化に

よって侵略行為の違法性を披瀝し、日本を徹底的に糾弾する訴えを起こしたことが分かる。上海事変の停戦協定の外交交渉中に、満州問題がしばしば俎上に載せられ、交渉が難航し、日本が苦境に陥るに至ったのはこのことから来ている。

そしてさらに第十五条は、第二項以降が規定する理事会及び総会、さらに当事国、関係列国が行うべき具体的な諸手続きを踏む義務を規定していた。第十一条の場合には、「何レカノ連盟国ノ請求ニ基キ」理事会はそれを取り上げなければならないという、提訴内容の確認義務なしに、最初から「戦争又ハ戦争ノ脅威」として、会議を開くようになっていることを意味している。これらは、二つのことを意味している。

一つ目は、中国側から見れば、上海事変も、満州事変と同じく、国権回収の排日運動が、日本の武力行使によって抑制、解散させられようとしていると認知し、且つ日本陸軍が惹き起こした満州事変の対応と全く同じであると解釈したことである。

二つ目は、逆に日本側にとっては、中国側からの提訴に対し、連盟が排日運動の理不尽さや条約不履行の不誠実さの現状を検証することもしないまま、その提訴を機械的に取り上げ、日本軍の行動のみが強く非難、否定される構図になっている点に不満を抱かせる一因となったことである。ましてや、満州事変がリットン調査団の調査結果待ちとなっている状況下において、上海事変が満州事変とリンクさせられるなどは、全くの不本意なことであった。しかし、国際連盟側は、中国側が提訴した国際連盟規約の三カ条によって、現に日本側が武力に訴えたこと自体が国際約定の三条約（国際連盟規約、九国条約及び不戦条約）に対する違反であると結論付け、その後も日本の反論を徹底的に抑え、身動きを束縛する構図になっていったことを意味した。一九三八年の仏米英日等の列国主導による不戦条約の制定過程に見られた、権益擁護に対する武力行使の当否の判定を曖昧に放置して来た「つけ」が、満州事変に次ぐ上海事変を一体的に断罪するに容易な環境を形作った一因となっているといえる。[12]

四　「連盟十二国理事の対日勧告（アピール）」と日本政府の反発回答

二月二十日の日本軍の第一次総攻撃を目前にして、連盟理事会は日本に対し、上海の戦闘行為中止を警告し、事態の重大化を招来した責任を日本に帰し、峻厳な語気を以て反省を促す「連盟十二国理事の対日勧告（アピール）」を発した。注意すべきことは、連盟が「スチムソン・ドクトリン」を連盟の理念として受容したことであった。これは「十二国理事」が、日本に寄せる常任理事国としての信頼を再度認識し、不戦条約の精神にかえって、さらなる武力行使を控えてほしいと説得しているのである[13]。日本が常任理事国であることを忘れ、紛争当事国としての理屈はあろうが、余裕のある方が良識を以てそれ以上の手出しをするなといっているのである。しかし日本側の受け止め方は、正反対であった。「恐らく日露戦争後、霞ヶ関より発せられた外交文書中もつとも強硬なもの[14]」を以て発表され、連盟を著しく傷付けたのである。「リットン報告書」が公示された後、その審議が、理事会から再度総会に格上げされた一九三二（昭和七）年の十二月六日初日の会議場において、中国側代表が、「（中国は：引用者）上海事件当時日本ノ十二国理事ニ対シテ為セル反抗ニ依リ連盟カ陥レル苦境ヲ想起セラレタシ」と、総会の苦境に同情しつつ、日本に対し攻勢的態度を改めることを要求すると同時に、「日本ハ満州ヲ以テ其ノ生命線」というが、「連盟ハ近代文明ノ生命線」であるとして、連盟が国際連盟規約の精神に則って解決することを強く要請するに至った[15]。このころ、対中強硬姿勢として知られる外相芳沢謙吉は、満州国の建国に関して、陸相荒木貞夫と連絡し合いつつ進めていたといわれている[16]。

以上述べたように、この「連盟十二国理事の対日勧告（アピール）」は確かに上海事変処理の一環として発せられたものの、日本と連盟間の距離が大きく離隔する要因となった。最終的に、「十九人委員会」は、翌三三（昭和八）年二月十七日、日本政府に日中問題の和解手続きが失敗したことを認め、国際連盟規約第十五条第四項の勧告書（国際連盟総会報告書）を提示するに至った。その勧告書の「第四部　勧告の記述」の「第一節　解決の基礎」において、日本は、（甲）国際三条約、（乙）三月四日の決議内容を尊重することを原則とし、連盟加盟国として、外部の侵略に対する擁護の約定を守ること、及び平和的解決の義務を守るべきことを勧告したのであった。そして、この中で、満州事変以降の九月三十日決議、十二月二十日の決議事項に並び、改めて「連盟十二国理事の対日勧告（アピール）」が再度引用され、満州事変以来の一〇項目にわたる武力解決をとった日本に対する勧告内容を提示した[17]。この「連盟十二国理事の対日勧告（アピール）」が、如何に日本に理解してほしいものであったか、これに対する日本側の前代未聞の峻厳なる語気を盛った反駁回答が、如何に連盟を傷付けたかが想像できる。

五　米国国務長官が発したボラー宛ての書簡が意味する日米のパーセプション・ギャップ

日本軍の第二回総攻撃を前にして、米スチムソン国務長官が、日本の行為を非難し、九国条約に対する米国の態度を「米国上院外交委員長ボラー宛ての公開状[18]」により表明した。スチムソンは間接的に日本をはじめとする関係国に米国の意図を徹底させようとしたのであり、九国条約の精神に基づき、日本が上海を支配しようなどと考えることを終息させるためのものであった。ここに、日本側が上海の支配を目的としていなかったこととの間に、認識の乖離があることを認めざるを得ない。しかしながら、四項目から成る公開状は、中国における門戸開放、領土保全は九国条約に集約され、強国の弱国に対する侵略は「不戦条約」に禁じられており、他の条約に共通する普遍性を有していること、満州・上海両事変はこれらの条約が守られていたならば生起しなかったはずであるといい、この意味において、武力行使に対する日本の責任を問うたのである。これは、「スチムソン・ドクトリン」に関する列国の同一歩調を促し、米国の政策の継続性を強調したのであった。これらの論理は、第三者的に見た場合、日本が相手国中国の本土に踏み込んで加える圧迫行為は、それだけで不利な要因を包含し、条約違反と判断され、「弱小国に対し見通しある自制の政策[19]」が不可欠であるという九国条約の精神を主張したのである。

これに対する日本政府は、ボラー宛ての非公式書簡であるということから何らのコメントもしていない。しかし、この反響が二十九日、駐伊大使吉田茂から芳沢外相に、米国も連盟も、中国及び日中関係の実情を知らずして、条約の建前の奇麗事のみを並べ、対日圧迫に汲々としていることに釘を刺し、反省を求め、その一環として連盟脱退も辞さずと開き直りの姿勢をとれとの進言[20]として現れた。在外公館の吉田から「連盟ノ脱退ハ固ヨリ辞スル処ニ非ストテ」との言質が出たということは、その後の外交展開に大きな意味をもつものとなった。この日米の認識の相違は、米国にとっては、日本は事変に関する特殊事情や個別議論に固執し、国際関係全局の把握ができていないと映り、逆に日本から見れば、米国は実情を知らず上辺だけの普遍的理念の主張に徹しているように映ったのであった。

上海事変が満州事変とリンクしたということは、米国がいう中国に対する進出の自制的な倫理がもつ普遍・共通性がより説得力を高め、逆に日本の個別・特殊性の論議との一致点を見出すのはより困難なものになりつつあることを意味した。それは、米国が主導する九国条約の謳う強国の「弱国侵略を阻む自己滅却の政策」[21]の精神が連盟小国に勇気と自信を与え、事変審議の場が総会に移行することと相俟って、小国が漸次連盟総会の主導的立場に立つ環境を確立する促進要因となったといえる。同時に日本側の反発も大きくなり、日米の認識の乖離がより大きくなることに繋がった。

六　第三次総攻撃を控えた「ケント」号上の非公式会談

既に四回にわたって行われた停戦交渉がいずれも不成功に終わっており、三月三日の臨時総会が目前に迫っていた二月二十八日夜、在上海英国艦隊司令長官ハワード・ケリー海軍大将が座乗する英国旗艦「ケント」号上で非公式会談が行われた[22]。

この会談のきっかけは、二十七日昼食会にて、中国側の第十九路軍参謀長黄強陸軍中将と前外交部長の顧維鈞が、ケリーに停戦を申し入れたことにあり、この第三次総攻撃直前に至ってようやく先に日本側から求めていた[23]「二十粁」という数字が、中国側からの提示の中に具体的に示された。同日の夕方、ケリーを訪れた第三艦隊司令長官野村吉三郎は、ケリーに、日本側は速やかな局面の収拾のために戦闘を継続中であって、中国側から停戦の申し入れも信用を置き難く、陸軍中央部や本国政府の判断を要するために即答できないこと等を回答した[24]。その翌日、ケリーの斡旋により、英国旗艦にて、夕食に中国側の黄及び顧と日本側の野村及び松岡洋右が招かれた。約二時間にわたり行われた非公式会談の結果は、撤退地点は事実上二〇キロメートルくらいに当たる地点を、また撤退は相互的且つ同時というものであり、私的会談としては極めて重みの大きいものであった。

この非公式会談の結果は、第七章で述べた如く、秘密とされた会談内容が英国新聞紙上に漏洩したが、急ぎ会議が開催され、翌二十九日の理事会決議に至った。その結果、①戦闘停止（地方的取り決め）と②円卓会議への確実な行動に着手することが、現実的な政策として打ち出されたが、他方、翌三月一日未明、日本軍の第三次総攻撃が開始され、同日、満州国が建国宣言を発した。対日印象は大きく損なわれ、それまでようやく設定された交渉の場が一挙に雪崩を打って瓦解するような空気がみなぎった。国際連盟事務総長ジェームズ・ドラモンドは、「二十九日ノ理事会決議ヲ受諾シ置キ乍ラ実ハ之ヲ無視シテ恰モ支那側ヲペテンニ掛ケタルカ如クニ誤解シ日本代表ノ立場ヲ極メテ困難ナラシムル」[25]であり、理事会議長ポール・ボンクールは、戦闘継続では日本弁護も不可能であり、「満州問題モ亦不利益ニ取扱ハルルニ至[26]」るであろうと、日本代表部に悲観的観測を以て警告した。非公式会談結果は日本を窮地に陥れる反面、連盟の事変対応にさまざまな影響を与えつつ、三月三日の戦闘中止命令による事態が多少好転する兆しの中で、翌日の連盟総会決議へと展開するのである。

七　円卓会議設置案の流産の因果関係

日本にとって停戦交渉は、停戦の確実な保証と、事変を招来した排日運動の根絶を目的にしていた。二月二十九日の理事会決議が謳った停戦の地方的取り決めと円卓会議へのきっかけを見出す行動に着手すべきとする決議は、三月四日及び十一日の総会決議にもかかわらず、日中紛争全般にわたる審議が紛糾し、実行の着手に至らなかった。第十四師団の上陸問題により連盟小国の主導性が高まり、中国側による日本軍の無条件撤退の主張等が影響していたからである。この閉塞した会議の空気を打ち破ろうとしたのが、上海現地の駐華英国公使マイルズ・ランプソンが開いた第一回の茶会であり、その席上、駐華公使重光葵が「円卓会議ニ関スル草案（「セパレート・ノート」[27]）」を提示した。しかし、陸軍中央は、「排日ノ禁止ハ軍ノ任務[28]」であるにもかかわらず、現地上海の軍事的な情勢把握に問題があり、かつ、事前に陸軍中央との十分な調整なく進められたこと及びそもそも停戦問題は軍の専管事項であるとして、陸軍が外交交渉の前面に躍り出るに至った。この背景には、第十四師団を北満に早期転用させる必要性が生じ、また、中国側がこの円卓会議の開催を停戦会議の前提に据えることは政治問題であるとして、停戦交渉の進捗を阻む強硬態度に出たため、その会議自体が危機に陥った。ここに至って、日本側は根本的に姿勢を改め、停戦交渉の早期締結を優先したため、円卓会議の文言が交渉の正文から消えたのである[29]。つまり、日本側が強く求めた排日運動が再発しない仕組みを構築するための円卓会議の設置案が流産し、停戦交渉は単なる撤退の方式と中国軍の再展開を禁じるという、再発防止の取り決めのみが締結されたのであった。実際にその後の俎上にも載せられず、排日運動の抑止も、その体質の変化、改善のきっかけも得られず、元のままに放置されたことを意味した。

八　中国側から要請された事変審議の総会格上げと審議を紛糾させた複数の事案

ここで扱う複数の事案とは、三つあり、①第十四師団上陸問題、②「十九人委員会」の設定並びに③芳沢外相の「次期連盟総会への指針」「対連盟総会方針」の声明である。上海事変の展開の中で、一挙に日本を苦境に陥れたものが、上海事変の審議の場に設定された三月三日の国際連盟総会であった。当日は日本軍の第三次総攻撃後に、日中双方指揮官の戦闘中止命令によって、総会の空気がやや好転した[30]ものの、以後の総会審議は、日本側に対し厳しい論戦が展開された。そこに至った理由は、それ迄英仏日伊独の大国主導であった理事会から連盟小国が大勢を占める総会審議に移ったことにある。それ迄の理事会と異なり、圧倒的に多数を占める小国群から成る総会においては、既に欧州の勢力構図が変化を来し始めて懸念材料となりつつある中、大国主導に対する反発から、日本に対する風当たりが強くなって来ていたのであった。そのような中で、三月四日の総会は、停戦を主たる議事として、①日中双方の敵対行為の停止、②第三国の解決方法の勧告、③商議の開始と報告義務の三項目を決議[31]し、以後日中紛争全般にわたる審議が行われ、紛糾をもたらすいくつかの事例が発生した。

その一つは、代表佐藤尚武が無用の紛糾を避けるべく、日本陸軍の第十一師団の交代用として上海沖に停泊していた第十四師団が上陸することを予告した[32]ことから始まった。この結果は裏目に出た。総会は紛糾し、連盟小国はその上陸に激しく反発するに至り、満州問題が俎上に載せられる険悪化した空気となった。この第十四師団上陸問題の登場は、リットン調査団の調査待ちということで小康状態になっていた満州問題が図らずも脚光を浴びる危険性を高め、英国外相ジョン・サイモンにとって総会における最初の試練となった。サイモンが行った苦渋の決断は、問題解決のためには連盟擁護の原点に戻るべしという考えから、国際連盟規約の厳守と米国への歩み寄りであった。その結果は逆に、日本が回避したかった満州問題と上海事変の一括処理の可能性がさらに高まることになったのである。小国が中心となって対日非難、撤兵勧告案を上程しようとする中で、満州問題が俎上に載ることは避けられないと考えるサイモンは、日本を慮り調停努力を継続した。その結果が、停戦交渉を総会から分離する「十九人委員会」の設置の構想であった。これが二つ目の事案である。

総会の実務プロジェクト・チームであるこの「十九人委員会」は、以後停戦交渉を具体的に推進する特別委員会となり、英仏伊独日以外の一四カ国代表は、すべて小国によって占められるに至った。ということは、小国群から成る「十九人委員会」は、具体的な審議の基礎となる起案権を手に入れ、且つ、審議の主導権を掌握したことを意味した。この「十九人委員会」の設置が日本にはさらなる紛糾の原因となり、満州問題がより具体的に論戦の対象になる道を意に反して進むことになった。

三月十一日の総会決議は、起草委員会が作成した起草案が基礎になり、満州新国家に対する非承認主義の決議案を採択すると同時に、国際連盟規約に定める和解手続き（国際連盟規約第十五条第三項）及び勧告手続き（第十五条第四項）の二つの任務を遂行するための「十九人委員会」の設置を正式に決議したのである。日本が期待する主流の停戦協定への手続きから見れば、論戦の対象はいつでも脇道の満州問題に飛ぶという厄介な論戦を、この委員会が正当化する格好になった。停戦協定の成立後、新たに「リットン報告書」の審議をめぐって、改めて満州国承認問題に焦点が当てられ、総会代表の日本全権松岡洋右と外相内田康哉（一九三二年七月六日交代）との間に、頻繁かつ輻輳した送受信の結果、連盟脱退への道を急速に進むに至る。

事案の三つ目は、三月二十八日に芳沢外相が「次回連盟総会への方針決定および連盟主要国への申入れについて」[33]を発したことである。その内容は、リットン調査団の調査は不十分な知識なまま活動中であり、しかも連盟では極東に利害を有しない多数の小国が満州問題に干渉がましき審議を行い、日本を拘束する可能性があること、これらを防ぐためには日本の立場を十分に説明すると共に、「我代表ノ総会引揚ヲ断行シ爾後我方ハ連盟カ正道ニ立戻ルヲ待チツツ自ラ正シト信スル所ニ向テ進ム」ことであり、これらを主要列国及び小国側の穏健分子やドラモンド事務総長に内報し、連盟側に対して予め反省の余地を与え、米国側にも同様に内報するよう併せて回訓したのである。

また、芳沢は、続いて発した「対連盟総会方針」において、満州事変以降に連盟が行って来た措置に関する一連の不適切さを論じ、日本の正当性を強く主張したことである。来る総会において、「万々一ニモ九月三十日及十二月十日ノ理事会決議ノ範囲以上ニ出テ我軍ノ撤収ニ期限ヲ付スル等（中略）具体的ニ我方ノ行動ヲ束縛スルカ如キ決議ヲナサムトスル場合」には、日本政府としては、「妥協的態度ニ止マルコトヲ得ス我代表ヲ総会ヨリ引揚ケシメ」、連盟の態度を静観し、満州問題が俎上に載せられる可能性を抑制すべく、対決姿勢を露わにした。この長文の「対連盟総会方針」は、上海事変の処理をめぐって日本が中国及び連盟に対して抱いていた意識、こだわりの本質を良く表しており、連盟側の認識とは全く異なっていたといえる。この方針は、実際は「相当広範囲ニ為シタル結果」、連盟脱退と誤解されただけではなく、「我態度ハ自然各国ニ周知セラルヘク又如何ニ弁解スルモ此ハ表ノ採消運動ト了解」される可能性をもっていたのである(34)。

芳沢の満州権益に固執した見解は、およそ、その代案なしに、少なくとも紛糾を回避しつつ利害の調整を図るという、あるべき外交の本質とはかけ離れた姿勢といわれても仕方がない性格を有していた。この連盟脱退をも辞さずとする連盟に反省を求める姿勢は、さらにその後満州国承認問題を貫徹する任務を担った内田外相によって継承され、文字どおり不退転の構えを以て受け継がれていくのである。

かくして、日本は上海事変の勃発当初から、平時に備えるべき危機の管理に根本的な問題を抱えていたため、上海侵略と誤認されるような対応から始まり、しかも中国側から改めて国際連盟規約第十条と第十五条により提訴されることによって、厳しい法的な呪縛の下に、満州事変と上海事変が一体的に処理されるという苦境に追い込まれたのであった。

第二節　リットン調査団と「報告書」の「第五章　上海」

一　リットン調査団と調査行動の経過

「リットン報告書」の記載の中で、この「第五章　上海」は、最も量的に短い報告内容である。その理由は、調査団が、国際連盟理事会の命によって派遣された後に上海事変が勃発したこと、また、上海事変には特段、理事会から上海事変を調査の対象にせよとか、収拾支援をせよとかの任務が与えられることもなかったことが大きく影響している。三月十四日、全員が上海に揃って到着した後の約一〇日間の滞在期間中は、ビクター・ブルワー・リットン卿の判断によって、中国の主要な都市及び要人と会談する傍ら、上海事変の事実確認と、上海の騒擾、紛糾の実態を調査するにとどまった。殊に、「上海ニ於ケル支那側ノ抵抗ガ満州ノ事態ニ及ボセル影響」[35]に関する調査団の報告内容は注目に値する。

満州事変の現地調査のために、日中双方の関係主要都市に国際連盟から派遣されたリットン調査団が最初に日本を訪問（横浜、東京、神戸等：滞在期間は二月二十九日から三月十一日迄の約一〇日間）したのは、上海事変が勃発して約一カ月後のことであり、第三次総攻撃の開始直前の硝煙が上海に燻る緊迫した空気の最中であった。

調査団は前年十二月十日の理事会決議によって二つの任務を以て編成された。一つ目は、「理事会ニ付議セラレタル支那及日本間ノ紛争ノ調査但シ紛争ノ原因、其ノ発展ノ状態及調査当時ノ状況ヲ含ム」であり、二つ目は、「両国間ノ根本的利益ヲ調整スベキ日支紛争ノ解決策ニ対スル考慮」であった。つまり、単なる事実関係の調査にとどまらず、ず、その調査結果を考察して理事会に客観的な解決案を提示することであった。調査団は紛争の舞台である満州に到着する以前に、両国の利害関係を確かめるべく「日本及支那ノ政府並ニ各方面ノ意見ヲ代表スル人士ト接触」を保つことになったのである。(36)

最初の訪問国日本において、天皇謁見をはじめ、首相犬養毅、外相芳沢謙吉、陸相荒木貞夫等の要路、実業家及び種々の団体代表者と会見した。三月十一日に調査団は神戸を出港した。十四日現地上海に到着したときは、英ランプソン公使が十一日の連盟決議を具現化すべく、第一回の非公式会談（公使重光葵、外交次長郭泰祺に駐華米国公使ネルソン・ジョンソン、駐華仏国公使アンリー・ウィルデン、駐華伊国代理公使ガレアッツオ・チアノ）を主宰していた。その会議において、停戦交渉の原案（「円卓会議ニ関スル草案」）が採択されていた。その内容は、三つの項目（「支那側ハ後日ノ取極アル迄現在ノ位置ニ停止ス」、他に二項目）に加え、事変勃発直前に日本総領事が受領した呉市長の書簡（排日ボイコット中止・排日団体の解散を約束）の履行を強く求めた「セパレート・ノート（別記）」が付記されていた。この「セパレート・ノート」を添付することを要求したのは日本側であり、その履行こそ上海の安全確保の原点であった。(37)つまり、日本側にとっては、中国側が一月二十八日に呉市長が村井総領事に提出した全面容認回答の内容を履行してさえおれば、上海事変は起こらなかったはずであると考えられていた。リットンは同日、ランプソン及び米仏伊の公使と会見し、これらの事変の経緯と現況を知らされた。そして調査団としては、以後、上海事変の解決交渉に当たることなく、本来の旅程を急ぐこととなった。(38)調査団は七月十六日迄、上海事変中、南京、漢口、北平、満州及び再度日本の東京を訪ね、北平において八月末まで「報告書」の起草に当たったのである。

さて、リットン調査団員を簡潔に紹介すれば、委員長リットン卿、仏国委員アンリ・クローデル（Henri Claudel）、米国委員フランク・マッコイ（Frank R. McCoy）、伊国委員ルイギ・アルドロバンディ（Luigi Aldrovandi-Marescotti）、独国委員アルバート・シュネー（Albert H. H. Schnee）の五人であり、日中両国からの参与員（Assessor）は日本が駐トルコ大使吉田伊三郎、中国は外交官顧維鈞であった。事務局責任者は仏国のロベール・アース（Robert Hass）が指名され、他に顧問団、一部委員の秘書が同行した。尚、委員会の調査中において専門的助言を委託された人物は米国クラーク大学ジョージ・ブレークスリー（George H. Blakeslee）教授他六人の有識者であった。(39)「報告書」提出のための期間は紛争事件付託後六カ月であったが、実際は七カ月余を要した。

二　中国側の抵抗が以後に及ぼした影響

リットン調査団は、上海における閘北の破壊跡を見てまわった[40]。その結果を踏まえ、「報告書」には「第五章　上海」として、事変の直接原因、日本軍による総攻撃、停戦協定に至る会議の経緯等が記された。その中で、殊に上海事変が、疑いもなく以後の満州における事態に著しく影響を与えたこと、満州事変との根本的な相違点を指摘した。満州事変の場合には、日本軍が容易に満州の大部分を占領し得たこと及び中国軍から何らの抵抗もなかったことが、日本軍に対して、中国軍の戦闘力が「無視シ得ベキ程ノモノナリ」と信じさせるに至っただけではなく、「全支那ヲシテ大ニ意気ヲ沮喪セシメタ」のである。しかし、今次の上海事変の場合には、第十九路軍が、蔣介石の直系軍である第五軍の援助を得て頑強な抵抗をしたことが、「全支那ニ於テ熱狂的歓呼ヲ受ケ」、その抵抗力は、六週間の対日戦闘を支える等、「支那側ノ士気ニ深甚ナル印象ヲ与ヘ支那ハ其レ自身ノ努力ニ依リテ救ハレザルベカラズ」であったこと、そして、これらが中国人に愛国の情を目覚めさせ、対日武力抵抗に自信を与えたのであって中国軍隊に新たな勇気を与えたとしている。

さらに、上海事変における中国軍の勇戦が、「（北満の…引用者）馬占山将軍ノ其ノ後ノ抵抗ヲ奨励シ又世界各地ニ在ル支那人ノ愛国心ヲ刺激[41]」し、義勇軍の抵抗の増大によって関東軍は攻撃を受けているという重要な現状を紹介し、上海事変が中国国内に与えた国家意識形成の影響の大きさを確認したのであった。目の前に展開されている上海事変は、調査団に、内紛や抗日戦は中国の国家形成のための進化であるという実感を以て、認識させたのであり、それは報告書の全体を貫く対中国観の中心を成すものとなった[42]。

この認識に立って、満州における調査を終えたリットン調査団は、再度、七月四日から十五日迄訪日し、満鉄総裁から新外相に就任した内田康哉との会談（内田の満鉄総裁時代と外相時代の二回）を行い、満州国承認問題に論議を重ねた。しかし結果は、頑冥な内田の満州国承認の主張に遭い[43]、これ以上の滞在を無益と見た調査団は、その後委員を区分し、分担行動により青島、済南を経て北平に移動し、そこで約二カ月の間、「報告書」の起草に取り掛かったのである。

第三節　停戦協定の成立迄の調査活動において、後の「報告書」の起草に影響を与えた主要事案

調査活動は、上海戦の硝煙が漂う二月二十九日に東京に到着してから中国各地を経て、最終的に東京に再度の訪問を完了する七月下旬迄の約五カ月間を要した。停戦協定が成立して以降の連盟の外交舞台においては、依然、日本の満州国承認問題をめぐり、日中間に論戦が戦われた。これに纏《まつ》わる連盟主導国の英国や、非加盟国米国等との交信の考察に関しては、本書の研究対象期間を超えるので割愛した。つまり、本節は日本の国際連盟脱退への全体を俯瞰した因果関係を述べることを目的としているのではなく、調査団の活動が上海事変との関連において如何なるものであったかを整理することを目的としている。

停戦協定の成立ごろ迄を俯瞰して、リットン調査団がその後の調査行為及び「報告書」の起草に影響を与えた以下の四つの主要な事案が注目されなければならない。

一つ目は、リットン卿の質問に対する芳沢外相の回答に見る日本のスタンスである。三月五日から五回にわたって行われた芳沢とリットン調査団との会談において、リットンは、中国に満州の治安維持の能力がないとした場合、満州の日本による合併、国際的管理、自治政府と、三つの政策が考えられるが、外相の考えは如何に、と質した。これに対して芳沢は、中国は日本との間に結んだ条約（対華二十一カ条や「満州に関する日清条約（並行線禁止）」）を認めようとはしないと中国側を非難すると同時に、満州の国際管理案は、日本が二大戦役で大量の血を流しており、日本人の感性に合わないと回答した。リットンはそれなら日本は領土的野心がないとのことなので、自治政府しかないとの見解を述べた。この会話は、日本とリットン調査団の根本的な認識の相違を象徴していた(44)。

二つ目は、中国の将来を如何に見るかという命題である。調査団は、東京を発った後、三月十八日、上海におい

て、犬養首相から非公式に上海に派遣された松岡洋右と第一回会談を、また二十二日に第二回の会談を行った。松岡は、中国は崩壊の道を辿っていること、その不安定な状況を利して世界革命の夢を捨てないソ連が、中国の心臓部である華中に間接侵略を強行しつつあると開陳した。そして、このような危機的状況である故に、日本は昨秋の満州の行動に出たのであると述べた[45]。また、翌二十三日夜、重光公使の晩餐に招待された調査団が、「中国が統一・繁栄し、条約を守り、責任を負うように国際連盟が助力すれば日本の希望にそうようになる」と述べると、重光は「中国が崩壊の過程にあるとき、連盟が顧問を派遣して中国を救おうとしてもほとんど望みはない[46]」との観測を述べたという。この会話は、中国観及び国家の進化という命題に対する観察姿勢の違いを象徴的にいい表している。確かに、中国側においては、欧米社会に比し未成熟ともいえる対応が目に付く。因みに、南京滞在中の調査団が三月二十九日から四月一日迄の四日間に連日四回、中国政府首脳と会談したが、行政院長汪兆銘は、日本は中国が加盟国としての義務を果たさず、条約を守らないと非難しているが、中国としては、二十一カ条の条約は議会の承認を得ていないので無効であると主張し、一九一三年、憲法に反して議会を解散した大総統袁世凱を非難したので、リットンは、一国の新しい政権が前政権の負っている法的義務を否認するようになれば、国際間のすべての手続きは崩壊すると警告した[47]。つまり、中国要路が蔵しているいわば国際条約の義務に対する認識の稚拙さ、後進性を指摘したのである。それは、広く中国人が潜在的に有する排外思想の構造的な問題の原点を指摘したともいえる。このことは以後の「報告書」に掲げ、中国に対する忠告の布石を打つと同時に、日本側が抱いている条約義務の不履行に関する対中不満に対する一定の配慮とも受け取られる。さらにリットンが国際的協力の下での満州防衛と、そのためのソ日中の協力を提示したことに、汪は賛意を示した。また、リットンが中国共産党、紅軍に対する質疑をした際、汪は、彼らはいわゆる失業者、匪賊であって正規軍ではなく、一地域の共産党政権もその組織も一定の領土もないと答弁したが、その直後に調査団が漢口に赴いた際に、共産党青年同盟のリットン調査団排斥・ソ連擁護のビラ散布に遭遇した[48]。この事案は中国内部の恥部に当たるものであるが、これらを総合してリットンは、中国はあらゆる点で確かに未成熟な段階であるものの、逆にあらゆる点で進歩しつつあるという評価を下しているのである。これは、現地外交官の重光及び松岡の対中国評価とは正反対なものであった。

要するに日本側は、中国政府・国民党が排日を煽動しておきながら統制力を喪失している現状の無能さを悲観し絶望しているのであり、他方の調査団は、中国の現状は未成熟でも、この滞在期間中に眼前に広がる上海戦線の現実を観察して得た中国軍の勇猛な防衛戦の実態に触れ、明らかに中国の近代化に向けた進化を確実に認識していたことが分かる。

三つ目は、満州は中国の一部であるという命題である。張学良は一九二八年十二月二十九日、易幟することを条件に、蔣介石の満州への軍事、政治への不干渉を認めさせ、独立状態を保つことに成功していた。一九三二年四月十一日に、張はリットンに対して、三つの論点[49]を示し、中日紛糾の法的・政治的解決のための前提とすべきであると強調した。それは、①満州は不安定な現状ではあるものの、歴史的、政治的、経済的に中国の一部であると明言し、中央政府への忠誠と満州における門戸開放政策の実施を強調したのであり、日本の満州分離工作は九国条約違反であること、②中国は統一された国家ではないとの日本の非難は世界の視聴を困惑させると警告し、現代中国はまさに重大な改革期にあって、東北人民は領土開発のために自ら鉄道修築、産業・教育・交通の進歩を目指していること、③満州事変の原因はむしろ日本が中国における社会経済の進歩や政治的統一への歩みに対する嫉妬であり、中国の何かの失政だとか社会進歩の停頓によるものではないと述べ、日本側の満蒙分離の見解に真っ向から批判を加えた。日本側の満州事変の原因とは、全く異なったものを強調したのであった。

このことを整理すれば、一九三二年十月二日付「報告書」が告示された後の総会の論戦において満州問題の本質が表れている。つまり、日本側の見解である、①柳条湖事件は日本の正当防衛であること、②満州は中国の一部ではない、③満州国は満州人の発意によるものである、という三つの命題は、実は一体的なものであって、満州は中国の一部でなく、もともと独立した地域である故に中国本土の主権下になく、さらに満州権益が日本の特殊事情の下にある以上、排日に対抗した柳条湖事件は正当防衛であり、その結果、満州人の発意による満州国が建国されたのである、という論理に至っていたのである。かつて日本側が不戦条約締結の前後の機会を捉え、英米列強に条約文に謳うことを期待して、果たされずうやむやになった「権益擁護は自衛である」との論理が、この満州において日本側によって現実に体現されていたのであった。ここに至って、張はリットンに対し日本側は誤りを犯しているとの説明し、その理解を求めたのである。

最後の四つ目は、米国国務省がリットン調査団に対する密接な関係を維持し、かつ、「報告書」の起草に、水面下において深く係わり始めたという事実である。リットン自身も米国国務省に積極的に情報提供をしていた。満州事変は日本軍が中国領土に踏み込んで、中国の領土的、行政的保全に違反する紛争であるという性格であるため、連盟理事会が国際連盟規約のみでは収まらず、不戦条約及び九国条約を主導した米国に、解決のための介入を求めていたのである。

調査団委員は、派出元の政府の意向によって調査活動及び「報告書」作成に対する姿勢を異にしていた。積極的に関与する姿勢を貫いた米国委員であるマッコイは、出発前に米スチムソン国務長官から情勢全般の説明を受けた。スチムソンの見解は、リットンにも伝えられた[50]。そして中国や日本では、現地の米国外交官との間に長い討議が重ねられ、ブレークスリー教授も同席したのである[51]。また、マッコイもスチムソン及び駐日米国大使ジョセフ・グルー(Joseph C. Grew)に対し、主要な地点における調査結果、体験及び所見等を報告していた。また、米ジョンソン公使は、汪は調査団に対し、満州に相当数の外国人顧問を置き、広汎なる自治権を与えること、中ソ日間の不侵略機構による満州の非武装化等を申し入れた模様であると国務省に報告した[52]。リットンの動きが徹底して迅速かつ綿密に報告され、米国国務省が敏速に動きを見せていることに注意を要する。また、五月九日調査団は満州のハルビンに到着したが、十四日にはマッコイはハルビンの米国総領事館において馬占山の密使と会見している。二十一日には、マッコイは日本及び満州国と馬占山との会見の斡旋を試みたが、日本側に拒否されている[53]。満州軍閥も米国に対し、情報提供を試みていた。

以後は、時期的に本書の研究範囲外となるため割愛するが、七月に調査団が外相となった内田と再会したが、「報告書」の起草は、病臥がちであったリットンの熱い信頼の下で、ブレークスリーが深く係わった。臼井勝美氏の研究によると、国務省はブレークスリーに指示を与えており、この指示はブレークスリーとマッコイによって「最終報告書」に迄持ち込まれた。

かくして、「スチムソン・ドクトリン」の精神が、リットン卿、マッコイ委員、ブレークスリー教授をはじめとする調査員の姿勢に浸透し、同意させるに至ったのであった。それは、米国の理念がもつ人類・国際社会に受け容れられ易い普遍性の強さを意味していた。つまり、「報告書」は国際連盟が作成した完成品ではあっても、それ迄の作業の過程において、米国が連盟主導国の英国を凌ぐ説得力を以て、日本の満州問題に対する批判と修正を強く求めていたことを如実に示している。米国が理想とする「民主主義を標榜し国内外の政治体制を変革する」ことを使命とする国際主義的解決法（ウィルソン主義）に宿る理念[54]が、日本の特殊地位と権益確保に固執した満州国承認の独善性を粉砕できるとの自信に裏打ちされていた。日本に具体的な変革の検討を勧告する提言として、国際連盟に浸透していたといえる。

このリットン調査団の調査開始から「報告書」起草の全過程に及んだ米国の関与は、上海事変の外交論戦と並行し、米国から英国に対する対日圧力の共同歩調を慫慂する過程でもあった。米国の理念とその具現化に強靭なパワーを思い知らされるものであり興味深い。尚、本論の範疇外であるが、「リットン調査案報告書」が告示された十月二日以降、日中双方から「報告書」に対する意見書が提示され、それらを踏まえて、総会審議が行われることになった。日本は政府、軍中央、政党、言論界の大部分及び連盟代表部（松岡洋右、佐藤尚武ほか）も共に、満州国承認問題に関する要請と連盟に踏み止まることとは、両立できると踏んでおり[55]、連盟と真っ向から対立した。両立が難しくなるに及んで、連盟代表部は連盟の中で孤軍奮闘の感があり、その都度、外相内田康哉に対する新たな脱退回避案の提言努力を継続した[56]。しかし、一貫して満州国承認に固執した内田の頑なな拒否[57]と、この機に敢行された陸軍主導の熱河作戦[58]とによって日本はもはや八方塞がりとなり、総会の下部実務機関である「十九人委員会」[59]は、日中問題は未解決（第十五条第四項）との判断を下し、日本に「勧告書」（「国際連盟総会報告書」：一九三三年二月十七日）を提示した[60]。要するに、日本陸軍による熱河作戦の敢行が大きく影響し、その結果、経済制裁を受けるという危機に陥り[61]、連盟にとどまることが可能な論拠・基盤を失い、国際連盟からの脱退に至ったのである。

「リットン報告書」が第九章末尾に、「……現下ノ危機ニ際シテモ一ノ新関係ヲ企画スルコトハ真ニ不可能ナリヤ青年日本ハ支那ニ於ケル強硬措置及満州ニ於ケル徹底政策ヲ叫ビ居レリ、……彼等ハ其ノ目的ヲ達成センガ為性急ナリ然レドモ日本ニ於テモ有ラユル目的ヲ達成スル為適当ナル手段ヲ見出サザルベカラズ」と述べ、日本は、冷静に周囲を観察し、柔軟性を以て有効な解決手段を見出すべきであると諭し、調査団報告書の提言を吟味してほしいと訴えているのである。唯一、登場する「青年日本」という言質は、欧米の代表たる調査団識者が、ひたすら日本の改心をすがる思いで訴えている現実を、深く再考することを求めているのではないだろうか。

註

（1）一月二十九日理事会で中国側がこの事実認識に立って日本側に抗議した（「一月二十九日連盟理事会における第十五条適用問題討論の大要について」『日本外交文書』満州事変第二巻第二冊、第五十一文書（外務省、一九五〇年）五二頁）。

（2）統帥権独立の原則は、西南戦争後、慣習的に政治の軍事介入を防ぐ目的で設定され、陸海軍内部の省部中央をはじめ末端の部隊に至る迄特権的な性格を以て徹底された。殊に末端の現地部隊と在外公館との間には、この原則に加え、指揮官と領事の間の先任順位、社会的地位、格式、性格、年齢等にも左右され、意思疎通を欠くケースが目立ったようである。

（3）ヘンリー・L・スチムソン著・清沢洌訳『極東の危機』（中央公論社、一九三六年）九九頁。但し、当時の検閲のため翻訳を削除された単語・文は以下を参照（影山翻訳）。Henry L. Stimson, *The Far Eastern Crisis -Recollection And Observations*-(New York: Harper and Brothers Publishers, 1936), p.110. 秦孝儀編「淞滬抗日戦役第五軍戦闘要報」（中華民国重要資料初編編輯委員会編『中華民国重要資料初編　対日抗戦時期　緒編（二）』中国国民党中央委員会党史委員会出版、一九八一年）深堀道義訳、四二一〜四二五頁。上海市政府が村井総領事及び各国総領事に送った手紙。淞滬衛戍司令部より中央当局への電文等が記されている。また、洛陽移駐に際し、国民政府の宣言書にも同様の対日非難がある（同、四三五頁）。森田正夫『汪兆銘』（興亜文化協会、一九三九年）三四五頁。汪兆銘は洛陽国難会議において、「一面抵抗、一面交渉」の原則を説明した際に、この事変の勃発は、「日本の支那領土の侵略」であると断言した。

（4）塩沢司令官の武力依存政策であったことは、彼の「対中国観」「対中国政策」に表れている（海軍軍令部編・田中宏巳・影山好一郎監修・解説『昭和六・七年事変海軍戦史　初めて公刊される満州事変・上海事変の海軍正史　第二巻（戦紀巻二　軍機）』（緑蔭書房、二〇〇一年）八九〜九二頁）。

（5）堀悌吉は海兵三十二期で、同期に塩沢幸一、山本五十六らがいる。

（6）堀悌吉君追悼録編集委員会編『堀悌吉君追悼録』（堀悌吉君追悼録編集委員会、一九五九年）四二四〜四二五頁。

（7）同右。

（8）同右、四二一頁。

（9）「畑俊六元帥日誌　第二巻」（防衛研究所図書館所蔵）一三一〜一三二頁。

（10）小林道彦・高橋勝浩・奈良岡聰智・西田敏宏・森靖夫編『内田康哉関係資料集成　第3巻　（伝記編）』（柏書房、二〇一二年）二六二頁。

（11）同右。

（12）同右、二六〇〜二七一頁。

（13）榛原茂樹・柏正彦『上海事件外交史　附　満洲建国始末』（金港堂書籍、一九三二年）二二〇〜二二三頁。海軍軍令部編・田中宏巳・影山好一郎監修・解説『昭和六・七年海軍戦史　初めて公刊される満州事変・上海事変の海軍正史　第四巻』（緑蔭書房、二〇〇一年）三四〜三六頁（以下、『昭和六・七年事変海軍戦史　第四巻』）。尚、『上海事件外交史　附　満洲建国始末』の四二六頁に、「十二国理事」の対日文書の意義につき、国際法学者のジョージ・セシル（George Cecil）は二月二十日の『ジュルナール・ド・ジュネーブ』において、「一九二六年英国政府は対支新自由主義を確立せるが右政策は明かに成功せり。日本も支那に対し有効協調的政策に出でてこそ其対支繁栄を期待し得べきに茲に思ひ至らず敢て武力政策に訴ふるに至れり。」と述べ、日本が世論を無視して戦争継続に及ばないことを期待したとある。

（14）山浦貫一『森恪』（森恪伝記編纂会、一九四〇年）七四三頁。

（15）「十二月六日午前の総会の議事経過について　別電一同日着在ジュネーブ連盟代表より内田外務大臣宛第九二号　十二月六日総会における中国代表顔恵慶の演説要旨」（『日本外交文書』満州事変　第三巻、第九十六文書（外務省、一九五〇年）一二五頁）、「付記　松岡代表演説」（同）一三〇頁。

（16）Donald A. Jordan, *China's Trial by Fire: The Shanghai War of 1932* (Michigan: The University of Michigan Press), p.157. 芳沢は元来、満州国の独立を承認することには反対しており、当時の陸軍、政党、言論界等の勢いに圧倒され、犬養内閣全体が次第にこの空気に引き摺られるに至ったという（樋口正士『芳澤謙吉波乱の生涯――日本の命運を担って活躍した外交官――』（グッドタイム出版、二〇一三年）一四三頁）。

（17）前掲『昭和六・七年事変海軍戦史　第四巻』三九七～四〇〇頁。

（18）『毎日新聞』一九三二年二月二十七日朝刊。前掲『極東の危機』一三六～一五六頁。

（19）前掲『極東の危機』一五四～一五六頁。ボラー宛ての書簡は、ワシントン会議において門戸開放、領土保全を確認した九国条約を他の諸条約との関連を無視して、とりわけひとり日本が改訂を欲することは「九国条約に含まれてゐる自己滅却の盟約」を無視することを強調した。

（20）「スチムソン米国務長官の対日態度批判の必要性について」（前掲『日本外交文書』満州事変　第二巻第二冊、第一六二文書）一六六頁。

（21）前掲『極東の危機』一五四頁。九国条約は「此支那の混乱を自己の有利に利用せんとするを防ぐが為に設けられたるものなり」「利己主義の否定」とされたものである（『紐育ヘラルド・トリビュン』（二月二十五日）、『ボルチモア・サン』（二月二十五日）（前掲『上海事件外交史　附　満洲建国始末』四二八～四二九頁所収）。

（22）"*Ships Logs,*" 27th February,1932. ADM53/79433. Admiral Sir William Archibald Howard Kelly, *China Station Records (1931-1932)*, Vol.LXXVIII, The Sino-Japanese Hostilities January to May, 1932 Part II (National Archive), p.1320. 海軍軍令部編・田中宏巳・影山好一郎監修・解説『昭和六・七年事変海軍戦史　初めて公刊される満州事変・上海事変の海軍正史　第三巻（戦紀巻三　軍機）』（緑蔭書房、二〇〇一年）一一～一二頁（以下、『昭和六・七年事変海軍戦史　第三巻』）。

（23）参謀本部編『満州事変史　第十六巻　上海付近の会戦（上）　陣地構築及追撃』（一九三三年六月、防衛研究所図書館所蔵）一〇四二頁。

（24）前掲『昭和六・七年事変海軍戦史　第三巻』一二頁。

（25）「総会開会時における日本軍総攻撃に関するドラモンド事務総長の憂慮について」（前掲『日本外交文書』満州事変　第二巻第二冊、第一七六文書）一七七頁。

(26)「連盟総会の対象より満州問題除外方ボンクール理事会議長に申入れについて」(同右、第一七四文書)一七六頁。
(27) 前掲『昭和六・七年事変海軍戦史　第三巻』二八頁。
(28) 同右、三〇頁。「上軍参第二〇九号」の第四項に「排日ノ禁止ハ軍ノ任務ニ鑑ミ絶対ニ必要ナル処、本基礎案ノ如キ不徹底ナル形式ノ下ニ結バレタル約束ハ、実行ヲ期スルコト能ハザルハ明ナリ。」と述べられている。
(29) 三月十九日の協定案は、排日問題は協定成立後の円卓会議において検討するとして大きく日本側が譲歩した(同右、三一、三五〜三六頁)。また中国側の要求は、前掲『中華民国重要資料　初編(一)』五三五〜五三六頁。
(30)「上海停戦および円卓会議の迅速なる実現希望について」(『日本外交文書』満州事変　第二巻第一冊、第二〇五文書(外務省、一九五〇年))一九九頁。
(31) 前掲『昭和六・七年事変海軍戦史　第三巻』二三頁。
(32)「総会における上海停戦に関する決議採択の経過について」(前掲『日本外交文書』満州事変　第二巻第一冊、第二〇九文書)二〇二頁。三月四日午後の連盟総会において、中国側は日本軍の第三総攻撃の終了後の小競り合いと後続部隊の増派を誇張して、日本軍の非道な鏖殺行為が継続中であると非難したことに端を発し佐藤代表は、「(増派の部隊は：引用者)必要ノ消滅ト共ニ日本ニ帰還スヘク之カ方法ハ現地ニ於テ決定スルノ外無シ」「増援隊ノ派遣ト第一線ニ於ケル戦闘行為ノ休止トハ全然無関係ナリ」と反駁した。翌五日午前の会議において、後続の増援部隊が第十四師団で戦闘に無関係であるとの確証を表明した。
(33)「次回連盟総会への方針決定および連盟主要国への申入れについて」(前掲『日本外交文書』満州事変　第二巻第一冊、第二八三文書)二七九頁。
(34)「総会引揚げより連盟脱退の実施方について」(同右、三〇七文書)三〇六頁。
(35)「国際連盟調査委員会報告書(外務省訳)」(前掲『昭和六・七年事変海軍戦史　第四巻』付録「国際関係・国際関係参考文書(秘)」一三〇〜一三一頁。調査団の使命は、リットンが最初の訪問国日本に到着し、帝国ホテルでの記者会見の内容に表れている。
(36) 同右、一五頁。前掲『上海事件外交史　附　満洲建国始末』三三二頁。
(37) 臼井勝美『満洲国と国際連盟』(吉川弘文館、一九九五年)五〇頁。前掲『昭和六・七年事変海軍戦史　第三巻』二八頁。
(38) 前掲『満洲国と国際連盟』五〇頁。
(39)「リットン報告書」(前掲『昭和六・七年事変海軍戦史　第四巻』)一四〜一五頁。
(40) 同右、一二六〜一三二頁。
(41) 同右、一三〇〜一三一頁。
(42) **Jordan, *op. cit.*, pp.235-236.** 著者はこの事変で見せた中国軍の熱烈な愛国心は驚嘆すべきものがあり、多くの中国人が強烈な日本軍の攻撃に耐え忍んだことは中国にとって初めての近代的な勝利であると評した。このような国家意識の高揚が中国の進化を裏付ける一因となっている。
(43) 前掲『内田康哉関係資料集成　第3巻　(伝記編)』二六〇〜二七一頁。
(44) 前掲『上海事件外交史　附　満洲建国始末』三三四〜三

三五頁。前掲『満洲国と国際連盟』四八～四九頁。
(45) 同右『満洲国と国際連盟』五九頁。
(46) 同右、六〇頁。
(47) 同右、六一頁。
(48) 同右、六二頁。
(49) 同右、六三～六四頁。
(50) クリストファー・ソーン著・市川洋一訳『満洲事変とは何だったのか　下』(草思社、一九九四年)一一二頁。
(51) 同右。
(52) 前掲『満洲国と国際連盟』八七頁。
(53) 臼井勝美『日中外交年表草稿　1905～1945年』(クレスタ出版、一九九八年。外交史料館所蔵)。
(54) 高原秀介「ウィルソン主義とウィルソン外交の対話――歴史実証主義的アプローチによる一試論――」(『京都産業大学論集』社会科学系列二十六、二〇〇九年三月)一五七～一七〇頁。*The Secretary of State to the Minister in Switzerland (Wilson), at Geneva*, Washington, March 11, 1932-6 p.m. Stimson (*Foreign Relations of United States Diplomatic Papers*, 1932, Vol.III), pp.572-573. スチムソンは記者団に三月十一日の総会決議を示した後、総会の活動が不戦条約、国際連盟規約に見られる平和目的であることを謳い、今後、これら諸条約と米国政府が真摯に協力して来た九国条約、「スチムソン・ノート」を基礎にした秩序と正義の国際法原則の方向に展開していく喜びと期待感を示した。
(55) 井上寿一『危機の中の協調外交』(山川出版社、一九九四年)一六～五〇頁。著者は、満洲国承認問題が現実的な課題となった三月一日以降、外務省の革新官僚を除き、国内の政党、外務省、連盟代表部をはじめ陸軍中央においても、満洲国承認の強い要求のみではなく、連盟脱退を不可とする点で一致していたと結論している。連盟代表部からも日本のとるべき立場を明確に伝えている(「臨時総会対策具申について」(前掲『日本外交文書』満洲事変　第三巻、第十五文書)一五頁)に、連盟代表部は、「(脱退は容易に敢行すべきではないこと、また、連盟側もそれを希望していないと察する：引用者)依テ我方抗争ノ結果連盟側ニ於テ当方ノ主張ニ耳ヲ傾クルカ如キ形勢ニ立至ランカ我方既定ノ方針ハ之ヲ堅持シツツ他方連盟ノ面目ヲ立テ時日ノ経過ニ依リ……」と、内田外相に「臨時総会対策具申」している。
(56) 同右『日本外交文書』満洲事変　第三巻において、連盟代表部は、一九三二年十月十八日に松岡洋右がジュネーブに到着した後も、連盟等との感触を得た都度、内田外相に意見具申を行ったことが収録されている。
(57) 内田外相は、連盟代表部からの数多くの意見具申に、すべて拒否の回答を送り続けたことは当時、国内においても話題となり、不評であった(同右『日本外交文書』満洲事変　第三巻』)。特に代表的な批判は、清沢洌「内田外相に与ふ」ほか(『非常日本への直言』一九三三年三月二十日)(『内田康哉関係資料集成　第2巻　(資料編2)』(柏書房、二〇一二年)所収)。
(58) 熱河作戦は、満洲事変後、熱河省に政権中枢を移した張学良の抗日義勇軍の抵抗を抑圧すべく、関東軍が行った作戦である。満洲独立を脅かす敵を掃討するために行った満州独立に付属するものだったといわれる。
(59) 「十九人委員会」は、総会の下部機関である。もともと上海事変の停戦協定交渉において、戦闘中止後に日本の第十四師団が上海上陸すると予告したことから、連盟小国が対日非難を強め、議事進行が難航したため、英サイモン外相の発案によって解決のために編成された実務機関である。停戦協定の成立後は、満州国承認問題において総会の議事進行が難航したため、再び「十九人委員会」が編成され、日中紛争が国際連盟規約第十五条第三項による解決報告にするか、同条第四項の未解決として勧告手続きをするかを決定するための準備を行う実務機関として機能した。

(60)　前掲『昭和六・七年事変海軍戦史　第四巻』三五九～四〇六頁。

(61)　日本側においては、勧告を無視するだけでは規約違反ではなく、したがって連盟を脱退する必要もないという論理で満州国承認を強く要求していた。しかし、この論理には但し書きが付いていた。それは、「もし連盟の勧告後に日本が中国に対して新たな戦争を仕かければ、それは連盟の決定に挑戦する明白な規約違反となり、第一六条の制裁規定が発動される」というものであった。したがって、英国の提案を受け容れて、日中直接交渉が行われる中、「十九人委員会」の勧告が総会で可決されれば、関東軍の作戦が新たな戦争を日本自ら起こしたことになり、日本に最大の危機が訪れるというものであった（前掲『危機の中の協調外交』三七～三八頁）。

終章

本書の第一章から第十章迄においては、上海事変の軍事及び外交に焦点を当て、勃発から停戦協定成立迄の経緯、問題、その意義等を述べた。第十一章においては、軍事的な勝利にもかかわらず、停戦協定の成立に向けた外交交渉が、満州問題とリンクしたことによって難航し、国際連盟からの脱却を加速させるに至り、結局、日本は軍事的勝利を生かすことができず、外交体制の破綻の序章を奏でるに至ったことの全容を考察し、紹介した。ここに、終章を以て、序章に触れた「問題認識と研究テーマ」の打ち返しの意味も含めて、大所高所に立って「上海事変の諸相」として、歴史的意義を纏めたいと思う。

第一節　上海事変の軍事的側面

一　上海事変の遠因・近因・引き金論と謀略

上海事変の遠因は満州事変にあり、近因は関東軍高級参謀板垣征四郎陸軍大佐らの謀略によって、日本人僧侶らを上海の中国人に殺害させた「日蓮宗僧侶殺害事件」であり、事件の引き金は第一遣外艦隊司令官塩沢幸一海軍少将の陸戦隊警戒配備であった。この事件は、当時の海軍に付きまとった風聞、即ち陸軍の満州事変の成功に対抗した海軍の功名心の表れが原因で、海軍自身が積極的に策を弄するというようなものではなかった(1)。列国の目が一斉に上海に注がれている隙に「満州国建国宣言」を発することで一応の目的を達成したといえる。しかしそれは大局的に見れば、海軍が翻弄されたことを意味すると同時に、逡巡する日本政府は陸軍によって満州国建国を強引に追認させられるという下克上の結果の上に立っていることを意味した。それらを可能にした背景には、①日露戦争後に設定された不動の国策（満州権益の維持拡大）の目的意識が、政府にも陸海軍中央にも共有されていたこと、②列国の権益が錯綜する上海に火が付いた以上は、日本の最重要な満州問題に列国や連盟の監視の目が注がれないためにも、一刻も早く消火する以外に日本政府の選択肢はないと考えられたこと、③もし政府が事変の謀略性を暴く努力をしたとしても、その責任追及は満州事変に迄遡る必要があったが、既に満州事変関係者がその功を天皇から讃えられている(2)以上、不可能なことであった。謀略は成功したものの、癒し難い損失を蒙ったといえる。

二　日本の危機管理体制の失態

当時、日本は排日運動を抑圧できる実力を顕示し、その威厳によって抑止効果を得るという意味で危機管理体制が存在していたといえる。居留民保護をはじめとする権益擁護のための武力行使は、自衛行為であるという認識に立っており、常に不測の事態を誘発する危険性を有していた。統帥権独立原則も手伝って現地の塩沢司令官も外交を軽視しがちであったし、中国人の排日激化に対する駐上海総領事村井倉松の対応の生ぬるさに不満な日本人たちは塩沢を頼った。つまり、事が起きてから武力で押さえ付けるという硬直した一撃論を前提にした考え方以外の選択肢は、考えられてはいなかったといえる。

「日蓮宗僧侶殺害事件」をめぐって村井総領事が、上海市長呉鉄城からの全面容認回答を接受した際に、村井は外交案件が解決したとの観点から単独で満足の意を表したが、敵対施設の危機の深刻さが認識不十分ともいえた。本来であれば、建設中の中国軍の敵対施設の撤去という新たな軍事案件の交渉を塩沢と並行して進め、中国側の履行を確認してこそ、日本側の満足の意を表すべきであったといえる。しかも現実には、皮肉にも、村井が満足の意思を表明した後の塩沢の対応手段は、通常の警戒配備の発令以外になかった。そしてその発令と同時に戦端が開かれた。それは、第三者的には、村井の意思を無視した塩沢が、突然、閘北に侵略を開始したとの解釈を呼んだ。その結果、中国側に正当防衛の論拠を与え、国際連盟、英米等の主要列国に対日嫌悪感を培わせるに至ったといえる。

三　日本自らの意思で収拾した上海事変の明暗

上海事変は、日本自らの意思で収拾した希有な事例である。つまり、事変の対応目的は最初から収拾に特化されたといえる。その原因は、収拾の目的において、①政府、外務省、陸海軍のすべてに、事変が上海租界に与える危害、不幸な結果とその危機感が共有されたこと、②事変のための派兵目的が「上海居留民の保護[3]」と謳われ、人道的な色彩の強い意識の高さと強さが保たれたことであり、③日本にとって最重要な満州問題を、ジュネーブにおける議論の俎上に載せないために、国際協調に配慮することによって対日好感を確保し、国際連盟からの非難、糾弾を回避することを最優先した。

次に、収拾の手段においては、上海陸戦隊の対応能力の不足を、迅速に陸軍兵力で補い、円滑な陸海軍の協同作戦により収拾された。しかし、図らずも苦戦の連続であり、一撃論や対中侮蔑観から来る驕りから、情報収集の杜撰さ、作戦の拙劣等が目立った。次に、中国側に視点を当てれば、蔣介石は掃共優先策をとったため、手持ちの主兵力をそれに充当しなければならず、また、政府内の確執や抗日戦を意気込む過激な学生等に対する抑制が、徹底抗戦を不可能にしていた。しかし蔣の意に反し、対日抗戦を担ったのは左派系の第十九路軍であった。この軍を愛国軍隊と熱っぽく称賛する世論の手前、蔣は同軍の独走を認めざるを得ない環境に置かれ、かろうじて補給の体裁を繕った。その結果、勇壮な第十九路軍も継戦能力に問題が生じ、総退却に至った。ただ、蔣介石直系軍（第五軍）を第十九路軍の指揮下に援軍として派遣したことで、国際社会に対する蔣の正当防衛の自助努力とその正当性が確保され、主要列国、連盟の同情を繫ぎとめる効果をもった。日本は、軍事的に一応の早期収拾に成功したものの、外交的には破綻の兆しを深めるに至る。

四　権益擁護のための軍事力行使の意義と排日運動に対する日本の不満

不戦条約は、自衛権を否定するものではないとの前提認識に立って、不戦の理念を具象化したものである。それは、自衛行為以外の、いわゆる「政治の道具」「国策の遂行・擁護」「問題解決の道具」として積極的に使用される一切の武力行使を対象としたのであって、その判断の死角に置かれたものが、実は一見、正当防衛の響きをもつこの居留民・権益擁護のための武力行使であった。上海事変は、平時の外交が機能不全に陥り、排日運動の危機から居留邦人の生命と権益を擁護するため、満州事変と同様の論理で武力行使に至った典型的な例であった。当時の蔣介石政権は、「不抵抗主義」から汪兆銘が主張した「一面抵抗、一面交渉」(4)へと方針を変更したとはいえ、対日戦を煽る上海市民の過激化を抑制したいと考えていたのであり、そのような日本にとって、その気概があれば、冷静にじっくり話し合う好機とその環境がなかったとはいえない。

一方、権益擁護のための武力行使を咎める前に、その武力行使に至らせた排日運動の質と程度に問題があったことに注意を要する。日本側はリットン調査団に対しては、排日運動の詳細な実態とその理不尽さ、その抵抗力が如何に武力以上の熾烈な破壊・打撃力をもっているかを、徹底調査してほしいと要請していた。つまり武力でなくても、武力以上の打撃を与え得る排日運動の意義と弊害を日本側は蒙っていることと、それ故の自衛であるという実態の調査と理解を望んだのであった[5]。本書の対象とする時期範囲を逸脱するが、リットン調査団の調査結果はこの排日の淵源、実態を暴き、露わにしているのだが、日本側は、その「報告書」の中に、連盟が排日に関する中国側の責任を徹底追及し反省を強く求める姿勢を読み取れなかったことに落胆したのである。「中国側の排日と日本側の武力抑圧」という負の連鎖を断ち切る切っ掛けができないところに、「リットン報告書」の提示を迎えたが、日本側はこれを生かし、解決する機会を自ら放棄したのであった。ワシントン体制が、中国自身が武力に依らず平和的手法を以て近代化することを期待し、排外運動に歯止めを掛けていなかったその付けが、逆に中国政府の国内統治に著しいブレーキとなり、対日関係の悪化の促進要素に働いたことは否定できない。

五　中国側が示した愛国心と武力抵抗戦に対する自信

リットン調査団が現地視察で実感したように、上海事変は中国軍及び中国人が日本を敵視し、徹底的な武力抗戦を決意し、本格的戦争へ向けての国民的な纏まりを示した初めての舞台であった。強靭な抵抗を支えた原因は、①第十九路軍が満州における無抵抗の張学良軍隊と全く異なり、愛国教育が徹底し、蔡廷鍇率いる客家出身将兵に特有の鉄軍と称される軍隊であったこと、②中国側の全面容認回答を受領した後の村井と塩沢の間の対応の齟齬であり、正当防衛の根拠を第十九路軍に与え、愛国心を奮い立たせる好機となったこと、③第十九路軍は、蔣介石直系軍を援軍として指揮下に受け容れ、中国政府公認の軍隊としての地位と誇りを以て戦ったことである。

かくして、この上海事変は、中国側にとって高い犠牲を払いつつも、満州事変以来の「侵略国日本」を本土で肌に感じ、武力抵抗を行った初めての戦争となった[6]。そして示した強靭な抵抗の体験が、以後の日本陸軍の華北分離工作に対する強固な抵抗力を生み、華北にとどまらず、海軍が所掌する華中、華南においても対日傷害事件や武力紛争を起こす原因を形成した。日本側はこの上海事変において、中国の進化を完全に看過していたのであった。

六　海軍の暴走を触発した上海事変と意義（海軍任務の防衛から国策擁護への転換）

海軍の暴走とは、上海事変を機に強硬派（海軍軍令部系）が海軍内の主導権を握ることによって、①それ迄穏健派（海軍省系）が制御して来た体制が崩れ始め[7]、②ほぼ二年後には人事を刷新して[8]、軍令部の権限を強化（海軍省から作戦指導、軍備計画起案の権限を獲得等）し、軍縮離脱・自主軍備の実現及び宿願であった南進の具体化等を目指して驀進し始めたこと、③満州事変が政府によって容認されて以降、海軍力を往年の防衛任務から大陸政策の国策擁護、つまり対日干渉抑止へと積極的に変化させたことを挙げることができる。しかし、海軍の暴走が陸軍のそれと異なるところは、華々しくマスコミを賑わした陸軍の満州事変の陰に隠れ、あるいはその満州事変を賞賛し、強硬化する国民的な空気の中で並行して進んだため、世論への衝撃は少なく、問題として扱われることがなかったことである。

海軍の「防衛」とは、海洋の自由を保障することを目的としており、海賊や敵性海軍の脅威を抑止すべく、平素から協調外交と海軍はセットになっていなければならない。しかし、殊に、陸軍主導による満州建国が国策として容認（一九三二（昭和七）年九月：日満議定書承認）されて以降、政治優先が協調外交への確信がもてなくなっている以上、政治優先主義を奉ずる海軍力の「対日干渉の抑止」は、最初から国策の問題解決の手段に位置付けられ、武力に依存する体質をもっていたといえる。結果的に、大陸政策の国策を海軍は受け容れつつ、その反面、陸軍が海軍を統制下に置くことに反対しつつ、陸軍の作戦に協力せざるを得ない道を歩むに至った。要するに、往年の穏健な考え方に纏まっていた海軍を、対中及び対米・対英強硬路線に切り替えさせ、目立たずとも、暴走の切っ掛けを与えたのは、この上海事変であったといえる。

第二節　上海事変の外交的側面（外交の破綻の序曲）

一　外交の成果と負の遺産

上海事変における外交の成果は、まず停戦協定の成立であるが、中国軍の駐兵制限区域を設けて戦闘の再発防止を可能にしたうえで日本軍が撤兵するという、軍事的脅威の排除が中心であった。しかし、中国主権下の領土内における中国軍の運用如何で、再発の危険性は常に存在した。よく考えてみると、事変の原因は上海の排日・抗日の政治問題にあり、軍事的勝利にもかかわらず、外交交渉は極めて難航し、その抑制のための唯一の方策と考えられた円卓会議の開催は、最終的に俎上にも載らなかった。その円卓会議が流産に至った原因は、中国側が停戦交渉の場の設定に当たり、排日・抗日の根絶という政治テーマを前提とすべきではないとしたためであった。これは、中国側の事情をいってはいるものの、もともと会議の難航と深く係わっており、日本側が撤兵せず軍事力をそのまま継続使用しつつ外交交渉を展開したことが、政治テーマを解決する手段として使っていたことを意味しており、不戦条約の違反を立証しているようなものであった。問題は日本側が撤兵した後の上海の治安、邦人の安全が保障できる体制が得られるか否かであった。この意味で、順逆ではあるが、交渉の難航後にようやく得られた停戦協定文の五カ条は、この保障のための体制を構築する意味をもっていたといえる。

本書の研究範囲を逸脱するが、その後日本に、再度の円卓会議の機会が訪れた。それは、「リットン報告書」[9]の第九・第十章の解決のための基本原則と解決策の勧告を日本側が一旦受け容れ、その枠内で議論を深めつつ柔軟に選択肢を作り上げる姿勢を示すことであった。しかし、日本は、「報告書」が謳った、①満州事変は自衛行為とはいえない、

②満州国は満州人の発意に依らない等、過去に対する「報告書」の否定、評価の文言に目を奪われ[10]、将来に対する検討の勧告をも全面否定し、その機会を失ったのであった。ビクター・ブルワー・リットン卿がいうように、日中双方の発展のためには、政治・経済・文教共に日中双方がそれぞれに相手を必要としているのであった[11]。しかし、このような重要な時点で、陸軍が独自に強行した熱河作戦が、解決土壌の根底を揺るがし、国際連盟にとどまることを自ら許さなくしたといえる。

二　守ろうとした国策（満州権益の維持拡大〜満州国承認問題）の性格と運営

「満州国承認問題」は、日露戦争以後に受け継がれて来た不動の国策が、国内外の政治・経済・社会問題が頗る行き詰る中で、排日の矢面に立つ関東軍の参謀をして満州及び上海事変を画策させ、その延長線上の答として具象化に至ったものといえる。この「満州国承認問題」が抱えていた性格は、連盟の日本代表部と外務省間の熾烈な確執がそれを代弁している。日本は、ひたすら上海事変の処理に満州事変が絡むことに拒絶の姿勢を貫徹しようとした。その交渉の構造は、ジュネーブの日本代表部と本国外務省との救い難くも見解の乖離が埋められず、外相の強硬外交に押し切られたことであった。日本の国際連盟代表部は、連盟舞台の最前線に立って、連盟の見解や道筋に客観的な理解をもつ故に、その受容を強く訴えた。しかし、日本国内の事情や価値観、国民的空気を背景にした外務大臣芳沢謙吉は、それと全く見解を異にし、最優先課題の満州問題を論戦の場からひたすら除外しようと、壮絶な交信の戦いを演じた。連盟と本国との板挟みに苦悩し続けた連盟代表部のジレンマは、想像に絶するものがある。原因は、五つあるといえる。

一つ目は、問題を軍事的に解決するという態勢下においては、健全かつ聡明な外交は機能しない、つまり、外交の後ろ盾の役目を演ずる軍を、政府・外交部が正しく統制できない態勢下では、適正な外交は望めなかったことである。

二つ目は、日本の国策は、もともと中国側の反発と激しい抵抗を呼ぶ可能性の高いものであったといえることである。日本の不動の国策である「満州権益の維持拡大」は、日露戦争後、外相小村寿太郎と駐清公使内田康哉の主導で策定された「満州に関する日清条約」に謳われており、当時においては、正当性を以て国内外にて受容されてはいた。とはいえ、よく考えてみると、この清国から譲り受けたその権益は、もともとロシアが清国政府の統治能力の欠如と国際的な対応に稚拙であったことに乗じ、武力を背景に獲得したものであり、さらに、西沢泰彦氏の研究[12]によれば、当時のロシアは露清間の条約（この中に鉄道の建設と警護に必要な土地（鉄道付属地）を取得する権利を含む）を超えて、鉄道付属地を上海租界と同様の土地にしてしまったという。さらに、日本は、ロシアでさえ遠慮していた鉄道付属地の駐兵権を鉄道保護の名目で、さらに日露戦争中に日本が建設した安奉線を満鉄の一部として、その存続を認めさせ、市街地建設をも可能にした。このような状況では、いずれ清国国民の国権回復熱が高まることによって、日本に対する非難攻撃が強くなるのは当然の成り行きであった。日本側は、この中国側の排日・排日貨運動の激化を既定の条約違反と受け止めたのである。日本は中国の進化を解せず、武力を背景に権益維持に固執していたことを意味し、時代の変化に適応する柔軟さを欠いていたといえる。

三つ目は、日本の国策運営の理念は満州権益の維持・拡大という、いわば現世利益の追及であることに比し、米国のそれは独立宣言に謳われた人類普遍の真理に裏打ちされたものであり、如何なる国も否定できない強靭な説得力を有していたことである。それは、二十世紀初頭の「門戸開放宣言」に謳われた資本主義、植民地獲得、ドル外交をはじめとする米国外交の奥に、建国の理念、即ち「すべての人は平等に造られ、造物主によって、一定の奪い難い天賦の権利を付与され、その中に生命、自由及び幸福の追求の含まれることを信ずる。」「いかなる政治の形体といえども、もしこれらの目的を毀損するものとなった場合には、人民はそれを改廃し、彼等の安全と幸福を齎すべしと認められる主義を基礎とし、また権限の機構を持つ、新たな政府を組織する権利を有することを信ずる。[13]」という人道主義と民主主義の基本原理を謳い、もしこの主導に悖《もと》る政治は変革する権利を有するという、米国の現状変革の強靭なエネルギーを宿していた。さらに、この理念は、西部開拓の歴史から領土拡張に正当性をもたせ、フランス革命に先駆けて独立革命を起こし、高いキリスト教文明の優越から、後進国に対しその文明を普及することを米国の宿命とする使命感（マニフェスト・デスティニー[14]）と相俟って、第一次世界大戦中にウィルソン主義となって結実し、満州・上海両事変時には米国国務長官ヘンリー・スチムソンによってそれが体現されたと見るべきであろう。日本の満州権益に対する特殊性は、この米国の人類生存と繁栄の普遍性によって粉砕される可能性を蔵していたといえる。

四つ目は、日本外交は、事変の最初から中国側に主導権を握られ、大きく後手に回っていたことである。事変勃発の翌日に、中国側から連盟に国際連盟規約第十条（領土的行政的保全）及び第十五条（紛争解決手続き）によって提訴されたことは、満州事変時の第十一条（戦争の危機）と併せ、日本側の侵略性を暴く論戦の枠組みが形成されたことを意味し、以後の日本外交の足元が雁字搦めに縛られたのである。また、日本の陸軍部隊の正式派遣が決定すると、中国側は、理事会に要請して連盟理事会から総会に審議の場を格上げさせ、それ迄の大国主導の全会一致方式から多数の連盟小国を加えた過半数の決定方式へと、中国側に有利な外交環境を設定した。このように外交枠組みの設定に長けた中国側の環境整備の下では、日本外交はうまくいくはずがなかった。また、ジュネーブにおいて、日本外交部を支えるべき時々刻々の軍事情報が、適時適切に日本代表部に提供されず、しかも必要な人員が数少ないうえに、一旦提供された情報は正確を期すため時間がかかってタイミングを失し、効果を著しく低下させていた。宣伝戦に長け、迅速・果断な中国側に比し、日本外交部は著しく不利な立場に立たされたのである[15]。上海の現地部隊が、国際関係の維持に細心の注意を払い、人道面できめ細かな配慮するという現状があったが、逆にそれらの配慮が、現地部隊にあらゆる作戦場面における手かせ足かせとなり、苦戦の原因ともなっていた。上海戦の収拾処理の実態と停戦を主導する日本軍の国際的・人道的配慮の顔が、見えないままの外交論戦が展開された。

最後の五つ目は、日本政府・外交部の連盟に対する不信感である。外相幣原喜重郎は、満州事変直後の九月二十一日、連盟の駐仏大使芳沢謙吉に、中国軍からの攻撃がなくても中国軍の武装解除や占領ができると正当化し、かつ、連盟総会や理事会の介入は事態を紛糾させるのみで介入を排除せよと指示していた[16]。それは、一旦満州事変が始まった以上、政府・外交部は、国策を擁護する現実を最優先し、関東軍の方針を受容し、その軍事力を、純然たる防衛の限度を超え、満州問題の軍事的解決のための政治の道具に位置付けたことを意味した。確かに連盟を主導した国際連盟事務総長ジェームズ・ドラモンドや英国外相ジョン・サイモンらに、中国寄りの運営という批判があったことは事実である。しかし、問題の本質は、日本の不動の国策の質とその擁護手段に軍事力を組み込むという構造的な問題にあることを、看過してはならないように考えられる。芳沢外相が就任した直後の上海事変の対処法も、基本的に満州事変の延長線上にあった。つまり、日本政府・外交部は、両事変を通じ、日本権益問題に抵触する事案に対しては、強硬な外交姿勢に徹し、結果的に、漸次、破綻の色彩を強めた。

第三節　総　括

一　国策が内蔵していた陸軍の下克上謀略を生む因果関係

日本が日露戦争後に設定された「不動の国策(満州権益の維持拡大)」を忠実に守ろうとすればする程、満州の地主の中国を敵に追いやり、列国や国際連盟との外交を一層難しくした。当時の経済恐慌や社会不安の重なった政治の機能不全が、大陸政策の体現者である陸軍を前面に押し出し、下克上の謀略を生んだといえる。以前にも増して世界は一斉に満州問題に焦点を当て、却ってその既成事実に対し厳しい審議が課せられるに至った。日本の謀略は、子供じみた茶番劇であったといえる。建国が国際社会に認められるための、長期的・地域的・世界的に繋がりをもった経済構造に関する展望と配慮に欠けていた。

二　下克上の謀略が意味する無名の師

何もしなくても上海には、いずれ、中国人に日本人が殺傷されるという類似の事件が起こったかもしれない。しかし出兵に繋がる事件を積極的に画策することによって、都合の良い時期に国際的な環視の目を上海に集中させることができる。その出兵が正当防衛であるためには、相手国中国側からの侵略行為がなければならない。しかしながら、その中国側からの侵略行為がないとなれば、意図的に出兵の根拠を作為しなければならない。それが関東軍高級参謀板垣征四郎陸軍大佐、上海公使館付陸軍武官補佐官田中隆吉陸軍少佐らが中国人に日本人を殺害させるという事件の挑発に繋がり、現実に生起した。謀略は隠蔽できても、日本側は、事変発生の正当性を維持できる態勢にはなっていなかった。寧ろ、実際は、図らずも、日本側から中国に対する侵略を開始したというシナリオが成り立ったからである。確かに、思いどおりの満州国建国宣言自体は成功した。連盟の日本外交部は、真相把握がないまま、発生した事件を所与のものとして受け容れ、事件に対する日本側の対応の弁明に努めた。しかし、「リットン報告書」は、明確な断言を回避したものの、日本側の謀略によって満州事変が勃発し、満州国建国に至ったことを立証したといえる。①軍事行動は自衛とはいえない、②満州国は満州人の発意による国家とはいい難い、③満州は中国の一部である、という三点セットから成る日本軍主導の事変に対する評価は、これを意味している。その結果、ジュネーブでは一層、厳しい被告席に立たされるに至り、日本軍の軍事行動の一挙手一投足が反発を呼んだのである。謀略にも一定のルールが要るのではないか。満州事変は味方の政府を相手にした下克上謀略であり、上海事変は日本人が中国人を使嗾して日本人を殺害させるという、いずれも人の道に悖る性格の謀略であったのではないか。それが結局、大切なものを失うことに繋がったのではないか。謀略の結果は結局、逆効果であり、日本が求めた円卓会議の設定は、正式の交渉舞台の俎上にも載せられず、しかも国際的信頼を失い、戦争損害は巨大に上り、国際孤立への道を加速するという予想外の破局を招いたのであり、まさに「無名の師」であったといえる。

三　「無名の師」と「国家の正当防衛」の分岐点

「無名の師」と「国家の正当防衛」の分岐点は、国策の質と、その一達成手段である軍事力の使用に関する叡智に掛かっているといえよう。本来、軍事力は本土の防衛を中核にし、国際法が謳っているように、国策（他国への強要、紛争の手段としての使用、国権・権益維持拡大等）を遂行するための手段に用いてはならないということである。「本土の防衛」と同等に見られ易いのが、海外にある邦人擁護、日本権益の危機を救済する行為であったが、この場合は、国際法に基づき、中国警察当局が対応能力を超え、かつ、中国からの依頼または了解の下に対応すべきものである。こういえば恐らく反論が出るであろう。中国の政治統制力の麻痺により中国民衆の常軌を逸した排日・抗日の現実があるからこそ、武力解決に踏み切らざるを得ないとの異議が出て来るであろう。確かに現実はそうであった。しかし問題は、排日運動を生起させない日本の国策のあり方、対中国政策の改善策こそ重要なのであって、司令官塩沢幸一の大勢順応型で強硬な対中国観、中国人対応法[17]のように、力を背景にした対応策では、日中の対立事案は俄に対決へ推移することは避けられなかった。この意味で、第三戦隊司令官堀悌吉海軍少将の「呉淞砲台砲撃」に見られる対応の理念は、塩沢の「上海の排日運動の武力対応処理」とは性格が異なっており、相手国中国に対し、敬いと人道尊重の気概に裏打ちされていた。したがって、第三国及び中国民間人に対する不必要な被害や迷惑を極小化した作戦展開の方法をとった[18]のであり、おそらく堀であれば、日本の権益を擁護するための中国政府との話し合いを可能とし、仮に危機的状況に至った場合にも、政府間のなんらかの調整と理解が可能となったと推察される。平常時の日中関係の構築こそ重要である、ということであろう。これが一九二八(昭和三)年の不戦条約が理想とした常態であり、間違っても、軍事力を国策擁護、政治の道具に用いてはならないことを確認できる。上海において海軍艦艇、航空部隊を一元指揮し、条約派といわれた第三艦隊司令長官の野村吉三郎海軍大将でさえ、中国政策では中国蔑視が免れず、一旦武力が発動された以上はやむを得ないとしても、戦闘終結後に上陸した後続の第十四師団の早期上陸という抑圧的な効果を以ての早期決着[19]を、上海派遣軍軍司令官白川義則陸軍大将に進言したことからすれば、堀が如何に平素から一徹した哲学の上に立ち任務に当たっていたかが分かる。

四　日米衝突コースを招来した国策とその自覚の問題

中国は自国領の主権を脅かす外国権益は、条約の如何にかかわらず回収されるべき対象と考えており、日本の国策遂行とは対立を深めるものであったといえる。日本にとって上海事変は軍事的には勝利したにもかかわらず、また必死の外交努力にもかかわらず、連盟諸国や米国との疎隔を深めるだけであった。日中間の論戦が激化する中、非加盟国米国は、国際連盟のオブザーバーとして、リットン調査団の一員としての活動によって、米国の理念を連盟内に深く浸透させた。日本の特殊な現世利益の追求の姿勢とは次元を異にし、同じ利益追求でも、人類の生存と繁栄に普遍性を有する理念の強さを蔵していた。上海事変の日米外交は、危機的状況から脱却する兆しが見られなかった。比喩的ないい方だが、理念上の日米衝突は、太平洋戦争開戦前の「ハル・ノート」で始まったのではなく、上海事変において、実質的に「衝突コース[20]」に入っていた。これは、日米いずれかが針路・速力を変更しない限り衝突不可避の事態に陥ったのであり、日本政府・軍中央共に、この自覚を欠き、解決の叡智を持ち合わせていなかったといえる。

一九三二年二月四日、関東軍はハルビンを占領した。七日、日本政府は陸軍部隊を上海に派遣することを声明した。同夜、英国大使館で駐日英国大使フランシス・リンドレーと夕食を共にしていた牧野伸顕（内大臣）は、ジュネーブの状況について、欧州諸国の抱く連盟に対する理解と期待が日本にとって異なる理由を、「日本の近代の歴史は非常に短く、この短い歴史と真の戦争の経験を欠いていることが日本の世論をして実際上例えばイギリスのように進歩させていないことを記憶しておかなければならない。日本と連盟の間の論争の根源にはこのような事情がある。閣僚のなかで国際連盟を熱心に擁護しそして理解している者は非常に少なく、国民のなかではさらに乏しいのは当然である。[21]」と開陳している。この見解は、当時の日本の価値観と外交感覚の後進性を知るうえで、重要な意味をもっている。三カ月後にリットンが「報告書」に記した「青年日本」が意味する日本の後進性が、満州事変によって国際孤立への道を開かせ、上海事変によってそれをさらに外交の破綻を加速させている暗澹とした現実と、その大きな時の勢いに抗し得ない苛立ちを、牧野は披瀝したのかもしれない。

改めていえることは、満州・上海両事変を惹起させた関東軍参謀の下克上謀略と、陸海軍の暴走が、結果的に、以後の日中問題解決の道を切断し、日米戦争の大きな原因となったことは間違いなく、その責任が大きいことはいう迄もない。しかし、良く考えてみると、それ以前の問題として、下克上の謀略や陸海軍の暴走を誘発させた本質は、帝国主義時代においてはやむを得ないにしても、結果的に先行き中国側の反発を触発する可能性の高い国策が設定され、その達成手段に、統帥権独立の原則に裏打ちされた軍事力（陸軍）を結び付け、しかも、権益・国策擁護は正当防衛であるという解釈の上に構築した日本の政治の体制とその後の硬直した運営こそ、根本的な反省材料といえるのではないか。また、「本土の防衛」を「海洋の自由確保」によって図るべき海軍が、「大陸政策」を中心とした「国策」の設定と修正にほぼ無関心な態度をとり、陸軍の暴走の危機にも抑止力たり得ず、日中戦争の拡大に関与した要因を、構造的に把握する研究の必要性が痛感される。

上海事変の考察結果が近現代史に占める意義は、これ迄述べたさまざまな意義、教訓の中で、この反省材料こそ最も重たいものであり、それは同時に太平洋戦争の開戦原因に最も直結し続けた本質なのではないかと考えられる。

註

(1)　海軍は陸軍と違い、謀略を嫌う体質をもっていた。ただ塩沢司令官の豪語は、海軍軍人といえども、中国人に対する当時の一般的な膺懲の気概を代弁した面がある。日蓮宗僧侶の殺害事件に直面した際、満州事変時と変わらぬ力に依存し、即応したことは事実である。

(2)　関東軍は、一九三二年一月三日錦州を占領したが、この段階で、軍中央や政府に以後の満州国建国の具体的構想の説明と協議が必要であると考えた板垣大佐は、関東軍司令官の依命で一月五日に上京した。八日、関東軍は天皇から勅語を賜った〔本庄繁『本庄日記』(原書房、一九七七年)六〇頁〕。

(3)　参謀本部編『満州事変史　第十六巻　上海付近の会戦(上)　陣地構築及追撃』(一九三三年六月。防衛研究所図書館所蔵)一〇二七～一〇三二頁。

(4)　蔣介石は上海事変に臨み、汪兆銘が主張して来た「一面抵抗、一面交渉」の方針を採用した〔鹿錫俊『中国国民政府の対日政策　１９３１―１９３３』(東京大学出版会、二〇〇一年)六七～七四頁〕。

(5)　「リットン報告書」は、日本が排日運動の挑発的行為に耐えられなくなって武力に訴えたことを、事変の経緯として記述しており、中国側の排日の質と程度に、強く反省を求めている。しかし、日本側は、その排日が日本側の武力使用を触発したのであり、禁止の責任を求め、追及してはいないことに強い不満を抱いたといえる。

(6)　Donald A. Jordan, *China's Trial by Fire: The Shanghai War of 1932* (Michigan: The University of Michigan Press, 2001), pp.235-236は、上海事変が意味するものは、中国自身が愛国の意思に奮い立ち、対日武力抵抗をした初めての戦争であることを考察結果として論述している。

(7)　満州事変勃発後の海軍の態度は、条約派の軍令部長谷口尚真が、陸軍から山海関沖に艦隊を派遣する要請を拒否する等、陸軍の暴走や政府に対する下克上の態度に反発し、非協力的であった。ただ、当時はロンドン軍縮条約批准の翌一九三一年から、地位と発言力を強めた艦隊派の東郷平八郎元帥が、海軍の重要な問題に関与しはじめ、陸軍の動向にも少なからず影響を与えるようになっていた〔田中宏巳「昭和七年前後における東郷グループの活動(一)」(『防衛大学校紀要(人文科学編)』第五十一輯、一九八五年九月)〕。

(8)　上海事変処理過程において露呈した作戦・後方支援上の不具合や欠陥は、関係者が認識を共有するところであり、省部横断的に「支那事変軍事調査委員会」を立ち上げたが、艦隊派はその原因は事変指導に当たった海軍省のミスとして軍令部の権限強化の促進剤にしたといえる。また、山梨勝之進、寺島健をはじめ堀悌吉らの良識ある人材が海軍から排除され、後世の有用な海軍大臣候補とそれらの影響力を切除した。上海事変は海軍から政治性を減殺し、海軍の統帥に主導権を与える切っ掛けを与えた。

(9)　第九章は「解決ノ原則及条件」、第十章は「考察及理事会ヘノ提議」である。これを踏まえ「十九人委員会」が国際連盟規約第十五条第四項に基づく「国際連盟総会報告書」を作成し、一九三三年二月十七日発表した。

(10)　軍事行動を目的と手段に分けて考えれば、政府は「満州権益の維持拡大」という不動の国策を実現させる目的の達成に、平和的外交手段を企図していたが、関東軍（温度差を有する軍中央も含む）は、軍事的解決を企図していた。つまり、目的が同じであっても、その達成の手段において異なっていた。しかし、政府は、一旦起こった以上は後戻りできないと考え、軍の行動を擁護する立場に至ったのは、政府自身が、目的において軍と同じくし、しかも権益擁護は自衛であるという不戦条約に対する解釈を共有していたことを意味したといえる。

(11)「リットン報告書」は、満州問題に関し、日本の独占によるのではなく中国もその重要性については同じであり、第九章、第十章には日中のお互いがお互いを必要としているので、これらの提言を受け容れ善処するように勧めている。

(12) 西沢泰彦『増補改訂版　図説「満洲」都市物語——ハルビン・大連・瀋陽・長春——』（河出書房新社、二〇〇六年）二六〜二七頁。

(13) アメリカ学会・高木矢八訳編『原典アメリカ史　第2巻　革命と建国』（岩波書店、一九八〇年）一八七〜一八八頁。

(14) アメリカ学会・高木矢八訳編『原典アメリカ史　第3巻　デモクラシーの発達』（岩波書店、一九八〇年）一七五〜一八一頁。

(15) 軍事情報に関する提供の遅さや、情報活動の未熟さに対する苦情や改善提案は、前掲『昭和六・七年事変海軍戦史　第二巻』所収の「事変関係者所見摘録」に詳細が書かれている。さらに、同書の第十一編の「宣伝」の部において、海軍には陸軍のような「新聞班」がなく、しかも「海軍軍事普及委員会（一九二四（大正十三）年五月設立）」は単に「案画ノ機関」であって「実行機関」ではないため、情報収集、宣伝活動が後手に回ったことの背景と反省が記されている。

(16)「奉天事件の経緯ならびに不拡大の方針について」（『日本外交文書』満州事変　第一巻第三冊、一四八文書（外務省、一九七八年）一五六〜一五七頁）。

(17) 前掲『昭和六・七年事変海軍戦史　第二巻』八九〜一一〇頁。

(18) 堀悌吉君追悼録編集会編『堀悌吉君追悼録』（堀悌吉君追悼録編集会、一九五九年）四二五頁。

(19) 木場浩介編『野村吉三郎』（野村吉三郎伝記刊行会、一九六一年）三〇〇頁。

(20) 序章の(4)に同じ。尚、一例として、日米間には「一九三二年のウォー・スケア（日米危機説）」が生まれた。米国は、満州であれば兎も角、自国の権益が錯綜する上海における事変には、対日警戒感が高まり、現実問題として偵察艦隊の太平洋残留に代表されるような威嚇的態度に出るに至った。秦郁彦氏は論文「一九三二年の日米危機——虚像と実像——」（国際政治／日本国際政治学会編『季刊国際政治　日本外交史研究：外交と世論』通巻四一号、一九七〇年四月）において、「（日米危機説は：引用者）主として日本のワンサイド・ゲームであり、火元の日本で燃え上がってさらに海外へ伝播していったものであった」としている。

(21) 二月八日付リンドレー大使の英サイモン外相宛報告（臼井勝美『満洲国と国際連盟』（山川出版社、一九九五年）一五七〜一五八頁）。

謝辞

研究の開始から約二五年の歳月が流れていた。防衛研究所戦史部での約七年間の研究勤務を最後に、平成九年に自衛官を定年退官した。その後、文官教官として防衛大学校防衛学教育学群教官及び帝京大学文学部専任教員として勤務させて戴き、さまざまな関係業務やテーマにめぐり合い、近現代史に関する多くの命題を学ぶ機会に恵まれたことに感謝したい。

永年にわたってご協力・ご指導、ご支援を賜った防衛大学校名誉教授田中宏巳氏、研究の道を開いて下さった元防衛大学校教授平間洋一氏、市來俊男氏、元防衛研究所戦史部長大東信祐氏、辻川健二氏、上智大学名誉教授高橋久志氏、また、故人の内田一臣氏、中村悌次氏、末國正雄氏、木山正義氏、深堀正義氏、千早正隆氏、奥宮正武氏、森松俊夫氏、田中稔氏(田中隆吉氏の令息)、片岡徹也氏に感謝致します。研究のあり方について懇切にご指導賜わった東京大学名誉教授伊藤隆氏、法学博士(東京大学)秦郁彦氏に、また、研究環境をご提供下さった元防衛大学校校長五百旗頭真氏並びに帝京大学学長冲永佳史氏に厚くお礼を申し上げます。殊に、学位(帝京大学大学院文学部　文学博士)を賜った帝京大学学長冲永佳史氏に深謝申し上げます。陸軍関係の調査研究にご協力下さった原剛氏(元軍事史学会副会長)、田藤博氏、永江太郎氏、中尾祐次氏、黒野耐氏、白石博司氏に、また、海軍関係でご協力下さった田中宏巳氏をはじめ柳生悦子氏、東京大学教授鈴木淳氏、駄場裕司氏、劉南屏氏、馮青・土田哲夫ご夫妻、糸永新氏、熊谷光久氏、坂口太助氏、太田久元氏、北沢法隆氏に、さらに、貴重な上海事変の史料提供とご指導を賜った筑波大学名誉教授臼井勝美氏、大橋一雄氏に厚くお礼を申上げます。

論文作成に大変懇切にご指導とご協力下さった帝京大学教授戸部良一氏(防衛大学校名誉教授)及び東京女子大学教授

黒沢文貴氏（軍事史学会会長）をはじめ、帝京大学教授の阿部朝衛氏、今村啓爾氏、深谷幸治氏、渋谷由里氏にお礼を申し上げます。ご協力下さった帝京大学名誉教授菅野則子氏、帝京大学教授の岡部昌幸氏、同森谷公俊氏、小山俊樹氏、本田毅彦氏、石毛宏氏、元同大学教授の南啓治氏、小林昌二氏、紀平英作氏に、また、防衛研究所戦史研究センター長の庄司潤一郎氏、相澤淳氏（防衛大学校教授）、横山久幸氏（元防衛大学校教授）、立川京一氏、日本大学教授高綱博文氏をはじめ、大阪国際平和センター（ピースおおさか）代表理事金児曉嗣氏、同理事もず唱平氏（作詞家）、大阪府庁田上恵生氏、秋谷昌平氏、慶應義塾大学教授赤木完爾氏、小谷賢氏、柴田紳一氏、葛原和三氏、羽鳥紀道氏、古庄幸一氏、渡邊裕鴻氏夫妻、松崎充宏氏、防衛大学名誉教授五十嵐保氏、淺川道夫氏、荒川憲一氏、喜多義人氏、岡部文雄氏、吉良芳恵氏、堅田義明氏、坂井達朗氏、島岡宏氏、安岡義純氏、石井久恵氏、石井道夫氏、須藤眞啓氏、福本出氏、望月昭義氏、岸田健司氏、飯山清志氏、高間保浩氏、都筑興氏、島崎健氏、陳祖恩教授（中国近代史）、呉秉国氏、菅幸政氏、池田正男氏、福島俊輔氏、幹部候補生学校同期生の藤田幸生氏、功刀正文氏、江本泉氏、荻野正憲氏、大野秀臣氏、前川忠明氏、長崎嘉徳氏、大瀬謙作氏、難波陽氏他諸兄のご協力にお礼を申し上げます。なお、本書の出版刊行に当たり、終始、多大のご教示、ご懇切な校正・編集と、お心温まるご支援を賜りました錦正社の会長中藤政文氏、社長中藤正道氏並びに編集・校正担当の本間潤一郎氏をはじめ、関係のスタッフの皆様方に心から幾重にもお礼を申し上げます。

また、本研究は、ＪＳＰＳ科研費　１８ＨＰ５９０１の助成を受けたものであり、日本学術振興会ほか関係の皆様方に心から光栄に存じ、厚く感謝申し上げます。

終わりに当たり、永年にわたる調査研究及び本論の作成に支援・協力してくれた妻利代に心から深く感謝し、長男の裕仁・志保夫妻、長女の長屋光敏・ひとみ夫妻並びに著者の義姉夫妻（片原清・弘子）、妹家族（渡辺和雄・好枝夫妻、横山順子）の協力に心から感謝いたします。

二〇一八年十一月三十日

ま　行

や　行

な　行

は　行

た　行

さ　行

事項索引

※註記中からの収録は、原則として説明文のみとし、書名・資料名・著者名等は除外した。
※中国の地名は、原則として「音読み」とし、一部本文中にルビを振った「閘北《ざほく》」「虹口《ホンキュウ》」や「上海」など一般的な読みは、その項に載せた。
※数字が含まれる場合は、五十音順にこだわらず、数字順に列べた。
※━►は、矢印の右側の項目を参照。

あ　行

か　行

ら　行

わ

ま　行

や　行

な　行

は　行

た　行

索　引

人名索引

※外国人名は、ファミリーネームの順に掲載し、中国人名は、「音読み」で統一した。

あ　行

著者略歴

影山　好一郎（かげやま　こういちろう）

1942年1月生まれ。

防衛大学校本科（第9期）及び研究科（第8期 電子計算講座）卒業。1971年海上自衛官として自衛艦あずま艦長付、海上幕僚監部防衛課にてP-3C導入担当、豪国統幕学校学生、第二航空群支援整備隊司令、防衛研究所戦史部主任研究官、防衛大学校教授･図書館長、帝京大学文学部史学科教授等を経て2012年退職。軍事史学会顧問。

2018年博士（文学）帝京大学。

著作（共著）

同台経済懇話会編『近代日本戦争史　第三巻』（東京堂出版、1995年）

軍事史学会『日中戦争の諸相』（軍事史学会・錦正社、1997年）

横浜対外関係史研究会編『横浜英仏駐屯軍と外国人居留地』（横浜開校史料館・東京堂出版、1999年）

佐世保市『佐世保市史（軍港編）上・下巻』（佐世保市、2002年）

海軍史研究会『日本海軍史の研究』（吉川弘文館、2016年）など

※本刊行物は、JSPS科研費　18HP5901の助成を受けたものです。

第一次《だいいちじ》上海《しゃんはい》事変《じへん》の研究《けんきゅう》

――軍事的勝利《ぐんじてきしょうり》から外交破綻《がいこうはたん》の序曲《じょきょく》へ――

平成三十年十二月十日　印刷
平成三十一年一月十日　発行

※定価はカバー等に表示してあります。

著者　影山好一郎
発行者　中藤正道
発行所　㈱錦正社
〒一六二―〇〇四一
東京都新宿区早稲田鶴巻町五四四―六
電話　〇三（五二六一）二八九一
FAX　〇三（五二六一）二八九二
URL　https://kinseisha.jp/

印刷　㈱平河工業社
製本　㈱ブロケード

ISBN978-4-7646-0350-9